ISBN 978-0-365-60597-3
PIBN 11052276

1 MONTH OF
FREE
READING

at

www.ForgottenBooks.com

By purchasing this book you are
eligible for one month membership to
ForgottenBooks.com, giving you
unlimited access to our entire
collection of over 1,000,000 titles via
our web site and mobile apps.

To claim your free month visit:

www.forgottenbooks.com/free1052276

English
Français
Deutsche
Italiano
Español
Português

www.forgottenbooks.com

Mythology Photography **Fiction**
Fishing Christianity **Art** Cooking
Essays Buddhism Freemasonry
Medicine **Biology** Music **Ancient**
Egypt Evolution Carpentry Physics
Dance Geology **Mathematics** Fitness
Shakespeare **Folklore** Yoga Marketing
Confidence Immortality Biographies
Poetry **Psychology** Witchcraft
Electronics Chemistry History **Law**
Accounting **Philosophy** Anthropology
Alchemy Drama Quantum Mechanics
Atheism Sexual Health **Ancient History**
Entrepreneurship Languages Sport
Paleontology Needlework Islam
Metaphysics Investment Archaeology
Parenting Statistics Criminology
Motivational

Deutsches Gesangbuch.

Eine
Auswahl geistlicher Lieder
aus allen Zeiten der christlichen Kirche
für
kirchlichen und häuslichen Gebrauch.

Nach den besten hymnologischen Quellen bearbeitet und
mit erläuternden Bemerkungen über Verfasser, Inhalt
und Geschichte der Lieder versehen

von

Philipp Schaff,

Dr. u. Prof. d. Theol. am Unions-Seminar zu Neu-York.

Neue, verbesserte und vermehrte Auflage.
Mittlere Ausgabe.

Philadelphia:
J. Kohler, 911 Arch Straße.
1892.

Entered, according to Act of Congress, in the year 1874,

By PHILIP SCHAFF,

In the Office of the Librarian of Congress, at
Washington, D. C.

CAXTON PRESS OF
SHERMAN & CO., PHILADELPHIA.

Inhalt.

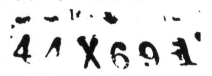

Inhalt.

I. Anbetung Gottes.

1. Gebetlieder zum Anfang des Gottesdienstes.

————

Nr. 1. Mel. Pf. 84: O Gott, der Tu ein Heerfürst bist
Oder: Mein Leben ist ein Pilgerstand.

Pfalm 84, frei bearbeitet nach Matthias Jorissen (Pred. im Grafenhaag in Holland, gest. 1823, und Verf. einer poet. Ueberf. sämmtlicher Pfalmen, Elberfeld 1834), und dem Schaffhaufer Gsgb. v. 1811. Der zu Grunde liegende Pfalm ist ein ächt lyrisches und vom Frieden Gottes durchwehtes Betlied der Sehnsucht nach dem Heiligtbum Jerusalems und dem Segen der Gottes-gemeinschaft.

1. Herr Zebaoth, wie lieblich schön
Ist Deine Wohnung anzusehn,
  Wo man Dir dient vor Deinem Throne!
Mein ganzes Herz verlangt nach Dir,
Es sehnt und schmachtet vor Begier,
  Daß es in Deinem Tempel wohne.
Da freuet Leib und Seele sich,
O Gott des Lebens, über Dich.

2. Die Schwalbe sucht und find't ein Haus
Und brütet ihre Jungen aus.

Ich sehne mich nach den Altären,
Wo ich Dich, Herr, Herr Zebaoth,
O Du, mein König und mein Gott,
Mit meinen Brüdern kann verehren.
O selig, wer dort allezeit
Sich Deinem Lob und Dienste weiht.

3. O wohl dem Mann, der in der Welt
Dich, Herr, für seine Stärke hält,
Von Herzen Deinen Weg erwählet!
Geht hier sein Pfad durch's Thränenthal,
Er findet auch in Noth und Qual,
Daß Trost und Kraft ihm nimmer fehlet.
Von Dir herab fließt mild und hell
Auf ihn der reiche Segensquell.

4. Hör mein Gebet, Herr Zebaoth,
Vernimm mein Flehn, o Jakobs Gott,
Erquicke mich auch mit den Deinen!
Ein Tag, da man Dich dort verehrt,
Ist mehr als tausend Tage werth;
Ja, an der Schwelle nur erscheinen
Ist mehr, als mit der stolzen Welt
Zu wohnen in der Bösen Zelt.

5. Du, Gott, bist Sonn und Schild zugleich,
An Hülfe, Schutz und Segen reich,
Ein Gott, der Gnad und Ehre giebet.
Was nur des Frommen Herz begehrt,
Das wird ihm gern von Dir gewährt;
Du segnest jeden, der Dich liebet.
Wie selig ist, wer auf Dich baut,
Und Deiner Macht und Gnad vertraut!

Nr. 2. Mel.: Komm, Gott Schöpfer, heiliger Geist.
Oder: Herr Jesu Christ, Dich zu uns wend'.

Nach dem lat. Pfingstlied Veni Creator Spiritus, ge=
wöhnlich dem Kaiser Karl dem G. um 800, von Vielen
aber mit größerer Wahrscheinlichkeit dem römischen Bischof
Gregor dem Gr. um 600 zugeschrieben. Es wurde von
Alters her am Pfingstfest und bei jeder feierlichen Ver=
anlassung zur Anrufung des heil. Geistes, besonders bei
der Ordination der Geistlichen, gesungen. Deutsche Ueber=
setzungen von Luther, Nickel, Knapp, Bäßler
und Anderen. Das Eisenacher Gsb. giebt die Uebers.
Luther's von 1524 („Komm, Gott Schöpfer, heil'ger Geist"),
die aber zu den weniger gelungenen Bearbeitungen des
Reformators gehört und viele sprachliche Härten hat.
Die nachfolgende etwas freiere Uebers. ist vom Heraus=
geber. 1858. Eine engl. Uebers. im Ordinationsformular
der anglicanischen Liturg. ꝛ.

1. Komm, Schöpfer, Geist, in unser Herz,
   Lenk die Gedanken himmelwärts;
   Sei unsrer Seele süßer Gast,
   Die Du für Dich bereitest hast.

2. Du Beistand, Tröster, höchstes Gut,
   Du Himmelslicht und Liebesgluth;
   Du Quell der Wahrheit und der Kraft,
   Die neues Leben in uns schafft!

3. Du siebenfaches Gnadengut,[1]
   Du Gotteshand, die Wunder thut!
   Theil Deine Feuerzungen aus
   Und fülle dieser Andacht Haus.

4. Zünd uns Dein Licht an im Verstand,
   Entflamm das Herz in Liebesbrand;

---

1) Mit Rücksicht auf die sieben Gaben des heil. Geistes nach
Jes. 11, 2. nämlich Furcht des Herrn, Frömmigkeit, Erkenntniß,
Stärke, Rath, Verstand und Weisheit.

Stärk unser schwaches Fleisch und Blut,
Und gieb uns Deiner Zeugen Muth.

5. Den Feind der Seele scheuche fort
Mit Deinem Schwert und Lebenswort;
Laß Deinen Frieden in uns blühn
Und allem Uebel uns entfliehn.

6. Vom Vater und vom Sohn gesandt,
Mach uns mit beiden wohlbekannt;
Und führ uns auf der Glaubensbahn
Zum sel'gen Schauen himmelan.

Nr. 3.   Eigene Melodie.

Wilhelm II. von Sachsen-Weimar, ein tapferer
evangel. Glaubens- und Kriegsheld im dreißigjährigen
Kriege, geb. 1598, gest. 1662. Zuerst gedruckt 1638, unter
dem Titel: „Frommer Christen Herzensseufzerlein um
Gnade und Beistand des heil. Geistes vor der Predigten,“
und seitdem als Kanzellied fast allgemein gebräuchlich

1. Herr Jesu Christ, Dich zu uns wend',
Dein'n heil'gen Geist Du zu uns send';
Mit Lieb' und Gnade uns regier'
Und uns den Weg zur Wahrheit führ'.

2. Thu auf den Mund zum Lobe Dein,
Bereit das Herz zur Andacht sein;
Den Glauben mehr, stärk den Verstand,
Daß uns Dein Nam' werd' wohl bekannt.

3. Bis wir singen mit Gottes Heer:
„Heilig, heilig ist Gott, der Herr!“
Und schauen Dich von Angesicht,
In ew'ger Freud' und sel'gem Licht.

4. Ehr' sei dem Vater und dem Sohn,
   Dem heil'gen Geist auf Einem Thron:
   Der heiligen Dreieinigkeit
   Sei Lob und Preis in Ewigkeit!

Nr. 4.   Eigene Melodie.

Tobias Clausnitzer. Gedichtet 1671, zuerst gedruckt
1676. Ein „Seufzer vor der Predigt", oder: „Rede mit
Gott, ehe Er mit uns redet." Engl. Uebersetzung von
Frl. Cath. Winkworth, in Lyra Germanica, Second Series.

1. Liebster Jesu, wir sind hier,
      Dich und Dein Wort anzuhören:
   Lenke Sinnen und Begier
      Auf die süßen Himmelslehren,
   Daß die Herzen von der Erden
   Ganz zu Dir gezogen werden.

2. Unser Wissen und Verstand
      Ist mit Finsterniß umhüllet,
   Wo nicht Deines Geistes Hand
      Uns mit hellem Licht erfüllet.
   Gutes denken, thun und dichten
   Mußt Du selbst in uns verrichten.

3. O Du Glanz der Herrlichkeit,
      Licht vom Licht aus Gott geboren:
   Mach uns allesammt bereit,
      Oeffne Herzen, Mund und Ohren!
   Unser Beten, Flehn und Singen
   Laß, Herr Jesu, wohl gelingen!

Nr. 5.   Eigene Melodie.

Joachim Neander, der beste Liederdichter der deutsch-
reform. Kirche. Gedichtet 1678 in großer Noth in einer
wilden Felsschlucht bei Diettmann am Rhein. Darauf
bezieht sich B. 4 Z. 3 Es trägt ursprünglich die Ueberschrift: „Der zum Singen sich Aufmunternde, Ps. 57, 8,"
steht aber öfter unter den Liedern der Sehnsucht und
Liebe zu Jesu. Engl. Uebers. von Frl. Jane Borthwick in Hymns from the Land of Luther: "Behold me
here, In grief draw near.' Eine andere von Frl. Cath.
Winkworth in Lyra Germ. II.: "Here behold me, as
I cast me."

1. Sieh, hier bin ich, Ehrenkönig,
    Lege mich vor Deinen Thron;
 Schwache Thränen, kindlich Sehnen
    Bring ich Dir, Du Menschensohn.
 Laß Dich finden, laß Dich finden
 Von mir, der ich Asch und Thon!

2. Sieh doch auf mich, Herr, ich bitt' Dich,
    Lenke mich nach Deinem Sinn;
 Dich alleine ich nur meine,
    Dein erkaufter Erb' ich bin.
 Laß Dich finden, laß Dich finden,
 Gieb Dich mir, und nimm mich hin!

3. Ich begehre nichts, o Herre,
    Als nur Deine freie Gnad',
 Die Du giebest, wo Du liebest,
    Und man Dich liebt in der That.
 Laß Dich finden, laß Dich finden,
 Der hat Alles, wer Dich hat.

4. Himmelssonne, Seelenwonne,
    Unbeflecktes Gotteslamm,

In der Höhle meine Seele
    Suchet Dich, o Bräutigam.
Laß Dich finden, laß Dich finden,
    Starker Held aus Davids Stamm!

5. Hör, wie kläglich, wie beweglich
    Dir die treue Seele singt;
Wie demüthig und wehmüthig
    Deines Kindes Stimme klingt!
Laß Dich finden, laß Dich finden,
    Denn mein Herze zu Dir bringt!

6. Dieser Zeiten Eitelkeiten,
    Reichthum, Wollust, Ehr' und Freud',
Sind nur Schmerzen meinem Herzen,
    Welches sucht die Ewigkeit.
Laß Dich finden, laß Dich finden,
    Großer Gott, ich bin bereit!

——————

Nr. 6.   Mel.: Wunderbarer König.

Gerhard Tersteegen, geb. zu Mörs in der preuß.
Rheinprovinz, 1697 der Sohn eines frommen Kaufmanns,
in den alten Sprachen gebildet, aber Leineweber, ein
treuer Nachfolger des armen Lebens Jesu, ein tief inniger
Mystiker, ein Laienprediger, der Unzähligen zum Segen
geworden. gest. 1769. Aus seinem „Geistl. Blumengärt=
lein" unter dem Titel: „Erinnerung der herrlichen u. lieb=
lichen Gegenwart Gottes" Zu B. 5. der von vielen
Gesgb. ausgelassen wird, citirt er Jer. 23. 24; Apgesch.
17. 28; Gal. 2. 20. Das Lied athmet den Geist der
tiefsten Anbetung Der Verf. der oft sagte: „Gott schauet
in mich hinein", hat in dasselbe die ganze Fülle seiner
gottinnigen, evang. mystischen Frömmigkeit niedergelegt.
G. Schwab hat es als das Meisterstück des frommen

Bandmachers in seine Mustersammlung deutscher Lieder
und Gedichte aufgenommen.

1. Gott ist gegenwärtig!
     Lasset uns anbeten
     Und in Ehrfurcht vor Ihn treten.
   Gott ist in der Mitte:
     Alles in uns schweige
     Und sich innigst vor Ihm beuge!
   Wer Ihn kennt, Wer Ihn nennt,
   Schlag die Augen nieder;
   Kommt, ergebt euch wieder!

2. Gott ist gegenwärtig,
     Dem die Cherubinen
     Tag und Nacht gebücket dienen;
   Heilig, heilig, heilig!
     Singen Ihm zur Ehre
     Aller Engel hohe Chöre.
   Herr, vernimm Unsre Stimm',
   Da auch wir Geringen
   Unsre Opfer bringen.

3. Wir entsagen willig
     Allen Eitelkeiten,
     Aller Erdenlust und Freuden.
   Da liegt unser Wille,
     Seele, Leib und Leben,
     Dir zum Eigenthum ergeben.
   Du allein Sollst es sein,
   Unser Gott und Herre,
   Dir gebührt die Ehre!

4. Majeſtätiſch Weſen,
   Möcht ich recht Dich preiſen
   Und im Geiſt Dir Dienſt erweiſen;
Möcht ich, wie die Engel,
   Immer vor Dir ſtehen
   Und Dich gegenwärtig ſehen!
Laß mich Dir Für und für
Trachten zu gefallen,
Liebſter Gott, in Allem! [1])

5. Luft, die Alles füllet,
   Drin wir immer ſchweben,
   Aller Dinge Grund und Leben!
Meer ohn' Grund und Ende,
   Wunder aller Wunder,
   In dich ſenk ich mich hinunter!
Ich in Dir, Du in mir!
Laß mich ganz verſchwinden,
Dich nur ſehn und finden!

6. Du durchdringeſt Alles;
   Laß Dein ſchönſtes Lichte,
   Herr, berühren mein Geſichte!
Wie die zarten Blumen
   Willig ſich entfalten
   Und der Sonne ſtille halten:
Laß mich ſo Still und froh
Deine Strahlen faſſen
Und Dich wirken laſſen!

1) Urſpr. „in Allen".

7. Mache mich einfältig,
 Innig, abgeschieden,
 Sanft und still in Deinem Frieden;
Mach mich reines Herzens,
 Daß ich Deine Klarheit
 Schauen mag in Geist und Wahrheit;
Laß mein Herz Himmelwärts [1])
Wie ein Adler schweben
Und in Dir nur leben!

8. Herr, komm in mir wohnen.
 Laß mein'n Geist auf Erden
 Dir ein Heiligthum noch werden;
Komm, Du nahes Wesen,
 Dich in mir verkläre,
 Daß ich Dich stets lieb und ehre!
Wo ich geh', Sitz und steh',
Laß mich Dich erblicken
Und vor Dir mich bücken!

Nr. 7. Mel.: O Jerusalem du schöne.
Benjamin Schmolk (Schmolcke). Gedr. 1734 unter dem Titel: „Der erste Schritt in die Kirche." Ueber das vierte Gebot.

1. Thut mir auf die schöne Pforte,
 Führt in Gottes Haus mich ein!
Ach, wie wird an diesem Orte
 Meine Seele fröhlich sein!
Hier ist Gottes Angesicht,
Hier ist lauter Trost und Licht.

---

1) Statt „Ueberwärts".

2. Herr, ich bin zu Dir gekommen;
    Komme Du nun auch zu mir!
Wo Du Wohnung hast genommen,
    Da ist lauter Himmel hier.
Zeuch in meinem Herzen ein,
Laß es Deinen Tempel sein!

3. Laß in Furcht mich vor Dich treten,
    Heilige mir Leib und Geist.
Daß mein Singen und mein Beten
    Dir ein lieblich Opfer heißt.
Heilige mir Mund und Ohr,
Zeuch das Herz zu Dir empor!

4. Mache mich zum guten Lande,
    Wenn Dein Saatkorn in mich fällt:
Gib mir Licht in dem Verstande;
    Und was mir wird vorgestellt,
Präge meinem Herzen ein,
Laß es mir zur Frucht gedeihn.

5. Stärk in mir den schwachen Glauben,
    Laß Dein theures Kleinod mir
Nimmer aus dem Herzen rauben,
    Halte mir Dein Wort stets für;
Ja, das sei mein Morgenstern,
Der mich führet zu dem Herrn!

6. Rede, Herr, so will ich hören,
    Und Dein Wille werd' erfüllt!
Laß nichts meine Andacht stören,
    Wenn der Brunn des Lebens quillt.
Speise mich mit Himmelsbrod,
Tröste mich in aller Noth!

7. Oeffne mir die Lebensauen,
  Daß Dein Lamm sich weiden kann;
Laß mir Himmelsmanna thauen,
  Zeige mir die rechte Bahn
Hier aus diesem Jammerthal
Zu des Himmels Freudensaal!

Nr. 8. Mel.: Alle Menschen müssen sterben.

Nach Joh. Michael Hahn, gest. 1819, umgearbeitet
für das N. Würt. Gsgb. von 1842. Das Original hat
24 Strophen und beginnt: „Jesu, Bräutigam der Deinen.“

1. Jesu! Seelenfreund der Deinen,
  Sonne der Gerechtigkeit,
Wandelnd unter den Gemeinen,
  Die zu Deinem Dienst bereit:
Komm zu uns, wir sind beisammen,
Gieße Deine Geistesflammen,
Gieße Licht und Leben aus
Ueber dieß Dein Gotteshaus!

2. Komm, belebe alle Glieder,
  Du, der Kirche heilig Haupt;
Treibe aus, was Dir zuwider,
  Was uns Deinen Segen raubt!
Komm, entdeck uns in der Klarheit
Gottes Herz voll Gnad und Wahrheit;
Laß uns fühlen allzugleich:
„Ich bin mitten unter euch!“

3. Laß sich die Gemüther kehren
  Zu Dir, Glanz der Ewigkeit!

Laß uns innigst nur begehren,
  Was uns Dein Erbarmen beut.
Laß Dein Licht und Leben fließen,
Und in Alle sich ergießen,
  Stärke Deinen Gnadenbund,
  Herr, in jedes Herzens Grund!

4. Laß auch unsern Lehrer sehen
    Nur auf Dich, Herr Jesu Christ!
  Laß die Hörer tief verstehen,
    Daß Du selbst zugegen bist,
  Mild in jedes Herz zu kommen.
  Was nicht wird von Dir genommen,
    Taugt, und wär' es noch so schön,
    Nicht in Deine Himmeshöhn.

5. Komm, o Herr, in jede Seele,
    Laß sie Deine Wohnung sein,
  Daß Dir einst nicht Eine fehle
    In der Gotteskinder Reih'n.
  Laß uns Deines Geistes Gaben
  Reichlich mit einander haben;
    Offenbare heiliglich,
    Haupt, in allen Gliedern Dich!

6. Was von Dir uns zugeflossen,
    Müsse Geist und Leben sein;
  Was die Seele hat genossen,
    Mache sie gerecht und rein.
  Komm, o Jesu, uns zu segnen,
  Jedem gnädig zu begegnen,
    Daß in ew'ger Lieb und Treu
    Jedes Dir verbunden sei!

Nr. 9. Mel.: O du Liebe meiner Liebe.

Carl Johann Philipp Spitta, geb. 1801, gest. 1859.
Aus seiner zweiten Sammlung 184?.

1. O wie freun wir uns der Stunde,
   Da wir Dir, Herr Jesu, nahn,
   Um aus Deinem heil'gen Munde
   Lebensworte zu empfahn!
   Laß uns heute nicht vergebens
   Hörer Deines Wortes sein:
   Schreibe selbst das Wort des Lebens
   Tief in unsre Herzen ein.

2. Sieh, wir sitzen Dir zu Füßen:
   Großer Meister, rede Du;
   Sieh, wir hören Deiner süßen
   Rede heilsbegierig zu.
   Lehr uns, wie wir selig werden;
   Lehr uns, wie wir unsre Zeit,
   Diese kurze Zeit auf Erden,
   Nützen für die Ewigkeit.

3. Oeffne selbst uns das Verständniß
   Wie den Jüngern Du gethan;
   Zur lebendigen Erkenntniß
   Trag die Fackel Du voran!
   Licht der Welt, das schon verscheuchte
   Manche dichte Finsterniß, —
   Licht der Welt, auch uns erleuchte,
   Denn im Licht geht man gewiß.

4. Gieß uns aber auch das Feuer
   Deiner Liebe in das Herz,

Daß wir an Dir immer treuer
   Hangen unter Freud und Schmerz.
Keine Last sei uns beschwerlich,
Die von Dir uns aufgelegt, —
Und uns Alles leicht entbehrlich,
Was mit Dir sich nicht verträgt.

5. Nun so lege Licht und Liebe,
   Kraft und Feuer auf Dein Wort;
Laß es mit lebend'gem Triebe
   In uns wirken fort und fort.
Hilf uns, daß wir treu bewahren,
Was wir in das Herz gefaßt,
Und laß Andre auch erfahren,
Daß Du Lebensworte hast.

Nr. 10.   Mel.: Nun danket Alle Gott.

Verfasser unbekannt. Knapp's Liedersch. v. 1850
(Nr. 1220, u N. Basler Gsgb. 1854.

1. Nun bittet Alle Gott
   Mit Herzen, Mund und Händen,
Daß Er uns Seinen Geist
   Vom Himmel wolle senden,
Der bei uns sei und bleib
   Nach Seinem theuren Wort,
In Zeit und Ewigkeit,
   Hier und an jedem Ort.

2. Nun bittet Alle Gott,
   Daß Er uns Sünder schone,

Daß Er uns nahe sei
   In Jesu, Seinem Sohne,
Daß Er die Kirche bau
Durch Sein lebendig Wort,
Und uns einst gebe Raum
Bei Seinen Engeln dort.

3. Ach ja, Herr, lehre uns:
   So sind wir recht gelehret;
Ach, Herr, bekehre uns:
   So sind wir recht bekehret;
Ach, Heiland, heile uns:
So sind wir ewig heil;
Dein Blut sei unser Trost,
Dein Geist sei unser Theil!

4. Es segne uns der Herr,
   Der Urquell aller Güter;
Israels Arzt und Hort
   Sei unser Hort und Hüter;
Es leuchte über uns
Sein Gnadenangesicht;
Sein Friede ruh auf uns,
Sein Geist verlaß uns nicht!

2. Gebetlieder zum Schluſſe des Gottesdienſtes.

[Vergl die Lobſprüche am Schluß.]

Nr. 11. Eigene Melodie.

Martin Luther. Zuerſt gedruckt 1542. Unter dem Titel: „Ein Kinderlied, zu ſingen wider die zween Erzfeinde Chriſti und ſeiner heiligen Kirchen, den Papſt und Türken." Manche Gſgb. fügen noch 3 oder 4 V. von Juſt. Jonas u. Anb. bei. Aber die beſten neueren Gſgb. beſchränken ſich auf das Lied in ſeiner urſpr. Geſtalt.

1. Erhalt uns, Herr, bei Deinem Wort
   Und ſteure aller Feinde Mord[1]),
   Die Jeſum Chriſtum, Deinen Sohn,
   Möchten[2]) ſtürzen von Seinem[3]) Thron.

2. Beweis Dein' Macht, Herr Jeſu Chriſt,
   Der Du Herr aller Herren biſt,
   Beſchirm' Dein' arme Chriſtenheit,
   Daß ſie Dich lob' in Ewigkeit.

1) Urſpr. „Und ſteur des Pabſt's u. Türken Mord", mit Rückſicht auf die damaligen „zwei Erzfeinde Chriſti und ſeiner h. Kirche." Dieſe Worte gaben aber ſchon anfangs großen Anſtoß und paſſen nicht mehr für unſre Zeit (zumal in Amerika), obwohl ſie noch neuerdings von Wackernagel und Stip um ihrer hiſtoriſchen Bedeutung willen eifrig in Schutz genommen werden ſind. Das Eiſenacher Geſangbuch von 1853 hat ebenfalls die obige Aenderung aufgenommen. Selbſt Wackernagel hat jetzt im Kl. Gſgb. von 1860 eine ähnliche Modification „Und ſteur des Feindes Trug und Mord," und rechtfertigt ſie im Anhang (S. 219) durch die Rückſicht auf die „Vermiſchten unſerer Staats- und Kirchenverhältniſſe", deutet aber an, daß die alte Form wieder zuläſſig und nothwendig werden möge. Allein von den Türken hat die Kirche wohl nichts mehr zu fürchten, und die Polemik gegen das Papſtthum, ja überhaupt alle ſpecielle und perſönliche Polemik, gehört nicht in ein Kirchen-Geſangbuch. Alles zu ſeiner Zeit und an ſeinem Orte.
2) Urſpr. „wollten", was aber hier die Bedeutung von möchten hat.
3) Anb: „Deinem Thron".

3. Gott, heil'ger Geiſt, Du Tröſter werth,
   Gieb Dein'm Volk ein'rlei Sinn auf Erd;
   Steh bei uns in der letzten Noth,
   Führ uns in's Leben aus dem Tod.

Nr. 12. Mel.: Dieweil ich auferſtehe.

Joſua Stegmann, geſt. 1632. Zuerſt 1630 in dem
Werke: „Erneuerte Herzensſeufzer, darinnen Zeitgebetlein
auf die bevorſtehende betrübte Kriegstheurung und
Sterbenszeiten gerichtet," ꝛc. „durch Joſuam Stegman,
der h. Schr. Doct. u. Prof.. Schaumburgiſchen Superintendenten" Die Autorſchaft Stegmann's iſt übrigens
nicht ganz ſicher, da ſein Buch viele Lieder anderer Dichter oder Umarbeitungen derſelben enthält Das Lied iſt
auf die Bitte der Jünger von Emmaus, Luk. 24, 29.
gegründet und in allgemeinen kirchlichen Gebrauch übergegangen. Das N. Würt. Geſgb. und Knapp fügen noch
einen ſiebenten V. hinzu: „Ach bleib mit Deinem Frieden Bei uns auch noch im Tod, Und ſprich zu uns den
Müden: Ihr ſeid verſöhnt mit Gott". Der Verf. dieſes
Zuſatzes iſt mir unbekannt. Die neueſten kritiſchen Gſgb.
laſſen ihn aus, das Berl. von 1829, wo dieſes Lied die
erſte Nr. bildet hat ihn auch nicht V. 6 iſt ein ganz
paſſender Schluß Engl. Ueberſ. in Lyra Germ. II. 120:
"Abide among us with Thy grace, Lord Jesus, evermore."

1. Ach bleib mit Deiner Gnade
   Bei uns, Herr Jeſu Chriſt,
   Daß uns hinfort nicht ſchade
   Des böſen Feindes Liſt!

2. Ach bleib mit Deinem Worte
   Bei uns, Erlöſer werth,
   Daß uns beid', hier und dorte
   Sei Güt' und Heil beſchert!

3. Ach bleib mit Deinem Glanze
 Bei uns, Du werthes Licht;
Dein' Wahrheit uns umschanze,
 Damit wir irren nicht!

4. Ach bleib mit Deinem Segen
 Bei uns, Du reicher Herr;
Dein' Gnad' und all Vermögen
 In uns reichlich vermehr!

5. Ach bleib mit Deinem Schutze
 Bei uns, Du starker Held,
Daß uns der Feind nicht trutze,
 Noch fäll' die böse Welt!

6. Ach bleib mit Deiner Treue
 Bei uns, o Herr und Gott,
Beständigkeit verleihe,
 Hilf uns aus aller Noth!

Nr. 13. Mel.: Liebster Jesu, wir sind hier.

Hartmann Schen². 1677. B 3 wird am meisten gebraucht und Wackernagel (xl. Gsgb. Nr 136) giebt bloß den 3ten V.

1. Nun, Gottlob, es ist vollbracht,
 Singen, Beten, Lehren, Hören;
Gott hat Alles wohlgemacht:
 Drum laßt uns Sein Lob vermehren.
Unser Gott sei hoch gepreiset,
Weil Er uns so wohl gespeiset.

2. Weil der Gottesdienst ist aus,
 Und uns mitgetheilt der Segen:

2*

So gehn wir mit Freud' nach Haus,
   Wandeln fein auf Gottes Wegen.
Gottes Geiſt uns ferner leite
Und uns Alle wohl bereite.

3. Unſern Ausgang ſegne Gott,
   Unſern Eingang gleichermaßen,
Segne unſer täglich Brod,
   Segne unſer Thun und Laſſen;
Segne uns mit ſel'gem Sterben,
Und mach uns zu Himmelserben.

———

Nr. 14.   Mel.: Herr und Aelt'ſter Deiner Kreuz= gemeine.

Graf Zinzendorf der Jüngere. Vor 1750. Vierter Vers des Liedes: Marter Gottes, Nr 127. Ein Lieblings= Vers in Erbauungsſtunden und geſelligen Kreiſen in Deutſchland. Auch Wackernagel hat dieſen V. in ſein Kl. Gſgb. aufgenommen, aber ohne Angabe des Verfaſſers.

1. Die wir uns allhier beiſammen finden,
   Schlagen unſre Hände ein,
Uns auf Deine Marter zu verbinden,
   Dir auf ewig treu zu ſein;
Und zum Zeichen, daß dieß Lobgetöne
Deinem Herzen angenehm und ſchöne,
Sage: Amen! und zugleich:
Friede, Friede ſei mit euch!

Nr. 15. Mel.: Chriſtus, der iſt mein Leben.

Carl Bernhard Garve. Ber 1827. Der apoſto-
liſche Segen, 2 Kor. 13, 13.

1. Ach ſei mit Deiner Gnade
    Bei uns, Herr Jeſu Chriſt,
    Auf daß uns nimmer ſchade
    Des böſen Feindes Liſt!

2. Ach ſei mit Deiner Liebe,
    Gott Vater, um uns her!
    Wenn dieſe uns nicht bliebe,
    Fiel uns die Welt zu ſchwer.

3. Ach heil'ger Geiſt, behalte
    Gemeinſchaft allezeit
    Mit unſrem Geiſt, und walte
    Nun und in Ewigkeit!

3. Allgemeine Lob- und Danklieder vor und nach der Predigt.

Nr. 16. Eigene Melodie.

Pſalm 103. Bearbeitet von Job. Graumann
(Poliander) 1525 oder 1530, zuerſt gedr. 1540. (Nach
Mützell I 308 und der Eiſenacher Recenſ.) Manche Geſb.
geben als 5ten V. eine Texologie, die aber ein ſpäterer
Zuſatz iſt. Engl. Ueberſ. im Metrum des Orig. von Henry
Mills, Horae Germanicae N. 75. p. 139. "Now to the
Lord sing praises."

1. Nun lob', mein' Seel', den Herren,
    Was in mir iſt, den Namen Sein;
    Sein' Wohlthat thut Er mehren,
    Vergiß es nicht, o Herze mein!

Hat dir dein' Sünd' vergeben
　　Und heilt dein Schwachheit groß,
Errett't dein armes Leben,
　　Nimmt dich in Seinen Schoß,
Mit reichem Trost beschüttet,
　　Verjüngt dem Adler gleich;
Der Herr schafft Recht, behütet,
　　Die leiden für Sein Reich.

2. Er hat uns wissen lassen
　　Sein herrlich Recht und Sein Gericht,
Darzu Sein' Güt' ohn' Maßen,
　　Es mangelt an Erbarmung nicht.
Sein'n Zorn läßt Er wohl fahren,
　　Straft nicht nach unsrer Schuld,
Die Gnad' thut Er nicht sparen,
　　Den Blöden ist Er hold;
Sein' Güt' ist hoch erhaben
　　Ob den'n, die fürchten Ihn;
So fern der Ost vom Abend
　　Ist unsre Sünd' dahin.

3. Wie Väter sich erbarmen
　　Ob ihrer jungen Kindelein:
So thut der Herr uns Armen,
　　Wenn wir Ihn fürchten kindlich rein;
Er kennt das arm' Gemächte
　　Und weiß, wir sind nur Staub,
Gleichwie das Gras vom Felde,
　　Ein' Blum' und fallend Laub:
Der Wind nur drüber wehet,
　　So ist es nimmer da;
Also der Mensch vergehet,
　　Sein Ende ist ihm nah.

4. Die Gottesgnad' alleine
    Steht fest und bleibt in Ewigkeit;
Sie bleibt bei der Gemeine,
    Die stets in Seiner Furcht bereit,
Will Seinen Bund bewahren.
    Er herrscht im Himmelreich:
Lobt Ihn, ihr Engelschaaren,
    Thut Sein'n Befehl zugleich,
Dem großen Herrn zu Ehren,
    Und treibt Sein heilig Wort;
Mein' Seel' soll auch vermehren
    Sein Lob an allem Ort.

Nr. 17. Mel.: Herr Jesu Christ, Dich zu uns wend'.

Psalm 100. Bearbeitet von David Denicke, gest. 1680.

1. Nun jauchzt dem Herren, alle Welt!
Kommt her, zu Seinem Dienst euch stellt!
Kommt mit Frohlocken, säumet nicht,
Kommt vor Sein heil'ges Angesicht!

2. Erkennt, daß Gott ist unser Herr,
Der uns erschaffen Ihm zur Ehr',
Und nicht wir selbst; durch Gottes Gnad'
Ein jeder Mensch sein Leben hat.

3. Er hat uns ferner wohl bedacht,
Und uns zu Seinem Volk gemacht,
Zu Schafen, die Er ist bereit
Zu führen stets auf grüner Weid.

4. Ihr, die ihr bei Ihm wollet sein,
   Kommt, geht zu Seinen Thoren ein
   Mit Loben durch der Psalmen Klang,
   Zu Seinem Vorhof mit Gesang!

5. Dankt unserm Gott, lobsinget Ihm,
   Lobsinget Ihm mit hoher Stimm',
   Lobsingt und danket allesammt!
   Gott loben, das ist unser Amt.

6. Er ist voll Güt' und Freundlichkeit,
   Voll Treu' und Lieb' zu jeder Zeit;
   Sein' Gnade währet dort und hier,
   Und Seine Wahrheit für und für.

7. Gott Vater in dem höchsten Thron,
   Und Jesus Christ, Sein ein'ger Sohn,
   Sammt Gott, dem werthen heil'gen Geist,
   Sei nun und immerdar gepreist!

Nr. 18.   Eigene Melodie.

Psalm 146 Bearbeitet von Joh. Daniel Herrnschmidt, zuerst erschienen 1714 in Freylinghausen's Gsgb.
Th. II. Eine andere sehr schöne Bearbeitung dieses
Psalmes ist von M. Jorissen (1793): „Hallelujah! Gott
zu loben, Bleibe meine Seelenfreud'", ist aber nicht so weit
verbreitet.

1. Lobe den Herren, o meine Seele!
      Ich will Ihn loben bis zum Tod;
   Weil ich noch Stunden auf Erden zähle!
      Will ich lobsingen meinem Gott.

Der Leib und Seel' gegeben hat,
Werde gepriesen früh und spat.
Hallelujah! Hallelujah!

2. Fürsten sind Menschen, vom Weib geboren,
Und kehren um zu ihrem Staub;
Ihre Anschläge sind auch verloren,
Wenn nun das Grab nimmt seinen Raub.
Weil dann kein Mensch uns helfen kann,
Rufe man Gott um Hülfe an.
Hallelujah! Hallelujah!

3. Selig, ja selig ist der zu nennen,
Deß Hülfe der Gott Jakobs ist;
Welcher vom Glauben sich nicht läßt trennen,
Und hofft getrost auf Jesum Christ.
Wer diesen Herrn zum Beistand hat,
Findet am besten Rath und That.
Hallelujah! Hallelujah!

4. Dieser hat Himmel, Meer und die Erden,
Und was darinnen ist, gemacht.
Alles muß pünktlich erfüllet werden,
Was Er uns einmal zugedacht.
Er ist's, der Herrscher aller Welt,
Welcher uns ewig Glauben hält.
Hallelujah! Hallelujah!

5. Zeigen sich welche, die Unrecht leiden,
Er ist's, der ihnen Recht verschafft;
Hungrigen will Er zur Speis' bescheiden,
Was ihnen dient zur Lebenskraft;

Die hart Gebund'nen macht Er frei;
Seine Gnade ist mancherlei.
Hallelujah! Hallelujah!

6. Sehende Augen gibt Er den Blinden,
    Erhebt, die tief gebeuget gehn.
Wo Er kann einige Fromme finden,
    Die läßt Er Seine Liebe sehn.
Sein' Aufsicht ist der Fremden Trutz,
Wittwen und Waisen hält Er Schutz.
Hallelujah! Hallelujah!

7. Aber der Gottvergess'nen Tritte
    Kehrt Er mit starker Hand zurück,
Daß sie nur machen verkehrte Schritte,
    Und fallen selbst in ihren Strick.
Der Herr ist König ewiglich.
Zion, dein Gott sorgt stets für dich.
Hallelujah! Hallelujah!

8. Rühmet, ihr Menschen, den hohen Namen
    Deß, der so große Wunder thut.
Alles, was Odem hat, rufe Amen,
    Und bringe Lob mit frohem Muth.
Ihr Kinder Gottes lobt und preist
Vater und Sohn und heil'gen Geist.
Hallelujah! Hallelujah!

Nr. 19.   Eigene Melodie

Nicolaus Decius, 1526. Freie deutsche Bearbeitung des Hymnus angelicus oder Gloria in excelsis (Luk 2, 14), welches zuerst von den himmlischen Heerschaaren bei der Geburt Christi gesungen, dann im zweiten oder dritten Jahrh. von unbekannter Hand zum Morgenpsalm der griechischen Kirche erweitert und von Bischof Hilarius um 360 frei in's Lat. übersetzt wurde. Dieser uralte Hymnus gehört nach seinem wesentlichen Inhalt der gesammten Christenheit an und repräsentirt eine ununterbrochene Liedertradition, die mit den Engeln im Himmel beginnend durch die griech., latein. und evangel. Kirche aller Zeiten hindurch tönt. Vom deutschen Gloria giebt es zwei Bearbeitungen aus dem 16. Jahrh., eine niederdeutsche von 1526 (b) und eine hochdeutsche v. 1540 Beide bei Mützell I 230 f Das griech. Original in den Constitutiones Apostol. lib. VIII. 36 und in Daniel's Thesaur. hymnol. III. 4, vgl. II. 267 ff. Luther agt vom Gloria in excelsis, wie es damals allgemein in den Kirchen gebräuchlich war: „Das ist die köstliche Engelpredigt, dazu kommen viele tausend andere Engel und heben eine schöne Musik an: daß gleich wie diese Predigt eine Meisterpredigt ist, also folget auch ein Meistergesang darauf, ein englischer Gesang, welchen man in der Welt zuvor nie gehört" Neuere und treuere Uebers des Gloria in excelsis von Rambach, Fertlage, Bäseler.

1. Allein Gott in der Höh' sei Ehr'
   Und Dank für Seine Gnade,
Darum, daß nun und nimmermehr
   Uns rühren kann ein Schade.
Ein Wohlgefall'n Gott an uns hat,
Nun ist groß' Fried' ohn' Unterlaß,
All' Fehd' hat nun ein Ende.

2. Wir leben, preis'n, anbeten Dich,
   Für Deine Ehr' wir danken[1],

---

[1] Viele Ausgaben, auch Wackernagel, verbinden „für Deine Ehr'" mit „anbeten Dich" und setzen ein (,) oder ein (.) hinter „Ehr" Allein die obige Interpunction ist ohne Zweifel die richtige nach dem lat Orig

Daß Du, Gott Vater, ewiglich
Regierst ohn' alles Wanken.
Ganz ungemessen ist Dein' Macht,
Es g'schieht, was Dein' Will' hat bedacht,
Wohl uns des guten [2]) Herren!

3. O Jesu Christ, Sohn eingebor'n
Deines himmlischen Vaters,
Versöhner derer, die verlor'n,
Du Stiller unsers Haders;
Lamm Gottes, heil'ger Herr und Gott,
Nimm an die Bitt' aus uns'rer Noth,
Erbarm' Dich unser Aller! [3])

4. O heil'ger Geist, Du höchstes Gut,
Allerheilsamster Tröster,
Vor Satans Macht [4]) fortan behüt'
Uns, die Christus erlöste
Durch groß' Marter und bittern Tod;
Wend' ab all unsern Jamm'r und Noth;
Darauf [5]) wir uns verlassen.

---

ginal „Laudamus te, benedicimus te, adoramus te, glorificamus te, gratias agimus tibi propter magnam gloriam tuam" (in der anglicanischen Liturgie: "We give thanks to thee for thy great glory").
Ebenso auch im Griechischen: εὐχαριστοῦμέν σοι (al. προσκυνοῦμέν σε) διὰ τὴν μεγάλην σου δόξαν, wo das διὰ δόξαν auf alle vorangehenden Verba sich bezieht. Daher würde im Deutschen das „danken" besser voranstehen.

2) So die meisten neuern Gsgb. statt „seinen".

3) And. „Amen"; noch And. „Armen", Wackernagel „üb'r uns Arme". Die urspr. Form war „unser Armen" (miserere nostri miserorum), woraus dann aus Mißverstand leicht „unser Armen" (pauperum) wurde. Daher frühzeitig diese Veränderungen, von welchen die im Texte die passendste ist.

4) Urspr. „Vor's Teufels G'walt".

5) Statt „dazu".

Nr. 20. Eigene Melodie.

Das *Te Deum laudamus* der alten Kirche vor 400,
oder der sogenannte **Ambrosianische** Lobgesang, verteutscht
von **Martin Luther** 1529 (nach Andern 1533) Vgl.
Mützell I. 39. Wackernagel sagt in seinem deutschen Kirchen=
lied S. 145, es finde sich zuerst in dem Wittenberger Gsgb.
von 1533, giebt ihm aber in seinem „Kl. Gsgb." von 1860
dennoch die Jahreszahl 1529. Ebenso Mützell. Das
N Würtemb. Gsgb. von 1841 stellt es an die Spitze
als Nr. 1; ebenso Knapp's Evang Gsgb von 855, und
das amerik. luth. Gsgb von 1849. Das weltberühmte
lat. Original, welches übrigens selbst wieder bloß eine
Bearbeitung eines noch älteren griechischen Psalms aus
dem 2ten oder 3ten Jahrh ist, wird in der kath. Kirche
fast sonntäglich, besonders an hohen Festen, gesungen.
Auch in der englisch=bischöflichen Kirche ist das Te Deum
(in reimloser Uebersetzung: We praise Thee, o God, etc.)
ein regelmäßiger Bestandtheil der sonntäglichen Liturgie.
Die Viel. der luth. Uebers. ist eigentlich als Wechselgesang
für zwei Chöre bestimmt, wie das (:) andeutet.

1. Herr Gott, Dich loben wir:
   Herr Gott, wir danken Dir!
   Dich Vater in Ewigkeit:
   Ehrt die Welt weit und breit.
   All' Engel und Himmelsheer:
   Und was dienet Deiner Ehr',
   Auch Cherubim und Seraphim:
   Singen immer mit hoher Stimm':
   Heilig ist unser Gott:
   Heilig ist unser Gott!
   Heilig ist unser Gott,
   Der Herre Zebaoth!

2. Dein göttlich Macht und Herrlichkeit:
   Geht über Himmel und Erden weit;

5. Die theuren Märt'rer allzumal
Dich loben stets mit großem Schall.
Die ganze werthe Christenheit
Rühmt Dich auf Erden weit und breit.

6. Dich, Vater, Gott im höchsten Thron,
Und Deinen eingebornen Sohn,
Den heil'gen Geist und Tröster werth'
Mit gleichem Dienst sie lobt und ehrt.

7. Du, höchster König Jesu Christ,
Des Vaters ew'ger Sohn Du bist;
Du ward'st ein Mensch, der Herr ein Knecht,
Zu retten das menschlich' Geschlecht.

8. Du hast dem Tod zerstört sein' Macht,
Zum Himmelreich die Christen bracht,
Du sitz'st zur Rechten Gottes gleich
Mit aller Ehr' in's Vaters Reich.

9. Ein Richter Du zukünftig bist
All's deß, was todt und lebend ist,
Nun steh, Herr, Deinen Dienern bei,
Die Dein Blut kaufte los und frei.

10. Laß uns im Himmel haben Theil,
Mit den Heil'gen am ew'gen Heil!
Hilf Deinem Volk, Herr Jesu Christ,
Und segne, was Dein Erbtheil ist!·

11. Beschirm' Dein' Kirch' zu aller Zeit,
Erheb' sie hoch in Ewigkeit!
Täglich, Herr Gott, wir loben Dich,
Und danken Dir, Herr, stetiglich!

12. Behüt' uns heut, o treuer Gott,
    Vor aller Sünd' und Missethat!
    Sei uns gnädig, o Herre Gott!
    Sei uns gnädig in aller Noth!

13. Zeig' uns Deine Barmherzigkeit,
    Dein guter Geist uns stets begleit'.
    Wir hoffen auf Dich, lieber Herr!
    In Schanden laß uns nimmermehr!

Nr. 22. Eigene Melodie.

Ma tin Rinkart. Geb. kurz vor dem Schluß des
dreißigjährigen Krieges, 1648, und bald allgemein eingeführt als das ächt volksthümliche Deutsche Te Deum.
B. 1 u. 2 nach Sirach 50, 24—26. B. 3 nach dem alten
Gloria Patri oder der kleinen Doxologie, welche im Nicä-
nischen Zeitalter gegen den Arianismus auf Grundlage
der Taufformel und N. T.lichen Doxologie entstanden ist.
Zuerst hieß das kleine Gloria einfacher: Gloria Patri. et
Filio et Spiritui sancto in secula seculorum nachher
genauer (um dem Arianismus jede Ausflucht abzuschnei-
den) Gl. . . . *sicut erat ab initio* (oder *in principio*) *et
nunc et semper et* in secula seculorum. — Engl. Uebers.
von C. Winkworth in Lyra Germ. II. und im Morav.
H. B. No. 562.

1. Nun danket Alle Gott
       Mit Herzen, Mund und Händen,
   Der große Dinge thut
       An uns und allen Enden,
   Der uns von Mutterleib
       Und Kindesbeinen an
   Unzählig viel zu gut
       Bis hierher hat[1]) gethan.

---

1) Oder „Und noch itzund"

2. Der ewig reiche Gott
   Woll uns bei unserm Leben
Ein immer fröhlich Herz
   Und edlen Frieden geben,
Und uns in seiner Gnad
   Erhalten fort und fort,
Und uns aus aller Noth
   Erlösen hier und dort.

3. Lob, Ehr' und Preis sei Gott,
   Dem Vater und dem Sohne,
Und Dem der beiden gleich
   Im höchsten Himmelsthrone:
Ihm, Dem dreiein'gen Gott,
   Wie es[1]) im Anfang war,
Und ist und bleiben wird
   Jetzund und immerdar!

Nr. 23. Eigene Melodie.

Pau. Gerhardt. 1653. Nach Sir. 50, 24—26.

1. Nun danket All' und bringet Ehr',
   Ihr Menschen in der Welt,
Dem, Dessen Lob der Engel Heer
   Im Himmel stets erzählt.

2. Ermuntert euch und singt mit Schall,
   Gott unserm höchsten Gut,
Der seine Wunder überall
   Und große Dinge thut.

---

1) Knapp, Koch, das A. Würt., das Eisen. u. and. Gsgb. lesen „es", während C. v. Raumer, Stip und Wackernagel sich für „Er", das Berl. u. and. Gsgb. noch unpassender für „Der" entscheiden. Es ist offenbar Uebers. der uralten Doxologie Sicut erat ab initio et nunc et semper et in secula seculorum. und ist zu verstehen von dem ununterbrochenen ewig forttönenden Lobe des dreieinigen Gottes. Ebenso die englische Uebers. As it was in the beginning, etc.

3. Der uns von Mutterleibe an
   Frisch und gesund erhält,
   Und wo kein Mensch uns helfen kann,
   Sich Selbst zum Helfer stellt.

4. Der, ob wir Ihn gleich hoch betrübt,
   Doch bleibet gutes Muths,
   Die Straf' erläßt, die Schuld vergiebt,
   Und thut uns alles Gut's.

5. Er gebe uns ein fröhlich Herz,
   Erfrische Geist und Sinn, [Schmerz
   Und werf all Angst, Furcht, Sorg und
   In's Meeres Tiefe hin.

6. Er lasse Seinen Frieden ruhn
   Auf Seiner Christen Land,
   Er gebe Glück zu unserm Thun
   Und Heil in allem Stand.

7. Er lasse Seine Lieb' und Güt'
   Um, bei und mit uns gehn,
   Was aber ängstet und bemüht,
   Gar ferne von uns stehn.

8. So lange dieses Leben währt,
   Sei Er stets unser Heil,
   Und bleib auch, wann wir von der Erd'
   Abscheiden, unser Theil.

9. Er drücke, wenn das Herze bricht,
   Uns unsre Augen zu,
   Und zeig' uns drauf Sein Angesicht
   Dort in der ew'gen Ruh.

———

Nr. 24. Mel.: Es ist das Heil uns kommen her.

Joh. Jakob Schütz (gest. 1690 zu Frankfurt a. M.), zuerst anonym erschienen 1673. Das einzige Lied dieses Dichters. Grundton 5 Mos. 32, 3: „Gebt unsrem Gott allein die Ehre" Steht in allen guten Gsab. Engl. Uebers. in Lyra Germ. II.: "All praise and thanks to God most high." Eine and. im Morav H. B. No 556.

1. Sei Lob und Ehr' dem höchsten Gut,
    Dem Vater aller Güte.
  Dem Gott, der alle ¹) Wunder thut,
    Dem Gott, der mein Gemüthe
  Mit Seinem reichen Trost erfüllt,
  Dem Gott, der allen Jammer stillt:
  Gebt unserm Gott die Ehre!

2. Es danken Dir die Himmelsheer',
    O Herrscher aller Thronen,
  Und die auf Erden, Luft und Meer
    In Deinem Schatten wohnen,
  Die preisen Deine Schöpfermacht,
  Die Alles also wohl bedacht:
  Gebt unserm Gott die Ehre!

3. Was unser Gott geschaffen hat,
    Das will Er auch erhalten;
  Darüber will Er früh und spat
    Mit Seiner Gnade walten:
  In Seinem ganzen Königreich
  Ist Alles recht, ist Alles gleich
  Gebt unserm Gott die Ehre!

1) Andere: „allein". Dem Sinne nach kommt es auf dasselbe hinaus.

4. Ich rief zum Herrn in meiner Noth:
    Ach Gott, vernimm mein Schreien!
Da half mein Helfer mir vom Tod
    Und ließ mir Trost gedeihen.
Drum dank, ach Gott, drum dank ich Dir;
Ach danket, danket Gott mit mir!
    Gebt unserm Gott die Ehre!

5. Der Herr ist noch[1]) und nimmer nicht
    Von Seinem Volk geschieden;
Er bleibet ihre Zuversicht,
    Ihr Segen, Heil und Frieden.
Mit Mutterhänden leitet Er
Die Seinen stetig hin und her:
    Gebt unserm Gott die Ehre!

6. Wenn Trost und Hülf ermangeln muß,
    Die alle Welt erzeiget;
So kommt, so hilft der Ueberfluß,
    Der Schöpfer selbst, und neiget
Die Vateraugen denen zu,
Die sonsten nirgends finden Ruh:
    Gebt unserm Gott die Ehre!

7. Ich will Dich all mein Lebenlang,
    O Gott, von nun an ehren;
Man soll, Gott, Deinen Lobgesang
    An allen Orten hören;
Mein ganzes Herz ermuntre sich,
Mein Geist und Leib erfreue dich!
    Gebt unserm Gott die Ehre!

---

1) Das Württ. Gsgb. und Knapp substituiren „nun" für „noch",
welches aber mit „nicht" zu verbinden ist.

8. Ihr, die ihr Christi Namen nennt.
   Gebt unserm Gott die Ehre!
Ihr, die ihr Gottes Macht bekennt.
   Gebt unserm Gott die Ehre!
Die falschen Götzen macht zu Spott;
Der Herr ist Gott, der Herr ist Gott
Gebt unserm Gott die Ehre!

9. So kommet vor Sein Angesicht,
   Mit Jauchzen und mit Springen [1]),
Bezahlet die gelobte Pflicht,
   Und laßt uns fröhlich singen:
Gott, Gott hat Alles wohl bedacht,
Und Alles, Alles wohl gemacht!
Gebt unserm Gott die Ehre!

Nr. 25.   Eigene Melodie.

Joachim Neander, Rektor zu Düsseldorf, später
Prediger in Bremen, gest. 1680; der beste Kirchenlieder=
dichter der Ref. K., „voll eigenthüml. Kraft, Tiefe und
Innigkeit." Aus seinen „Bundesliedern." 1679. Sein
Meisterstück. Ein Dankpsalm des neuen Bundes auf
Grundlage von Psalm 100 u. 03. Ein hochbegeistertes,
schwungvolles und ungemein populäres Loblied, das Lieb=
lingslied des Königs Friedrich Wilhelm III. von Preußen
und vieler Christen. Engl. Uebers. von Frl. Jane Borth=
wick in H. fr. the Land of Luther: "Praise to Jehovah!
the Almighty King of creation", eine andere von Prof.
Th. C. Porter. Das daktylische Versmaß ist aber im
Englischen nicht gut wiederzugeben.

1. Lobe den Herren, den mächtigen König der
                                    Ehren!

---

1) Statt „mit jauchzenvollem Springen"

Stimme, o Seele, mit ein zu den himmli-
schen Chören![1]
Kommet zu Hauf!
Psalter und Harfe wacht auf!
Lasset den Lobgesang hören!

2. Lobe den Herren, Der alles so herrlich re-
gieret,
Der dich auf Flügeln des Adlers so sicher
geführet[2],
Der dir beschert,
Was dich erfreuet und nährt;
Dank es Ihm, innig gerühret[3]!

3. Lobe den Herren, Der künstlich und fein dich
bereitet,
Der dir Gesundheit verliehen, dich freundlich
geleitet.
In wie viel Noth
Hat nicht der gnädige Gott
Ueber dir Flügel gebreitet!

4. Lobe den Herren, Der sichtbar dein Leben
gesegnet,
Der aus dem Himmel mit Strömen der
Liebe geregnet.

---

1) Urspr. „Meine geliebte Seele, das ist mein Begehren", was aber
von mehreren der einflußreichsten neuern Gsgb. (dem Berl., Würtemb.,
Bair. rc.) ähnlich wie oben geändert worden ist. Das urspr. lat.
„musicam" in der vierten Zeile von B 1 ist längst allgemein für das
deutsche „Lobgesang" umgetauscht worden und hatte von Wacken-
nagel (Kl. Gsgb. Nr. 103) nicht wieder hergestellt werden sollen.
2) Urspr. „auf Adlers Fittigen sicher gef.", Knapp u. and.
verändern „auf Adlersgefieder", noch and. „auf Flügeln der Liebe."
3) So das Berl., K. Würtb., Bair u. and. Gsgb., statt des ursprünglichen: „Der dich erhält, Wie es dir selber gefällt, Hast
du nicht dieses verspüret?"

Denke daran,
Was der Allmächtige kann,
Der dir mit Liebe begegnet.

5. Lobe den Herren; was in mir ist, lobe den
Namen!
Alles was Odem hat, lobe mit Abrahams
Samen!
Er ist dein Licht;
Seele, vergiß es ja nicht;
Lob Ihn in Ewigkeit! Amen. ¹)

Nr. 26.   Eigene Melodie.
Joachim Neander. 1679.

1. Wunderbarer König,
Herrscher von uns allen,
Laß Dir unser Lob gefallen!
Deine Vatergüte
Hast Du lassen triefen,
Ob wir schon von Dir wegliefen.
Hilf uns noch, Stärk uns doch,
Laß die Zunge singen,
Laß die Stimm' erklingen!

2. Himmel, lobe prächtig
Deines Schöpfers Thaten
Mehr, als aller Menschen Staaten!

---

1) So lesen das N. Württ., Basl, (Essen. u. and. Gsgb, auch Knapp, statt der urspr. Form: „Lobende (nämlich Seele), schließe (nicht schließen, wie einige Gsgb haben) mit Amen." Dagegen ist die zweite Zeile dieser Strophe in einigen dieser Gsgb unnütz und unglücklich verändert, ; z. B. im Berl. Gsgb. „preise des heiligen Namen" statt „lobe mit Abrahams Samen". d. h. mit allen Gläubigen, da Abr. der Vater der Gläubigen genannt wird, Röm. 4. Das Württ. Gsgb. liest: „mit dem erkorenen Samen."

Großes Licht der Sonnen,
Schieße Deine Strahlen,
Die das große Rund bemalen!
    Lobet gern, Mond und Stern',
Seid bereit, zu ehren
Einen solchen Herren.

3. Wasser, Luft und Erde,
Ja, Dein ganz Gebiete
Ist ein Schauplatz Deiner Güte.
    Deiner Langmuth Ehre
Wird durch neue Proben
Immer herrlicher erhoben.
    O wie weit, O wie breit
Ueber Berg und Hügel
Streckt sie ihre Flügel!

4 O du, meine Seele,
Singe fröhlich, singe,
Singe deine Glaubenslieder!
    Was den Odem holet,
Jauchze, preise, klinge!
Wirf dich in den Staub darnieder:
    Er ist Gott Zebaoth,
Er nur ist zu loben
Hier und ewig droben!

5. Hallelujah bringe,
Wer den Herren kennet,
Und in Christo Vater nennet!
    Hallelujah singe,

Welcher Christum liebet,
Ihm von Herzen sich ergiebet!
O, wohl dir! Glaube mir,
Endlich wirst du droben
Ohne Sünd' Ihn loben.

———

Nr. 27.   Eigene Melodie.

Andreas Gotter, gest. 1735. Zuerst gedruckt im
Halleschen Gsgb. 1697.

1. Womit soll ich Dich wohl loben,
    Mächtiger Herr Zebaoth?
  Sende mir dazu von oben
    Deines Geistes Kraft, mein Gott!
  Denn wie kann mein Lied erreichen
  Deine Gnad' und Liebeszeichen.
  Tausend, tausend Mal sei Dir,
  Großer König, Dank dafür!

2. Herr, entzünde mein Gemüthe,
    Daß ich Deine Wundermacht
  Deine Gnade, Treu und Güte,
    Stets erhebe Tag und Nacht,
  Denn von Deinen Gnadengüssen
  Leib und Seele zeugen müssen.
  Tausend, tausend Mal sei Dir,
  Großer König, Dank dafür!

3. Denk ich, wie ich Dich verlassen,
    Wie ich häufig Schuld auf Schuld,
  So möcht ich vor Scham erblassen,
    Vor der Langmuth und Geduld,

Womit Du, o Gott, mich Armen
Hast getragen voll Erbarmen.
Tausend, tausend Mal sei Dir,
Großer König, Dank dafür.

4. Ach ja, wenn ich überlege,
    Mit was Lieb' und Gütigkeit
Du durch so viel Wunderwege
    Mich geführt die Lebenszeit:
So weiß ich kein Ziel zu finden,
Noch die Tiefen zu ergründen.
Tausend, tausend Mal sei Dir,
Großer König, Dank dafür!

5. O wie hast Du meine Seele
    Stets gesucht zu Dir zu ziehn.
Daß ich nicht das Heil verfehle,
    Soll ich zu den Wunden fliehn,
Die mich ausgesühnet haben
Und mir Kraft zum Leben gaben.
Tausend, tausend Mal sei Dir,
Großer König, Dank dafür!

6. Bald mit Lieben, bald mit Leiden,
    Kamst Du, Herr, mein Gott zu mir,
Daß in Schmerzen und in Freuden
    Sich mein Herz ergebe Dir,
Daß mein gänzliches Verlangen
Möcht an Deinem Willen hangen.
Tausend, tausend Mal sei Dir,
Großer König, Dank dafür!

7. Mich hast Du auf Adlersflügeln
    Oft getragen väterlich,

In den Thälern, auf den Hügeln
  Wunderbar errettet mich;
Schien gleich Alles zu zerrinnen,
Ward doch Deiner Hülf ich innen.
Tausend, tausend Mal sei Dir,
Großer König, Dank dafür!

8. Fielen Tausend mir zur Seiten
    Und zehntausend um mich her,
  Ließest Du mich doch begleiten
    Durch der Engel starkes Heer,
Und den Nöthen, die mich drangen,
Bin ich wunderbar entgangen.
Tausend, tausend Mal sei Dir,
Großer König, Dank dafür!

9. Vater, Du hast mir erzeiget
    Lauter Gnad' und Gütigkeit,
  Und Du hast zu mir geneiget,
    Jesu, Deine Freundlichkeit;
Und durch Dich, o Geist der Gnaden,
Werd' ich stets noch eingeladen.
Tausend, tausend Mal sei Dir,
Großer König, Dank dafür'

10. Tausend Mal sei Dir gesungen,
     Herr, mein Gott, Preis, Lob und Dank,
  Daß es mir bisher gelungen:
    Ach! laß meines Lebens Gang
Ferner doch durch Jesu Leiden,
Nur gehn in die Ewigkeiten!
Da will ich, Herr, für und für
Ewig, ewig danken Dir!

Nr. 28.　　Eigene Melodie.

Johann Mentzer. Geb. 1704 nachdem dem Verf. das Haus abgebrannt war; zuerst gedr. 1726. Ein sehr beliebtes Lied, urspr. 15 Str., aber meist abgekürzt. Das Berl. Gsgb. Nr. 662 giebt 11 Str., aber in ganz anderer Ordnung und mit unnöthigen Veränderungen. Engl. Uebers von Mills, Horae Germ. p. 136: "O that I had a thousand voices!" Eine and. in Lyra Germ. I. 170: "Oh would I had a thousand tongues."

1. O daß ich tausend Zungen hätte
　　Und einen tausendfachen Mund!
So stimmt ich damit um die Wette
　　Aus aller tiefstem Herzensgrund
Ein Loblied nach dem andern an
Von dem, was Gott an mir gethan.

2. O daß doch meine Stimme schallte
　　Bis dahin, wo die Sonne steht!
O daß mein Blut mit Jauchzen wallte,
　　So lang es durch die Adern geht!
Ach wär ein jeder Puls ein Dank,
Und jeder Odem ein Gesang!

3. Was schweigt ihr denn, ihr, meine Kräfte?
　　Auf, auf, braucht allen euren Fleiß,
Und stehet munter im Geschäfte
　　Zu Gottes, meines Herren, Preis!
Mein Leib und Seele schicke dich,
Und lobe Gott herzinniglich!

4. Ihr grünen Blätter in den Wäldern,
　　Bewegt und regt euch doch mit mir!
Ihr zarten Blumen auf den Feldern,
　　Lobpreiset Gott mit eurer Zier!

Für Ihn müßt ihr belebet sein;
Auf, stimmet lieblich mit mir ein!

5. Ach Alles, Alles, was ein Leben
    Und einen Odem in sich hat,
Soll sich mir zum Gehülfen geben,
    Denn mein Vermögen ist zu matt,
Die großen Wunder zu erhöhn,
Die allenthalben um mich stehn.[1]

6. Wer überströmet mich mit Segen?
    Bist Du es nicht, o reicher Gott?
Wer schützet mich auf meinen Wegen?
    Du mächtiger Herr Zebaoth.
Du trägst mit meiner Sündenschuld
Unsäglich gnädige Geduld.

7. Auch für das Kreuz will ich Dich loben,
    Das Du mir auferleget hast.
Es zieht den trägen Geist nach oben,
    Und ist mir eine leichte Last.
Ich frage nicht mein Fleisch und Blut,
Die Zucht des Vaters meint es gut.[2]

8. Ich hab' es ja mein Lebetage
    Schon viele tausend Mal gespürt,
Daß Du mich unter vieler Plage
    Zu Deinem Heile[3] doch geführt.
Auch in der größesten Gefahr
Ward ich Dein Trostlicht doch gewahr.

---

1) Nun folgen drei Verse auf Vater, Sohn und Geist.

2) Ursprünglich: „Vor andern küss' ich Deine Ruthe, Wenn Du mich gezüchtigt hast. Wie viel thut sie mir doch zu gute Und ist mir eine sanfte Last. Sie macht mich fromm und zeugt dabei, Daß ich Dir lieb und theuer sei."

3) Urspr.: „Durch Dick und Dünn." Wackernagel verändert hier: „Durch alle Straßen."

9. Ich will von Deiner Güte singen,
   So lange sich die Zunge regt.
   Ich will Dir Freuden=Opfer bringen,
   So lange sich mein Herz bewegt.
   Ja, wenn der Mund wird kraftlos sein,
   So stimm' ich noch mit Seufzen ein.

10. Ach, nimm das arme Lob auf Erden,
    Mein Gott, in allen Gnaden hin.
    Im Himmel soll es besser werden,
    Wenn ich bei Deinen Engeln bin.[1]
    Da sing' ich Dir im höhern Chor
    Viel tausend Hallelujah vor.

Nr. 29. Mel.: Wachet auf! ruft uns die Stimme.
(Mit einer Vorschlagssilbe in der ersten Zeile.)

Gerhard Tersteegen. 1731. Ein Lied voll der tief=
sten Anbetung. Es findet sich bisher bloß in Einem amerik.
Gsgb (dem Ev. Luth. Nr 15), aber mit unnöthigen
Veränderungen, mit Auslassung von drei Strophen und
Zusammenziehung von B 1 u. 2: „Großer Gott, mit
Ehrfurcht dienen Dir Seraphim und Cherubinen."

1. O Majestät,[2] wir fallen nieder,
   Zwar Du bedarfst nicht uns'rer Lieder,
   Uns ziemt und frommt Dein Lob so sehr.
   Zu Deinem Lob sind wir geboren,
   So theu'r erkauft so hoch erkoren:
   O Seligkeit Dir geben Ehr'!

1) So Knapp, das Elberf. Luth., Bayrische u. and. Gsgb. statt des
urspr.: „Wenn ich ein schöner Engel bin", was nicht biblisch ist,
da die heiligen Menschen bleiben und den Engeln bloß ähnlich wer=
den. Diese Veränderung ist dem Original angemessener, als die von
Wackernagel adoptirte: „Wenn ich verklärt und selig bin."

2) Nicht: „Großer Gott," wie Knapp verändert hat, um die Vor=
schlagssilbe zu vermeiden, was dann eine ähnliche Abkürzung in allen
andern Strophen nöthig macht.

Zu Deinem Lobe nur
Ist alle Creatur, Selig's Wesen!
Wir kommen dann Und beten an,
Im Geist und Wahrheit sei's gethan!

2. Die Seraphim und Cherubinen
Dir Tag und Nacht mit Ehrfurcht dienen,
   Der Engel Schaaren ohne Zahl.
Die höchsten Geister, die Dich kennen,
Dich heilig! heilig! heilig! nennen,
   Sie fallen nieder allzumal.
Ihr Seligsein bist Du,
Dir schreibt man Alles zu. Amen, Amen!
Auch wir sind Dein Und stimmen ein:
Du, Gott, bist unser Gott allein!

3. Die Aeltesten vor Deinem Throne,
Sie beugen sich mit ihrer Krone;
   Der Erstlinge erwählte Schaar
Sammt den unzählbar vielen Frommen,
Die dort in weißen Kleidern kommen,
   Sie bringen Dir ihr Loblied dar:
Macht, Weisheit, Herrlichkeit,
Lob, Dank in Ewigkeit! Amen, Amen!
Auch wir sind Dein Und stimmen ein:
Du, Gott, bist unser Gott allein!

4. Sie loben Deine Thaten prächtig,
Daß Du so groß, so gut, so mächtig,
   Höchstselig, würdig aller Ehr';
Daß eitel Weisheit, Lieb' und Treue
In allen Deinen Wegen seie;
   Ihr Amen sagt unendlich mehr.

Ihr Lob zu wenig ist,
Dein Lob Du selber bist. Amen, Amen!
Auch wir sind Dein, Und stimmen ein:
Du, Gott, bist unser Gott allein!

5. Durch Deinen Willen muß bestehen,
Was wir durch Dich geschaffen sehen;
  Dein Werk ist groß und wunderbar.
Von allem Du gelobt mußt werden
Im Himmel, Meer und auf der Erden;
  Es stellet Deine Pracht uns dar;
Dein Lob ist eingeprägt
In allem, was sich regt. Amen, Amen!
Auch wir sind Dein, Und stimmen ein:
Du, Gott, bist unser Gott allein.

6. Die unter allen Nationen
Von Deinen Freunden hier noch wohnen,
  Erheben Dich, Du sel'ges Gut!
Dich höchst vollkommen sie bekennen,
Dich ihren Gott und Heiland nennen,
  Der sie erkauft durch Christi Blut.
Du bist ihr sel'ges Theil,
Ihr Trost, ihr ganzes Heil. Amen, Amen!
Auch wir sind Dein Und stimmen ein:
Du, Gott, bist unser Gott allein!

7. Du wollst Dich selbst in uns verklären,
Daß wir Dich würdiglich verehren,
  Daß unser Herz, Dein Heiligthum,
Mit Deiner Herrlichkeit erfüllet,
Durch Deine Gegenwart gestillet,
  Zerfließ' in Deiner Gottheit Ruhm!

Dich, unser höchstes Gut,
Erhebe Geist und Muth! Amen, Amen!
Hallelujah, Hallelujah!
Der Herr ist groß und gut und nah!

Nr. 30. Mel: Lobe den Herren, den mächtigen
König der Ehren.

Meta Heuße-Schweizer, geb. 1797 auf dem Hirzel
im Kanton Zürich, die erste evang. Dichterin deutscher
Zunge, voll Geist, Licht und Leben, Verfasserin der „Lieder.
einer Verborgenen", 2 Sammlungen; zuerst 1858
1 Theff. 5, 18: „Seid dankbar in allen Dingen." Geb. 1821.

1. Danket für Alles, ihr Kinder der göttlichen
Liebe!
Lobet den Vater, Sein Rath sei euch hell
oder trübe.
Er ist's allein!
Himmel und Hölle sind Sein,
Sein, alle wirkenden Triebe.

2. Danket für Alles, Denn Alles ist rein für
die Reinen;
Danket für Alles! Denn Alles ist gut für
die Seinen.
Traure nicht mehr,
Bangende Seele so sehr,
Ruh in dem Ewigen Einen!

3. Himmel und Erde, — was will ich, was
könnt ihr mir geben?
Aermliche Gaben, — in Ihm ist das ewige
Leben!

Einer ist Noth!
Selig, wer Dir, o mein Gott,
Alles für Alles gegeben.

4. Wer will uns scheiden von Dem, der da
                 Alles durchdringet?
  Wer will betrüben, wenn Frieden Sein
              Freudengeist bringet?
    Was enget ein,
    Wenn Er uns Freiheit will sein,
  Die alle Knechtschaft bezwinget?

5. Wolken und Dunkel, sie loben den König
             der Ehren;
  Donner und Blitze, sie können Sein Reich
            nur vermehren;
    Furchtbare Nacht,
    Wo der Gewittersturm kracht,
  Mußt Du das Licht nicht gebären?

6. Sünde und Trübsal, und seelenzerreißender
            Jammer,
  Zweifel und Angst, der Verwesung erschrek=
            kende Kammer,
    Trennung und Tod,
    Dienet der Liebe Gebot,
  Gleichwie dem Meister der Hammer.

7. Nächte des Todes, sie hat der Erlöser ge=
            lichtet;
  Feindliche Kräfte, Er hat ihre Herrschaft ver=
            nichtet;

4*

Er nahm sie ein,
Stufen zum Throne zu sein
Ihm, der die Welten einst richtet.

8. Fürst zu der Rechten des Vaters, Du
            Haupt der Gemeine,
Deckt diese Welt noch Dein Walten mit täu-
                schendem Scheine,
    Dienet doch Dir —
    Bürgt uns das Kreuz nicht dafür?
Satan, wie wenig er's meine!

9. Singt denn, ihr Kinder des göttlich geheile-
            ten Falles,
Die ihr verloren einst Viel, doch gefunden
                nun Alles!
    Er hat's vollbracht!
    Sein ist das Reich und die Macht, —
Amen, wir danken für Alles!

II. Gott der Vater und die Schöpfung.

1. Gottes Wesen und Eigenschaften.

Allmacht, Größe und Majestät.

Nr. 31. Mel: Allein Gott in der Höh' sei Ehr'.,
Joh. Andreas Cramer. 1764. Nach Jesaj. 45,
5. 6 und Ps 95, 1—8.

1. Der Herr ist Gott, und Keiner mehr,
   Frohlockt Ihm alle Frommen!
   Wer ist Ihm gleich, wer ist wie Er,
   So herrlich, so vollkommen?
   Der Herr ist groß, Sein Nam' ist groß!
   Er ist unendlich grenzenlos
   In Seinem ganzen Wesen.

2. Er ist und bleibet, wie Er ist,
   Wer strebet nicht vergebens
   Ihn auszusprechen! wer ermißt
   Die Dauer Seines Lebens?
   Wir Menschen sind von gestern her;
   Eh' noch die Erde ward, war Er,
   Und eher als die Himmel.

3. Des Ew'gen Thron umströmt ein Licht,
   Das Ihn vor uns verhüllet;
   Ihn fassen alle Himmel nicht,
   Die Seine Kraft erfüllet.

Er bleibet ewig, wie Er war,
Verborgen und doch offenbar
In Seiner Werke Wundern.

4. Wo wären wir, wenn Seine Kraft
   Uns nicht gebildet hätte?
Er kennt uns, kennet, was Er schafft,
   Der Wesen ganze Kette.
Bei Ihm ist Weisheit und Verstand,
Und Er umspannt mit Seiner Hand
Die Erde sammt dem Himmel.

5. Ist Er nicht nah? ist Er nicht fern?
   Weiß Er nicht Aller Wege?
Wo ist die Nacht, da sich dem Herrn
   Ein Mensch verbergen möge?
Umsonst hüllt ihr in Finsterniß,
Was ihr beginnt; Er sieht's gewiß,
Er sieht es schon von ferne.

6. Wer schützt den Weltbau ohne Dich,
   O Herr! vor seinem Falle?
Allgegenwärtig breitet sich
   Dein Fittig über Alle.
Du bist voll Freundlichkeit, voll Huld,
Barmherzig, gnädig, voll Geduld;
Ein Vater, ein Verschoner.

7. Unsträflich bist Du! heilig, gut
   Und reiner als die Sonne.
Wohl dem, der Deinen Willen thut:
   Denn Du vergiltst mit Wonne.
Du hast Unsterblichkeit allein,
Bist selig, wirst es ewig sein,
Hast Freuden, Gott, die Fülle.

8. Dir nur gebühret Lob und Dank,
  Anbetung, Preis und Ehre.
  Kommt, werdet Gottes Lobgesang,
    Ihr, alle Seine Heere!
  Der Herr ist Gott, und Keiner mehr!
  Wer ist Ihm gleich? wer ist, wie Er,
  So herrlich, so vollkommen!

Nr. 32. Mel.: O daß ich tausend Zungen hätte.
Nach Johann Scheffler (genannt Angelus Silesius). 1657. Eine Bearbeitung des Gebetes des Herrn.

1. Gott Vater, der Du allen Dingen
    Ein Anfang und ein Schöpfer bist,
  Der Du mit höchstem Lob und Singen
    Von Allen Vater wirst gegrüßt:
  Gott Vater, sei in Ewigkeit
  Gelobet und gebenedeit!

2. Der Du von allen Ewigkeiten
    Uns zugedacht den eig'nen Sohn,
  Und Ihn am Ende vor'ger Zeiten
    Uns hast gesandt vom Himmelsthron:
  Gott Vater, sei in Ewigkeit
  Gelobet und gebenedeit!

3. Der Du uns hast in Ihm erkoren,
    Eh Du gelegt der Welt den Grund,
  Und uns zu Kindern neugeboren,
    Aufrichtend einen ew'gen Bund:
  Gott, Vater, sei in Ewigkeit
  Gelobet und gebenedeit!

4. Du unerschöpfte Lebensquelle,
   Von welchem alles Licht stammt her,
Aus welchem ewig klar und helle
   Hervorströmt aller Güte Meer:
Gott Vater, sei in Ewigkeit
Gelobet und gebenedeit!

5. Gott, Deine Tief' ist unergründlich
   Und unermeßlich Deine Macht;
Dein Anfang ewig unerfindlich,
   Und unvergleichlich Deine Pracht:
Gott Vater, sei in Ewigkeit
Gelobet und gebenedeit!

6. Du, dem von tausend Engelchören
   Das Heilig! Heilig! Heilig! schallt,
Und der des Himmels ew'gen Heeren
   Gebeut mit mächtiger Gewalt:
Gott Vater, sei in Ewigkeit
Gelobet und gebenedeit!

7. Gieb, daß Dein' Nam' geheiligt werde,
   Dein Reich zu uns komm auf die Welt,
Dein' Will' gescheh hier auf der Erde
   Wie in des hohen Himmels Zelt;
Gieb unser Brod uns in der Zeit,
Dich aber selbst in Ewigkeit.

8 Erlaß die Schuld, wie wir erlassen,
   Führ uns, Herr, in Versuchung nicht;
Rett' uns vom Uebel aller Maßen
   Und bring' uns in Dein freies Licht,
Daß Du von uns in Ewigkeit
Gelobt sei'st und gebenedeit.

Nr. 33.   Eigene Melodie.

Christian Fürchtegott Gellert. Aus seinen „Geistlichen Oden und Liedern," 1757.

1. Gott ist mein Lied,
   Er ist der Gott der Stärke,
   Groß ist Sein Nam', und groß sind Seine
   Werke,
Und alle Himmel Sein Gebiet.

2. Er will und spricht's,
   So sind und leben Welten,
   Und er gebeut, so fallen durch Sein
   Schelten
Die Himmel wieder in ihr Nichts.

3. Licht ist Sein Kleid,
   Und Seine Wahl das beste.
   Er herrscht als Gott, und Seines Thro-
   nes Beste
Ist Wahrheit und Gerechtigkeit.

4. Unendlich reich,
   Ein Meer von Seligkeiten,
   Ohn' Anfang Gott, und Gott in ew'gen
   Zeiten!
Herr aller Welt, wer ist Dir gleich?

5. Was ist und war
   In Himmel, Erd' und Meere,
   Das kennet Gott, und Seiner Werke Heere
Sind ewig vor Ihm offenbar.

6. Er ist um mich,
    Schafft, daß ich sicher ruhe;
    Er schafft, was ich vor oder nachmals thue,
Und Er erforschet mich und dich.

7. Er ist dir nah,
    Du sitzest oder gehest;
    Ob du an's Meer, ob Du gen Himmel
                 flöhest,
So ist Er allenthalben da.

8. Er kennt mein Flehn
    Und allen Rath der Seele;
    Er weiß, wie oft ich Gutes thu und fehle,
Und eilt, mir gnädig beizustehn.

9. Er wog mir dar,
    Was Er mir geben wollte,
    Schrieb auf Sein Buch, wie lang ich
                 leben sollte,
Da ich noch unbereitet war.

10. Nichts, nichts ist mein,
    Das Gott nicht angehöre.
    Herr, immerdar soll Deines Namens Ehre,
Dein Lob in meinem Munde sein!

11. Wer kann die Pracht
    Von Deinen Wundern fassen?
    Ein jeder Staub, den Du hast werden
                 lassen,
Verkündigt seines Schöpfers Macht.

12. Der kleinste Halm
    Ist Deiner Weisheit Spiegel.
      Du Luft und Meer, ihr Auen, Thal und
                                   Hügel,
    Ihr seid Sein Loblied und Sein Psalm!

13. Du tränkst das Land,
    Führst uns auf grüne Weiden;
      Und Nacht und Tag, und Korn und
                             Wein und Freuden
    Empfangen wir aus Deiner Hand.

14. Kein Sperling fällt,
    Herr, ohne Deinen Willen;
      Sollt ich mein Herz nicht mit dem
                             Troste stillen
    Daß Deine Hand mein Leben hält?

15. Ist Gott mein Schutz,
    Will Gott mein Retter werden,
      So frag ich nichts nach Himmel und
                             nach Erden
    Und biete selbst der Hölle Trutz.

Ewigkeit.

Nr. 34. Mel.: O Gott, der Du ein Heerfürst bist.
Gerhard Tersteegen, geb. 1697, gest. zu Mühlheim a. d. R. 1769.

1. Du, Gott, bist selbst Dir Ort und Zeit,
   Der Ewige in Ewigkeit,
     Ohn' Anfang, ohne End' und Schranken.

Dein prächtig Heiligthum bist Du,
Besitz'st Dich ganz in einem Nu
    Ohn' alle Aend'rung, ohne Wanken.
Verlaß ich Zeit und Ort und mich,
Gott, Ewigkeit, dann find' ich Dich.
    Hallelujah, Hallelujah!

2. Du bist, Du warst, wirst immer sein,
Unsterblichkeit hast Du allein;
    Mein Geist, Dein Hauch, hat's durch Dein
                             Geben.
Es mag vergehn die ganze Welt,
Ob auch mein Leibesbau zerfällt,
    Du, Ew'ger, schenkst mir ew'ges Leben.
Die arme Saat, der Leib, soll schön
Durch Deinen Hauch einst auferstehn.
    Hallelujah, Hallelujah!

3. Mein Anfang und mein End' bist Du,
Der wahre Zielpunkt meiner Ruh,
    Mein Herzensschatz, des Geistes Speise.
Mein Wollen, Lieben richt' auf Dich,
Daß ich nach Dir nur lauterlich,
    Du, meine Heimath, richt' die Reise;
Und durch Dich lebe allezeit,
Du Ew'ger in der Ewigkeit!
    Hallelujah, Hallelujah!

Allgegenwart und Allwissenheit.

Nr. 35. Mel.: Wie groß ist des Allmächt'gen Güte.

Psalm 139. Nach Dr Eduard Eyth (geb. in Heilbronn 1809, Ephorus in Blaubeuren in Würtemberg). 1838.

1. Der Du auf lichtem Throne sitzest,
   Und meines Lebens ganze Bahn
Mit hellem Flammenaug' durchblitzest:
   Ich bete Dich, Urew'ger, an!
Du weißt, wenn ich mich niederlege,
   Du weißt es, Herr, wenn ich erwacht,
Was ich im tiefsten Geist bewege,
   Was ich von ferne nur gedacht.

2. Wenn ich allein die Straße wandle,
   Und wenn ich nach dem Wandeln ruh,
Und alles, was ich denk und handle,
   Das wägst Du, Herr, und prüfest Du.
Von heil'gen und befleckten Zungen
   Tönt unbemerkt kein Laut hervor:
Im Flug ist er hindurchgedrungen,
   Und schlägt an Dein allwissend Ohr.

3. Denn ob kein Menschenaug' Dich sahe,
   Doch bist Du oben, neben, vorn,
Bist mir von allen Seiten nahe,
   Mit Deiner Liebe, Deinem Zorn.
Mag ich mich freu'n, mag ich erbangen,
   So hältst Du mich mit festem Band:
Ich bin bedeckt, ich bin gefangen
   Unrettbar unter Gottes Hand.

4. Flög ich durch alle Himmelsstätten:
    Du thronest über'm Himmelrund.
Könnt ich mir in die Hölle betten:
    Du bist im tiefsten Höllenschlund!
Nähm ich der Morgenröthe Flügel
    Und schwänge mich durch Meer u. Land:
Im letzten Thal, am letzten Hügel
    Ergreift mich Deine starke Hand.

5. Dürft ich den Finsternissen sagen:
    „Deckt mich, ihr Nächte, tief u. schwer!"
So wird die Nacht zu hellen Tagen,
    Und leuchtet flammend um mich her.
Kein Dunkel kann so schwarz bedecken,
    Das nicht Dein Auge, Gott, durchbricht;
Die Schatten fliehn mit bangen Schrecken,
    Und Finsternisse werden Licht.

6. Als in der Erde dunkeln Tiefen
    Noch unerschaffen mein Gebein,
Und meines Geistes Kräfte schliefen,
    Da sahst Du mich und dachtest mein;
Da schriebst Du meines Lebens Stunde
    In's heil'ge Buch, und Tag und Jahr,
Als in dem weiten Weltenrunde
    Noch ihrer keins geschaffen war.

7. Wie sind des Ewigen Gedanken
    So wundervoll, so groß und hehr,
Erhaben über alle Schranken,
    Und endlos, wie der Sand am Meer!
Ich zähle sie mit sel'gen Wonnen,
    Am stillen Abend fang' ich an, —
Die lange Nacht ist hingeronnen,
    Die große Arbeit nicht gethan.

8. Mir ist der Eine groß und theuer,
   Der aller Lüg' und Sünde flucht.
Erprobe mich im glüh'nden Feuer,
   Ob ich das Wahre, Gott, gesucht!
Nie will ich geh'n der Götzen Pfade,
   Die Pfade, lockend, voll und breit;
Führ' Du mich, Herr, den Weg der Gnade,
   Den Weg der sel'gen Ewigkeit!

Heiligkeit und Gerechtigkeit.

Nr. 36. Mel: Werde munter, mein Gemüthe.

Joh. Christian Zimmermann. 1740. In allen neueren Gsgb. steht dieses Lied in Diterich's Abschwächung. Knapp ist aber in der 2ten Aufl. des Liederschatzes mit Recht zu dem viel kräftigeren und biblischeren Orig. zurückgekehrt, welches wir hier mittheilen.

1. Gott! vor dessen Angesichte
   Nur ein reiner Wandel gilt,
Ew'ges Licht, aus dessen Lichte
   Nichts als reinste Klarheit quillt:
Laß uns doch zu jeder Zeit
Deinen Strahl der Heiligkeit
So durch Herz und Seele bringen,
Daß auch wir nach Heil'gung ringen!

2. Du bist rein in Werk und Wesen,
   Und Dein unbeflecktes Kleid,
Das von Ewigkeit gewesen,
   Ist die reinste Heiligkeit.
Du bist heilig; aber wir,
Großer Schöpfer, stehn vor Dir
Als in einem Kleid voll Flecken,
Die wir Dir umsonst verstecken.

3. Nichts wird sonst von Dir geliebet,
    Vater, als was sich allein
  Deiner Heiligkeit ergiebet,
    Und sich sehnt, Dir gleich zu sein.
  Darum nimm Dich unser an,
  Deren Herz nichts lieben kann,
  Als was Dich zum Strafen treibet,
  Wenn dem Fleisch die Herrschaft bleibet.

4. Was Dein Geist und Herz ersinnet,
    Was Dein weiser Wille thut,
  Was Dein starker Arm beginnet,
    Ist stets heilig, rein und gut;
  Und so bleibst Du ewiglich,
  Da wir schwache Menschen Dich
  Durch das Böse, das wir üben,
  Stets von Jugend auf betrüben.

5. Wen Dein Aug' in Lügen findet
    Und auf finstern Wegen gehn,
  Wen die Lust der Welt entzündet,
    Der kann nicht vor Dir bestehn.
  Du bist nur der Wahrheit Freund,
  Und den Uebelthätern feind.
  Ach, das muß uns Sünder schrecken,
  Und uns Furcht und Schmerz erwecken.

6. Tilge solche Furcht und Schmerzen!
    Du bist rein und machest rein;
  Drum schaff in uns solche Herzen,
    Die auch rein und heilig sei'n;
  Wasche sie, o höchstes Gut,
  Wasch uns rein durch Christi Blut!
  Laß uns, Herr, Verstand und Willer.
  Deinen heil'gen Geist erfüllen!

7. Hilf, o Vater, unsern Seelen,
   Glaubensvoll auf Dich zu sehn,
Deinen ew'gen Weg zu wählen,
   Und ihn ohne Falsch zu gehn,
Bis wir mit der sel'gen Schaar
Der Erlösten immerdar
Heilig! Heilig! Heilig! singen,
Und die reinsten Opfer bringen!

Güte, Liebe und Treue.

Nr. 37. Mel.: Lobsinge Gott, erheb' ihn, meine Seele.

Psalm 103. Bearbeitet von J. A. Cramer. 1763.

1. Jauchzt unserm Gott mit freudigem Gemüthe
Er ist barmherzig und von großer Güte,
Er zürnt nicht ewig, will mit Seinen Knechten
Nicht ewig rechten.

2. Er handelt nicht mit uns nach unsern Sünden
Und läßt verschonend uns das nicht empfinden,
Was wir durch Mißbrauch Seiner Gnaden-
gaben
Verschuldet haben.

3. So weit der Himmel über Seiner Erde,
Geht Seine Güte über Seine Heerde,
Kommt Seine Huld zu denen, die Ihn lieben
Und Gutes üben.

4. Wem bleibt Sein Antlitz, wenn er's sucht,
verborgen?
So weit der Abend ferne ist vom Morgen,

5

Entfernet Gott der Sünde Schuld und
                              Schmerzen
Von unserm Herzen.

5. Wie sich erbarmt ein Vater seiner Kinder
So gern erbarmt der Herr Sich aller Sünder,
Wenn sie auf Seine Gnadenstimme hören
Und sich bekehren.

6. Er schlägt und heilt, verwundet, läßt genesen;
Er weiß, der Mensch ist ein gebrechlich Wesen;
Er denkt daran, der Leib aus Staub und
                              Erden
Muß Asche werden.

7. Wie Gras verwelkt, so müssen wir vergehen,
Wie Blumen, wenn die Winde drüber wehen,
Und unsre Stätte wird nach wenig Stunden
Nicht mehr gefunden.

8. Von Ewigkeit zu Ewigkeiten währet
Die Liebe Gottes jedem, der Ihn ehret.
O leite Du auch mich auf eb'nem Pfade,
Du Gott der Gnade.

9. So werd' ich Deinen Frieden hier genießen,
Mein Leben wird in Hoffnung mir verfließen;
Und dort werd' ich mit Deinen Engelchören
Dich ewig ehren.

Nr. 38. Mel.: Gott des Himmels und der Erden.
Benjamin Schmolk. 1723.

1. Weicht, ihr Berge, fallt, ihr Hügel,
   Brechet, alle Felsen ein!
Gottes Gnade hat das Siegel,
   Sie will unverändert sein.
Laßt die Welt zu Trümmern gehn,
Gottes Gnade wird bestehn!

2. Gott hat mir ein Wort versprochen,
   Gott hat einen Bund gemacht,
Der wird nimmermehr gebrochen,
   Bis Er Alles hat vollbracht;
Er, die Wahrheit, trüget nicht;
Was Er saget, das geschicht.

3. Seine Gnade soll nicht weichen,
   Wenn gleich Alles bricht und fällt,
Sondern ihren Zweck erreichen,
   Bis sie mich zufrieden stellt.
Ist die Welt voll Heuchelei,
Gott ist fromm und gut und treu.

4. Will die Welt den Frieden brechen,
   Hat sie lauter Krieg im Sinn,
Gott hält immer Sein Versprechen;
   So fällt aller Zweifel hin,
Als wär Er nicht immerdar
Was Er ist und was Er war.

5. Laßt Sein Antlitz sich verstellen,
   Ist Sein Herz doch treu gesinnt

Und bezeugt in allen Fällen,
  Daß ich Sein geliebtes Kind,
Dem Er beide Hände reicht,
  Wenn auch Grund und Boden weicht.

6. Er will Friede mit mir halten,
   Wenn die Welt sich auch empört; [1]
Ihre Liebe mag erkalten,
   Achtet doch mein Gott mich werth;
Und wenn Höll' und Abgrund brüllt,
Bleibt Er mir doch Sonn' und Schild.

7. Er, der Herr, ist mein Erbarmer,
   So hat Er Sich selbst genannt.
Das ist Trost: so werd' ich Armer
   Nimmermehr von Ihm getrennt;
Sein Erbarmen läßt nicht zu,
Daß Er mir was Leides thu.

8. Nun, so soll mein ganz Vertrauen
   Ankerfest auf Ihm beruhn;
Felsen will ich auf Ihn bauen,
   Was Er sagt, das wird Er thun.
Erd' und Himmel kann vergehn,
Sein Bund bleibet ewig stehn.

Nr. 39. Eigene Melodie

Chrin. Fürchtegott Gellert. 1757. Eines seiner beliebtesten und verbreitetsten Lieder. Selbst Wackernagel hat es in sein Kl. Gsgb. aufgenommen.

1. Wie groß ist des Allmächt'gen Güte!
   Ist der ein Mensch, den sie nicht rührt?

---

[1] Urspr. „Wenn die Welt gleich Lärmen macht. — Ich bin bei Ihm werth geacht't.“

Der mit verhärtetem Gemüthe
Den Dank erstickt, der Ihm gebührt?
Nein; Seine Liebe zu ermessen,
Sei ewig meine größte Pflicht!
Der Herr hat mein noch nie vergessen,
Vergiß, mein Herz auch Seiner nicht!

2. Wer hat mich wunderbar bereitet?
Der Gott, der meiner nicht bedarf.
Wer hat mit Langmuth mich geleitet?
Er, dessen Rath ich oft verwarf.
Wer stärkt den Frieden im Gewissen?
Wer gibt dem Geiste neue Kraft,
Wer läßt mich so viel Gut's genießen?
Ist's nicht Sein Arm, der Alles schafft?

3. Blick', o mein Geist, in jenes Leben,
Zu welchem du erschaffen bist,
Wo du, mit Herrlichkeit umgeben,
Gott ewig sehn wirst, wie Er ist.
Du hast ein Recht zu diesen Freuden,
Durch Gottes Güte sind sie dein;
Sieh, darum mußte Christus leiden,
Damit du könntest selig sein.

4. Und diesen Gott sollt ich nicht ehren,
Und Seine Güte nicht verstehn?
Er sollte rufen, ich nicht hören?
Den Weg, den Er mir zeigt, nicht gehn?
Sein Will' ist mir in's Herz geschrieben,
Sein Wort bestärkt ihn ewiglich:
Gott soll ich über Alles lieben,
Und meinen Nächsten gleich als mich.

5. Dieß ist mein Dank, dieß ist Sein Wille,
   Ich soll vollkommen sein wie Er.
So lang ich dieß Gebot erfülle,
   Stell ich Sein Bildniß in mir her.
Lebt Seine Lieb' in meiner Seele,
   So treibt sie mich zu jeder Pflicht;
Und ob ich schon aus Schwachheit fehle,
   Herrscht doch in mir die Sünde nicht.

6. O Gott, laß Deine Güt' und Liebe
   Mir immerdar vor Augen sein!
Sie stärk in mir die guten Triebe,
   Mein ganzes Leben Dir zu weihn;
Sie tröste mich zur Zeit der Schmerzen,
   Sie leite mich zur Zeit des Glücks,
Und sie besieg' in meinem Herzen
   Die Furcht des letzten Augenblicks!

Nr. 40. Mel: Es ist genug.

Ehrenfried Liebich. 1768. Es ist im Würt. Gsgb.
zu stark verändert. Engl Uebers. von H. Mills in Horae
Germ. p. 129: Our God is true! — Them he will ne'er
forsake.

1. Gott ist getreu! Sein Herz, Sein Vaterherz
   Verläßt die Seinen nie.
Gott ist getreu! im Wohlsein u d im
                                   Schmerz
   Erfreut und trägt Er sie.
Weicht, Berge, weicht; fallt hin, ihr Hügel!
Mein Glaubensgrund hat dieses Siegel:
   Gott ist getreu!

2. Gott ist getreu! Er ist mein treuster Freund!
   Dieß weiß, dieß hoff' ich fest;
   Ich weiß gewiß, daß Er mich keinen Feind
   Zu hart versuchen läßt.
   Er stärket mich nach Seinem Bunde,
   In meiner Prüfung trübster Stunde.
   Gott ist getreu!

3. Gott ist getreu! Er hält, was Er verheißt.
   Er sendet mir Sein Licht.
   Wenn dieses mir den Weg zum Leben weist,
   So irr' und gleit' ich nicht.
   Gott ist kein Mensch, Er kann nicht lügen,
   Sein Wort der Wahrheit kann nicht trügen.
   Gott ist getreu!

4. Gott ist getreu! Er handelt väterlich,
   Und was Er thut, ist gut.
   Sein Liebesschlag erweckt und bessert mich;
   Die Ruthe meint es gut.
   Das Kreuz wird mir zur Himmelsleiter,
   Der Kampf macht mich zum guten Streiter.
   Gott ist getreu!

5. Gott ist getreu! Er gibt der bösen Welt
   Sein eingebornes Kind.
   Der Heiligste bezahlt das Lösegeld
   Für die, die Sünder sind.
   Gott macht den liebsten Sohn zum Bürgen,
   Er läßt Ihn martern und erwürgen.
   Gott ist getreu!

6. Gott ist getreu! Mein Vater, deß ich bin,
   Sorgt für mein Seelenwohl.

Sein Will und Wunsch Sein Zweck und Sein
　　　　　　　　Bemühn
　　Ist, daß ich leben soll.
Er reinigt mich von allen Sünden
Und läßt mich Ruh in Christo finden.
Gott ist getreu!

7. Gott ist getreu! Stets hat Sein Vaterblick
　　Auf Seine Kinder Acht.
Er sieht's mit Lust, auch wenn ein irdisch
　　　　　　　　Glück
　　Sie froh und dankbar macht.
Was uns zu schwer wird, hilft Er tragen,
Und endlich stillt Er alle Klagen.
Gott ist getreu!

8. Gott ist getreu! Mein Herz, was fehlt dir
　　　　　　　　noch,
　　Dich stets im Herrn zu freun?
Sei Gott getreu und fürchte nichts; mag
　　　　　　　　doch
　　Die Welt voll Falschheit sein!
Selbst falscher Brüder Neid und Tücke
Wirkt mit zu Josephs Ehr' und Glücke.
Gott ist getreu!

9. Gott ist getreu! Vergiß, o Seel, es nicht,
　　Wie zärtlich treu Er ist!
Gott treu zu sein, sei deine liebste Pflicht,
　　Weil du so werth Ihm bist.
Halt fest an Gott, sei treu im Glauben;
Laß nichts den starken Trost dir rauben:
Gott ist getreu!

Nr. 41. Mel.. Nun sich der Tag geendet hat.
Carl Joh. Philipp Spitta. 1833.

1. O Gott, mein Gott, so wie ich Dich,
    In Deinem Worte sind,
 So bist Du recht ein Gott für mich,
    Dein armes schwaches Kind.

2. Wie bin ich doch so herzlich froh,
    Daß Du mein Vater bist,
 Und daß mein Herz Dich täglich so
    Erkennt und auch genießt.

3. Ich bin voll Sünde, Du voll Gnad':
    Ich arm, und Du so reich;
 Ich rath= und hülflos, Du hast Rath,
    Und Rath und That zugleich.

4. Ich seh ringsum und überwärts,
    Da bist Du fern und nah;
 Und lege still die Hand auf's Herz,
    Und fühl's, Du bist auch da.

5. Drum ist mir's herzlich lieb und werth,
    Daß Du bist, der Du bist,
 Und Alles, was mein Herz begehrt,
    Bei Dir zu finden ist.

2. Schöpfung und Erhaltung.

Nr. 42.　　　Eigene Melodie.

Joach:m Neande . Geb. um 1677. nach Pfalm 1 8.
Engl. Ueberf. in Lyra Germ II.: "Lo, heaven and earth,
and sea and air, Their Maker's glory all declare;
And thou, my soul, awake and sing, To Him thy praise
also bring." &c.

1. Himmel, Erde, Luft und Meer
   Zeugen von des Schöpfers Ehr';
   Meine Seele singe du
   Und bring' auch dein Lob herzu!

2. Seht das große Sonnenlicht,
   Wie es durch die Wolken bricht!
   Mondesglanz und Sternenpracht
   Loben Gott in stiller Nacht.

3. Seht, wie Gott der Erde Ball
   Hat gezieret überall!
   Wälder, Flur und jedes Thier
   Zeigen Gottes Finger hier.

4. Seht, wie durch die Lüfte hin
   Frisch und froh die Vögel ziehn!
   Feuerflammen, Sturm und Wind
   Seines Willens Diener sind.

5. Seht der Wasserwellen Lauf,
   Wie sie steigen ab und auf!
   Von der Quelle bis zum Meer
   Rauschen sie des Schöpfers Ehr'.

6. Ach mein Gott, wie wunderbar
   Stellst Du Dich der Seele dar!
   Drücke tief in meinen Sinn,
   Was Du bist, und was ich bin!

Nr. 43. Mel.: Mein Gott, das Herz ich bringe Dir.
Paul Gerhardt. Vor 1653 Engl. Uebers. von
John Kelly.

1. Ich singe Dir mit Herz und Mund,
   Herr meines Lebens Lust!
   Ich sing und mach auf Erden kund,
   Was mir von Dir bewußt.

2. Ich weiß, daß Du der Brunn der Gnad'
   Und ew'ge Quelle seist,
   Daraus uns Allen früh und spat
   Nur Heil und Gutes fleußt.

3. Was sind wir doch? was haben wir
   Auf dieser ganzen Erd',
   Das uns, o Vater, nicht von Dir
   Allein gegeben werd'?

4. Wer hat das schöne Himmelszelt
   Hoch über uns gesetzt?
   Wer ist es, der uns unser Feld
   Mit Thau und Regen netzt?

5. Wer wärmet uns in Kält und Frost?
   Wer schützt uns vor dem Wind?
   Wer macht es, daß man Oel und Most
   Zu seinen Zeiten find't?

6. Wer gibt uns Leben, Kraft und Muth?[1]
   Wer schützt mit starker Hand
   Des goldnen Friedens werthes Gut
   In unserm Vaterland?

7. Ach Herr, mein Gott, das kommt von Dir,
   Du, Du mußt Alles thun!
   Du hältst die Wach an unsrer Thür,
   Und läss'st uns sicher ruhn.

8. Du nährest uns von Jahr zu Jahr,
   Bleibst immer fromm und treu,
   Beschirmst uns mächtig in Gefahr
   Und stehst uns herzlich bei.

9. Du trägst uns Sünder mit Geduld,
   Und schlägst nicht allzusehr;
   Ja endlich nimmst Du unsre Schuld
   Und wirfst sie in das Meer.

10. Wenn unser Herze seufzt und schreit,
    Wirst Du gar bald erweicht,
    Und gibst uns, was uns hoch erfreut
    Und Dir zum Preis gereicht. .

11. Du zählst, wie oft ein Christe wein',
    Und was sein Kummer sei;
    Kein stilles Thränlein ist so klein,
    Du hebst und legst es bei.

12. Du füllst des Lebens Mangel aus
    Mit dem, was ewig steht,
    Und führst uns in des Himmels Haus,
    Wann uns die Erd' entgeht.

---

[1] So viele neuere Gsgb. statt „Leben und Geblüt".

13. Drum auf, mein Herze, sing und spring
Und habe guten Muth!
Dein Gott, der Ursprung aller Ding',
Ist selbst und bleibt dein Gut.

14. Er ist dein Schatz, dein Erb', dein Theil,
Dein Glanz und Freudenlicht,
Dein Schirm und Schild, dein' Hülf' und
Heil,
Schafft Rath und läßt dich nicht.

15. Was kränkst du dich in deinem Sinn,
Und grämst dich Tag und Nacht?
Nimm deine Sorg' und wirf sie hin
Auf den, der dich gemacht.

16. Hat Er dich nicht von Jugend auf
Versorget und ernährt?
Wie oft hat Er des Unglücks Lauf
Zum Segen dir gekehrt.[1]

17. Er hat noch niemals was versehn
In Seinem Regiment;
Nein, was Er thut und läßt geschehn,
Das nimmt ein sel'ges End'.

18. Ei nun, so laß Ihn ferner thun
Und red' Ihm nicht darein,
So wirst auch du im Frieden ruhn,
Und ewig fröhlich sein.

---

1) „Wie manchen schweren Unglückslauf hat Er zurückgelebt"
(im ungewöhnlichen transitiven Sinne).

Nr. 44. Mel.: Nun danket Alle Gott
Nach Joh. D. Herrnschmidt. Bor 1723.

1. Wie herrlich ist Dein Ruhm,
    O Gott, in allen Landen!
Die Himmel und ihr Heer
    Sind durch Dein Wort entstanden.
Du sprichst und es geschieht,
    Gebeutst, so steht es da;
Mit Allmacht bist Du mir
    Und auch mit Güte nah.

2. Du bist der Gott der Kraft,
    Dich preisen Erd' und Meere,
Und Himmel predigen
    Die Wunder Deiner Ehre.
Dich bet' ich dankbar an,
    Mein Heil kommt von dem Herrn;
Du hörst des Menschen Flehn,
    Und bist ihm niemals fern.

3. Ach, wenn ich Deiner Huld,
    Mein Gott, gewürdigt werde,
Was frag' ich außer Dir
    Nach Himmel und nach Erde?
Im Himmel donnerst Du,
    Und Schrecken füllt das Land;
Doch fürcht ich nichts, denn Du
    Hältst mich an Deiner Hand!

4. Seh ich den Himmel an,
    Den Du, Herr, ausgebreitet,
Der Sonne Majestät,
    Den Mond, den Du bereitet,

Dann sag' ich: Herr, was ist
  Der Mensch, daß Du sein denkst,
Und daß du täglich uns
  Unzählig Gutes schenkst?

5. Wie Schafe läss'st Du uns
  Auf grüner Aue weiden,
Nährst uns mit Speis' und Trank,
  Füllst unser Herz mit Freuden.
Du sahst mich, eh' der Grund
  Der Welt geleget war,
Standst meiner Mutter bei,
  Als sie mich Dir gebar.

6. Du wogst mein Glück mir ab,
  Und Leiden, mich zu üben;
Und meiner Tage Zahl
  War auf Dein Buch geschrieben.
Du bist der Armen Schutz,
  Der Sünder Hort und Ruh;
O Gott, der gern verzeiht,
  Wie groß und gut bist Du!

7. Wem soll ich sonst vertrau'n,
  Als Dir, Du Gott der Götter?
Wen ehren, als nur Dich,
  Mein Heiland und Erretter?
Wie sanft ist Dein Befehl:
  „Gib mir dein Herz, Mein Sohn,
Und wandle Meinen Weg!
  Ich bin dein Schild und Lohn!"

8. Herr! Dein Gebot ist Heil,
  Dein Weg ist Fried' und Leben;

Wie sollt ich Dir, dem Gott
  Der Liebe, widerstreben!
Umsonst lockt mich die Welt,
  Die breite Straßen zieht;
Ich hasse ihren Weg,
  Weil mich Dein Auge sieht.

9. Auch wenn kein Mensch mich sieht,
  Will ich die Sünde fliehen,
Denn Du wirst Aller Werk
  Vor Dein Gericht einst ziehen.
Ich will, wenn sich mein Fleisch
  Hinsehnt, wo Du nicht bist,
Bedenken, daß mein Leib,
  O Gott, Dein Tempel ist!

10. Sollt ich Lust, Gold und Ruhm
  Stolz zu erringen trachten?
Nein, Herr, wenn Du mich kennst,
  Mag mich die Welt verachten!
Du bist es, dem zum Dienst
  Ich Leib und Seele weih;
Hilf, daß mein Wandel stets
  Voll Deines Ruhmes sei!

Nr. 45. Mel: Mein's Herzens Jesu, meine Lust.
Christ. v. Gellert. 1757.

1. Wenn ich, o Schöpfer, Deine Macht,
  Die Weisheit Deiner Wege,
Die Liebe, die für Alle wacht,
  Anbetend überlege:

So weiß ich von Bewund'rung voll,
Nicht, wie ich Dich erheben soll,
Mein Gott, mein Herr und Vater!

2. Mein Auge sieht, wohin es blickt,
Die Wunder Deiner Werke,
Der Himmel, prächtig ausgeschmückt,
Preist Dich, Du Gott der Stärke!
Wer hat die Sonn' an ihm erhöht?
Wer kleidet sie mit Majestät?
Wer ruft dem Heer der Sterne?

3. Wer mißt dem Winde seinen Lauf,
Wer heißt die Himmel regnen?
Wer schließt den Schooß der Erden auf
Mit Vorrath uns zu segnen?
O Gott der Macht und Herrlichkeit!
Gott, Deine Güte reicht so weit,
So weit die Wolken reichen!

4. Dich predigt Sonnenschein und Sturm,
Dich preist der Sand am Meere.
Bringt, ruft auch der geringste Wurm,
Bringt meinem Schöpfer Ehre!
Mich, ruft der Baum in seiner Pracht,
Mich, ruft die Saat, hat Gott gemacht!
Bringt unserm Schöpfer Ehre!

5. Der Mensch, ein Leib, den Deine Hand
So wunderbar bereitet!
Der Mensch, ein Geist, den sein Verstand
Dich zu erkennen, leitet;

Der Mensch, der Schöpfung Ruhm und Preis,
Ist sich ein täglicher Beweis
Von Deiner Güt' und Größe.

6. Erheb' Ihn ewig, o mein Geist!
    Erhebe Seinen Namen!
Gott, unser Vater, sei gepreist,
    Und alle Welt sag' Amen!
Und alle Welt fürcht' ihren Herrn,
Und hoff' auf Ihn, und dien' Ihm gern!
Wer wollte Gott nicht dienen?

Nr. 46.   Eigene Melodie.

Victor F. Strauß, geb. 1809. Auch aufgenommen
von Lange in s. Sammlung, 1844, und von Knapp
in s. Ev. Gsgb. 1855.

1. Lob und Dank und Ruhm und Ehre
    Sei dem Herrn der Himmelsheere,
    Der Gebirge, Land und Meere,
        Erd' und Himmel herrlich schuf!
Sternengang und Blitzesschnelle,
Sommer, Winter, Nacht und Helle,
Donner, Stürme, Flamm' und Welle,
    Alles horcht auf Seinen Ruf.
Alle Morgensterne klingen,
Alle Kinder Gottes singen;
    Preis und Ruhm und Dank zu bringen,
        Ist ihr ewiger Beruf.

2. Bild, darin Sein Bild sich spiegelt,
    Geist, dem Sein Geist sich entsiegelt,
    Dem Er Aug' und Mund entriegelt,
        Mensch, lobsingest du nicht auch?

Dem Er Liebe, Kraft und Leben,
Erd' und Himmel hat gegeben, —
Solltest du Ihn nicht erheben,
   Nicht mit jedem Laut und Hauch?
Schmückst du, Herz, nicht deine Pforten,
Ihn zu preisen aller Orten
Mit des Heiligthumes Worten:
   Blut und Feu'r und Opferrauch?

3. Seine Hand hat dich bereitet,
Wundersam an's Licht geleitet,
Schirmend sich um dich gebreitet,
   Eh' du Ihn und dich gekannt.
Als Er Sonn' und Mond entzündet,
Als Er Erd' und Meer gegründet,
Als Er sich der Welt verkündet,
   Wurdest du bei Ihm genannt;
Und wenn Welten vor Ihm zittern,
Fels und Grund vor Ihm zerwittern,
Himmelssäulen selbst zersplittern,
   Sieh, da hält dich Seine Hand.

4. Der den Leun nach Beute weiset,
Der die jungen Raben speiset,
Da ist, wo die Hindin kreiset,
   Ihrer Frucht erbarmet sich;
Der den Fisch in Tiefen hütet,
Wenn das Meer in Stürmen wüthet,
Der die Lerche, wenn sie brütet,
   Schützet vor der Schlange Stich;
Der dem Aar sein Nest bescheidet,
Der das Reh auf Triften weidet,
Der die Lilie herrlich kleidet: —
   That Er Größ'res nicht für dich?

6*

5. Seinen Geist laß in dir walten,
　　Dein Bild sich nach Ihm gestalten,
　　Ihm dein Leben sich entfalten!
　　　Solchen Preis verschmäht Er nicht.
　　Und im Herzensgrunde schalle,
　　Daß die Lippe überwalle:
　　Gott ist heilig über Alle,
　　‘ Und gerecht ist Sein Gericht.
　　Weisheit sind des Herrn Gedanken,
　　Seine Macht kennt keine Schranken,
　　Seine Treu’ ist ohne Wanken,
　　　Herrlichkeit Sein Angesicht!

3. Vorsehung und Weltregierung.

(Vertrauen auf Gott.)

Nr. 47. Mel.: Es ist genug

Psalm 23. Nach dem Schaffhauser u. N. Basler
Gesangbuch. Eine der gelungensten unter den vielen
poetischen Bearbeitungen dieses unvergleichlichen Hirten-
psalms Davids.

1. Gott ist mein Hirt! Was mangelt jemals mir?
　　Ihm folg’ ich fröhlich nach.
　　Er weidet mich auf grüner Aue hier,
　　　Führt mich zum frischen Bach.
　　Er labt mein Herz mit Seiner Gnade,
　　Und leitet mich auf sanftem Pfade,
　　Mit Hirtentreu’.

2. Und wandr’ ich auch das finstre Thal hinab;
　　Kein Unglück fürchte ich.
　　Du bist bei mir! Dein Stab, Dein Hirtenstab
　　Ist Trost und Schutz für mich.

Sei's denn, daß Feinde mich beneiden:
Du labest mich zum Mahl der Freuden,
An Deinen Tisch.

3. Du salbst mein Haupt mit heil'gem Oel und
Mir volle Becher ein.   [schenkst
Mein Hirt, der Du so gnädig mein gedenkst,
Du wirst mir Alles sein.
Du labest mich schon hier mit Freuden,
Und dort wird ewig mich nichts scheiden
Von Dir, mein Heil!

Nr. 48. Mel.: Nun ruhen alle Wälder.1)

Pau. F. emming. Geb. 1633 (nicht 1635) vor einer
Gesandtschaftsreise nach Moskau und zuerst gedr. 1642,
nach seinem frühen Tode (1640). Das Original hat
15 Str., wovon aber die meisten Gsgb. V. 6—9 und
B. 13—14 wegen specieller Beziehung auf jene Reise
weglassen. Auch Wackernagel im Kl. Gsgb. Nr. 85 (unpassend unter der Rubrik über Buße Rechtfertigung,
christl. Wandel) giebt bloß 9 V. Aber auch in dieser
Abkürzung ist es das beste christliche Reiselied und zugleich
ein allgemeines Pilgerlied voll Vertrauen auf den all-
gegenwärtigen Schutz Gottes. Engl. Uebers. in Lyra
Germ. II. 149.

1. In allen meinen Thaten
   Laß ich den Höchsten rathen,
     Der Alles kann und hat.
   Er muß zu allen Dingen,
     Soll's anders wohl gelingen,
       Selbst geben [Segen,] Rath und That.

---

1) Dieß Lied hat auch eine eigene Melodie, bei welcher aber die in
Klammern eingeschlossenen nicht von Flemming herrührenden Worte
in den letzten Zeilen ausgelassen werden müssen.

2. Nichts ist es spät und frühe
Um alle meine Mühe;
    Mein Sorgen ist umsonst.
Er mag's mit meinen Sachen
Nach Seinem Willen machen;
    Ich stell's in Seine [Vater=] Gunst.

3. Es kann mir nichts geschehen,
Als was Er mir ersehen,
    Und was mir selig ist.
Ich nehm es, wie Er's giebet;
Und was Sein Rath beliebet,
    Das hab' auch ich [getrost] erkiest.

4. Ich traue Seiner Gnaden,
Die mich vor allem Schaden,
    Vor allem Uebel schützt.
Leb' ich nach Seinen Sätzen,
So wird mich nichts verletzen,
    Nichts fehlen was mir [ewig] nützt.

5. Er wolle meiner Sünden
In Gnaden mich entbinden,
    Durchstreichen meine Schuld.
Er wird auf mein Verbrechen
Nicht gleich das Urtheil sprechen,
    Und haben noch [mit mir] Geduld.

6. Leg ich zum Schlaf mich nieder,
Erwach' ich frühe wieder,
    Zieh ich von Ort zu Ort,
Daheim, in fernen Landen,
In Schwachheit und in Banden,
    So tröstet mich Sein [kräftig] Wort.

7. Hat Er es denn beſchloſſen,
   So will ich unverdroſſen
   An mein Verhängniß gehn.
   Kein Unfall unter allen
   Wird je zu ſchwer mir fallen;
   Ich will [mit Gott] ihn überſtehn.

8. Ihm hab' ich mich ergeben,
   Zu ſterben und zu leben,
   So bald Er mir gebeut.
   Es ſei heut oder morgen,
   Dafür laß ich Ihn ſorgen;
   Er weiß [allein] die rechte Zeit.

9. So ſei nun, Seele, Seine
   Und traue Dem alleine,
   Der dich geſchaffen hat!
   Es gehe, wie es gehe,
   Dein Vater in der Höhe,
   Weiß allen [deinen] Sachen Rath.

Nr. 49. Eigene Melodie.

Georg Neumark (Hofpoet u. Bibliothekar in Weimar, geſt. 1681). Geb. 1640 in Kiel als der Verf. in großer Armuth einen Beweis göttlicher Hülfe erfahren hatte; zuerſt gedr. 1657 in ſeinem „Muſikaliſch-poet. Luſtwald" (Vgl. Koch, IV. S. 147, 3 Aufl.) Ein claſſiſches Troſtlied vom Gottvertrauen nach dem Spruch: „Wirf dein Anliegen auf den Herrn; Der wird dich verſorgen," Pſ. 55, 23. Engl Ueberſ. in Lyra Germ. I.: "Leave God to order all thy ways".

1. Wer nur den lieben Gott läßt walten
   Und hoffet auf Ihn allezeit,
   Den wird Er wunderbar erhalten
   In aller Noth und Traurigkeit;

Wer Gott, dem Allerhöchsten, traut,
Der hat auf keinen Sand gebaut.

2. Was helfen uns die schweren Sorgen?
      Was hilft uns unser Weh und Ach?
   Was hilft es, daß wir alle Morgen
      Beseufzen unser Ungemach?
   Wir machen unser Kreuz und Leid
   Nur größer durch die Traurigkeit.

3. Man halte nur ein wenig stille,
      Und sei doch in sich selbst vergnügt,
   Wie unsres Gottes Gnadenwille,
      Wie Sein' Allwissenheit es fügt;
   Gott, der uns Ihm hat auserwählt,
   Der weiß auch sehr wohl, was uns fehlt.

4. Er kennt die rechten Freudenstunden,
      Er weiß wohl, wann es nützlich sei;
   Wenn Er uns nur hat treu erfunden
      Und merket keine Heuchelei;
   So kömmt Er, eh' wir's uns versehn,
   Und lässet uns viel Gut's geschehn.

5. Denk nicht in deiner Drangsalshitze,
      Daß du von Gott verlassen seist,
   Und daß Ihm der im Schooße sitze,
      Der sich mit stetem Glücke speist.
   Die Folgezeit verändert viel
   Und setzet Jeglichem sein Ziel.

6. Es sind ja Gott sehr leichte Sachen,
      Und ist dem Höchsten Alles gleich,
   Den Reichen klein und arm zu machen,
      Den Armen aber groß und reich;

Gott ist der rechte Wundermann,
Der bald erhöhn, bald stürzen kann.

7. Sing', bet' und geh' auf Gottes Wegen,
    Verricht das Deine nur getreu,
Und trau des Himmels reichem Segen,
    So wird er bei dir werden neu;
Denn welcher seine Zuversicht
Auf Gott setzt, den verläßt Er nicht!

Nr. 50.   Eigene Melodie.

Paul Gerhardt. Zuerst erschienen 1656. Eines sei=
ner schönsten und beliebtesten Lieder. Engl. Ueberf in Lyra
Germ I.: "Shall I not sing praise to Thee." Eine
andere von H Mills, in Horae Germ. p. 141 "Shall
I not His praise be singing". Eine dritte von Kelly in
Gerhardt's Spiritual Songs, London, 1867.

1. Sollt ich meinem Gott nicht singen,
    Sollt ich Ihm nicht dankbar[1]) sein?
Denn ich seh in allen Dingen
    Wie so gut Er's mit mir mein'.
Ist's doch nichts als lauter Lieben,
    Das Sein treues Herze regt,
    Das ohn' Ende hebt und trägt,
Die in Seinem Dienst sich üben.
Alles Ding währt seine Zeit:
Gottes Lieb' in Ewigkeit.

2 Wie ein Adler sein Gefieder
    Ueber seine Jungen streckt,
Also hat auch hin und wieder
    Mich des Höchsten Arm gedeckt,

---

1) Und. „fröhlich".

Alsobald im Mutterleibe,
    Da Er mir mein Wesen gab
Und das Leben, das ich hab
Und noch diese Stunde treibe.
    Alles Ding währt seine Zeit:
    Gottes Lieb' in Ewigkeit.

3. Sein Sohn ist Ihm nicht zu theuer,
    Nein, Er giebt Ihn für mich hin,
Daß Er mich vom ew'gen Feuer
    Durch Sein theures Blut gewinn'.
O du ungegründ'ter Brunnen!
    Wie will doch mein schwacher Geist,
    Ob er sich gleich hoch befleißt,
Deine Tief' ergründen können?
    Alles Ding währt seine Zeit:
    Gottes Lieb' in Ewigkeit.

4. Seinen Geist, den edlen Führer,
    Giebt Er mir in Seinem Wort,
Daß Er werde mein Regierer
    Durch die Welt zur Himmelspfort;
Daß Er mir mein Herz erfülle
    Mit dem hellen Glaubenslicht,
    Das des Todes Nacht durchbricht
Und die Hölle selbst macht stille.
    Alles Ding währt seine Zeit:
    Gottes Lieb' in Ewigkeit.

5. Meiner Seele Wohlergehen
    Hat Er väterlich bedacht;
Will dem Leibe Noth entstehen,
    Nimmt Er's gleichfalls wohl in Acht.

Wenn mein Können, mein Vermögen
Nichts vermag, nichts helfen kann,
Kommt mein Gott und hebt mir an,
Sein Vermögen beizulegen.
Alles Ding währt seine Zeit:
Gottes Lieb' in Ewigkeit.

6. Himmel, Erd' und ihre Heere
   Hat Er mir zum Dienst bestellt;
Wo ich nur mein Aug' hinkehre,
   Find' ich, was mich nährt und hält.
Thiere, Kräuter und Getreide,
   In den Gründen, in der Höh',
   In den Büschen, in der See:
Ueberall ist meine Weide.
   Alles Ding währt seine Zeit:
   Gottes Lieb' in Ewigkeit.

7. Wenn ich schlafe, wacht Sein Sorgen
   Und ermuntert mein Gemüth,
Daß ich alle liebe Morgen
   Schaue neue Lieb' und Güt'.
Wäre nicht mein Gott gewesen,
   Hätte mich Sein Angesicht
   Nicht geleitet, wär' ich nicht
Von so mancher Angst genesen.
   Alles Ding währt seine Zeit:
   Gottes Lieb' in Ewigkeit.

8. Wenn ein Vater seinem Kinde
   Niemals ganz sein Herz entzeucht,
Ob es gleich bisweilen Sünde
   Thut und aus den Schranken[1] weicht:

---

1) Urspr. „aus der Bahn".

Also hält auch mein Verbrechen
 Mir mein frommer Gott zu gut,
 Will mein Fehlen mit der Ruth',
Und nicht mit dem Schwerte, rächen.
 · Alles Ding währt seine Zeit:
 Gottes Lieb' in Ewigkeit.

9 Seine Strafen, Seine Schläge,
  Ob mir's gleich oft bitter scheint, [1])
 Sind doch, wenn ich's recht erwäge,
  Schläge nur vom treusten Freund,
 Der mich liebet, mein gedenket,
  Und mich von der schnöden Welt,
  Die mich hart gefangen hält,
 Durch das Kreuze zu sich lenket.
  Alles Ding währt seine Zeit:
  Gottes Lieb' in Ewigkeit.

10. Das weiß ich fürwahr und lasse
  Mir's nicht aus dem Sinne gehn:
 Christen=Kreuz hat seine Maße,
  Und muß endlich stille stehn.
 Wann der Winter ausgeschneiet,
  Tritt der schöne Sommer ein:
  Also wird auch nach der Pein,
 Wer's erwarten kann, erfreuet.
  Alles Ding währt seine Zeit:
  Gottes Lieb' in Ewigkeit.

11. Weil denn weder Ziel noch Ende
  Sich in Gottes Liebe find't,
 Ei, so heb ich meine Hände
  Zu Dir, Vater, als Dein Kind:

---

1) Statt „fiend".

Bitte, wollst mir Gnade geben,
  Dich aus aller meiner Macht
  Zu umfangen Tag und Nacht
Hier in meinem ganzen Leben,
  Bis ich Dich nach dieser Zeit
  Lob' und lieb' in Ewigkeit!

Nr. 51. Mel.: Herzlich thut mich verlangen.

Paul Gerhardt. Zuerst gedruckt 1656, mehrere Jahre vor seiner Amtsentsetzung in Berlin (1666), mit welcher es also nichts zu thun hat. Es ist ein herrliches Trostlied, das in der Uebersetzung von John Wesley (1739) schon lange auch in engl. Gsgb., aber mit Abkürzungen, oder in zwei besonderen Hymnen ("Commit thou all thy griefs", und "Give to the winds thy fears") übergegangen ist. Das Original ist, wie die durchschossenen Anfangsworte zeigen, ein Akrostich auf den Trostspruch Psalm 37, 5: „Befiehl dem Herrn deine Wege und hoffe auf Ihn, Er wird's wohl machen." Daher sind Abkürzungen hier um so weniger zulässig. Eine neuere engl. Uebers. s. in The voice of Christ. Life in Song. N. Y. 1859, p. 239.

1. Befiehl du deine Wege,
  Und was dein Herze kränkt,
Der allertreusten Pflege
  Deß, der den Himmel lenkt:
Der Wolken, Luft und Winden
  Giebt Wege, Lauf und Bahn,
Der wird auch Wege finden,
  Da dein Fuß gehen kann.

2. Dem Herren mußt du trauen,
  Wenn dir's soll wohlergehn
Auf Sein Werk mußt du schauen,
  Wenn dein Werk soll bestehn;

Mit Sorgen und mit Grämen
Und selbstgemachter Pein
Läßt Gott Ihm gar nichts nehmen,
Es muß erbeten sein.

3. Dein' ew'ge Treu' und Gnade,
   O Vater! weiß und sieht
Was gut sei, oder schade
   Dem sterblichen Geblüt;
Und was Du dann erlesen,
   Das treibst Du, starker Held,
Und bringst zum Staub und Wesen,
   Was Deinem Rath gefällt.

4. Weg' hast Du allerwegen,
   An Mitteln fehlt's Dir nicht;
Dein Thun ist lauter Segen,
   Dein Gang ist lauter Licht,
Dein Werk kann Niemand hindern,
   Dein' Arbeit darf nicht ruhn,
Wenn Du, was Deinen Kindern
   Ersprießlich ist, willst thun.

5. Und ob gleich alle Teufel
   Hier wollten widerstehn,
So wird doch ohne Zweifel
   Gott nicht zurücke gehn:
Was Er sich vorgenommen
   Und was Er haben will,
Das muß doch endlich kommen
   Zu seinem Zweck und Ziel.

6. Hoff, o du arme Seele,
   Hoff, und sei unverzagt!

Gott wird dich aus der Höhle,
  Da dich der Kummer plagt,
Mit großen Gnaden rücken!
  Erwarte nur die Zeit,
So wirst du schon erblicken
  Die Sonn' der schönsten Freud'.

7. Auf, auf! gieb deinem Schmerze
  Und Sorgen gute Nacht;
Laß fahren, was dein Herze
  Betrübt und traurig macht!
Bist du doch nicht Regente,
  Der Alles führen soll;
Gott sitzt im Regimente
  Und führet Alles wohl.

8. Ihn, Ihn laß thun und walten!
  Er ist ein weiser Fürst
Und wird sich so verhalten,
  Daß du dich wundern wirst;
Wenn Er, wie Ihm gebühret,
  Mit wunderbarem Rath
Das Werk hinausgeführet,
  Das dich bekümmert hat.

9. Er wird zwar eine Weile
  Mit Seinem Trost verziehn
Und thun an Seinem Theile,
  Als hätt' in Seinem Sinn
Er deiner Sich begeben,
  Und sollt'st du für und für
In Angst und Nöthen schweben,
  Fragt Er doch nichts nach dir.

10. Wird's aber sich befinden,
    Daß du Ihm treu verbleibst;
So wird Er dich entbinden,
    Da du's am mind'sten gläubst.
Er wird dein Herze lösen
    Von der so schweren Last,
Die du zu keinem Bösen
    Bisher getragen hast.

11. Wohl dir, du Kind der Treue,
    Du hast und trägst davon
Mit Ruhm und Dankgeschreie
    Den Sieg und Ehrenkron'!
Gott giebt dir selbst die Palmen
    In deine rechte Hand,
Und du singst Freudenpsalmen
    Dem, der dein Leib gewandt.

12. Mach' End', o Herr, mach' Ende
    An aller unsrer Noth!
Stärk unsre Füß' und Hände,
    Und laß bis in den Tod
Uns allzeit Deiner Pflege
    Und Treu empfohlen sein:
So gehen unsre Wege
    Gewiß zum Himmel ein.

# Nr. 52.	Eigen. Melodie.

Christoph Tietze (Titius) 1663, dann etwas ver-
ändert von Gottfried Arnold 1700. Ist auch in's
Schwedische. Malabarische und Englische (Lyra Germanica,
Sec. Series p 264) übersetzt.

1. Sollt es gleich bisweilen scheinen,
   Als verließe Gott die Seinen,
   O so glaub' und weiß ich dieß:
   Gott hilft endlich doch gewiß.

2 Hülfe, die Er ufgeschoben,
  Hat Er darum nicht aufgehoben;
  Hilft Er nicht zu jeder Frist,
  Hilft Er doch, wenn's nöthig ist.

3. Gleich wie Väter nicht bald geben,
   Wonach ihre Kinder streben,
   So hält Gott auch Maß und Ziel;
   Er giebt wie und wann Er will.

4 Seiner kann ich mich getrösten,
  Wenn die Noth am allergrößten;
  Er ist gegen mich, Sein Kind,
  Mehr als väterlich gesinnt.

5. Trotz dem Teufel! Trotz dem Drachen!
   Ich kann ihre Macht verlachen;
   Trotz dem schweren Kreuzesjoch!
   Gott, mein Vater lebet noch.

6. Trotz des bittern Todes Zähnen!
   Trotz der Welt und allen denen,
   Die mir sind ohn' Ursach' feind!
   Gott im Himmel ist mein Freund

7

7. Laß die Welt nur immer neiden;
Will ſie mich nicht länger leiden,
Ei, ſo frag' ich nichts darnach:
Gott iſt Richter meiner Sach'.

8. Will ſie gleich mich von ſich treiben,
Muß mir doch der Himmel bleiben;
Stößt ſie feindlich mich hinaus,
Geh' ich ein in's Vaterhaus.

9. Welt, ich will dich gerne laſſen,
Was du liebſt, das muß verblaſſen;
Deine Güter bringen Noth:
Laſſe mir nur meinen Gott!

10. Ach, Herr! wenn ich Dich nur habe,
Wall' ich fröhlich bis zum Grabe,
Legt man mich gleich in das Grab,
G'nug, Herr! wenn ich Dich nur hab'.

Nr. 53. Eigene Melodie.

Verf. unbek. Ged. vor 1673, zuerſt gebr. im Nürnberger Gſgb 1676. Engl. Ueberſ. in Lyra Germ. II. 250.

1. Alles iſt in Gottes Segen
Und an Seiner Gnad' gelegen
Ueber alles Geld und Gut
Wer auf Gott die Hoffnung ſetzet,
Der behält ganz u verletzet
Einen freien Heldenmuth.

2. Der mich hat bisher ernähret,
Und mir manches Glück beſcheret,
Iſt und bleibet ewig mein;

Der mich wunderbar geführet,
Und noch leitet und regieret,
   Wird forthin mein Helfer sein.

3. Viele mühen sich um Sachen,
Die nur Sorg' und Unruh machen,
   Und ganz unbeständig sind;
Ich begehr' nach dem zu ringen,
Was der Seele Ruh kann bringen,
   Und man jetzt so selten find't.

4. Hoffnung kann das Herz erquicken;
Was ich wünsche, wird sich schicken,
   So es anders Gott gefällt.
Meine Seele, Leib und Leben
Hab' ich Seiner Gnad' ergeben,
   Und Ihm Alles heimgestellt.

5. Er weiß schon nach Seinem Willen
Mein Verlangen zu erfüllen;
   Es hat alles seine Zeit.
Ich hab' Ihm nichts vorzuschreiben;
Wie Gott will, so muß es bleiben;
   Wann Gott will, bin ich bereit.

6. Soll ich hier noch länger leben,
Will ich Ihm nicht widerstreben;
   Ich verlasse mich auf Ihn.
Ist doch nichts, das lang bestehet,
Alles Irdische vergehet,
   Und fährt wie ein Strom dahin.

———

Nr. 54. Eigene Melodie.

Gottfried Arnold (Pietiſt, Myſtiker und gelehrt er=
baulicher Kirchenhiſtoriker geſt. 1714). 1697. A. Knapp
nennt dieſes Lied über die göttliche Gnadenführung das
„tiefſinnigſte gedanken= und erfahrungsreichſte Kirchenlied,
voll majeſtätiſcher Weisheit". Es ſoll das Lieblingslied
des großen Philoſophen Schelling geweſen ſein. Es eignet
ſich übrigens beſſer für die Privaterbauung als für den
öffentlichen Gottesdienſt. Engl. Ueberſ. in Lyra Germ.
I. 175: "How blest to all Thy followers, Lord, tho road."

1. So führſt Du doch recht ſelig, Herr! die Deinen,
    Ja ſelig und doch meiſtens wunderlich!
Wie könnteſt Du es böſe mit uns meinen,
    Da Deine Treu' nicht kann verleugnen ſich?
Die Wege ſind oft krumm und doch gerad',
    Darauf Du läſſ'ſt die Kinder zu Dir gehn,
    Da pflegt es wunderſeltſam auszuſehn;
Doch triumphirt zuletzt Dein hoher Rath.

2. Dein Geiſt hängt nie an menſchlichen Geſetzen,
    So die Vernunft und gute Meinung ſtellt.
Den Zweifelsknoten kann Dein Schwert zer=
                                    ſetzen
    Und löſen auf, nachdem es Dir gefällt.
Du reißeſt wohl die ſtärkſten Band entzwei;
    Was ſich entgegenſetzt, muß ſinken hin;
    Ein Wort bricht oft den allerhärt'ſten Sinn,
Dann geht Dein Fuß auch durch Umwege frei.

3. Was unſre Klugheit will zuſammenfügen,
    Theilt Dein Verſtand in Oſt und Weſten
                                    aus;
    Was Mancher unter Joch und Laſt will biegen,
    Setzt Deine Hand frei an der Sterne Haus.

Die Welt zerreißt, und Du verknüpf'ſt in
Kraft;
Sie bricht, Du bau'ſt; ſie baut, Du reißeſt
ein;
Ihr Glanz muß Dir ein dunkler Schatten
ſein;
Dein Geiſt bei Todten Kraft und Leben ſchafft.

4. Will die Vernunft was fromm und ſelig preiſen,
So haſt Du's ſchon aus Deinem Buch ge=
than;
Wem aber niemand will dieß Zeugniß weiſen,
Den führſt Du in der Still' ſelbſt himmelan.
Den Tiſch der Phariſäer läßt Du ſtehn
Und ſpeiſeſt mit den Sündern, ſprichſt ſie
frei.
Wer weiß, was öfters Deine Abſicht ſei?
Wer kann der tiefſten Weisheit Abgrund ſehn?

5. Was Alles iſt, gilt nichts in Deinen Augen;
Was nichts iſt, haſt Du, großer Herr, recht
lieb.
Der Worte Pracht und Ruhm mag Dir nicht
taugen;
Du giebſt die Kraft und Nachdruck durch
den Trieb.
Die beſten Werke bringen Dir kein Lob,
Sie ſind verſteckt, der Blinde geht vorbei;
Wer Augen hat, ſieht ſie doch nie ſo frei:
Die Sachen ſind zu klar, der Sinn zu grob.

6. O Herrſcher, ſei von uns gebenedeiet,
Der Du uns tödteſt und lebendig machſt.

Wenn uns Dein Geiſt der Weisheit Schatz
verleihet,
So ſehn wir erſt, wie wohl Du für uns
wachſt.
Die Weisheit ſpielt bei uns [1]), wir ſpielen mit.
Bei uns zu wohnen iſt Dir lauter Luſt;
Die reget ſich in Deiner Vaterbruſt
Und gängelt uns mit zartem Kinderſchritt.

7. Bald ſcheinſt Du etwas hart uns anzugreifen;
Bald fähreſt Du mit uns ganz ſäuberlich.
Geſchieht's, daß unſer Sinn ſucht auszu=
ſchweifen,
So weiſ't die Zucht uns wieder hin auf
Dich.
Da gehn wir denn mit blöden Augen hin,
Du küſſeſt uns, wir ſagen Beſſ'rung zu;
Drauf ſchenkt Dein Geiſt dem Herzen wie=
der Ruh'
Und hält im Zaum den ausgeſchweiften Sinn.

8. Du kennſt, o Vater, wohl das ſchwache Weſen,
Die Ohnmacht und der Sinnen Unverſtand;
Man kann uns faſt an unſrer Stirne leſen,
Wie es um ſchwache Kinder ſei bewandt.
Drum greiffſt Du zu und hältſt und trägeſt ſie,
Brauchſt Vaterrecht und zeigeſt Muttertreu',
Wo niemand meint, daß etwas Deine ſei,
Da hegſt Du ſelbſt Dein Schäflein je und je.

---

1) Sprüchw 8, 30. 31.

9. Also gehst Du nicht die gemeinen Wege;
   Dein Fuß wird selten öffentlich gesehn,
Damit Du siehst, was sich im Herzen rege,
   Wenn Du in Dunkelheit mit uns willst
                        gehn.
Das Widerspiel legst Du vor Augen dar
   Von dem, was Du in Deinem Sinne hast;
   Wer meint, er hab' den Vorsatz recht gefaßt,
Der wird am End' ein Andres oft gewahr.

10. O Auge, das nicht Trug noch Heucheln leidet,
    Gieb mir den scharfen Blick der Lauterkeit,
Der die Natur von Gnade unterscheidet,
    Das eigne Licht von Deiner Heiterkeit!
Laß doch mein Herz Dich niemals meistern
                        nicht;
    Brich ganz entzwei den Willen, der sich
                        liebt!
Erweck die Lust, die sich nur Dir ergiebt,
Und tadelt nie Dein heimliches Gericht.

11. Will etwa die Vernunft Dir widersprechen
    Und schüttelt ihren Kopf zu Deinem Weg;
So wollst Du ihre Festung niederbrechen,
    Daß ihre Höhe sich bei Zeiten leg.
Kein fremdes Feuer sich in mir entzünd',
    Das ich vor Dich in Thorheit bringen
                        möcht',
Und Dir wohl gar so zu gefallen dächt.
Ach selig, wer Dein Licht ergreift und find't!

12. So ziehe mich denn recht nach Deinem Willen,
    Und trag' und heb' und führ' Dein ar-
                        mes Kind!
   Dein inn'res Zeugniß soll den Zweifel stillen;
      Dein Geist die Furcht und Lüste überwind'!
   Du bist mein Alles, denn Dein Sohn ist
                        mein;
      Dein Geist reg' sich ganz kräftiglich in
                        mir!
   Ich brenne nun nach Dir in Liebsbegier;
   Wie oft erquickt mich Deiner Klarheit
                        Schein!

13. Drum muß die Creatur mir immer dienen,
    Kein Engel schämt nun der Gemeinschaft
                        sich;
   Die Geister, die vor Dir vollendet grünen,
      Sind meine Brüder und erwarten mich.
   Wie oft erquicket meinen Geist ein Herz,
      Das Dich und mich und alle Christen
                        liebt!
   Ist's möglich, daß mich etwas noch be-
                        trübt?
   Komm, Freudenquell! Weich ewig, aller
                        Schmerz!

Nr. 55. Mel.: Vom Himmel hoch, da komm' ich her.

William Cowper, geſt. 1800: "God moves in a mysterious way." Ueberſetzt von **Albert Knapp**, geb. 1798. Es erſchien zuerſt in den ſogen. Olney Hymns a 1779 unter dem bezeichnenden Titel: „Licht ſcheinend aus der Finſterniß" (Light shining out of darkness) und wurde von dem tiefſinnigen und frommen, aber zur Schwermuth geneigten Verf. nach einem durch die Vorſehung vereitelten Verſuch zum Selbſtmord gerichtet. Er wähnte in einem Anfall von Melancholie, daß es der göttliche Wille ſei, ſich im Fluſſe Ouſe unweit ſeines Wohnſitzes in Olney zu ertränken, ließ ſich dorthin fahren, verfehlte aber den Weg an die beabſichtigte = telle durch den Irthum des Kutſchers und ſchrieb gleich nach ſeiner Heimkehr dieſes Lied, das ſeudem vielen Tauſenden eine Quelle des Troſtes geweſen iſt. (Vgl. J. Balcher: Historical Sketches of Hymns Philad. 1859, p. 1.9.) Montgomery ſagt davon: "It is a lyric of high tone and character and rendered awfully interesting by the circumstances under which it was written, — in the twilight of departing reason". Es iſt ohne Zweifel eines der tiefſinnigſten und beliebteſten engliſchen Kirchenlieder. Die ſehr gelungene Ueberſ. von **Albert Knapp** (in ſ. Liederſchatz, auch in Lange's Sammlung) iſt zwar noch in kein deutſches Gſgb. übergegangen, aber der Aufnahme wohl würdig.

1. Geheimnißvoll in tiefer Nacht
   Vollendet Gott, was Er bedacht;
   Er wandelt in dem tiefen Meer,
   Und fähret auf dem Sturm daher.

2. Er, deſſen Weisheit niemals fehlt,
   Legt Seinen Plan, den Er gewählt,
   Hinab in heil'ge Tiefe ſtill,
   Und thut allmächtig, was Er will.

3. Ihr blöden Heil'gen faſſet Muth!
   Die Wolken, deren Waſſerfluth

Ihr fürchtet, ſind von Gnaden voll,
Die ſich auf euch ergießen ſoll.

4. Treibt zweifelnde Gedanken fern,
Und traut auf Gnade froh dem Herrn,
Der hinter dunkler Wolkenſchicht
Verbirgt ein freundlich Angeſicht.

5. Was Er Sich vorgeſetzet hell,
Das reiſet und erfüllt ſich ſchnell.
Schmeckt auch die Knospe bitter wohl:
Die Blum' iſt ſüßen Duftes voll.

6. Der Unglaub' irret nah und fern,
Vergeblich meiſtert er den Herrn;
Gott deutet ſelber Seinen Sinn,
Und ſtellt ihn einſt voll Klarheit hin.

———

Nr. 56.   Eigene Melodie.

John Newton, geſt. 1807: "Though troubles assail
and dangers affright." Aus den ſogen. von Newton-
Cowper verfaßten Olney Hymns, 1779. Ueberſ. von
Friedrich Winkler, geb. 1796.

1. Ob Trübſal uns kränkt,
Und Kummer uns drückt,
Von Feinden bedrängt,
Kein Freund uns erquickt:
So bleibt uns doch Eines,
Laß Alles geſchehn,
Wir achten des Keines:
Der Herr wird's verſehn!

2. Der Vögel ernährt
   Und Fiſchen im Meer
   Die Nahrung gewährt,
   Beſchert uns noch mehr.
   Den Seinen wird nimmer
   Das Nöth'ge entgehn,
   Das Wort gilt ja immer:
   Der Herr wird's verſehn!

3. Oft wird zwar das Herz
   Von Stürmen bedroht;
   Das Elend macht Schmerz,
   Die Sünde macht Noth.
   Da ſeufzt man ermüdet:
   „Wie wird's uns ergehn?"
   Doch der uns behütet,
   Der Herr wird's verſehn!

4. Dem Rufe des Herrn,
   Wie Abraham dort,
   Gehorchen wir gern,
   Im Glauben an's Wort,
   Wohin er uns führet.
   Den Weg, den wir gehn,
   Weiß Er, der regieret.
   Der Herr wird's verſehn!

5. Zwar Kraft und Verdienſt
   Besitzen wir nicht,
   Und Ruhm und Gewinnſt
   Begehren wir nicht;

Doch werden im Namen
Des Herrn wir bestehn.
Er ist und bleibt Amen:
Der Herr wird's versehn!

6. Die Welt stellt uns nach,
    Flößt Zweifel uns ein:
Wir seien zu schwach,
    Die Hoffnung nur Schein.
Doch wenn sie uns quälet,
    Wir werden beim Flehn,
Durch Hoffnung beseelet:
    Der Herr wird's versehn!

7. Ob Satan den Pfad
    Von vorne besetzt,
Der Glaube weiß Rath
    Und sieget zuletzt.
Er kann uns nicht rauben —
    Ohnmächtig nur schmähn, —
Das Wort und den Glauben:
    Der Herr wird's versehn!

8. Und naht auch der Tod,
    Mit drohender Hand,
Noch hat es nicht Noth,
    Dieß Wort ist ein Pfand,
Uns nimmer verlassend,
    Sehn Jesum wir stehn,
Und jauchzen erblassend:
    Der Herr wird's versehn!

Nr. 57. Mel.: Auferstehn, ja auferstehn wirst du.

Friedr. Adolph Krummacher. 805. Engl. Ueberf.
von Jane Borthwick in H. fr. the Land of Luther
p. 49: "Yes! our Shepherd leads with gentlehand".
und in Schaff's Christ in Song. p. 505

1. Ja, fürwahr, uns führt mit sanfter Hand
   Ein Hirt durch's Pilgerland
   Der dunkeln Erde,
   Uns Seine kleine Herde.
   Hallelujah!

2. Wenn im Dunkeln auch Sein Häuflein irrt:
   Er wacht, der treue Hirt,
   Und läßt den Seinen
   Ein freundlich Sternlein scheinen.
   Hallelujah!

3. Sicher leitet aus des Todes Grau'n
   Er uns zu grünen Au'n,
   Zu frischen Quellen,
   Zu ew'gen Lebenswellen.
   Hallelujah!

4. Freundlich blickt Sein Aug' auf uns herab.
   Sein sanfter Hirtenstab
   Bringt Trost und Friede;
   Er wachet Sich nicht müde.
   Hallelujah!

5. Ja, fürwahr, Er ist getreu und gut;
   Auch unsre Heimath ¹) ruht
   In Seinen Armen.
   Sein Name ist: Erbarmen.
   Hallelujah!

---

¹ Mspr. Dörflein. And. verandern unser Schicksal.

Nr. 58.   Eigene Melodie.

Albert Knapp, geb. 1798, gest. 1864. Geb. 1826.
Aus seiner Gedichtsammlung von 1854, S. 35½. Eines
der besten Lieder dieses reichbegabten und innig frommen
Dichters Ein Seitenstück zu Nr. 56. Es giebt dazu
mehrere Melodien.

1. Nicht menschlicher Rath,
    Noch Erdenverstand
  Mag finden den Pfad
    In's himmlische Land.
  Der Pilger im Staube
    Muß trostlos vergehn,
  Erlischt ihm der Glaube:
    Der Herr wird's versehn,

2. Zwar zittert das Herz,
    Wenn Stürme sich nahn,
  Vergißt oft im Schmerz,
    Was Gott ihm gethan.
  Doch wird in dem Wetter
    Die Sonne vergehn?
  Sei fröhlich, dein Retter,
    Der Herr wird's versehn!

3. Wenn Friede dir fehlt,
    Und irdischer Sinn
  Dich müde gequält,
    Dann wende dich hin
  Zu Golgatha's Hügel
    Und opfre dein Flehn;
  Dort schimmert das Siegel:
    Der Herr wird's versehn!

4. Wenn sehnend dein Aug'
    Aufschauet zum Licht,

Du seufzest: Ich taug'
  In's Heiligthum nicht;
Dann wird vom Erbarmer
  Ein Hauch dich umwehn:
Sei fröhlich, du Armer,
  Der Herr wird's versehn!

5. Er kennet dein Herz
  Von Ewigkeit her;
Er wäget den Schmerz
  Und prüft nicht zu schwer.
Den Seinen muß Alles
  Zum Besten geschehn;
Der Tilger des Falles,
  Der Herr wird's versehn!

6. So wandelt sich's leicht
  In jeglichem Stand;
Dein Jesus, Er reicht
  Dir gnädig die Hand.
Durch Nacht und durch Grauen,
  Durch Tiefen und Höhn
Führt froh das Vertrauen:
  Der Herr wird's versehn!

7. Und endet der Weg
  An drohender Gruft,
Noch glänzet der Steg
  In himmlischer Luft.
Dort winket der Glaube,
  Hinüberzugehn,
Und singt auf dem Staube:
  Der Herr wird's versehn!

4. Die Engel.

Nr. 59. Mel.: **Vom Himmel hoch, da komm' ich her.**

Frei nach dem Lat. des Philipp Melanchthon, gest. 1560. Das lat. Original ist v. J. 1543 und findet sich in Melanchth. Opera ed. Bretschneider, vol. X. p. 585 sq. Eine ältere deutsche Ueberf. von Paul Eber (1568) l. in Wackernagel's D. Kirchenlied S. 341, und bei Mützell II. 482, beginnend: „Herr Gott, Dich loben alle wir", in 12 Strophen. Sie findet sich in vielen älteren Gsgb.

1. Wir danken Dir, o Herr der Welt,
Daß Du zu unserm Dienst bestellt
Der Engel ungezählte Schaar,
Die um uns schweben immerdar.

2. Sie glänzen hell im ew'gen Licht,
Und schauen froh Dein Angesicht;
Sie trinken Deines Wortes Quell,
Dein Geist macht ihre Geister hell.

3. Doch schweben sie nicht als ein Traum
Unthätig in dem Himmelsraum,
Sie treiben nicht ein müßig Spiel;
Dein heil'ger Wille bleibt ihr Ziel.

4. Sie steigen auch vom Himmelssaal
Zu Christo in das Erdenthal,
Und lagern um die Seelen sich,
Die fromm und kindlich schau'n auf Dich.

5. Sie jauchzen, wenn ein Sünder weint,
Und reuevoll vor Dir erscheint,
Daß nun ein neuer Bürger frei
Für's Himmelreich gewonnen sei.

6. Sie haben jedes Kindlein lieb,
Und hüten es mit zartem Trieb,
Damit es frühe Dich versteh,
Und auf der Bahn des Lebens geh.

7. Sie tragen, wenn ein Frommer stirbt
Und glaubensvoll Dein Reich erwirbt,
Die freie Seele schmerzenlos
Hinauf in Deinen Vaterschooß.

8. Sie wachen stets in Deinem Reich,
Den Winden und den Flammen gleich,
Und wenden ab viel Trug und List
Des Feindes, der nie säumig ist.

9. Drum flehn wir: Herr, gieb Licht und Stärk'
Auch uns zu jedem guten Werk,
Wie Deine Engel für Dich glühn,
Und sich in Deinem Dienst bemühn!

10. In ihren Reihn ja sollen wir
Auch ewig jauchzen einst vor Dir;
O gieb, daß droben unser Mund
Dein Lob mit ihnen mache kund!

11. Schwach steigt noch unser Lied empor,
Doch einig mit dem Engelchor.
Du bist's, dem jeder Himmel klingt,
Und dem auch unsre Seele singt.

12. Laß Deine Engel um uns stehn,
Wann wir zu Dir im Tempel flehn,
Und nimm Dein Volk, das Dir vertraut,
Dorthin, wo man im Sohn Dich schaut!

— —

Nr. 60. Mel.: Nun ruhen alle Wälder.

Joh. Andr. Cramer. 1780.

1. Wer zählt der Engel Heere,
   Die Du zu Deiner Ehre,
     O Herr der Welten schufst?
   Sie freu'n sich Deinen Willen
   Gehorsam zu erfüllen,
     Wie Flammen schnell, wenn Du sie rufst.

2. Sie eilen, von Gefahren
   Den Frommen zu bewahren
     In seiner Pilgerzeit;
   Sie freu'n an Deinem Throne
   Sich einst auch seiner Krone,
     Wie ihrer eignen Seligkeit.

3. Bekehren sich die Sünder,
   Und werden Deine Kinder,
     Die Dir Dein Sohn gewinnt;
   Dann jauchzen ihre Lieder,
   Daß ihre neuen Brüder
     Dem Sündenfluch entrissen sind.

4. Sie jauchzen Deinem Sohne,
   Daß Du sie Ihm zum Lohne
     Für Seine Leiden giebst;
   Daß Du sie trägst und leitest,
   Zum Himmel vorbereitest,
     Und zärtlich, wie ein Vater liebst.

5. In solcher Geister Chören
   Dich ewig zu verehren,
     Gott, welche Seligkeit!

Wer wird sie einst empfinden?
Der, der bekehrt von Sünden,
   Sich Dir, wie sie, zu dienen freut.

6. Drum laß mich schon auf Erden
Den Engeln ähnlich werden,
   Die selig vor Dir stehn;
Damit ich ihnen gleiche
In Deinem Freudenreiche,
   Und dort Dein Antlitz möge sehn!

7. Dann lehren sie mich droben,
Dich würdiger zu loben
   Mit neuem Harfenklang;
In Deinem Heiligthume
Wird dann zu Deinem Ruhme.
   Der ganze Himmel ein Gesang.

---

5. Der Sündenfall. Sünde und Erlösung.

Nr. 61. Mel.: Die Tugend wird durch's Kreuz
geübet.
Psa.m 51. Nach dem Schaffhauser Gsgb. 1841.

1. Laß, Gott, mich Sünder Gnade finden,
Tilg mein Vergehn, erbarme Dich!
O wasch mich rein von meinen Sünden,
Von meiner Schuld befreie mich!
Schwer lastet auf mir mein Vergehen,
Ach, ich erkenn' es hell und klar;
Und meine Missethaten stehen
Vor meinen Augen immerdar.

8*

2. An Dir allein hab' ich gesündigt,
   Gefehlt vor Deinem Angesicht.
   Die Strafe, die Du mir verkündigt,
   Sie ist gerecht, rein Dein Gericht.
   Ach, sieh, in Sünd' bin ich gezeuget,
   In Sünd' empfing die Mutter mich.
   Blick in mein Herz, es ist gebeuget,
   Nach Licht und Wahrheit sehnt es sich.

3. O lehre mich, Herr, ganz entdecken
   Die Fehler, die ich noch nicht seh!
   Entsünd'ge mich von allen Flecken,
   Und wasche mich so weiß als Schnee.
   Laß Freud' und Wonne mich empfinden,
   Trag mit mir Armen noch Geduld;
   Verbirg' Dein Aug' vor meinen Sünden
   Und tilge alle meine Schuld.

4. Schaff in mir eine reine Seele,
   Ein Herz voll fester Zuversicht.
   Verwirf mich nicht, wenn ich noch fehle;
   Nimm Deinen heil'gen Geist mir nicht.
   Dann zeig' ich Irrenden die Pfade
   Des Heils, und führe sie zu Dir;
   Dann preist, Erbarmer, Deine Gnade
   Mein ganzes Herz voll Dankbegier.

5. Herr, öffne, Deinen Ruhm zu singen,
   Den Mund mir, gieb mir frohen Muth.
   Zwar Opfer wollt' ich gerne bringen;
   Doch Weihrauch willst Du nicht, noch Blut.
   Ein Opfer giebt's, das Dich erfreuet:
   Ein Geist, der tief geängstigt fleht;
   Ein Herz, das seine Schuld bereuet,
   Wird nicht von Dir, o Gott, verschmäht.

6. Hilf Deinem Volk, erzeig' Dich Allen
Nach Deiner Gnad' und Freundlichkeit.
Dann werden, Herr, Dir wohlgefallen
Die Opfer wahrer Dankbarkeit;
Dann wird Dich jeder Mund erheben,
Und jedes Herz wird Dein Altar;
Dann bringet Dir Dein Volk sein Leben,
Es bringt sich selbst zum Opfer dar.

Nr. 62.   Eigene Melodie.

Lazarus Spengler (Rathschreiber in Nürnberg, Freund
Luthers und Beförderer der Reformation, gest. 1534).
Geb. 1524 zu Nürnberg als „ein geistlich Lied vom
Fall und Erlösung des menschlichen Geschlechtes." Ein
viel verbreitetes (v. Eisen Entw. mit Unrecht übergan=
genes), auch ins Lat., Griech., Franz., Böhmische und
Holländ. übersetztes evangel Bekenntnißlied vom ersten
und zweiten Adam, oder von der Sünde und Erlösung.
Es bedarf allerdings einiger sprachlichen Nachbesserung,
ist aber in manchen Gsgb. (z. B auch dem Penns. Luth.
Nr. 85, „Durch Adams Sünde wurden wir Auch sterb=
lich, strafbar Sünder" ꝛc) fast bis zur Unkenntlichkeit
verändert und abgeschwächt.

1. Durch Adams Fall ist ganz verderbt
Menschlich Natur und Wesen.
Das Gift hat sich auf uns vererbt;
Wir konnten nicht genesen
Ohn' Gottes Trost, Der uns erlöst
Hat von dem großen Schaden,
Darein die Schlang' Evam bezwang,
Den Zorn auf sich zu laden.

2. Weil's denn die Schlang' dahin gebracht,
Daß Eva abgefallen

Von Gottes Wort, das sie veracht't,
   Und dadurch zu uns allen
Gebracht den Tod: So war je noth,
   Daß uns nun Gott sollt geben
Den lieben Sohn Vom Gnadenthron,
   In Dem wir möchten leben.

3. Wie uns hat eine fremde Schuld
   In Adam all' verhöhnet:
So hat uns eine fremde Huld
   In Christo all' versöhnet;
Und wie wir all' Durch Adams Fall
   Sind ew'gen Tod's gestorben:
Also hat Gott Durch Christi Tod
   Erneuert, was verdorben.

4. So Er uns nun den Sohn geschenkt,
   Da wir noch Feinde waren,
Der für uns ist an's Kreuz gehenkt,
   Getödtet, aufgefahren,
Auf daß wir sei'n Von Tod und Pein
   Erlöst, so wir vertrauen
Auf diesen Hort, Des Vaters Wort: —
   Wem wollt vor'm Sterben grauen?

5. Er ist der Weg, das Licht, die Pfort',
   Die Wahrheit und das Leben,
Des Vaters Rath und ewig's Wort,
   Den Er uns hat gegeben
Zu einem Schutz, Daß wir mit Trutz
   An Ihn fest sollen glauben;
Darum uns bald Kein' Macht noch
                  G'walt
Aus Seiner Hand wird rauben.

6. Der Mensch ist gottlos und verflucht,
Sein Heil ist ihm noch ferne,
Der Trost bei einem Menschen sucht,
Und nicht bei Gott dem Herren.
Denn wer ihm will Ein ander Ziel
Ohn' diesen Tröster stecken,
Den wird gar bald Satans Gewalt
Mit seiner List erschrecken.

7. Wer hofft auf Gott und Ihm vertraut,
Wird nimmermehr zu Schanden;
Denn wer auf diesen Felsen baut,
Ob ihm gleich stößt zuhanden
Viel Unfalls hie, — Hab' ich doch nie
Den Menschen sehen fallen,
Der sich verläßt Auf Gottes Trost;
Er hilft den Gläub'gen allen.

8. Ich bitt', o Herr, aus Herzensgrund,
Du wollst nicht von mir nehmen
Dein heil'ges Wort aus meinem Mund!
So wird mich nicht beschämen
Mein' Sünd' und Schuld; Ist Deine
Huld
Setz ich all mein Vertrauen;
Wer sich nur fest Darauf verläßt,
Der wird den Tod nicht schauen.

9. Herr, meinen Füßen ist Dein Wort
Gleich einem Morgensterne,[1]

---

1) Ursprünglich: „Ein' brennende (Müßell liest I. 46 brünnende)
Lucerne, Ein Licht, das mir den Weg weist fort, Se dieser Morgensterne, Zu uns aufgeht, So bald verzieht," rc.

Ein Licht in einem dunkeln Ort,
Mir leuchtend nah und ferne.
Bekehrt von Dir Verstehen wir
Den Werth der hohen Gaben,
Die Gottes Geist Uns g'wiß verheißt,
Die Hoffnung darauf haben.

Nr. 63. Mel.: Herr zur Zucht in Deinem Grimme.
Joachim Neander, gest. 1680.

1. Ach, was bin ich mein Erretter
Und Vertreter
Bei dem unsichtbaren Licht!
Sieh, ich lieg' in meinem Blute;
Denn das Gute,
Das ich will, das thu' ich nicht.

2. Ach, was bin ich, mein Erbarmer!
Sieh, ich Armer
Bin ein Strohhalm vor dem Wind;
Wie ein Weberschifflein schießet,
So verfließet
Aller Menschen Thun geschwind.

3. Ach, was bin ich, mein Erlöser!
Täglich böser
Find' ich meiner Seele Stand.
Drum, mein Helfer, nicht verweile;
Jesu, eile,
Reiche mir die Gnadenhand!

4. Ach, wann wirst Du mich erheben
Zu dem Leben
Komm, ach komm, und hilf mir doch!

Elend kann Dich bald bewegen;
Lauter Segen
    Wirst Du lassen fließen noch.

5. Trotzig und verzagt im Herzen,
Trag' ich Schmerzen,
    Und es ist mir leid dazu.
Höre mich, hör' an das Quälen;
Arzt der Seelen,
    Schaffe meinem Herzen Ruh!

6. Gieb, daß mir der Tod nicht schade;
Herr, gieb Gnade,
    Laß mich sein Dein liebes Kind!
Ein Demüthiger und Kleiner,
Aber Reiner
    Endlich Gnad' und Ruhe find't.

Nr. 64. Mel.: Ach Gott, vom Himmel sieh darein.
Laurentius Laurentii, gest. 1722.

1. Ach Gott! es hat mich ganz verderbt
    Das böse Gift der Sünden,
Die mir von Adam angeerbt,
    Wo soll ich Rettung finden?
Es ist mein Elend viel und groß;
Es ist vor Deinen Augen bloß,
Wie tief mein Herz verdorben.

2. Wie schrecklich ist nicht mein Verstand
    Mit Finsterniß umhüllet;
Der Will' ist von Dir abgewandt,
    Mit Bosheit angefüllet;

Und die Begierden sind geneigt,
Die Lust, die aus dem Herzen steigt,
Im Werke zu vollbringen.

3. Mir fehlt die Kraft, Dich höchstes Gut,
   Zu kennen und zu lieben;
   Hingegen regt sich Fleisch und Blut
   Mit sündenvollen Trieben.
   Dich fürcht ich und vertrau Dir nicht,
   Ich unterlasse meine Pflicht,
   Und thu', was Dir entgegen.

4. Wer sagt, wie groß der Gräuel sei,
   Der Leib und Seel' beflecket?
   Wer macht mich von dem Aussatz frei,
   Der mein Herz angestecket?
   So groß die Noth, so hart dieß Joch,
   So wenig weiß ich Armer doch
   Mich davon los zu reißen.

5. Doch jetzt komm ich in wahrer Reu',
   Und bitte Dich von Herzen,
   Mein Jesu! hilf und mach mich frei
   Von meinen Sündenschmerzen,
   Von allem, was mich noch beschwert,
   Und meine Lebenskraft verzehrt!
   Sonst muß ich untersinken.

6. Wen ruf ich sonst um Rettung an,
   Als Dich, mein Heil und Leben!
   Du bist's allein, der helfen kann,
   Du mußt mir Rettung geben:
   Drum mach mich durch Dein Blut und Tod
   Von Sünden rein, daß ich vor Gott
   Gerecht erfunden werde.

7. Du weißt's, o Jesu! was mir fehlt,
   Du kannst, nach Deinem Willen,
   Die Noth vertreiben, die mich quält,
   Und meinen Jammer stillen;
   Du willst es auch, drum trau ich fest,
   Daß Du mich nicht in Angst verläss'st,
   Du heiß'st und bist ja Jesus.

———

Nr. 65. Mel.: Von Herzen lieb' ich Dich, Herr, meine Stärke. (Pf. 18.)
Gerhard Tersteegen. 1731.

1. O Jesu, schau, ein Sünder ganz beladen
   Sich beugen will vor Deinem Thron der
                                        Gnaden;
   Verstoß mich nicht, Du tiefe Liebe Du,
   Ach, bringe mein gestörtes Herz zur Ruh!

2. O Gottes Lamm, o Jesu, mein Erlöser,
   Die Sünd' ist groß, doch Deine Gnade
                                        größer!
   Was soll ich Dir, Du Menschenhüter thun?
   Es ist geschehn, ich seh und fühl es nun.

3. Ich fühl es nun, mein Herz ist ganz be-
                                        drücket
   Und aus der Noth Dir diese Seufzer schicket;
   Du hast mich selbst zerknirschet und verwund't,
   Mach mich auch selbst, o Seelenarzt, gesund!

4. Ich will mich gern in Staub und Asche
                                        schmiegen,
   Nur laß mich nicht in meinen Sünden liegen,

Umfasse mich, Du Meer der Freundlichkeit;
Ein armer Wurm um freie Gnade schreit.

5. Ach, schau mich an, ich lieg zu Deinen Füßen,
Dein theures Blut besprenge mein Gewissen,
Dein Gnadenwort mein Herze stille mir
Und wirke drin Freimüthigkeit zu Dir!

6. Nimm endlich hin die Lasten, die mich drücken;
Erlöse mich von Satans Macht und Stricken!
Ach, tödte ganz der Sünden Lust in mir,
Dein Liebesblick zieh Herz und Sinn zu Dir!

7. Ach, halte mich, sonst werd' ich immer fallen!
Laß mich doch Dir gefällig sein in Allem,
Regiere Du im Herzen nur allein,
Laß ewiglich da keine Sünd' hinein!

8. Ich bin so schwach, ich bin so ganz elendig;
Erneu're mich durch Deinen Geist inwendig.
Daß ich hinfort in unverrückter Treu'
An Dir nur kleb und Dir gehorsam sei!

Nr. 66. Mel.: Was Gott thut, das ist wohlgethan.

Albert Knapp, geb. 1798 gest. als Stadtpfarrer in Stuttgart 1864.

1 O Schöpfer, welch ein Ebenbild
Erschufst Du Dir aus Erde!
Wie stand Dein erster Mensch so mild,
Mit himmlischer Geberde;
Ganz ohne Sünd', Ein Gotteskind,
Geschmückt mit Deinem Siegel,
Der Liebe reiner Spiegel!

2. Dieß war Dein Bild. Vollkommenheit
 Hieß sein erhab'ner Abel;
Er wußte nichts von Sterblichkeit,
Und nichts von Fluch und Tadel.
Kraft ohne Druck, Das war sein Schmuck,
Sein Athem Lieb' und Freude,
Die Unschuld sein Geschmeide.

3. Auf Lebenspfaden wolltest Du
 Sanft seine Seele leiten,
Und höher führen immerzu
In's Licht der Ewigkeiten,
Damit sie ganz Im hellsten Glanz
Dein Wunderbild der Ehre
Vor allen Himmeln wäre.

4. Weh uns! wie kurz im Erdenthal
 War dieses schöne Leben!
Wie ward des heil'gen Bildes Strahl
Von Finsterniß umgeben!
Der Tod drang ein In Mark und Bein;
Der Vater kam zu Falle,
Riß nach die Kinder alle.

5. Drum siechen wir von Adam her,
 Drum sterben wir so frühe;
Drum ist das Leben öd' und schwer
Und voller Sündenmühe;
Drum fliehen wir, O Gott, vor Dir
Und Deines Zornes Drohen,
Wie Adam einst geflohen.

6. Drum ist kein Frieden im Gebein,
 Kein heit'rer Blick nach oben;

Stumm bleibt das Herz mit seiner Pein,
Kann Dich nicht kindlich loben;
Und soll's nun hin Zum Grabe ziehn,
So muß es sich verklagen,
Und im Gericht verzagen.

7. O Jesu, Licht vom Anbeginn,
Komm wieder in die Seele,
Damit sie mit zerbroch'nem Sinn
Dir wieder sich vermähle!
Warst Du ihr Licht Von Anfang nicht?
Ja komm, o Lebensquelle,
Und mach uns wieder helle!

8. Du wurdest Fleisch, o Gottessohn!
Wir könnten Dich nicht fassen,
Wenn Du Dich nicht vom Himmelsthron
Zu uns herabgelassen.
Dein Geist und Tod Tilgt unsre Noth;
In uns ist die Verwesung,
In Dir ist die Genesung.

9. Jauchzt Ihm, ihr Stern' am Himmelsrund!
Nun ist Er unser Leben.
Frohlocke, Volk vom neuen Bund,
Und komm, dich Ihm zu geben!
Ja, Christi Treu', Die schafft uns neu
Zu Gottes Ebenbilde!
Hilf uns, du ew'ge Milde!

Nr. 67. Mel.: Ach Gott und Herr, wie groß und schwer.

Victor Friedr. Strauß, geb. 1809.

1. Weh des Gerichts! O Gott des Lichts,
   Wohin sind wir gerathen?
   Aus Heiligkeit In Sündenleid,
   In Schuld und Missethaten!

2. Wie heilig stand Von Deiner Hand
   Der Mensch im Paradiese;
   Ihm ward Dein Wort, Auf daß er dort
   Dich in Gehorsam priese!

3. Er übertrat Durch Satans Rath;
   Er riß von Deinem Herzen,
   Aus Deinem Schooß Riß er sich los
   Schuf Sünd' und Tod und Schmerzen.

4. Hin ist Dein Bild Zerstört, verhüllt,
   Verfinstert an uns allen!
   Mit ihm sind wir, Herr Gott, von Dir,
   Ach allzumal gefallen!

5. Der Sünde Trug Und Schuld und Fluch
   Hält alle Welt umschlungen
   Ach Gott, vor Dir, Wer, wer ist hier,
   Den nicht ihr Gift durchdrungen?

6. Dein' Liebesgluth, Du selig Gut
   Ward uns zu Zornesflammen,
   Dein segnend Licht Zum Strafgericht,
   Das Alle muß verdammen.

7. Wohin wir ziehn, Wie weit wir fliehn:
   Mit uns gehn Fluch und Sünde;

Angst, Elend, Noth,   Zuletzt der Tod;
      Dann dräu'n der Hölle Schlünde.

8. Herr! wollst uns ziehn, Daß wir hinfliehn,
      Wo wir Errettung finden:
   Zu Dir, Herr Christ,   Der kommen ist
      Für uns zu überwinden!

9. Bei Dir ist Rath Und Trost und Gnad',
      Gerechtigkeit und Leben;
   Du hast aus Huld All unsre Schuld
      Gebüßt, versöhnt, vergeben!

10. O Herr, voll Treu', Schaff Dir uns neu,
      Daß wir dem Zorn entgehen,
   Und nach dem Tod, Frei aller Noth,
      Im Paradies Dich sehen.

---

6. Der Erlösungsrathschluß.

Nr. 68.   Eigene Melodie.

Martin Luther. 1523 „Ein Danklied für die
höchsten Wohlthaten, so uns Gott in Christo erzeiget hat.“
Engl. Ueberf. in The Voice of Christian Life in Song,
p. 231.

1. Nun freut euch, liebe Christeng'mein',
      Und laßt uns fröhlich springen,
   Daß wir getrost und All' in Ein'
      Mit Lust und Liebe singen,
   Was Gott an uns gewendet hat,
   Und Seine süße Wunderthat;
   Gar theu'r hat Er's erworben.

2. Dem Teufel ich gefangen lag,
　　Im Tod war ich verloren;
Mein' Sünd' mich quälte Nacht und Tag,
　　Darin ich war geboren;
Ich fiel auch immer tiefer drein,
Es war kein Gut's am Leben mein;
Die Sünd' hat mich besessen.

3. Mein' gute Werk', die galten nicht,
　　Es war mit ihn'n verdorben;
Der frei' Will' haßte Gottes G'richt,
　　Er war zum Gut'n erstorben;
Die Angst mich zu verzweifeln trieb,
Daß nichts denn Sterben bei mir blieb;
Zur Hölle mußt ich sinken.

4. Da jammert' Gott von Ewigkeit
　　Mein Elend ohne Maßen;
Er dacht an Sein' Barmherzigkeit
　　Und wollt mir helfen lassen;
Er wandt zu mir Sein Vaterherz,
Es war bei Ihm fürwahr kein Scherz:
Er ließ's Sein Bestes kosten.

5. Er sprach zu Seinem lieben Sohn:
　　„Die Zeit ist, zu erbarmen;
Fahr hin, mein's Herzens werthe Kron',
　　Und sei das Heil dem Armen!
Hilf ihm aus seiner Sünden Noth,
Erwürg für ihn den bittern Tod
Und laß ihn mit Dir leben!"

6. Der Sohn dem Vater g'horsam ward,
  Er kam zu mir auf Erden,
Von einer Jungfrau rein und zart,
  Er wollt mein Bruder werden.
Gar heimlich führt Er Sein' Gewalt,
Er ging in meiner armen G'stalt,
Den Teufel wollt Er fangen.

7. Er sprach zu mir: „Halt dich an Mich,
  Es soll dir jetzt gelingen;
Ich geb' Mich selber ganz für dich,
  Da will Ich für dich ringen;
Denn Ich bin dein und du bist Mein,
Und wo Ich bleib, da sollst du sein:
Uns soll der Feind nicht scheiden.

8. „Vergießen wird er Mir Mein Blut,
  Dazu Mein Leben rauben;
Das leid' Ich Alles dir zu gut,
  Das halt' mit festem Glauben!
Den Tod verschlingt das Leben Mein,
Mein' Unschuld trägt die Sünde dein;
Da bist du selig worden.

9. „Gen Himmel zu dem Vater Mein
  Fahr Ich von diesem Leben;
Da will Ich sein der Meister dein,
  Den Geist will Ich dir geben,
Der dich in Trübniß trösten soll
Und lehren Mich erkennen wohl,
Und in der Wahrheit leiten.

10. „Was Ich gethan hab' und gelehrt,
    Das sollt' du thun und lehren,
Damit das Reich Gott's werd' vermehrt
    Zu Seinem Lob und Ehren;
Und hüt' dich vor der Menschen G'satz!
Davon verdirbt der edle Schatz:
Das laß Ich dir zuletzte!"

Nr. 69. Mel.: So führst Du doch recht selig,
Herr, die Deinen.
Friedrich Adolph Lampe, ein berühmter reform.
Theologe, gest. in Bremen 1729. Geb. vor 1726.

1. O Liebesgluth, die Erd' und Himmel paaret,
   O Wundersee, drein sich mein Geist ver-
                                    senkt;
Daß Gott noch Huld für Seinen Feind be-
                                    wahret
   Und Seine Gunst dem schnödsten Sünder
                                    schenkt!
Wie tief Er mich im Fluch und Blute fund,
   Sein ganzes All dringt in mein Nichts
                                    hinein;
Er will in einem Wurm verkläret sein
Und nöthigt mich zu Seinem Gnadenbund.

2. Hier starrt der Geister Schaar, die Sera-
                                    phinen
Bedecken hier mit Flügeln ihr Gesicht:
Der Ewigkeit Geheimniß ist erschienen,
   Nun kommt der ganzen Gottheit Rath an's
                                    Licht.

Die Herrlichkeit, die mit dem Werkbund war
Geschändet, bricht mit neuem Glanz herfür;
Entriegelt steht die güldne Lebensthür,
Gott selbst stellt Sich zum Gut des Sün-
                              ders dar.

3. Dieß ist der Mittelpunkt von Gottes Wegen,
    Der Tiefen Schlüssel und des Wortes Kern.
Hier träuft ein angenehmer Gnadenregen,
    Hier gehet auf ein heller Morgenstern.
Hier muß mein träger Sinn entzücket stehn,
    Hier findet nichts als Thorheit mein Ver-
                              stand,
    Und hab' ich Kraft und Fleiß schon ange-
                              wandt,
Kann ich's doch kaum ein wenig schimmern
                              sehn.

4. O ewig Licht, laß Deines Lichtes Strahlen
    Mich bringen auf die Spur der Weisheit
                              Dein,
    Um mir Dein Bundsgeheimniß abzumalen,
    Wovon kein Fleisch noch Blut kann Leh-
                              rer sein!
Des Geistes Augensalb' mir lege bei,
    Damit, was nie ein Mensch, noch Engel
                              denkt,
    Und was Dein Wort von Deinem Bunde
                              schenkt,
Mir nicht wie ein versiegelt Buch mehr sei.

5 Doch nimm zugleich Verstand und Herz ge-
                              fangen,

Da ich mich jetzt zu Deinen Füßen setz';
Um Dir, dem Bundesgott, stets anzuhangen,
Umspanne mich mit Deiner Liebe Netz;
Zwing mich, zeuch mich, damit ich Dir nach-
lauf!
Und da Du Dich willst geben gänzlich
mir;
So gieb auch Kraft, daß ich mich gebe Dir!
Herr Jesu, zeuch mein ganzes Herz hinauf!

Nr. 70. Mel.: Mein Jesus lebt, was soll ich
sterben.
Johann Gottfried Hermann. 1742.

1. Geht hin, ihr gläubigen Gedanken,
   Ins weite Feld der Ewigkeit,
   Erhebt euch über alle Schranken
   Der alten und der neuen Zeit:
   Erwägt, daß Gott die Liebe sei,
   Die ewig alt und ewig neu.

2. Der Grund der Welt war nicht geleget,
   Der Himmel war noch nicht gemacht,
   So hat Gott schon den Trieb geheget,
   Der mir das Beste zugedacht:
   Da ich noch nicht geschaffen war,
   Da reicht Er mir schon Gnade dar.

3. Sein Rathschluß war, ich sollte leben
   Durch Seinen eingebornen Sohn;
   Den wollt Er mir zum Mittler geben,
   Den macht Er mir zum Gnadenthron,
   In Dessen Blute sollt ich rein,
   Geheiliget und selig sein.

4. O Wunderliebe, die mich wählte
    Vor allem Anbeginn der Welt,
  Und mich zu ihren Kindern zählte,
    Für welche sie das Reich bestellt!
  O Vaterhand, o Gnadentrieb,
  Der mich in's Buch des Lebens schrieb!

5. Wie wohl ist mir, wenn mein Gemüthe
    Empor zu dieser Quelle steigt,
  Von welcher sich ein Strom der Güte
    Zu mir durch alle Zeiten neigt,
  Daß jeder Tag sein Zeugniß giebt,
  Gott hat mich je und je geliebt.

6. Wer bin ich unter Millionen
    Der Creaturen Seiner Macht,
  Die in der Höh' und Tiefe wohnen,
    Daß Er mich bis hieher gebracht!
  Ich bin ja nur ein dürres Blatt,
  Ein Staub, der keine Stätte hat.

7. Ja freilich bin ich zu geringe
    Der herzlichen Barmherzigkeit,
  Womit, o Schöpfer aller Dinge,
    Mich Deine Liebe stets erfreut:
  Ich bin, o Vater, selbst nicht mein,
  Dein bin ich, Herr, und bleibe Dein.

8. Im sichern Schatten Deiner Flügel
    Find ich die ungestörte Ruh.
  Der feste Grund hat dieses Siegel:
    Wer Dein ist, Herr, den kennest Du!
  Laß Erd' und Himmel untergehn,
  Dieß Wort der Wahrheit bleibet stehn.

9. Wenn in dem Kampfe schwerer Leiden
   Der Seele Muth und Kraft gebricht,
   So salbest Du mein Haupt mit Freuden,
   So tröstet mich Dein Angesicht:
   Da spür ich Deines Geistes Kraft,
   Die in der Schwachheit Alles schafft.

10. Die Hoffnung schauet in die Ferne
    Durch alle Schatten dieser Zeit.
    Der Glaube schwingt sich durch die Sterne,
    Und sieht ins Reich der Ewigkeit:
    Da zeigt mir Deine milde Hand
    Mein Erbtheil und gelobtes Land.

11. O sollt ich Dich nicht ewig lieben,
    Der Du mich unaufhörlich liebst?
    Sollt ich mit Undank Dich betrüben,
    Da Du mir Fried' und Freude giebst?
    Verließ ich Dich, o Menschenfreund,
    So wär ich selbst mein ärgster Feind.

12. Ach könnt ich Dich nur besser ehren,
    Welch edles Loblied stimmt ich an!
    Es sollten Erd' und Himmel hören,
    Was Du, mein Gott, an mir gethan:
    Nichts ist so tröstlich, nichts so schön,
    Als, höchster Vater, Dich erhöhn.

13. Doch nur Geduld, es kommt die Stunde,
    Da mein durch Dich erlöster Geist
    Im höhern Chor mit frohem Munde
    Dich, schönste Liebe, schöner preist:
    Drum eilt mein Herz aus dieser Zeit
    Und sehnt sich nach der Ewigkeit.

III. Jesus Christus und die Erlösung.

1. Das Kommen des Herrn. Adventslieder.

Nr. 71.   Eigene Melodie.

Geo g Weissel. Geb. zu Königsberg um 1630. nach
Psalm 24 in seiner messianischen Beziehung auf die An=
kunft Christi im Fleische und seinen würdigen Empfang.
Ein Triumphlied zum Einzug des Königs der Ehren;
vom Eisen. Entw und von Wackernagel unter die Kern=
lieder aufgenommen, von Geffcken aus musikal. Rücksichten
ausgeschlossen. Die urspr. Melodie von Stobäus a 1634
ist in Vergessenheit gerathen, aber die Hallesche von 1704
im Trittelstalte ist sehr angemessen und auch von Wacker=
nagel vorgezogen Engl Ueberi von Cath. Winkworth,
Lyra Germ First Ser.: "Lift up your heads, ye mighty
gates! Behold the King of glory waits", und in Schaff's
Christ in Song, p. 17.

1. Macht hoch die Thür, die Thor' macht weit!
   Es kommt der Herr der Herrlichkeit,
   Ein König aller Königreich',
   Ein Heiland aller Welt zugleich,
   Der Heil und Leben mit Sich bringt.
   Deßhalben jauchzt, mit Freuden singt:
   Gelobet sei mein Gott,
   Mein Schöpfer reich von Rath

2. Er ist gerecht, ein Helfer werth,
   Sanf.mit higkeit ist Sein Gefährt',

Sein' Königskron' ist Heiligkeit,
Sein Scepter ist Barmherzigkeit,
All' unsre Noth zu End' Er bringt.
Deßhalben jauchzt, mit Freuden singt:
Gelobet sei mein Gott,
Mein Heiland groß von That!

3. O wohl dem Land, o wohl der Stadt,
Die diesen König bei sich hat!
Wohl allen Herzen insgemein,
Da dieser König ziehet ein!
Er ist die rechte Freudensonn',
Bringt mit Sich lauter Freud' und Wonn'.
Gelobet sei mein Gott,
Mein Tröster früh und spat!

4. Macht hoch die Thür, die Thor' macht weit!
Eu'r Herz zum Tempel zubereit't!
Die Palmen der Gottseligkeit
Streut hin mit Andacht, Lust und Freud';
So kommt der König auch zu euch,
Ja Heil und Leben mit zugleich.
Gelobet sei mein Gott,
Voll Rath, voll That, voll Gnad'!

5. Komm, o mein Heiland, Jesu Christ,
Des Herzens Thür Dir offen ist.
Ach, zeuch mit Deiner Gnade ein,
Dein' Freundlichkeit auch uns erschein'.
Dein heil'ger Geist uns führ' und leit'
Den Weg zur ew'gen Seligkeit;
Und Deinem Namen, Herr,
Sei ewig Preis und Ehr!

Nr. 72. Mel.: Vom Himmel hoch, da komm' ich her.

Nach dem Lat. des Mailänder Bischofs **Ambrosius**, gest. 397: „Veni Redemptor gentium“. Es gilt für sein bestes Kirchenlied, steht aber manchen deutschen und englischen Advents= und Weihnachtsliedern weit nach. Dasselbe findet sich in fast allen Brevieren und wurde auch von **Luther** auf Grund einer älteren Ueberf. („Der Heiden Heiland komme her“) verdeutscht: „Nu komm, der Heiden Heiland, der Jungfrauen Kind erkannt,“ aber mit so vielen Archaismen und Reimhärten, wie Fleisch u. Geist, Mensch u. Fleisch, Held u. eilt, gleich u. Fleisch, daß es in dieser Gestalt unbrauchbar ist. Eine bessere und populärere Verdeutschung lieferte **Joh. Frank** um 1660, beginnend: „Komm, Heidenheiland, Lösegeld, komm, schönste Lilie dieser Welt.“ Der nachfolg. Text ist eine neue Bearbeitung auf Grundlage der Frankschen. Das Eisen. Gsgb. substituirt für die beiden letzten Zeilen sich enger an die luther. Uebers. anschließend: „Und leuchtet mit der Keuschheit Kron'; Wohl war da Gott in seinem Thron“ ·was dem lat. Vexilla virtutum micant, Versatur in templo Deus näher kommt), läßt aber den zweiten, in keiner Weise anstößigen Vers (Non ex virili semine) mit Unrecht aus. Engl. Ueberf. von J. Mason Neale und von Dr. Ray Palmer in Schaff's Christ in Song p. 9.

1. Komm, Völkerheiland, Gottesheld,
   Komm, schönste Sonne dieser Welt,
   Laß abwärts flammen Deinen Schein,
   Der Du willst Mensch geboren sein.

2. Von keines Mannes Blut noch Kraft,
   Bloß durch des Geistes Eigenschaft
   Empfängt die keusche Jungfrau hier;
   Es wohnt ein göttlich Heil in ihr.

3. O Wunder, das kein Mensch versteht!
   Als Mutter eine Jungfrau geht,

Und leuchtet mit der Keuschheit Kron';
Wohl war da Gott in Seinem Thron[1]).

4. Komm an von Deinem Ehrenthron,
Du Gottes und der Jungfrau Sohn! —
Du kommst, erhabner Wunderheld[2]),
Gehst muthig durch dieß Thal der Welt.

5. Du nahmest erdwärts Deinen Lauf,
Und stiegest wieder himmelauf;
Hinab zur Hölle fuhr der Sohn,
Und wieder auf zu Gottes Thron.

6. O höchster Fürst, dem Vater gleich,
Besieg allhier des Fleisches Reich!
Denn unser Geist in Fleisches Haft
Sehnt sich nach Deiner Himmelskraft.

7. Aus Deiner Krippe glänzt ein Strahl,
Der leuchtet durch dieß finstre Thal;
Er giebt der Nacht so hellen Schein,
Der stets wird unverlöschlich sein.

8. Entzünd' auch unsers Glaubens Licht,
Damit die Lieb' erlösche nicht
Zu Dir, die ganze Lebenszeit,
O Sonne der Gerechtigkeit!

---

1) Statt des ursprünglichen. „Beschattet von des Höchsten Kraft,
Doch unverletzt der Jungfrauschaft."

2) Im Lat. geminae gigas substantiae. Riese von zweifacher Natur, — eine Anspielung auf die Riesen 1 Mos. 6, 4, welche in der
alten Kirche als die Söhne der Engel und der Töchter der Menschen
nach der mystischen Auslegung von Psalm 19, 5 als Vorbilder der gott-
menschlichen Natur Christi aufgefaßt wurden. Vgl. Ambrosius De
incarn. Dom. c. 5.

Nr. 73. Eigene Melodie.

Heinrich Held (ein schlesischer Advocat, gest 1643).
Geb. um 1643. Der älteste vorhandene Druck ist in
Crüger's Praxis Pietatis Melica von 1659 S. 170. 171,
wo es als Adventslied mit der Unterschrift: Henrich Helt
steht. (Vgl. Mützell I. 320.) Eines der verbreitetsten
Adventslieder. In vielen Gsgb. seit Fr. plungbausen 1704
steht es mit dem veränderten Anfang. „Gott sei Dank in
aller Welt" Engl. Uebersetzung von Miß Winkworth im
Choral Book for England, 1862, im Metrum des Originals: "Let the earth now praise the Lord".

1. Gott sei Dank durch alle Welt,
   Der Sein Wort beständig hält
   Und der Sünder Trost und Rath
   Zu uns hergesendet hat!

2. Was der alten Väter Schaar
   Höchster Wunsch und Sehnsucht[1]) war,
   Und was sie geprophezeiht
   Ist erfüllt in Herrlichkeit.

3. Zions Hülf' und Abrams Lohn,
   Jakobs Heil, der Jungfrau Sohn,
   Wunderbar, Rath, Kraft und Held[2])
   Hat sich treulich eingestellt.

4 Sei willkommen, o mein Heil!
   Hosianna! o mein Theil!
   Richte Du auch eine Bahn
   Dir in meinem Herzen an.

---

1) Urspr.: Sehnung, was auch Wackernagel (Kl. Gsgb Nr. 2)
wieder aufgenommen hat.
2) Urspr.: „Der wohl zweigestammte Held." Ebenso Wackernagel.
Mit Rücksicht auf die beiden Naturen in Christo und Anspielung auf
die Riesen 1 Mos. 6. 4, welche nach späterer allegorischer Auslegung
als Vorbilder Christi aufgefaßt wurden. Daher heißt Christus in dem
Adventslied des Ambrosius (Veni Redemptor gentium) geminae
gigas substantiae.

5. Zeuch, Du Ehrenkönig, ein,
   Es gehöret Dir allein.
   Mach es, wie Du gerne thust,
   Rein von aller Sündenlust. [1])

6. Und, wie Deine Ankunft [2]) war
   Voller Sanftmuth, ohn' Gefahr,
   Also sei auch jederzeit
   Deine Sanftmuth mir bereit.

7. Tröste, tröste meinen Sinn,
   Weil ich schwach und blöde bin,
   Und des Satans Macht und List
   Sich zu hoch für mich vermißt.

8. Tritt der Schlange Kopf entzwei,
   Daß ich, aller Aengsten frei,
   Dir im Glauben um und an
   Selig bleibe zugethan; —

9. Daß, wenn Du, o Lebensfürst,
   Prächtig wiederkommen wirst,
   Ich Dir mög' entgegengehn
   Und vor Dir gerecht bestehn.

---

1) Urspr.: „Sünden Wust".
2) Statt „Zukunft".

Nr. 74. Mel: Von Gott will ich nicht laſſen.

Valentin Thilo, der Jüngere (Prof. der Beredtsam-
keit in Königsberg, geb. 1607, geſt. 1662). Vor 1650.
Nach Luk. 3, 4—17, worauf ſich die urſpr. Faſſung von
B. 4 bezog: „Das war Johannis Stimme, Das war
Johannis Lehr': Gott ſtrafet den mit Grimme, Der
Ihm nicht giebt Gehör, O Herr Gott, mach auch mich
Zu Deines Kindes Krippen: So ſollen meine Lippen
Mit Ruhm erheben Dich."

1. Mit Ernſt, o Menſchenkinder,
   Das Herz in euch beſtellt:
Bald wird das Heil der Sünder,
   Der wunderſtarke Held,
   Den Gott aus Gnad' allein
    Der Welt zum Licht und Leben
    Verſprochen hat zu geben,
Bei Allen kehren ein.

2. Bereitet doch fein tüchtig
   Den Weg dem großen Gaſt;
Macht Seine Steige richtig,
   Laßt Alles, was Er haßt.
Macht eben Bahn und Pfad, [1]
   Die Thale rings erhöhet,
   Erniedrigt was hoch ſtehet,
Was krumm iſt, macht gerad.

3. Ein Herz, das Demuth liebet,
   Bei Gott am höchſten ſteht;
Ein Herz, das Hochmuth übet,
   Mit Angſt zu Grunde geht;

---

1) Statt: „Macht alle Bahnen recht ... Was krumm iſt, gleich
und ſchlecht" (ſchlicht).

Ein Herz, das redlich ist
Und folget Gottes Leiten,
Das kann sich recht bereiten,
Zu dem kommt Jesus Christ.

4. Ach, mache Du mich Armen
In dieser Gnadenzeit
Aus Güte und Erbarmen,
Herr Jesu, selbst bereit.
Zeuch in mein Herz hinein
Vom Stall und von der Krippen;
So werden Herz und Lippen
Dir ewig dankbar sein. ¹)

Nr. 75. Mel.: Aus meines Herzens Grunde.
Michael Schirmer. 1650. Ueber Matth. 21, 1--9.
Der urspr. 2. V.: „Er kommt zu uns geritten Auf
einem Eselein, Und stellt sich in der Mitten Für uns zum
Opfer ein,“ u. s w., ist nach dem Vorgang der meisten
Gsgb. weggelassen.

1. Nun jauchzet All', ihr Frommen,
In dieser Gnadenzeit,
Weil unser Heil ist kommen,
Der Herr der Herrlichkeit,
Zwar ohne stolze Pracht,
Doch mächtig, zu verheeren
Und gänzlich zu zerstören
Des Teufels Reich und Macht.

----

¹) Dieser Vers ist nach dem Vorgang älterer und neuerer Gsgb.
verändert. Die urspr. Form haben Stip und Wackernagel
beibehalten; Stip giebt aber beide Formen.

2. Kein Scepter, keine Krone
   Sucht Er auf dieser Welt:
   Im hohen Himmelsthrone
   Ist Ihm Sein Reich bestellt.
   Er will hier Seine Macht
   Und Majestät verhüllen,
   Bis Er des Vaters Willen
   Im Leiden ganz vollbracht.

3. Ihr Mächtigen auf Erden, ¹)
   Nehmt diesen König an.
   Soll euch gerathen werden,
   So geht die rechte Bahn,
   Die zu dem Himmel führt.
   Sonst, wo ihr Ihn verachtet
   Und nur nach Hoheit trachtet,
   Des Höchsten Zorn euch rührt.

4. Ihr Armen und Elenden
   In dieser bösen Zeit,
   Die ihr an allen Enden
   Müßt haben Angst und Leid,
   Seid dennoch wohlgemuth,
   Laßt eure Lieder klingen,
   Und thut dem König singen,
   Der ist eu'r höchstes Gut.

5. Er wird nun bald erscheinen
   In Seiner Herrlichkeit,
   Und all' eu'r Klag und Weinen
   Verwandelen in Freud';

---

¹) Urspr.: „Ihr großen Potentaten ... Wenn ihr euch
wollet rathen.“

Er ist's, der helfen kann:
Macht eure Lampen fertig
Und seid stets Sein gewärtig;
Er ist schon auf der Bahn!

Nr. 76. Mel.: Schwingt heilige Gedanken.

Johann Rist (1607-1667). Aus dessen „Sabbathi-
scher Seelenlust". 1651. Urspr. 12 Str., zum Theil mit
Rücksicht auf die drückenden Zeitverhältnisse und mit
Wiederholungen; vollständig bei Stip (im Unverfälschten
Liedersegen, Nr. 1) und bei Wackernagel (im kl. Gsgb.
ebenfalls Nr. 1), mit 10 Str. im Eisen. Gsgb. (Nr. 4),
mit 6 Str. im N. Würtemb. und and. Gsgb. Eine
engl. Uebers. (6 Str.) in Lyra Germ., Second Series:
"Arise, the Kingdom is at hand, The King is drawing
nigh."

1. Auf, auf, ihr Reichsgenossen!
   Eu'r König kommt heran,
Empfahet unverdrossen
   Den großen Wundermann.
Ihr Christen, geht herfür,
   Laßt uns vor allen Dingen
   Ihm Hosianna singen
Mit heiliger Begier.

2. Auf, ihr betrübten Herzen!
   Der König ist gar nah.
Hinweg all' Angst und Schmerzen!
   Der Helfer ist schon da.
Seht, wie so mancher Ort
   Hochtröstlich ist zu nennen,
   Da wir Ihn finden können
Im Nachtmahl, Tauf und Wort.

3. Auf, auf, ihr Vielgeplagten!
   Der König ist nicht fern.
   Seid fröhlich, ihr Verzagten!
   Dort kommt der Morgenstern.
   Der Herr will in der Noth
   Mit reichem Trost euch speisen,
   Er will euch Hilf erweisen,
   Ja dämpfen gar den Tod!

4. So lauft mit schnellen Schritten,
   Den König zu besehn,
   Dieweil Er kommt geritten
   Stark, herrlich, sanft und schön.
   Nun tretet all' heran,
   Den Heiland zu begrüßen,
   Der alles Kreuz versüßen
   Und uns erlösen kann.

5. Der König will bedenken
   Die, so Er herzlich liebt,
   Mit köstlichen Geschenken,
   Als der Sich selbst uns giebt
   Durch Seine Gnad' und Wort.
   Ja König, hoch erhoben,
   Wir alle wollen loben
   Dich freudig hier und dort.

6. Nun, Herr, Du giebst uns reichlich,
   Wirst Selber arm und schwach:
   Du liebest unvergleichlich,
   Du jagst den Sündern nach:
   Drum woll'n wir Dir allein
   Die Stimmen hoch erschwingen,
   Dir Hosianna singen
   Und ewig dankbar sein.

Nr. 77. Mel.: Valet will ich dir geben.

Von P. Gerhardt. Vor 1653. Dieses Lied ist auch mehrmals ins Engl. übersetzt, am besten von James W. Alexander für Schaff's Kirchenfreund. Jahrgang 1850, S. 176: "Lord, how shall I be meeting, And how shall I embrace". Vgl. Christ in Song, p. 20.

1. Wie soll ich Dich empfangen,
   Und wie begegnen Dir?
   O aller Welt Verlangen,
   O meiner Seele Zier!
   O liebster Jesu, zünde
   Mir selbst die Fackel an,
   Und hilf, daß ich ergründe,
   Was Dich ergötzen kann.[1]

2. Dein Zion streut Dir Palmen
   Und grüne Zweige hin,
   Und ich will Dir in Psalmen
   Ermuntern meinen Sinn.
   Mein Herze soll Dir grünen
   In stetem Lob und Preis,
   Und Deinem Namen dienen,
   So gut es kann und weiß.

3. Was hast du unterlassen
   Zu meinem Trost und Freud'?
   Als Leib und Seele saßen
   In ihrem größten Leid,
   Als mir das Reich genommen,
   Da Fried' und Freude lacht,
   Da bist Du, mein Heil, kommen,
   Und hast mich froh gemacht.

---

1) Urspr.: „O Jesu, Jesu, setze Mir selbst die Fackel bei, Damit, was Dich ergötze, Mir kund und wissend sei."

4. Ich lag in schweren Banden,
   Du kommst und machst mich los;
Ich stund in Spott und Schanden,
   Du kommst und machst mich groß,
Und hebst mich hoch zu Ehren,
   Und schenkst mir großes Gut,
Das sich nicht läßt verzehren,
   Wie Erdenreichthum thut.

5. Nichts, nichts hat Dich getrieben
   Zu mir vom Himmelszelt,
Als Dein getreues Lieben,
   Damit Du alle Welt
In ihren tausend Plagen
   Und großer Jammerlast,
Die kein Mund kann aussagen,
   So fest umfangen hast.

6. Das schreib' dir in das Herze,
   Du tiefbetrübtes ¹) Heer,
Ihr, denen Gram und Schmerze
   Sich häufen mehr und mehr.
Seid unverzagt, ihr habet
   Die Hülfe vor der Thür;
Der eure Herzen labet
   Und tröstet, steht allhier!

7. Ihr dürft euch nicht bemühen,
   Noch sorgen Tag und Nacht,
Wie ihr Ihn wollet ziehen
   Mit eures Armes Macht;

---

1) And. „herzbetrübes". So Wackernagel.

Er kommt, Er kommt mit Willen,
  Ist voller Lieb' und Lust,
All' Angst und Noth zu stillen,
  Die Ihm an euch bewußt.

8. Auch dürft ihr nicht erschrecken
  Vor eurer Sündenschuld.
Nein, Jesus will sie decken
  Mit Seiner Lieb' und Huld.
Er kommt, Er kommt den Sündern
  Zum Trost und wahren Heil,
Schafft, daß bei Gottes Kindern
  Verbleib' ihr Erb' und Theil.

9. Was fragt ihr nach dem Schreien
  Der Feind' und ihrer Tück'?
Der Herr wird sie zerstreuen
  In einem Augenblick.
Er kommt, Er kommt, ein König,
  Dem alle Macht und List
Der Feinde viel zu wenig
  Zum Widerstande ist.

10. Er kommt zum Weltgerichte,
  Zum Fluch dem, der Ihm flucht;
Mit Gnad' und süßem Lichte
  Dem, der Ihn liebt und sucht.
Ach komm, ach komm, o Sonne,
  Und hol' uns allzumal
Zum ew'gen Licht und Wonne
  In Deinen Freudensaal.

Nr. 78. Mel.: Nun ruhen alle Wälder.

Philipp Friedrich Hiller (Pfarrer in Württemberg
und ein sehr fruchtbarer Liederdichter, gest. 1769). Vor
1729. V. 6—8 auf Grundlage von Pf. 24, wie Nr. 71.

1. Wie lieblich klingt's den Ohren,
　　Daß Du bist Mensch geboren
　　　　Und mein Erlöser bist!
　　Wie lieblich, wie erquickend,
　　Wie selig, wie entzückend,
　　　　Ist doch Dein Name Jesus Christ!

2. Wie groß ist Deine Stärke,
　　Wie herrlich Deine Werke,
　　　　Wie heilig ist Dein Wort!
　　Wie ist Dein Tod so tröstlich,
　　Wie ist Dein Blut so köstlich,
　　　　Mein Fels des Heils, mein Lebensbort!

3. Wie reich sind Deine Gaben,
　　Wie hoch bist Du erhaben
　　　　Auf Deinem Königsthron!
　　Es singen, jauchzen, dienen
　　Dir alle Seraphinen,
　　　　Du wahrer Gott und Menschensohn.

4. Wie bist Du von den Banden
　　Des Grabes auferstanden,
　　　　Hast Höll' und Tod besiegt,
　　Bist unter Himmelsschaaren
　　So herrlich aufgefahren,
　　　　Bis Alles Dir zu Füßen liegt!

5. Wie süß ist Deine Lehre!
　　Wie groß ist Deine Ehre!
　　　　Wie herrschest Du allein!

Wer wollte nicht, o König,
In Ehrfurcht unterthänig
    Und gern in Deiner Gnade sein?

6. Erweitert Thor und Thüren!
Laßt Ehrenpforten zieren,
    Empfangt Ihn in der Welt;
Geht jauchzend Ihm entgegen,
Dieweil zu eurem Segen
    Der Ehrenkönig Einzug hält!

7. Wer ist's, wer läßt sich hören
Als König aller Ehren?
    Der Herr der Herrlichkeit!
Der ist es, der kommt prächtig,
Der Herr, der stark und mächtig,
    Der Herr, der Sieger ist im Streit.

8. Erhöhet Thor und Thüren,
Den König einzuführen!
    Wer ist's, der Einzug hält?
Der König aller Ehren!
Der Herr von Gottes Heeren,
    Der Ehrenkönig aller Welt!

9. Preis Dir von allen Frommen!
Du kommst, sei uns willkommen,
    Im Namen unsres Herrn.
Der Herr ist Gott, der Eine,
Der uns erleucht't alleine
    Als unser Licht und Morgenstern.

Nr. 79. Mel.: Jesu, hilf siegen, Du Fürste des Lebens.

Nach J. L. C. Allendorf (nicht Freylinghausen), gest. 1773 als Pfarrer an St Ulrich in Halle. Zuerst gedr. 1733 mit 23 Str. Das neue Würt. und das Penns. Luth. Gsgb. geben bloß 6.

1. Jesus ist kommen! Grund ewiger Freude!
    Er, der vom Anfang gewesen, ist da;
Gottheit und Menschheit vereinen sich beide;
    Schöpfer, wie kommst Du den Menschen
                so nah!
Himmel und Erde, verkündet's den Heiden:
Jesus ist kommen, Grund ewiger Freuden!

2. Jesus ist kommen, die Zierde der Himmel!
    Er, der Geliebte, des Ewigen Sohn,
Suchet Sich Sünder im Erdengewimmel,
    Macht sie zu Kindern und führt sie zum
                Thron.
Fliehet mit Ihm aus dem Erdengetümmel!
Jesus ist kommen, die Zierde der Himmel!

3. Jesus ist kommen: nun springen die Bande:
    Stricke des Todes, die reißen entzwei.
Seht, Er erlöst uns vom knechtischen Staube!
    Gottes Sohn machet uns ewiglich frei,
Bringt uns zu Ehren aus Sünd' und aus
                Schande.
Jesus ist kommen: nun springen die Bande.

4. Jesus ist kommen, ein König der Ehren;
    Himmel und Erde, rühmt Seine Gewalt!
Dieser Beherrscher kann Herzen bekehren;
    Oeffnet Ihm Thüren und Thore fein bald!

Denkt doch: Er will euch die Krone ge-
                                    währen;
Jesus ist kommen, ein König der Ehren.

5. Jesus ist kommen, ein Opfer für Sünden;
      Alle Verschuldungen träget dieß Lamm.
Sündern die ew'ge Erlösung zu finden,
      Litt Er und starb Er am blutigen Stamm.
Abgrund der Liebe! wer kann Dich ergründen?
Jesus ist kommen, ein Opfer der Sünden!

6. Jesus ist kommen, die Quelle der Gnaden.
      Komme, wen dürstet, und trinke, wer will!
Holet für euern verderblichen Schaden
      Heilung aus dieser unendlichen Füll'!
Alle Verlornen sind hieher geladen:
Jesus ist kommen, die Quelle der Gnaden.

7. Jesus ist kommen, ein Führer zum Leben;
      Sterbend verschlingt Er den ewigen Tod,
Giebt uns — das heißet ja schenken und
                                    geben! —
      Ewiges Leben nach Jammer und Noth.
Glaubt Ihm, so dürft ihr nicht trauern und
                                    beben!
Jesus ist kommen, ein Führer zum Leben.

8. Jesus ist kommen, ein Trost der Betrübten,
      Welche das Feuer der Trübsal bewährt.
Er ist ein Helfer, und hilft, ihr Geliebten,
      Herrlich aus Allem, was hier euch beschwert.
Kronen erwarten euch, o ihr Geübten!
Jesus ist kommen, ein Trost der Betrübten.

9. Jesus ist kommen, sagt's aller Welt Enden!
    Eilet, ach eilet zum Gnadenpanier!
    Schwöret Ihm Treue mit Herzen und
                      Händen!
      Sprechet: Wir leben und sterben mit Dir!
    Amen, o Jesu, Du woll'st uns vollenden!
    Jesus ist kommen; sagt's aller Welt Enden!

Nr. 80. Mel.: Wie schön leuchtet der Morgenstern.

Dieses Lied, welches dem Joh. Sam. Dieterich, gest. 1797, zugeschrieben wird, findet sich fast in keinem europäischen, aber in allen amerik. (zuerst im alten Ref.) Gsgb. und ist auch von Henry Mills (Horae Germanicae, No. 99) im Versmaaß des Orig. in's Engl. übersetzt worden: "The Saviour comes! Sing praise to Him, The God proclaimed by Seraphim."

1. Der Heiland kommt! Lobsinget Ihm,
    Dem Gott, dem alle Seraphim
      Das Heilig! Heilig! singen.
    Es kömmt der ew'ge Gottessohn,
    Und steigt von Seinem Himmelsthron,
      Der Welt den Sieg zu bringen.
    Preis Dir! Da wir
    Von den Sünden Rettung finden,
    Höchstes Wesen!
    Durch Dich werden wir genesen.

2. Willkommen, Friedefürst und Held,
    Rath, Vater, Kraft und Heil der Welt!
      Willkommen auf der Erden!
    Du kleidest Dich in Fleisch und Blut,
    Wirst Mensch und willst, der Welt zu gut,
      Selbst unser Bruder werden.

Ja Du, Jesu!
Streckst die Arme, Voll Erbarmen,
Aus zu Sündern
Und verlornen Menschenkindern.

3. Du bringst uns Trost, Zufriedenheit,
Heil, Leben, ew'ge Seligkeit.
　Sei hoch dafür gepriesen!
O lieber Herr, was bringen wir,
Die Treue zu vergelten, Dir,
　Die Du an uns bewiesen?
Uns, die Wir hie
Im Verderben Müßten sterben,
Schenkst Du Leben.
Größer's Gut kannst Du nicht geben.

4. Wir bringen Dir ein dankbar Herz,
Gebeugt durch Buße, Reu' und Schmerz,
　Bereit, vor Dir zu wandeln,
Und Dir und unserm Nächsten treu,
Aufrichtig, ohne Heuchelei,
　Zu leben und zu handeln.
Dieß ist, Herr Christ,
Dein Begehren; Laß uns hören,
Und den Schaden,
Den Du dräust, nicht auf uns laden!

5. Laß uns zu unserm ew'gen Heil
An Dir in wahrem Glauben Theil
　Durch Deinen Geist erlangen;
Auch wann wir leiden, auf Dich sehn,
Stets auf dem Weg der Tugend gehn,
　Nicht an der Erde hangen,

Bis wir　Zu Dir
Mit den Frommen　Werden kommen,
Dich erheben,
Und in Deinem Reiche leben.

Nr. 81. Mel.: Der Du das Loos von meinen
　　　　　　　Tagen

Friedrich Rückert, geb. 1789, gest. 1867. Zuerst
gedr. 1824. Dieses schöne Lied des berühmten Lyrikers
hat selbst Stip in seinem „Unverfälschten Liedersegen"
1851, Nr. 3, aufgenommen, obwohl er sonst sich auf die
ältere Zeit beschränkt. Es steht auch im N. Würt., im
N. Basler und in Knapp's, aber noch in keinem amerik.
Gsgb. Vortreffliche engl. Uebersetzung von Prof. Th. C.
Porter in Schaff's Christ in Song. p. 33: "He comes,
no royal vesture wearing". In demselben Werke p. 3
ist auch eine gelungene Ueber. von Rückerts herrlichem
Gedicht „Bethlehem und Golgatha", das aber nicht in
ein Kirchengesgb. paßt.

1. Dein König kommt in niedern Hüllen,
　Ihn trägt der lastbar'n Es'lin Füllen;
　　Empfang Ihn froh, Jerusalem!
　Trag Ihm entgegen Friedenspalmen,
　Bestreu den Weg mit grünen Halmen!
　　So ist's dem Herren angenehm.

2. O mächt'ger Herrscher ohne Heere,
　Gewalt'ger Kämpfer ohne Speere,
　　O Friedefürst von großer Macht!
　Es wollen Dir der Erde Herren
　Den Weg zu Deinem Throne sperren,
　　Doch Du gewinnst ihn ohne Schlacht.

3. Dein Reich ist nicht von dieser Erden,
　Doch aller Erde Reiche werden
　　Dem, das Du gründest, unterthan.

Bewaffnet mit des Glaubens Worten,
Zieht Deine Schaar nach den vier Orten
   Der Welt hinaus und macht Dir Bahn.

4. Und wo Du kommst herangezogen,
Da ebnen sich des Meeres Wogen,
   Es schweigt der Sturm, von Dir bedroht.
Du kommst, auf den empörten Triften
Des Lebens neuen Bund zu stiften,
   Und schlägst in Fessel Sünd' und Tod.

5. O Herr von großer Huld und Treue,
O komme Du auch jetzt auf's Neue
   Zu uns, die wir sind schwer verstört!
Noth ist es, daß Du selbst hienieden
Kommst zu erneuen Deinen Frieden,
   Dagegen sich die Welt empört.

6. O laß Dein Licht auf Erden siegen,
Die Macht der Finsterniß erliegen,
   Und lösch der Zwietracht Glimmen aus,
Daß wir, die Völker und die Thronen
Vereint als Brüder wieder wohnen
   In Deines großen Vaters Haus!

Nr. 82.
Mel.: Lobe den Herren, den mächtigen
König der Ehren.

Albert Knapp, gest. 1864. 1850.

1. König der Könige, sei uns im Staube will-
               kommen!
Nicht bei den Engeln erscheinest Du, nicht
              bei den Frommen;

Sünder sind's nur,
Wo Du auf niedriger Spur
Huldreich den Einzug genommen.

2. Heil uns! das Leben will arm und in Sanft-
muth erscheinen;
Herrlichkeit will mit dem Elend sich liebend
vereinen!
Ehre sei Dir!
Anders, Herr, würden ja wir
Ewiglich nimmer die Deinen.

3. Seliger Anblick! Wie mild auf den irdi-
schen Auen
Läßt der Beherrscher der himmlischen Heere
sich schauen!
Seht, Er empfäht
Liebevoll Gruß und Gebet
Aller, die kindlich Ihm trauen!

4. Komm zu den Deinen, o Herr, die Dich
innig begehren!
Feinde noch triffst Du genug, die das Herz
uns beschweren;
Aber Dein Blick
Scheucht sie allmächtig zurück!
Hilf uns, o König der Ehren!

5. Hebe Dein Antlitz auf Deine versöhnte Ge-
meinde!
Treibe hinweg die Verblendung, zernichte die
Feinde,

Bis wir befreit,
Ganz Dir zum Dienste bereit,
Unsrem Erlöser und Freunde!

6. Pflanze die Palmen des Glaubens im Grunde
der Seelen,
Wo mit den Blüthen sich reifende Früchte ver-
mählen;
Frieden und Ruh',
Siegende Hoffnung dazu,
Laß dem Gemüthe nicht fehlen!

7. Komm! Hosianna! So weit Dir's von Or-
ten zu Orten;
Komm und beleb' uns mit Deinen leben-
digen Worten!
Dort, nach dem Lauf,
Thu uns in Herrlichkeit auf,
Jesu, die himmlischen Pforten!

---

2. Geburt Jesu Christi. Weihnachtslieder.

Nr. 83. Eigene Melodie.

Ein Lobgesang auf die Geburt des Herrn. Auf Grundlage der Sequenz de nativitate Domini von Notker,
Mönch zu St. Gallen, aus dem 9ten Jahrhundert:
„Grates nunc omnes reddamus Domino Deo, qui sua
nativitate Nos liberavit de diabolica potestate Huic
opportet ut canamus cum angelis semper: Gloria in
excelsis" (Vgl. Daniel, Thesaur. hymnol. tom. II 5.
Wackernagel, Das deutsche Kirchenlied, 1865, Br. I 69,
schreibt die Sequenz dem Papst Gregor zu. Dieses Loblied wird in der röm. Kirche zu Weihnacht allgemein gebraucht und erhielt sich auch in der luth. lange Zeit im

Original. Deutsch bearbeitet und vermehrt von Dr. Mar=
tin Luther, wahrsch. auf Weihnachten 1523, zuerst
gebr. 1524. V. 1 hat Luther unverändert aus einem
deutschen geistlichen Volksgesang vom 15. Jahrhundert
beibehalten (vgl. Wackernagel a. a. O. II. S. 703), die an=
dern Verse frei hinzugedichtet. Katholische Hymnologen
geben mit Unrecht das ganze Lied für ein vorreforma=
torisches aus (so schon Joh. Leisentritt a 1567, wo noch
zwei andere Verse eingeschaltet sind). Schamelius giebt
ihm die passende Ueberschrift: „Wohlthaten der Geburt
Christi, durch lauter Paradoxa besungen.“ Ein ächt
volksthümliches, einfach kräftiges Kernlied über das große
Geheimniß der Menschwerdung des ewigen Sohnes
Gottes. — Die Mel ist ebenfalls alt, aus dem 15ten
(nach And sogar schon aus dem 9ten) Jahrh., und wurde
von Luther in Verbindung mit Walther Cloß verbessert
a. 1524.

1. Gelobet seist Du, Jesu Christ,
   Daß Du Mensch geboren bist,
   Von einer Jungfrau, das ist wahr;
   Deß freuet sich der Engel Schaar.
   Hallelujah! [1]

2. Des ew'gen Vaters einig Kind
   Jetzt man in der Krippe find't;
   In unser armes Fleisch und Blut
   Verkleidet sich das ew'ge Gut.
   Hallelujah!

3. Den aller Welt Kreis nie beschloß,
   Der liegt in Mariens Schooß;
   Er ist ein Kindlein worden klein,
   Der alle Ding' erhält allein.
   Hallelujah!

---

1) So die meisten neueren Gsgb. statt „Kyrie Eleison“ (d. h. Herr,
erbarme Dich), oder wie es eigentlich bei Luther, sowie bei Wacker=
nagel und Mützell heißt: „Kyrieleis“. Abgesehen davon, daß dieses
griech. Wort nicht allgemein verstanden wird, entspricht das „Halleu=
jah“ dem Charakter dieses Loblieds und dem lat. Original besser,
welches mit den Worten schließt: Gloria in excelsis.

4. Das ew'ge Licht geht da herein,
Giebt der Welt ein'n neuen Schein;
Es leucht't wohl mitten in der Nacht,
Und uns des Lichtes Kinder macht.
Hallelujah!

5. Der Sohn des Vaters, Gott von Art,
Ein Gast in der Welt hie ward[1]),
Er führt uns aus dem Jammerthal,
Und macht uns Erb'n in Seinem Saal.[2])
Hallelujah!

6. Er ist auf Erden kommen arm,
Daß Er unser sich erbarm,
Uns in dem Himmel mache reich,
Und Seinen lieben Engeln gleich.
Hallelujah!

7. Das hat Er Alles uns gethan,
Sein' groß' Lieb' zu zeigen an.
Deß freu' sich alle Christenheit,
Und dank Ihm deß in Ewigkeit.
Hallelujah!

---

1) Urspr.: „in der Werlet ward" welches dem engl. world
noch näher steht, als Welt.
2) So die meisten statt: „Erben in seim Saal."

Nr. 84. Mel.: **Vom Himmel hoch, da komm' ich her.**

Martin Luther. 1543. Sein letztes Lied und eine Abkürzung des für seine Kinder gedichteten Weihnachtsliedes von 1535: „Vom Himmel hoch, da komm' ich her, Und bring' euch gute, neue Mähr", welches 15 Strophen hat. Mehrere engl. Ueberf., f. Schaff's Christ in Song, p. 54.

1. Vom Himmel kam der Engel Schaar,
   Erschien den Hirten offenbar;
   Sie sagten ihn'n: Ein Kindlein zart
   Das liegt dort in der Krippen hart,

2. Zu Bethlehem, in Davids Stadt,
   Wie Micha das verkündet hat.
   Es ist der Herre Jesus Christ,
   Der euer aller Heiland ist.

3 Deß sollt ihr billig fröhlich sein,
   Daß Gott mit euch ist worden eins,
   Er kommt zu euch in Fleisch und Blut,
   Eu'r Bruder ist das ew'ge Gut.

4. Was kann euch schaden Sünd' und Tod?
   Ihr habt mit euch den wahren Gott.
   Laßt zürnen nur den alten Feind; —
   Gott's Sohn ist worden euer Freund.[1]

5. Er will und kann euch lassen nicht
   Setzt ihr auf Ihn eu'r Zuversicht;
   Es mögen euch viel fechten an,
   Dem sei Trotz, der's nicht lassen kann!

---

[1] Ursprünglich: „Laßt zürnen Teufel und die Höll' Gott's Sohn ist worden eu'r Gesell".

6 Zuletzt müßt ihr doch haben Recht,
    Ihr seid nun worden Gott's Geschlecht:
    Deß danket Gott in Ewigkeit,
    Gebuldig, fröhlich allezeit.

Nr. 85. Eigene Melodie.

Nach **Nikolaus Hermann** Vor 1560. Zuerst gedr.
in dessen „Sonntags=Evangelia über das ganze Jahr in
Gesänge verfasset", 1560. Für die Kinder im Joachims=
thal. In Deutschland sehr verbreitet. S. **Mützell**
II. 402. Das Eisen. Gsgb. Nr. 10 giebt es in der
urspr. Form ebenso Wackernagel Nr. 13. Die meisten
neueren Gsgb. aber mit einigen sprachlichen Veränderungen,
von denen hier die nöthigsten aufgenommen sind. Es
beginnt urspr.: „Lobt Gott, ihr Christen, alle gleich".
Das Lied kann auch nach der Melodie: „Nun sich der
Tag geendet hat", gesungen werden, wobei aber die letzte
Zeile nicht wiederholt werden darf.

1. Lobt Gott, ihr Christen allzugleich
    Vor Seinem höchsten Thron!
    Heut schließt Er auf Sein Himmelreich,
    Und schenkt uns Seinen Sohn. :,:

2. Der Sohn kommt aus des Vaters Schooß,
    Ein Heiland uns zu sein,
    Legt als ein Kindlein arm und bloß
    Sich in die Kripp' hinein. :,:

3. Der alle Dinge schafft und hält
    Mit göttlicher Gewalt,
    Erscheinet niedrig in der Welt,
    Und geht in Knechtsgestalt. :,:

4. Er liegt an Seiner Mutter Brust,
    Sie tränkt und wieget Ihn,

Und Gottes Engel schau'n mit Luft
Auf dieses Kindlein hin. :,:

5. Gott sendet Ihn vom Himmelszelt
   Als Davids Sohn herein;
   Hinfort soll jedes Volk der Welt
   Durch Ihn gesegnet sein. :,:

6. Er wechselt mit uns wunderbar,
   Nimmt irb'sche Glieder an,
   Uns aber beut Er Gnade dar,
   Die himmlisch machen kann. :,: ¹)

7. Er wird ein Knecht, und ich ein Herr:
   Das mag ein Wechsel sein!
   Wie könnt Er doch wohl freundlicher
   Uns Arme benedei'n? :,: ²)

8. Heut ist des Paradieses Thor
   Uns wieder aufgethan;
   Der Cherub steht nicht mehr davor:
   O kommt und betet an! :,:

---

1) Urspr.: „Er wechselt mit uns wunderlich, Fleisch und Blut
nimmt Er an, Und giebt uns in seine Vatern (Vaters) Reich, Die
klare Gottheit dran".

2) So Knapp und And. statt: „Wie könnt' Er doch sein freundlicher das Herze-Jesulein."

Nr. 86. Mel.: Erschienen ist der herrlich' Tag.

Paul Gerhardt. Zuerst im Dresdner Gsgb. von 1656.
Urspr. 20 Str., aber in den meisten Gsgb. mehr oder weniger abgekürzt. Engl. Ueberf. von Miß Frances E. Cox,
Hymns from the German. "We sing to thee, Emmanuel";
eine andere von Cath. Winkworth, Lyra Germ. l. p. 28,
aber bloß 9 Str.: "Thee, O Immanuel, we praise, The
Prince of Life and Fount of Grace", &c.

1. Wir singen Dir, Immanuel,
   Du Lebensfürst und Gnadenquell',
   Du Himmelsblum' und Morgenstern,
   Du Jungfrausohn, Herr aller Herrn.
   Hallelujah!

2. Wir singen Dir mit Deinem Heer
   Aus aller Kraft Lob, Preis und Ehr',
   Daß Du, o lang gewünschter Gast,
   Dich nunmehr eingestellet hast.
   Hallelujah!

3. Von Anfang, da die Welt gemacht,
   Hat so manch Herz nach Dir gewacht;
   Dich hat gehofft so lange Jahr
   Der Väter und Propheten Schaar.
   Hallelujah!

4. Vor Andern hat Dein hochbegehrt
   Der Hirt' und König Deiner Heerd',
   Der Mann, der Dir so wohl gefiel,
   Wenn er Dir sang auf Saitenspiel.
   Hallelujah!

5. „Ach! daß der Herr aus Zion käm',
   Und uns're Bande von uns nähm!

Ach! daß die Hülfe bräch herein,
So würde Jakob fröhlich sein."[1]
Hallelujah!

6. Nun, Du bist hier, da liegest Du,
Hältst in dem Kripplein Deine Ruh';
Bist klein und machst doch Alles groß,
Bekleid'st die Welt und kommst doch bloß.
Hallelujah!

7. Du kehrst in fremder Wohnung ein,
Und doch sind alle Himmel Dein;
Trinkst Milch aus einer Menschenbrust,
Und bist doch aller Engel Lust.
Hallelujah!

8. Du hast dem Meer sein Ziel gesteckt,
Und wirst mit Windeln zugedeckt;
Bist Gott, und liegst auf Heu und Stroh,
Wirst Mensch, und bist doch A und O.
Hallelujah!

9. Du bist der Ursprung aller Freud',
Und duldest so viel Herzeleid;
Bist aller Heiden Trost und Licht,
Suchst selber Trost, und find'st ihn nicht.
Hallelujah!

10. Du bist der treuste Menschenfreund,
Doch sind Dir so viel Menschen feind:
Herodes achtet[2] Dich für Gräul,
Und bist doch nichts als lauter Heil.
Hallelujah!

---

1) Psalm 14, 7.
2) Urspr. „Herodis Herz hali" u. s. w., woraus dann einige Gsgb. „Herodis Heer" gemacht haben. Die obige leichte Veränderung ist aus Knapp und dem Würt. Gsgb.

11. Ich aber, Dein geringster Knecht,
Ich sag' es frei und mein' es recht:
Ich liebe Dich, doch nicht so viel,
Als ich Dich gerne lieben will.
Hallelujah!

12. Der Will' ist da, die Kraft ist klein,
Doch wird Dir nicht zuwider sein
Mein armes Herz, und was es kann,
Wirst Du in Gnaden nehmen an.
Hallelujah!

13. So faß' ich Dich nun ohne Scheu,
Du machst mich alles Jammers frei,
Du trägst den Zorn, Du würgst den Tod,
Verkehrst in Freud' all' Angst und Noth.
Hallelujah!

14. Du bist mein Haupt, hinwiederum
Bin ich Dein Glied und Eigenthum,
Und will, so viel Dein Geist mir giebt,
Stets dienen Dir, wie Dir's beliebt.
Hallelujah!

15. Ich will Dein Hallelujah hier
Mit Freuden singen für und für,
Und dort in Deinem Ehrensaal
Soll's schallen ohne Zeit und Zahl.
Hallelujah!

Nr. 87. Mel.: Allein Gott in der Höh' sei Ehr'.

Paul Gerhardt. 1656. Urspr. 15 Str., von denen aber mehrere für öffentlichen Gebrauch zu subjectiv und zu spielend sind (besonders in Ausdrücken wie Jesulein, Kindelein, Mündlein, Aeuglein, Händlein). Das Würt. u. Pennsylv. Luth. Gsgb., sowie Knapp geben bloß 8 Str.; auch Wackernagel läßt 5 Str. weg.

1. Ich steh an Deiner Krippe hier,
　　O Jesu, Du[1] mein Leben;
　Ich stehe, bring und schenke Dir,
　　Was Du mir hast gegeben.
　Nimm hin, es ist mein Geist und Sinn,
　Herz, Seel' und Muth, nimm alles hin,
　Und laß Dir's wohlgefallen.

2. Da ich noch nicht geboren war,
　　Da bist Du mir geboren,
　Und hast mich Dir zu eigen gar,
　　Eh' ich Dich kannt', erkoren.
　Eh' ich durch Deine Hand gemacht,
　Da hat Dein Herze schon bedacht,
　Wie Du mein wolltest werden.

3. Ich lag in tiefer Todesnacht,
　　Du wurdest meine Sonne,
　Die Sonne, die mir zugebracht
　　Licht, Leben, Freud' und Wonne.
　O Sonne, die das werthe Licht
　Des Glaubens in mir zugericht't,
　Wie schön sind Deine Strahlen!

---

1) Urspr. „O Jesulein".

4. Ich sehe Dich mit Freuden an,
   Und kann nicht satt mich sehen;
   Und weil ich nun nicht weiter kann,
   So rühm ich[1]), was geschehen;
   O daß mein Sinn ein Abgrund wär',
   Und meine Seel' ein weites Meer,
   Daß ich Dich möchte fassen!

5. Wenn oft mein Herz in Nöthen weint
   Und keinen Trost kann finden,
   Rufst Du mir zu: „Ich bin dein Freund,
   Ein Tilger deiner Sünden;
   Was trauerst du, mein Fleisch und Bein?
   Du sollst ja guter Dinge sein,
   Ich zahle Deine Schulden."

6. Du fragest nicht nach Lust der Welt,
   Noch nach des Leibes Freuden.
   Du hast Dich bei uns eingestellt,
   An unsrer Statt zu leiden;
   Suchst meiner Seele Trost und Freud'
   Durch allerhand Beschwerlichkeit[2]);
   Das will ich Dir nicht wehren.

7. Eins aber, hoff ich, wirst Du mir,
   Mein Heiland, nicht versagen:
   Daß ich Dich möge für und für
   In meinem Herzen tragen.[3])

---

1) And.: „So thu' ich".
2) Das Würt. Ggb. verändert hier unnöthiger Weise: „Suchst meiner Seele Herrlichkeit Durch Dein selbsteignes Herzeleid" Ebenso Knapp.
3) Statt: „Ja, bei und an mir tragen".

So laß es Deine Wohnung sein! [1]
Komm, komm und leg in mich hinein
Dich und all' Deine Freuden!

8. Zwar sollt ich denken, wie gering
   Ich Dich bewirthen werde;
   Du bist der Schöpfer aller Ding',
   Ich bin nur Staub und Erde!
   Doch bist Du so ein lieber Gast,
   Daß Du noch nie verschmähet hast
   Den, der Dich gerne siehet.

Nr. 88. Mel.: Nun danket Alle Gott.

Laurentius Laurenti. Zuerst 1700. Nach Joh. 1,
1—14. Auf den dritten Weihnachtstag, den Tag Johannis des Evangelisten. Engl Uebers in Lyra Germ.
I 15: "O thou essential Word", aber mit Auslassung von
Vers 3 und 5.

1. Du wesentliches Wort,
   Von Anfang hergewesen,
   Du Gott, von Gott gezeugt,
   Von Ewigkeit erlesen
   Zum Heil der ganzen Welt:
   O mein Herr Jesu Christ,
   Willkommen, der Du mir
   Zum Heil geboren bist!

2. Komm, o selbstständig Wort,
   Und sprich in meiner Seele,
   Daß mir's in Ewigkeit
   Am Troste nimmer fehle:

---

1) Urspr. „So laß es doch Dein Kripplein sein".

Im Glauben wohn' in mir,
Und weiche von mir nicht;
Laß mich auch nicht von Dir,
Abweichen, schönstes Licht!

3. Du, wesentliches Wort,
Warst bei Gott, eh' geleget
Der Grund der großen Welt,
Da sich Dein Herz beweget
Zur Liebe gegen mich;
Ja, Du warst selber Gott:
So machest Du im Fleisch
Sünd', Höll' und Tod zu Spott.

4. Was hat, o Jesu, Dich
Von Anfang doch bewegen?
Was hat vom Himmelsthron
Dich in die Welt gezogen?
Ach, Deine große Lieb',
Und meine große Noth
Hat Deine Gluth entflammt.
Die stärker als der Tod.

5. Du bist das Wort, wodurch
Die ganze Welt vorhanden[1]),
Und alle Dinge sind
Durch Dich zum Licht erstanden.
Ach so bin ich, mein Heil,
Auch Deine Creatur[2]),
Die, was sie ist und hat,
Von Dir empfangen nur.

1) Urspr. formiret — geführet.
2) Statt: Dein Geschöpf und Gab' — hab'.

6. Gieb, daß ich Dir zum Dienst
   Mein ganzes Herz ergebe,
Und Dir allein zum Preis
   Auf dieser Erde lebe;
Ja, Jesu, laß mein Herz
   Ganz neugeschaffen sein,
Und bis zum Tode Dir
   Geheiligt sein allein!

7. Laß nichts bestehn in mir,
   Was Du nicht selbst geschaffen;
Reiß alles Unkraut aus;
   Zerbrich des Feindes Waffen;
Was bös, ist nicht von Dir,
   Das hat der Feind gethan;
Du aber führe Herz
   Und Fuß auf ebner Bahn!

8. Das Leben ist in Dir,
   Und alles Licht des Lebens;
Laß Deinen Glanz in mir,
   Mein Gott, nicht sein vergebens!
Weil Du das Licht der Welt,
   Sei meines Lebens Licht,
O Jesu, bis mir dort
   Dein Sonnenglanz anbricht!

Nr. 89. Mel.: Ach, was soll ich Sünder machen.
Nach Christian Friedrich Richter.   1704.

1. Freuet euch, erlöste Brüder![1]
   Denn des Vaters Wort und Licht,
   Das durch alles Dunkel bricht,
   Bringet das Verlorne wieder,
   Ja, in unser Fleisch und Bein
   Hüllet sich die Liebe ein!

2. Der die Himmel aufgebauet
   Und der Erde Grund gelegt,
   Der die Creaturen trägt,
   Wird als Mensch, wie wir, geschauet;
   Er, der alle Welt erfüllt,
   Wird in Armuth eingehüllt.

3. O wie brünstig ist Dein Lieben,
   Daß Du aus des Vaters Schooß
   Kommst, zu theilen unser Loos,
   Und mit wunderbaren Trieben
   Uns, die wir im Staube gehn,
   Gleich den Engeln willst erhöhn!

4. Werde auch in uns geboren
   Und durchleuchte Du uns ganz,
   O Du himmlisch reiner Glanz!
   Und Dein Bild, das wir verloren,
   Kehre wieder bei uns ein,
   Daß wir Menschen Gottes sei'n!

---

1) So die meisten neueren Gsgb. statt des urspr. Anfangs „Seid zufrieden, lieben Brüder"

5. Ja, Du woll'st uns alle führen
   Durch der Liebe Wunderkraft
   Zu des Lichts Genossenschaft,
   Und uns hier schon lassen spüren,
   Daß uns knüpft ein festes Band
   An das ew'ge Vaterland.

6. Nun, Dein paradiesisch Leben
   Dringet wieder in uns vor,
   Und der Wille geht empor,
   Deinen Namen zu erheben;
   Weil in Dir wir können ruhn:
   O wie selig sind wir nun!

Nr. 90. Mel.: Lobe den Herren, den mächtigen
König der Ehren.

Gerhard Terstegen. Aus seinem geistlichen Blumen-
gärtlein inniger Seelen, 7te Aufl. 175 (13. Aufl. 1833,
S. 304).

1. Jauchzet, ihr Himmel, frohlocket, ihr Engel
                    in Chören, [1]
   Singet dem Herren, dem Heiland der Men-
                    schen, zu Ehren!
   Sehet doch da!
   Gott will so freundlich und nah
   Zu den Verlornen sich kehren.

2. Jauchzet, ihr Himmel, frohlocket, ihr Enden
                    der Erden!
   Gott und der Sünder, die sollen zu Freun-
                    den jetzt werden.

---

[1] Urspr.: ihr englischen Chören.

Friede und Freud'
Wird uns verkündiget heut;
Freuet euch, Hirten und Heerden!

3. Sehet dies Wunder, wie tief Sich der Höchste
hier beuget;
Sehet die Liebe, die endlich als Liebe sich
zeiget!
Gott wird ein Kind,
Träget und tilget die Sünd';
Alles anbetet und schweiget.

4. Gott ist im Fleische!¹) wer kann dies Ge-
heimniß verstehen?
Hier ist die Pforte des Lebens nun offen zu
sehen;
Gehet hinein,
Mit diesem Kinde zu sein,
Die ihr zum Vater wollt gehen!

5. Hast Du denn, Höchster, auch meiner noch
wollen gedenken?
Du willst Dich selber, Dein Herze der Liebe
mir schenken.
Sollt nicht mein Sinn
Innigst sich freuen darin
Und sich in Demuth versenken?

6. König der Ehren! aus Liebe geworden zum
Kinde,
Dem ich auch wieder mein Herze in Liebe
verbinde,

---

1) 1 Tim. 3, 16.

Du sollst es sein,
Den ich erwähle allein;
Ewig entsag' ich der Sünde!

7. Süßer Immanuel, werd' auch geboren in=
wendig!
Komm doch, mein Heiland, und laß mich nicht
länger elendig;
Wohne in mir,
Mach mich ganz eines mit Dir,
Und mich belebe beständig!

8. Menschenfreund Jesu! Dich lieb' ich, Dich
will ich erheben;
Laß mich doch einzig nach Deinem Gefallen
nun leben;
Gieb mir auch bald,
Jesu, die Kindesgestalt,
An Dir alleine zu kleben!

Nr. 91. Mel.: Vom Himmel hoch, da komm' ich her.
Christ. Fürchtegott Gellert. 1757. Vers 5 wird
gewöhnlich ausgelassen. Wackernagel (Kl. Gsgb. Nr. 7)
läßt V. 8 aus.

1. Dieß ist der Tag, den Gott gemacht;
Sein werd' in aller Welt gedacht!
Ihn preise, was durch Jesum Christ
Im Himmel und auf Erden ist!

2. Die Völker haben Dein geharrt,
Bis daß die Zeit erfüllet ward;
Da sandte Gott von Seinem Thron
Das Heil der Welt, Dich, Seinen Sohn.

3. Wenn ich dieß Wunder fassen will,
So steht mein Geist vor Ehrfurcht still;
Er betet an und er ermißt,
Daß Gottes Lieb' unendlich ist.

4. Damit der Sünder Gnad' erhält,
Erniedrigst Du Dich, Herr der Welt,
Nimmst selbst an unsrer Menschheit Theil,
Erscheinst im Fleisch, wirst unser Heil.

5. Dein König, Zion, kommt zu dir.
„Ich komm', im Buche steht von Mir:
„Gott, Deinen Willen thu ich gern."
Gelobt sei, der da kommt im Herrn!

6. Herr, der Du Mensch geboren wirst,
Immanuel und Friedefürst,
Auf den die Väter hoffend sahn,
Dich, Gott Messias, bet' ich an.[1]

7. Du, unser Heil und höchstes Gut,
Vereinest Dich mit Fleisch und Blut,
Wirst unser Freund und Bruder hier,
Und Gottes Kinder werden wir.

8. Gedanke voller Majestät,
Du bist es, der das Herz erhöht.
Gedanke voller Seligkeit,
Du bist es, der das Herz erfreut.

9. Durch Eines Sünde fiel die Welt;
Ein Mittler ist's, der sie erhält.

---

1) So Gellert. Die Lesart: „Dich bet' auch ich, mein Heiland, an" ist eine spätere Veränderung.

Was zag ich nun, wenn Der mich schützt,
Der in des Vaters Schooße sitzt?

10. Jauchzt, Himmel, die ihr ihn erfuhrt,
Den Tag der heiligsten Geburt;
Und Erde, die ihn heute sieht,
Sing Ihm, dem Herrn, ein neues Lied

11. Dieß ist der Tag, den Gott gemacht,
Sein werd' in aller Welt gedacht![1]
Ihn preise, was durch Jesum Christ
Im Himmel und auf Erden ist!

Nr. 92. Mel.: Bom Himmel hoch, da komm' ich her
Friedrich Adolph Krummacher. 1810.

1. Empor zu Gott, mein Lobgesang!
Er, dem der Engel Lied erklang,
Der Tag, der Freudentag ist da.
Ihr Christen singt: Hallelujah!

2. Vom Himmel kam in dunkler Nacht,
Der uns das Lebenslicht gebracht.
Nun leuchtet uns ein milder Strahl,
Wie Morgenroth im dunklen Thal.

3. Er kam, des Vaters Ebenbild,
Von schlichtem Pilgerkleid umhüllt,
Und führet uns mit sanfter Hand,
Ein treuer Hirt, in's Vaterland!

---

1) Im Original lautet B. 11 ganz wie B. 1. Einige neuere Gsgb. substituiren dafür: „Herr, der Du uns den Tag gemacht, Der uns so großes Heil gebracht, Dich preise", u. s. w.

4. Er, der dort oben herrlich thront,
Hat unter uns als Mensch gewohnt,
Damit auch wir Ihm werden gleich
Auf Erden und im Himmelreich.

5. Er führet uns auf ebner Bahn
Uns, Seine Brüder, himmelan.
Und wandelt unser Pilgerkleid
In Sternenglanz und Herrlichkeit.

6. Rein, wie der Engel Harfenklang,
Steig auf, du hoher Lobgesang!
Der Tag, der Freudentag ist da.
Ihr Christen singt: Hallelujah!

Nr. 93. Mel.: O Du Liebe meiner Liebe.
Christian Heinrich Zeller, geb. 1779, gest. 1860 als
Inspektor der Kinderrettungsanstalt in Beuggen bei Basel.

1. Freuet euch, ihr Menschenkinder,
Freut euch alle, groß und klein!
Freuet euch, verlorne Sünder!
Selig, selig sollt ihr sein!
Der, Dem Sich die Himmel neigen,
Dessen Wort die Welt gebar,
Stellt Sich in der Weihnacht Schweigen
Niedrig als ein Kindlein dar.

2. Alle Himmelsheere singen,
Und die Welt, sie höret's nicht,
Sieht nicht durch das Dunkel dringen
Das verheiß'ne Himmelslicht.

In der tiefsten Armuth Stille,
    Wo die Welt nichts sucht und find't,
Wird erfüllt des Ew'gen Wille,
    Und die Lieb' erscheint als Kind.

3. Euch ist dieses Kind geboren,
    Euer Heiland Jesus Christ,
Ohne Den die Welt verloren
    Und der Hölle Vorhof ist.
Höret es, ihr Menschenkinder:
    Hier, hier ist Immanuel!
Kommet her, verzagte Sünder,
    Glaubt und rettet eure Seel'!

4. Jesus ist die Weihnachtsgabe,
    Die uns Gott vom Himmel beut;
Er ist Geber und ist Gabe!
    Wer Ihn nimmt, wird hoch erfreut.
Darum greifet zu, ihr Kinder,
    Nehmet Den zur Weisheit an,
Der allein gerecht die Sünder
    Und sie heilig machen kann!

Nr. 94. Mel: Zeuch mich, zeuch mich mit den Armen.

Dr. Johann Peter Lange, Prof. der Theologie in Bonn (geb. 1802). Ged. 1830, zuerst gedr. in den „Biblischen Dichtungen", Erste Sammlung, Elberfeld, 1832, S. 71, und dann mit einigen Veränderungen (besonders in B. 3) in der Sammlung: „Vom Oelberg", Frankfurt, 1852. Eine sinnreiche Deutung des Namens Immanuel — Gott mit uns. Wir geben die letzte Recension des Verfassers.

1. Gott mit uns! Mit uns auf Erden!
    Völker hört's in dunkler Welt!

Hört: zum Paradiese werden
Soll das große Dornenfeld!
Er zieht ein, der Fluch hinaus,
Und die Erd' ist Gottes Haus.

2. Gott mit uns! Im Fleisch erschienen
Ist das göttlich ew'ge Wort!
Brüder seht! Mit Himmelsmienen
Lächelt uns das Kindlein dort,
Und der Wilden Angesicht
Adelt Seiner Augen Licht.

3. Gott mit uns in Noth und Jammer —
Noth und Jammer sind geflohn!
Schaut! Ein Stall des Königs Kammer,
Eine Krippe wird sein Thron.
In des Winters Mitternacht
Strahlt des Lebensbaumes Pracht. [1])

4. Gott mit uns! Für uns im Streite!
Die ihr als Gebundne weint,
Kommt und jubelt als Befreite,
Christus schlägt den alten Feind,
Und im blut'gen Siegsgewand
Reicht Er uns die Retterhand.

5. Gott mit uns beim letzten Grauen!
Er bei uns im Todesthal!
Seht, des neuen Lebens Auen
Leuchten uns im Osterstrahl!

---

[1]) Urspr. (1832): Gott mit uns in Nacht und Jammer —
Nacht und Jammer zu zerttrmn!
Schaut im Stall ist Seine Kammer,
Krippe schließt den Trojar ein
Nun erbluht im hellen Raum
Uns der reiche Lebensbaum.

Christus führt uns aus dem Leib
Heimathwärts zur Seligkeit. [1])

6. Gott mit uns für Ewigkeiten —
   Hier und droben unser Licht!
   Laßt die Zeit vorübergleiten:
   Unser Leben endet nicht!
   O, wie glüht der Morgenstern:
   Kommt zum Kindlein, kommt zum Herrn!

---

3. Darstellung und Erscheinung Jesu Christi.
Epiphaniaslieder.

Nr. 95.   Eigene Melodie.

Simeon's Lobgesang, Luk. 2, 29—32. Bearbeitet von **Martin Luther**, 1524, unter dem Titel:
„der Lobgesang Simeonis des Altvaters Nunc dimittis".
Dieses Lied wird auch läufig unter den Sterbeliedern aufgeführt. Das N. Würt. Gsgb giebt bloß B. 1 und 2.
Von den amerik. Gsgb. hat es bloß das alt-luth. von
Missouri.

1. Mit Fried' und Freud' fahr' ich dahin
   In Gottes Wille;
   Getrost ist mir mein Herz und Sinn,
   Sanft und stille,
   Wie Gott mir verheißen hat:
   Der Tod ist mein Schlaf worden.

2. Das machet Christus, Gottes Sohn,
   Der treue Heiland,

---

1) Statt: Neigt das Haupt an's treue Herz, Jesus trägt uns
heimathwärts.

Den Du mich, Herr, haſt laſſen ſchaun,[1]
Und machſt bekannt,
Daß Er das Leben ſei und Heil
In Noth und auch im Sterben.

3. Den haſt Du Allen vorgeſtellt,
     Mit großen Gnaden,
   Zu Seinem Reich die ganze Welt
     Heißen laden,
   Durch Dein theuer heilſam Wort,
   Das allerwärts erſchollen.

4. Er iſt das Heil und ſelig Licht
     Für die Heiden,
   Zu 'rleuchten, die Dich kennen nicht,
     Und zu weiden.
   Er iſt Dein's Volks Iſrael
   Preis, Ehre, Freud' und Wonne.

Nr. 96. Mel: Valet will ich dir geben.
Johann Frank. Um 1650 Luk 2. Engl. Ueberſ.
in Lyra Germ. I. p. 193: "Light of the gentile world!
Thy people's joy and love!"

1. Herr Jeſu, Licht der Heiden,
     Der Frommen Schatz und Lieb'!
   Wir kommen jetzt mit Freuden
     Durch Deines Geiſtes Trieb
   In dieſen Deinen Tempel
     Und ſuchen mit Begier,
   Nach Simeons Exempel,
     Dich, großen Gott, allhier.

---

[1] Etart· „ſehen lon" (d. h. laſſen).

2. Du wirst von uns gefunden
   O Herr, an jedem Ort,
   Dahin Du Dich verbunden
   Durch Dein Verheißungswort;
   Vergönnst noch heut zu Tage,
   Daß man Dich gleicherweis
   Auf Glaubensarmen trage,
   Wie dort der fromme Greis. ¹)

3. Sei unser Glanz in Wonne,
   Ein helles Licht in Pein,
   In Schrecken unsre Sonne,
   Im Kreuz ein Gnadenschein,
   In Zagheit Gluth und Flamme,
   In Noth ein Freudenstrahl,
   In Krankheit Arzt und Amme,
   Ein Stern in Todesqual.

4. Herr, laß auch uns gelingen,
   Daß einst, wie Simeon,
   Ein jeder Christ kann singen
   Den schönen Schwanenton:
   „Wir werden nun mit Frieden
   Mein Augen zugedrückt,
   Nachdem ich schon hienieden
   Den Heiland hab' erblickt."

5 Ja, ja, ich hab' im Glauben,
   Mein Jesu, Dich geschaut;
   Kein Feind kann Dich mir rauben,
   Wie heftig er auch dräut.

---

¹) Andb.: „Wie hier der alte Greis" (tautologisch) Anspielung auf
Simeon.

Ich wohn' in Deinem Herzen,
Und in dem meinen Du,
Uns scheiden keine Schmerzen,
Kein' Angst, kein Tod dazu.

6. Hier blickst Du zwar zuweilen
Auch hart und ernst [1]) mich an,
Daß oft vor Angst und Heulen
Ich Dich nicht kennen kann;
Dort aber wird's geschehen,
Daß ich von Angesicht
Zu Angesicht soll sehen
Dein immer klares Licht.

Nr. 97. Mel.: Jesus, meine Zuversicht.
Erdmann Neumeister. 1718. Ueber Matth. 2, 10 11.

1. Jesu, großer Wunderstern,
Der aus Jakob ist erschienen,
Meine Seele will so gern
Dir an Deinem Feste dienen;
Nimm doch, nimm doch gnädig an,
Was ich Armer schenken kann.

2. Nimm das Gold des Glaubens hin,
Wie ich's von Dir Selber habe
Und damit beschenket bin;
So ist Dir's die liebste Gabe;
Laß es auch bewährt und rein
In der Trübsal Ofen sein.

---

1) So das Eisen. Gsgb. statt des Lrsre „So scheel und schwül“.
Wackernagel verändert: „So hart und streng“

3. Nimm den Weihrauch des Gebets,
   Laß ihn gnädig Dir genügen. ¹)
Herz und Lippen sollen stets
   Ihn zu opfern vor Dir liegen;
Wenn ich bete, nimm es auf
Und sprich Ja und Amen drauf.

4. Nimm die Myrrhen bittrer Reu';
   Ach, mich schmerzet meine Sünde!
Aber Du bist fromm und treu,
   Daß ich' Trost und Gnade finde,
Und nun fröhlich sprechen kann:
Jesus nimmt mein Opfer an.

Nr. 98. Mel.: Nun ruhen alle Wälder.

Dr. Friedrich Adolph Krummacher, Verf. der
Parabeln, Pastor in Bremen, gest. 1845.

1. Als Nacht und Todesschatten
   Uns ganz umgeben hatten
      Im dunkeln Pilgerthal;
   Da kam in unser Wehe
   Der Aufgang aus der Höhe
      Und brachte Freuden ohne Zahl.

2. Auf Galiläas Hügeln,
   Mit Heil auf ihren Flügeln,
      Da ging die Sonne auf.
   Durch trübe Wolkenhülle
   Brach ihres Lichtes Fülle, —
      Den Sturm des Fluchs durchbrach ihr Lauf.

---

1) Urspr.: „Laß denselben vor Dir tügen" (taugen).

3. Und Allen will sie Leben
Und Vollgenüge geben,
   Die ihrem Lichte nah'n. —
O Licht, so hell, so süße,
Komm richte unsre Füße
   Vom Irrweg auf des Friedens Bahn.

4. Nimm unter Deine Flügel
Die Thäler, Berg' und Hügel
   Der Erde weit und breit;
Daß sie wie Lämmer springen,
Und Dir Hosianna singen,
   Du Sonne der Gerechtigkeit!

4. Lehre und Wandel des Herrn.

Nr. 99. Mel.: Soll' es gleich bisweilen scheinen.
Johann Scheffler (Angelus Silesius). Vor 1677.

1. Treuer Meister, Deine Worte
   Sind die rechte Himmelspforte;
Deine Lehren sind der Pfad,
   Der uns führt zu Gottes Stadt.

2. O wie selig, wer Dich höret,
Wer von Dir will sein gelehret,
Wer in Demuth jede Stund'
Horcht auf Deinen treuen Mund!

3. Herr, Dein Wort mir nicht verhehle!
Rede laut zu meiner Seele,
Hilf ihr halten bis zum Tod
Deiner Liebe süß Gebot!

4. Hilf mir, mich im Lieben üben,
   Und Gott über Alles lieben;
   Lehr mich lieben inniglich
   Meinen Nächsten gleich wie mich.

5. Laß mich, Jesu, Dir auf Erden
   Aehnlich in der Demuth werden;
   Geuß mir Deine Sanftmuth ein,
   Laß mich klug in Einfalt sein.

6. Also wird kein Feind mich binden,
   Also werd' ich Ruhe finden,
   Also werd' ich in der Zeit
   Weise für die Ewigkeit.

Nr. 100. Mel.: Vater unser im Himmelreich.

Johann Jakob Rambach, Prof. der Theol. in Halle,
später in Gießen, gest. 1735.

1. O Lehrer, Dem kein Lehrer gleich,
   An Weisheit, Lieb' und Eifer reich,
   Gefallner Sünder Licht und Rath,
   Prophet berühmt durch Wort und That,
   Gesalbet durch des Vaters Hand,
   Und uns zu unserm Heil gesandt!

2. Du kamst aus Deines Vaters Schooß,
   Und machtest alle Siegel los,
   Worin Sein Rath verborgen war;
   Durch Dich ward alles offenbar
   Und an das helle Licht gestellt,
   Was Dunkelheit umschlossen hält.

3. Du wiesest uns die wahre Spur
   Zu Gott, dem Schöpfer der Natur,
   Du hast den Weg uns recht gezeigt,
   Darauf man zu dem Himmel steigt;
   Was Du vom Vater selbst gehört,
   Das hast Du unverfälscht gelehrt.

4. Du sahest in der Gottheit Licht
   Von Angesicht zu Angesicht,
   Was, nach der ew'gen Liebe Rath,
   Man künftig zu erwarten hat;
   Du machtest alles klarer kund,
   Als jemals der Propheten Mund.

5. Das Lehramt, welches Du geführt,
   Hast Du mit Heiligkeit geziert,
   Mit Wundern hast Du es bestärkt,
   Woraus man Deine Allmacht merkt,
   Ja endlich, als es Gott geschickt,
   Ein blutig Siegel drauf gedrückt.

6. Nachdem Du hingegangen bist,
   Wo aller Weisheit Ursprung ist,
   So setzest Du, Du ew'ges Wort,
   Dein Lehramt durch die Knechte fort,
   Die Dein Beruf Dir zugeführt,
   Und sie mit Gaben ausgeziert.

7. Du aber sendest Deinen Geist,
   Den Du den Gläubigen verheiß'st,
   Der allen Seelen, die Er liebt,
   Erkenntniß, Licht und Weisheit giebt,
   Dein Wort in Herz und Sinne schreibt,
   Und bei den Deinen ewig bleibt.

8. Ach laß, o himmlischer Prophet,
Mich schauen Deine Majestät,
Mach mich vom Eigendünkel frei,
Damit ich Dir gehorsam sei.
Du sollst mein höchster Lehrer sein,
Führ' mich in Deine Schule ein!

Nr. 101. Mel: Schmücke dich, o liebe Seele.
Johann Jakob Rambach. 1735.

1. Heiland! Deine Menschenliebe
War die Quelle Deiner Triebe,
Die Dein treues Herz bewogen,
Dich in unser Fleisch gezogen,
Dich mit Schwachheit überdecket,
Dich vom Kreuz in's Grab gestrecket.
O der ungemeinen Triebe
Deiner treuen Menschenliebe!

2. Ueber seine Feinde weinen,
Jedermann mit Hülf' erscheinen,
Sich der Blinden, Lahmen, Armen
Mehr als väterlich erbarmen,
Der Betrübten Klagen hören,
Sich in Andrer Dienst verzehren,
Sterben voll der reinsten Triebe:
Das sind Proben wahrer Liebe!

3. O Du Zuflucht der Elenden!
Wer hat nicht von Deinen Händen
Segen, Hülf' und Heil genommen,
Der gebeugt zu Dir gekommen?

O, wie ist Dein Herz gebrochen,
Wenn Dich Kranke angesprochen!
Und wie pflegtest Du zu eilen,
Das Gebet'ne mitzutheilen!

4. Die Betrübten zu erquicken,
Zu den Kleinen Dich zu bücken,
Die Unwissenden zu lehren,
Die Verführten zu bekehren,
Sünder, die sich selbst verstocken,
Täglich liebreich zu Dir locken,
War Dein Tagwerk, Deine Speise,
Wohlthun Deine Lebensreise.

5. O wie hoch stieg Dein Erbarmen,
Als Du für die ärmsten Armen
Dein unschätzbar theures Leben
In den ärgsten Tod gegeben;
Da zur Marter Du erlesen,
Aller Schmerzen Ziel gewesen
Und den Segen zu erwerben,
Als ein Fluch hast wollen sterben!

6. Deine Lieb' hat Dich getrieben,
Sanftmuth und Geduld zu üben,
Ohne Schelten, Drohen, Klagen
Andrer Schmach und Last zu tragen,
Allen freundlich zu begegnen,
Für die Lästerung zu segnen,
Für der Feinde Schaar zu beten,
Und die Mörder zu vertreten.

7. Demuth war bei Spott und Hohne
Deines Lebens Schmuck und Krone;

Diese machte Dich zum Knechte
Einem sündigen Geschlechte;
Diese Demuth, gleich den Tauben,
Ohne Falsch, voll Treu und Glauben,
Mit Gerechtigkeit gepaaret,
Durch Vorsichtigkeit bewahret.

8. Herr, laß Deine Liebe decken
Meiner Sünden Meng' und Flecken!
Du hast das Gesetz erfüllet,
Des Gesetzes Fluch gestillet;
Laß mich wider dessen Stürmen
Deiner Liebe Schild beschirmen;
Heil'ge meines Herzens Triebe,
Salbe sie mit Deiner Liebe!

———

Nr. 102. Mel.: Valet will ich dir geben.

Carl Julius Aschenfeldt. 1819. Ueber Joh. 14, 6.
Engl. Uebers. in Schaff's Christ in Song, p. 533: "Amid
life's wild commotion".

1. Aus irdischem Getümmel,
   Wo Nichts das Herz erquickt,
Wer zeigt den Weg zum Himmel,
   Wohin die Hoffnung blickt?
Wer leitet unser Streben,
   Wenn es das Ziel vergißt?
Wer führt durch Tod zum Leben?
   Der Weg heißt: Jesus Christ.

2. Hier irren wir und fehlen,
   Gehüllt in tiefe Nacht.

Durch wen wird unsern Seelen
Ein wahres Licht gebracht?
Von oben kommt die Klarheit,
Die Alles uns erhellt,
Denn Christus ist die Wahrheit,
Er ist das Licht der Welt.

3. Wer giebt uns hier schon Freuden,
Die Niemand rauben kann?
Wer zeiget uns im Leiden
Den Himmel aufgethan?
Wenn vor dem Tod wir beben,
Wer giebt dem Herzen Ruh?
Heil! Christus ist das Leben,
Führt uns dem Vater zu.

---

5. Christus unser Vorbild. Lieder der Nachfolge Jesu.

Nr. 103. Mel: Wachet auf! ruft uns die Stimme.
(Mit einer Vorschlagssilbe.)

Jodocus von Lodenstein. 1655. Aus dem Holländischen übersetzt von Bartholomäus Crasselius um 1700 (nicht von Gottfr. Arnold). Mit Recht nennt E. E. Koch dieses Lied eine köstliche Perle und ein ächt christliches Morallied, welches alle sogenannten Tugendlieder aus dem Zeitalter der Aufklärung weit überwiegt. Engl. Uebers. von H. Mills, Horae Germ. p. 198: "Most holy Jesus! Fount unfailing" (im Versmaß des Orig.). Eine andere in Schaff's Christ in Song p. 133.

1. Heiligster Jesu, Heil'gungsquelle,
Mehr als Krystall rein, klar und helle,
Du lautrer Strom der Heiligkeit!

Aller Glanz der Cherubinen
Und Heiligkeit der Seraphinen
　Ist gegen Dich nur Dunkelheit.
Ein Vorbild bist Du mir,
Ach, bilde mich nach Dir, Du mein Alles!
Jesu, o Du[1]), Hilf mir dazu,
Daß ich auch heilig sei, wie Du.

2. O stiller Jesu, wie Dein Wille
　Dem Willen Deines Vaters stille,
　　Und bis zum Tod gehorsam war:
　So laß mich in Gott mich fassen,
　Mach Herz und Willen Dir gelassen,
　　Ja, stille Du mich ganz und gar.
　Mach Dir mich gleich gesinnt,
　Wie ein gehorsam Kind, Stille, stille.
　Jesu, o Du, Hilf mir dazu,
　Daß ich fein stille sei, wie Du.

3. Wachsamer Jesu, ohne Schlummer,
　In großer Arbeit, Müh' und Kummer
　　Bist Du gewesen Tag und Nacht;
　Du mußtest täglich viel ausstehen,
　Des Nachts lagst Du vor Gott mit Flehen,
　　Du hast gebetet und gewacht.
　Gieb mir auch Wachsamkeit,
　Daß ich zu Dir allzeit Wach' und bete!
　Jesu, o Du, Hilf mir dazu,
　Daß ich stets wachsam sei, wie Du!

4. Gütigster Jesu, ach, wie gnädig,
　Wie liebreich, freundlich und gutthätig
　　Bist Du doch gegen Freund und Feind!

---

1) Urspr. „ei nu"

Dein Sonnenglanz, der scheinet Allen,
Dein Regen muß auf Alle fallen,
   Ob sie Dir gleich undankbar sind.
Mein Gott, ach, lehre mich,
Damit hierinnen ich Dir nacharte!
Jesu, o Du, Hilf mir dazu,
Daß ich auch gütig sei, wie Du!

5. Du sanfter Jesu warst unschuldig
Und littest alle Schmach geduldig,
   Vergabst und ließ'st nicht Rachgier aus.
Niemand kann Deine Sanftmuth messen,
Bei der kein Eifer Dich gefressen,
   Als den Du hatt'st um's Vaters Haus.
Mein Heiland, ach verleih
Mir Sanftmuth und dabei Guten Eifer!
Jesu, o Du, Hilf mir dazu,
Daß ich sanftmüthig sei, wie Du!

6. Demüth'ger Jesu, Ehrenkönig,
Du suchtest Deine Ehre wenig
   Und wurdest niedrig und gering:
Du wandeltest ganz arm auf Erden,
In Demuth und in Knechtsgeberden,
   Erhubst Dich selbst in keinem Ding.
Herr, solche Demuth lehr'
Auch mich je mehr und mehr Stetig üben!
Jesu, o Du, Hilf mir dazu,
Daß ich demüthig sei, wie Du!

7. O keuscher Jesu, all Dein Wesen
War züchtig, keusch und auserlesen,
   Von tugendvoller Sittsamkeit;

Gedanken, Reden, Glieder, Sinnen,
Geberden, Kleidung und Beginnen
   War voller lautrer Züchtigkeit.
O mein Immanuel,
Mach mir Geist, Leib und Seel'. Keusch und
                       züchtig!
Jesu, o Du,   Hilf mir dazu,
Auch keusch und rein zu sein, wie Du!

8. Mäßiger Jesu, Deine Weise
Im Trinken und Genuß der Speise
   Lehrt uns die rechte Mäßigkeit.
Deine Speise war's, den Willen
Des Vaters treulich zu erfüllen,
   Und Ihm zu dienen jederzeit.
Herr, hilf mir meinen Leib
Stets zähmen, daß ich bleib Rein und
                       nüchtern.
Jesu, o Du,   Hilf mir dazu,
Daß ich stets nüchtern sei, wie Du!

9. Nun, liebster Jesu, liebstes Leben,
Mach mich in Allem Dir ergeben
   Und Deinem heil'gen Vorbild gleich!
Dein Geist und Kraft mich gar durchdringe,
Daß ich viel Glaubensfrüchte bringe
   Und tüchtig werd' zu Deinem Reich!
Ach, zeuch mich ganz zu Dir,
Behalt mich für und für, Treuer Heiland!
Jesu, o Du,   Laß mich, wie Du
Und wo Du bist, einst finden Ruh!

Nr. 104. Mel.: Jesu, Du mein liebstes Leben.

Siegmund von Birken (auch Betulius genannt, geb. 1626 in Böhmen, gest. 1681, Verf. von 52 geistl. Liedern). 1657.

1. Lasset uns mit Jesu ziehen,
   Seinem Vorbild folgen nach;
In der Welt der Welt entfliehen;
   Auf der Bahn, die Er uns brach,
Immer fort zum Himmel reisen;
   Irdisch noch, schon himmlisch sein;
Glauben recht, und leben rein,
Glauben durch die Lieb' erweisen!
   Treuer Jesu, bleib' bei mir;
   Geh voran, ich folge Dir!

2. Lasset uns mit Jesu leiden,
   Seinem Vorbild werden gleich!
Nach dem Leiden folgen Freuden,
   Armuth hier macht dorten reich;
Thränensaat bringt Heil und Wonne,
   Hoffnung stärkt uns in Geduld,
   Denn es scheint durch Gottes Huld
Nach dem Regen bald die Sonne.
   Jesu, hier leid ich mit Dir,
   Dort gieb Deine Freude mir!

3. Lasset uns mit Jesu sterben!
   Sein Tod rettet uns vom Tod,
Und vom ewigen Verderben,
   Das dem sichern Sünder droht.
Laßt uns sterben, weil wir leben,
   Sterben unsern Lüsten ab:
   Dann wird Er uns aus dem Grab

In Sein Himmelsleben heben.
Jesu! sterb ich, sterb ich Dir,
Daß ich lebe für und für.

4. Lasset uns mit Jesu leben!
Weil Er auferstanden ist,
Muß das Grab uns wiedergeben.
Jesu! unser Haupt Du bist,
Wir sind Deines Leibes Glieder,
Wo Du lebst, da leben wir
Ach, erkenn uns für und für,
Seelenfreund, für Deine Brüder!
Dir, o Jesu, leb' ich hier,
Dort auch ewig einst bei Dir!

Nr. 105. Mel.. Auf, Christenmensch, auf, auf zum Streit.

Johann Scheffler (Angelus Silesius). 1668. Eines seiner kräftigsten Lieder, seit 1723 auch in die malabarische Sprache übersetzt.

1. „Mir nach!" spricht Christus unser Held,
„Mir nach! ihr Christen alle!
Verleugnet euch, verlaßt die Welt,
Folgt meinem Ruf und Schalle;
Nehmt euer Kreuz und Ungemach
Auf euch, folgt Meinem Wandel nach!

2. „Ich bin das Licht, Ich leucht euch für
Mit heil'gem Tugendleben,
Wer zu Mir kommt und folget Mir,
Darf nicht im Finstern schweben.
Ich bin der Weg, Ich weise wohl,
Wie man wahrhaftig wandeln soll.

3. „Mein Herz ist voll Demüthigkeit,
　　Voll Liebe meine Seele;
　Mein Mund der fleußt zu jeder Zeit
　　Von süßem Sanftmuthsöle;
　Mein Geist, Gemüthe, Kraft und Sinn
　Ist Gott ergeben, schaut auf ihn.

4. „Ich zeig euch, das, was schädlich ist,
　　Zu fliehen und zu meiden;
　Und euer Herz von arger List
　　Zu rein'gen und zu scheiden.
　Ich bin der Seelen Fels und Hort
　Und führ' euch zu der Himmelspfort.

5. „Fällt's euch zu schwer, Ich geh voran,
　　Ich steh euch an der Seite.
　Ich kämpfe Selbst, Ich brech die Bahn,
　　Bin Alles in dem Streite.
　Ein böser Knecht, der still will stehn,
　Sieht er voran den Feldherrn gehn.

6. „Wer seine Seel' zu finden meint,
　　Wird sie ohn' Mich verlieren;
　Wer sie hier zu verlieren scheint,
　　Wird sie in Gott einführen.
　Wer nicht sein Kreuz nimmt und folgt Mir,
　Ist Mein nicht werth und Meiner Zier.“

7. So laßt uns denn dem lieben Herrn
　　Mit unserm Kreuz nachgehen,
　Und wohlgemuth, getrost und gern
　　Bei Ihm im Leiden stehen;
　Denn wer nicht kämpft, trägt auch die Kron'
　Des ew'gen Lebens nicht davon.

Nr. 106. Mel.: Seelenbräutigam.

Graf Nikolaus Ludwig von Zinzendorf. Sept. 1721.
Das Orig. beginnt: „Seelenbräutigam, O Du Gotteslamm," wurde aber im N. Brüdergsgb. von 1778 so
verändert, wie es hier folgt. Engl. Ueberf. in Hymns
from the Land of Luther, p. 22: "Jesus still lead on",
und in Schaff's Christ in Song, p. 139.

1. Jesu, geh voran, Auf der Lebensbahn,
   Und wir wollen nicht verweilen,
   Dir getreulich nachzueilen;
   Führ' uns an der Hand Bis in's Vaterland.

2. Soll's uns hart ergehn, Laß uns feste stehn,
   Und auch in den schwersten Tagen
   Niemals über Lasten klagen:
   Denn durch Trübsal hier Geht der Weg zu Dir.

3. Rühret eigner Schmerz Irgend unser Herz,
   Kümmert uns ein frembdes Leiden,
   O so gieb Geduld zu beiden;
   Richte unsern Sinn Auf das Ende hin.

4. Ordne unsern Gang, Jesu, lebenslang;
   Führst Du uns durch rauhe Wege,
   Gieb uns auch die nöth'ge Pflege;
   Thu' uns nach dem Lauf Deine Thüre auf!

6. Leiden und Sterben Jeſu Chriſti.
Paſſionslieder.

a) Allgemeine Paſſionslieder.

Nr. 107. Eigene Melodie.

Vers 1 von **Nikolaus Decius** (Anfangs Mönch, dann Probſt in Wolfenbüttel, geſt. 1529). Geb. um 1523, zuerſt gedr. 1534 und 1540 in niederdeutſcher und hochdeutſcher Form, nach dem lat. Meßgeſang: "Agnus Dei, qui tollis peccata mundi, miserere nobis", welches wiederum auf dem Worte Johannis des Täufers: „Siehe das Lamm Gottes," (Joh. 1, 29) ruht. In der griechiſchen Kirche wurden dieſe Worte ſchon im dritten Jahrh. beim Morgengeſang gebraucht. V. 2 u. 3 ſind Zuſatz ſpäterer deutſcher Gſgb., während and. Gſgb. (auch der Eiſen. Entwurf und Wackernagel) ſtatt deſſen den 1. Vers dreimal niederholen, außer daß der 3. V. mit den Worten endet: „Gieb uns Deinen Frieden, o Jeſu." Dieſe dreimalige Wiederholung kam im 12. Jahrh. auf In Deutſchland, beſonders in der Luth. K., wird dieſes Lied nach dem Vorgang der kath. K. häufig bei der h. Communion gebraucht, und zwar unmittelbar nach der Conſecration der Elemente. Engl. Ueberſ. von Th. C. Porter in **Schaff's** Christ in Song. p. 583: "O Lamb of God, who bleeding upon the cross didst languish."

1. O Lamm Gottes unſchuldig,
   Am Stamm des Kreuzes geſchlachtet,
   Allzeit funden geduldig,
   Wiewohl du warſt verachtet,
   All' Sünd' haſt Du getragen;
   Sonſt müßten wir verzagen.
   Erbarm' Dich unſer, o Jeſu!

2. Von Herzen wir Dir danken,
   Daß Du ſo große Treue

Gethan haſt an uns Kranken;
  Gieb uns ein' ſel'ge Reue,
Daß wir die Sünde meiden
Zu Ehren Deinem Leiden.
Erbarm' Dich unſer, o Jeſu!

3. Stärk in uns das Vertrauen
  Durch Dein unſchuldig Leiden.
Laß feſt darauf uns bauen,
  Und nichts von Dir uns ſcheiden;
Und hilf uns ſelig ſterben,
Daß wir den Himmel erben.
Gieb uns Dein'n Frieden, o Jeſu!

———

Nr. 108. Eigene Melodie.

Johann Heermann. 1630. Aus deſſen Devoti Mu-
sica Cordis. Nach den Meditationen (K. 7) St. Augu-
ſtin's, ſeſt. 430 Sehr weit verbreitet. Vgl. Mützell,
Geiſtl. Lieder aus dem 17. Jahrh. I. S. 38 f. Gute Engl.
Ueberſ. in Lyra G. I. 77: "Alas, dear Lord, what evil
hast Thou done". Eine and. von Miß Fr. E. Cox, 1841:
"What laws, my blessed Saviour, hast Thou broken."
S. Schaff's Christ in Song, p. 171.

1. Herzliebſter Jeſu, was haſt Du verbrochen,
Daß man ein ſolch ſcharf Urtheil hat ge-
                                      ſprochen?
Was iſt die Schuld? In was für Miſſethaten
  Biſt Du gerathen?

2. Du wirſt gegeißelt und mit Dorn gekrönet,
In's Angeſicht geſchlagen und verhöhnet;
Du wirſt mit Eſſig und mit Gall' getränket,
  An's Kreuz gehenket.

3. Was iſt doch wohl die Urſach ſolcher Plagen?
Ach, meine Sünden haben Dich geſchlagen;
Ich, o Herr Jeſu, ich hab dieß verſchuldet,
Was Du erduldet!

4. Wie wunderbarlich iſt doch dieſe Strafe:
Der gute Hirte leidet für die Schafe,
Die Schuld bezahlt der Herre, der Gerechte,
Für Seine Knechte.

5. Der Fromme ſtirbt, der recht und richtig
wandelt;
Der Böſe lebt, der wider Gott gehandelt[1]);
Der Menſch verwirkt den Tod und iſt ent-
gangen,
Der Herr gefangen[2]).

6. Ich war von Fuß auf voller Schand und
Sünden,
Bis zu dem Scheitel war nichts Gut's zu
finden,
Dafür hätt' ich dort in der Hölle müſſen
Ewiglich büßen.

7. O große Lieb', o Lieb' ohn' alle Maße,
Die Dich gebracht auf dieſe Marterſtraße!
Ich lebte mit der Welt in Luſt und Freuden,
Und Du mußt leiden!

8. Ach großer König, groß zu allen Zeiten,
Wie kann ich g'nugſam ſolche Treu' ausbreiten?

---

1) Anb.: „miß handelt".
2) Statt „Gott wird gefangen", was patripaſſianiſch lautet, wie
das bekannte „Gott ſelbſt iſt todt" und das engl „When God, the
mighty Maker, died". Wackernagel (Nr. 25) hat es beibehalten.

Kein's Menſchen Herz vermag es auszudenken,
Was Dir zu ſchenken.

9. Ich kann's mit meinen Sinnen nicht er-
reichen,
Womit doch Dein Erbarmen zu vergleichen:
Wie kann ich Dir denn Deine Liebesthaten
Im Werk erſtatten?

10. Doch iſt noch etwas, das Dir angenehme:
Wenn ich des Fleiſches Lüſte dämpf' und
zähme,
Daß ſie auf's Neu' mein Herze nicht ent-
zünden
Mit alten Sünden.

11. Weil's aber nicht beſteht in eignen Kräften,
Feſt die Begierden an das Kreuz zu heften:
So gieb mir Deinen Geiſt, der mich regiere,
Zum Guten führe.

12. Alsdann ſo werd' ich Deine Huld betrachten,
Aus Lieb' zu Dir die Welt für gar nichts [1])
achten;
Ich werde mich bemühn, Herr, Deinen Willen
Stets zu erfüllen.

13. Ich werde Dir zu Ehren alles wagen,
Kein Kreuz mehr achten, keine Schmach und
Plagen,
Nichts von Verfolgung, nichts von Todes-
ſchmerzen
Nehmen zu Herzen.

[3) Urſpr.: „für nichts".

14. Dieß alles, ob's für ſchlecht zwar iſt zu
ſchätzen,
Wirſt Du es doch nicht gar bei Seite ſetzen;
In Gnaden wirſt Du dieß von mir an-
nehmen,
Mich nicht beſchämen.

15. Wenn dort, Herr Jeſu, wird vor Deinem
Throne
Auf meinem Haupte ſtehn die Ehrenkrone,
Da will ich Dir, wann alles wird wohl
klingen,
Lob und Dank ſingen.

Nr. 109. Mel.: Herzlich thut mich verlangen.

Paul Gerhardt. 1656. Dieſes unvergleichlich ſchöne,
aus dem Geiſte tiefſter Buße und Dankbarkeit gefloſſene
Paſſionslied iſt eine freie Reproduction der ſiebenten, an
das Angeſicht Jeſu gerichteten Paſſionshymne des heil.
Bernhard von Clairvaux, geſt. 1153: „Salve caput
cruentatum. Totum spinis coronatum" &c Eine meiſter-
hafte engl. Ueberſ. v Dr. James W. Alexander (geſt. 1859),
vollſtändig mitgetheilt in Schaff's „Kirchenfreund" für 1849,
S. 91 u t Christ in Song, p. 178: "O sacred head now
wounded, With grief and shame weighed down " u. ſ. w.
iſt ſeithem in mehrere amerik. Gſgb (z B. Beecher's
Plymouth Collection, Park's Sabbath H Book. Germ. Ref.
Lit.. &c.), aber meiſt mit willkürlichen Abkürzungen und
Veränderungen übergegangen und ſo in kurzer Zeit eines
der beliebteſten engl. Paſſionslieder geworden. Eine andere, aber bei weitem nicht ſo gelungene Ueberſ. ſ. in Lyra
G. I 80: "Ah wounded Head! Must Thou endure," &c.

1. O Haupt voll Blut und Wunden,
Voll Schmerz und voller Hohn;
O Haupt zum Spott umbunden
Mit einer Dornenkron!

O Haupt, sonst schön gekrönet
　Mit höchster Ehr' und Zier,
Jetzt aber schwer verhöhnet[1]),
　Gegrüßet seist Du mir!

2. Du edles Angesichte,
　　Davor sonst schrickt und scheut
Das große Weltgewichte,
　　Wie bist Du so bespeit,
　Wie bist Du so erbleichet!
　　Wer hat Dein Augenlicht,
Dem sonst kein Licht mehr gleichet,
　　So schändlich zugericht't?

3. Die Farbe Deiner Wangen,
　　Der rothen Lippen Pracht
Ist hin und ganz vergangen:
　　Des blassen Todes Macht
Hat alles hingenommen,
　　Hat alles hingerafft;
Und daher bist Du kommen,
　　Und Deines Leibes Kraft.

4. Nun, was Du, Herr, erduldet,
　　Ist alles meine Last,
Ich hab' es selbst verschuldet,
　　Was Du getragen hast.
Schau her, hier lieg' ich Armer,
　　Der Zorn verdienet hat;
Gieb mir, o mein Erbarmer,
　　Den Anblick Deiner Gnad'!

---

1) Urspr.: O Haupt, sonst schön gezieret....
　　Jetzt aber höchst schimpfiret.

5. Erkenne mich, mein Hüter,
   Mein Hirte, nimm mich an!
Von Dir, Quell aller Güter,
   Iſt mir viel Gut's gethan:
Dein Mund hat mich gelabet
   Mit ſüßer Gnadenkoſt,
Dein Geiſt hat mich begabet
   Mit mancher Himmelsluſt.

6. Ich will hier bei Dir ſtehen,
   Verachte mich doch nicht!
Von Dir will ich nicht gehen,
   Wann Dir Dein Herze bricht:
Wann Dein Haupt wird erblaſſen
   Im letzten Todesſtoß,
Alsdann will ich Dich faſſen
   In meinen Arm und Schooß.

7. Es dient zu meinen Freuden
   Und kommt mir herzlich wohl,
Wenn ich in Deinem Leiden,
   Mein Heil, mich finden ſoll.
Ach möcht' ich, o mein Leben,
   An Deinem Kreuze hier
Mein Leben von mir geben,
   Wie wohl geſchähe mir!

8. Ich danke Dir von Herzen,
   O Jeſu, liebſter Freund,
Für Deines Todes Schmerzen,
   Da Du's ſo gut gemeint.
Ach gieb, daß ich mich halte
   Zu Dir und Deiner Treu',
Und wann ich einſt erkalte
   In Dir mein Ende ſei.

9. Wann ich einmal ſoll ſcheiden,
　　So ſcheide nicht von mir,
　Wann ich den Tod ſoll leiden,
　　So tritt Du dann herfür;
　Wann mir am allerbängſten
　　Wird um das Herze ſein,
　So reiß mich aus den Aengſten
　　Kraft Deiner Angſt und Pein.

10. Erſcheine mir zum Schilde,
　　Zum Troſt in meinem Tod,
　Und laß mich ſehn Dein Bilde
　　In Deiner Kreuzesnoth.
　Da will ich nach Dir blicken,
　　Da will ich glaubensvoll
　Dich feſt an mein Herz drücken.
　　Wer ſo ſtirbt, der ſtirbt wohl.

Nr. 110. Mel.: An Waſſerflüſſen Babylon.

Paul Gerhardt. Vor 1653. Vgl. Jeſaj. 53, 4—7
und Joh. 1, 29. Engl. Ueberſ. in Voice of Christ. Life
in Song, p. 234: A Lamb goes uncomplaining forth.
Eine andere von Frances Elizabeth Cox (Hymns from
the German. Lond. 1865): A holy, pure and spotless
Lamb. (Das engl. "lambkin" für „Lämmlein" wäre hier
nicht anwendbar.)

1. Ein Lämmlein geht und trägt die Schuld
　　Der Welt und ihrer Kinder,
　Es geht und träget mit Geduld
　　Die Sünden aller Sünder;
　Es geht dahin, wird matt und krank,
　Ergiebt ſich auf die Würgebank,
　　Entzieht ſich allen Freuden;

Es nimmet an Schmach, Hohn und Spott,
Angst Wunden. Striemen, Kreuz und Tod
Und spricht: Ich will's gern leiden!

2. Das Lämmlein ist der große Freund
Und Heiland meiner Seelen,
Den, den hat Gott zum Sündenfeind
Und Sühner wollen wählen.
„Geh hin, mein Kind, und nimm Dich an
Der Kinder, die Ich ausgethan
Zur Straf' und Zornes Ruthen.
Die Straf' ist schwer, der Zorn ist groß;
Du kannst und sollst sie machen los
Durch Sterben und durch Bluten.“

3. „Ja, Vater, ja von Herzensgrund,
Leg auf, Ich will Dir's tragen;
Mein Wollen hängt an Deinem Mund,
Mein Wirken ist Dein Sagen.“
O Wunderlieb' o Liebesmacht,
Du kannst, was nie kein Mensch gedacht,
Gott Seinen Sohn abzwingen!
O Liebe, Liebe, Du bist stark;
Du streckest Den ins Grab und Sarg,
Vor Dem die Felsen springen!

4. Du marterst Ihn am Kreuzesstamm
Mit Nägeln und mit Spießen;
Du schlachtest Ihn als wie ein Lamm,
Machst Herz und Adern fließen,
Das Herze mit der Seufzer Kraft,
Die Adern mit dem edlen Saft
Des purpurrothen Blutes.

14

O ſüßes Lamm, was ſoll ich Dir
Erweiſen dafür, daß Du mir
  Erzeigeſt ſo viel Gutes!

5. Mein' Lebetage will ich Dich
    Aus meinem Sinn nicht laſſen,
  Dich will ich ſtets, gleich wie Du mich,
    Mit Liebesarmen faſſen;
  Du ſollſt ſein meines Herzens Licht,
  Und wann mein Herz im Tode bricht,
    Sollſt Du mein Herze bleiben.
  Ich will mich Dir, mein höchſter Ruhm,
  Hiermit zu Deinem Eigenthum
    Beſtändiglich verſchreiben.

6. Ich will von Deiner Lieblichkeit
    Bei Nacht und Tage ſingen,
  Mich ſelbſt auch Dir zu aller Zeit
    Zum Freudenopfer bringen.
  Mein Bach des Lebens ſoll ſich Dir
  Und Deinem Namen für und für
    In Dankbarkeit ergießen.
  Und was Du mir zu gut gethan,
  Das will ich ſtets, ſo tief ich kann,
    In mein Gedächtniß ſchließen.

7. Erweitre dich, mein Herzensſchrein,
    Du ſollſt ein Schatzhaus werden
  Der Schätze, die viel größer ſein,
    Als Himmel, Meer und Erden.
  Weg mit den Schätzen dieſer Welt
  Und allem, was dem Fleiſch gefällt!
  Ich hab' ein Beſſ'res ſunden:

Mein großer Schatz, Herr Jeſu Chriſt,
Iſt dieſes, was gefloſſen iſt
   Aus Deines Leibes Wunden!

8. Das ſoll und will ich mir zu Nutz
   Zu allen Zeiten machen;
Im Streite ſoll es ſein mein Schutz,
   In Traurigkeit mein Lachen,
In Fröhlichkeit mein Saitenſpiel,
Und wenn mir nichts mehr ſchmecken will,
   Soll mich dieß Manna ſpeiſen;
Im Durſt ſoll's ſein mein Waſſerquell,
In Einſamkeit mein Sprachgeſell
   Zu Haus und auch auf Reiſen.

9. Was ſchadet mir des Todes Gift?
   Dein Blut, das iſt mein Leben.
Wann mich der Sonne Hitze trifft,
   So kann mir's Schatten geben.
Setzt mir der Wehmuth Schmerzen zu,
So find' ich bei Dir meine Ruh',
   Als auf dem Bett ein Kranker.
Und wann des Kreuzes Ungeſtüm
Mein Schifflein treibet um und um,
   So biſt Du dann mein Anker.

10. Wann endlich ich ſoll treten ein
   In Deines Reiches Freuden,
So ſoll dieß Blut mein Purpur ſein,
   Ich will mich darin kleiden:
Es ſoll ſein meines Hauptes Kron',
In welcher ich will vor den Thron
   Des höchſten Vaters gehen

Und Dir, Dem Er mich anvertraut,
Als eine wohlgeſchmückte Braut
An Deiner Seite ſtehen.

———

Nr. 111. Mel: Herzlich thut mich verlangen.
Ernſt W. v. Wobeſer und H. v. Bruiningk (Glieder der Brüdergemeinde in Herrnhut). 1778.

1. Du meines Lebens Leben,
   Du meines Todes Tod!
   Für mich dahin gegeben
   In tiefſte Seelennoth,
   In Marter, Angſt und Sterben,
   Aus heißer Lieb'sbegier,
   Das Heil mir zu erwerben!
   Nimm tauſend Dank dafür!

2. Ich will nun mit Dir gehen
   Den Weg nach Golgatha;
   Laß mich im Geiſte ſehen,
   Was da für mich geſchah!
   Mit innig zartem Sehnen
   Begleitet Dich mein Herz,
   Und meine Augen thränen
   Beim Blick auf Deinen Schmerz.

3. Erſt komm ich zu der Stätte,
   Wo Jeſus für mich rang,
   Wo Blutſchweiß beim Gebete
   Ihm aus den Adern drang.
   Ach, dieſe blut'gen Tropfen,
   Die Seele, todtbetrübt,
   Und Seines Herzens Klopfen
   Sagt mir, daß Er mich liebt.

4. Da ſeh ich, daß ich Armer
   Des Fluches würdig bin;
Da giebt ſich mein Erbarmer
   Für mich zum Opfer hin,
Hier floſſen ſeine Klagen,
   Sein thränendes Gebet,
Daß ich nicht muß verzagen,
   Wann's einſt zum Sterben geht.

5. Mein Heiland wird verrathen,
   Geführt zu Spott und Qual;
Ach, meine Miſſethaten,
   Die brachten allzumal
Ihn vor's Gericht der Heiden
   Und in der Feinde Hand;
Ich war's, ich ſollte leiden,
   Was da mein Bürg' empfand.

6. Seht, welch ein Menſch! Er ſtehet
   Geduldig wie ein Lamm:
Und nun wird Er erhöhet,
   Ein Fluch am Kreuzesſtamm,
Vollendet ꝛc. Sein Büßen,
   Der Welt, auch mir zu gut;
Aus Händen und aus Füßen
   Strömt Sein Verſöhnungsblut.

7. Du flehſt am Kreuz für Feinde;
   Mein Jeſu, wer war ich?
Du denkſt an Deine Freunde;
   Gedenk, Herr, auch an mich!
Du machſt den Schächer ſelig,
   Verheißeſt ihm Dein Reich;
Das macht mich Sünder fröhlich,
   Mich, der dem Schächer gleich.

8. Du klagſt voll Angſt im Herzen:
  „Mein Gott verläſſet mich!"
Du dürſteſt in den Schmerzen,
  Und Niemand labet Dich.
Nun ſoll Dein Leid ſich enden;
  Du rufſt: Es iſt vollbracht!
Empfiehlſt des Vaters Händen
  Den Geiſt. Es war vollbracht!

9. Ich ſeh mit Lieb' und Beugen
  Des Heilands letzten Blick,
Ich ſeh Sein Haupt ſich neigen,
  Das war mein ew'ges Glück.
Mein Bürge ſtirbt; ich lebe,
  So todeswerth ich bin.
Er giebt Sich mir, ich gebe
  Mich Ihm zu eigen hin.

10. O Du, an Den ich glaube,
  Und Den mein Geiſt umfaßt,
Der Du im Todesſtaube
  Für mich gelegen haſt!
Auf Dein Verdienſt und Leiden
  Vertrau ich ganz allein;
Darauf will ich einſt ſcheiden
  Und ewig bei Dir ſein.

11. Erhalt' mir Deinen Frieden
  Und Deines Heils Genuß,
So lang ich noch hienieden
  In Schwachheit wallen muß:
Bis endlich Dir zu Ehren,
  Der mich mit Gott verſöhnt,
Dort in den obern Chören
  Mein Hallelujah tönt!

Nr. 112. Mel.: Herzliebſter Jeſu, was haſt Du
verbrochen.

C. A. Heinrich Puchta, geb. 1808, Pred. in Augsburg, geſt. 1842, ein trefflicher Liederdichter.

1. Nun wird des Menſchen Sohn zum Tod ge-
führet;
Er trägt den Lohn, der uns allein gebühret;
Er geht dahin, Sein Leben zu vollenden
In Mörderhänden.

2. Die ſtumme Taube läßt ſich willig fangen,
Das ſanfte Reh iſt in das Netz gegangen;
Das Lamm geht hin, damit es für die Heerde
Geopfert werde.

3. O Golgatha, was iſt auf dir geſchehen!
Den Herrn der Welt haſt du am Kreuz ge-
ſehen: —
Den Heil'gen Gottes, der nichts hat begangen,
An's Holz gehangen.

4. Sieh den Propheten auf dem Marterbrette,
Den Lebensfürſten auf der Schädelſtätte,
Den Weltheiland in zweier Schächer Mitten
Um Labung bitten!

5. Gerechtes Blut aus heil'gem Stamm ent-
ſproſſen,
Wird jetzt von Kain's Hand auf's Neu' ver-
goſſen;
Auf's Neu' ſinkt Joſeph von der Hand der
Brüder
Gebunden nieder.

6. So hängt denn abermals die finſtre Wolke
Vom Berge Horeb über Gottes Volke;
Es hat auf's Neu' den Heil'gen abgeſchworen,
Und Baal erkoren!

7. Ihr Töchter Zions weinet bittre Zähren,
Weint um die Kinder, die ihr ſollt gebären!
Welch Herz wird nicht, wenn dieſes Blut wird
                                    ſprechen,
   Vor Jammer brechen?

8. Jeruſalem! noch ſtehen deine Mauern;
Dein König ſtirbt, bald wirſt du für Ihn
                                    trauern.
Er hätte dich gerettet vom Verderben, —
Nun wirſt du ſterben.

9. Von dieſen Kriegern, die das Kreuz umſtehen,
Wird der Triumph durch deine Trümmer
                                    gehen;
Dieſelbe Hand, worein du Ihn gegeben,
Greift dir in's Leben.

10. O hätteſt du den Einzigen gehöret,
Die Stadt der Ehren wäre nicht zerſtöret;
Er hätte Seine Flügel ausgeſtrecket,
Und dich bedecket!

11. Sprich, Juda, ſprich, willſt du dich noch
                                    nicht beugen?
Der Heiden Mund muß für den Mittler
                                    zeugen!
Es thun ſich auf die allerwild'ſten Herzen
Dem Mann der Schmerzen.

12. Als Er verſchied, geſchah ein großes Beben,
Begrab'ne ſah man aus den Grüften ſchweben;
Der Vorhang riß an Gottes heil'ger Lade,
Dem Stuhl der Gnade.

13. Herr! laß dieß Leiden uns zu Herzen bringen,
Laß dieſes Sterben uns das Leben bringen!
Zeig' die Erlöſung, die durch Blut und
Wunden
Nun iſt geſunden.

---

b) **Chriſtus am Kreuze.** Charfreitagslieder

Nr. 113. Mel: Nun ruhen alle Wälder.

v. n. Gerhardt. 1653. Engl. Ueberſ. in Lyra
Germ. II 52

1. O Welt, ſieh hier dein Leben
Am Stamm des Kreuzes ſchweben,
Dein Heil ſinkt in den Tod;
Der große Fürſt der Ehren
Läßt willig ſich beſchweren
Mit Schlägen, Hohn und großem Spott.

2. Tritt her und ſchau mit Fleiße,
Sein Leib iſt ganz mit Schweiße
Des Blutes überfüllt;
Aus Seinem edlen Herzen
Vor unerſchöpften Schmerzen
Ein Seufzer nach dem andern quillt.

3. Wer hat Dich ſo geſchlagen,
Mein Heil, und Dich mit Plagen
So übel zugericht't?

Du biſt ja nicht ein Sünder,
Wie wir und unſre Kinder;
Von Miſſethaten weißt Du nicht.

4. Ich, ich und meine Sünden,
Die ſich wie Körnlein finden
Des Sandes an dem Meer,
Die haben Dir erreget
Das Elend, das Dich ſchläget,
Und das betrübte Marterheer.

5. Ich bin's, ich ſollte büßen,
An Händen und an Füßen
Gebunden in der Höll';
Die Geißeln und die Banden
Und, was Du ausgeſtanden,
Das hat verdienet meine Seel'.

6. Du nimmſt auf Deinen Rücken
Die Laſten, ſo mich drücken
Viel ſchwerer ¹) als ein Stein.
Du wirſt ein Fluch, dagegen
Verehrſt Du mir den Segen,
Dein Schmerz ſoll mir ein Labſal ſein.

7. Du ſetzeſt Dich zum Bürgen,
Ja läſſeſt Dich erwürgen
Für mich und meine Schuld;
Mir läſſeſt Du Dich krönen
Mit Dornen, die Dich höhnen,
Und leideſt Alles mit Geduld.

---

1) Wackernagel lieſt ſowohl in ſeiner Ausgabe der Gerhardtſchen Lieder, als in ſeinem Kl. Gſgb. (Nr. 29) ſehrer. Iſt das der Comparativ von ſehr, oder ein Druckfehler? Jedenfalls iſt hier eine Veränderung in ſchwerer vollkommen gerechtfertigt.

8. Du springst in's Todes Rachen,
   Mich frei und los zu machen
       Von diesem Ungeheu'r;
   Den Tod, der mein geharret,
   Hast Du in's Grab verscharret [1]);
       O unerhörtes Liebesfeu'r!

9. Ich bin, mein Heil, verbunden
   All' Augenblick und Stunden
       Dir überhoch und sehr.
   Was Leib und Seel' vermögen,
   Das soll ich billig legen
       Allzeit an Deinen Dienst und Ehr'.

10. Nun, ich kann nicht viel geben
    In diesem armen Leben,
        Eins aber will ich thun:
    Es soll Dein Tod und Leiden
    Bis Leib und Seele scheiden
        Mir stets in meinem Herzen ruhn.

11. Ich will's vor Augen setzen,
    Mich stets daran ergötzen,
        Ich sei auch, wo ich sei;
    Es soll mir sein ein Spiegel
    Der Unschuld, und ein Siegel
        Der Lieb' und unverfälschten Treu'.

12. Wie heftig unsre Sünden
    Den heil'gen Gott entzünden,
        Wie die Gerichte gehn,

---

1) Urspr.: „Mein Sterben nimmst Du ab,
   Vergräbst es in dem Grabe."

Wie grauſam ſeine Ruthen,
Wie zornig ſeine Fluthen,
   Will ich aus Deinem Leiden ſehn.

13. Ich will darin erblicken
Wie ich mein Herz ſoll ſchmücken
   Mit ſtillem, ſanftem Muth;
Und wie ich die ſoll lieben,
Die mich ſo ſehr betrüben
   Mit Werken, ſo die Bosheit thut.

14. Wenn böſe Zungen ſtechen,
Mir Glimpf und Namen brechen,
   So will ich zähmen mich;
Das Unrecht will ich dulden,
Dem Nächſten ſeine Schulden
   Verzeihen gern und williglich.

15. Ich will mich mit Dir ſchlagen
An's Kreuz, will dem abſagen,
   Was meinem Fleiſch gefällt: [1]
Was Deine Augen haſſen,
Das will ich flieh'n und laſſen,
   Sammt aller eitlen Luſt der Welt.

16. Dein Seufzen und Dein Stöhnen
Und die viel tauſend Thränen,
   Die Dir gefloſſen zu;
Die ſollen mich am Ende
Zu Dir, in Deine Hände
   Begleiten zu der ew'gen Ruh'.

---

1) Urſpr.: „Was meinem Geiſt gelüſt't . . . .
   So viel mir immer möglich iſt.“

Nr. 114. Mel.: Meinen Jeſum laß ich nicht.
Benj. Schmolk (geſt. 1737). 1715.

1. Seele, geh nach Golgatha,
    Setz dich unter Jeſu Kreuze
Und bedenke, was dich da
    Für ein Trieb zur Buße reize;
Willſt du unempfindlich ſein,
O, ſo biſt du mehr als Stein.

2. Schaue doch das Jammerbild
    Zwiſchen Erd' und Himmel hangen,
Wie das Blut in Strömen quillt,
    Daß Ihm alle Kraft vergangen;
Ach, der übergroßen Noth!
Es iſt gar mein Jeſus todt.

3. O Lamm Gottes ohne Schuld,
    Alles das hatt' ich verſchuldet,
Und Du haſt aus großer Huld
    Pein und Tod für mich erduldet;
Daß wir nicht verloren gehn
Läß'ſt Du Dich an's Kreuz erhöhn.

4. Unbeflecktes Gotteslamm!
    Ich verehre Deine Liebe;
Schaue von des Kreuzes Stamm,
    Wie ich mich um Dich betrübe!
Dein im Blute wallend Herz
Weckt in mir den tiefſten Schmerz.

5. Ich kann, Heiland! nimmermehr
    Dieſe Plagen Dir vergelten,
Du verbindeſt mich zu ſehr;
    Alle Güter, tauſend Welten,

Alles wäre nicht genung
Nur für Deinen Gallentrunk.

6. Etwas weiß ich noch für Dich:
  Ich will Dir mein Herze geben;
Dieses soll beständiglich
  Unter Deinem Kreuze leben.
Wie Du mein, so will ich Dein
Lebend, leidend, sterbend sein.

7. Laß Dein Herz mir offen stehn,
  Mach mich rein von aller Sünde
Darum will ich allzeit flehn,
  Wenn ich Kreuz und Noth empfinde;
Wie ein Hirsch nach Wasser dürst't,
Bis Du mich erquicken wirst.

8. Kreuzige mein Fleisch und Blut,
  Lehre mich die Welt verschmähen.
Laß mich Dich, du höchstes Gut,
  Immer vor den Augen sehen!
Führ' in allem Kreuze mich
Selig, wenn auch wunderlich.

9. Endlich laß mich meine Noth
  Auch geduldig überwinden,
Nirgend sonst wird mich der Tod
  Als bei Deinem Kreuze finden.
Wen Du dadurch heil gemacht,
Spricht getrost: Es ist vollbracht!

Nr. 115. Mel.: Sieh, hier bin ich, Ehrenkönig.

Gerhard Terſteegen. 1731. Das Original beginnt
eigentlich: „Setze Dich, mein Geiſt, ein wenig." Das
N. Witr. und and. Gſgb. geben von dieſem ſchönen Liede
bloß 7 Verſe.

1. Ruhe hier, mein Geiſt, ein wenig,
   Schau dieß Wunder ach wie groß!
   Sieh, Dein Herr, der höchſte König,
   Hängt am Kreuze nackt und bloß,
   Den Sein Lieben   Hat getrieben
   Zu dir aus des Vaters Schooß!

2. Daß dich Jeſus liebt von Herzen,
   Kannſt du hier am Kreuze ſehn;
   Schau, wie bittre Todesſchmerzen
   Ihm durch Leib und Seele gehn!
   Wie die Schrecken   Ihn bedecken,
   Wie Er ſchwebt in tauſend Weh'n!

3. Seine Seel', von Gott verlaſſen,
   Iſt betrübt bis in den Tod,
   Und Sein Leib hängt gleichermaßen
   Voller Wunden, blutig roth;
   Alle Kräfte,   Alle Säfte
   Sind erſchöpft in höchſter Noth.

4. Das ſind meiner Sünden Früchte,
   Die, mein Heiland, ängſten Dich;
   Dieſe ſchweren Zorngerichte,
   Ja die Höll' verdiente ich;
   Dieſe Nöthen,   Die Dich tödten,
   Sollt' ich fühlen ewiglich.

5. Doch Du haſt für mich bekrieget
   Sünde, Tod und Höllenmacht,
Alle Feinde ganz beſieget,
   Gottes Willen ganz vollbracht,
Durch Dein Sterben Mich zum Erben
Deines Lebens dort gemacht.

6. Ach ich Sündenkind der Erden!
   Jeſu, ſtirbſt Du mir zu gut?
Soll Dein Feind erlöſet werden
   Durch Dein eig'nes Herzensblut:
Ich muß ſchweigen Und mich beugen
Für dieß unverdiente Gut.

7. Leib und Leben, Blut und Glieder,
   Alles giebſt Du für mich hin;
Sollt ich Dir nicht ſchenken wieder
   Alles, was ich hab' und bin?
Ich bin Deine Ganz alleine;
Dir verſchreib' ich Herz und Sinn.

8. Dir will ich durch Deine Gnade
   Bleiben bis zum Tod getreu;
Alle Leiden, Schand und Schade
   Sollen mich nicht machen ſcheu;
Deinen Willen zu erfüllen,
Meiner Seele Speiſe ſei.

9. Zeuch durch Deines Todes Kräfte
   Mich in Deinen Tod hinein!
Laß mein Fleiſch und ſein Geſchäfte,
   Herr, mit Dir gekreuzigt ſein,
Daß mein Wille Werde ſtille,
Und die Liebe heiß und rein!.

10. Laß in allen Leidenswegen
    Deine Leiden ſtärken mich,
Daß mein Leiden mir zum Segen
    Mag gedeihen ſtetiglich,
Daß mein Herze Auch im Schmerze
Ohne Wanken liebe Dich!

11 Wann mich ſchrecken meine Sünden,
    Wann mich Satans Liſt anficht;
Ich nicht Kraft, noch Gnad' kann finden,
    Wollſt Du mich verlaſſen nicht!
Laß Dein Sterben Mir erwerben
Troſt im Tod und im Gericht!

12. Jeſu, nun will ich ergeben
    Meinen Geiſt in Deine Hand;
Laß mich Dir alleine leben,
    Bis ich nach dem Leidensſtand
Bei Dir wohne In der Krone
Dich beſchau im Vaterland!

――――――――

Nr. 116. Mel.: Wer nur den lieben Gott läßt
walten.

Nach Joh. Samuel Dieterich (Probſt in Berlin,
geſt. 1797). 1787.

1. Es iſt vollbracht! ſo ruft am Kreuze
    Des ſterbenden Erlöſers Mund.
O Wort voll Troſt und Leben, reize
    Zur Freude meines Herzens Grund!
Das große Opfer iſt geſchehn,
Das Gott auch mir zum Heil erſehn.

2. Mein Jeſus ſtirbt, die Felſen beben,
   Der Sonne Schein verlieret ſich;
In Todte bringt ein neues Leben,
   Der Heil'gen Gräber öffnen ſich;
Der Vorhang reißt, die Erde kracht,
Und die Verſöhnung iſt vollbracht!

3. Wie viel, mein Heil! haſt Du vollendet,
   Als Dir das Herz im Tode brach!
Du haſt den Fluch hinweggewendet,
   Der auf der Welt voll Sünder lag.
Für uns haſt Du genug gethan;
Gott nimmt uns nun noch gnädig an.

4. Dankvolle Thränen, netzt die Wangen!
   Mein Glaube ſieht nun offenbar
Die Handſchrift an dem Kreuze hangen,
   Die wider meine Seele war.
Er, Den mir Gott zum Heil gemacht,
Rief auch für mich: Es iſt vollbracht!

5. O Herr! laß mich nun auch vollbringen
   Was wahre Dankbarkeit begehrt;
Laß nach der Heiligung mich ringen,
   Dazu Dein Tod mir Kraft gewährt.
O, ſtärke mich dazu mit Macht,
Bis meine Beſſ'rung ganz vollbracht!

6 Du litt'ſt ſo viel zu meinem Leben,
   D'rum laß mich ſtets voll Eifer ſein,
Mich Deinem Dienſte zu ergeben,
   Und keine Schmach dabei zu ſcheu'n.
Dein Dienſt, mein Heiland! ſei mein Ruhm,
Denn ich bin ganz Dein Eigenthum.

7. Und fühlt mein Herz des Grabes Schrecken,
   So ſtärke mich bei ſolcher Laſt!
   Laß mich den Troſt im Tode ſchmecken,
   Daß Du ihn überwunden haſt!
   So geh ich durch die Todesnacht
   Mit dem Triumph: Es iſt vollbracht!

Nr. 117.   Eigene Melodie.

Die Mutter am Kreuze Auf Grundlage der Scene Joh. 19, 25 (in der Vulgata: Stabat juxta crucem mater ejus) und des prophet. Wortes Simeons Luk. 2, 35. Das berühmte Stabat Mater dolorosa des italieniſchen Franziskanermönchs Jacopône (Jacobus de Benedictis), geſt. 1306, überſetzt für Wieland's Merkur 1781 (nicht von Wieland ſelbſt, ſondern von unbek. Verf.) und von V. 2 an mit paſſenden proteſt. Veränderungen über= arbeitet von Alb. Knapp 1837, in welcher Geſtalt es in das N. Würt. Gſgr. von 1842 übergegangen iſt. Das Original iſt aus tiefſter Bußſtimmung und heiliger Liebes= gluth hervorgeſtrömt und ſteht unter allen latein. Kirchen= liedern blos dem unvergleichlichen und unnachahmlichen Dies irae nach. Es iſt das am meiſten pathetiſche, wie das Dies irae das erhabenſte Lied des Mittelalters, aber bei all ſeiner ergreifenden Schönheit ohne Veränderung für ein evang. Gſgb. unbrauchbar, weil es in ächt röm.= kath. Weiſe an die Maria und blos mitt lbar an Chriſtus gerichtet iſt. Das Lied hat zu vielen herrlichen muſikali= ſchen Compoſitionen Veranlaſſung gegeben und iſt häu= ger als irgend ein lateiniſches Lied, mit Ausnahme des Dies irae, in's Deutſche und Eng. überſetzt worden (unter anderen von Lavater, Jäck, Mohnike, v. Tieck, de la Motte Fouqué, A. L. Follen, Weſſenberg, Friedrich von Meyer, Freyberg, Niemeyer, Simrock, Knapp, Daniel, Lisco, Königsfeld). Es hat auch eine eigene Melodie, eine choralmäßige Bearbeitung des Finale aus Pergoleſi's be= rühmter Compoſition zum Stabat Mater. Vgl. die Mono= graphie von Lisco: Stabat Mater. Hymnus auf die Schmerzen der Maria, Berlin 1843) worin drei und fünfzig

deutſche und einige holländ. Ueberſ. des Gedichtes mitge=
theilt ſind und meine Abhandlung über die beiden Stabat Mater (Mater dolorosa und Mater speciosa) in den
Hours at Home für Mai 1867, p. 50—58. Engl. Ueberſ.
in meinem Christ in Song, p. 169.

1. Schaut die Mutter voller Schmerzen,
   Wie ſie mit zerriſſ'nem Herzen
      Bei dem Kreuz des Sohnes ſteht!
   Schauet ihre Trübſalshitze,
   Wie des Schwertes blut'ge Spitze
      Tief durch ihre Seele geht! [1]

2. Weſſen Auge kann der Zähren
   Bei dem Jammer ſich erwehren,
      Der des Höchſten Sohn umfängt?
   Wie Er mit gelaſſ'nem Muthe
   Todesmatt in Seinem Blute
      An dem Holz des Fluches hängt!

3. Für die Sünden Seiner Brüder
   Leidet Er, daß Seine Glieder
      Unnennbare Qual zerreißt.
   Für uns ruft Er im Erblaſſen:
   Gott, mein Gott, Ich bin verlaſſen!
      Und verathmet Seinen Geiſt.

4. Laß, o Jeſu, Quell der Liebe,
   Deines Herzens heil'ge Triebe
      Strömen in mein Herz hinab!

---

1) Die zweite Strophe iſt von Knapp ausgelaſſen, und lautet in der
Ueberſetzung von Fr. von Meyer (der ebenfalls die Elemente der
römiſchen Mariolatrie aus dem Liebe entfernt) alſo:
   Welches tiefen Jammers Beut
   Wurde die gebenedeite
     Mutter dieſes Einzigen!
   Welch ein Trauern, welch ein Zagen,
   Welch ein Ringen, welch ein Nagen,
     Bei der Schmach des Göttlichen!

Laß mich Dich mein Alles nennen,
Ganz für Dich in Liebe brennen,
  Der für mich Sein Leben gab!

5. Drück, mein König, Deine Wunden,
 Die Du auch für mich empfunden,
  Tief in meine Seel' hinein.
Laß in Reue mich zerfließen,
Mit Dir leiden, mit Dir büßen,
  Mit Dir tragen jede Pein.

6. Laß mich herzlich mit Dir weinen,
Mich durch's Kreuz mit Dir vereinen;
  Aller Weltsinn sei verflucht!
Unter'm Kreuze will ich stehen,
Und Dich zittern, bluten sehen,
  Wenn die Sünde mich versucht.

7. Gieb mir Theil an Deinem Leiden,
Laß von aller Lust mich scheiden,
  Die Dir solche Wunden schlug!
Ich will auch mir Wunden schlagen,
Will das Kreuz des Lammes tragen,
  Welches meine Sünden trug.

8. Laß, wenn meine Thränen fließen,
Mich den Gnadenglanz genießen
  Deines milden Angesichts;
Decke mich durch Deine Plagen
Vor den Aengsten und den Klagen
  Einst am Tage des Gerichts.

9. Gegen aller Feinde Stürmen
Laß mich, Herr, Dein Kreuz beschirmen,
  Deine Gnade leuchte mir!

Deckt des Grabes finstre Höhle
Meinen Leib, so nimm die Seele
Hin in's Paradies zu Dir.

c) Wirkungen des Todes Jesu und Dankbarkeit dafür.

Nr. 118. Mel: Wie nach einer Wasserquelle. Pf. 42.

Johann Heermann. Gebr. 1644 unter dem Titel:
„Trost aus den Wunden Jesu in allerlei Anfechtung".
Auf Grundlage einer Passionsbetrachtung des heil.
Augustin (gest. 430) in seinem Manuale, cap 22. Eines
der verbreitetsten und beliebtesten Lieder. Wimmer nennt
dieses Lied die panacea vulnerum Christi, „die allgemeine
Arznei der Wunden Christi," und Zinzendorf, „die Krone
aller alten Lieder." Engl. Ueberf. in Lyra Germ. I. 72.

1. Jesu, Deine tiefen Wunden,
     Deine Qual und bittrer Tod
Geben mir zu allen Stunden
     Trost in Leibs= und Seelennoth.
Fällt mir etwas Arges ein,
Denk ich bald an Deine Pein;
Die erlaubet[1]) meinem Herzen
Mit der Sünde nicht zu scherzen.

2. Will sich an der Wollust weiden
     Mein verderbtes Fleisch und Blut,
So gedenk ich an Dein Leiden;
     Bald wird Alles wieder gut.
Kommt der Satan und setzt mir
Heftig zu, halt ich ihm für
Deine Gnad' und Gnadenzeichen;
Bald muß er von dannen weichen.

---

1) Urspr. „erleidet", nach Anb. „verleidet"

3. Will die Welt mein Herze führen
   Auf die breite Wolluftbahn,
Da nichts ist als Jubiliren;
   Alsdann schau ich emsig an
Deiner Marter Centnerlast,
Die Du ausgestanden hast:
So kann ich in Andacht bleiben,
Alle böse Lust abtreiben.

4. Ja, für alles, das mich kränket,
   Geben Deine Wunden Kraft;
Wenn mein Herz hinein sich senket,
   Krieg ich neuen Lebensfaft.
Deines Trostes Süßigkeit
Wend't in mir das bitt're Leid,
Der Du mir das Heil erworben,
Da Du bist für mich gestorben.

5. Auf Dich setz ich mein Vertrauen,
   Du bist meine Zuversicht.
Dein Tod hat den Tod zerhauen,
   Daß er mich kann tödten nicht.
Daß ich an Dir habe Theil,
Bringet mir Trost, Schutz und Heil;
Deine Gnade wird mir geben
Auferstehung, Licht und Leben.

6. Hab' ich Dich in meinem Herzen,
   Du Brunn aller Gütigkeit,
So empfind' ich keine Schmerzen
   Auch im letzten Kampf und Streit;
Ich verberge mich in Dich.
Wer kann da verletzen mich?
Wer sich legt in Deine Wunden,
Der hat glücklich überwunden.

Nr. 119. Mel.: Alles iſt an Gottes Segen.

J Bonaventura, der „ſeraphiſche Doctor", ein Fran-
ziskaner=Mönch und Prof. in Paris, geſt. 274. "Re-
cordare sanctae crucis" (bei Daniel, II p. 101). Ueberſ.
von A. Jak Rambach, 1817 Eine engl. Ueberſ. von
H. Harbaugh im Mercersburg Review für 1858, p. 481:
"Make the cross your meditation," und eine neuere
von Dr. J. W. Alexander: "Jesus, holy cross and
dying." ebend. 1859, p. 305, und in Schaff's Christ in
Song, p. 165.

1. An des Herren Kreuz zu denken,
   In dein Herz es zu verſenken,
     Sei, o Chriſt, dir heil'ge Pflicht.
   Wer mit Andacht ſeiner achtet,
   Und es glaubensvoll betrachtet,
     Wünſchet ſich das Eitle nicht.

2. Wie am Abend, ſo am Morgen,
   Unter Arbeit, unter Sorgen,
     In der Freude und im Schmerz,
   In der Einſamkeit und Stille,
   In dem lauten Weltgewühle,
     Ueberall faß es in's Herz.

3. In des Lebens trüben Stunden,
   Bei der Seele tiefſten Wunden
     Iſt es ſichre Arzenei.
   Wenn dich nichts mehr kann erquicken,
   Wenn dich ſchwere Feſſeln drücken,
     Machet dieſes Kreuz dich frei.

4. Wer mit Trübſal hier gerungen,
   Und durch ſie zu Gott gedrungen,
     Dem gab es zum Kampfe Kraft.

In ihm wohnet hohe Stärke,
Die des Glaubens schönste Werke
Und die größten Siege schafft.

5. Es gewährt uns stete Freude,
Ist dem Herzen süße Weide,
Und dem Geiste helles Licht.
Alles Andre kann dich trügen;
Ueberall kannst du erliegen,
Nur bei Christi Kreuze nicht.

6. Diesem gnadenreichen Kreuze
Opfre gern der Sünden Reize
Und der Welt Vergnügen auf.
Stets entzünd' es deine Triebe
Zu der allerwärmsten Liebe,
Bis sich schließt dein Lebenslauf.

7. Mit der Liebe heißem Sehnen,
Mit der Wehmuth stillen Thränen
Schaue deines Heilands Bild;
Schau Ihn an, den Mann der Schmerzen,
Und im tiefgerührten Herzen
Fühle nach, was Er gefühlt.

8. Durst und Hunger mußt Er tragen,
Alle Freuden Sich versagen,
Gott gehorchen bis zum Tod;
Und wie niedrig und verachtet
Schwebet Er am Kreuz, und schmachtet,
Dich zu retten aus der Noth!

9. Sieh den Heiligsten gefangen,
Und am Marterholze hangen,
Ihn, des Höchsten eignen Sohn!

Sieh, wie Seine Feind' Ihn kränken
Und mit Eſſigweine tränken,
   Und die Freunde fliehn davon!

10. Sieh Sein Aug', aus deſſen Blicken
Liebe ſtrahlte und Entzücken;
   Ach, erloſchen iſt es ganz!
Auf den Gliedern blut'ge Näſſe,
Auf den Wangen Todesbläſſe,
   Auf dem Haupt der Dornenkranz!

11. Ach, woher die harten Plagen?
Sieh, für uns ward Er geſchlagen,
   Für der Menſchen Miſſethat;
Wegen unſrer Sündenſchulden
Mußte Gottes Sohn erdulden,
   Was kein Menſch empfunden hat.

12. Unter namenloſen Schmerzen
Dringet Ihm der Tod zum Herzen,
   Und Er giebt die Seele auf.
Sieh es, Welt, für die Er büßet!
Fließt, ihr Wehmuthsthränen, fließet,
   Nichts verhindre euren Lauf!

13. Ja, mein Heiland, Dein zu denken,
Ganz in Dich mich zu verſenken,
   Sei mir immer heil'ge Pflicht.
An mein Herz will ich Dich drücken,
Mich an Deinem Kreuz erquicken,
   Bis auch mir das Herze bricht.

Nr. 120. Mel.: Erhalt uns, Herr, bei Deinem Wort.

Chriſtoph Biſche- (Fiſcher). Ged. 1568 (?), unter
dem Titel: „Ein Kinderlied vom kräftigen Nutzen des
bitteren Leidens und Sterbens Chriſti Jeſu unſeres Heilandes für die chriſtl. Gemeinde zu Schmalkalden geſtellt".
In vielen ä teren Gſgn. (zuerſt im Nürnberger von 1599)
wird das Lied irrthümlich dem Selneccer zugeſchrieben.
Im Dresdner Gſgb. von 1597 hat es ſchon die Chiffre
M. C. F. Koch vermuthet, daß das Lied ſchon a. 1568
gedichtet wurde, in we chem Biſcher (geſt. 1600) die Erklärung der Paſſion herausgab. Mützell und Wackernagel ſcheinen aber keinen älteren Druck a s den von
15.17 zu kennen.

1. Wir danken Dir, Herr Jeſu Chriſt,
   Daß Du für uns geſtorben biſt,
   Und haſt uns durch Dein theures Blut
   Gemacht vor Gott gerecht und gut.

2. Wir bitten Dich, wahr'r Menſch und Gott,
   Durch Deine heil'gen Wunden roth [1]),
   Erlös uns von dem ew'gen Tod
   Und tröſt' uns in der letzten Noth.

3. Behüt' uns auch vor Sünd' und Schand',
   Und reich' uns Dein' allmächt'ge Hand,
   Daß wir im Kreuz geduldig ſein,
   Uns tröſten Deiner ſchweren Pein;

4. Und ſchöpfen draus die Zuverſicht,
   Daß Du uns wirſt verlaſſen nicht,
   Sondern ganz treulich bei uns ſtehn,
   Bis wir durch's Kreuz in's Leben gehn.

---

1) Urſpr.: „Durch Dein heilig fünf Wunden roth."

Nr. 121. Eigene Melodie.

Julius Geſenius. 1640. Urſpr. Anfang: „Wann
meine Sünd' mich kränken". Engl. Ueberſ. in Lyra
Germ. I. 74.

1. Wenn mich die Sünden kränken,
　　O mein Herr Jeſu Chriſt,
So laß mich wohl bedenken,
　　Wie Du geſtorben biſt,
Und alle meine Schuldenlaſt
Am Stamm des heil'gen Kreuzes
Auf Dich genommen haſt.

2. O Wunder ohne Maßen,
　　Wenn man's betrachtet recht:
Es hat ſich martern laſſen
　　Der Herr für Seine Knecht',
Es hat ſich ſelbſt mein Herr und Gott
Für mich verlor'nen Menſchen
Gegeben in den Tod!

3. Was kann mir's denn nun ſchaden,
　　Wie groß die Sünde ſei?
Ich bin bei Gott in Gnaden
　　Und aller Schulden frei.
Sie ſind getilgt durch Chriſti Blut,
Und ich darf nimmer fürchten
Der Hölle Qual und Gluth.

4. Drum ſag' ich Dir von Herzen,
　　Jetzt und mein Lebenlang,
Für Deine Pein und Schmerzen,
　　O Jeſu, Lob und Dank;

Für Deine Noth, Dein Angſtgeſchrei,
Für Dein unſchuldig Sterben,
Für Deine Lieb' und Treu'.

5. Herr, laß Dein bitt'res Leiden
   Mich reizen für und für,
Mit allem Ernſt zu meiden
   Die ſündliche Begier.
Laß mir's nie kommen aus dem Sinn,
Wie viel es Dich gekoſtet,
Daß ich erlöſet bin.

6. Mein Kreuz und meine Plagen,
   Sollt's auch ſein Schmach und Spott,
Hilf mir gedulbig tragen,
   Und treu ſein bis zum Tod.
Hilf mir verläugnen dieſe Welt,
Und treu dem Vorbild folgen,[1)]
Daß Du mir vorgeſtellt.

7. Laß mich an Andern üben,
   Was Du an mir gethan;
Und meinen Nächſten lieben,
   Gern helfen, wo ich kann,
Ohn' Eigennutz und Heuchelſchein,
Und wie Du mir's erwieſen,
Aus reiner Lieb' allein.   .

8. Laß endlich Deine Wunden
   Mich tröſten kräftiglich
In meinen letzten Stunden,
   Und deß verſichern mich:

---

1) Stat· „Und folge dem Exempel“.

Weil ich auf Dein' Verdienſt nur trau',
Du werdeſt mich annehmen.
Daß ich Dich ewig ſchau'.

———

Nr. 122. Mel.: Alle Menſchen müſſen ſterben.

Ernſt Chriſtoph Homburg. 1659 Manche neuere
Gſgb geben dieſes Lied in der abgeſchwächten Geſtat,
die es durch C. F. Neander a. 1774 erhielt.

1. Jeſu, meines Lebens Leben,
    Jeſu, meines Todes Tod,
  Der Du Dich für mich gegeben
    In die tiefſte Seelennoth,
  In das äußerſte Verderben,
  Nur daß ich nicht möchte ſterben:
  Tauſend, tauſend Mal ſei Dir,
  Liebſter Jeſu, Dank dafür.

2. Du, ach Du haſt ausgeſtanden
    Läſterreden, Spott und Hohn,
  Speichel, Schläge, Strick und Banden,
    Du gerechter Gottesſohn,
  Nur mich Armen zu erretten
  Von des Teufels Sündenketten.
  Tauſend, tauſend Mal ſei Dir,
  Liebſter Jeſu, Dank dafür.

3. Wunden ließeſt Du Dir ſchlagen,
    Ohne Maße litteſt Du
  Um zu heilen meine Plagen,
    Um zu ſetzen mich in Ruh'.
  Ach, Du haſt zu meinem Segen
  Laſſen Dich mit Fluch belegen.
  Tauſend, tauſend Mal ſei Dir,
  Liebſter Jeſu, Dank dafür.

4. Man hat Dich sehr hart verhöhnet,
   Dich mit großem Schimpf belegt,
Gar mit Dornen Dich gekrönet;
   Was hat Dich dazu bewegt?
Daß Du möchtest mich ergötzen,
Mir die Ehrenkron' aufsetzen.
Tausend, tausend Mal sei Dir,
Liebster Jesu, Dank dafür.

5. Du hast wollen sein geschlagen,
   Mich zu lösen von der Pein,
Fälschlich lassen Dich anklagen,
   Daß ich könnte sicher sein,
Daß ich möchte trostreich prangen,
Hast Du sonder Trost gehangen.
Tausend, tausend Mal sei Dir,
Liebster Jesu, Dank dafür.

6. Du hast Dich mit Schmach bedecket,
   Hast gelitten mit Geduld,
Gar den herben Tod geschmecket,
   Um zu büßen meine Schuld;
Daß ich würde losgezählet,
Hast Du wollen sein gequälet.
Tausend, tausend Mal sei Dir,
Liebster Jesu, Dank dafür.

7. Deine Demuth hat gebüßet
   Meinen Stolz und Uebermuth,
Dein Tod meinen Tod versüßet,
   Es kommt Alles mir zu gut;
Dein Verspotten, Dein Verspeien
Muß zu Ehren mir gedeihen.
Tausend, tausend Mal sei Dir,
Liebster Jesu, Dank dafür.

8. Nun, ich danke Dir von Herzen,
   Jeſu, für geſammte Noth,
   Für die Wunden, für die Schmerzen,
   Für den herben, bittern Tod,
   Für Dein Zittern, für Dein Zagen,
   Für Dein tauſendfaches Plagen,
   Für Dein Ach und tiefe Pein
   Will ich ewig dankbar ſein.

Nr. 123. Mel.: Herr Gott, Dich loben Alle wir.

Dr. Johann Olearius (Generalſuperintendent in Weißenfels, geſt. 1684). 1671.

1. Herr Jeſu Chriſt, Dein theures Blut
   Iſt meiner Seele höchſtes Gut;
   Das ſtärkt, das labt, das macht allein
   Mein Herz von allen Sünden rein.

2. Dein Blut, mein Schmuck, mein Ehrenkleid,
   Dein' Unſchuld und Gerechtigkeit
   Macht, daß ich kann vor Gott beſtehn
   Und zu der Himmelsfreud' eingehn.

3. O Jeſu Chriſte, Gottes Sohn,
   Mein Troſt, mein Heil, mein Gnadenthron,
   Dein theures Blut, Dein Lebensſaft
   Giebt mir ſtets neue Lebenskraft.

4. Herr Jeſu, in der letzten Noth,
   Wenn mich ſchreckt Teufel, Höll' und Tod;
   So laß ja dieß mein Labſal ſein:
   Dein Blut macht mich von Sünden rein!

Nr. 124.   Eigene Melodie.

Verf. unbek. (nicht Angelus Silesius, dem es häufig zugeschrieben wird). Knapp (in der dritten Auflage seines Liederschatzes, Nr. 498, giebt Adam Drese als Verf. an, aber mit einem Fragezeichen. Zuerst in Freylinghausen's Gsgb. 1704. Das N. Würt. Gsgb. hat B. 5 ausgelassen.

1. O Du Liebe meiner Liebe,
    Du erwünschte Seligkeit,
Die aus wunderbarem Triebe
    Sich versenkt in's tiefste Leid!
Liebe, die Du mir zu Gute
    Als ein Lamm Dich eingestellt,
Und bezahlt mit Deinem Blute
    Alle Missethat der Welt!

2. Liebe, die mit Schweiß und Thränen
    An dem Oelberg sich betrübt!
Liebe, die mit Angst und Sehnen
    Unaufhörlich fest geliebt;
Liebe, die den eignen Willen
    In des Vaters Willen legt,
Und, den Fluch der Welt zu stillen,
    Treu die Last des Kreuzes trägt!

3. Liebe, die mit starkem Herzen
    Allen Spott und Hohn gehört;
Liebe, die in Angst und Schmerzen
    Bis zum Tod blieb unversehrt;
Liebe, die sich liebend zeiget,
    Wo der Athem geht zu End'
Liebe, die sich liebend neiget,
    Da sich Leib und Seele trennt!

16

4. Liebe, die mit ihren Armen
     Mich zuletzt umfangen wollt;
Liebe, welche mit Erbarmen
     Mich ſo treulich und ſo hold
Ihrem Vater übergeben,
     Die noch ſterbend für mich bat,
Daß ich ewig möchte leben,
     Weil mich ihr Verdienſt vertrat!

5. Liebe, die mit tiefen Wunden
     Mit uns Sündern ſich verband,
Halt mich ewig Dir verbunden,
     Führ' mich ewig an der Hand!
Liebe, laß auch meine Schmerzen,
     Meiner Sünden bittre Pein
In dem tiefgebeugten Herzen
     Sanft von Dir geſtillet ſein.

6. Liebe, die für mich geſtorben,
     Und ein unverwelklich Gut
Mir am Kreuzesholz erworben,
     Ach, wie denk' ich an Dein Blut!
Ach, wie dank' ich Deinen Wunden,
     Schmerzenreiche Liebe Du,
Wenn ich in den letzten Stunden
     Sanft in Deinen Armen ruh'!

7. Liebe, die ſich todt gekränket,
     Und für mein erkaltet Herz
In ein kaltes Grab geſenket,
     Ach, wie dank' ich Deinem Schmerz!
Habe Dank, daß Du geſtorben,
     Daß ich ewig leben kann,
Und der Seelen Heil erworben!
     Nimm mich ewig liebend an!

Nr. 125. Mel : Werde munter, mein Gemüthe.

J. bann Mentzer (nach Anb. Ernſt Stockmann).
Um 1670.

1. Der am Kreuz iſt meine Liebe,
   Meine Lieb' iſt Jeſus Chriſt!
Weg, ihr argen Seelenbiebe,
   Satan, Welt und Fleiſchesliſt!
Eure Lieb' iſt nicht von Gott,
Eure Lieb' iſt gar der Tob.
Der am Kreuz iſt meine Liebe,
Weil ich mich im Glauben übe.

2. Der am Kreuz iſt meine Liebe!
   Frevler, was befremdet's dich;
Daß ich mich im Glauben übe?
   Jeſus gab Sich Selbſt für mich.
So warb Er mein Friedeſchilb,
Aber auch mein Lebensbild.
Der am Kreuz iſt meine Liebe,
Weil ich mich im Glauben übe.

3. Der am Kreuz iſt meine Liebe
   Sünde, bu biſt mir verhaßt.
Weh' mir, wenn ich Dich betrübe,
   Der für mich am Kreuz erblaßt.
Kreuzigt ich nicht Gottes Sohn?
Trät' ich nicht Sein Blut mit Hohn?
Der am Kreuz iſt meine Liebe,
Weil ich mich im Glauben übe.

4. Der am Kreuz iſt meine Liebe!
   D'rum, Tyranne, foltre, ſtoß

Hunger, Blöße, Henkershiebe,
    Nichts macht mich von Jeſu los:
Nicht Gewalt, nicht Gold, nicht Ruhm,
Engel nicht, kein Fürſtenthum.
Der am Kreuz iſt meine Liebe,
Weil ich mich im Glauben übe.

5. Der am Kreuz iſt meine Liebe!
    Komm, Tod, komm, mein beſter Freund
  Wenn ich, wie ein Staub, zerſtiebe,
    Wird mein Jeſus mir vereint.
Da, da ſchau ich Gottes Lamm,
Meiner Seelen Bräutigam.
Der am Kreuz iſt meine Liebe,
Weil ich mich im Glauben übe.

—————

Nr. 126. Mel.: Werde munter, mein Gemüthe.

J. E. Greding. 1723. Ein Seitenſtück zu dem
vorigen Liede. Beſonders beliebt in Süd-Deutſchland.
Engl. Ueberſ. in Lyra Germ. II. 57: "Him on yonder
cross I love", und in Schaff's Christ in Song, p. 189.

1. Der am Kreuz iſt meine Liebe,
    Und ſonſt nichts in dieſer Welt
  O daß Er's doch ewig bliebe,
    Der mir jetzt ſo wohlgefällt!
Nun, es bleibe feſt dabei
Und mir jede Stunde neu,
Sei es heiter, ſei es trübe
Der am Kreuz iſt meine Liebe!

  Zwar es iſt mir unverborgen
    Dieſer Liebe Kampf und Müh':

Schmach, Verfolgung, Noth und Sorgen,
    Kreuz und Trübſal bringet ſie.
Ja, wenn der Geliebte will,
Iſt kein bittrer Tod zu viel;
Doch es gehe noch ſo trübe:
Der am Kreuz iſt meine Liebe!

3. Lieber wähl' ich dieſe Plage
    Und der Liebe ſchweren Stand,
Als die ſichern, guten Tage
    Und der Ehre eiteln Tand.
Heiß ich immerhin ein Thor,
Schmeichle mir die Welt in's Ohr,
Daß ich ihre Luſt mitübe:
Der am Kreuz iſt meine Liebe!

4. Aber wißt ihr meine Stärke,
    Und was mich ſo muthig macht,
Daß mein Herz des Fleiſches Werke
    Und des Satans Grimm verlacht?
Lieb' iſt ſtärker als der Tod!
Drum, ſo fürcht' ich keine Noth,
Die mich ſchrecke und betrübe.
Der am Kreuz iſt meine Liebe!

5 Dieſe Liebe lohnet endlich,
    Führet uns in's Vaterhaus,
Iſt zur letzten Zeit erkenntlich,
    Und theilt Kränz' und Kronen aus.
Ach, ach wollte Gott, daß doch
Alle Welt ſich einmal noch
Dieſes in das Herz einſchriebe:
Der am Kreuz iſt meine Liebe!

Nr. 127. Mel: Herr und Aelt'ſter Deiner
Kreuzgemeinde.

Nach Chriſtian Renatus, Graf von Zinzendorf dem
jüng. 1750. Beginnt urſpr.: „Marter Gottes" u. ſ. w.
Der letzte Vers iſt beſonders beliebt am Schluſſe von
erbaulichen Verſammlungen. Vgl. Nr. 14.

1. Marter Chriſti! wer kann Dein vergeſſen,
    Der in Dir ſein Wohlſein find't!
Niemand kann die Liebesgluth ermeſſen,
    Die uns ſtets zum Dank entzünd't.
Unſre Seele ſoll an Dir ſich nähren,
Unſre Ohren nie was Lieb'res hören;
Alle Tage kommſt Du mir
Schöner in dem Bilde für.

2. Tauſend Dank, Du treues Herz der Herzen!
    Alles in uns betet an,
Daß Du unter Martern, Angſt und Schmerzen
    Haſt genug für uns gethan.
Laß Dich jedes um ſo treuer lieben,
Als es noch im Glauben ſich muß üben,
Bis es einſt mit Deiner Braut
Dir in's Angeſichte ſchaut!

3. Meine kranke und bedürft'ge Seele
    Eilt auf Deine Wunden zu;
Denn ſie find't in Deiner Seitenhöhle
    Troſt und Labſal, Fried' und Ruh'.
Auf Dein Kreuz laß, Herr, mich gläubig
                                        ſehen,
Laß Dein Marterbild ſtets vor mir ſteh
So geht mir bis in mein Grab
Nichts an Seligkeiten ab.

4. Die wir uns allhier beiſammen finden,
    Schlagen unſre Hände ein,
Uns auf Deine Marter zu verbinden,
    Dir auf ewig treu zu ſein.
Und zum Zeichen, daß dies Lobgetöne
Deinem Herzen angenehm und ſchöne,
    Sage: Amen! und zugleich:
    Friede, Friede ſei mit euch!

Nr. 128. Mel.: Die Tugend wird durch's Kreuz
geübet.

Geſangbuch der B. übergemeinde von 1778 V. 5
iſt von Graf Zinzendorf dem jüngern geſt. 1752; V. 1
von Chriſtian Gregor: V. 2 von J. Poſſard; V. 3
u. 4 von Brau.

1. O drückten Jeſu Todesmienen
    Sich meiner Seel' auf ewig ein!
O möchte ſtündlich Sein Verſühnen
    In meinem Herzen kräftig ſein!
Denn ach, was hab' ich Ihm zu danken!
    Für meine Sünden floß Sein Blut,
Das heilet mich, den Armen, Kranken,
    Und kommt mir ewiglich zu gut.

2. Ein Glaubensblick auf Jeſu Leiden
    Giebt auch dem blödſten Herzen Muth;
Die Quelle wahrer Geiſtesfreuden
    Iſt Sein vergoſſ'nes, theures Blut,
Wenn Seine Kraft das Herz durchfließet,
    Sein Lieben unſern Geiſt durchdringt,
Wenn Seine Huld die Seel' umſchließet,
    Und ihr Sein Troſtwort Frieden bringt.

3. Für mich starb Jesus; meine Sünden
 Sind's, die Ihn in den Tod versenkt;
Drum läßt Er Gnade mir verkünden,
 Die mich mit Lebenswasser tränkt.
O Strom der Liebe, klar und helle!
 Mein Herz soll offen stehn für dich;
O unerschöpfte Friedensquelle,
 Ergieß ohn' Ende dich in mich!

4. Herr Jesu, nimm für Deine Schmerzen
 Mich Armen an, so wie ich bin!
Ich setze Dir in meinem Herzen
 Ein Denkmal Deiner Liebe hin,
Die Dich für mich in Tod getrieben,
 Die mich aus meinem Jammer riß;
Ich will Dich zärtlich wieder lieben,
 Du nimmst es an, ich bin's gewiß.

5. Wann einst mein Herz wird stille stehen,
 So schließ mich in's Erbarmen ein;
Dann werd' ich Dich von Nahem sehen
 In Deiner Klarheit ew'gem Schein.
Die Seele, die durch Dich genesen,
 Ruht dann in Deinen Armen aus,
Und lässet gern den Leib verwesen:
 Er wird dereinst ihr neues Haus.

7. Das Begräbniß Jesu. Der stille Abend.

Nr. 129. Mel.: O Traurigkeit, o Herzeleib.

Salomon Frank. 1716. V. 3 verändert. Engl.
Uebers. von Miß C. Winkworth: Rest of the weary!
Thou. Schaff's Christ in Song, p. 228.

1. So ruhest Du, O meine Ruh',
   In Deines Grabes Höhle,
   Und erweckst durch Deinen Tod
   Meine todte Seele.

2. Man senkt Dich ein Nach vieler Pein,
   Du meines Lebens Leben!
   Dich hat jetzt ein Felsengrab,
   Fels des Heils, umgeben.

3. Doch, Preis sei Dir. Du konntest hier
   Nicht die Verwesung sehen;
   Bald ließ Dich des Vaters Kraft
   Aus dem Grab erstehen.

4. O Lebensfürst! Ich weiß, Du wirst
   Auch mich zum Leben wecken:
   Sollte denn mein gläubig Herz
   Vor der Gruft erschrecken?

5. Sie wird mir sein Ein Kämmerlein,
   Da ich im Frieden liege,
   Weil ich nun durch Deinen Tod
   Tod und Grab besiege.

6. Nein, nichts verdirbt, Der Leib nur stirbt;
   Doch wird er auferstehen,
   Und, mit Himmelsglanz verklärt,
   Aus dem Grabe gehen.

7. Indeß will ich, Mein Jesu, Dich
   In meine Seele senken,
Und an Deinen bittern Tod
   Bis zum Tod gedenken.

Nr. 130. Mel.: Sollt' ich meinem Gott nicht singen.

Car. Bernhard (Garve), Pred der Brüdergemeinde,
gest. zu Herrnhut 1849 Seine trefflichen geistl. Lieder
erschienen zuerst 1825.

1. Amen! Deines Grabes Friede
   Wird auch unser Grab durchwehn,
Wenn wir von der Wallfahrt müde,
   Ruhn, um froher aufzustehn.
Amen! Fürst der Auferstehung,
   Der des Grabes Siegel brach,
   Zeuch durch Grab und Tod uns nach
Zu der Heiligen Erhöhung,
   Wo dem Lamm, das uns versöhnt,
Aller Himmel Loblied tönt!

2. Preis dem Herrn! wir werden leben:
   Weil Du auferstanden bist,
Muß das Grab uns wiedergeben;
   Preis und Dank Dir, Jesu Christ!
Du das Haupt, und wir die Glieder;
   Weil Du lebst, so leben wir:
Alle ziehst Du nach zu Dir,
   Großer Erstling Deiner Brüder.
   Preis und Dank! wir leben hier,
Leben ewig dort mit Dir!

Nr. 131. Mel: O Traurigkeit, o Herzeleid.

Victor Friedrich von Strauß (geb. 1809, Cabinets-
rath in Bückeburg). 1843. Engl. Uebersetzung in Lyra
Germ. II. 59.

1. Nun gingst auch Du Zur Sabbathsruh'
   Ins stille Grab hinüber.
   All' Dein' Arbeit ist gethan,
   All' Dein Leid vorüber.

2. Nichts kränkt Dich mehr, Fried' ist umher;
   Dein Herz hat ausgeschlagen,
   Das im heißen Kampf für uns
   Unsre Sünd' getragen.

3. O Erbengruft, Du dunkle Kluft,
   Wie heilig und voll Segen
   Wurdest du, seit Gottes Sohn
   Hat im Grab gelegen!

4. Wie selig ruhn Die Todten nun,
   Die in dem Herrn verschieden!
   All' ihr Werk folgt ihnen nach;
   Ja sie ruhn im Frieden.

5. O Sabbathsruh', Durch welche Du
   Uns jede Ruh' erworben,
   Wo Du wie ein Saatkorn lagst
   In der Erd' erstorben.

6. Herr, führe Du Zur Sabbathsruh'
   Die tiefbetrübten Seelen,
   Die um ihre Sündenlast
   Sich in Reu' zerquälen!

7. Laß Deiner Heerd', O Heiland werth.
     Bald ihren Sabbath kommen,
   Wo sie allem Kampf und Leid
     Ewig ist entnommen!

———————

8. Auferstehung Jesu Christi. Osterlieder.

Nr. 132. Eigene Melodie.

Martin Luther, 1524, frei nach dem Lat. Surrexit Christus hodie aus dem 15. Jahrh. (nach Daniel, Thesaur. hymnol. I. 342 noch älter; vgl. Wackernagel, Das Teutsche Kirchenlied, 1861, I. S. 175, der 4 Formen dieses Liedes mittheilt) und nach einem deutschen Ostergesang: „Christ ist erstanden", der schon im 12. Jahrh. bekannt war und in verschiedenen Gestalten vorkommt (vgl. Wackernagel, II. S 45 u. S. 726 bis 727). Luthers Lied ist bedeutend besser als seine Vorgänger. Besonders kraftvoll und trostreich ist B. 4 von dem Zweikampf zwischen Leben und Tod. Das Silbenmaß im urspr. Text ist nicht ganz gleichförmig und bedarf daher der Ausgleichung aus musik Rücksichten. Engl. Uebers. in Lyra Germ. I. 87: "In the bonds of Death He lay", und in Schaff's Christ in Song, p. 261.

1. Christ lag in Todesbanden
     Für unsre Sünd' gegeben,
   Der ist wieder erstanden
     Und hat uns 'bracht das Leben:
   Deß wir sollen fröhlich sein,
   Gott loben und Ihm dankbar sein
   Und singen Hallelujah!
     Hallelujah!

2. Den Tod Niemand bezwingen konnt
     Bei allen Menschenkindern: [1])

———————

[1]) Urspr. „Menschenkinden", wegen des Reimes mit „finden".

Das machte alles unsre Sünd',
Kein' Unschuld war zu finden.
Davon kam der Tod sobald
Und nahm sich über uns Gewalt,
Hielt uns in sein'm Reich g'fangen.
Hallelujah!

3. Christ, unser Heiland, Gottes Sohn,
An unsrer Statt ist kommen
Und hat die Sünde abgethan,
Damit dem Tod genommen
All' sein Recht und sein' Gewalt;
Da bleibet nichts denn Tod'sgestalt,
Den Stach'l hat er verloren.
Hallelujah!

4. Es war ein wunderlicher Krieg,
Da Tod und Leben rungen;
Das Leben das behielt den Sieg,
Es hat den Tod verschlungen.
Die Schrift hat verkündet das,
Wie da ein Tod den andern fraß;
Ein Spott aus dem Tod ist worden.
Hallelujah!

5. Hie ist das rechte Osterlamm,
Davon Gott hat geboten,
Das ist für uns am Kreuzesstamm
In heißer Lieb' gestorben. ¹)
Deß Blut zeichnet unsre Thür,
Das hält der Glaub' dem Tode für;
Der Würger kann uns nicht rühren.
Hallelujah!

¹) Urspr. „gebraten", oder vielmehr „gebroten".

6. So feiern wir das hohe Fest
   Mit Herzens Freud' und Wonne,
Das uns der Herre scheinen läßt.
   Er selber ist die Sonne,
Der durch Seiner Gnaden Glanz
Erleuchtet unsre Herzen ganz:
Der Sünden Nacht ist vergangen.
   Hallelujah!

7. Wir essen denn und leben wohl,
   Zu Gottes Tisch geladen; ¹)
Der alte Sauerteig nicht soll
   Sein bei dem Wort der Gnaden.
Christus will die Kost uns ²) sein
Und speisen unsre Seel' allein;
Der Glaub' will kein's Andern leben.
   Hallelujah!

———

Nr. 133. Mel.: Es ist das Heil uns kommen her.
Luz. Backmeister, oder vielleicht Julus Gesenius.
Zuerst getr. 1638. 1 Kor. 15, 55. Urspr. 10 B.; in
den meisten Gsgb. b.ß 6 oder 7, im Elsen Entwurf 8 B.

1. O Tod, wo ist dein Stachel nun?
   Wo ist dein Sieg, o Hölle?
Was kann uns jetzt der Teufel thun,
   Wie grausam er sich stelle?
Gott sei gedankt, Der uns den Sieg
So herrlich hat nach diesem Krieg
Durch Jesum Christ gegeben!

———
1) Urpr.: „Wir essen und leben wohl Zn rechten Osterfladen"
(d. i. Osterkuchen), mit Beziehung auf 1 Kor. 5, 8. Das Eisen. und
andere Gsgb. lassen B. 7 ganz aus.
2) Urspr.: „Koft" ohne „uns". And. substituiren dafür „Speise"

Der Fürst des Lebens kommt herfür,
　Die Feind' nimmt Er gefangen,
Zerbricht der Höllen Schloß und Thür,
　Trägt weg den Raub mit Prangen.
Nichts ist, das in dem Siegeslauf
Den starken Held kann halten auf;
All's liegt da überwunden.

3. Des Todes Gift, der Hölle Pest
　　Ist unser Heiland worden.
Wenn Satan auch noch ungern läßt
　　Vom Wüthen und vom Morden,
Und da er sonst nichts schaffen kann,
Nur Tag und Nacht uns klaget an;
So ist er doch verworfen.

4. Des Herren Rechte, die behält
　　Den Sieg und ist erhöhet;
Des Herren Rechte mächtig fällt,
　　Was ihr entgegen stehet.
Tod, Teufel, Höll' und alle Sünd'
Durch Christi Sieg gedämpfet sind;
Ihr Zorn ist kraftlos worden.

5. Es war getödtet Jesus Christ,
　　Und sieh, Er lebet wieder.
Weil nun das Haupt erstanden ist,
　　Stehn wir auch auf die Glieder.
So Jemand Christi Worten gläubt,
Im Tod und Grabe der nicht bleibt;
Er lebt, ob er gleich stirbet.

6. Wer täglich hier durch wahre Reu'
　　Mit Christo auferstehet,

Ist dort vom andern Tode frei;
   Derselb' ihn nicht angehet.
Genommen ist dem Tod die Macht,
Unschuld und Leben wiederbracht
Und unvergänglich Wesen.

7. Das ist die reiche Osterbeut',
   Der wir theilhaftig werden:
Fried', Freude, Heil, Gerechtigkeit
   Im Himmel und auf Erden.
Hier sind wir still und warten fort,
Bis unser Leib wird ähnlich dort
Christi verklärtem Leibe.

8. O Tod, wo ist dein Stachel nun?
   Wo ist dein Sieg, o Hölle?
Was kann uns jetzt der Teufel thun,
   Wie grausam er sich stelle?
Gott sei gedankt, der uns den Sieg
So herrlich hat in diesem Krieg
Durch Jesum Christ gegeben!

_____

Nr. 134. Mel.: Herr, wie Du willt, so schick's mit mir.

Laurentius Laurentii. 1700.

1. Wach auf, mein Herz, die Nacht ist hin,
   Die Sonn' ist aufgegangen!
Ermuntre deinen Geist und Sinn,
   Den Heiland zu empfangen,
Der heute durch des Todes Thor
Gebrochen aus dem Grab hervor,
Der ganzen Welt zur Wonne.

2. Steh aus dem Grab der Sünden auf,
   Und ſuch ein neues Leben;
Vollführe deinen Glaubenslauf,
   Und laß dein Herz ſich heben
Gen Himmel, da dein Jeſus iſt,
Und ſuch, was droben, als ein Chriſt,
Der geiſtlich auferſtanden.

3. Vergiß nun, was dahinten iſt,
   Und tracht nach dem, was droben,
Damit dein Herz zu jeder Friſt
   Zu Jeſu ſei erhoben.
Tritt unter dich die böſe Welt,
Und ſtrebe nach dem Himmelszelt,
Wo Jeſus iſt zu finden.

4. Drückt dich ein ſchwerer Sorgenſtein,
   Dein Jeſus wird ihn heben;
Es kann ein Chriſt bei Kreuz und Pein
   In Freud' und Wonne leben.
Wirf dein Anliegen auf den Herrn
Und ſorge nicht, Er iſt nicht fern,
Weil Er iſt auferſtanden. [1]

5. Es hat der Löw' aus Juda's Stamm
   Heut ſiegreich überwunden,
Und das erwürgte Gotteslamm
   Hat, uns zum Heil, erfunden

[1] Der urſpr. 5te V., der gewöhnlich ausgelaſſen wird, lautet:
Geh mit Maria Magdalen
Und Salome zu Grabe,
Die früh dahin aus Liebe gehn
Mit ihrer Salbungsgabe.
So wirſt du ſehn, daß Jeſus Chriſt
Vom Tod heut auferſtanden iſt
Und nicht im Grab zu finden.

17

Das Leben und Gerechtigkeit,
Weil Er nach überwundnem Streit
Die Feinde Schau getragen.

6. Drum auf, mein Herz, fang an den Streit,
   Weil Jesus überwunden;
Er wird auch überwinden weit
   In dir, weil Er gebunden
Der Feinde Macht, daß du aufstehst
Und in ein neues Leben gehst
Und Gott im Glauben dienest.

7. Scheu weder Teufel, Welt noch Tod,
   Noch gar der Hölle Rachen;
Denn Jesus lebt; es hat kein' Noth,
   Er ist noch bei den Schwachen
Und den Geringen in der Welt
Als ein gekrönter Siegesheld;
Drum wirst du überwinden.

8. Ach mein Herr Jesu, der Du bist
   Vom Tode auferstanden,
Rett uns aus Satans Macht und List
   Und aus des Todes Banden,
Daß wir zusammen insgemein
Zum neuen Leben gehen ein,
Das Du uns hast erworben.

9. Sei hoch gelobt in dieser Zeit
   Von allen Gotteskindern,
Und ewig in der Herrlichkeit
   Von allen Ueberwindern,
Die überwunden durch Dein Blut.
Herr Jesu, gieb uns Kraft und Muth,
Daß wir auch überwinden.

Nr. 135. Mel.: Chriſtus, der iſt mein Leben.
Nach Benjamin Schmolk. 1712. Engl. Ueberſ. in
Lyra Germ.: "Welcome Thou victor in the strife", und
in Schaff's Christ in Song, p. 270.

1. Willkommen, Held im Streite,
   Aus Deiner Grabeskluft!
   Wir triumphiren heute
   Um Deine leere Gruft!

2. Der Feind wird Schau getragen,
   Und heißt nunmehr ein Spott;
   Wir aber können ſagen:
   Mit uns iſt unſer Gott!

3. Der Fried' iſt uns erſtritten,
   Und jeder Schrecken flieht;
   In der Gerechten Hütten
   Erſchallt das Siegeslied.

4. Theil uns des Sieges Beute,
   Den Troſt nun reichlich aus;
   Ach komm und bring noch heute
   Dein Heil in Herz und Haus!

5. In Deines Grabes Staube
   Liegt unſre Schuld bedeckt;
   Deß tröſtet ſich der Glaube,
   Daß ihn kein Feind mehr ſchreckt.

6. Du haſt das Heil erworben;
   Wir preiſen Dich dafür.
   Sind wir mit Dir geſtorben,
   So leben wir mit Dir.

7. Wir wollen ohne Grauen
   Mit Dir zu Grabe gehn,
   Wenn wir nur dort Dich schauen,
   Und selig auferstehn.

8. Schwing Deine Siegesfahnen
   Auch über unser Herz,
   Und zeig uns einst die Bahnen
   Vom Tode himmelwärts!

9. Was kann uns denn noch schaden?
   Des Todes Pfeil ist stumpf;
   Wir sind bei Gott in Gnaden,
   Und rufen schon Triumph!

Nr. 136. Mel.: Herr Christ, der einig Gottes Sohn.
Friedrich Adolph Lampe. 1726. Urspr. 14 Str.

1. Mein Fels hat überwunden
   Der Hölle ganzes Heer!
   Der Satan liegt gebunden,
   Die Sünde kann nicht mehr
   Mich durch's Gesetz verdammen;
   Denn alle Zornesflammen
   Hat Jesus ausgelöscht.

2. Auf denn, mein Herz, und bringe
   Des Dankes Opfer dar!
   Vertreib die Furcht und singe
   Mit der Erlösten Schaar.
   Wirf des Gewissens Nagen,
   Dein Sorgen und dein Zagen
   In Christi leeres Grab.

3. Ist Jesus auferstanden,
     Mit Herrlichkeit geschmückt,
   So bist du ja den Banden
     Des Todes mit entrückt;
   Kein Fluch drückt das Gewissen,
   Der Schuldbrief ist zerrissen;
     Denn Alles ist bezahlt.

4 Ach, willst du noch nicht glauben,
     Du ungewisser Geist?
   Kein Teufel kann dir rauben,
     Was Jesus dir verheißt,
   Der Licht, Kraft, Fried' und Leben
   Geneigt ist dir zu geben,
     Als Seines Sieges Frucht.

5. Wohlan denn, Fürst des Lebens!
     Dir bring ich, was ich hab'!
   Ich matte mich vergebens
     Mit meinen Wunden ab.
   Ich kann sie nicht verbinden;
   Soll ich Genesung finden,
     Mußt Du sie rühren an.

6. Gieb meinem Glauben Klarheit,
     Zu sehn, Herr Jesu Christ,
   Daß Du Weg, Leben Wahrheit,
     Daß Du mir Alles bist!
   Die finstern Wolken theile
   Des bangen Zweifels, heile
     Des Glaubens dürre Hand.

7. Laß mich nicht länger wanken
     Gleich einem Rohr im Wind;
   Besänft'ge die Gedanken,
     Die voller Unruh' sind!

Du bist der Stuhl der Gnaden;
Wer mühsam und beladen,
Den rufst Du ja zu Dir.

8. Hast Du den Tod bezwungen:
    Bezwing ihn auch in mir!
Wo Du bist durchgedrungen,
    Da laß mich folgen Dir.
Erfülle mein Verlangen
Und laß den Kopf der Schlangen
In mir zertreten sein!

9. Den Götzen Eigenliebe,
    Das Gift in meiner Brust,
Zerstör' durch Deine Liebe,
    Daß alle Fleischeslust,
Die Dich an's Kreuz geheftet,
Ganz möge sein entkräftet
Durch Deines Kreuzes Kraft.

10. Du lebst: laß mich auch leben
    Als Glied an Deinem Leib,
Daß ich gleich einem Reben
    An Dir, dem Weinstock, bleib'!
Gieb Geisteskraft zur Nahrung,
Gieb Stärke zur Bewahrung
Der Pflanzung Deiner Hand.

11. Leb' in mir als Prophete,
    Und leit' mich in Dein Licht;
Als Priester mich vertrete,
    Mein Thun und Lassen richt'.
Um Deinen ganzen Willen
Als König zu erfüllen,
Leb', Christe, leb' in mir!

Nr. 137. Mel.: Jesus, meine Zuversicht

Christ. Fürchtegott Gellert. 1757. Engl Ueberf.
im hymnol. Anhang der neuen Germ. Ref. Litnrgy
Nr. 61: "Jesus lives, and so shall I. Death thy sting
is gone forever." Eine andere von Fr. E Cox: "Jesus
lives, no longer now can thy terrors. Death, appall
me." S. Schaff's Christ in Song, p. 275.

1. Jesus lebt mit Ihm auch ich!
    Tod, wo sind nun deine Schrecken?
Jesus lebt und wird auch mich
    Von den Todten auferwecken.
Er verklärt mich in Sein Licht,
Dieß ist meine Zuversicht.

2. Jesus lebt, Ihm ist das Reich
    Ueber alle Welt gegeben;
Mit Ihm werd' auch ich zugleich
    Ewig herrschen, ewig leben.
Gott erfüllt, was Er verspricht;
Dieß ist meine Zuversicht.

3. Jesus lebt, wer nun verzagt,
    Lästert Ihn und Gottes Ehre.
Gnade hat Er zugesagt,
    Daß der Sünder sich bekehre.
Gott verstößt in Christo nicht;
Dieß ist meine Zuversicht.

4. Jesus lebt, Sein Heil ist mein;
    Sein sei auch mein ganzes Leben.
Reines Herzens will ich sein,
    Und den Lüsten widerstreben.
Er verläßt den Schwachen nicht;
Dieß ist meine Zuversicht.

5. Jesus lebt, ich bin gewiß,
 Nichts soll mich von Jesu scheiden,
Keine Macht der Finsterniß,
 Keine Herrlichkeit, kein Leiden.
Er giebt Kraft zu dieser Pflicht;
Dieß ist meine Zuversicht.

6. Jesus lebt, nun ist der Tod
 Mir der Eingang in das Leben.
Welchen Trost in Todesnoth
 Wird Er meiner Seele geben,
Wenn sie gläubig zu Ihm spricht:
Herr, Herr, meine Zuversicht!

Nr. 138. Mel.: Wie schön leuchtet der Morgenstern.
Christ. Gottlieb Cotz. 1775.

1. Erhöhter Siegesfürst und Held,
Dir jauchzet die erlöste Welt
 Am Feste Deiner Wonne!
Du gehst aus Deines Grabes Thor
Als wie ein Bräntigam hervor,
 Schön wie die Morgensonne.
Mächtig, Prächtig
Kommst Du heute   Aus dem Streite,
Kommst mit Segen
Uns aus Deiner Gruft entgegen.

2. Wie majestätisch bauest Du
Am dritten Tage Deiner Ruh'
 Den Leibestempel wieder!

Trotz aller Feinde List und Macht
Hast Du Dein großes Wort vollbracht:
　　Ich sterb' und lebe wieder!
Sehet! Sehet:
Alle Riegel, Band und Siegel
Sind zerstöret!
Jesus lebt und ist verkläret!

3. Erlöste, kommt zu diesem Grab,
Und blicket glaubensvoll hinab:
　　Ist dieß die Gruft der Schrecken?
Seit Jesus hier geschlummert hat,
Sind Gräber eine Ruhestatt,
　　Die Fried' und Hoffnung decken.
Zagt nicht! Klagt nicht!
Diese Glieder Werden wieder
Sich erheben,
Und das Leben Christi leben.

4. Dann werd' ich Ihn im Lichte sehn,
Gekrönt vor Seinem Throne stehn
　　Mit himmlischem Entzücken.
Dann ist mein Aug' von Thränen leer,
Dann schreckt mich Sünd' und Tod nicht mehr,
　　Nichts kann mich Ihm entrücken.
Ewig Selig,
Ohne Mängel, Wie die Engel
Werd' ich leben,
Und Ihm Preis und Ehre geben.

5. Indeß zerstöre, starker Held,
Was mich noch hier zurücke hält,
　　Daß ich zu Dir mich schwinge.

O gieb mir Deinen Geist, Dein Licht,
Daß ich, wenn Herz und Auge bricht,
  Vom Tod in's Leben dringe.
Mach mich Muthig
In dem Streite, Und bereite
Mich bei Zeiten
Zum Triumph der Ewigkeiten!

_____

Nr. 139. Mel.: Du Gott bist über Alles Herr
Nach Matthias Claudius. 1812.

1. Das Grab ist leer, das Grab ist leer,
  Erstanden ist der Held!
Das Leben ist des Todes Herr,
  Gerettet ist die Welt!

2. Die Schriftgelehrten hatten's Müh',
  Und wollten weise sein;
Sie hüteten das Grab, und sie
  Versiegelten den Stein.

3. Doch ihre Weisheit, ihre List
  Zu Spott und Schande ward,
Denn Gottes Weisheit höher ist,
  Von einer andern Art.

4. Sie kannten nicht den Weg, den Got
  In Seinen Werken geht,
Und daß nach Marter und nach Tod
  Das Leben aufersteht.

5. Hallelujah! das Grab ist leer,
  Gerettet ist die Welt!
Das Leben ist des Todes Herr!
  Erstanden ist der Held!

Nr. 140. Mel: Wachet auf! ruft uns die Stimme.
(Mit einer Vorschlagsſilbe.)
Albert Knapp. Gedichtet 1822.

1. Heil! Jeſus Chriſtus iſt erſtanden!
Aus den zerſprengten Todesbanden
Tritt ſiegverkläret Gottes Sohn.
Hoch durch des Himmels Tempelhallen
Hört man das Hallelujah ſchallen,
Und Friede glänzt um Gottes Thron.
Heil Dem, Der ewig liebt,
Der Allen Leben giebt, Jeſu Chriſto,
Und unſerm Gott! Des Todes Noth
Iſt aufgelöſt in Morgenroth!

2. Du, Dem die Schöpfung unterthänig,
Biſt unſer Bruder nun und König
Von Ewigkeit zu Ewigkeit.
Dein Loos iſt lieblich Dir gefallen,
Und Deinen Auserwählten allen
Iſt gleiche Herrlichkeit bereit.
Du ſtellſt auf dem Altar
Dein Blut für Alle dar Zur Verſöhnung.
Wir ſollen rein, Auf ewig Dein,
Ein Prieſtervolk und Fürſten ſein.

3. Du wirſt mit Deinem Lebensſtabe
Die Deinen auch aus ihrem Grabe
Ausführen in des Himmels Licht.
Dann ſchauen wir mit ew'ger Wonne
Dich ſelbſt, Herr Jeſu, Gnadenſonne,
Von Angeſicht zu Angeſicht.
Den Leib wird Deine Hand
Im neuen Vaterland Neu verklären.

Dann sind wir frei Durch Deine Treu
Du auf dem Thron machst Alles neu.

4. O Auferstand'ner, sieh hernieder
Auf Deine Sünder, Deine Brüder.
    Die noch im Todesthale stehn!
Komm Du, Geliebter, uns entgegen,
Daß wir uns völlig freuen mögen,
    Und laß uns Deine Klarheit sehn.
Heil Allen, die mit Dir
Schon auferstanden hier Durch den Glauben!
Hier sind sie schon Dem Tod entflohn. —
Stärk uns den Glauben Gottes Sohn!

———

Nr. 141. Mel.: Sollt' ich meinem Gott nicht singen.

Aus dem Neuen Basler Gesangbuch von 1854, Nr. 73.
Der 1. V. erinnert an ein Osterlied von J. C. Lavater
1801), das ebenso beginnt.

1. Auferstanden, auferstanden
    Ist der Herr, der uns versöhnt!
Seht, wie hat nach Schmach und Banden
Gott mit Ehren Ihn gekrönt!
Dort auf Seines Vaters Throne,
    Ueber Schmerz und Tod erhöht,
    Herrscht Er nun in Majestät.
Fallet nieder vor dem Sohne,
    Der uns einst zu Sich erhebt!
Hallelujah! Jesus lebt.

2. Singt dem Herrn! Er ist erstanden,
    Da Er starb auf Golgatha.
Rühmt es laut in allen Landen:
    Was Sein Mund verhieß, geschah.

Wer kann Ihm noch widerstreben?
Mächtig steigt der Held empor;
Im Triumph bricht Er hervor.
Seht des Abgrunds Pforten beben,
Da ihr Sieger sich erhebt!
Hallelujah! Jesus lebt.

3. Uns vom Tode zu befreien,
Sank Er in des Grabes Nacht;
Uns zum Leben zu erneuen
Steht Er auf durch Gottes Macht.
Tod, du bist in Sieg verschlungen;
Deine Schrecken sind gedämpft,
Deine Herrschaft ist bekämpft,
Und das Leben ist errungen.
Ob man unsern Leib begräbt,
Hallelujah! Jesus lebt.

4. Aus dem Grab uns zu erheben,
Ging Er zu dem Vater hin.
Laßt uns Ihm zur Ehre leben:
Dann ist Sterben uns Gewinn.
Haltet unter Lust und Leiden
Im Gedächtniß Jesum Christ,
Der vom Tod erstanden ist:
Unvergänglich sind die Freuden
Deß, der nach dem Himmel strebt.
Hallelujah! Jesus lebt.

5. Freut euch Seiner, Gottes Kinder!
Er sei euer Lobgesang!
Bringt dem Todesüberwinder
Ewig Ehre, Preis und Dank.

Rühmt es in Versuchungsstunden,
Wenn euch Sünd' und Elend droht,
Rühmt es in der Todesnoth:
Unser Herr hat überwunden!
Der uns einst zu Sich erhebt,
Hallelujah! Jesus lebt.

Nr. 142. Mel.: Vom Himmel hoch, da komm' ich her.
Frau Meta Heußer-Schweizer, geb. 1797. Geb.
1825. Ein Osterliedchen für Kinder.

1. Willkommen, lieber Ostertag!
   Der Heiland, der im Grabe lag,
   Entstieg dem Tode; himmlisch schön
   Sah'n Ihn die Engel auferstehn.

2. Er litt des Lebens herbste Noth,
   Er duldete den bängsten Tod;
   Dann ruht' Er von der Arbeit aus
   Und öffnet' uns des Vaters Haus.

3. O schöner Tag! Aus Todesnacht
   Ist aller Wesen Herr erwacht!
   Er nimmt Sein fürstlich Erbe ein,
   Und will doch unser Bruder sein!

4. Sei mir gesegnet, Frühlingsflur!
   Du trägst der Auferstehung Spur,
   Und jedes Blümchen ist ja Sein,
   Deß wir uns heut' so innig freu'n.

5. Wie säh ich meinen lieben Herrn,
   Der aus dem Grabe kam, so gern,
   Und streute Palmen Seiner Bahn,
   Wie Salems Kinder einst gethan!

6. Das kann ich armes Kind nun nicht;
   Doch winkt von ferne mir Sein Licht,
   Und aus der Kinder frohen Reih'n
   Entschlüpf ich heute gern allein.

7. Und statt der Palmen bring ich Dir
   Mein ganzes Herz zum Opfer hier.
   O liebster Jesu, nimm es an,
   Und schaffe draus, was ich nicht kann!

8. Zur Ostergabe gieb mir Du
   Ein reines Herz voll Lieb' und Ruh',
   Und führe mich durch diese Welt,
   Wie's Dir, mein Heiland, wohlgefällt!

9. Einst kommt ein schön'rer Ostertag,
   Der ganz das Herz beglücken mag.
   Wir alle gehn durch's Sterben ein,
   Uns ewig unsers Herrn zu freu'n.

10. Schau ich zu Deinem Himmel heut,
    So wird das Herz mir weich und weit;
    Tief in der Seele ist es mir,
    Als sprächst Du: Friede sei mit Dir!

9. Himmelfahrt und himmliche Herrlichkeit des Herrn. Himmelfahrtslieder.

Nr. 143. Mel.: Valet will ich dir geben.

Frei bearbeitet nach dem Lat. des angelsächsischen Presbyters Beda Venerabilis, gest. 735: "Hymnum canamus gloriae". Mit theilweiser Benutzung der Knapp-schen Uebersetzung. Eine treuere Uebersetzung giebt Kö-nigsfeld, Altchristl Hymnen, S. 85: „Ihr Siegeshymnen schallet laut."

1. Kommt, streuet Siegespalmen,
   Und schmückt den Festaltar!
   Stimmt an die Freudenpsalmen,
   Bringt Dankesopfer dar!
   Singt von dem Menschensohne
   Und Seinem großen Sieg!
   Singt, wie Er auf zum Throne
   Der Ewigkeiten stieg!

2. Der einst, von Qual durchdrungen,
   Am Kreuze hing zum Spott;
   Der unsern Tod verschlungen
   In Seine Todesnoth:
   Den sehn wir hoch und prächtig
   Auf stolzer Siegesbahn,
   Der schwinget Sich allmächtig
   Zu Gottes Thron hinan.

3. Der Engel frohe Chöre,
   Die Schaar der Seraphim,
   Der Himmel heil'ge Heere,
   Die schwebten auf mit Ihm:

Den Siegeshelb geleitend,
Als Er Sich herrlich hob,
Den Gottessohn begleitend
Mit Preisgesang und Lob.

4. Dort auf dem Oelberg stehen
    Die Jünger, arm und schwach;
Mit Deiner Mutter sehen
    Sie Dir, o Jesu, nach.
Doch sehn sie froh Dich schweben
    Zum Saal der Herrlichkeit,
Weil Du mit Kraft und Leben
    Sie wappnest für den Streit.

5. Du herrschest nun dort droben
    Zu Gottes rechter Hand,
Und hast den Geist von oben
    Den Deinen zugesandt.
Von dorther wirst Du kommen
    In Richtersmajestät;
Dann jauchzen Deine Frommen,
    Der Frevler Spott vergeht.

6. O Haupt der Kreuzgemeine,
    Rüst uns auf diesen Tag,
Sei's, daß er heut erscheine,
    Sei's, daß er säumen mag.
Wenn dann Dir Deine Knechte
    Verklärt entgegen ziehn,
Dann führe Deine Rechte
    Auch uns zum Himmel hin!

7. Dann laß in Strömen quillen
    Dein schönstes Lebenslicht;

18

Dann zeig uns ohne Hüllen
    Des Vaters Angesicht.
O himmlisches Entzücken!
    O sel'ger Liebeszug!
Wenn wir nur Dich erblicken,
    Hat unser Herz genug.

Nr. 144. Mel.: Nun freut euch, liebe Christen-
g'mein.

Nach Josua Wegelin. Geb. und zuerst gebr. 1636
zu Nürnberg (aufgenommen ins Nürnb. Gsgb. von 1653);
kann in diese verbesserte Gestalt gebracht a. 1660 wahrscheinlich durch Gesenius und Denike, und so in die meisten Gsgb. übergegangen. Stip und Koch theilen zugleich
das Orig. dieses volksthümlichen Liedes mit, welches beginnt: „Allein auf Christi Himmelfahrt Mein' Nachfahrt
ich thu' gründen, Allein auf Seine Hilf ich wart', Und
bitt', daß Er woll' senden" ꝛc. Engl. Uebers. in Lyra
Germ II 75

1. Auf Christi Himmelfahrt allein
    Ich meine Nachfahrt gründe,
Und allen Zweifel, Angst und Pein
    Hiemit stets überwinde,
Denn weil das Haupt im Himmel ist,
Wird Seine Glieder Jesus Christ
Zur rechten Zeit nachholen.

2. Weil Er gezogen himmelan,
    Und große Gab' empfangen,
Mein Herz auch nur im Himmel kann,
    Sonst nirgends, Ruh' erlangen;
Denn wo mein Schatz gekommen hin,
Da ist auch stets mein Herz und Sinn:
Nach ihm mich sehr verlanget.

3. Ach Herr, laß diese Gnade mich
Von Deiner Auffahrt spüren,
Daß mit dem wahren Glauben ich
Mög' meine Nachfahrt zieren,
Und dann einmal, wann Dir's gefällt,
Mit Freuden scheiden aus der Welt.
Herr, höre dieß mein Flehen!

Nr. 145. Mel.: Wie schön leuchtet der Morgenstern.
Ernst Christoph Homburg. 1658. Mit einigen
Veränderungen in V. 2, 3 und 6. Das Original beginnt:
„Ach," statt O. Das N. Würt. und N. Pennf. Luth.
Gfgb. laffen V. 2 mit Unrecht weg und veräntern die
andern zu ftart.

1. O wundergroßer Siegesheld,
Du Sündentilger aller Welt!
Heut haft Du Dich gesetzet
Zur Rechten Gottes in der Kraft,
Der Feinde Schaar gebracht zur Haft,
Bis auf den Tod verletzet.
Mächtig, Prächtig, Triumphirft Du
Und regierft Du; Tod und Leben,
Sind, o Herr, Dir untergeben.

2. Dir dienen alle Cherubim,
Viel tausend hohe Seraphim
Dich, Siegesfürften, loben,
Weil Du den Segen wiederbracht,
Mit Majestät und großer Macht
Zur Glorie bift erhoben:
Klinget, Singet Freudenlieder!
Fallet nieder, Rühmt und ehret
Ihn, der auf gen Himmel fähret!

18*

3. Du bist das Haupt, hingegen wir
Sind Deine Glieder; nur von Dir
    Kommt auf uns Licht und Leben,
Heil, Fried' und Freude, Stärk' und Kraft,
Erquickung, Labsal, Herzenssaft
    Wird uns von Dir gegeben:
Dringe,   Zwinge   Mein Gemüthe,
Mein Geblüte,.   Daß es preise,
Lob und Ehre Dir erweise.

4. Zeuch, Jesu, uns, zeuch uns nach Dir,
Hilf, daß wir forthin für und für
    Nach Deinem Reiche trachten!
Laß unsern Wandel himmlisch sein,
Daß wir der Erde eiteln Schein
    Und Ueppigkeit verachten!
Unart, Hoffahrt Laß uns meiden,
Christlich leiden,   Wohl ergründen,
Wo die Gnade sei zu finden

5. Sei, Jesu, unser Schutz und Schatz,
Sei unser Ruhm und fester Platz,
    Darauf wir uns verlassen.
Laß suchen uns, was droben ist:
Auf Erden wohnet Trug und List;
    Es ist auf allen Straßen
Lügen,   Trügen,   Angst und Plagen,
Die da nagen,   Die da quälen
Stündlich arme Christenseelen.

6. Herr Jesu, komm, Du Gnadenthron,
Du Siegesfürst, Held, Davids Sohn,
    Komm, stille das Verlangen;

Du, Du bist allen uns zu gut,
O Jesu, durch Dein theures Blut
In's Heiligthum gegangen.
Dafür Soll Dir Von uns Allen
Dank erschallen. Nimm am Ende,
Herr, uns auf in Deine Hände!

Nr. 146. Mel.: Ach Gott und Herr, Wie groß
und schwer.

Ludämilia Elisabeth, Gräfin von Schwarzburg-
Rudolstadt, gest. 1672. Gedr. 1687. Wackernagel
(Kl. Gsgb. Nr. 39) läßt B. 2 aus.

1. Zeuch uns nach Dir, So eilen wir
     Mit herzlichem Verlangen
   Hin, da Du bist, O Jesu Christ,
     Aus dieser Welt gegangen.

2. Zeuch uns nach Dir In Lieb'sbegier,
     Ach, reiß uns doch von hinnen!
   So dürfen wir Nicht länger hier
     Den Kummerfaden spinnen.

3. Zeuch uns nach Dir, Herr Christ, und führ
     Uns Deine Himmelsstege,
   Wir irr'n sonst leicht Und sind verscheucht
     Vom rechten Lebenswege.

4. Zeuch uns nach Dir, So folgen wir
     Dir nach in Deinen Himmel,
   Daß uns nicht mehr Allhier beschwer
     Das böse Weltgetümmel.

5. Zeuch uns nach Dir Nun für und für
     Und gieb, daß wir nachfahren
   Dir in Dein Reich, Und mach uns gleich
     Den auserwählten Schaaren!

Nr. 147. Mel.. Womit soll ich Dich wohi loben.
Gerhard Tersteegen. 1731. Das Würt. und
Penns. Luth. Gsgb. lassen B. 2 aus, das Chambersb.
giebt bloß 4 B. Engl. Uebers. in Lyra Germ. II. 76:
Conquering King and Lord of glory, Majesty enthroned
in light. Mit leichten Veränd.rungen in B. 1, 3, 5, 6.

1. Siegesfürst und Ehrenkönig,
   Hochverklärte Majestät!
Alle Himmel sind zu wenig,
   Du bist drüber hoch erhöht:
Sollt ich nicht zu Fuß Dir fallen,
Und mein Herz vor Freude wallen,
Wenn mein Glaubensaug' betracht't
Deine Glorie, Deine Macht?

2. Seh ich Dich gen Himmel fahren,
   Seh ich Dich zur Rechten da;
Hör ich wie der Engel Schaaren
   Alle rufen: Gloria!
Sollt ich nicht zu Fuß Dir fallen,
Und mein Herz vor Freude wallen,
Da der Himmel jubilirt,
Weil mein König triumphirt?

3. Weit und breit, Du Himmelssonne,
   Deine Klarheit sich ergießt,
Daß ein neuer Strom von Wonne
   Durch die Himmelsgeister fließt.
Prächtig wirst Du aufgenommen,
Freudig heißt man Dich willkommen:
Schau, ich armes Kindlein hier
Ruf auch Hosianna! Dir.

4. Sollt ich Deinen Kelch nicht trinken,
   Da ich Deine Glorie seh?
   Sollt mein Muth noch wollen sinken,
   Da ich Deine Macht versteh?
   Meinem König will ich trauen,
   Nicht vor Welt und Teufel grauen;
   Nur in Jesu Namen mich
   Beugen hier und ewiglich.

5. Geist und Kraft nun überfließen;
   Laß sie fließen auch auf mich,
   Bis zum Schemel Deinen Füßen
   Alle Feinde legen sich:
   Herr, Dein Zionsscepter sende
   Bis zum fernsten Weltenende;
   Mache Dir auf Erden Bahn,
   Alle Herzen unterthan.

6. Du bist nun an allen Orten,
   Kannst uns Allen nahe sein;
   Meines Geistes ew'ge Pforten
   Stehn Dir offen; komm herein!
   Komm, Du König aller Ehren!
   Du mußt auch bei mir einkehren:
   Ewig in mir leb' und wohn',
   Als in Deinem Himmelsthron.

7. Deine Auffahrt bringt mir eben
   Gott und Himmel innig nah;
   Lehr mich nur im Geiste leben,
   Als vor Deinen Augen da;
   Fremd der Welt, der Zeit, den Sinnen,
   Bei Dir abgeschieden drinnen,
   In den Himmel mit versetzt,
   Da mich Jesus nur ergötzt.

Nr. 148. Mel: Wie wohl ist mir, o Freund ter
Seelen.

Johann Caspar Lava'er. 1776. Von Geffcken
unter die 150 Kernlieder aufgenommen. Es hat auch
eine eigene Melodie. Uspr. 11 Str. B. 1 zusammen-
gesetzt aus B. 1 u. 5.

1. Vollendet ist Dein Werk, vollendet,
    O Welterlöser, unser Heil!
  Den Fluch hast Du von uns gewendet,
    Nun wird Dein Segen uns zu Theil!
  Du, Der herabkam, ew'ges Leben
  Und Licht und Freuden uns zu geben,
    Du schwingst Dich auf zu Gottes Thron.
  Für Dich ist jeder Ruhm zu wenig,
    O Du, der Schöpfung Haupt, Du König
    Der Könige, des Vaters Sohn!

2. Dein Wagen kommt, die Wolken wallen
    Herab voll Majestät und Licht;
  Die Deinen sehen sie und fallen
    Anbetend auf ihr Angesicht.
  Noch segnest Du sie, die Geliebten,
  Und senkest Trost auf die Betrübten,
    Und strömst Anbetung in ihr Herz.
  Du bist, Du bist von Gott gekommen,
  Wirst im Triumph dort aufgenommen;
    Zur hohen Wonne wird ihr Schmerz.

3. Ihr Himmelspforten, schnell erhebet, —
    Er kommt, Er kommt — erhebet euch!
  Er, der einst todt war, und nun lebet,
    Er kommt, ein Sieger in Sein Reich!

Und aller Seraphinen Chöre
Lobfingen ihres Königs Ehre;
 Der ganze Himmel ist Gesang!
Und tausend nie gesungne Lieder
Ertönen von den Harfen nieder;
 Dich, Dich singt aller Harfen Klang!

4. Ich seh empor zu Dir, Vertreter!
 Dich bet ich still mit Thränen an;
Ich weiß, daß auch ein schwacher Beter
 Im Staube Dir gefallen kann.
Zwar fallen vor Dir Engel nieder;
Doch auch der Engel Jubellieder
 Verdrängen nicht mein schwaches Lied.
Von meinen aufgehobnen Händen
Wirst Du nicht weg Dein Auge wenden;
 Du siehst den Dank, der in mir glüht.

5. Gieb meinem Glauben Muth und Leben
 Sich über Erde, Welt und Zeit
Mit starken Schwingen zu erheben
 Zu Dir in Deine Herrlichkeit!
O Du, der mich den Finsternissen
Des ew'gen Todes hat entrissen,
 Durch Den sich Gott mit uns vereint,
Du, aller Welten Herr und Führer,
Der Geister ewiger Regierer,
 Du bist mein Bruder und mein Freund!

6. Einst wirst Du herrlich wiederkommen,
 Erlöser, komm, es seufzen hier
Im Thränenthale Deine Frommen;
 ·Ihr Glaube seufzt nach Dir, nach Dir!

Dann werden auf dem Wolkenwagen
Dich Millionen Engel tragen.
  Du wirst in Deiner Herrlichkeit,
Herr, Allen, die jetzt zu Dir weinen,
Vom Himmel als ihr Freund erscheinen,
  Und Wonne wird der Erde Leid.

7. Ja, wann ich einst mein Werk vollendet,
  So bist Du's, meiner Seele Heil,
Der Seinen Engel zu mir sendet,
  Mir Seinen Himmel giebt zum Theil.
Dann, dann erheb ich mich vom Staube,
Und selig anschau'n wird mein Glaube
  Dich, Herr, mein Gott, im hellen Licht!
Du wirst nach meinem Leid und Thränen
Mit Deiner Herrlichkeit mich krönen
  Vor aller Himmel Angesicht!

Nr. 149. Mel.: Lobe den Herren, den mächtigen
König der Ehren.

Fr. Meta Heuser-Schweizer. Ged. 1831 (nicht
1833, wie Koch angiebt), zuerst anonym gedruckt in
Knapp's Christoterpe, 1836, dann mit Recht in das
N. Würt. Gsgb. v. 1842 (jedoch bloß 9 V. mit der Unter-
schrift: Eine Schweizerin) auch in die Sammlungen von
Lange u. Knapp (10 V) aufgenommen. Dieses hoch-
begeisterte, schwungvolle, auch in der Form (besonders
V. 1) vollendete Lied ist urspr. der zweite Theil eines
Frühlingsliedes, welches beginnt: „Vor ich euch wieder,
ihr Töne des Frühlings erklingen". Engl. Ueberf von
Th. C. Porter in Schaff's Christ in Song p. 330:
Lamb, the once crucified! Lion, by triumph surrounded.

1. Lamm, das gelitten, und Löwe, der siegreich
gerungen!
Blutendes Opfer, und Held, der die Hölle
bezwungen!

Brechendes Herz,
Das sich aus irdischem Schmerz
Ueber die Himmel geschwungen!

2. Du hast in schauriger Tiefe das Höchste voll-
endet,
Gott in die Menschheit gehüllt, daß Sein Licht
uns nicht blendet!
„Würdig bist Du," —
Jauchzt Dir die Ewigkeit zu, —
„Preises und Ruhms, der nicht endet!"

3. Himmlische Liebe, die Namen der Erde nicht
nennen!
Fürst Deiner Welten, Den einst alle Zungen
bekennen!
Gingest Du nicht
Selbst in der Sünder Gericht,
Sünder entlassen zu können?

4. Ueber des Todes umnachteten, grau'nvollen
Klüften
Schwangst Du die Palme des Sieges in
himmlischen Lüften.
Wer an Dich glaubt,
Trägt nun, von Hoffnung umlaubt,
Ewiges Leben aus Grüften.

5. Menschensohn, Heiland, in dem sich das
ew'ge Erbarmen
Milde zu eigen gegeben den schuldigen Armen:
Dir an der Brust
Darf nun in Leben und Lust
Jedes Erstarrte erwarmen.

6. Wahl voller Wunder! Der einzige Reine
von Allen
Eint sich mit Seelen, die sündig im Staube
hier wallen,
Trägt ihre Schuld,
Hebt in unendlicher Huld
Das, was am tiefsten gefallen!

7. Mir auch ist süß überwindend Dein Rufen
ertönet,
Herr, auch mein feindliches Herz hat Dein
Lieben versöhnet:
Ja, Deine Hand,
Zu dem Verirrten gewandt,
Hat mich mit Gnade gekrönet.

8. Lobe den Herrn, meine Seele! Er hat dir
vergeben,
Heilt dein Gebrechen, legt in dich ein ewiges
Leben;
Frieden im Streit,
Wonnen im irdischen Leib
Weiß dir dein Heiland zu geben.

9. Hoffnung und Liebe, sie tragen auf himm-
lischen Flügeln
Dich in das Land der Verheißung zu ewigen
Hügeln,
Wo deine Wahl,
Dort in der Herrlichkeit Strahl,
Lieb' und Erbarmen besiegeln.

10. Dort ist die Stätte der schauenden Wonne
bereitet:
Selig schon hier, wo der Glaube im Dun-
kel noch streitet,
Labt uns Sein Blick,
Der zu dem Vater zurück
Welten Verlorener leitet.

11. Schmilz, o mein bebender Laut, in die
seligen Chöre
Seiner Gemeine, getrennt noch durch
Länder und Meere,
Doch durch das Band
Himmlischer Liebe umspannt,
Eins zu des Ewigen Ehre!

12. Flöte, Natur, in des Frühlings beginnen-
den Wehen;
Singe, du Welt, die das Werk der Erlö-
sung gesehen!
Jauchze, du Heer,
Dort am krystallenen Meer:
„Ehre sei Gott in den Höhen!"

---

10. Das ewige Hohepriesterthum und König-
thum Christi.

Nr. 150. Eigene Melodie.

Wolfgang Christoph De e . 1692 Engl. Ueberf.
in Lyra Germ. II. 78, unter dem passenden Titel: The
Throne of Grace. In Schaff's Christ in Song, p. 342.

1. Mein Jesu, dem die Seraphinen
Im Glanz der höchsten Majestät

Selbst mit bedecktem Antlitz dienen,
    Wenn Dein Befehl an sie ergeht:
Wie sollten blöde Fleischesaugen,
    Die der verhaßten Sünden Nacht
    Mit ihrem Schatten trüb gemacht,
Dein helles Licht zu schauen taugen?

2. Doch gönne meinen Glaubensblicken
    Den Eingang in Dein Heiligthum,
Und laß mich Deine Gnad' erquicken
    Zu meinem Heil und Deinem Ruhm.
Reich Deinen Scepter meiner Seele,
    Die sich, wie Esther, vor Dir neigt
    Und Dir als Deine Braut sich zeigt:
Sprich: Ja du bist's, die Ich erwähle.[1])

3. Sei gnädig, Jesu voller Güte,
    Dem Herzen, das nach Gnade lechzt;
Hör, wie mein sehnendes Gemüthe:
    „Gott sei mir Armen gnädig!" ächzt.
Ich weiß, Du kannst mich nicht verstoßen;
    Wie könntest Du ungnädig sein
    Mir, den Dein Blut von Schuld und Pein
Erlöst, da es so reich geflossen?

4. Ich fall in Deine Gnadenhände
    Und bitte mit dem Glaubenskuß:
Gerechter König, wende, wende
    Die Gnade zu der Herzensbuß'!

---

[1]) Oder nach moderner Veränderung der 4 letzten Zeilen: „Von fern steht die beschämte Seele; Doch wenn sie reuevoll sich beugt, Bist Du es, der Sich gnädig neigt Und spricht: Du bist's, die Ich erwähle!" Auch die engl. Ueberj. hat die Anspielung auf Esther ausgelassen, sonst aber den Sinn treffend wiedergegeben: Behold, O King, before Thy throne My soul in lowly love doth bend. Oh show Thyself her gracious Friend, And say, "I choose thee for my own."

Ich bin gerecht durch Deine Wunden,
Und nichts Verdammlich's ist an mir;
Bin aber ich versöhnt mit Dir,
So bleib ich auch mit Dir verbunden.

5. Reich mir die Waffen aus der Höhe,
Und stärke mich durch Deine Macht,
Daß ich im Glauben sieg und stehe,
Wenn Stärk' und List der Feinde wacht!
So wird Dein Gnadenreich auf Erden,
Das uns zu Deiner Ehre führt
Und endlich gar mit Kronen ziert,
Auch in mir ausgebreitet werden.

6. Ja, ja, mein Herz will Dich umfassen,
Erwähl es, Herr, zu Deinem Thron!
Hast Du aus Lieb' ehmals verlassen
Des Himmels Pracht und Deine Kron';
So würd'ge auch mein Herz, o Leben,
Und laß es Deinen Himmel sein,
Bis Du, wann dieser Bau fällt ein,
Mich wirst in Deinen Himmel heben!

7. Ich steig hinauf zu Dir im Glauben,
Steig' Du in Lieb' herab zu mir;
Laß mir nichts diese Freude rauben,
Erfülle mich nur ganz mit Dir!
Ich will Dich fürchten, lieben, ehren,
So lang in mir das Herz sich regt,
Und wenn dasselb' auch nicht mehr schlägt,
Soll ewig doch die Liebe währen!

Nr. 151. M l.: Womit soll ich Dich wohl loben.
Johann Jakob Rambach.   1723.

1. Großer Mittler, der zur Rechten
    Seines großen Vaters sitzt,
Und die Schaar von Seinen Knechten
    In dem Reich der Gnade schützt;
Dem auf dem erhabnen Throne
In der königlichen Krone
Aller Himmel zahllos Heer
Bringt in Demuth Preis und Ehr'! [1])

2. Dein Erlösungswerk auf Erden
    Und Dein Opfer ist vollbracht.
Was vollendet sollte werden,
    Ist geschehn durch Deine Macht.
Gnad' und Fried' ist uns erworben,
Da Du für die Welt gestorben,
Und Dein siegreich Auferstehn
Läßt uns in die Freiheit gehn.

3. Nunmehr ist es Dein Geschäfte
    In dem obern Heiligthum,
Die erworbnen Lebenskräfte
    Durch Dein Evangelium
Allen denen mitzutheilen,
Die zum Thron der Gnaden eilen;
Nun wird uns durch Deine Hand
Heil und Segen zugewandt.

---

1) So die besten neueren Gsgb statt des urspr: „Den ... Alles
Heer der Ewigen Mit verhülltem Antlitz schaut", was Wackernagel
mit Unrecht beibehalten hat. Auch in den folg. Str. sind einige leise
sprachliche Verbesserungen adoptirt worden Der 8 V. wird in den
meisten Gsgb. ausgelassen.

4. Die durch Dich zum Vater kamen,
　Derer denkeſt Du mit Luſt,
Trägeſt eines jeden Namen
　Prieſterlich auf Deiner Bruſt.
Du vertrittſt, die an Dich glauben,
Daß ſie Nichts Dir möge rauben,
Bitteſt in des Vaters Haus
Ihnen eine Wohnung aus.

5. Doch vergiſſeſt Du der Armen,
　Die der Welt noch dienen, nicht,
Weil Dein Herz Dir von Erbarmen
　Ueber ihrem Elend bricht.
Daß Dein Vater ihrer ſchone,
Daß Er nicht nach Werken lohne,
Daß Er ändre ihren Sinn,
Ach, da zielt Dein Bitten hin.

6. Zwar in Deines Fleiſches Tagen,
　Als die Sünden aller Welt
Noch auf Deinen Schultern lagen,
　Haſt Du Dich vor Gott geſtellt,
Bald mit Flehen, bald mit Weinen
Für die Sünder zu erſcheinen;
O in welcher Niedrigkeit
Bateſt Du zu jener Zeit!

7. Aber nun wird Deine Bitte
　Von der Allmacht unterſtützt,
Seit in der vollkommnen Hütte
　Die verklärte Menſchheit ſitzt
Nun kannſt Du des Feindes Klagen
Majeſtätiſch niederſchlagen,
Und nun macht Dein redend Blut
Unſre böſe Sache gut.

8. Die Verdienste Deiner Leiden
   Stellest Du dem Vater dar
Und vertrittst nunmehr mit Freuden
   Deine theu'r erkaufte Schaar, ¹)
Daß Er wolle Kraft und Leben
Deinem Volk auf Erden geben,
Und die Seelen zu Dir ziehn,
Die noch Deine Freundschaft fliehn.

9. Großer Mittler, sei gepriesen,
   Daß Du in dem Heiligthum
So viel Treu' an uns bewiesen;
   Dir sei Ehre, Dank und Ruhm.
Laß uns Dein Verdienst vertreten,
Wenn wir zu dem Vater beten;
Schließt die Lippen uns der Tod,
Sprich für uns in letzter Noth!

Nr. 152. Mel.: Schmücke dich, o liebe Seele.
Johann Jakob Rambach. 1723. Ein würdiges
Seitenstück zum vorigen, auch von Wackernagel aufge-
nommen. Etwas verändert in V. 2.

1. König, dem kein König gleichet,
   Dessen Ruhm kein Mund erreichet,
Dem als Gott das Reich gebühret,
Der als Mensch das Scepter führet,
Dem das Recht gehört zum Throne,
Als des Vaters ein'gem Sohne,
Den so viel Vollkommenheiten
Krönen, zieren und begleiten!

---

¹) Statt: „Und machst liebreich und bescheiden [was auf dem
erhöhten Erlöser nicht paßt] Dein Verlangen offenbar."

2. Himmel, Erde, Luft und Meere,
Aller Creaturen Heere
Müssen Dir zu Dienste stehen;
Was Du willst, das muß geschehen.
Fluch und Segen, Tod und Leben,
Alles ist Dir übergeben,
Und vor Deines Mundes Schelten
Zittern Menschen, Engel, Welten.

3. In des Gnadenreiches Grenzen
Sieht man Dich am schönsten glänzen,
Wo viel tausend treue Seelen
Dich zu ihrem Haupt erwählen,
Die durch's Scepter Deines Mundes,
Nach dem Recht des Gnadenbundes
Sich von Dir regieren lassen
Und, wie Du, das Unrecht hassen.

4. In dem Reiche Deiner Ehren
Kann man stets Dich loben hören
Von dem himmlischen Geschlechte,
Von der Menge Deiner Knechte,
Die dort ohne Furcht und Grauen
Dein verklärtes Antlitz schauen,
Die Dich unermüdet preisen,
Und Dir Ehr' und Dienst erweisen.

5. O Monarch in dreien Reichen [1])
Dir ist Niemand zu vergleichen:
An dem Ueberfluß der Schätze,
An der Ordnung der Gesetze,

---

1) D. h. im Reiche der Natur, B. 2, im Reiche der Gnade,
B. 3, und im Reiche der Herrlichkeit, B. 4. Knapp, Lange und
Und. verändern die Zeilen in: „Herr in allen diesen Reichen".

An Vortrefflichkeit der Gaben,
Welche Deine Bürger haben;
Du beschützest Deine Freunde,
Du bezwingest Deine Feinde.

6. Herrsche auch in meinem Herzen
Ueber Lüste, Furcht und Schmerzen!
Laß Dein Leben in mich fließen,
Laß mich Dich im Geist genießen,
Ehren, fürchten, loben, lieben
Und mich im Gehorsam üben,
Siegen hier mit Dir im Streite,
Dort mit herrschen Dir zur Seite! ¹)

Nr. 153. Mel.: Auf, Triumph, es kommt die Stunde.

Phil ipp Fried. ich Hiller. Geb am 28. Au . 1755,
gebr. 1756. Urspr. 26 B. Knapp nennt es das Meisterstück Hillers. Das N. Würt. und das Pennf. Luth. Gsgb.
schreiben es irrig dem J. F. Seiz zu und geben bloß
13 Verse.

1. Jesus Christus herrscht als König!
Alles ist Ihm unterthänig,
    Alles legt Ihm Gott zu Fuß.
Jede Zunge soll bekennen:
Jesus sei der Herr zu nennen,
    Dem man Ehre geben muß.

2. Fürstenthümer und Gewalten,
Mächten, die die Thronwacht halten,
    Geben Ihm die Herrlichkeit.

---

1) So viele neuere statt des urspr.: „Hier mit leiden, kämpfen,
schwitzen (geschmackwidrig und daher störend), Dort mit auf dem
Throne sitzen". Wackernagel hat schwitzen beibehalten.

Alle Herrschaft dort im Himmel,
Hier, im irdischen Getümmel,
    Ist zu Seinem Dienst bereit.

3. Engel und erhabne Thronen,
Die beim ew'gen Lichte wohnen, —
    Nichts ist gegen Jesum groß.
Alle Namen hier auf Erden,
Wie sie auch vergöttert werden;
    Sie sind Theil' aus Seinem Loos.

4. Gott, des Weltalls großer Meister,
Hat die Engel wohl als Geister
    Und als Flammen um den Thron;
Sagt Er aber je zu Knechten:
„Setze Dich zu meiner Rechten?"
    Nein, Er sprach es zu dem Sohn!

5. Gott ist Herr; der Herr ist Einer.
Und demselben gleichet Keiner,
    Nur der Sohn, der ist Ihm gleich;
Dessen Stuhl ist unumstößlich,
Dessen Leben unanflöslich,
    Dessen Reich ein ew'ges Reich.

6. Gleicher Macht und gleicher Ehren,
Thront Er unter lichten Chören
    Ueber'm Glanz der Cherubim.
In der Welt und Himmel Enden
Hat Er Alles in den Händen,
    Denn der Vater gab es Ihm.

7. Nur in Ihm — o Wundergaben! —
Können wir Erlösung haben,
    Die Erlösung durch Sein Blut.

Hört's! das Leben ist erschienen,
Und ein ewiges Versühnen
    Kommt in Jesu uns zu Gut.

8. Alles dieses nicht alleine:
Die begnadigte Gemeine
    Hat auch Ihn zu ihrem Haupt.
Er hat sie mit Blut erkaufet,
Zu dem Himmelreich getaufet,
    Und sie lebet, weil sie glaubt.

9. Gebt, ihr Sünder, Ihm die Herzen!
Klagt, ihr Kranken, Ihm die Schmerzen!
    Sagt, ihr Armen, Ihm die Noth!
Er kann alle Wunden heilen;
Reichthum weiß Er auszutheilen,
    Leben schenkt Er nach dem Tod.

10. Komm, zum Tod verdammt Geschlechte!
Der Gerechte macht Gerechte,
    Heil'ge aus der Sünder Rott'.
Komm! du wirst noch angenommen;
Komm getrost! Er heißt dich kommen;
    Sag Ihm nur: mein Herr und Gott!

11. Eil! es ist nicht Zeit zum Schämen.
Willst du Gnade? du sollst nehmen!
    Willst du leben? es soll sein!
Willst du erben? du sollst's sehen!
Soll der Wunsch auf's Höchste gehen:
    Willst du Jesum? — Er ist dein!

12. Allen losgekauften Seelen
Soll's an keinem Gute fehlen,
    Denn sie glauben, Gott zum Ruhm.

Werthe Worte, theure Lehren!
Möcht doch alle Welt dich hören,
Süßes Evangelium!

13. Zwar das Kreuz drückt Christi Glieder
Hier auf kurze Zeit darnieder,
Und das Leiden geht zuvor;
Nur Geduld! es folgen Freuden;
Nichts kann sie von Jesu scheiden,
Und ihr Haupt zieht sie empor.

14. Ihnen steht ein Himmel offen,
Welcher über alles Hoffen,
Ueber alles Wünschen ist.
Die geheiligte Gemeine
Weiß, daß eine Zeit erscheine,
Da sie ihren König küßt.

15. Jauchz Ihm, Menge heil'ger Knechte!
Rühmt, vollendete Gerechte,
Und du Schaar, die Palmen trägt!
Und ihr Märt'rer[1] mit der Krone,
Und du Chor vor Seinem Throne,
Der die Gottesharfen schlägt!

16. Ich auch, auf den tiefsten Stufen,
Ich will glauben, zeugen, rufen,
Ob ich schon noch Pilgrim bin:
Jesus Christus herrscht als König!
Alles sei Ihm unterthänig!
Ehret, liebet, lobet Ihn!

---

1) Urspr.: „du Blutvolk".

Nr. 154. Mel.: Schmücke dich, o liebe Seele.

Albert Knapp, geſt. 1864 (Geb. 1824). Urſpr 9 B. Steht wie das folg. im N. Württ. und andern N europ. Gſgb. In ſeinen letzten Tagen war der Dichter mit dem Worte „Ruhm" am Schluſſe von B. 1, 2 u 7 nicht zufrieden und ſagte, daß ſein Ruhm nur darin b-ſtehe, den Herrn lieben zu dürfen und von ihm geliebt zu ſein (Lebensbild von A. Knapp, Stuttgart, 1867, S. 525).

1. An Dein Bluten und Erbleichen,
An Dein Opfer ohne Gleichen,
An Dein prieſterliches Flehen
Mahnet mich des Geiſtes Wehen.
Und ſo wünſch ich, ew'ge Güte,
Für mein Leben Eine Blüthe,
Einen Ruhm an meinem Grabe:
Daß ich Dich geliebet habe.

2. Hoherprieſter ohne Tadel!
Lebensfürſt von großem Adel!
Licht und Herrlichkeit entfalten,
Segnen heißt Dein hohes Walten.
Segnend trittſt Du mir entgegen;
Und ſo wünſch ich Einen Segen,
Einen Ruhm an meinem Grabe:
Daß ich Dich geliebet habe

3. Elend bin ich und verdorben,
In der Sünde faſt erſtorben.
Sünder können nichts verdienen,
Nichts vergüten, nichts verſühnen.
Willſt Du in der ew'gen Hütte
Mich vergeſſen in der Bitte,
Nicht auf Deinem Herzen tragen:
Muß ich ſterben und verzagen.

4. Du nur giltst im Heiligthume;
Und zu Deiner Wunden Ruhme,
Weil Du für die Sünder littest,
Giebt der Vater, was Du bittest.
Wenn schon Zornesflammen lodern,
Darfst Du noch Erbarmung fodern,
Hülfe, wo die Engel trauern,
Leben in des Todes Schauern!

5. O wie groß ist Dein Vermögen!
Priesteramtes kannst Du pflegen,
Welten auf dem Herzen tragen,
Sünd' und Hölle niederschlagen,
Gräber öffnen, Todte wecken,
Sie mit Himmelsblüthe decken,
Und hinauf zum ew'gen Leben
Auf der Rettershand erheben!

6. Was ist Reichthum, Lust und Ehre,
Was ein Ueberfluß wie Meere,
Wenn Du, Herr, mich nicht erkennest,
Nicht im Heiligthume nennest?
Sel'ger Pilger, dem die Kunde
Tief ertönt im Herzensgrunde:
Christus, meine Lebenssonne,
Denket mein im Haus der Wonne!

7. Lieben will ich, flehn und loben,
Bis der Vorhang weggeschoben;
Dann zu Dir, Du Ewigreiner! —
Jesus Christus, denke meiner!
Eines schenke mir hienieden:
Deinen Geist und Deinen Frieden,
Und den Ruhm an meinem Grabe:
Daß ich Dich geliebet habe!

Nr. 155. Mel.: Wie schön leuchtet der Morgenstern.
Albert Knapp. Gedichtet 1838.

1. Hallelujah! wie lieblich stehn
   Hoch über uns die Himmelshöh'n,
     Seit Du im Himmel sitzest!
   Seit Du vom ew'gen Zion dort
   Aussendest Dein lebendig Wort
     Und Deine Heerde schützest!
   Fröhlich,   Selig   Schaut der Glaube
   Von dem Staube   Auf zum Sohne:
   Meine Heimath ist am Throne!

2. Die Sterne leuchten ohne Zahl;
   Was ist ihr tausendfacher Strahl?
     Was ist der Glanz der Sonne?
   Ein Schatten nur von jenem Licht,
   Das Dir vom holden Angesicht
     Ausgeht mit ew'ger Wonne!
   Spende,   Sende   Deine hellen
   Lebensquellen   Reichlich nieder,
   Großes Haupt, auf Deine Glieder!

3. Verhüllt den Erdkreis düstre Nacht:
   Ich weiß, daß dort ein Auge wacht,
     Das einst um uns geweinet,
   Das einst für uns im Tode brach;
   Es ist Dein Aug', es bleibet wach,
     Bis neu die Sonne scheinet.
   O wer   Nunmehr   Nimmer klagte,
   Nimmer zagte,   Seit Du wachest,
   Und aus Nächten Tage machest!

4. Wohin wir ziehn durch Land und Meer:
Ein Himmel neigt sich drüber her,
   Dein Himmel voller Gnaden.
Da steigt erhörlich das Gebet,
Da wallt man sicher früh und spät
   Vor Feindeslist und Schaden.
Keiner Deiner Auserwählten,
Geistbeseelten Bleibt verlassen;
Treu will ihn Dein Arm umfassen.

5. Wir fliehn zu Dir mit allem Schmerz,
Zu Dir, wenn sich das arme Herz
   Abhärmt in bittrer Reue.
Du brichst nicht das zerstoßne Rohr,
Und wenn der Docht sein Oel verlor,
   So tränkst Du ihn auf's Neue.
Im Licht Soll nicht Eine fehlen
Von den Seelen, Die zum Leben
Dir Dein Vater übergeben.

6. O sel'ger König, Jesus Christ!
Wie wundervoll und heilig ist,
   Was uns in Dir geschenket!
In Dir, der Seine Glieder schirmt,
Bleibt unser Anker, wenn es stürmt,
   Auf ewig eingesenket.
Hier, hier Sind wir Festgebunden;
Unsre Stunden Fliehen eilig;
Dann hinauf zum Dreimal=Heilig!

Nr. 156. Mel.: Wachet auf! ruft uns die Stimme.

Christian Gottlob Barth (der verdienstvolle Missions-
freund und Jugendschriftsteller, gest. zu Calw in Würtemberg, 1862). Geb. 1836. Steht noch in keinem Gsgb.,
ist aber wohl der Aufnahme werth.

1. Hochgelobter Fürst des Lebens,
   Den einstmals Tod und Grab vergebens
      In seine engen Bande schlug;
   Der aus Todesdämmerungen
   Sich zu des Vaters Thron geschwungen
      Mit majestät'schem Siegesflug:
   Wie strahlte damals nicht
   Von Deinem Angesicht   Gottes Klarheit!
   Wie beugte gleich   Dein himmlisch Reich
   Sich Deinem königlichen Licht!

2. Nun nach heißen Leidenstagen
   Hast Du's ins Heiligthum getragen,
      In Geist verklärt Dein heilig Blut;
   Hast für unsre Todeswunden
   Die ewige Erlösung funden,
      Auf welcher unser Glaube ruht.
   Dein Opfer für die Welt.
   Dem Vater dargestellt, Gilt auf immer;
   Auf offner Bahn   Gingst Du voran;
   Wir folgen Dir, Du starker Held!

3. Nun von Deinem hohen Throne,
   Auf Deinem Haupt die Königskrone,
      Und auf der Brust das Priesterschild,
   Sprengest Du auf Deiner Glieder
   Befleckte Herzen täglich nieder
      Dein Blut, das unerschöpflich quillt;

Damit an Deiner Hand
In schimmerndem Gewand, Neu gewaschen
Wann Du dereinst Mit Macht erscheinst,
Sie ziehn zum ew'gen Vaterland.

4. So mit priesterlicher Milde
Erneuest Du zu Deinem Bilde
   Dein tiefgefallenes Geschlecht;
Hast Geduld mit unsern Schwächen,
Und lässest Dein Erbarmen sprechen,
   Daß Gnad' ergeh' für strenges Recht.
Um Schonung ruft Dein Blut,
  Wo einer Buße thut, Und sich beuget;
Wer kämpft um Ruh, Den tröstest Du;
Du kennest unsern schwachen Muth.

5. Will auch oft mein Herz verzagen,
Und der Verkläger mich verklagen:
   Du bittest für mich armes Kind,
Daß der Vater mir verzeihe,
Daß Himmelskraft den Muth erneue,
   Mein Herz das Vaterherze find.
Ist auch mein Seufzen schwach:
  Dein Geist ist immer wach, Es zu stärken.
Und will mein Flehn Kraftlos verwehn:
Dein mächtig Seufzen hilft ihm nach.

6. Nun, so will ich freudig hoffen!
Das Allerheiligste steht offen,
   Dein Priesteramt ist mein Vertraun.
Deines Blutes Himmelskräfte,
Wenn ich auf Dich mein Auge hefte,
   Laß reichlich auf mein Herze thau'n!

Halt offen mir Dein Ohr!
Heb Deine Hand empor, Hoherpriester,
Erbarme Dich Und segne mich!
Einst dank ich Dir im höhern Chor.

11. Wiederkunft Jesu Christi.

Nr. 157. Eigene Melodie.

Philipp Nicolai, Prediger zu Unna in Westphalen,
zuletzt in Hamburg, gest. 1608, Verf. von vier Liedern,
die sich durch hohen Schwung und innige Jesusliebe aus-
zeichnen, und von denen zwei „Wachet auf" und „Wie
schön leuchtet der Morgenstern" in allg. kirchl. Gebrauch
übergegangen sind. Alle vier finden sich in urspr. Form
bei Mützell, III. S. 919 – 927, und in überarbeiteter
Gestalt in Knapp's Christoterpe für 1838. Unser Lied
wurde geb. während des Wüthens der Pest zu Unna und
gebr. u. 1599, gleichzeitig mit dem andern schönen Liede:
„Wie schön leuchtet der Morgenstern", in dem „Freuden-
spiegel des ewigen Lebens" rc. Es führt dort den Tit l:
„Ein geistlich Lied von der Stimme zu Mitternacht und
von den klugen Jungfrauen, die ihrem himmlischen
Bräutigam entgegengehen". Nach Matth 25, 1 – 13.
Es ist ein christlicher Nachtwächterruf voll ergreifender
Feierlichkeit und Majestät und anerkannt eine der kost-
barsten Perlen in der evangel. Liederkrone Die wenigen
sprachlichen Härten des Originals können unbeschadet dem
Inhalt leicht vermieden werden während ihre Beibehaltung dem populären Gebrauche hindernd entgegensteht.
Die Melodie, welche wahrsch. auch von Nicolai herrührt,
und vortrefflich auf den Inhalt paßt, ist der König
der Choräle genannt worden. Dessen ungeachtet fehlt
dieses Lied auffallender Weise in den meisten amerik. Gsgb,
auch noch in dem niederl. Ref. von 1854. Eine sehr gelungene engl. Ueberf. im Versmaaß des Orig. s. in Lyra
G. II. 290: "Wake, awake, for night is flying, The
watchmen on the hights are crying; Awake, Jerusalem,

at last. Eine andere von Miß Cox in Hymns from the German, 2. Ausg. 1864, p. 27.

1. Wachet auf! ruft uns die Stimme
Der Wächter sehr hoch auf der Zinne,
   Wach auf, du Stadt Jerusalem!
Mitternacht heißt diese Stunde!
Sie rufen uns mit hellem Munde:
   Wo seid ihr klugen Jungfrauen?
Wohlauf, der Bräut'gam kömmt!
Steht auf, die Lampen nehmt! Hallelujah!
Macht euch bereit   Zur Hochzeitfreud';
Geht Ihm entgegen, es ist Zeit. 1)

2. Zion hört die Wächter singen,
Das Herz will ihr vor Freude springen;
   Sie wachet und steht eilend auf.
Ihr Freund kommt vom Himmel prächtig,
Von Gnaden stark, von Wahrheit mächtig:
   Ihr Licht wird hell, ihr Stern geht auf.
Nun komm, du werthe Kron',
Herr Jesu, Gottes Sohn!   Hosianna!
Wir folgen all'   Zum Freudensaal,
Und halten mit das Abendmahl.

3. Gloria sei Dir gesungen,
Mit Menschen= und mit Engelzungen,2)
   Mit Cymbeln und mit Harfenton!

---

1) Urspr.: „Ihr müsset ihm entgegen gehn", was sich aber nicht mit den beiden vorangehenden Zeilen reimt.

2) Statt „Mit Menschen= und englischen Zungen", beibehalten von Wackernagel.

Von zwölf Perlen sind die Thore
An Deiner Stadt wir stehn im Chore[1])
   Der Engel hoch um Deinen Thron.
Kein Aug' hat je gesehn,
   Kein Ohr hat je gehört, Solche Freude.
Drum jauchzen wir Und singen Dir
Das Hallelujah für und für[2]).

Nr. 158. Mel.: Balet will ich dir geben.

Lau entius Laurentii. 1700. Das Meisterstück dieses Liederdichters. Fehlt ebenfalls in den amerik. Gsgb.,
außer dem neuen Luth. (Nr. 694) welches es in der abge-
kürzten Form des N. Würt Gsgb. (bloß 7 V.) mittheilt.
Engl. Uebers. in Hymns from the Land of Luther, p. 51,
und in Sacred Lyrics from the German, p. 123. Schaff's
Christ in Song, p. 383.

1. Ermuntert euch, ihr Frommen,
      Zeigt eurer Lampen Schein!
   Der Abend ist gekommen,
      Die finstre Nacht bricht ein,
   Es hat sich aufgemachet
      Der Bräutigam mit Pracht:
   Auf, betet, kämpft und wachet,
      Bald ist es Mitternacht!

---

1) Statt: „Mit Harfen und mit Cymbeln schön. Von zwölf
Perlen sind die Pforten An Deiner Stadt, wir sind Consorten.“
Das letztere Wort hat aber, abgesehen von seiner undeutschen Herkunft,
später eine schlimme Bedeutung angenommen und ist darum von fast
allen neueren Gsgb., selbst von Wackernagel, verdrängt worden. Sinp
substituirt dafür Genossen, was sich aber nicht reimt und von seinem
Standpunkte aus bei der Beibehaltung von in dulci jubilo inconsequent ist.

2) So die meisten Gsgb., auch das Cnen. und Phil. Wackernagel
(Kl. Gsgb. 1860), statt des urspr.: „Deß sind wir froh: Jo. Jo! Ewig
in dulci jubilo“ (d. h. in süßem Jubel). Das Original ist nur noch
von einigen altluth. Gsgb., z. B. dem Unverfälschten Liedersegen von
Stip (der es aber nöthig findet, das lat. in dulci jublio, genommen
aus dem Anfang eines bekannten Weihnachtsliedes, in einer Anmerkung
durch das deutsche „in süßer Jubelwonne“ zu erklären) beibehalten worden.

2. Macht eure Lampen fertig,
　　Und füllet sie mit Oel,
Und seid des Heils gewärtig,
　　Bereitet Leib und Seel'!
Die Wächter Zions schreien:
　　Der Bräutigam ist nah,
Begegnet Ihm im Reihen,
　　Und singt Hallelujah!

3. Ihr klugen Jungfrau'n alle,
　　Hebt nun das Haupt empor
Mit Jauchzen und mit Schalle
　　Zum frohen Engelchor!
Die Thür ist aufgeschlossen,
　　Die Hochzeit ist bereit:
Auf, auf, ihr Reichsgenossen,
　　Der Bräut'gam ist nicht weit!

4. Er wird nicht lang verziehen,
　　Drum schlafet nicht mehr ein!
Man sieht die Bäume blühen;
　　Der schönste Frühlingsschein
Verheißt Erquickungszeiten;
　　Die Abendröthe zeigt
Den schönen Tag von weitem,
　　Vor dem das Dunkle weicht.

5. Wer wollte denn nun schlafen?
　　Wer klug ist, der ist wach;
Gott kommt, die Welt zu strafen,
　　Zu üben Grimm und Rach'
An allen, die nicht wachen,
　　Und die des Thieres Bild
Anbeten sammt dem Drachen:
　　Drum, auf, der Löwe brüllt!

6. Begegnet Ihm auf Erben,
   Ihr, die ihr Zion liebt,
Mit freudigen Geberden,
   Und seid nicht mehr betrübt!
Es sind die Freudenstunden
   Gekommen, und der Braut
Wird, weil sie überwunden,
   Die Krone nun vertraut.

7. Die ihr Geduld getragen
   Und mit gestorben seid,
Sollt nun nach Kreuz und Klagen
   In Freuden sonder Leid
Mit leben und regieren
   Und vor des Lammes Thron
Mit Jauchzen triumphiren
   Zu eurer Siegeskron'.

8. Hier sind die Siegespalmen,
   Hier ist das weiße Kleid,
Hier stehn die Weizenhalmen
   Im Frieden nach dem Streit
Und nach den Wintertagen;
   Hier grünen die Gebein',
Die dort der Tod erschlagen;
   Hier schenkt man Freudenwein.

9. Hier ist die Stadt der Freuden,
   Jerusalem der Ort,
Wo die Erlösten weiden;
   Hier ist die sichre Pfort',
Hier sind die güldnen Gassen,
   Hier ist das Hochzeitmahl,
Hier soll sich niederlassen
   Die Braut im Rosenthal.

10. O Jesu, meine Wonne,
　　Komm bald, und mach Dich auf!
　Geh auf, verlangte Sonne,
　　Und förbre Deinen Lauf!
　O Jesu, mach ein Ende,
　　Und führ' uns aus dem Streit!
　Wir heben Haupt und Hände
　　Nach der Erlösungszeit.

Nr. 159. Mel: Nun sich der Tag geendet hat.
Nach dem Brüdergesangbuch von 1735. Verfasser unbekannt.

1. Der Herr bricht ein um Mitternacht;
　　Jetzt ist noch Alles still.
　Wohl dem, der sich nun fertig macht,
　　Und Ihm begegnen will!

2. Er hat es uns zuvorgesagt
　　Und einen Tag bestellt:
　Er kommt, wenn Niemand nach Ihm fragt,
　　Noch es für möglich hält.

3. Wie liegt die Welt so blind und todt!
　　Sie schläft in Sicherheit,
　Und meint, des großen Tages Noth
　　Sei noch so fern und weit.

4. Sind eure Lampen rein und voll?
　　Brennt euer Glaubenslicht,
　Wenn nun der Aufbruch kommen soll,
　　Daß uns kein Oel gebricht?

5. So wache denn, mein Herz und Sinn,
　　Und schlummre ja nicht mehr!

20*

Blick täglich auf Sein Kommen hin,
Als ob es heute wär!

6. Der Tag der Rache nahet sich;
Der Herr kommt zum Gericht.
Du, meine Seele, schicke dich,
Steh, und verzage nicht!

7. Dein Theil und Heil ist schön und groß,
Steh auf! du hast es Macht.
Ergreif im Glauben du das Loos,
Das Gott dir zugedacht!

8. Der Herr bricht ein um Mitternacht;
Jetzt ist noch Alles still.
Wohl dem, der sich nun fertig macht
Und Ihm begegnen will!

12. Jefuslieder.

Nr. 160.　　Eigene Melodie.

Nach dem berühmten jubilus rhythmicus de nomine
Jesu des h. Bernhard von Clairvaur (des „honigströmenden Doctors", gest. 1153: "Jesu dulcis memoria"
(bei Daniel Thes. hymnol. I. 227 hat es 192. bei
Wackernagel, I p 117 — 120, 200 Zeilen, ist aber
im röm Brevier abgekürzt und in 3 Hymnen vertheil·).
Frei reproducirt vom Grafen Nik. L. von Zinzendorf a. 1730 (urspr. 31 Str., s. Knapp's Ausgabe der
Lieder von Zinz. S. 94) aber in allen Gsab ebenfalls
stark abgekürzt. Das Lied von Martin Moller (gest.
1606): „O Jesu süß, wer Dein gedenkt, Sein Herz mit
Freud' wird überschwenkt" (eb. 1596, 8 Verse, in vielen
Gsgb., aber auch mit vielfachen Veränderungen und Abkürzungen, vgl. Mützell III. S. 775 ff.) ist ebenfalls eine,
jedoch weniger gelungene und fließende Nachbildung des

süßen Gesangs von Bernh. Eine neuere abkürzende
Ueberf. des Orig. von Königsfeld. Engl. Uebers. von
E. Caswall in Lyra Catholica p. 102: "Jesus, the
very thought of Thee." von Dr. J. W. Alexander
im Mercersb. Rev. für 1859, p. 304: "Jesus, how sweet
thy memory is" und von Dr. J. W. Neale in Hymnal
Noted: "Jesu, the very thought is sweet". S. Schaff's
Christ in Song, p. 405—410.

1. Jesu, Deiner zu gedenken,
   Kann dem Herzen Freude schenken;
   Doch mit süßen Himmelsträuken
   Labt uns Deine Gegenwart.

2. Lieblicher hat nichts geklungen,
   Holder ist noch nichts gesungen,
   Sanfter nichts in's Herz gedrungen,
   Als „mein Jesus, Gottes Sohn"

3. Tröstlich, wenn man reuig stehet;
   Herzlich, wenn man vor Dir flehet;
   Lieblich, wenn man zu Dir gehet;
   Unaussprechlich, wenn Du da!

4. Du erquickst das Herz von innen,
   Lebensquell und Licht der Sinnen!
   Freude muß vor Dir zerrinnen;
   Niemand sehnt sich g'nug nach Dir.

5. Schweigt, ihr ungeübten Zungen!
   Welches Lied hat Ihn besungen?
   Niemand weiß, als der's errungen,
   Was die Liebe Christi sei.

6. Jesu, wunderbarer König,
   Dem die Völker unterthänig,
   Alles ist vor Dir zu wenig,
   An dem alles liebenswerth.

7. Wenn Du uns trittst vor's Gesichte,
Wird es in dem Herzen lichte,
Alles eitle wird zunichte,
  Und die Liebe glühet auf.

8. Ach, Du hast für uns gelitten,
Wolltest all Dein Blut ausschütten,
Hast vom Tod uns losgestritten,
  Und zur Gottesschau gebracht!

9. König, würdig aller Kränze,
Quell der Klarheit ohne Grenze,
Komm der Seele näher, glänze,
  Komm, Du längst Erwarteter!

10. Dich erhöhn des Himmels Heere,
Dich besingen unsre Chöre:
Du bist unsre Macht und Ehre,
  Du hast uns mit Gott versöhnt!

11. Jesus herrscht in großem Frieden;
Er bewahrt Sein Volk hienieden,
Daß es, von Ihm ungeschieden,
  Fröhlich Ihn erwarten kann.

12. Himmelsbürger, kommt gezogen,
Oeffnet eurer Thore Bogen,
Sagt dem Sieger wohlgewogen:
  Holder König, sei gegrüßt!

13. Jesus, Den wir jetzt mit Loben,
Wunsch und Psalmen hoch erhoben,
Jesus hat aus Gnaden droben
  Friedenshütten uns bestellt!

Nr. 161. Mel.: Wie schön leuchtet der Morgenstern.

Johann Heermann. 1630 Ueber seinen Wahl-
spruch: „Mihi omnia Jesus," d. h. „Jesus ist mir Alles".
Sehr weit verbreitet (s. die Angaben bei Mützell in
seinem zweiten hymnol. Werke I. 48). In vielen Gsgb.
unnöthig verändert, selbst im N. Würt.

1. O Jesu, Jesu, Gottes Sohn,
   Mein Bruder und mein Gnadenthron,
      Mein Schatz, mein' Freud', und Wonne!
   Du weißt' es, daß ich rede wahr;
   Vor Dir ist Alles sonnenklar
      Und klarer, als die Sonne.
   Herzlich Lieb ich Mit Gefallen
   Dich vor Allen Nichts auf Erden
   Kann und mag mir lieber werden.

2. Dieß ist mein Schmerz, dieß kränket mich,
   Daß ich nicht g'nug kann lieben Dich,
      Wie ich Dich lieben wollte.
   Ich werd von Tag zu Tag entzünd't;
   Je mehr ich lieb, je mehr ich find',
      Daß ich Dich lieben sollte.
   Von Dir Laß mir Deine Güte
   In's Gemüthe Lieblich fließen,
   So wird sich die Lieb' ergießen!

3. Gieb, Jesu, daß ich treff das Ziel,
   Daß ich, so viel ich soll und will,
      Dich allzeit lieben könne!
   Nichts auf der ganzen weiten Welt,
   Pracht, Wollust, Freude, Ehr' und Geld,
      Wenn ich mich recht besinne,

Kann mich Ohn' Dich G'nugsam laben;
Ich muß haben Reine Liebe,
Die tröst't, wann ich mich betrübe.

4. Denn wer Dich liebt, den liebest Du,
Schaffst seinem Herzen Fried' und Ruh',
   Erfreuest sein Gewissen;
Es geh ihm, wie es woll', auf Erd',
Wenn ihn gleich ganz das Kreuz verzehrt,
   Soll er doch Dein genießen.
Endlich Wird sich Nach dem Leibe
Große Freude Bei Dir finden;
Alles Trauern muß verschwinden.

5. Kein Ohr hat jemals dieß gehört,
Kein Mensch gesehen, noch gelehrt,
   Es kann's Niemand beschreiben,
Was denen dort für Herrlichkeit
Bei Dir und von Dir ist bereit,
   Die in der Liebe bleiben.
Gründlich Läßt sich Nicht erreichen,
Noch vergleichen Den Weltschätzen,
Was alsdann uns wird ergötzen.

6. Drum laß ich billig dieß allein,
O Jesu, meine Sorge sein,
   Daß ich Dich herzlich liebe;
Daß ich in dem, was Dir gefällt
Und mir Dein Wort vor Augen hält,
   Aus Liebe mich stets übe,
Bis ich Endlich Werd' abscheiden
Und mit Freuden Zu Dir kommen,
Aller Trübsal ganz entnommen.

7. Da werd' ich Deine Süßigkeit,
Das himmlisch Manna, allezeit
In reiner Liebe schmecken;
Und sehn Dein liebreich Angesicht
Mit unverwandtem Augenlicht
Ohn' alle Furcht und Schrecken
Reichlich Werd' ich Dann erquicket
Und geschmücket Vor Dein'm Throne
Mit der schönen Himmelskrone.

Nr. 162. Eigene Melodie.

Johann Frank. 1653. Unter dem Titel: „Die
heil. Jesuslust." Umbildung eines weltlichen Liebesliedes:
„Flora, meine Freude, Meiner Augen Weide." Es verbreitete sich bald in und außerhalb Deutschland, obwohl
nicht ohne Widerspruch, und wurde auf Befehl Peters des
Großen a. 1724 auch in's Russische übersetzt. Ist gleich-
falls oft und unnötig verändert. Eine gute engl.
Uebers. von Rich. Massie, 1864: "Jesus, my chief
pleasure, Jesus, my heart's treasure, Matchless pearl
of grace"

1. Jesu, meine Freude,
   Meines Herzens Weide,
      Jesu, meine Zier:
   Ach wie lang, ach lange
   Ist dem Herzen bange
      Und verlangt nach Dir!
   Gottes Lamm, Mein Bräutigam,
   Außer Dir soll mir auf Erden
   Nichts sonst Lieb'res werden.

2. Unter Deinem Schirmen
   Bin ich vor den Stürmen
      Aller Feinde frei;

Laß den Satan wettern
Und die Welt erschüttern;
　Mir steht Jesus bei.
Ob es jetzt Gleich kracht und blitzt,
Ob gleich Sünd' und Hölle schrecken,
Jesus will mich decken.

3. Trotz dem alten Drachen,
　Trotz dem Todesrachen,
　　Trotz der Furcht dazu!
　Tobe, Welt, und springe,
　Ich steh hier und singe
　　In gar sichrer Ruh'.
Gottes Macht Hält mich in Acht;
Erd' und Abgrund muß sich scheuen,
Ob sie noch so dräuen.

4. Weg mit allen Schätzen
　Du bist mein Ergötzen,
　　Jesu, meine Lust!
　Weg ihr eitlen Ehren,
　Ich mag euch nicht hören,
　　Bleibt mir unbewußt!
Elend, Noth, Kreuz, Schmach und Tod
Soll mich, ob ich viel muß leiden,
Nicht von Jesu scheiden.

5. Gute Nacht, o Wesen,
　Das die Welt erlesen,
　　Mir gefällst du nicht.
　Gute Nacht, ihr Sünden,
　Bleibet weit dahinten,
　　Kommt nicht mehr an's Licht.

Gute Nacht, Du Stolz und Pracht,
Dir sei ganz, du Sündenleben,
Gute Nacht gegeben!

6. Weicht, ihr Trauergeister!
　　Denn mein Freudenmeister,
　　　　Jesus, tritt herein.
　　Denen die Gott lieben,
　　Muß auch ihr Betrüben
　　　　Lauter Freude sein.
　　Duld ich schon Hier Spott und Hohn,
　　Dennoch bleibst Du auch im Leide,
　　Jesu, meine Freude!

－－－－

Nr. 163. Eigene Melodie.

Ch tätan Keymann. 1656 oder 1658. Ein Akrostichon zu dem Glaubensspruch des sterbenden Churfürsten Joh Georg I. von Sachsen: „Meinen Jesum laß ich nicht,“ vgl. 1 Mos. 32, 26. Engl. Uebers. in Morav. H. B. Nr. 392.

1. Meinen Jesum laß ich nicht!
　　Weil Er Sich für mich gegeben,
　　So erfordert meine Pflicht,
　　　　In Ihm und für Ihn zu leben[1]);
　　Er ist meines Lebens Licht,
　　Meinen Jesum laß ich nicht.

2. Jesum laß ich ewig nicht,
　　Weil ich soll auf Erden leben;
　　Ihm hab' ich voll Zuversicht,
　　Was ich bin und hab, ergeben,

－－－－

1) Urspr. „Klettenweis an Ihm zu Üeben“, was aber von den meisten neuern Gsgb. (außer von Stip und Wackernagel) aufgegeben ist.

Alles ist auf Ihn gericht't,
Meinen Jesum laß ich nicht.

3. Laß vergehen das Gesicht,
    Hören, Schmecken, Fühlen weichen,
Laß das letzte Tageslicht
    Mich auf dieser Welt erreichen,
Wenn der Lebensfaden bricht:
Meinen Jesum laß ich nicht.

4. Ich werd' Ihn auch lassen nicht,
    Wenn ich nun dahin gelanget,
Wo vor Seinem Angesicht
    Frommer Väter ¹) Glaube pranget.
Mich erfreut Sein Angesicht,
Meinen Jesum laß ich nicht.

5. Nicht nach Welt, nach Himmel nicht
    Meine Seel' in mir sich sehnet ²);
Jesum wünscht sie und Sein Licht,
    Der mich hat mit Gott versöhnet,
Der mich frei macht vom Gericht,
Meinen Jesum laß ich nicht.

6. Jesum laß ich nicht von mir,
    Geh Ihm ewig an der Seiten;
Christus läßt mich für und für
    Zu den Lebensbrunnen leiten.
Selig, wer mit mir so spricht:
Meinen Jesum laß ich nicht!

---

1) Statt: „Meiner Eltern".
2) Statt: „Meine Seele seufzt und stöhnet".

Nr. 164. Mel.: Wer weiß, wie nahe mir mein Ende.

Johann Scheffler (Ang. Silesius). 1657. Nach der auch von Raumer und Stip vorgezogenen Lesensart in Freylingh. Gsgb. von 1704. welcher V. 4 und 5 zum Orig. hinzu-edichtet und den Refrain etwas verändert hat.

1. Ach sagt mir nichts von Gold und Schätzen,
   Von Pracht und Schönheit dieser Welt!
Es kann mich ja kein Ding ergötzen,
   Was mir die Welt vor Augen stellt.
Ein jeder liebe, was er will;
Ich liebe Jesum, Der mein Ziel.

2. Er ist alleine meine Freude,
   Mein Gold, mein Schatz, mein schönstes
                                Bild,
An dem ich meine Augen weide,
   Und finde, was mein Herze stillt.
Ein jeder liebe, was er will;
Ich liebe Jesum, Der mein Ziel.

3. Die Welt vergeht mit ihren Lüsten,
   Des Fleisches Schönheit dauert nicht;
Die Zeit kann alles das verwüsten,
   Was Menschenhände zugericht't.
Drum lieb ein jeder, was er will;
Nur Jesus ist allein mein Ziel.

4. Er ist allein mein Licht und Leben,
   Die Wahrheit selbst, das ew'ge Wort;
Er ist mein Stamm, und ich Sein Reben;
   Er ist der Seelen Fels und Hort.
Ein jeder liebe, was er will;
Ich bleib bei Jesu, meinem Ziel.

5. Er ist der König aller Ehren,
   Er ist der Herr der Herrlichkeit;
   Er kann mir ew'ges Heil gewähren,
   Und retten mich aus allem Streit.
   Ein jeder liebe, was er will;
   Nur Jesus ist und bleibt mein Ziel.

6. Sein Schloß kann keine Macht zerstören,
   Sein Reich vergeht nicht mit der Zeit;
   Sein Thron bleibt stets in gleichen Ehren
   Von nun an bis in Ewigkeit.
   Ein jeder liebe, was er will;
   Mein Jesus ist mein höchstes Ziel.

7. Sein Reichthum ist nicht zu ergründen;
   Sein allerhöchstes Angesicht,
   Und was von Schmuck um Ihn zu finden,
   Verbleichet und veraltet nicht.
   Ein jeder liebe, was er will;
   Nur Jesus ist und bleibt mein Ziel.

8. Er will mich über all's erheben
   Und Seiner Klarheit machen gleich;
   Er wird mir so viel Schätze geben,
   Daß ich werd' unerschöpflich reich.
   Ein jeder liebe, was er will;
   Mein Jesus ist mein höchstes Ziel.

9. Muß ich gleich hier sehr viel entbehren,
   So lang ich wandre in der Zeit,
   So wird Er mir's doch wohl gewähren
   Im Reiche Seiner Herrlichkeit.
   Drum lieb ich billig in der Still
   Nur Jesum, meines Herzens Ziel.

Nr. 165. Eigene Melodie.

Adam Drese. Gedichtet um 1690, zuerst gedruckt 1695. Von Miss. Schulz a. 1722 auch in's Malabarische übersetzt. Ist im N. Würt. Gsgb., wo es anfängt: „Dir ergeb ich mich", zu sehr verändert.

1. Seelenbräutigam, Jesu Gottes Lamm!
Habe Dank für Deine Liebe,
Die mich zieht mit reinem Triebe
Aus der Sünden Schlamm, Jesu, Gottes
Lamm!

2. Deiner Liebe Gluth Stärket Muth und Blut.
Wenn Du freundlich mich anblickest
Und an Deine Brust mich drückest,
Macht mich wohlgemuth Deiner Liebe Gluth.

3. Wahrer Mensch und Gott, Trost in Noth
und Tod,
Du bist darum Mensch geboren,
Zu ersetzen, was verloren,
Durch Dein Blut so roth, Wahrer Mensch
und Gott!

4. Meines Glaubens Licht Laß verlöschen nicht;
Salbe mich mit Freudenöle,
Daß hinfort in meiner Seele
Ja verlösche nicht Meines Glaubens Licht!

5. So werd' ich in Dir Bleiben für und für;
Deine Liebe will ich ehren
Und in Dir Dein Lob vermehren,
Weil ich für und für Bleiben werd' in Dir.

6. Held aus Davids Stamm, Deine Liebes-
flamm'
Mich ernähre und verwehre,
Daß die Welt mich nicht versehre,
Ob sie mir gleich gram, Held aus Davids
Stamm.

7. Großer Friedefürst, Wie hast Du gedürst't
Nach der Menschen Heil und Leben
Und Dich in den Tod gegeben,
Wie Du riefst: Mich dürst't! Großer Friede-
fürst!

8. Deinen Frieden gieb Aus so großer Lieb
Uns, den Deinen, die Dich kennen
Und nach Dir sich Christen nennen!
Denen Du bist lieb, Deinen Frieden gieb!

9. Ich ergreife Dich, Du, mein ganzes Ich!
Ich will nimmermehr Dich lassen,
Sondern gläubig Dich umfassen,
Weil im Glauben ich Nun begreife Dich.

10. Hier durch Spott und Hohn. Dort die
Ehrenkron'!
Hier im Hoffen und im Glauben,
Dort im Haben und im Schauen!
Denn die Ehrenkron' Folgt auf Spott
und Hohn.

11. Jesu, hilf, daß ich Allhier ritterlich
Alles durch Dich überwinde,
Und in Deinem Sieg empfinde,
Wie so ritterlich Du gekämpft für mich!

12. Jesu, meine Ruh', Ew'ge Liebe Du!
Nichts als Du soll mir gefallen,
Dein ist all mein Thun und Wallen,
Jesu, meine Ruh', Ew'ge Liebe Du!

———

Nr. 166. Mel.: Herr, wie Du willt, so schick's
mit mir.

Cyriacus Güther. Geb. um 1700, zuerst gedr. 1714
(nach dem Tode des Verf.). Mehrere andere Gsgb., selbst
das neue Würt., geben dieses beliebte Lied in der Dieterich'schen Abschwächung mit Auslassung von 1 oder
2 Versen und Hinzufügung eines neuen, mit Rücksicht auf
das h. Abendmahl. Wir geben es vollständig, doch mit
einigen sprachlichen Verbesserungen.

1. Halt im Gedächtniß Jesum Christ,
   Den Heiland, der auf Erden
Vom Himmelsthron gekommen ist,
   Dein Bruder hier zu werden,
Vergiß nicht, daß Er dir zu gut
Hat angenommen Fleisch und Blut.
   Dank Ihm für diese Liebe!

2. Halt im Gedächtniß Jesum Christ,
   Der für dich hat gelitten,
Und dir, da Er gestorben ist,
   Am Kreuz das Heil erstritten.
Besieget hat Er Sünd' und Tod
Und dich erlöst aus aller Noth.
   Dank Ihm für diese Liebe!

3. Halt im Gedächtniß Jesum Christ,
   Der auch am dritten Tage

Siegreich vom Tod erstanden ist,
　　Befreit von Noth und Plage.
Bedenke, daß Er Fried' gemacht,
Und ew'ges Leben wiederbracht.
　　Dank Ihm für diese Liebe!

4. Halt im Gedächtniß Jesum Christ,
　　Der nach den Leidenszeiten
Gen Himmel aufgefahren ist,
　　Die Stätte zu bereiten,
Da du sollst bleiben allezeit
Und sehen Seine Herrlichkeit.
　　Dank Ihm für diese Liebe!

5. Halt im Gedächtniß Jesum Christ,
　　Der einst wird wiederkommen,
Zu richten, was auf Erden ist,
　　Die Sünder und die Frommen.
O sorge, daß du dann bestehst
Und mit Ihm in Sein Reich eingehst,
　　Ihm ewiglich zu danken.

6. Gieb Jesu, daß ich Dich fortan
　　Mit wahrem Glauben fasse,
Und nie, was Du an mir gethan,
　　Aus meinem Herzen lasse;
Daß dessen ich in aller Noth
Mich trösten mög' und durch den Tod
　　Zu Dir in's Leben bringe.

Nr. 167. Mel.: Seelenbräutigam.

Johann Anastasius Freylinghausen. 1704. Sein bestes Lied. Urspr. 14 Str.

1. Wer ist wohl wie Du, Jesu, süße Ruh'!
   Unter Vielen auserkoren,
   Leben derer, die verloren,
   Und ihr Licht dazu,   Jesu, süße Ruh'!

2. Leben, das den Tod, Mich aus aller Noth
   Zu erlösen, hat geschmecket,
   Meine Schulden zugedecket,
   Und mich aus der Noth Hat geführt zu Gott.

3. Glanz der Herrlichkeit! Du bist vor der Zeit
   Zum Erlöser uns geschenket,
   Und in unser Fleisch versenket
   In der Füll' der Zeit, Glanz der Herrlichkeit!

4. Großer Siegesheld! Hölle, Tod und Welt
   Hast Du herrlich überwunden,
   Und ein ewig Heil erfunden ¹)
   Für die Sünderwelt Durch Dein Blut, o Held!

5. Höchste Majestät, König und Prophet!
   Deinen Scepter will ich küssen,
   Ich will sitzen Dir zu Füßen,
   Wie Maria thät, Höchste Majestät!

6 Laß mich Deinen Ruhm, Als Dein Eigenthum,
   Durch des Geistes Licht erkennen,
   Stets in Deiner Liebe brennen
   Als Dein Eigenthum, Allerschönster Ruhm!

---

1) „Alle Kraft des großen Drachen Hast du woll'n zu Schanden machen." Er hat sie wirklich zu Schanden gemacht.

7. Zeuch mich ganz in Dich, Daß vor Liebe ich
Ganz zerrinne und zerschmelze,
Und auf Dich mein Elend wälze,
Das stets drücket mich;   Zeuch mich ganz
in Dich!

8. Deiner Sanftmuth Schild, Deiner Demuth
Bild
Mir anlege, in mich präge,
Daß nicht Zorn und Stolz sich rege.
Denn vor Dir nichts gilt,   Als Dein
eigen Bild.

9. Deines Geistes Trieb In die Seele gieb,
Daß ich wachen mög' und beten,
Freudig vor Dein Antlitz treten!
Ungefärbte Lieb' In die Seele gieb!

10. Wenn der Wellen Macht In der trüben Nacht
Will des Herzens Schifflein decken,
Wollst Du Deine Hand ausstrecken!
Habe auf mich Acht, Hüter in der Nacht!

11. Einen Heldenmuth, Der da Gut und Blut
Gern um Deinetwillen lasse,
Und des Fleisches Lüste hasse,
Gieb mir, höchstes Gut,   Durch Dein
theures Blut!

12. Soll's zum Sterben gehn Wollst Du bei
mir stehn,
Mich durch's Todesthal begleiten,
Und zur Herrlichkeit bereiten,
Daß ich mich mag sehn, Dir zur Rechten stehn.

Nr. 168. Mel: Nun ruhen alle Wälder.
Philipp Friedrich Hiller. Vor 1769. (Nach Joh. Arndt.)

1. Du Glanz vom ew'gen Lichte,
Von Gottes Angesichte,
    Du Herr der Herrlichkeit,
Durch den Gott Seine Milde
Im reinsten Ebenbilde,
    Und alle Gnaden anerbeut:

2. In Dir kann ich auf Erden
Gerecht und heilig werden,
    Und ewig selig sein.
Dir fern sein ist Verderben,
Qual, Finsterniß und Sterben,
    Unseligkeit und Höllenpein.

3. Ich gehe oder stehe,
Ich jauchze oder flehe,
    Ich sei auch, wo ich bin:
Wenn Du nicht in mir bleibest,
Nicht durch den Geist mich treibest,
    Sinkt Alles zu dem Tode hin.

4. Komm, Jesu, meine Liebe!
Entflamme meine Triebe
    Vom Himmel her für Dich!
Ach komm, mein ewig Leben,
Mir Geist und Kraft zu geben;
    Komm, o mein Licht, erleuchte mich!

5. Verbinde mein Gemüthe
Nach Deiner Wundergüte
    Auf ewig, Herr, mit Dir;

Die Demuth sei die Würde,
Die Sanftmuth meine Zierde,
  Dein Bild mein reichster Schmuck in mir!

6. Bei Freuden und bei Schmerzen
Sprich Du in meinem Herzen,
  Des Vaters ewig Wort!
Und laß, wenn Du willst zeugen,
Die Welt ganz in mir schweigen;
  Treib allen Lärm der Lüste fort.

7. Wie gut ist's, wo Du wohnest!
Wie schön ist's, wo Du thronest!
  Da bleibt kein Gram, kein Tod.
Ach, meine Seele thränet,
Mein Geist verlangt und sehnet
  Sich hin zu Dir, mein Herr und Gott!

8. Wohl denen, die Dich sehen
In Deinem Hause stehen
  Und Freudenopfer thun!
Die loben Dich beständig;
Ihr Sabbath ist inwendig,
  Wo sie von aller Sorge ruhn.

9. Wohl denen, die Dich kennen,
Dich ihre Stärke nennen,
  Die nimmermehr zerrinnt:
Von Herzen Dir nachwandeln,
Nach Deinem Worte handeln,
  Voll Glauben, Lieb' und Hoffnung sind!

10. Dein heilig Angedenken
Soll mich mit Freude tränken,
  Dein Lieben mach mich satt!

Herr, wohn' in meiner Seele,
Damit ihr nichts mehr fehle! —
Du bist's, in dem man Alles hat.

Nr. 169. Mel.: Herzlich thut mich verlangen.

Friedrich Ludwig von Hardenberg (gewöhnlich Novalis genannt). Geb. zwischen 1795 und 1800 in der glaubens= und liebeleeren Zeit der Aufklärung, worauf gleich die erste Zeile und B. 2 anspielt in einer Weise, die fast an Petri vermessenes Wort erinnert, während der Schluß beinahe im Sinne der Wiederbringung gedeutet werden könnte. Gedruckt 1802. Voll tiefer Sehnsucht und Liebesgluth, wie Alles von diesem genialen Jüngling; aber kein echtes Kirchenlied und mehr dem Geiste sub= jectiver Frömmigkeit als des kirchlichen Gemeindelebens entsprungen. Doch haben auch noch andere seiner Lieder („Was wär' ich ohne Dich gewesen", „Wenn ich Ihn nur habe" ꝛc) Eingang in gute Gsgb. gefunden, z. B. das neue Würt. Engl. Uebers. in Lyra G. 1. 165: "Though all to Thee were faithless".

1. Wenn Alle untreu werden,
   So bleib ich Dir doch treu,
   Daß Dankbarkeit auf Erden
   Nicht ausgestorben sei.
   Für mich umfing Dich Leiden
   Und bittrer Todesschmerz;
   Drum geb ich Dir mit Freuden
   Auf ewig dieses Herz!

2. Oft möcht ich bitter weinen,
   Daß Du gestorben bist,
   Und mancher von den Deinen
   Dich lebenslang vergißt.

Von Liebe nur durchdrungen,
  Hast Du soviel gethan;
Und doch bist Du verklungen,
  Und keiner denkt daran.

3. Du stehst voll treuer Liebe
  Noch immer jedem bei;
Wenn keiner treu Dir bliebe,
  So bleibst Du dennoch treu.
Die treuste Liebe sieget;
  Am Ende fühlt man sie,
Weint bitterlich und schmieget
  Sich kindlich an Dein Knie.

4. Ich habe Dich empfunden;
  O lasse nicht von mir!
Laß innig mich verbunden
  Auf ewig sein mit Dir!
Einst schauen meine Brüder
  Auch wieder himmelwärts,
Und sinken liebend nieder
  Und fallen Dir an's Herz.

Nr. 170. Mel.: Herr und Aelt'ster Deiner Kreuzgemeine.

Albert Knapp († 1864). Geb. 23. April 1823 für
eine Confirmandin, und zwar, wie der Verf. (in Leben
L. Hofackers S. 177) erzählt, unter großer Schwachheit
und Seelenangst aber in brünstiger Gebetsstimmung, ohne
Ahnung, damit jemanden erbauen zu können, weßbald
auch Gott allein die Ehre dafür gebühre. (Gedruckt 182
dann zuerst ohne Zuthun des Verf.) in das N Würt., b
N. Basler und and. Gsgb. übergegangen. Es ist d
innigste und beliebteste Kirchenlied dieses frommen
fruchtbaren Dichters und hat bereits vielen Segen

tiftet. Es ist allerdings, wie mehrere Nr. in dieser schönen Abtheilung, subjectiv, aber im besten Sinne, in
welchem auch die meisten Gerhardt'schen Lieder u sprüng-
lich subjectiv, d. h. d r lyrische A sdruck d r tiefen Empfindung und Erfahrung j e d e r lebendigen Christenseele
und bald von der Gemeinde adoptirt, also zu gleich ob-
jectiv geworden sind. Eine gute engl. Uebers. von
Prof. Porter in Schaff's Christ in Song, p. 625:
"More than all, one thing my heart is craving".

1. Eines wünsch ich mir vor allem Andern,
   Eine Speise früh und spät;
   Selig läßt's im Thränenthal sich wandern,
   Wenn dieß Eine mit uns geht:
   Unverrückt auf einen Mann zu schauen,
   Der mit blut'gem Schweiß und Todesgrauen
   Auf Sein Antlitz niedersank,
   Und den Kelch des Vaters trank.

2. Ewig soll Er mir vor Augen stehen,
   Wie Er, als ein stilles Lamm,
   Dort so blutig und so bleich zu sehen,
   Hängend an des Kreuzes Stamm;
   Wie Er dürstend rang um meine Seele,
   Daß sie Ihm zu Seinem Lohn nicht fehle,
   Und dann auch an mich gedacht,
   Als Er rief: Es ist vollbracht!

3. Ja, mein Jesu, laß mich nie vergessen
   Meine Schuld und Deine Huld!
   Als ich in der Finsterniß gesessen,
   Trugest Du mit mir Geduld;
   Hattest längst nach Deinem Schaf getrachtet
   Eh' es auf des Hirten Ruf geachtet,
   Und mit theurem Lösegeld
   Mich erkauft von dieser Welt.

4. Ich bin Dein! Sprich Du darauf ein Amen!
   Treuster Jesu, Du bist mein!
Drücke Deinen süßen Jesusnamen
   Brennend in mein Herz hinein!
Mit Dir Alles thun und Alles lassen,
In Dir leben, und in Dir erblassen:
Das sei bis zur letzten Stund'
Unser Wandel, unser Bund!

Nr. 171. Mel.: Herzlich thut mich verlangen.

Ch ist Gottlob Keen (geb. 1792, Pfarrer zu Dürrmenz = Mühlacker in Württemberg, ein edler, fein gebildeter, schwer geprüfter und früh vollendeter Christ, gest 1835). Geb. 1820, zuerst gedruckt in **Knapp's** Christoterpe a. 18 7, dann in das N. Würt., Aarauer und and. Ggb. (gewöhnlich als Abendmahlslied weg n B. 4), jedoch mit mehrfachen Veränderungen aufgen. Ich habe das Original das mir von der Tochter des Verfassers, der Frau Prof. Pfleiderer in Kornthal a. 1869 gütigst eingehändigt wurde, zu Grunde gelegt, mit Ausnahme des recip Textes in R. 2. Engl. Uebers. von Cath. Winkworth in Lyra G. II 142: "Oh how could I forget Him". Siehe Schaff's Christ in Song, p. 623

1. Wie könnt ich Sein vergessen,
      Der mein noch nie vergaß?
   Kann ich die Lieb ermessen,
      Dadurch mein Herz genas?
   Ich lag in bittern Schmerzen:
      Er kommt und macht mich frei[1];
   Und stets quillt aus dem Herzen
      Ihm neue Lieb' und Treu'

---

[1] Dieß die urspr. Lesart. Spätere unnöthige Veränderung: „Er schafft mein Leben neu".

2. Wie sollt ich Ihn nicht lieben,
   Der mir so hold Sich zeigt?
Wie jemals Ihn betrüben,
   Der so zu mir Sich neigt?
Er, Der an's Kreuz erhoben,
   Getragen meine Schmach,
Ruft Er mir nicht von oben:
   „Komm, folge du mir nach!" [1]

3. Ihn will ich ewig lieben,
   Der mir aus Todesnacht,
Von meinem Schmerz getrieben,
   Unsterblichkeit gebracht;
Der noch zur letzten Stunde
   Mir reicht die treue Hand,
Daß ewig ich gesunde
   Im bessern Vaterland [2].

4. Er giebt zum heil'gen Pfande
   Mir selbst Sein Fleisch und Blut;
Hebt mich vom Erdenlande [3],
   Füllt mich mit Himmelsmuth;
Will selber in mir thronen
   Mit heil'gem Gnadenschein:
Sollt ich bei Ihm nicht wohnen?
   In Ihm nicht selig sein?

---

1) Urspr.: „Und — schau ich Ihn gehoben An's Kreuz und
himmelan, Wo Ihn die Engel leben — Den ich nur leben kann."
  2) Dieß ist die urspr. und bessere Lesart nach dem erwähnten
Manuscr. Knapp, das Württemb. und andere Gsgb lesen statt dessen:
„Daß mich kein Feind verwunde Im Lauf zum Heimatland". Aud.
„Bis auch die letzte Wunde Ausheilt, die mich gebrannt".
  3) Veränderte Lesart. „Mit Seinem Leib, Sein Blut Hebt mich
aus Nacht und Schande."

[Bei Freuden und bei Schmerzen
    Durchleuchte mich Dein Bild;
Wie Du, mein Bild im Herzen,[1]
    Geblutet haſt ſo mild!
Mein Lieben und mein Hoffen,
    Mein Dulden weih ich Dir.
Laß mir die Heimath offen
    Und Dein Herz für und für!

---

[1] Knapp hat dieß ſo verändert: „Wie Du, o Herz der Herzen".

IV. Der heilige Geist und die Heiligung.

Pfingstlieder.

Nr. 172. *Eigene Melodie.*

Das Veni, sancte Spiritus aus dem 11 Jahrh. (Von König Robert II. von Frankreich?) Bearbeitet von Martin Luther 1524 nach älteren deutschen Ueber=setzungen, besonders einer im Basler Evangelienbuch von 1514, woraus der 1 B. wörtlich entnommen ist (vgl. Wackernagel S. 112 und Koch IV. 221 ff.). Das lat. Original (B. 1) wurde unter andern auch bei der Leip=ziger Disputation zwischen Luther und Eck a. 1519 gesun=gen. Luther sagt über dieses alte Pfingstlied: „Der heil. Geist selber habe es von sich gemacht, beide, Worte und Melodey." Die Melodie stammt aus dem 15. Jahrh. und ist von Luther in Verbindung mit Walther verein=facht worden. Eine neuere Melodie dazu von Knecht 1797. Engl. Uebers. in Lyra Germ I. 117· "Come, Holy Spirit, God and Lord". Eine andere freiere von Ray Palmer: Come, Holy Ghost, in love, 1858.

1. Komm, heiliger Geist, Herre Gott!
   Erfüll mit Deiner Gnaden Gut
   Deiner Gläubigen Herz, Muth und Sinn,
   Dein' brünst'ge Lieb' entzünd' in ihn'n!
   O Herr, durch Deines Lichtes Glast[1])
   Zum Glauben Du versammelt hast
   Das Volk aus aller Welt Zungen;
   Das sei Dir, Herr, zu Lob gesungen.
   Hallelujah! Hallelujah!

---

1) D. h. Glanz.

2. Du heiliges Licht, edler Hort!
Laß uns leuchten des Lebens Wort,
Und lehr uns Gott recht erkennen,
Von Herzen Vater Ihn nennen.
O Herr, behüt vor fremder Lehr',
Daß wir nicht Meiſter ſuchen mehr,
Denn Jeſum, mit rechtem Glauben,
Und Ihm aus ganzer Macht vertrauen.
Hallelujah! Hallelujah!

3. Du heilige Brunſt, ſüßer Troſt!
Nun hilf uns fröhlich und getroſt
Zu Dein'm Dienſt beſtändig bleiben,
Die Trübſal uns nicht abtreiben.
Durch Deine Kraft uns, Herr, bereit,
Und ſtärk des Fleiſches Blödigkeit,
Daß wir hie ritterlich ringen,
Durch Tod und Leben zu Dir bringen.
Hallelujah! Hallelujah!

Nr. 173.   Eigene Melodie.

Martin Luther, auf Grund einer altdeutſchen
Pfingſtweiſe. V. 1 findet ſich ſchon um die Mitte des
13. Jahrh in einer Predigt des berühmten Franziskanermönchs Berthold von Regensburg (geſt. 1272) in
dieſer Weiſe: „Nu bitten wir den heiligen geiſt Umbe
den rechten Glouben allermeiſt. Daz er uns behüete an
unſerm ende, So wir heim ſuln varn uz diſem ellende.
Kyrieleis" (Vgl Wackernagel's Deutſch. Kirchenlied.
I. S. 73.) Georg Wicelius führt ihn in ſeinem Psalter
ecclesiasticus mit der Bemerkung an: „Hie ſug' die
ganze Kirch'." und lieſt, wie Luther, „Wenn wir heim=
fahr'n". ſtatt: „So wir heim ſuln varn" (Wackernagel,
I. S. 17). Die Melodie entſtand gleichzeitig mit dem
Liede, und wurde von Luther bloß verbeſſert. Die luth.

Erweiterung erschien zuerst in Walthers Gesangbüchlein von 1525, wurde bald allgemein in deutschen Landen eingeführt und theils als Pfingstlied, theils als Predigt=lied, theils als Ordinationslied, und nicht selten auch als Trost= und Sterbelied gebraucht. Im K. Gsgb. von Straßburg 1541 hat das Lied die Ueberschrift: „Ein Bet=lied zum heil. Geiste um seine Zukunft, Gnade, Liebe, Erleuchtung. Bekenntniß Gottes und ritterliche Beständig=keit." A. 1723 wurde es auch ins Malabarische überf. Das Lied und die Melodie wird bisweilen auch sechs= oder siebenzeilig gesetzt, indem die dritte und vierte Zeile gespalten werden. Engl. Ueberf. von Massie.

1. Nun bitten wir den heiligen Geist
 Um den rechten Glauben allermeist,
 Daß Er uns behüte   An unserm Ende,
 Wenn wir heimfahr'n Aus diesem Elende [1]).
  Herr, erbarm' Dich unser [2])!

2. Du werthes Licht, gieb uns Deinen Schein,
 Lehr uns Jesum Christ kennen allein,
 Daß wir an Ihm bleiben,   Dem treuen
            Heiland,
 Der uns bracht hat Zum rechten Vaterland.
  Herr, erbarm' Dich unser!

3. Du süße Lieb', schenk uns Deine Gunst,
 Laß uns empfinden der Liebe Brunst,
 Daß wir uns von Herzen Einander lieben
 Und in Frieden Auf Einem Sinn bleiben.
  Herr, erbarm' Dich unser!

---

1) „Elend" heißt ursprünglich Ausland, Fremde, und „in's Elend gehen" so viel als in die Verbannung gehen. Dem himmlischen Heimaths=gefühl des Christen ist das ganze irdische Leben eine Fremde voll Jam=mer und Mühsal.

2) So das Berl., N. Würt., N. Bair. und and. gute Gsgb., statt des urspr. griech. und weniger verständlichen „Kyrie Eleison", oder, wie Luther es zuerst schrieb, „Kyrioleis" (vgl. Wackernagel, I. S. 143 f. nach dem Waltherschen Gsgbüchlein von 1525), auch „Kyrieleis" ist Mützell, I. 13 nach Babst's Geistl. Liedern von 1545, und Wackernagel im Kl. Gsgb. Nr. 41.

4. Du höchster Tröster in aller Noth,
    Hilf, daß wir nicht fürchten Schand' noch
                                        Tod,
  Daß in uns die Sinne Nimmer verzagen,
  Wenn der Feind wird Das Leben verklagen[1]).
    Herr, erbarm' Dich unser!

Nr. 174.   Eigene Melodie.

Paul Gerhardt. Geb. vor 1648, zuerst erschienen
1653. Urspr. 16 B. (B. 8 — 12 mit Rücksicht auf den
30jähr. Krieg), aber in den meisten Gsgb. noch mehr
abgekürzt. Engl. Uebers von Miß Winkworth, 1862:
"O enter, Lord, Thy temple".

1. Zeuch ein zu meinen Thoren!
    Sei meines Herzens Gast,
  Der Du, da ich verloren[2]),
    Mich neu geboren hast.
  O hoch geliebter Geist
    Des Vaters und des Sohnes,
    Mit beiden gleiches Thrones,
  Mit beiden gleich gepreist!

2. Zeuch ein, laß mich empfinden
    Und schmecken Deine Kraft,
  Die Kraft, die uns von Sünden
    Hülf und Errettung schafft.

---

1) D. h. wenn wir in Gewissensangst fallen und mit den höllischen Mächten ringen. Das Berl. und andere Gsgb. lesen statt dessen:
„Wenn unsre Sünden uns verklagen".
    2) Urspr.: „geboren", mit Rücksicht auf die Taufwiedergeburt, was
Miß Winkworth glücklich so wiedergegeben hat: Who at my birth didst
give me A second birth more blest. Es ist aber jedenfalls ungenau,
da die Taufe nicht mit der Geburt zusammenfällt.

Entsünd'ge meinen Sinn,
　Daß ich mit reinem Geiste
　Dir Ehr' und Dienste leiste,
Die ich Dir schuldig bin.

3. Du bist das heil'ge Oele,
　Dadurch gesalbet ist
Mein Leib und meine Seele
　Dem Herren Jesu Christ
Zum wahren Eigenthum,
　Zum Priester und Propheten,
　Zum König, den in Nöthen
Gott schützt im Heiligthum.

4. Du bist ein Geist, der lehret,
　Wie man recht beten soll;
Dein Beten wird erhöret,
　Dein Singen klinget wohl
Es steigt zum Himmel an,
　Es steigt in Jesu Namen
　Zu Ihm, der Ja und Amen [1]
Der allen helfen kann.

5. Du bist ein Geist der Freuden,
　Das Trauern willst Du nicht,
Erleuchtest uns im Leiden
　Mit Deines Trostes Licht.
Ach ja, wie manches Mal
　Hast Du mit süßen Worten
　Mir aufgethan die Pforten
Zum güldnen Freudensaal!

---

1) Statt: „Es steigt und läßt nicht abe, Bis Der geholfen habe."

6. Du biſt ein Geiſt der Liebe,
   Ein Freund der Freundlichkeit,
Willſt nicht, daß uns betrübe
   Zorn, Zank, Haß, Neid und Streit.
Der Feindſchaft biſt Du feind,
   Willſt, daß durch Liebesflammen
   Sich wieder thun zuſammen,
Die voller Zwietracht ſind.

7. Du, Herr, haſt ſelbſt in Händen
   Die ganze weite Welt,
Kannſt Menſchenherzen wenden,
   Wie Dir es wohlgefällt;
So gieb doch Deine Gnad'
   Zum Fried' und Liebesbanden,
   Verknüpf in allen Landen,
Was ſich getrennet hat.

8. Beſchirm die Obrigkeiten
   Von Deinem Himmelsthron[1]);
Gieb Glück zu unſern Zeiten,
   Schmück, als mit einer Kron',
Die Alten mit Verſtand,
   Mit Frömmigkeit die Jugend,
   Mit Gottesfurcht und Tugend
Das Volk im ganzen Land.

---

1) Urſpr.: „Beſchirm die Polizeien, Bau unſrer Fürſten Thron", was natürlich auf Republiken nicht paßt. Das Am. Luth. Gſgb. von 1849, welches das Lied ſonſt ganz, wie gewöhnlich, aus dem N. Würt. Gſgb. (mit 10 Str.) entnimmt, verändert hier ſo. „Bei unſern Bürgern wohn'", was aber matt und wegen der folgenden Zeilen tautologiſch iſt. Auch Wackernagel (Kl. Gſgb. Nr. 44) hat wenigſtens Polizeien in Obrigkeiten verwandelt, aber den nur auf Polizeien paſſenden Reim: „Daß ſie und wir gedeihen" ſtehen laſſen.

9. Erfülle die Gemüther
   Mit reiner Glaubenszier,
Die Häuser und die Güter
   Mit Segen für und für;
Vertreib den bösen Geist,
   Der Dir sich widersetzet
   Und was Dein Herz ergötzet,
Aus unserm Herzen reißt.

10. Gieb Freudigkeit und Stärke
    Zu stehen in dem Streit,
Den Satans Reich und Werke
    Uns täglich anerbeut.
Hilf kämpfen ritterlich,
    Damit wir überwinden
    Und ja zum Dienst der Sünden
Kein Christ ergebe sich.

11. Richt unser ganzes Leben
    Allzeit nach Deinem Sinn;
Und wenn wir's sollen geben
    In's Todes Hände hin,
Wenn's mit uns hie wird aus:
    So hilf uns fröhlich sterben,
    Und nach dem Tod ererben
Des ew'gen Lebens Haus!

6. Du ſüßer Himmelsthau, laß Dich
   In unſre Herzen kräftiglich,
      Und ſchenk uns Deine Liebe,
   Daß unſer Sinn mit Lieb' und Treu'
   Dem Nächſten ſtets verbunden ſei
      Und ſich darinnen übe.
   Kein Neid, Kein Streit Dich betrübe!
   Fried' und Liebe Müſſen ſchweben:
   Fried' und Freude wirſt Du geben.

7. Gieb, daß in reiner Heiligkeit
   Wir führen unſre Lebenszeit,
      Sei unſers Geiſtes Stärke:
   Daß uns hinfort ſei unbewußt
   Die Eitelkeit, des Fleiſches Luſt
      Und ſeine todten Werke.
   Rühre, Führe Unſer Sinnen
   Und Beginnen Von der Erden,
   Daß wir Himmelserben werden.

Nr. 176. Eigene Melodie.

Verfaſſer unbekannt, vielleicht Hein rich Held (geſt.
1661. Zuerſt in Crüger's Praxis Pietatis, 2. Ausg. von
1664, wo der Name des Verf. unten ſteht (vgl. Mützell
I S. 324), dann in b m pietiſtiſchen Gſgb. von Luppius,
Weſel 1692, wo es anonym mitgetheilt wird und von
wo es ſich allgemein verbreitet hat als eines der beliebteſten Pfingſtlieder. Früher wurde das Lied faſt allgem
m in dem Martin Moller zugeſchrieben, der am
Pfingſtmontag 31. Mai 1680 mit dem Rufe verſchied:
„Es gehet meiner Seele wohl" Allein in den erſten
6 Ausgaben ſeiner Bundesliеder findet es ſich nicht.
Mützell vindicirt es ohne Bedenken dem H. Held. Engl.
Ueberſ. in Lyra G. II. 81 unter der paſſenden Ueberſchrift:
„The work of the H. Spirit." Eine neuere Ueberſ.
von Ph. W. Schäffer, 1866: "Come, O come, Thou

quickoning Spirit im Luth. Ch. Book, No. 252, wo das
Original ebenfalls dem Joach. Neander zugeſchrieben wird).

1. Komm, o komm, Du Geiſt des Lebens,
　　Wahrer Gott von Ewigkeit!
　Teine Kraft ſei nicht vergebens,
　　Sie erfüll uns jederzeit:
　So wird Geiſt, ja Licht und Schein
　In dem dunkeln Herzen ſein.

2. Gieb in unſer Herz und Sinnen
　　Weisheit, Rath, Verſtand und Zucht,
　Daß wir Andres nichts beginnen,
　　Denn was nur Dein Wille ſucht;
　Dein Erkenntniß werde groß
　Und mach uns vom Irrthum los!

3. Zeige, Herr, die Wohlfahrtsſtege!
　　Führ uns auf der rechten Bahn,
　Räume alles aus dem Wege
　　Was im Lauf uns hindern kann.
　Wirke Reu' an Sünde Statt,
　Wenn der Fuß geſtrauchelt hat!

4. Laß uns ſtets Dein Zeugniß fühlen,
　　Daß wir Gottes Kinder ſind,
　Die auf Ihn alleine zielen,
　　Wann ſich Noth und Drangſal find't!
　Denn des Vaters Liebesruth'
　Iſt uns allewege gut.

5. Reiz uns, daß wir zu Ihm treten
　　Frei, mit aller Freudigkeit;
　Seufz auch in uns, wann wir beten,
　Und vertritt uns allezeit:

So wird unsre Bitt' erhört
Und die Zuversicht vermehrt.

6. Wird uns dann um Trost auch bange,
　　Daß das Herz oft rufen muß:
Ach, mein Gott, mein Gott, wie lange!
　　Ei, so mache den Beschluß;
Sprich der Seele tröstlich zu,
Und gieb Muth, Geduld und Ruh'!

7. O Du Geist der Kraft und Stärke,
　　Du gewisser neuer Geist,
Fördre in uns Deine Werke,
　　Wenn der Feind uns fliehen heißt;[1)]
Schenk uns Waffen in dem Krieg,
Und erhalt in uns den Sieg!

8. Herr, bewahr auch unsern Glauben,
　　Daß kein Teufel, Tod noch Spott
Uns denselben möge rauben;
　　Du bist unser Schutz, o Gott.
Sagt das Fleisch gleich immer nein,
Laß ᴢ ein Wort gewisser sein!

9. Wann wir endlich sollen sterben,
　　So versichre uns je mehr
Als des Himmelreiches Erben
　　Jener Herrlichkeit und Ehr',
Die Gott giebt durch Jesum Christ,
Und nicht auszusprechen ist.

---

1) Urspr.: „Wenn der Satan auf uns scheußt" (schießt).

Nr. 177. Mel.: Erquicke mich, Du Heil der Sünder.
Gerhard Terſtegen. „Geiſtliches Blum ngärt ein".
1731. Mit einigen ſprachlichen Nachbeſſerungen. Ein
Lied voll tiefſinniger evangel. Myſtik.

1. Gott, o Geiſt, o Licht des Lebens,
    Das uns im Todesſchatten ſcheint;
    Du ſcheinſt und lockſt ſo lang vergebens,
      Weil Finſterniß dem Lichte feind!
    O Geiſt, Dem keiner kann entgehen,
    Dich laß ich meinen Jammer ſehen.

2. Entdecke alles, und verzehre,
    . Was nicht in deinem Lichte rein;
    Wenn mir's gleich noch ſo ſchmerzlich wäre,
      Die Wonne folget nach der Pein:
    Du wirſt mich aus dem finſtern Alten
    In Jeſu Klarheit umgeſtalten.

3. Dem Sündengift iſt nicht zu ſteuern,
    Als durch die Strahlen Deines Lichts:
    Du mußt von Grund aus mich erneuern,
      Sonſt hilft mein eignes Trachten nichts:
    O Geiſt! ſei meines Geiſtes Leben;
    Ich kann mir ſelbſt nichts Gutes geben.

4. Du Athem aus der ew'gen Stille,
    Durchwehe ſanft der Seele Grund;
    Füll mich mit aller Gottesfülle;
      Und da, wo Sünd' und Gräuel ſtund,
    Laß Glaube, Lieb' und Ehrfurcht grünen,
    In Geiſt und Wahrheit Gott zu dienen.

5. Mein Wirken, Wollen und Beginnen
    Sei kindlich folgſam Deinem Trieb;

Bewahr mein Herz, und alle Sinnen
Untadelig in Gottes Lieb':
Laß mich Dein Beten, Lehren, Kämpfen
In mir auf keine Weiſe dämpfen.

6. O Geiſt! Du Strom, der uns vom Sohne
Eröffnet, und kryſtallenrein
Aus Gottes und des Lammes Throne
In ſtille Herzen fließt hinein:
Sieh flehend hier mich niederſinken;
Gieb Lebenswaſſer mir zu trinken.

7. Hier hilft kein eignes Laufen, Zwingen;
Ich bleib im Herzen eingekehrt,
Und laſſe mich von Dir durchdringen,
Du Kraft, die allen Trug zerſtört.
Doch ruf ich Dir in tiefer Stille:
Hier iſt mein Herz, mein Sinn und Wille!

8. Ich laß mich Dir und bleib indeſſen,
Von allem abgewandt, Dir nah;
Ich will's Geſchöpf und mich vergeſſen,
Dieß innigſt glauben: Gott iſt da!
O Gott, o Geiſt, o Licht des Lebens,
Wir harren Deiner nie vergebens.

———

Nr. 178. Mel: Kommt her zu Mir, ſpricht Gottes Sohn.

Hieronymus Annoni von Baſel, geſt. 1770. Ueber
Ap. Geſch. 2, 1—11

1. Es ſaß ein frommes Häuflein dort,
Und wollte nach des Herren Wort
Einmüthig Pfingſten halten.

Ach, laß auch jetzt im Christenland,
Herr Jesu, Deiner Liebe Band
  Bei frommen Gliedern walten!

2. Schnell fiel hernieder auf das Haus
Ein starker Wind, der mit Gebraus
  Sich wundersam erhoben.
Du Gotteshauch, ach lasse dich
Bei uns auch spüren mächtiglich,
  Und weh uns an von oben!

3. Er füllete die Wohnung ganz,
Zertheilter Zungen Feuerglanz
  Ließ sich auf Jedem spüren.
Ach, nimm auch unsre Kirchen ein,
Laß feurig unsre Lehrer sein,
  Und Deine Sprach' uns rühren!

4. Sie wurden All' des Geistes voll,
Und fingen an zu reden wohl,
  Wie Er's gab auszusprechen.
Ach, füll auch uns mit heil'ger Gluth,
Daß wir des Herzens blöden Muth
  Mit freier Rede brechen!

5. Der Parther, Meder, Elamit
Kann, was zum Heil der Welt geschieht,
  In seiner Sprache hören.
Ach, hebe Babels Irrsal auf,
Gieb, Jesu, Deinem Wort den Lauf,
  Daß Dich die Völker ehren!

6. Die Welt zwar treibt nur ihren Spott,
Und wer nicht merkt die Kraft aus Gott,
  Spricht leider: sie sind trunken.

Den rechten Freudenwein uns gieb,
Erquick, o Herr, in Deiner Lieb',
Was noch in Angſt verſunken!

7. Dein Licht treib in des Herzens Haus
Mit hellen Strahlen gänzlich aus
Die alten Finſterniſſe,
Daß Blindheit, Irrthum, falſcher Wahn,
Und was uns ſonſt verleiten kann,
Auf ewig weichen müſſe.

8. Dein Feuer tödt' in unſrer Bruſt,
Was ſich noch regt von Sündenluſt;
Erwecke reine Triebe,
Auf daß wir ſchmecken wahre Freud',
Anſtatt der ſchnöden Eitelkeit,
In Jeſu ſüßer Liebe!

Nr. 179. Mel.: Freu dich ſehr, o meine Seele Pſ. 42.

Georg Joach. Zollikofer, geſt. 1788 (nicht Dav. Bruhn, wie der Beil Lieberſch v. 1840 irrig angiebt). Eines der 9 eigenen Lieder, die er in ſein Ref. Gſgb. Leipzig 1766 (8. Aufl. 1786) aufnahm. Steht nur in wenigen deutſchen, aber in allen amerik. ref. Gſgb. Engl. Ueberſetzung in Sacred Lyrics, p. 30.

1. Der Du uns als Vater liebeſt,
Treuer Gott! und Deinen Geiſt
Denen, die Dich bitten, giebeſt:
Ja, uns um Ihn bitten heiß'ſt;
Demuthsvoll fleh ich zu Dir:
Vater, ſend Ihn auch zu mir,
Daß Er meinen Geiſt erneue,
Und mich Dir zum Tempel weihe.

2. Ohne Ihn fehlt meinem Wissen
   Leben, Kraft und Fruchtbarkeit;
Und mein Herz bleibt Dir entrissen,
   Und dem Dienst der Welt geweiht,
Wenn Er nicht durch Seine Kraft
Die Gesinnung in mir schafft,
Daß ich Dir mich ganz ergebe,
Und zu Deiner Ehre lebe.

3. Ew'ge Quelle wahrer Güter,
   Hochgelobter Gottesgeist,
Der Du menschliche Gemüther
   Heiligst und mit Trost erfreu'st!
Nach Dir, Herr, verlangt auch mich,
Ich ergebe mich an Dich,
Mache mich zu Gottes Preise
Heilig und zum Himmel weise.

4. Fülle mich mit heil'gen Trieben,
   Daß ich Gott, mein höchstes Gut,
Ueber Alles möge lieben:
   Daß ich mit getrostem Muth
Seiner Vaterhuld mich freu',
Und mit wahrer Kindestreu'
Stets vor Seinen Augen wandle,
Und rechtschaffen denk und handle.

5. Geist des Friedens und der Liebe!
   Bilde mich nach Deinem Sinn,
Daß ich Lieb' und Sanftmuth übe,
   Und mir's rechne zum Gewinn,
Wenn ich je ein Friedensband
Knüpfen kann, wenn meine Hand,

50

Zur Erleicht'rung der Beschwerden,
Kann dem Nächsten nützlich werden.

6. Wenn der Anblick meiner Sünden
   Mein Gewissen niederschlägt,
Wenn sich in mir Zweifel finden,
   Die mein Herz mit Zittern hegt;
Wenn mein Aug' in Nöthen weint,
   Und Gott nicht zu hören scheint:
O dann laß es meiner Seelen
   Nicht an Trost und Stärkung fehlen.

7. Was sich Gutes in mir findet,
   Ist Dein Gnadenwerk in mir;
Selbst den Trieb hast Du entzündet,
   Daß mich, Herr! verlangt nach Dir.
O so setze durch Dein Wort
   Deine Gnadenwirkung fort,
Bis sie durch ein selig Ende
   Herrlich sich an mir vollende.

———

Nr. 180. Mel.: Gott sei Dank in aller Welt.
Ignaz H. von Wessenberg. 1825

1. Geist vom Vater und vom Sohn,
   Weihe Dir mein Herz zum Thron!
Schenke Dich mir immerdar,
   So wie einst der Jünger Schaar!

2. Geist der Wahrheit, leite mich!
   Eigne Leitung täuschet sich,
Da sie leicht des Wegs verfehlt,
   Und den Schein für Wahrheit wäh

3. Geist des Lichtes, mehr in mir
Meinen Glauben für und für,
Der mich Christo einverleibt,
Und durch Liebe Früchte treibt.

4. Geist der Andacht, schenke mir
Salbung, Inbrunst, Feu'r von Dir;
Laß mein Bitten innig, rein,
Und vor Gott erhörlich sein!

5. Geist der Liebe, Kraft und Zucht!
Wenn mich Welt und Fleisch versucht,
O dann unterstütze mich,
Daß ich ringe; rette mich!

6. Geist der Heiligung, verklär'
Jesum in mir mehr und mehr,
Und erquicke innerlich
Durch den Frieden Gottes mich!

7. Geist der Hoffnung, führe Du
Mich dem Himmelserbe zu;
Laß mein Herz sich Deiner freu'n,
Und in Hoffnung selig sein!

———

Nr. 181. Mel: Alle Menschen müssen sterben.

Albert Knapp, gest. in Stuttgart 1864. Geb. auf das Pfingstfest 1828, zuerst gedr. 1829 und dann mit vollem Rechte in's N. Würt. und Hamburg. Gsgb. aufg nommen.

1. Geist des Lebens! heil'ge Gabe,
Du, der Seelen Licht und Trost;
Erntesegen, aus dem Grabe
Unsers Bürgen aufgesproßt,

Uns geſandt vom Himmelsthrone,
Vom erhöhten Menſchenſohne,
Geiſt der Kraft und Herrlichkeit:
Mache Dir mein Herz bereit!

2. Einſt biſt Du herabgefahren
    Als ein Sturmwind aus den Höhn,
Ließeſt Dich in wunderbaren
    Feuerzungen herrlich ſehn;
Aber jetzo wehſt Du ſtille,
Ohne Zeichen, ohne Hülle,
Auf der Erde nah und fern,
Als ein Athemzug des Herrn.

3. Ihn, den armen Nazarener,
    Der gering auf Erden ging,
Ihn, den Mittler und Verſöhner,
    Der am Kreuz die Welt umfing,
Allen Herzen zu verklären, —
Ihn, den großen Gott der Ehren,
Deſſen Herz von Liebe flammt,
Groß zu machen, iſt Dein Amt.

4. Ja, Du nimmſt es von dem Seinen,
    Wenn Du Lebensworte ſprichſt,
Wenn Du bald durch Flehn und Weinen
    Bald durch Pſalmen Herzen brichſt.
Du biſt Seines Weſens Spiegel,
Seiner Werk' und Worte Siegel,
Zeuge, daß Er lebt und liebt,
Zeuge, daß Er Leben giebt.

5. Ja, Dein Strafen und Erſchüttern,
    Das des Lebens Grund erregt,

Das, wie Strahlen aus Gewittern,
Stolze Geister niederschlägt,
Mahnet, Ihm das Herz zu geben;
Und Dein gnadenvolles Weben
Richtet in dem Glaubenslauf
Matte Kniee tröstend auf.

6. Was die Welt nicht kann erlangen,
Was kein eitles Auge sieht,
Soll von Dir ein Herz empfangen,
Das die Lust der Erde flieht:
Frieden, von dem Kreuze quillend,
Frieden, alle Klagen stillend,
Hellen Blick in Gottes Rath,
Frucht aus Jesu blut'ger Saat.

7. Was die Welt uns nie gelehret,
Lehrest Du den Glauben thun:
Beten, bis der Herr erhöret,
Und in stiller Hoffnung ruhn.
Fleht die Seele bang und schwächlich,
Ach, dann seufzest unaussprechlich
Du durch alle Himmel hin,
Und Er kennet Deinen Sinn.

8. Was kein Mensch, kein Manneswille,
Keine Kraft der Welt vermag,
Wirkst Du mühelos und stille,
Geist des Herrn! am Gnadentag.
Buße giebst Du, Glauben, Liebe,
Sanftmuth, Demuth, keusche Triebe;
Ach, wer ändert, reinigt sich,
Bleibt beim Heiland, ohne Dich?

9. O du Pfand des neuen Bundes,
   Geist des Vaters, mild und rein,
Heil'ger Odem Seines Mundes,
   Zeuch in unsre Herzen ein!
Leib und Seele, Haupt und Glieder
Kehren aus dem Tode wieder,
Wo sich Deine Gotteskraft
Einen Sitz und Tempel schafft.

10. O wer innig möchte dürsten
    Und zum Gnadenthrone gehn,
Würde bald vom Lebensfürsten
    Dich, Du höchstes Gut, erflehn!
Selig, wer von Dir geleitet,
Sich auf Christi Tag bereitet,
Wer Dich, wann sein Stünblein schlägt,
Unbetrübt im Herzen trägt!

11. Droben soll, wie Gottes Sterne,
    Leuchten Christi Jüngerschaar;
O wer strebt aus dieser Ferne
    Nach dem großen Jubeljahr? —
Lehr uns, Herr, der Welt entrinnen,
Halt in Jesu Herz und Sinnen,
Zeig uns hier im Glauben Ihn,
Stell uns dort zum Schauen hin!

Nr. 182. Mel.: O Du Liebe meiner Liebe.

Carl Joh. Philipp Spitta, gest. 1859. Zuerst gebr. 1833. Ein gedankreiches und gesalbtes Lied, das den besten älteren Pfingstliedern würdig zur Seite steht. Es ist daher auffallend, daß es bis dahin noch keine oder wenig Aufnahme in Gsgb. g.funden hat. Engl. Uebers. von Rich. Massie (Lyra Domestica, I. p 30): "Spirit, by whose operation Faith and holiness proceed".

1. Geist des Glaubens, Geist der Stärke,
   Des Gehorsams und der Zucht,
   Schöpfer aller Geisteswerke,
   Träger aller Himmelsfrucht!
   Geist, der einst der heil'gen Männer,
   Kön'ge und Prophetenschaar,
   Der Apostel und Bekenner
   Trieb und Kraft und Zeugniß war!

2. Rüste Du mit Deinen Gaben
   Auch uns schwache Kinder aus,
   Kraft und Glaubensmuth zu haben,
   Eifer für des Herren Haus;
   Eine Welt mit ihren Schätzen,
   Menschengunst und gute Zeit,
   Leib und Leben dran zu setzen,
   In dem großen, heil'gen Streit.

3. Gieb uns Abrahams gewisse,
   Feste Glaubenszuversicht,
   Die durch alle Hindernisse,
   Alle Zweifel siegend bricht;
   Die nicht bloß dem Gnadenbunde
   Trauet froh und unbewegt,
   Auch das Liebste jede Stunde
   Gott zu Füßen niederlegt.

4. Gieb uns Joſephs keuſche Sitten,
   Wenn die Welt ohn' Scham und Zucht
Uns durch Dräuen oder Bitten
   In ihr Netz zu ziehen ſucht.
Lehr uns fliehen, lehr uns meiden
   Dieſe üpp'ge Potiphar,
Ihren Haß geduldig leiden,
   Gott getreu ſein immerdar.

5. Gieb uns Moſe's brünſt'ges Beten
   Um Erbarmung und Geduld,
Wenn durch freches Uebertreten
   Unſer Volk häuft Schuld auf Schuld.
Laß uns nicht mit kaltem Herzen
   Unter den Verdorbnen ſtehn,
Nein, mit Moſe's heil'gen Schmerzen
   Für ſie ſeufzen, weinen, flehn.

6 Gieb uns Davids Muth, zu ſtreiten
   Mit den Feinden Iſraels,
Sein Vertraun in Leidenszeiten
   Auf den Herren, ſeinen Fels;
Feindeslieb' und Freundestreue,
   Seinen königlichen Geiſt.
Und ein Herz, das voller Reue
   Gottes Gnade ſucht und preiſt.

7. Gieb Elias' heil'ge Strenge,
   Wenn den Götzen dieſer Zeit
Die verführte, blinde Menge
   Tempel und Altäre weiht:
Daß wir nie vor ihnen beugen
   Haupt und Knie, auch nicht zum Schein.

Sondern fest, als Deine Zeugen,
Dastehn, wenn auch ganz allein.

8. Gieb uns der Apostel hohen,
Unbewegten Zeugenmuth,
Aller Welt, trotz Spott und Drohen,
Zu verkünden Christi Blut.
Laß die Wahrheit uns bekennen,
Die uns frei und froh gemacht;
Gieb, daß wir's nicht lassen können, —
Habe Du die Uebermacht!

9. Schenk uns gleich dem Stephan Frieden
Mitten in der Angst der Welt,
Wenn das Loos, das uns beschieden,
In den schwersten Kampf uns stellt.
In dem rasenden Getümmel
Schenk uns Glaubensheiterkeit;
Oeff'n im Sterben uns den Himmel,
Zeig uns Jesu Herrlichkeit!

10. Geist des Glaubens, Geist der Stärke,
Des Gehorsams und der Zucht,
Schöpfer aller Gotteswerke,
Träger aller Himmelsfrucht, —
Geist, Du Geist der heil'gen Männer,
Kön'ge und Prophetenschaar.
Der Apostel und Bekenner, —
Auch bei uns werd' offenbar!

Nr. 183. Mel.: Wie ſchön leuchtet der Morgenſtern.
Neues Basler Gſgb. von 1854, ohne Angabe des Verf.

1. Dir jauchzet froh die Chriſtenheit,
   Du Geiſt der Kraft und Herrlichkeit,
      Du, aller Geiſter Leben!
   Als unſers Erbes Unterpfand
   Biſt Du vom Vater ausgeſandt,
      Zum Tröſter uns gegeben.
   Jeſu Glieder Willſt Du führen
   Und regieren: Deine Gnade
   Leit auch uns auf unſerm Pfade.

2. O welch ein großer Tag erſchien,
   Als man die Flammen ſah erglühn
      Hell über jedem Haupte!
   Im Sturmwind thateſt Du Dich kund;
   Dein Zeugniß heiligte den Bund
      Der Schaar, die freudig glaubte.
   Mächtig Kamſt Du, Um die Schwachen
   Stark zu machen, Und erklungen
   Iſt das Heil in allen Zungen.

3. O Dank für ſo viel göttlich Licht,
   Das jede Finſterniß durchbricht
      Zur himmliſchen Belebung!
   Den Menſchenherzen alt und jung
   Schaffſt Kräfte Du zur Heiligung,
      Zu ſtiller Gottergebung.
   Preis Dir, Dank Dir, Daß Du kräftig
   Und geſchäftig Uns belehreſt,
   Jeſum Chriſtum uns verkläreſt!

4. Auch wir, die Christus Sich erkauft,
Wir sind mit Deiner Kraft getauft,
  Die Welt zu überwinden.
Wirk in uns allen Lieb' und Zucht,
Und laß in uns des Glaubens Frucht
  Sich hundertfältig finden.
Gnädig Hilf Du Gottes Erben
Einst im Sterben, Daß sie droben
Ewig Deine Wunder loben.

5 Wir beugen unsern Geist vor Dir;
Geist Gottes, alle flehen wir,
  Du wollest bei uns bleiben.
Geh ferner aus in alle Welt,
Damit, von Deinem Licht erhellt,
  Die Völker alle gläuben.
Führe Gnädig Sie zur Wahrheit
Und zur Klarheit, Daß die Erde,
Geist des Herrn, Dein Tempel werde!

V. Die heilige Dreieinigkeit.

***

Trinitatislieder.

Nr. 184. Eigene Melodie.

Das Nicänisch - Constantinopolitanische Glaubensbekenntniß von 381, deutsch bearbeitet von Martin Luther, 1524, nach dem latein. Meßgesang: „Patrem credimus", daher genannt: das deutsche Patrem. Ein Bekenntnißlied. Eigentlich elfzeilig, indem die zweitletzte Zeile urspr. in zwei gespalten war.

1. Wir glauben All' an einen Gott,
   Schöpfer Himmels und der Erden,
Der Sich zum Vater geben hat,
   Daß wir Seine Kinder werden.
Er will uns allzeit ernähren,
   Leib und Seel' auch wohl bewahren;
Allem Unfall will Er wehren,
   Kein Leid soll uns widerfahren;
Er sorget für uns, hütet, wacht,
Es steht Alles in Seiner Macht. Amen.

2. Wir glauben auch an Jesum Christ,
   Seinen Sohn und unsern Herren,
Der ewig bei dem Vater ist,
   Gleicher Gott von Macht und Ehren;
Von Maria, der Jungfrauen,
   Ist ein wahrer Mensch geboren
Durch den heil'gen Geist im Glauben,
   Für uns, die wir war'n verloren,
Am Kreuz gestorben, und vom Tod
Wieder auferstanden durch Gott. Amen!

3. Wir glauben an den heil'gen Geist,
     Gott mit Vater und dem Sohne,
   Der aller Blöden Tröster heißt,
     Uns mit Gaben zieret schöne;
   Die ganze Christenheit auf Erden
     Hält in Einem Sinn gar eben;
   Hier all' Sünd' vergeben werden;
     Das Fleisch soll auch wieder leben,
   Nach diesem Elend ist bereit
   Uns ein Leben in Ewigkeit. Amen!

Nr. 185. Mel.: Wie schön leuchtet der Morgenstern.
Ein vielbeliebtes Lied von unbek. Verfasser, vielleicht
von **Barthol. Crasselius.** Zuerst erschienen im **Darm-**
städter Gsgb. von 1698 mit der Ueberschrift: „Das
Hochzeitlied der Kinder Gottes. Offenb. 7, 12."

1. Hallelujah! Lob, Preis und Ehr'
     Sei unserm Gott je mehr und mehr
       Für alle Seine Werke!
   Von Ewigkeit zu Ewigkeit
   Sei von uns allen Ihm bereit
       Dank, Weisheit, Kraft und Stärke.
   Klinget, Singet: Herrlich, gnädig,
   Heilig, heilig Heilig ist Gott.
   Unser Gott, der Herr Zebaoth!

2. Hallelujah! Preis, Ehr' und Macht
     Sei auch dem Gotteslamm gebracht,
       In Dem wir sind erwählet!
   Das uns mit Seinem Blut erkauft,
   Damit besprenget und getauft,
       Und Sich mit uns vermählet.

Heilig, Selig Ist die Freundschaft
Und Gemeinschaft, Die wir haben,
Und darin wir uns erlaben.

3. Hallelujah! Gott, heil'ger Geist,
Sei ewiglich von uns gepreist,
　　Durch Den wir neugeboren!
Der uns mit Glauben ausgeziert,
Dem Bräutigam uns zugeführt,
　　Den Hochzeittag erkoren.
Heil uns! Heil uns! Da ist Freude.
Da ist Weide, Da ist Manna,
Und ein ewig Hosianna!

4. Hallelujah! Lob', Preis und Ehr'
Sei unserm Gott je mehr und mehr,
　　Und Seinem großen Namen!
Stimmt an mit aller Himmelsschaar,
Und singet nun und immerdar
　　Mit Freuden: Amen! Amen!
Klinget! Singet: Herrlich, gnädig,
Heilig, heilig, Heilig ist Gott,
Unser Gott, der Herr Zebaoth!

Nr. 186. Mel.: Vom Himmel hoch, da komm' ich her.
Nach **Gerhard Terstcegen,** gest. 1769. Engl. Uebers.
in Lyra Germ. II. 91: "Thee Fount of blessing we adore."

1. Brunn alles Heils, Dich ehren wir,
Und öffnen unsern Mund vor Dir.
Aus Deiner Gottheit Heiligthum,
Komm uns der Segen, Dir zum Ruhm!

2. Der Herr, der Schöpfer, bei uns bleib',
Er segne uns nach Seel' und Leib;
Vor allem Uebel Tag und Nacht
Behüt' uns Seine heil'ge Macht!

3. Der Herr, der Heiland, unser Licht,
Laß leuchten uns Sein Angesicht,
Damit wir glauben fest und frei,
Daß Er uns ewig gnädig sei!

4. Der Herr, der Tröster, ob uns schweb',
Sein Antlitz über uns erheb',
Daß uns Sein Bild werd' eingedrückt;
Er geb' uns Frieden unverrückt!

5. Jehovah! Vater, Sohn und Geist!
O Segensbrunn, der ewig fleußt!
Durchström' uns Wandel, Herz und Sinn,
Und nimm uns ganz zum Opfer hin!

Nr. 187. Mel.: Wie schön leuchtet der Morgenstern.
V. 1 und 2 von Phil. Friedr. Hiller, 1762. V. 3
hinzugedichtet von Alb. Knapp, 1837.

1. Was freut mich noch, wenn Du's nicht bist,
Herr, Gott, Der doch mein Alles ist,
Mein Trost und meine Wonne?
Bist Du nicht Schild: wer decket mich?
Bist Du nicht Licht: wo finde ich
Im Finstern eine Sonne?
Keine Keine Wahre Freude,
Auch im Leide, Auch für Sünden,
Ist, Herr, außer Dir zu finden.

2. Was freut mich noch, wenn Du's nicht bist?
   Mein Herr, Erlöser, Jesus Christ,
      Mein Friede und mein Leben!
   Heilst Du mich nicht: wo find' ich Heil?
   Bist Du nicht mein: wo ist mein Theil?
      Giebst Du nicht: wer wird geben?
   Meine Eine Wahre Freude,
   Wahre Weide, Wahre Gabe
   Hab' ich, wenn ich Jesum habe.

3. Was freut mich noch, wenn Du's nicht bist,
   O Geist, der uns gegeben ist
      Zum Führer der Erlösten?
   Bist Du nicht mein: was sucht mein Sinn?
   Führst Du mich nicht: wo komm ich hin?
      Hilfst Du nicht: wer will trösten?
   Meine Eine Wahre Freude,
   Trost im Leide, Heil für Schaden
   Ist in Dir, o Geist der Gnaden!

Nr. 188. Mel.: Herr Gott, Dich loben Alle wir.
Ps. 134.
Aus dem alten Amerik. Ref. Gsgb. Verf. unbekannt.

1. Kommt bringet Ehre, Dank und Ruhm
   Dem Herrn im höchsten Heiligthum,
   Dem Vater, dessen Wort die Welt
   Aus nichts erschuf und noch erhält!

2. Preist Den, der auf dem ew'gen Thron
   Allmächtig herrscht, den ein'gen Sohn,
   Der für uns Mensch ward, für uns starb,
   Und uns die Seligkeit erwarb!

3 Bringt Ehre Gott dem heil'gen Geist,
  Der uns den Weg zum Himmel weist,
  Der uns mit Licht und Tugend schmückt,
  Und uns mit Seinem Trost erquickt!

4. Hochheilige Dreieinigkeit,
   Dir sei hienieden in der Zeit,
   Noch herrlicher in Ewigkeit,
   Anbetung, Preis und Dank geweiht!

Nr. 189. Mel.: Nun danket Alle Gott.

Aus Bunsen's Sammlung, 1833, Nr. 321, und in seinem Allg. Evang. Gesang- und Gebetbuch 1846 Nr. 126, ohne Angabe des Verf. Nach dem Spruche St. Augustin's: „Wo Liebe ist, da ist Dreieinigkeit."

1. Gott ist die Liebe selbst,
     Von Dem die Liebesgaben,
   Als aus dem schönsten Quell,
     Den ersten Ursprung haben.
   Der bleibet fest in Gott,
     Der in der Liebe bleibt,
   Und welchen keine Macht
   Aus ihrem Lichte treibt.

2. Der Vater liebt die Welt,
     Sein väterlich Erbarmen
   Schickt den geliebten Sohn
     Zu uns verlass'nen Armen;
   Und Christus liebet uns,
     Drum scheut Er keine Noth,
   Er träget williglich
     Sogar den Kreuzestod.

3. Wie reiche Ströme sind
    Von dieser Huld geflossen!
Die Liebe Gottes ist
    In unser Herz gegossen,
Der werthe heil'ge Geist
    Macht unsre Seelen rein,
Er nimmt uns als Sein Haus,
    Als Seinen Tempel ein.

4. Ja, wer den Heiland liebt,
    Der hält Sein Wort in Ehren,
Und so verspricht der Herr,
    Bei ihm selbst einzukehren;
Was muß für Freud' und Lust,
    Die göttlich ist, entstehn,
Wenn Vater, Sohn und Geist
    In eine Seele gehn!

5. Gott heil'ger Geist, lehr' uns
    Die Liebe Jesu kennen,
Laß unsre Herzen stets
    In reiner Liebe brennen;
Und endlich führ' uns dort
    In jenes Leben ein,
Wo unsre Liebe wird
    In Dir vollkommen sein.

VI. Die chriftliche Kirche.

1. Grund und Wefen der Kirche.

Nr. 190. Mel.: Wachet auf! ruft uns die Stimme.
Pfalm 87. Bearbeitet von C. Phil. Spitta. 1843.

1. Gottes Stadt steht fest gegründet
   Auf heil'gen Bergen; es verbündet
   Sich wider sie die ganze Welt:
   Dennoch steht sie und wird stehen,
   Man wird mit Staunen an ihr sehen,
   Wer hier die Hut und Wache hält.
   Der Hüter Israels
   Ist ihres Heiles Fels. Hallelujah!
   Lobsingt und sprecht: Wohl dem Geschlecht,
   Das in ihr hat das Bürgerrecht!

2. Zions Thore liebt vor allen
   Der Herr mit gnäd'gem Wohlgefallen,
   Macht ihre Riegel stark und fest;
   Segnet, die darinnen wohnen,
   Weiß überschwänglich dem zu lohnen
   Der Ihn nur thun und walten läßt.
   Wie groß ist Seine Huld!
   Wie trägt Er mit Geduld All' die Seinen!
   O Gottes Stadt, Du reiche Stadt,
   Die solchen Herrn und König hat!

3. Große, heil'ge Dinge werden
In dir geprebigt, wie auf Erden
  Sonst unter keinem Volk man hört.
Gottes Wort ist deine Wahrheit,
Du hast den Geist und hast die Klarheit,
  Die alle Finsterniß zerstört.
Da hört man fort und fort
Das theure, werthe Wort Ew'ger Gnade,
Wie lieblich tönt, Was hier versöhnt,
Und dort mit ew'gem Leben krönt!

4. Auch die nichts davon vernommen,
Die fernsten Völker werden kommen,
  Und in die Thore Zions gehn.
Denen, die im Finstern saßen,
Wird auch der Herr noch pred'gen lassen,
  Was einst für alle Welt geschehn.
Wo ist der Gottessohn?
Wo ist Sein Gnadenthron? Wird man
                               fragen.
Dann kommt die Zeit, Wo weit und breit
Erscheint der Herr in Herrlichkeit.

5. Darum stellet ein die Klagen!
Man wird noch einst zu Zion sagen:
  Wie mehrt sich deiner Bürger Zahl!
Voll Erstaunen wird man schauen,
Wie Gott Sein Zion mächtig bauen
  Und herrlich weitern wird einmal.
Erhebet Herz und Sinn!
Es ist die Nacht schier hin Für die Heiden;
Es kommt ihr Tag, — Sie werden wach,
Und Israel folgt ihnen nach!

6. Gottes Stadt! du wirst auf Erden
Die Mutter aller Völker werden,
  Die ew'ges Leben fanden hier.
Welch ein Jubel, wie im Reigen,
Wird einst von dir zum Himmel steigen!
  Die Lebensbrunnen sind in dir;
In dir das Wasser quillt,
Das alles Dürsten stillt. Hallelujah!
Von Sünd' und Tod, Von aller Noth
Erlöst nur Einer: Zions Gott!

Nr. 191. Eigene Melodie.

Aus dem dritten Gsgb. der **Böhmischen Brüder** von 1566, dann in dem Gsgb der Brüdergemeinde in Herrnhut 1735, Nr. 715. Ursprünglich 12 Verse, beginnend: „Ich werd' erfreut überaus." S. Mützell, I. S. 205.

1. Jerusalem, Gottes Stadt,
    Ist Christi Gemeine,
  Die Gott Ihm erbauet hat
  Aus edlem Gesteine.

2. Ihr' Grundvest' ist Jesus Christ,
    Darauf sie gar eben
  Durch Gott's Wort erbauet ist
  Zum heiligen Leben.

3. O Herr Gott, wir bitten Dich
    Durch Dein' große Güte:
  Dein armes Volk gnädiglich
  Vor'm Argen behüte!

4. Erhalt es in Deiner Hut
    Hier bei Deiner Wahrheit,
  Auf daß es Dich, Herre Gott,
  Lobe in der Klarheit.

Nr. 192. Eigene Melodie.
Joh. Eusebius Schmidt. 1704. Knapp und das
Würt. (und danach das N. Am. Luth.) Gsgb. haben
unnöthig „Zion" durchweg in „Volk des Herrn" verändert.

1. Fahre fort, fahre fort,
   Zion, fahre fort im Licht;
     Mache deinen Leuchter helle!
   Laß die erste Liebe nicht,
     Suche stets die Lebensquelle!
   Zion, dringe durch die enge Pfort',
   Fahre fort, fahre fort!

2. Leide dich, leide dich!
   Zion, leide ohne Scheu
     Trübsal, Angst, mit Spott und Hohne;
   Sei bis in den Tod getreu,
     Siehe auf die Lebenskrone!
   Zion, fühlest du der Schlange Stich,
   Leide dich, leide dich!

3. Folge nicht, folge nicht,
   Zion, folge nicht der Welt,
     Wenn sie dich sucht groß zu machen;
   Achte nicht ihr Gut und Geld.
     Ernst im Beten, ernst im Wachen;
   Sieh dich für, wenn sie viel Lust verspricht;
   Folge nicht, folge nicht!

4. Prüfe recht, prüfe recht,
   Zion, prüfe jeden Geist,
     Der dir ruft nach beiden Seiten,
   Thue nicht, was er dich heißt;
     Laß nur deinen Stern dich leiten!

Zion, beibes, das was gut und schlecht,
Prüfe recht, prüfe recht!

5. Dringe ein, bringe ein,
Zion, bringe ein in Gott!
 Stärke dich mit Geist und Leben,
Sei nicht wie die Andern todt,
 Sei du gleich den grünen Reben!
Zion, in die Kraft, für Heuchelschein,
Dringe ein, bringe ein!

6. Brich herfür, brich herfür,
Zion, brich herfür in Kraft!
 Weil die Bruderliebe brennet;
Zeige, was Der in dir schafft,
 Der als Seine Braut dich kennet.
Zion, Er hat aufgethan die Thür;
Brich herfür, brich herfür!

7. Halte aus, halte aus,
Zion, halte deine Treu',
 Laß nicht lau und träg dich finden!
Auf das Kleinod rückt herbei!
 Auf, verlasse was dahinten;
Zion, in dem letzten Kampf und Strauß
Halte aus, halte aus!

Nr. 193. Mel.: Wie groß ist des Allmächt'gen Güte.

Nach **Friedrich Conrad Hiller** (dem älteren), 1711,
in der gelungenen Umarbeitung des **Elberfelder** Gsgb.
von 1835, welche den Werth dieses schönen Liedes erhöht
und auch ins N. Würt. und andere Gsgb. übergegangen ist.
Das Original beginnt: „Ich lobe Dich von ganzer Seelen".

1. Ich lobe Dich, mein Auge schauet,
 Wie Du auf diesem Erdenkreis

Dir eine Kirche hast erbauet
　Zu Deines Namens Lob und Preis:
Daß Alle sich zusammenfinden
　In einem heiligen Verein,
Wo sie, erlöst von ihren Sünden,
　Sich, Jesu, Deines Reiches freun.

2. Du rufest auch noch heutzutage,
　Daß Jedermann erscheinen soll;
Doch hört man stets auch Deine Klage:
　„Noch immer ist Mein Haus nicht voll!"
Zwar Viele sind von Dir geladen,
　Doch Wenige nur auserwählt;
Sie wandeln auf des Weltsinns Pfaden,
　Und Mancher, den Du rufest, fehlt.

3. Herr, unter Völkern vieler Zungen
　Hast Du Dein Haus nun aufgeführt,
In dem Dein Preis Dir wird gesungen,
　Das Glaube, Lieb' und Hoffnung ziert;
Wo Alle unter Christo stehen,
　Als ihrem königlichen Haupt,
Auf Den sie Alle freudig sehen,
　Sie, deren Herz an Christum glaubt.

4. Nicht eignem Werk gilt ihr Vertrauen,
　Es ruht auf Dir und Deinem Sohn;
Er ist der Fels, auf Den sie bauen,
　Er ist der Weg zu Sieg und Lohn
Er ist der Weinstock, sie die Reben,
　In Ihm nur reifet ihre Frucht;
Er ist ihr Licht, ihr Heil und Leben
　Durch Wahrheit, Lieb' und fromme Zucht.

5. Ein Herr, Ein Glaub' und Eine Taufe
    Vereinigt sie zum heil'gen Bund;
Ein Ziel erglänzt dem Pilgerlaufe;
    Ein Fels ist ihres Friedens Grund;
Ein Vater waltet über Allen,
    Und Allen, Gott, bist Vater Du;
Dir streben Alle zu gefallen,
    Und Du giebst ihnen Heil und Ruh'.

6. So weih uns denn zum neuen Leben,
    Daß wir nur Deine Wege gehn,
Zuerst nach Deinem Reiche streben,
    Und allen Lüsten widerstehn.
Gieb, daß wir als getreue Glieder
    Fest halten an dem Haupt und Herrn,
Und dann auch allesammt als Brüder
    In Lieb' Ihm folgen treu und gern.

7. Erhalt uns, Herr, im wahren Glauben,
    Noch fernerhin bis an das End'.
Laß Nichts uns Deine Schätze rauben,
    Dein heilig Wort und Sakrament.
Erfülle Deiner Christen Herzen,
    O Gott, mit Deinem Gnadentheil,
Und gieb nach überwundnen Schmerzen
    Uns droben einst das bess're Theil!

Nr. 194. Eigene Melodie.

Ernst Gottlieb Woltersdorf. Um 1750. Sein bestes Lied, eine überaus tiefsinnige Schilderung der inneren Herrlichkeit der Kirche und ihrer Glieder in äußerer Knechtsgestalt, nach dem Vorbild des Gottes- und Menschensohnes im Stande der Erniedrigung. B. 1 ist besonders schön.

1. Wer ist der Braut des Lammes gleich?
Wer ist so arm und wer so reich,
Wer ist so häßlich und so schön,
Wem kann's so wohl und übel gehn?
Lamm Gottes, Du und Deine sel'ge Schaar
Sind Menschen und auch Engeln wunderbar!

2. Aus Gnaden weiß ich auch davon,
Ich bin ein Theil von Deinem Lohn:
So elend, als man's kaum erblickt,
So herrlich, daß der Feind erschrickt;
So gottlos, daß wohl Alle besser sind,
Und so gerecht, als Du, des Vaters Kind;

3. Ein Wurm, bis in den Staub gebeugt,
Der auf den Thron des Königs steigt;
Bekümmert, trübe, bloß und krank,
Und doch voll lauter Lobgesang;
So schwach, daß meine Kunst in nichts besteht,
So stark, daß Satan aus dem Wege geht;

4. Verfolgt, verlassen und verflucht,
Doch von dem Herrn hervorgesucht;
Ein Narr vor aller klugen Welt,
Bei dem die Weisheit Lager hält;
Verdrängt, verjagt, besiegt und ausgefegt,
Und doch ein Held, der ew'ge Palmen trägt.

5. Wer bin ich, wenn es mich betrifft?
   Ein Abgrund voller Sündengift.
   Wer bin ich, Lamm, in Deiner Pracht?
   Ein Mensch, der Engel weichen macht,
   So rein, so weiß, so schön, so auserwählt,
   Daß mir's an Worten zur Beschreibung fehlt.

6. O Sündenschuld, wie beugst du mich,
   O Glaube, wie erhebst du mich!
   Wer faßt hier den geheimen Rath?
   Nur, wer den Geist des Glaubens hat,
   Der durch des Lammes Blut zusammenschreibt,
   Was sonst wohl himmelweit geschieden bleibt.

7. Das ist der Gottheit Wunderwerk
   Und Seines Herzens Augenmerk,
   Ein Meisterstück aus Nichts gemacht;
   So weit hat's Christi Blut gebracht!
   Hier forscht, und betet an, ihr Seraphim,
   Bewundert uns, und jauchzt, und danket Ihm!

Nr. 195. Mel.: Wie schön leuchtet der Morgenstern.

Dr. Joh. Peter Lange. 1832. Aus der Sammlung: „Vom Oelberge", Frankfurt 1852 (zweite Aufl.
1858) Die erste Christengemeinde, ein Musterbild zur
Nachahmung wenigstens dem Geiste, wenn auch nicht dem
Buchstaben nach.

1. Wie strahlt im Feierkleid die Braut,
   Die sich der König hat vertraut
       Zu ewigem Vereine!
   Wie blüht, dem Rosengarten gleich,
   An Demuth und an Gaben reich,
       Die erste Christgemeine!

...hre, hehre,   Himmliſch reine
...riſtgemeine,   Kehre wieder!
...ende, Herr,   den Geiſt hernieder!¹)

Dreitauſend Seelen ſtehn geweiht,
Vom Geiſt getauft, im weißen Kleid,
Das Chriſtus hat errungen.
Rein ſind ſie nun in Seinem Blut,
Und preiſen Ihn voll Heldenmuth
In neuen, ſel'gen Zungen.
Heiter, weiter,   Fliegt die Kunde
Jede Stunde;   Wunderweben
Will die todte Welt beleben.

3. Sie bleiben beim Apoſtelwort
Und ſchwanken nicht wie Rohr hinfort
In eitler Lehre Winden.
Wort Gottes, Evangelium,
Du biſt ihr Weg, Du bleibſt ihr Ruhm
Trotz allem Hohn der Blinden!
Eine reine   Bahn zum Leben,
Schirm umgeben,   Ziehn die Pilger,
Gott geweiht im Sündentilger.

4. Nun ſchlägt Ein Herz in jeder Bruſt,
So mannigfaltig Wahn und Luſt
Sie vormals hat geſchieden;
Ein König, dem ihr Knie ſich beugt,
Ein Geiſt, der Alle hat gezeugt,
Ein Lauf in Einem Frieden;

---

1) In der erſten Geſtalt dieſes Liedes, in den „Bibl. Dichtungen",
Elberfeld 1832, S. 161, folgen 5 Strophen, welche der Verfaſſer ſpäter
weggelaſſen hat.

Kriege, Siege Sind gemeinsam,
Keiner einsam, Alle Brüder —
Eines Haupts verbundne Glieder.

5. Hier ist der Brudername wahr,
Das Reich der Himmel offenbar
  Im schönen Liebesbunde;
Zerflossen hier ist Arm und Reich,
Der Sklave mit dem Edlen gleich
  An heil'ger Tafelrunde;
Keiner seiner Eignen Güter
Banger Hüter; Alle laben
Eines Brodbaums reiche Gaben.

6. Die Erde ist nicht ihr Begehr;
Vom Himmel kommt ihr Frieden her,
  Gen Himmel geht ihr Streben;
Da ist ihr Schatz, da ist ihr Herz,
Ihr Flehn und Lob geht himmelwärts,
  Ihr Odem und ihr Leben.
Wieder, nieder Hallt ihr Beten,
Das vertreten Wird vom Sohne:
Amen! Amen! schallt's vom Throne. ¹)

---

1) Der 7te Vers ist bloß eine Wiederholung des ersten und deßhalb hier weggelassen.

Verfolgung und Schutz, Kampf und Sieg der Kirche.

Nr. 196. Mel.: Freu dich sehr, o meine Seele. Johann Heermann. 1635. Zur Zeit des 30jährigen Krieges. Sehr weit verbreitet seit 1640 auch in solchen Gsgb., welche wenige Lieder von Heermann aufgenommen haben.

1. Zion klagt mit Angst und Schmerzen,
Zion, Gottes werthe Stadt,
Die Er trägt in Seinem Herzen,
Die Er Sich erwählet hat.
"Ach," spricht sie, "wie hat mein Gott
Mich verlassen in der Noth
Und läßt mich so harte pressen!
Meiner hat Er ganz vergessen.

2. Der Gott, der mir hat versprochen
Seinen Beistand jederzeit,
Der läßt Sich vergebens suchen
Jetzt in meiner Traurigkeit.
Ach, will Er denn für und für
So gar grausam zürnen mir?
Kann und will Er Sich der Armen
Jetzt nicht, wie verhin, erbarmen?" —

3. "Zion! o du Vielgeliebte!"
Sprach zu ihr des Herren Mund,
"Zwar du bist jetzt die Betrübte,
Seel' und Geist ist dir verwund't;
Doch stell alles Trauern ein!
Wo mag eine Mutter sein,
Die ihr eigen Kind kann hassen
Und aus ihrer Sorge lassen?

4. Ja, wenn du gleich möchtest finden
 Einen solchen Muttersinn,
Da die Liebe kann verschwinden,
 So bleib' Ich doch, Der Ich bin.
Meine Treu' bleibt stetig dir [1]),
Zion, o du, Meine Zier!
Du hast Mir Mein Herz besessen,
Deiner kann Ich nicht vergessen.

5. Laß dich nicht den Satan blenden,
 Der sonst nichts als schrecken kann;
Siehe, hier in Meinen Händen
 Hab Ich dich geschrieben an.
Wie mag es denn anders sein?
Ich muß ja gedenken dein;
Deine Mauern will Ich bauen
Und dich fort und fort anschauen.

6. Du bist stets Mir vor den Augen,
 Du liegst Mir in Meinem Schooß,
Wie die Kindlein, die noch saugen;
 Meine Treu' zu dir ist groß.
Dich und Mich kann keine Zeit,
Keine Noth, Gefahr und Streit,
Ja der Satan selbst nicht scheiden.
Bleib getreu in allen Leiden!"

---

1) Urspr. „gegen dir", was Wackernagel gegen seinen grammatischen Kanon beibehalten hat (Nr. 196).

Nr. 197. Mel.: Herzliebſter Jeſu, was haſt Du
                   verbrochen.

Matthäus Apelles von Löwenſtern. 1644. Aus
deſſen „Kirchen- und Hausmuſik". Breslau. Ein Gebet um
geiſtlichen und leiblichen Frieden in Kirche, Schule und
Haus. Ebenfalls unter den Verheerungen des 30jährigen
Krieges. Sehr weit verbreitet. Ein Lieblingslied von
Niebuhr (?) und Bunſen, der das Vorwort zu ſeinem
Bibelwerk (1858) damit beſchließt. Engl. Ueberſ. in Lyra
Germ. I. 105, und Schaff's Christ in Song, p. 341.

1. Chriſte, Du Beiſtand Deiner Kreuzgemeine,
   Eile mit Hülf' und Rettung uns erſcheine!
   Steure den Feinden, ihre Blutgerichte [1])
       Mache zu nichte!

2. Streite doch Selber für uns, Deine Kinder,
   Wehre dem Teufel, ſeine Macht verhinder;
   Alles, was kämpfet wider Deine Glieder,
       Stürze darnieder!

3. Friede bei Kirch' und Schulen uns beſchere,
   Friede zugleich der Obrigkeit [2)] gewähre;
   Friede dem Herzen, Friede dem Gewiſſen
       Gieb zu genießen!

4. Also wird zeitlich Deine Güt' erhoben,
   Also wird ewig und ohn' Ende loben
   Dich, o Du Wächter Deiner armen Heerde,
       Himmel und Erde.

---

1) Mützell I. S. 339 lieſt: „ihre Blut - Getichte" (Blutgedichte).
Bunſen hat dieſe Lesart beibehalten. Die meiſten Gſgb. haben aber
Blutgerichte.
   2) Urſpr. „der Polizei".

Nr. 198. Mel.: Valet will ich dir geben.

Andreas Gryphius. 1663 — 1664. Zuerst im Nürnberger Gsgb. von 1676 (wo der Name des Verfassers darüber steht), und dann weit verbreitet, zum Theil als Ersatz des seit 1662 vielfach verpönten luth. Liedes: „Erhalt uns, Herr, bei Deinem Wort". (Vgl. Eb. Mützell: Geistl. Lieder aus dem 17. Jahrh., 1858, Bd I. S. 309) Wegen der bisweilen vorkommenden Chiffre A. G. wird es von Bunsen, Knapp und And. öfter dem **Adam Gretgen,** gest. 1660, zugeschrieben. Das Lied hat in neueren Gsgb. mehrere sprachliche Veränderungen erfahren, besonders in V. 3, 4 6 u 7) (z. B. in Knapp's Lieder= schatz, dem wir in V. 6 u 7 gefolgt sind). Das rennf. luth. Gsgb. von 1849 giebt die Recens. von Knapp, läßt aber V. 4 u. 5 aus und vermischt V. 5 u 6.

1. Erhalt uns Deine Lehre,
    Herr, zu der letzten Zeit;
Erhalt Dein Reich und mehre
    Dein' edle Christenheit!
Erhalte festen Glauben,
    Der Hoffnung hellen Strahl;[1]
Laß uns Dein Wort nicht rauben
    In diesem Jammerthal!

2. Erhalt Dein' Ehr', und wehre
    Dem, was[2] Dir widerspricht!
Erleuchte und bekehre,
    Allwissend ew'ges Licht,
Was Dich noch nicht erkennet!
    Entdecke doch der Welt,
Die Dich noch nicht bekennet,[3]
    Was einzig Dir gefällt!

---

[1] Urspr.: „Der Hoffnung Leit=Stern Strahl".
[2] Das Nürnb. Gsgb v. 1676 und Mützell lesen „der" statt was.
[3] Andere: „Der Du noch nicht genennet", Knapp: „Der Du Dein Licht gegönnet".

3. Erhalt, was Du gebauet
   Und durch Dein Blut erkauft,
Was Du Dir selbst vertrauet,
   Und was auf Dich getauft.
So viele Feinde stürmen
   Zu Deiner Kirche Fall;
Du aber wollst sie schirmen
   Als Hort und Felsenwall. [1])

4. Erhalte Deine Schafe,
   Wenn ihnen Wölfe nahn;
Weck Schläfer aus dem Schlafe
   Und Träumer aus dem Wahn.
Bring wieder das Verirrte
   Von öder, dürrer Haid',
Und führ es, guter Hirte,
   Auf Deine grüne Weid'[2]).

5. Erhalt uns, Herr, Dein Erbe,
   Dein werthes Heiligthum!
Zerbrich, zerwirf [3]), verderbe,
   Was wider Deinen Ruhm!
Laß Dein Gesetz uns führen,
   Gönn uns Dein Himmelsbrod;
Laß Heiligkeit uns zieren,
   Und treu sein bis zum Tod!

6. Erhalt und laß uns hören
   Dein Wort, das selig macht,

---

1) So neuere Gsgb. statt: „Der grimme Sturm des Drachen ..
Toß, ob die Welt will krachen".
2) Neuere haben hier stärker verändert.
3) Urspr.. „Zureiß, zuschmeiß". So Mützell.

Das Zeugniß Deiner Ehren,
　Das Licht in finstrer Nacht;
Laß diesen Born uns tränken
　Im dürren Thal der Welt;
Laß diese Stimm' uns lenken
　Hinauf zum ew'gen Zelt.

7. Erhalt in Sturm und Wellen
　Der Kirche heilig Schiff,
Und laß es nicht zerschellen
　An Sand und Felsenriff:
Daß wir nach Deinen Regeln
　Durchschiffen diese Zeit,
Und einst mit frohen Segeln
　Einziehn zur Ewigkeit [1]).

Nr. 199. Mel.: Werde munter, mein Gemüthe.
Joachim Pauli. Um 1760.

1. Zion, gieb dich nur zufrieden!
　Gott ist noch bei dir darin;
Du bist nicht von Ihm geschieden,
　Er hat einen Vatersinn.
Wenn Er straft, so liebt Er auch,
Dieß ist Gottes steter Brauch.
Zion, lerne dieß bedenken!
Warum willst du dich so kränken?

2. Treiben dich die Meereswellen
　Auf der wilden, tiefen See, —

---

1) Urspr.: „Daß wir erreichen Die Anfurt nach der Zeit Und hilf uns Segel streichen In sel'ger Ewigkeit".

Verfolgung und Schutz,

llen sie dich gar zerschellen,
Daß du rufest Ach und Weh;
Schweigt Dein Heiland still dazu,
Gleich als schlafend in der Ruh':
Zion, laß dich nicht bewegen!
Bald wird Sturm und Fluth sich legen.

Berg' und Felsen mögen weichen,
Ob sie noch so feste stehn,
Ja, die ganze Welt deßgleichen
Möchte gar auch untergehn:
Dennoch hat es keine Noth,
In dem Leben und im Tod;
Zion, du mußt ja nicht wanken
Aus den vorgeschriebnen Schranken.

4. Müssen schon allhier die Thränen
Oft dein Trank und Speise sein;
Stimmt dein Seufzen und dein Stöhnen
Auch zu deinen Liedern ein;
Kränkt der Neid dir Herz und Muth,
Kommst du hier um Hab' und Gut:
Zion, laß dir doch nicht grauen!
Du kannst deinem Gott vertrauen!

5. Droht man dir mit Schmach und Banden,
Mit viel Qual und Herzeleid:
Dennoch wirst du nicht zu Schanden,
Denk nur an die Ewigkeit!
Sei getrost und wohlgemuth,
Denn der Herr ist's, Der es thut;
Zion, auf Gott mußt du merken!
Der wird dich in Schwachheit stärken.

6. Freue dich: es kommt das Ende
   Und der Abend schon herbei;
Gieb dich nur in Gottes Hände,
   Der macht dich von Allem frei.
Für die Trübsal, Spott und Hohn
Giebt Er dir die Freudenkron'!
Zion, Gott, dein Schutz, wird wachen,
Und die Welt zu Schanden machen.

7. Hallelujah! deine Wonne
   Bricht nun bald mit Macht herfür,
Denn die schöne Gnadensonne,
   Jesus Christus, naht zu dir,
Giebt dir einen Freudengruß
Und den ew'gen Friedenskuß. —
Zion! wo ist nun dein Klagen? —
Nur von Freuden sollst du sagen!

Nr. 200. Mel.: Eins ist noth, ach Herr, dies Eine.
Nach dem Engl von Wm. Cowper, gest. 1800:
"Hear what God the Lord hath spoken", eine schöne
Bearbeitung der prophetischen St lle Jesaj. 60, 15—20.
Das Lied erschien zuerst in den Olney Hymns a. 1775
und ging dann in viele engl. und amerik. Gsgb über.
Die Ueberf. ist von Alb. Knapp, aber nicht im Vers-
maß des Originals. Denn im Engl. giebt es keine
Original-Lieder nach der Mel.: „Eins ist noth".

1. Hört, was Gott der Herr gesprochen:
   O Mein Volk, so schwach und klein,
Arm, zerstreut, betrübt, zerbrochen,
   Ich will dein Erretter sein!
Ich habe dir herrliche Häuser gegründet,
Bald schwindet die Trübsal, die jetzt dich
                    umwindet;

„Heil" nennst du die Mauern alsdann um
Mich her,
Dein Jubel verstummt in den Thoren nicht
mehr.

2. Dann gleich hellen Wasserflüssen
Strömt dir Licht und Wonne zu,
Denn der Herr läßt dich genießen
Seines Reiches stolze Ruh'.
Da werden das Recht und der Friede re=
gieren,
Und nimmer die selige Herrschaft verlieren;
Da wirst du nicht fühlen mehr Jammer und
Kreuz,
Noch hören die feindliche Stimme des
Streits.

3. Nimmer sinkt dann deine Sonne,
Nimmer wechselt mehr dein Mond;
Eines ew'gen Mittags Wonne
Glänzt am stillen Horizont.
Gott wird Sich erheben und über dir
scheinen,
Die Sterne der Nacht mit dem Tage ver=
einen;
Der Herr wird dein Ruhm sein, der nim=
mer gebricht,
Und Gott dein unsterbliches, seliges Licht.

3. Die Gemeinschaft der Heiligen.

Nr. 201. Eigene Melodie.

Psalm 133. Bearbeitet von **August Ebrard**, 1852.

1. Wie schön und lieblich ist es anzusehen,
Wenn Brüder Hand in Hand durch's Leben
gehen,
In Einem Herzen, Geist und Sinn!
Der Balsam, der von Aarons Haupt und Kinn
Hernieberträufelt, füllet nicht die Luft
Mit so erquickend süßem Duft.

2. Die Perlen, die auf Hermons grünen Auen
Im Morgenglanz so frisch herniederthauen,
Sie glänzen doch so helle nicht,
Als Bruderlieb' in Gottes Geist und Licht.
Denn über ihr strahlt als ein ew'ger Stern
Heil, Gnad' und Segen von dem Herrn.

Nr. 202. Mel.: Alles ist an Gottes Segen.

Gerhard Tersteegen. 1731. Engl. Uebers. in Lyra
G. II, 130: "Jesus whom Thy Church doth own."
Etwas verändert von Knapp.

1. Jesu, der Du bist alleine
Haupt und König der Gemeine,
Segne mich, Dein armes Glied!
Wollst mir neuen Einfluß geben
Deines Geistes, Dir zu leben;
Stärke gnädig mein Gemüth!

2. Ach, Dein Lebensgeist bezwinge
   Alle Herzen; er durchdringe
       Deine Glieder allzumal,
   Wo sie hier zerstreuet wohnen
   Unter allen Nationen,
       Die Du kennest überall.

3. O wie lieb ich, Herr, die Deinen,
   Die Dich suchen, die Dich meinen!
       O wie köstlich sind sie mir!
   Du weißt, wie mich's oft erquicket,
   Wenn ich Seelen hab erblicket,
       Die sich ganz ergeben Dir!

4. Ich umfasse, die Dir dienen,
   Ich vereine mich mit ihnen,
       Und vor Deinem Angesicht
   Wünsch ich Zion tausend Segen;
   Stärke sie in Deinen Wegen,
       Führe sie in Deinem Licht!

5. In der argen Welt sie rette,
   Und den Satan bald zertrete
       Gänzlich unter ihren Fuß!
   Tödte durch den Geist von innen
   Fleischeslust, Natur und Sinnen;
       Schenk uns Deines Heils Genuß!

6. Die in Kreuz und Leiden leben,
   Stärke, daß sie ganz ergeben
       Ihre Seel' in Deine Hand!
   Laß sie dadurch werden kleiner
   Und von allen Schlacken reiner,
       Lauterlich in Dich gewandt!

7. Laß die Deinen noch auf Erden
Ganz nach Deinem Herzen werden;
　Mache Deine Kinder schön:
Abgeschieden, klein und stille,
Rein, einfältig, wie Dein Wille,
　Und wie Du sie gern willst sehn.

8. Sonderlich gedenke Deren,
Die es, Herr, von mir begehren,
　Daß ich für sie beten soll!
Auf Dein Herz will ich sie legen;
Gieb Du Jedem solchen Segen,
　Wie es noth: — Du kennst sie wohl!

9. Ach, besuch zu dieser Stunde
Sie im tiefsten Herzensgrunde,
　Mach sie froh in Dir allein!
Zeuch mit Deinen Liebeszügen
Ihre Lust und ganz Vergnügen
　Wesentlich in Dich hinein!

10. Ach, Du hast uns theu'r erworben,
Da Du bist am Kreuz gestorben;
　Denke, Jesu, wir sind Dein!
Halt uns fest, so lang wir leben
Und in dieser Wüste schweben;
　Laß uns nimmermehr allein:

11. Bis wir einst mit allen Frommen
Dort bei Dir zusammen kommen,
　Und, von allen Flecken rein,
Da vor Deinem Throne stehen,
Uns in Dir, Dich in uns sehen,
　Ewig Eins in Dir zu sein.

Nr. 203.   Mel.: O Du Liebe meiner Liebe

Nikolaus Ludwig Graf von Zinzendorf. Geb.
1725 in der ersten Zeit der Brüdergemeinde über das hohe-
priesterl. Gebet Jesu, Joh 17, V. 21, dessen Geist in
diesem köstlichen Liede webt. Engl. Uebers. (6 V.) in
Lyra G. I. 124: "Heart and heart together bound,
Seek in God your true repose."

1. Herz und Herz vereint zusammen,
   Sucht in Gottes Herzen Ruh',
   Lasset eure Liebesflammen
   Lodern eurem Heiland zu!
   Er das Haupt, wir Seine Glieder;
   Er das Licht, und wir der Schein;
   Er der Meister, wir die Brüder;
   Er ist unser, wir sind Sein.

2. Kommt, ach kommt, ihr Gnadenkinder,
   Und erneuert euren Bund!
   Schwöret unserm Ueberwinder
   Lieb' und Treu' von Herzensgrund;
   Und wenn eurer Liebeskette
   Festigkeit und Stärke fehlt,
   O, so flehet um die Wette,
   Bis sie Jesus wieder stählt.

3. Tragt es unter euch, ihr Glieder,
   Auf so treues Lieben an,
   Daß ein Jeder für die Brüder
   Auch das Leben lassen kann.
   So hat Jesus uns geliebet,
   So vergoß Er dort Sein Blut;
   Denkt doch, wie es Ihn betrübet,
   Wenn ihr selbst euch Eintrag thut.

4. Einer reize doch den Andern,
   Kindlich, leidsam und gering
Unserm Heiland nachzuwandern,
   Der für uns am Kreuze hing.
Einer soll den Andern wecken,
   Alle Kräfte Tag für Tag
Nach Vermögen darzustrecken,
   Daß man Ihm gefallen mag.

5. Hallelujah! welche Höhen,
   Welche Tiefen reicher Gnad',
Daß wir Dem in's Herze sehen,
   Der uns so geliebet hat;
Daß der Vater aller Geister,
   Der der Wunder Abgrund ist,
Daß Du, unsichtbarer Meister,
   . Uns so fühlbar nahe bist!

6. Ach, Du holder Freund, vereine
   Deine Dir geweihte Schaar,
Daß sie sich so herzlich eine,
   Wie's Dein letzter Wille war.
Ja, verbinde in der Wahrheit,
   Die Du selbst im Wesen bist,
Alles, was von Deiner Klarheit
   In der That erleuchtet ist.

7. So wird Dein Gebet erfüllet,
   Daß der Vater alle die,
Welche Du in Dich verhüllet,
   Auch in Seine Liebe zieh',
Und daß, wie Du Eins mit ihnen,
   Also sie auch Eines sei'n,

Sich in wahrer Liebe dienen
Und einander gern erfreu'n.

8. Liebe, hast Du es geboten,
Daß man Liebe üben soll,
O, so mache doch die todten,
Trägen Geister lebensvoll!
Zünde an die Liebesflamme,
Daß ein Jeder sehen kann;
Wir, als die von Einem Stamme,
Stehen auch für Einen Mann.

9. Laß uns so vereinigt werden,
Wie Du mit dem Vater bist,
Bis schon hier auf dieser Erden
Kein getrenntes Glied mehr ist;
Und allein von Deinem Brennen
Nehme unser Licht den Schein:
Also wird die Welt erkennen,
Daß wir Deine Jünger sei'n.

Nr. 204. Mel.: Nun bitten wir den heiligen Geist.

Nach **Aug. G. Spangenberg.** Geb. 1745 zu Lancaster in Pennsylv. während einer Brüdersynode, zu einer Zeit, als Zinzendorf und Spangenberg alle deutschen Christen in Pennsylvanien ohne Unterschied der Confession zu „Einer Gemeinschaft des Geistes" verbinden wollten. (Vg. Schaff's Kirchenfreund Bd. II. S 93 ff.) Das Lied steht im N. Würt., im Knapp'schen und Lange'schen, aber noch in keinem amerik. Gsgb. Engl. Uebers. in Lyra G. II. 87: "The Church of God that He hath hallowed here".

1. Die Kirche Christi, die Er geweiht
Zu Seinem Hause, ist weit und breit

In der Welt zerstreuet, in Nord und Süden,
In Ost und West, und doch so hienieden,
　　Als droben, Eins.

2. Die Glieder sind sich meist unbekannt,
Und doch einander gar nah verwandt;
Einer ist ihr Heiland, ihr Vater Einer,
Ein Geist regiert sie; und ihrer keiner
　　Lebt mehr sich selbst.

3. Sie leben Dem, Der sie mit Blut erkauft
Und mit dem heiligen Geiste tauft,
Und im wahren Glauben und treuer Liebe
Gehn ihrer Hoffnung lebend'ge Triebe
　　Auf's Ewige.

4. Wie sieht's mit ihrer Versammlung aus?
Hier stehn sie nirgend in Einem Haus.
In Kirchen und Kirchlein getheilt, verschieden,
Sind alle vereint in Christi Frieden;
　　Ein Leib des Herrn!

5. Da tritt die Gemeine des Herrn hervor,
Wo Christi Feuer steigt hell empor,
Da wohnen die Seinen, Er in der Mitten,
Gnade und Wahrheit füllt solche Hütten,
　　Und Fried' und Freud'.

6. Mit solchen Gemeinden ist unsre Zeit
Reichlich gesegnet, wir sind erfreut
Ueber Jesu Gnade, und bitten: mehre
Du, Geist des Herrn, Seine Gnadenheere
　　An Zahl und Kraft.

205. Mel.: Alle Menschen müssen sterben.
Nach P. Fr. Hiller, gest. 1769. S. Knapp's Lieder-
z (3. Aufl.) Nr. 1190 und das Schaffhauser Gsgb.
1841, Nr 196.

1. Komm, o Du dreieinig Wesen,
    Laß uns ganz Dein Tempel sein,
Den Du Dir zur Ruh' erlesen;
    Zeuch in diese Wohnung ein!
Komm, entzünde in den Herzen
Der Erkenntniß reine Kerzen,
Und des Glaubens himmlisch Licht,
Das in Liebesstrahlen bricht!

2. Mach uns in der Hoffnung sehnlich,
    In der Demuth Jesu gleich,
In Geduld dem Mittler ähnlich,
    In dem Beten andachtsreich,
In der Treu' unüberwindlich,
In der Gottesfurcht recht kindlich;
Bilde uns, Dein Eigenthum,
Nur zu unsres Königs Ruhm.

3. Zeuch uns aus dem Weltgetümmel,
    Sei mit Deinem Geist uns nah.
Unser Herz sei in dem Himmel,
    Denn auch unser Schatz ist da.
Laß sich unsern Sinn gewöhnen,
Sich nach jener Welt zu sehnen;
Denn Dein auserwählt Geschlecht
Hat des Himmels Bürgerrecht.

4. Bleibe täglich bei den Deinen,
    Du versprachst es, Jesu Christ,

Biß das Ende wird erſcheinen,
Weil Du unſer Schutzherr biſt.
Laß Dein Kirchlein auf der Erden
Nicht zu einer Waiſe werden,
Weil ja ohne Dich allein
Niemand kann ihr Vater ſein.

5. Unſer Herrſcher, unſer König!
Laſſe Alles insgemein
Deinem Namen unterthänig,
Und denſelben herrlich ſein.
Schütze Deine Reichsgenoſſen,
Die Du in Dein Herz geſchloſſen
Sei, bei aller Feinde Trutz,
Deiner Kirche Schild und Schutz!

Nr. 206. Mel.: Alles iſt an Gottes Segen.

Aus Knapp's Liederſchatz, 3. Aufl. 1865, Nr. 1207,
ohne Angabe des Verf.

1. Brüder, öffnet doch dem Triebe
Treuer zarter Bruderliebe
Ganz und kindlich euer Herz!
Laßt die Leiden dieſer Erden
Alle Tage größer werden:
Lindert Liebe nicht den Schmerz?

2. Iſt ſie nicht des Bundes Siegel?
Giebt ſie nicht der Seele Flügel?
Schmelzt nicht ihre Feuergluth
Auch die ſtärkſten Höllenketten?
Liebe nur kann Seelen retten,
Liebe nur giebt Kraft und Muth!

Die Gemeinschaft der Heiligen.

euch! ruft der Sohn der Liebe,
erwägt es: welche Triebe
senkten Mich in Todesschmerz?
b Ich nicht Mein Blut und Leben?
n Ich Weinstock, seid ihr Reben,
O so seid Ein Geist, Ein Herz!

Ja, verbindet euch zum Lieben,
Täglich Mein Gebot zu üben,
Laßt's euch täglich heilig sein!
Hört ihr nicht mit mächt'gem Reize
Jeden Tropfen Bluts vom Kreuze:
„Kindlein, liebt euch! liebt euch!" schrei'n?

5. Laßt die Welt am Zorn sich weiden,
Laßt sie schelten, hassen, neiden!
Licht und Liebe bleibt ihr fern.
Wird auch Alles kalt und trübe,
O so ringt und fleht um Liebe!
Sie erhält euch bei dem Herrn.

6. Sucht in Liebe recht zu brennen!
Daran soll die Welt erkennen
Christi Sinn und Jüngerschaft.
Liebe kann für Brüder leiden,
Liebe lehrt das Böse meiden,
Lieb' ist ew'ge Lebenskraft!

4. Ausbreitung der Kirche. Misfionslieder.

Nr. 207. Mel.: Herr Gott, Dich loben Alle wir. Pf. 134.

Johann Heermann. 1630. Engl. Ueberf. in Lyra G. II. 43: "O Christ, our true and only Light, Illumine those who sit in night."

1. O Jefu Chrifte, wahres Licht,
Erleuchte, die Dich kennen nicht,
Und bringe fie zu Deiner Heerd',
Daß ihre Seel' auch felig werd'!

2. Erfüll mit Deinem Gnadenfchein
Die in Irrthum verführet fein,
Auch die, fo heimlich noch ficht an
In ihrem Sinn ein falfcher Wahn.

3. Und was fich fonft verlaufen hat
Von Dir, das fuche Du mit Gnad',
Verwundete Gewiffen heil',
Laß fie am Himmel haben Theil.

4. Den Tauben öffne das Gehör,
Die Stummen richtig reden lehr',
Die nicht bekennen wollen frei,
Was ihres Herzens Glaube fei.

5. Erleuchte, die da find verblend't,
Bring her, die fich von uns getrennt,
Verfammle, die zerftreuet gehn,
Mach fefte, die im Zweifel ftehn.

6. So werden fie mit uns zugleich
Auf Erden und im Himmelreich,
Hier zeitlich und dort ewiglich,
Für folche Gnade preifen Dich.

Nr. 208. Mel. Wie schön leuchtet der Morgenstern.
Gerhard Terstegen. 1731.

1. Wann grünt Dein ganzer Erdenkreis?
   Wann geben Dir die Völker Preis
   Und werden unterthänig?
   O werde groß in Allen Du,
   Daß, die Du schufst, Dir fallen zu
   Und schrei'n: Der Herr ist König!
   Gieße Süße Geisteskräfte,
   Lebenssäfte In die Schwachen
   Alles, alles neu zu machen.

Nr. 209. Mel.: Psalm 140.
Johann Ludwig Fricker, gest. 1766. Ueber Luk.
12, 49: „Ich bin gekommen, daß Ich ein Feuer anzünde
auf Erden; was wollt Ich lieber, denn es brennete
schon!" Das Lied kann auch nach der Melodie: „Wie
groß ist des Allmächt'gen Güte" gesungen werden, wenn
man je zwei Strophen in eine zusammenzieht und V. 9
wiederholt.

1. O daß doch bald Dein Feuer brennte,
   Du unaussprechlich Liebender!
   Und bald die ganze Welt erkennte,
   Daß Du bist König, Gott und Herr!

2. Zwar brennt es schon in heller Flamme
   Jetzt hier, jetzt dort in Ost und West,
   Dir dem aus Lieb' erwürgten Lamme,
   Ein herrlich Pfingst= und Freudenfest.

3. Und noch entzünden Himmelsfunken
   So manches kalte, todte Herz,

Und machen Durst'ge freudetrunken,
Und heilen Sünd' und Höllenschmerz;

4. Verzehren Stolz und Eigenliebe,
Und sondern ab, was unrein ist,
Und mehren jener Flamme Triebe,
Die nur den großen Einen küßt.

5. Erwecke, läutre und vereine
Des ganzen Christenvolkes Schaar,
Und mach in Deinem Gnadenscheine
Dein Heil noch jedem offenbar!

6. Du unerschöpfter Quell des Lebens,
Allmächtig starker Gotteshauch!
Dein Feuermeer strömt nicht vergebens,
Ach zünd' in unsern Herzen auch!

7. Schmelz Alles, was sich trennt, zusammen,
Und baue Deinen Tempel aus;
Laß leuchten Deine heil'gen Flammen
Durch Deines Vaters ganzes Haus.

8. Beleb' erleucht', erwärm', entflamme
Doch bald die ganze weite Welt,
Und zeig' Dich jedem Völkerstamme
Als Heiland, Friedefürst und Held.

9. Dann tönen Dir von Millionen
Der Liebe Jubel=Harmonien,
Und Alle, die auf Erden wohnen,
Knien vor dem Thron des Lammes hin.

0. Mel.: Theuerster Immanuel. Um 1820.

..rich **Adolph Krummacher.**

..e Heerde und Ein Hirt!
Wie wird dann dir sein, o Erde,
..ann Sein Tag erscheinen wird?
Freue dich, du kleine Heerde!
Mach dich auf und werde Licht!
Jesus hält, was Er verspricht.

Hüter, ist der Tag noch fern? —
Schon ergrünt es auf den Weiden,
Und die Herrlichkeit des Herrn
Nahet dämmernd sich den Heiden:
Blinde Pilger flehn um Licht:
Jesus hält, was Er verspricht.

3. Komm, o komm, Du treuer Hirt,
Daß die Nacht zum Tage werde!
Ach! wie manches Schäflein irrt
Fern von Dir und Deiner Heerde.
Kleine Heerde, zage nicht:
Jesus hält, was Er verspricht.

4. Sieh, das Heer der Nebel flieht
Vor des Morgenrothes Helle,
Und der Sohn der Wüste kniet
Dürstend an der Lebensquelle;
Ihn umleuchtet Morgenlicht:
Jesus, hält, was Er verspricht.

5. Gräber stehen aufgethan,
Rauscht, verdorrte Gebeine!
Macht dem Bundesengel Bahn,

Großer Tag des Herrn, erscheine!
Jesus ruft: es werde Licht!
Jesus hält, was Er verspricht.

6. O des Tags der Herrlichkeit!
  Jesus Christus, Du die Sonne,
Und auf Erden weit und breit
  Licht und Wahrheit, Fried' und Wonne!
Mach dich auf! Es werde Licht!
Jesus hält, was Er verspricht.

Nr. 211. Mel.: From Greenland's icy mountains.

Nach dem verbreitetsten und beliebtesten Missions-
lied in engl. Spr.: From Greenland's icy mountains,
vom anglic. Mission. und Bisch. von Calcutta, Regi-
nald Heber, gest. 1826. Die Uebers. ist neu bearbeitet,
theilweise auf Grundlage von Nr. 646 im Ref. Gsgb.
von Chamberbb. Eine andere schwungreichere Uebers.
von Eb. G. Barth in A. Knapp, Liederschatz,
Nr. 1129: „Von Grönlands eis'gen Zinken, China's
Korallenstrand".

1. Von Grönlands Eisgestaden,
    Von Indiens Perlenstrand,
  Von Peru's goldnen Pfaden,
    Vom dunklen Mohrenland;
  Von manchem alten Ufer
    Und palmenreicher Flur
  Ertönt das Flehn der Rufer:
    Zeigt uns der Wahrheit Spur.

2. Ob auch gewürzte Winde
    Auf Ceylon's Insel wehn,
  Der Mensch ist todt in Sünde
  . Und muß verloren gehn.

Umsonst sind Gottes Gaben
So reichlich ausgestreut;
Die Heiden sind begraben
In Nacht und Dunkelheit.

3. Wir, denen treue Hirten
Und Gottes Wort verliehn,
Wir könnten den Verirrten
Das Lebenslicht entziehn?
O nein! Die frohe Kunde
Vom Heil in Jesu Christ
Erschall von Mund zu Munde,
Bis jedes Volk Ihn küßt.

4. Ihr Winde, weht die Wahrheit,
Ihr Wasser, tragt sie fort,
Bis wie ein Meer voll Klarheit
Sie fülle jeden Ort;
Bis der versöhnten Erde
Das Lamm, der Sünderfreund,
Der Herr und Hirt der Heerde
In Herrlichkeit erscheint.

Nr. 212. Mel.: Gott sei Dank in aller Welt.

Jonathan Friedrich Bahnmaier (gest 1841). Bor
1830. Engl. Ueberf. in Lyra G. II 89: "Spread, oh
spread, thou mighty word."

1. Walte, walte nah und fern,
Allgewaltig Wort des Herrn,
Wo nur Seiner Allmacht Ruf
Menschen für den Himmel schuf!

2. Wort vom Vater, Der die Welt
Schuf und in den Armen hält,

Und der Sünder Trost und Rath
Zu uns her gesendet hat!

3. Wort von des Erlösers Huld,
Der der Erde schwere Schuld
Durch des heil'gen Todes That
Ewig weggenommen hat!

4. Kräftig Wort von Gottes Geist,
Der den Weg zum Himmel weist
Und durch Seine heil'ge Kraft
Wollen und Vollbringen schafft!

5. Wort des Lebens, stark und rein,
Alle Völker harren Dein.
Walte fort, bis aus der Nacht
Alle Welt zum Tag erwacht!

6. Auf zur Ernt' in alle Welt!
Weithin wogt das reife Feld,
Klein ist noch der Schnitter Zahl,
Viel der Garben überall.

7. Herr der Ernte, groß und gut,
Weck zum Werke Lust und Muth
Laß die Völker allzumal
Schauen Deines Lichtes Strahl!

———

Nr. 213. Mel: Meinen Jesum laß ich nicht.
Christian Heinrich Zeller, geb. 1779, Inspector
der Armenkinder= und Schullehrer=Anstalt in Beuggen bei
Basel, gest. 1860.

1. Sieh, ein weites Todtenfeld,
Voller dürrer Todtenbeine!

26*

Ach, kein Sonnenstrahl erhellt
Diese Nacht mit frohem Scheine.
Hüter! ist die Nacht bald hin?
Wird Dein Morgen bald erblühn?

2. Blick ich hin auf Israel,
Ist noch Alles fast erstorben!
Ach, Dein Volk, Immanuel,
Das Du Dir mit Blut erworben!
Sieh, wie blind, wie fern von Dir!
Wie ein Schlachtfeld liegt es hier!

3. Schau ich Deine Christenheit,
Die, Herr, Deinen Namen träget:
Ach, was seh ich weit und breit?
Tausend Kräfte wild beweget,
Wenige, die für Dich glühn
Und in Deinem Dienst sich mühn.

4. Und die große Heidenwelt
Ist noch finster und verdunkelt,
Hie und da nur schwach erhellt;
Lichtes-Schimmer einzeln funkelt;
Millionen sind noch fern
Von dem Reiche meines Herrn!

5. O wann bricht der Frühling an
Nach den langen Wintertagen?
Herr, Du bist es, Der da kann
Zu den Todtenbeinen sagen:
„Rauschet, regt und füget euch,
Seid ein Leib für Gottes Reich!"

6. Herr, so sprich Dein Lebenswort
Ueber alle Todtenbeine!

Odem Gottes, wehe fort,
  Daß sich Alles neu vereine!
Mache Alles wieder neu!
Alles Alte geh vorbei!

Nr. 214. Mel.: Valet will ich dir geben.
Albert Knapp, gest. 1864. Geb. 1822.

.1. Der Du zum Heil erschienen
    Der allerärmsten Welt
  Und von den Cherubinen
    Zu Sündern Dich gesellt,
  Den sie mit frechem Stolze
    Verhöhnt für Seine Huld,
  Als Du am dürren Holze
    Versöhntest ihre Schuld!

2. Damit wir Kinder würden,
    Gingst Du vom Vater aus,
  Nahmst auf Dich unsre Bürden
    Und bautest uns ein Haus.
  Von Westen und von Süden,
    Von Morgen ohne Zahl
  Sind Gäste nun beschieden
    Zu Deinem Abendmahl.

3. Im schönen Hochzeitkleide,
    Von allen Flecken rein,
  Führst Du zu Deiner Freude
    Die Völkerschaaren ein.
  Und welchen nichts verkündigt,
    Kein Heil verheißen war,
  Die bringen nun entsündigt
    Dir Preis und Ehre dar.

4. Du hast dem ärmsten Sklaven,
   Wo heiß die Sonne glüht,
Wie Deinen andern Schafen
   Zu Liebe Dich gemüht,
Und selbst den öden Norden,
   Den ew'ges Eis bedrückt,
Zu Deines Himmels Pforten
   Erbarmend hingerückt.

5. Drum kann nicht Ruhe werden,
   Bis Deine Liebe siegt,
Bis dieser Kreis der Erden
   Zu Deinen Füßen liegt,
Bis Du im neuen Leben
   Die ausgesöhnte Welt
Dem, Der sie Dir gegeben,
   Vor's Angesicht gestellt.

6. Und siehe, tausend Fürsten
   Mit Völkern ohne Licht
Stehn in der Nacht und dürsten
   Nach Deinem Angesicht;
Auch sie hast Du gegraben
   In Deinen Priesterschild,
Am Brunnquell sie zu laben,
   Der Dir vom Herzen quillt.

7. So sprich Dein göttlich: Werde!
   Laß Deinen Odem wehn,
Daß auf der finstern Erde
   Die Todten auferstehn;
Daß, wo man Götzen fröhnet
   Und vor den Teufeln kniet,

Ein willig Volk, versöhnet,
Zu Deinem Tempel zieht.

8. Wir rufen, Du willst hören;
Wir fassen, was Du sprichst;
Dein Wort muß sich bewähren,
Womit Du Fesseln brichst.
Wie viele sind zerbrochen,
Wie viele sind's noch nicht!
O Du, Der's uns versprochen,
Werd' aller Heiden Licht!

N. 215. Mel.: Die Tugend wird durch's Kreuz
geübet.

Meta Heußer-Schweizer. Gedichtet 1834 auf ein
Missionsfest in der Schweiz. Ueber Matth. 28, 18—20.

1. „Es liegt die Macht in Meinen Händen,
Der Himmel und die Erd' ist Mein!
Ich will, bis sich die Zeiten enden,
An jedem Tage bei euch sein!"
Des Lebensfürsten Scheideworte
An Seiner Boten erste Schaar,
Sie stehn an Seines Hauses Pforte,
Ein hohes festes Säulenpaar.

2. Auf Seine Bürgschaft ist gegründet
Des Völkertempels Heiligthum.
Das Wort der Weihe: „Geht, verkündet
Der Welt das Evangelium!"
Es ruht in der Verheißung Schooße; —
In Jesu Nähe, Jesu Macht
Ward der Bekehrung Werk, das große,
Und wird noch heute so vollbracht.

3. Noch steht Dein Tempel unvollendet;
   Die Deinen, Heiland! bauten nicht;
Da hast Du neu Dein Wort gesendet,
   Und um den Abend wird es Licht.
Und jedes Herz, das dem vertrauet,
   Was einst Dein Mund verheißen hat,
Ermuntert sich, greift an und bauet
   Mit Hand und Wort, Gebet und That.

4. Es rief auch uns Dein Werk zusammen,
   Fürst Gottes, Dem das Reich gehört!
Wir feiern Deinen großen Namen
   In unsern Tagen neu verklärt.
Vom Aufgang und vom Abend schweben
   Uns Tauben mit dem Oelblatt zu.
Dein Wort ist jedem Volk gegeben,
   Und mit dem Worte siegest Du!

5. Wohlan, es müsse Dir gelingen
   In Deinem blut'gen Schmuck, o Held!
Laß endlich Dir Dein Erbtheil bringen,
   Erkauft um theures Lösegeld!
Brich Deinen Boten neue Bahnen,
   Zieh Selbst mit ihnen aus und ein,
Und sammle um des Kreuzes Fahnen
   Mit jedem Tage neue Reih'n!

6. Du siehst auf fernen Pilgerwegen
   Im Kampfe Deine Boten stehn.
O, jedem einen eignen Segen
   Gewähre heut auf unser Flehn!
Und wo auf diesem Erdenrunde
   Der Thränensame einsam fällt,

Da rausche bald zur guten Stunde
Ein volles, reiches Aehrenfeld!

7. Weck überall in der Gemeine
Den Zeugenmuth, die starke Treu'!
Der Liebe großes Werk vereine
Getrenntes und Zeriss'nes neu.
Auch unter uns hast Du gesäet
Ein Senfkorn, noch entsprossen kaum;
Doch wo Dein Lebensodem wehet,
Da wächst das Keimlein schnell zum Baum.

8. Vollende, Herr, Dein Werk auf Erden,
Gieß aus in Strömen Deinen Geist!
Laß feiern Deine Menschenheerden
Das Pfingstfest, das Dein Wort verheißt!
Der Liebe Sternenband umschlinge
Die Herzen alle, fern und nah,
Und die erlöste Menschheit singe
Dir jubelnd ihr Hallelujah!

Nr. 216. **Mel.:** Jesu, der Du meine Seele.
Christian Gottlob Barth, geb. 1799, gest. zu Calw
1862. Geb. zum Basler Missionsfest 1835.

1. Hüter! ist die Nacht verschwunden?
Hüter! ist die Nacht schier hin?
Ach, wir zählen alle Stunden,
Bis die Morgenwolken blühn,
Bis die Finsterniß entweichet,
Bis der Sterne Schein erbleichet,
Und der Sonne warmer Strahl
Leuchtet über Berg und Thal.

2. Seht ihr nicht der Berge Spitzen
   Tauchen aus des Nebels Nacht?
Durch der dunkeln Wolken Ritzen
   Bricht das Morgenroth mit Macht.
Aus der Todesschatten Höhle
Reißt sich manche Heidenseele
Los, enschleiert ihr Gesicht
Gottes wunderbarem Licht.

3. O Du Gott der Macht und Stärke!
   Sieh uns hier verwundert stehn
Ueber Deinem großen Werke,
   Das vor unserm Blick geschehn!
Manches Thor hast Du entriegelt,
Viele Seelen Dir versiegelt;
Gabst uns für das Heidenland
Manches theure Unterpfand.

4. Immer tiefer, immer weiter
   In das feindliche Gebiet
Dringt das Häuflein Deiner Streiter,
   Dem voran Dein Banner zieht.
Wo wir's kaum gewagt zu hoffen,
Stehn nun weit die Thüren offen;
Mühsam folgt der schwache Tritt
Deinem raschen Siegesschritt.

5 Langsam und durch Schwierigkeiten
   Waren wir gewohnt zu gehn;
Plötzlich bricht in alle Weiten
   Deine Hand aus lichten Höhn.
Staunend sehn wir Dein Beginnen;
Keine Zeit ist's lang zu sinnen.

Geh voran, wir folgen nach,
Wo Dein Arm die Bahnen brach.

6. Breiteſt Du in unſern Tagen,
    Herr, Dein Werk noch weiter aus;
Laß uns muthig Steine tragen
    Zu dem großen Tempelhaus!
Aber laß es unſern Seelen
Nicht an tief'rer Gründung fehlen!
Gieb uns den Verläugnungsſinn;
Nimm die Herzen völlig hin!

7. Welch ein Segen wird erſprießen,
    Wenn wir gehn an Deiner Hand!
Wenn uns Deine Quellen fließen,
    Grünet bald das dürre Land.
Nationen aller Orten
Strömen her zu Deinen Pforten,
Fallen auf ihr Angeſicht,
Jubeln laut im ew'gen Licht!

5. Reformation und innere Miſſion.

Nr. 217.   Eigene Melodie.

Nach **Pſalm 46:** Deus noster refugium et virtus;
ein Schutz- und Troſtpſalm, wahrſch geb. zum Andenken
an die wunderbare Errettung des Volkes Gottes unter
Hiskias, als der Herr durch die Peſtilenz in einer Nacht
185,000 Aſſyrer vor ten Thoren von Jeruſalem ſchlug
und den Sancherib zum Rückzug nach Niniveh nötbigte
(2 Kön. 19, 35; Jeſ. 37, 36). Frei bearbeitet von **Martin Luther,** wahrſcheinlich a. 1529 (nicht 1521 oder 1530)
nach tem Reichstage zu Speyer (wo der Name **Pro-
teſtanten** entſtand), als ein Schutz- und Trutzlied
gen teſſen Beſchluſſe, und zuerſt getr. im Klug'ſchen

Gsgb. Wittenb. 1529, dann im Erfurter Gsgb. v. 1531.
Ein claſſiſches Reformationslied und Kampf= und Sieges=
pſalm der evangel. Kirche gegen ihre Feinde. Die Mel.
ebenfalls von Luther. Mehrere engl. Ueberſ. von Thom.
Carlyle: "A safe stronghold our God is still"; von
H. Mills: "A tow'r of safety is our God" (beide in
Schaff's Deut Kirchenfr. für 1848 S. 108 ff.); von
W. M. Bunting: "A strong tower is the Lord our
God"; von Miß Cath. Winkworth: "God is our
stronghold firm and sure" (Lyra Germ. I. 173) von
Maſſie, Heyl und And.

1. Ein' feſte Burg iſt unſer Gott,
  Ein' gute Wehr' und Waffen.
 Er hilft uns frei aus aller Noth,
  Die uns jetzt hat betroffen.
 Der alt' böſe Feind
 Mit Ernſt er's jetzt meint;
 Groß' Macht und viel Liſt,
 Sein grauſam Rüſtung iſt,
  Auf Erd' iſt nicht ſein's Gleichen.

2. Mit unſrer Macht iſt nichts gethan,
  Wir ſind gar bald verloren:
 Es ſtreit't für uns der rechte Mann,
  Den Gott hat ſelbſt erkoren.
 Fragſt du, wer Der iſt?
 Er heißt Jeſus Chriſt,
 Der Herr Zebaoth,
 Und iſt kein andrer Gott;
  Das Feld muß Er behalten.

3. Und wenn die Welt voll Teufel wär'
  Und wollt uns gar verſchlingen,
 So fürchten wir uns nicht zu ſehr[1]),

---

1) „Zu ſehr" lieſt das Erfurter Gſgbüchlein von 1531 ſonſt
gewöhnlich: „ſo ſehr".

Es soll uns doch gelingen.
Der Fürst dieser Welt,
Wie sau'r er sich stellt,
Thut er uns doch nichts;
Das macht, er ist gericht't,
Ein Wörtlein kann ihn fällen.

4. Das Wort sie sollen lassen stan [1])
Und kein'n Dank dazu haben.
Er ist bei uns wohl auf dem Plan [2])
Mit Seinem Geist und Gaben.
Nehmen sie den Leib,
Gut, Ehr', Kind und Weib;
Laß fahren dahin,
Sie haben's kein'n Gewinn:
Das Reich muß uns doch bleiben!

Nr. 218. Mel.: Erhalt uns, Herr, bei Deinem Wort.

Größtentheils von Dr. **Nikolaus Selnecker**, einem Schüler und Freunde Melanchthons, gest 1592. V. 1 u. 2, die in manchen Gsgb allein stehen, sind nicht von Selnecker. V. 1 ist anonyme Bearbeitung einer lat. precatio von Melanchthon v. J. 1551: Vespera jam venit nobiscum Christe maneto, Exstingui lucem nec patiare tuam (Corp. Reform. X. 602). V. 2 steht zuerst in Verbindung mit V 1 in einem christlichen Gebet- und Gsgbuch von Freiberg a. 1602. Die übrigen Verse stehen im Gsgb. von Selnecker, Leipzig 1587. Das ganze Lied in dieser Gestalt findet sich zuerst in einem Nürnberger Gsgb. von 1611, wo es Selneckern zugeschrieben ist, und fand bald allgemeine Verbreitung. (Vgl. Mützell II. S. 545 ff.) Das Lied wird auch häufig am Schlusse

1) stehen.
2) Kampfplatz.

Gottesdienstes gesungen, wie Nr. 11 u. 12. Wacker-
(Kl. Gsgb. Nr. 52) läßt die beiden ersten Str. aus
beginnt mit V. 3.

Ach bleib' bei uns, Herr Jesu Christ,
Weil es nun Abend worden ist;
Dein göttlich Wort, das helle Licht,
Laß ja bei uns auslöschen nicht.

2. In dieser letzten bösen[1]) Zeit,
Verleih uns, Herr, Beständigkeit,
Daß wir Dein Wort und Sacrament
Rein b'halten bis an unser End'.

3. Herr Jesu, hilf, Dein' Kirch' erhalt,
Wir sind gar sicher, träg und kalt[2]);
Gieb Glück und Heil zu Deinem Wort,
Damit es schall an allem Ort.

4. Erhalt uns nur bei Deinem Wort,
Und wehr des Teufels Trug und Mord.
Gieb Deiner Kirche Gnad' und Huld,
Fried', Einigkeit, Muth und Geduld.

5. Ach Gott! es geht gar übel zu,
Auf dieser Erd' ist keine Ruh';
Viel Secten und viel Schwärmerei,
Die kommen haufenweis herbei[3]).

6. Den stolzen Geistern wehre doch,
Die sich mit G'walt erheben hoch,
Und bringen stets was Neues her
Zu fälschen Deine rechte Lehr'.

Ebenso

---

1) And. „schweren betrüben".
2) Mithell liest „Wir sind sicher, arg, faul und kalt". Ebenso
Wackernagel. Andere noch anders.
3) Urspr.: „Auf einen Haufen kommt herbei."

7. Die Sach' und Ehr', Herr Jesu Christ,
Nicht unser, sondern Dein ja ist;
Darum, so steh Du denen bei,
Die sich auf Dich verlassen frei.

8. Dein Wort ist unsers Herzens Trutz,
Und Deiner Kirche wahrer Schutz;
Dabei erhalt uns, lieber Herr,
Daß wir nichts Anders suchen mehr.

9. Gieb, daß wir leb'n in Deinem Wort
Und darauf ferner fahren fort
Von hinnen aus dem Jammerthal
Zu Dir in Deinen Himmelssaal.

Nr. 219. Mel.: Kommt her zu Mir, spricht Gottes Sohn.

Trost= und Schlachtlied Gustav Adolph's von Schwe=
den, nach der Losung· „Gott mit uns!" Es wurde von
ihm nach der Schlacht bei Leipzig. 17. Sept. 1631, in
Prosa verfaßt, von seinem Feldprediger Jak. Fabricius
in Verse gebracht und vor der Schlacht bei Lützen,
6. Nov. 1632, in der Gust. Adolph fiel, von seinem sieg=
reichen protest. Heere gesungen; es war also zugleich sein
Schwanengesang. Gute engl. Uebers. in Lyra Germ.
I. 17: "Fear not, O little flock, tho foe, Who madly
seeks your overthrow, Fear not his rage and power",
wo zugleich noch ein 4ter V., der von Sam. Zehner,
gest 1635, hinzugefügt wurde, mit übers. ist. Eine anb.
v. Mrs. Charles: "Be not dismayed, thou little flock".

1. Verzage nicht, du Häuflein klein,
Obschon die Feinde willens sein,
Dich gänzlich zu verstören,
Und suchen deinen Untergang,
Davon Dir wird ganz angst und bang:
Es wird nicht lange währen.

2. Tröste dich deß, daß deine Sach'
   Ist Gottes: Dem befiehl die Rach',
   Und laß es Ihn nur[1]) walten.
   Er wird durch einen Gideon[2]),
   Den Er wohl kennt, Dir helfen schon,
   Dich und Sein Wort erhalten.

3. So wahr Gott Gott ist, und Sein Wort,
   Muß Teufel, Welt[3]) und Höllenpfort',
   Und was dem thut anhangen,
   Endlich werden zu Hohn und Spott;
   Gott ist mit uns und wir mit Gott:
   Den Sieg woll'n wir erlangen!

Nr. 220. Mel.: Ein' feste Burg ist unser Gott.
Christian August Bähr. geb. 1795, gest. 1846.

1. Verzage nicht, du kleine Schaar,
   Ob auch die Feinde schnauben!
   Halt dich an Gott in der Gefahr,
   Und stehe fest im Glauben!
   Sein helles Auge wacht
   Auch in der Mitternacht.
   Gewaltig ist Sein Arm;
   Der Widersacher Schwarm
   Schlägt Seine Hand zu Boden.

------

1) Urspr.: „schlecht", d. h. schlechthin, lediglich.
2) Richt 6, 13. Das Eisen. Gigb., Geßcken, Wackernagel und Andere lesen: „einen Gid."; Sup, v. Raumer, das K. Würt. Gigb. und Andere: „seinen G." Knapp verändert, die historische Beziehung und biblische Anspielung verwischend: „Er wird durch Seinen lieben Sohn, Der Ihm so werth, dir helfen schon."
3) Urspr. „Papst".

2. Mag immerhin ihr stolzer Mund
    Viel neue Satzung lehren,
Den alten, tiefen Glaubensgrund
    Der Christen umzukehren:
So weichen wir doch nicht
Vom Herrn und Seinem Licht.
    Es wird die Höllenpfort'
    Sein seligmachend Wort
        Doch nimmermehr bezwingen.

3. Wir ziehn den Harnisch Gottes an,
    Umgürten unsre Lenden,
Und stehn, mit Wahrheit angethan,
    Das Geistesschwert in Händen.
Des Heilands reine Lehr'
Ist unsre Waff' und Wehr;
    Christi Gerechtigkeit
    Ist unser Panzerkleid,
        Und unser Schild der Glaube.

4. Du Glaubensherzog, Jesu Christ,
    Hilf uns Dein Wort bewahren,
Und wächst der Feinde Macht und List,
    So stärk uns in Gefahren!
Held Gottes, Dein Panier
Richt auf, wir folgen Dir!
    In Deiner heil'gen Hut
    Steht Ehre, Gut und Blut
        Der treuen Kampfgenossen.

Nr. 221. Mel : Herzlich thut mich verlangen.

Carl Joh. Phil. Spitta. Zuerst 1833. Kann auch als Pfingstlied gebraucht werden Engl. Ueberj. von Rich. Massie (Lyra Domestica, p. 27): "Draw, Holy Spirit, nearer, And in our hearts abide".

1. O komm, Du Geist der Wahrheit,
   Und kehre bei uns ein,
   Verbreite Licht und Klarheit,
   Verbanne Trug und Schein!
   Gieß aus Dein heilig Feuer,
   Rühr' Herz und Lippen an,
   Daß jeglicher getreuer
   Den Herrn bekennen kann!

2. O Du, Den unser größter
   Regent uns zugesagt,
   Komm zu uns, werther Tröster,
   Und mach uns unverzagt!
   Gieb uns in dieser schlaffen
   Und glaubensarmen Zeit
   Die scharf geschliffnen Waffen
   Der ersten Christenheit!

3. Unglaub' und Thorheit brüsten
   Sich frecher jetzt als je;
   Darum mußt Du uns rüsten
   Mit Waffen aus der Höh'.
   Du mußt uns Kraft verleihen
   Geduld und Glaubenstreu',
   Und mußt uns ganz befreien
   Von aller Menschenscheu.

4. Es gilt ein frei Geständniß
   In dieser unsrer Zeit;

Ein offenes Bekenntniß
　　Bei allem Widerstreit;
Trotz aller Feinde Toben,
　.　Trotz allem Heidenthum
Zu preisen und zu loben
　　Das Evangelium.

5. Fern in der Heiden Lande
　　Erschallt Dein kräftig Wort;
Sie werfen Satans Bande
　　Und ihre Götzen fort.
Von allen Seiten kommen
　　Sie in das Reich herein.
Ach, soll es uns genommen,
　　Für uns verschlossen sein?

6. Du heil'ger Geist, bereite
　　Ein Pfingstfest nah und fern;
Mit Deiner Kraft begleite
　　Das Zeugniß von dem Herrn!
O, öffne Du die Herzen
　　Der Welt, und uns den Mund,
Daß wir in Freud' und Schmerzen
　　Dein Heil ihr machen kund!

― ― ―

Nr. 222. Mel.: O Du Liebe meiner Liebe.

Leonhard Meißer, Pfarrer in Graubünden. Zuerst gedr. zu Chur 1847. Ebenfalls ein Pfingstlied, aber sehr passend als Gebetlied für das innere Missionswerk an den erstorbenen Theilen der Christenheit.

1. Daß es auf der armen Erde,
　　Unter Deiner Christenschaar
Wieder einmal Pfingsten werde,
　　Herr, das mache gnädig wahr!

Fache neu der Liebe Flammen
    In den kalten Herzen an;
Füge, was entzweit, zusammen,
    Daß man Eintracht sehen kann.

2. Mache alle kranken Glieder
    Rüstig, kräftig und gesund.
Laß die erste Liebe wieder
    Einen unsern Christenbund;
Daß bald wieder nur der Eine,
    Große, heil'ge Gottesgeist
Sichtbar sei in der Gemeine,
    Welche Christi Kirche heißt.

3. Ach, es drang der Geist der Hölle
    Furchtbar in die Welt herein!
Selbst der Kirche heil'ge Schwelle
    Suchte Satan zu entweihn.
Mancher brachte frembes Feuer
    Auf den heiligen Altar,
Weil er eben kein getreuer
    Zögling Deines Geistes war.

4. Ach, auch selbst in Christi Boten
    Wohnt nicht immer Christi Geist,
Der die Blinden und die Todten
    Zu dem Licht und Leben weist.
Ach, es sind die Pharisäer
    Heute noch nicht abgethan;
Glaubenslose Sabbucäer
    Hängen sich der Kirche an.

5. Darum wollst Du kräftig wehren,
    Daß durch ihren finstern Wahn

Sie die Kirche nicht verheeren,
Noch der Seelen grabe Bahn!
Jeſu Chriſt, Du großer Meiſter,
Reinige Dein Heiligthum,
Treibe aus die fremden Geiſter,
Fülle es mit Deinem Ruhm!

6. Sende Deinen Geiſt hernieder,
Und, als neuer Lebensſaft,
Dringe Er durch alle Glieder
Und belebe ſie mit Kraft.
Treibe uns zu Geiſteswerken,
Fache an der Liebe Gluth,
Lehre treu auf's Wort uns merken,
Weck der erſten Zeugen Muth.

7. Rüſte Deines Geiſtes Streiter
Mit des Geiſtes Waffen aus;
Zieh der Kirche Grenzen weiter,
Und erfülle Herz und Haus!
Laß in Deinen Chriſtgemeinen
Nah und fern, zu Berg und Thal,
Deines Geiſtes Macht erſcheinen,
Pfingſten werden überall!

6. Kirchweihlieder.

a) Grundsteinlegung und Einweihung eines Gotteshauses.

Nr. 223. Mel.: Lobe den Herren, den mächtigen König der Ehren.

Psalm 24. Von David nach der gewöhnlichen Annahme gedichtet bei der Verlegung der Bundeslade auf den Berg Zion (vgl. 2 Sam. 6, 1; 1 Chron. 15), und vielleicht auch bei der Einweihung des Tempels Salomos gebraucht, jedenfalls für eine Kirchweihe vortrefflich geeignet. Nach dem Elberfelder Ref. Gsgb., aber etwas verändert.

1. Dein ist die Erde, Jehovah, und all' ihre Fülle;
   Dein ist der Himmel, anbetend in heiliger
   Stille.
   Du hast die Welt
   Fest über Meere gestellt,
   Alles beherrschet Dein Wille.

2. Wer wird hinauf zu dem Berge Jehovahs
   nun gehen?
   Wer an der Stätte, die Er Sich geheiligt,
   bestehen?
   Wer Herz und Hand
   Rein hält von Lüge und Tand,
   Und von des Meineids Vergehen.

3. Der wird im Heiligthum reichlichen Segen
   erlangen,
   Leben und Frieden vom Gott seines Heiles
   empfangen.
   So das Geschlecht
   Jakobs, das suchet Ihn recht,
   Fraget nach Gott mit Verlangen.

4. Hebet die Häupter, ihr Thore! Ihr Pforten
euch hebet!
Raum für den Einzug des Königs der
Herrlichkeit gebet;
Wer ist der Herr?
Mächtig, Jehovah ist Er,
Der Sich als Sieger erhebet.

5. Hebet die Häupter, ihr Thore! Ihr Pforten,
ihr alten,
Hebt sie! Der König der Ehren kommt, Ein-
zug zu halten!
Wer ist der Herr?
Hört es, Jehovah ist Er,
Herrscher der Himmelsgewalten.

––––––

Nr. 224. Mel.: Lobsinge Gott, erheb' Ihn, meine
Seele.
Frei nach dem Lateinischen der alten Kirche.

1. O Herr, vor Dem sich Erd' und Himmel
beuget,
Du Gottes Sohn, von Ewigkeit gezeuget:
Blick auf der Deinen Flehn und Dankeslieder
Huldreich hernieder.

2. Dieß Haus, o Herr, ist Deinem Dienst ge-
weihet;
Hier schmecken Deine Gläub'gen hocherfreut
Das Blut, den Leib, den Du zu unserm
Leben
Dahingegeben.

3. Hier wird in Deinem heil'gen Wasserbade
   Die Schuld getilgt, geheilt der Seelenschade;
   Hier weihen wir, o Todesüberwinder,
     Dir unsre Kinder.

4. Hier finden Kranke Heilung, Kraft die Müden,
   Die Blinden Licht, die Sünder Seelenfrieden;
   Hier athmen freier bei des Lebens Schmerzen
     Die wunden Herzen.

5. Des Ew'gen Vorhof ist an diesem Orte,
   Das Heiligthum des Herrn, des Himmels
                                   Pforte,
   Stets offen Allen, die dem ew'gen Leben
     Entgegenstreben.

6. Mag bei der Stürme Wüthen Alles zittern:
   Die Kirche steht, ein Fels in Ungewittern,
   Und bleibet bei der Hölle wild'stem Trutze
     In Christi Schutze.

7. Lob und Anbetung töne Dir, o Vater!
   Dir, Gottes Sohn, Dir, Tröster und Be=
                                   rather!
   Lehr uns, Dein Volk, durch alle Ewigkeiten
     Dein Lob ausbreiten!

Nr. 225. Mel.: Wie schön leuchtet der Morgenstern.
Albert Knapp. Gedichtet 1832. In's N. Würt.
und auch in das N. Amerik. Luth. Gsgb. von 1849 auf=
genommen.

1. Gott Vater, aller Dinge Grund!
   Gieb Deinen Vaternamen kund
     An diesem heil'gen Orte!

Wie lieblich ist die Stätte hier!
Die Herzen wallen auf zu Dir;
   Hier ist des Himmels Pforte!
Wohne, Throne Hier bei Sündern,
Als bei Kindern Voller Klarheit;
Heil'ge uns in Deiner Wahrheit!

2. Sohn Gottes, Herr der Herrlichkeit!
Dieß Gotteshaus ist Dir geweiht;
   O laß Dir's wohlgefallen!
Hier schalle Dein lebendig Wort,
Dein Segen walte fort und fort
   In diesen Friedenshallen!
Einheit, Reinheit Gieb den Herzen;
Angst und Schmerzen Tilg in Gnaden,
Und nimm von uns allen Schaden.

3. Gott heil'ger Geist, Du werthes Licht,
Wend' her Dein göttlich Angesicht,
   Daß wir erleuchtet werden!
Geuß über uns und dieses Haus
Dich mit allmächt'gen Flammen aus,
   Mach himmlisch uns auf Erden:
Lehrer, Hörer, Kinder, Väter;
Früher, später, Geht's zum Sterben;
Hilf uns Jesu Reich ererben.

4. Dreiein'ger Gott! Lob, Dank und Preis
Sei Dir vom Kinde bis zum Greis
   Für dieß Dein Haus gesungen!
Du hast's geschenkt und auferbaut,
Dir ist's geheiligt und vertraut
   Mit Herzen, Händen, Zungen.

Ach hier　Sind wir Noch in Hütten;
Herr, wir bitten:　Stell uns droben
In den Tempel, Dich zu loben!

Nr. 226. Mel: Wachet auf! ruft uns die Stimme.
Gottlob Baumann.　Gedichtet 1833.

1. Der im Heiligthum Du wohnest,
   Und über Cherubinen thronest,
   　Jehovah, unser starker Hort!
   Huldreich hast Du eine Stätte
   Dir hier erbaut, wo man anbete,
   　Und Gnade finde fort und fort.
   Du hocherhabener!
   Allgegenwärtiger!　Sei uns nahe,
   Wenn hier zur Stund Der Schwachen Mund
   Dich preist, Du aller Freuden Grund!

2. Ja, auch hier ist Gottes Hütte,
   Wo Du erscheinst in unsrer Mitte,
   　Durch Deinen Geist, in Deinem Wort;
   Wo sich sammeln Deine Schaaren,
   Dein Wort treu hören und bewahren,
   　Ein Gotteshaus ist solcher Ort;
   Wo Du Dir auch voll Gnad'
   Einweihst im Wasserbad' Deine Kinder,
   Und stärkst sie all'　Im Abendmahl
   Zum Gang nach Deinem Freudensaal.

   Nun denn, mit vereinten Zungen
   Sei, Herr, Dein Lob von uns besungen,
   　Der Du so viel an uns gethan!

Du schenkst Alles mit dem Sohne,
Nach treuem Kampf die Lebenskrone;
  Im Staube beten wir Dich an.
Dreiein'ger Herr und Gott,
Hilf uns aus aller Noth! Hosianna!
Bald singen wir, Verklärt vor Dir,
Im obern Tempel für und für!

---

b) Einweihung eines Schulhauses.

Nr. 227. Mel.: Herr Gott, Dich loben Alle wir.
Pf. 134.
Johann Peter Lange, Prof. der Theol. in Bonn.
Gedichtet 1842.

1. Herr, weihe diese Schule hier
Zu einem heil'gen Tempel Dir,
Wo heiliger als Glockenklang
Dir tönt der Kinder Lobgesang.

2. Laß alle Schüler im Verein
Auch Deine lieben Jünger sein,
Und wandeln fromm in Deinem Licht,
Als sähen sie Dein Angesicht.

3. Dem Lehrer, der sich ihnen weiht,
Gieb Deines Geistes Priesterkleid,
Daß er für sie mit ihnen ringt,
Dir Deine Kinder wiederbringt.

4. Weih ein zur Halle diesen Ort,
Worin Du schaffst mit Deinem Wort;
Bild aus zu Deinem Bild, präg um
Die Kleinen für Dein Heiligthum.

5. So lieb sei ihnen wie ihr Heerd
   Dieß Haus, wie ihre Kirch' verehrt,
   Ein Gnadenthor, das führt hinaus
   Vom Vaterhaus in's Vaterhaus!

———————

c) Einweihung eines Gottesackers.

Nr. 228. Mel.: Wachet auf! ruft uns die Stimme.
Elias Gerh. Jul. Hundeiker. 1835.

1. Friedhof, den wir ernst betreten,
   Nimm unter flehenden Gebeten
      Nun diesen ersten Todten auf;
   Daß von allem Leid und Jammer
   Er ruh' in stiller Grabeskammer
      Nach hier vollbrachtem Pilgerlauf!
   Der Tod war hier sein Loos;
   Nun öffnet ihren Schooß Ihm die Erde.
   Komm, Sterbgebein! Sink sanft hinein
   In Gottes mildem Gnadenschein!

2. Heilig sei uns nun die Erde,
   Die, daß sie Gottes Acker werde,
      Wir still in Christi Namen weihn;
   Wo wir hinter Särgen gehen, —
   Einst auf bemoosten Hügeln stehen,
      Wo Gräber sich an Gräber reihn.
   Doch über Grab und Zeit
   Schaut in die Ewigkeit Unser Glaube,
   Wo Freund mit Freund Sich neu vereint,
   Wo Gottes ew'ge Sonne scheint.

3. Laßt, o laßt's uns ernst bedenken:
   In Kurzem wird man hier versenken
     Auch unser sterbliches Gebein!
   Ach, des neuen Friedhofs Thore,
   Sie öffnen sich dem Trauerchore,
     Und Freunde tragen uns hinein.
   Die Stunde nahet bald,
   Sie kommt für jung und alt, Ew'ger
                                Vater!
   Dann rufest Du Zur Grabesruh';
   Dann führ' auch uns dem Himmel zu!

VII. Die Gnadenmittel.

1. Das Wort Gottes. Bibellieder.

Nr. 229. Mel.: O daß ich tausend Zungen hätte.
Nach Psalm 19. Verf. unbekannt In Knapp's
Lieberschatz, 3. Aufl. Nr. 788 (8 Str.).

1. Die Himmel rühmen Gottes Ehre,
   Verkünden Seiner Hände Werk;
Ihn preisen alle Sternenheere
   Und loben Seine Macht und Stärk';
Ein Tag sagt es dem andern an,
Von Nacht zu Nacht wird's kund gethan.

2. In jeder Sprache, jeder Rede
   Erschallt das Lob des großen Herrn,
Im Blüthenfeld, in kahler Oede,
   Im weiten Weltkreis nah und fern.
Jehovahs großer Nam' und Ruhm
Läuft mit dem Evangelium.

3. So wie des Tages Held, die Sonne,
   Im Brautschmuck ihrer vollen Macht
Das Land erfüllt mit Lust und Wonne,
   Daß Berg und Thal und Hügel lacht:
So leuchtet herrlich, hell und rein
Das Wort des Herrn in's Herz hinein.

4. Sein Zeugniß macht die Thoren weise,
   Erhellt des Auges dunkeln Stern,

Erhebt das Herz zu Gottes Preise,
    Zum Preis des großen, guten Herrn;
Es macht den Geist gewiß, und frei
Von Sündenlast und Heuchelei.

5. Viel köstlicher als große Habe
    Des Goldes, das der Eiteln Hort;
Viel süßer, als die süße Gabe
    Des Honigseims ist, Herr, Dein Wort.
Dein Knecht hat Lehr' und großen Lohn
In Zeit und Ewigkeit davon.

6. Laß das Gespräch Dir wohlgefallen,
    Das hier mein armes Herz Dir bringt;
Hör' auf des Mundes kindlich Lallen,
    Wenn er Dein heilig Lob besingt.
Erhalte mich bei Deinem Wort,
Du, mein Erlöser und mein Hort!

Nr. 230. Mel.: Mein's Herzens Jesu, meine Lust.
David Denicke. Zuerst im Rinteln'schen Gsgb. 1637, dann im Lüneburger Gsgb. 1659. Das älteste Lehrlied vom Werte Gottes, auf Schriftstellen gegründet, nämlich V. 1 auf 1 Kor. 2, 14 und 2 Kor. 2, 14; V. 2 auf Hebr 1, 1. 2; V. 5—7 auf die Parabel vom Säemann, Matth. 13, 3 — 23 und Jak. 1, 21. 22, und V. 8 auf Ps. 119, 105. (Das N. Würt Gsgb. giebt bloß 7 V., zu stark verändert, und schiebt das Lied irrig dem Gesenius zu.) Mit einigen Verbesserungen.

1. Wir Menschen sind zu dem, o Gott,
    Was geistlich ist, untüchtig;
Dein Wesen, Wille und Gebot
    Ist viel zu hoch und wichtig.

Wir wissen's und verstehen's nicht,
Wenn uns Dein göttlich Wort und Li
Den Weg zu Dir nicht weiset.

2. Drum sind vor Zeiten ausgesandt
    Propheten, Deine Knechte;
Sie machten Deinem Volk bekannt
    Dein Heil und Deine Rechte.
Zuletzt ist selbst Dein eigner Sohn,
O Vater, von des Himmels Thron
Gekommen, uns zu lehren.

3. Für solches Heil sei, Herr, gepreist;
    Laß es uns Niemand rauben,
Und gieb uns Deinen guten Geist,
    Daß wir dem Worte glauben,
Und Alles, was Dein Wort gebeut,
Mit Treue, Lust und Emsigkeit
Zu Deiner Ehre üben.

4. Hilf, daß der losen Zweifler Spott
    Uns nicht vom Wort abwende;
Wer Dich verachtet, großer Gott,
    Der nimm ein schrecklich Ende.
Gieb selbst zu Deinem Zeugniß Kraft,
Daß Deine Lehre in uns haft',
Und reichlich bei uns wohne!

5. Der Sam' am Wege wird sofort
    Vom Teufel weggenommen;
Auf Fels und Steinen kann das Wor
    Niemals zum Wurzeln kommen;
Und wenn es unter Dornen fällt
Der Sorg' und Wollust dieser Welt,
So muß es bald ersticken.

6. Ach hilf, Herr, daß wir werden gleich
Dem reichen, guten Lande,
Und an des Geistes Kräften reich
In jedem Amt und Stande!
Daß wir Frucht bringen in Geduld,
Bewahren Deine Lehr' und Huld
In feinen, guten Herzen.

7. Eröffne, Herr, uns Ohr und Herz,
Dein Zeugniß recht zu fassen,
Daß wir's in Freuden und im Schmerz
Nicht aus dem Herzen lassen.
Laß uns nicht Hörer nur allein,
Nein, Thäter auch des Wortes sein,
Frucht hundertfältig bringen.

8. Dein Wort laß allerwegen sein
Die Leuchte unsrer Füße.
Erhalt es bei uns klar und rein,
Hilf, daß wir draus genießen
Kraft, Rath und Trost in aller Noth,
Daß wir im Leben und im Tod
Beständig drauf vertrauen.

9. Laß sich Dein Wort zu Deiner Ehr',
Gott Vater, weit ausbreiten!
Hilf, Jesu, daß uns Deine Lehr'
Erleuchten mög' und leiten!
O heil'ger Geist, Dein göttlich Wort
Laß in uns wirken fort und fort
Trost, Hoffnung, Lieb' und Glauben!

Nr. 231.   Mel.: Balet will ich dir geben.
Anna Sophia, Landgräfin v. Hessen-Darmstadt. 1658.

1. Wohl dem, der Jesum liebet
    Und dessen Himmelswort!
Der wird niemals betrübet
    Von Satans List und Mord.
Wo Jesus sich befindet,
    Da stehet Alles wohl;
Wer sich auf Jesum gründet,
    Der lebet lebensvoll.

2. Bist du vielleicht verirret,
    Suchst Ruhe hier und dort!
Hat dich die Welt verwirret?
    Komm, hier ist Gottes Wort!
Das wird dir klärlich weisen
    Die rechte Lebensbahn,
Darauf du müssest reisen,
    Wenn du willst himmelan.

3. Bist du vielleicht betrübet,
    Und wirst du fort und fort
Durch Kreuz und Noth geübet?
    Komm, hier ist Gottes Wort;
Dieß wird dein Herz erquicken,
    Daß, wenn gleich Höll' und Welt
Dich wollten unterdrücken,
    Du doch behältst das Feld.

4. Und wirst du auch geführet
    Im Geist durch einen Ort,
Wo nur der Tod regieret:
    Komm, hier ist Gottes Wort!

Dieß ist der Stab und Stecken;
Mit diesem kannst du dich
Vor Satans List und Schrecken
Beschützen mächtiglich.

5. Hilf, Jesu! daß ich liebe
Dein seligmachend Wort,
Und stets darin mich übe;
Hilf, o mein Seelenhort,
Daß ich's in meinem Herzen
Bewahr durch Deine Huld,
Damit in Kreuz und Schmerzen
Es Frucht bring' in Geduld!

Nr. 232. Mel.: O Du Liebe meiner Liebe.

Graf Nik. Ludw. von Zinzendorf. Ged. 1725.
Dann aufgenommen in Zinz. Londoner Gsgb. 1753
und in's Brüdergsgb. 1778.

1. Herr, Dein Wort, die edle Gabe,
Dieses Gold erhalte mir!
Denn ich zieh es aller Habe
Und dem größten Reichthum für.
Wenn Dein Wort nicht mehr soll gelten,
Worauf soll der Glaube ruhn?
Mir ist's nicht um tausend Welten,
Aber um Dein Wort zu thun.

2. Hallelujah! Ja und Amen!
Herr, Du wollest auf mich sehn,
Daß ich mög in Deinem Namen
Fest bei Deinem Worte stehn!

28*

Bis mich, mein Gott, bei Dir
In Deiner Herrlichkeit
Dein ewig helles Licht
Umleuchtet und erfreut!

———

Nr. 234. Mel.: Himmel, Erde, Luft und Meer.
Aus F. W. Krummacher's „Zionsharfe". 1827.

1. Jesus ist der Kern der Schrift,
Weil auf Ihn zusammentrifft,
Was vom alt, und neuen Bund
Je in Gottes Buch ward kund.

2. Moses, der vom Anfang schrieb,
Zeugt von Ihm aus Gottes Trieb;
Der Propheten ganzer Chor
Singt uns diesen König vor.

3. Davids süßer Harfenton
Klingt von Seinem Herrn und Sohn.
Auch der Tempel war Sein Bild,
Den die Herrlichkeit erfüllt.

4. Die Gesandten, die Er gab,
Legten nur dieß Zeugniß ab:
„Jesus Christus, Gottes Sohn,
An dem Kreuz und auf dem Thron!"

5. Gott sei Dank für dieß Sein Buch!
Außer diesem trifft der Fluch.
In der Qual bereut man dort
Die Verschuldung an dem Wort.

6. Jesu, schreibe Dich allein
 Durch Dein Wort dem Herzen ein,
 Bis wir Dich von Angesicht
 Schauen, ohne Schrift, im Licht.

Nr. 235. Mel: O Du Liebe meiner Liebe.
Carl Joh. Phil. Spitta. Aus „Psalter und Harfe".
1833. Ist bereits in mehrere, auch in ein amerik. Gsgb.
übergegangen. Wir haben ihm aus gewissen Gründen
das ältere und verbreitetere Bibellied von Hecker: „Wort
des höchsten Mundes" (von 1730) geopfert. Engl. Uebers.
von Rich. Massie (Lyra Domest. 1. p. 83): "Word of
Life, eternal fountain, Thou dost living strength impart".

1. Wort des Lebens, lautre Quelle,
  Die vom Himmel sich ergießt,
 Lebenskräfte giebst du jedem,
  Der dir Geist und Herz erschließt;
 Der sich, wie die welke Blume,
  Die der Sonnenbrand gebleicht
 Dürstend von dem dürren Lande
  Zu der Quelle niederneigt.

2. Ohne dich, was ist die Erde?
  Ein beschränktes, finstres Thal.
 Ohne dich, was ist der Himmel?
  Ein verschloßner Freudensaal.
 Ohne dich, was ist das Leben?
  Ein erneuter finstrer Tod.
 Ohne dich, was ist das Sterben?
  Nachtgrau'n ohne Morgenroth.

3. Wort des Lebens, du erleuchtest,
  Doch erwärmst du auch zugleich;

Eine Hölle offenbarst du,
    Aber auch ein Himmelreich.
Furchtbar schreckest du den Sünder
    Aus der dumpfen, trägen Ruh';
Doch mit Liebe deckst du wieder
    Jedes Büßers Fehle zu.

4. Einen Richter lehrst du fürchten,
    Der mit rechter Wage wägt;
Doch auch einen Vater lieben,
    Der mit Langmuth alle trägt,
Einen Gott, Der den geliebten
    Ein'gen Sohn zum Opfer giebt,
Der an Ihm die Sünde richtet,
    Und in Ihm die Sünder liebt.

5. Wort des Lebens, wer dich höret,
    Dem versprichst du ew'ges Heil;
Doch nur dem, der dich bewahret,
    Wird das Kleinod einst zu Theil.
Nun, so will ich dich bewahren,
    Schwert des Geistes, Gottes Wort;
Hilf mir hier auf Erden streiten,
    Und die Kron' erringen dort!

---

2. Der Tag des Herrn und Gottesdienst.
Sonntagslieder.
(Vgl. Nr. 1—15.)

Nr. 236. Mel: Erschienen ist der herrlich' Tag.
Johann Olearius. Vor 1684.

1. Gott Lob! der Sonntag kommt herbei;
    Die Woche wird nun wieder neu.

Heut hat mein Gott das Licht gemacht
Und Leben aus dem Tod gebracht.
    Hallelujah!

2. Dieß ist der Tag, da Jesus Christ
Vom Tod für mich erstanden ist
Und schenkt mir die Gerechtigkeit,
Trost, Leben, Heil und Seligkeit.
    Hallelujah!

3. Das ist der rechte Sonnentag,
Da man sich nicht g'nug freuen mag;
Da wir mit Gott versöhnet sind,
Daß nun ein Christ heißt Gottes Kind.
    Hallelujah!

4. Mein Gott, laß mir Dein Lebenswort;
Führ mich zur Himmelsehrenpfort;
Laß mich hier leben heiliglich
Und Dir lobsingen ewiglich.
    Hallelujah!

Nr. 237. Mel.: Mein Jesu, Dem die Seraphinen.

Nach **Christoph Wegleiter.** 1704. Bunsen nennt dies „ein Lied voll hoher Weisheit von der wahren Anbetung und dem wahren Opfer". Das N. Würt. Gsgb. läßt B 4 aus

1. Beschwertes Herz, leg ab die Sorgen,
    Erhebe dich, gebücktes Haupt!
Es kommt der angenehme Morgen,
    Da Gott zu ruhen hat erlaubt,
Da Gott zu ruhen hat geboten
    Und Selbst die Ruhe eingeweiht;
    Da Jesus Christ in Herrlichkeit
Ist auferstanden von den Todten.

2. Auf, laß Aegyptens eitles Wesen,
   Der Erde Alltagswerke stehn!
Heut sollst du Himmelsmanna lesen
   Und in des Herren Tempel gehn,
Ihm zu bezahlen Deine Pflichten
   Und zur Vermehrung Seines Ruhms
   Die Werke deines Priesterthums
In tiefster Andacht zu verrichten.

3. Mein Gott, ich bin vor Dir erschienen
   Und gebe auf Dein Winken Acht;
Wie kann ich Dir gefällig dienen,
   Wenn mich Dein Geist nicht tüchtig
                             macht?
Wie wird mein Herz in Dir erfreuet,
   Wenn Er nicht stillt der Sünden Qual?
   Wie bet' ich, wenn Er meine Schaal'
Mit reinem Weihrauch nicht bestreuet?

4. Kann meine Harfe lieblich klingen,
   Wenn sie Dein Finger nicht berührt?
Kann ich die düstre Nacht durchdringen,
   Wenn dieser Leitstern mich nicht führt?
Kann ich ein süßes Opfer werden,
   Wenn diese Flamm' nicht in mich fährt
   Und mich in Deiner Lieb' verzehrt
Und hebet von dem Staub der Erden?

5. Mein Jesus hat mein Herz so theuer
   Zu Seinem Tempel eingeweiht,
Hier ist Sein Herd, hier ist Sein Feuer
   Die Fülle Seiner Herrlichkeit,

Sein Heiligthum, Sein Stuhl der Gnade,
Sein Licht und Recht, das Himmelsbrot,
Die Geistesfrucht und Sein Gebot
Erfüllen diese Bundeslade.

6. Wann sich des Lebens Werktag' enden,
So ruh, von allem Frohndienst los,
Mein Geist in Deinen Vaterhänden,
Mein Leib in seiner Mutter Schooß,
Bis beide feiern einst dort oben,
Wo man in sicherm Frieden ruht,
Nichts denket, redet oder thut,
Als Dich zu lieben, Dich zu loben!

Nr. 238. Mel.: O Jerusalem, du schöne.
Jonathan Krause (nicht Schmolk). 1732.

1. Hallelujah, schöner Morgen!
Schöner, als man denken mag;
Heute fühl' ich keine Sorgen;
Denn das ist ein lieber Tag,
Der durch seine Lieblichkeit
Mich im Innersten erfreut.

2. Süßer Ruhetag der Seelen!
Sonntag, der voll Lichtes ist!
Heller Tag in dunkeln Höhlen!
Zeit, in der der Segen fließt!
Stunde voller Seligkeit!
Du vertreibst mir alles Leid.

3. Ach, wie schmeck ich Gottes Güte
Recht als einen Morgenthau,

Die mich führt aus meiner Hütte
　Zu des Vaters grüner Au'!
Da hat wohl die Morgenstund'
Edlen Schatz und Gold im Mund'.

4. Ruht nur, meine Weltgeschäfte!
　Heute hab' ich sonst zu thun.
Denn ich brauche alle Kräfte,
　In dem höchsten Gott zu ruhn.
Heut schickt keine Arbeit sich,
Als nur Gottes Werk für mich.

5. Wie soll ich mich heute schmücken,
　Daß ich Gott gefallen mag?
Jesus wird die Kleider schicken,
　Die ich Ihm zu Ehren trag.
Sein Blut und Gerechtigkeit
Ist das schönste Sonntagskleid.

6. Segne Deiner Knechte Lehren,
　Oeffne Selber ihren Mund.
Mach mit Allen, die Dich hören,
　Heute Deinen Gnadenbund;
Daß, wenn man hier bet't und singt,
Solches in Dein Herze bringt.

7. Gieb, daß ich den Tag beschließe,
　Wie er angefangen ist.
Segne, pflanze und begieße,
　Der Du Herr des Sabbaths bist;
Bis ich einst an jenem Tag
Ewig Sabbath halten mag!

———

Nr. 239. Mel.: Alle Menschen müssen sterben.
Ernst Gottlieb Woltersdorf. Um 1750.

1. Das ist eine sel'ge Stunde,
  Jesu, da man Dein gedenkt,
Und sich recht von Herzensgrunde
  Tief in Dein Erbarmen senkt!
Wahrlich, nichts als Jesum kennen,
Jesum suchen, finden, nennen:
Das erfüllet unsre Zeit
Mit der höchsten Seligkeit.

2. Jesu, Deine Gnadenquelle
  Fließt so gern in's Herz hinein.
Deine Sonne scheinet helle,
  Unser Glaubenslicht zu sein.
Und bei aller Segensfülle,
Ist Dein Wunsch und ernster Wille:
Daß man, weil Dein Brünnlein voll,
Unaufhörlich schöpfen soll.

3. Nun, so wollst auch diese Stunde
  Du in unsrer Mitte sein.
In dem Herzen, in dem Munde
  Leb' und herrsche Du allein.
Laß uns Deiner nie vergessen!
Wie Maria still gesessen,
Da sie Dir hat zugehört:
Also mach uns eingekehrt!

Nr. 240. Mel.: Wie schön leuchtet der Morgenstern.

August Tholuck. Aus dessen „Stunden der Andacht", 1839. Dieses tiefe und geistvolle Lied wurde zum ersten Mal in Amerika von der denkwürdigen deutschen Massenversammlung zur Förderung der Sonntagsfeier in New-York am 16. Oct. 1859 gesungen und seitdem mehrere Male bei ähnlichen Gelegenheiten.

1. O Sabbath, den der Herr gemacht,
Damit Er gnädig uns bedacht,
   Erquickungstag der Frommen,
Wo in's Getümmel dieser Welt
Ein Strahl des ew'gen Sabbaths fällt,
   Zu dem ich einst soll kommen!
Ja ich Will mich Hier schon letzen
An den Schätzen Deiner Stille,
Bis zur ew'gen Sabbathfülle.

2. Wie hehr und heilig ist die Ruh',
Welch stilles Friedensfest, dazu
   Der Herr uns hat geladen!
Den Frieden, den Er selbst geneußt,
Er heut uns wie ein Meer erschleußt,
   Ein Seelenbad der Gnaden.
Selig Tauch ich Darin unter.
O wie munter Geht zum Werke,
Wem dieß Seelenbad gab Stärke!

3. Als Du zuletzt den Menschensohn
Der Schöpfung aufgesetzt als Kron',
   Als in der Morgenstille
Die Welt nun fertig vor Dir lag,
Kein Mensch ist, der zu sagen wag'
   Von Deiner Wonnen Fülle.

Wallet! Schallet! Feierklänge,
Festgesänge, Denn den Frieden
Hat Er heut auch mir beschieden.

4. Und diese schöne Gotteswelt,
    Ich hab' so schmählich sie entstellt,
        Ich, Deiner Schöpfung Krone.
    Du aber, Wunderliebe Du,
    Giebst Deine Auferstehungsruh'
        Dafür mir nun zum Lohne.
    Heute, Heute Schickt die Sinnen
    Ganz nach innen, Alles Denken
    Müß' in Jesu Ruh' sich senken!

5. Im Glauben jetzt mein Herz empfäht
    Die Ruh', die mir herüberweht
        Vom Auferstehungsmorgen;
    Und, seh ich Ihn dann, wie Er ist,
    Bleib, wenn Er mich in's Herze schließt,
        Ich ewig drin geborgen.
    Deine Reine Sabbathstille,
    Herr, mich fülle Mit dem Frieden
    Den Du dreifach mir beschieden!

3. Das Predigtamt und Kirchenregiment.
Ordinations- und Installationslieder.

Nr. 241. Mel.: Dir, Dir, Jehovah, will ich singen.
Carl Heinr. von Bogatzky (geb. 1690, gest. 1771).
1725. Urspr. 14 Str. Das Berl. und and. Gsgb. geben bloß 5 mit unnöthigen Veränderungen. Waacknagel hat es in s. Gsgb. aufgenommen mit 8 V. Engl. Ueberf. in Lyra Germ. I. 41: "Awake, Thou Spirit, who of old" (bloß 7 V.).

1. Wach auf, du Geist der ersten Zeugen,
    Die auf der Mau'r als treue Wächter stehn,
Die Tag' und Nächte nimmer schweigen
    Und die getrost dem Feind entgegen gehn;
Ja, deren Schall die ganze Welt durchdringt
Und aller Völker Schaaren zu Dir bringt.

2 O daß doch bald Dein Feuer brennte!
    O möcht es doch in alle Lande gehn!
Ach Herr, gieb doch in Deine Ernte
    Viel Knechte, die in treuer Arbeit stehn!
O Herr der Ernte, siehe doch darein:
Die Ernt' ist groß, der Knechte Zahl ist klein.

3. Dein Sohn hat ja mit klaren Worten
    Uns diese Bitte in den Mund gelegt.
O siehe, wie an allen Orten
    Sich Deiner Kinder Herz und Sinn be-
                                            wegt,
Dich herzinbrünstig hierum anzuflehn;
Drum hör', o Herr, und sprich: „Es soll ge=
                                            schehn!"

4. So gieb Dein Wort mit großen Schaaren,
   Die in der Kraft Evangelisten sei'n,
Laß eilend Hülf' uns widerfahren
   Und brich in Satans Reich mit Macht
                                   hinein!
O breite, Herr, auf weitem Erdenkreis
Dein Reich bald aus, zu Deines Namens
                                   Preis!

5. Ach daß die Hülf' aus Zion käme!
   O daß Dein Geist so, wie Dein Wort ver-
                                   spricht,
Dein Volk aus dem Gefängniß nähme!
   O würd' es doch nur bald vor Abend Licht!
Ach reiß, o Herr, den Himmel bald entzwei,
Und komm herab zur Hülf', und mach uns
                                   frei!

6. Ach laß Dein Wort recht schnelle laufen,
   Es sei kein Ort ohn' dessen Glanz und
                                   Schein!
Ach führe bald dadurch mit Haufen
   Der Heiden Füll' in alle Thore ein!
Ja, wecke doch auch Israel bald auf,
Und also segne Deines Wortes Lauf!

7. O beff're Zions wüste Stege,
   Und was Dein Wort im Laufe hindern
                                   kann,
Das räum', ach räum' aus jedem Wege!
   Vertilg, o Herr, den falschen Glaubenswahn,
Und mach uns bald von jedem Miethling
                                   frei,
Daß Kirch' und Schul' ein Garten Gottes sei.

8. Laß jede Kirche, jede Schule [1]
　　Die Werkstatt Deines guten Geistes sein;
　Ja, sitze Du nur auf dem Stuhle
　　Und präge Dich der Jugend Selber ein,
　Daß treuer Lehrer viel und Beter sei'n,
　Die für die ganze Kirche stehn und schrein!

9. Nun, Du wirst wissen, recht zu richten,
　　Da Du ja aller Welten Richter bist.
　Dein Wort wird allen Streit hier schlichten,
　　Wenn gleich Dein Weg für uns oft dun-
　　　　　　　　kel ist.
　Drum treib uns ferner, Dich nur anzuflehn;
　Du thust doch über Bitten und Verstehn!

———

Nr. 242. Mel.: Ach, was soll ich Sünder machen.

Nach Joh. Jak. von Moser, gest. in Stuttgart
1785, ein f.uchtbarer Schriftsteller, edler Patriot und
gediegener Christ. Ged. um 1760, während seiner Gefangenschaft auf Hohentwiel in Würtemberg, wo er dieses
nebst vielen andern Liedern mit der Lichtscheere in die
Kerkerwand kratzte.

1. Großer Hirte Deiner Heerden
　　In dem Himmel und auf Erden,
　　　Treuer Heiland, Jesu Christ!
　Laß in diesen letzten Zeiten
　Sich Dein Reich noch mehr verbreiten,
　　Als bisher geschehen ist.

2. Laß es sich zu Deinen Ehren
　　Kräftiglich in uns vermehren;
　　　Breit es, Herr, von Haus zu Haus

---

1) Urspr.: „Laß jede hoh (statt hohe) und niedre Schule."

Unter unsern Anverwandten,
Unter Freunden und Bekannten,
Und in allen Ländern aus!

3. Gieb Dich allen zu erkennen,
Die sich darum Christen nennen,
Weil sie sind auf Dich getauft.
Laß Dein Wort auch kräftig wirken
Unter Juden, Heiden, Türken,
Denn Du hast auch sie erkauft.

4. Gieb dazu von Jahr zu Jahren
Viel Evangelistenschaaren,
Treue Lehrer ohne Fehl;
Die im Glauben, Wort und Leben
Gründlich, kindlich Dir ergeben,
Heiliger in Israel!

5 Sammle alle Deine Glieder;
Dann erscheine gnädig wieder
Als der ewig gute Hirt,
Da aus so viel tausend Heerden
Eine Gottesheerde werden,
Und um Dich sich stellen wird.

Nr. 243. Mel.: Wie schön leuchtet der Morgenstern.

Joh. C. Daniel Bickel. Geb. für das von ihm
besorgte Nassau=Usingensche Gsgb. v. 1779.

1. O Jesu, Herr der Herrlichkeit,
Du König Deiner Christenheit,
Du Hirte Deiner Heerde!
Du siehst auf die erlöste Welt;
Regierst sie, wie es Dir gefällt,
Sorgst, daß sie selig werde.

Von Dir Sind wir Auch erwählet,
Zugezählet Den Erlösten,
Die Du segnen willst und trösten.

2. O wohl dem Volke, das Du liebst,
Und dem Du treue Hirten giebst,
  Die Deine Lehre zieren,
Die auf des Lebens rechter Bahn
Nach Deinem Vorbild gehn voran
  Und uns zum Himmel führen.
Treue Hirten Laß den Seelen
Niemals fehlen Und die Heerden
Mit den Hirten selig werden!

3. Wir nehmen hier von Deiner Hand
Den Lehrer, den Du uns gesandt.
  Herr, segne sein Geschäfte!
Die Seelen, die sich ihm vertraun,
Durch Lehr' und Leben zu erbaun,
  Gieb Weisheit ihm und Kräfte.
Lehr ihn, Hilf ihm Thun und leiden,
Dulden, streiten, Beten, wachen,
Selig sich und uns zu machen.

4. Herr! Deinen Geist laß auf ihm ruhn;
Laß ihn sein Amt mit Freuden thun;
  Nichts sei, das ihn betrübe!
Wenn er uns Deine Wahrheit lehrt,
Gieb uns ein Herz, das folgsam hört,
  Ein Herz voll treuer Liebe.
Lehrer, Hörer Laß in Freundschaft
Und Gemeinschaft Feste stehen
Und den Weg zum Himmel gehen.

5. Wann einst Dein großer Tag erscheint,
   Laß unsern Lehrer, unsern Freund,
   Uns Dir entgegen führen!
   Du giebst ihm jetzt in seine Hand
   Die Seelen als ein Unterpfand;
   Laß keine ihn verlieren!
   Jesu! hilf Du,   Beut die Hände,
   Daß am Ende   Hirt und Heerde
   Treu vor Dir erfunden werde!

Nr. 244. Mel.: Liebster Jesu, wir sind hier.
Nach Sam. Chr. G. Küster. Um 1800. V. 5 Zusatz.

1. Herr, hier stehet unser Hirt,
      Um sein Amt nun anzutreten,
   Darin er uns weiden wird;
      Höre sein und unser Beten:
   Sein Gebet, uns recht zu lehren,
   Unser Flehn, ihn recht zu hören!

2. Gieb ihm Kraft aus Deinen Höhn,
      Das Verwundete zu heilen,
   Den Verirrten nachzugehn,
      Den Betrübten zuzueilen,
   Sünder heilsam zu erschrecken,
   Und die Trägen zu erwecken.

3. Deinen Geist vom Himmelsthron
      Laß durch ihn uns unterweisen,
   Daß wir Dich und Deinen Sohn
      Stets durch Wort und Wandel preisen.
   Und im Diener die Gemeine
   Sich mit Dir, o Herr, vereine.

4 Ruf ihm zu: So hab' nun Acht
    Auf dich selbst und auf die Heerde!
Daß, wenn er für Andre wacht,
    Er nicht selbst verwerflich werde,
Und wir stets an seinen Werken
Seiner Lehre Nachdruck merken.

5. Legt er seinen Hirtenstab
    Nach vollbrachter Arbeit nieder,
Legt er endlich in das Grab
    Lebenssatt die müden Glieder;
Herr, so gieb ihm doch zum Lohne
Die verheißne Ehrenkrone!

4. Die heilige Taufe.

a) Vor der Taufe.

(Bei der Taufe der Erwachsenen, wo die Confirmation
unmittelbar folgt, kann statt der folgenden Kindertauf-
Lieder ein Confirmations-Lied gesungen werden.)

Nr. 245. Mel.: Liebster Jesu, wir sind hier.
Benjamin Schmolk. Aus seiner ersten Sammlung,
1704. Engl. Uebers. in Lyra G. II. 122: "Blessed Jesus,
here we stand".

1. Liebster Jesu! wir sind hier,
    Deinem Worte nachzuleben;
Dieses Kindlein kommt zu Dir,
    Weil Du den Befehl gegeben,
Daß man sie zu Christo führe,
Denn das Himmelreich ist ihre.

2. Ja, es schallet allermeist
   Dieses Wort in unsern Ohren:
   Wer durch Wasser und durch Geist
   Nicht zuvor ist neugeboren,
   Wird von Dir nicht aufgenommen
   Und in Gottes Reich nicht kommen.

3. Darum eilen wir zu Dir:
   Nimm dieß Pfand von unsern Armen;
   Tritt mit Deinem Geist herfür
   Und erzeige Dein Erbarmen,
   Daß es Dein Kind hier auf Erden
   Und im Himmel möge werden!

4. Wasch es, Jesu, durch Dein Blut
   Von den angeerbten Flecken,
   Laß es gleich nach dieser Fluth
   Deiner Liebe Flügel decken;
   Schenk ihm Deiner Unschuld Seide,
   Daß es ganz in Dich sich kleide. [1]

5. Hirte, nimm Dein Schäflein an;
   Haupt, mach es zu Deinem Gliede;
   Himmelsweg, zeig ihm die Bahn;
   Friedefürst, sei Du sein Friede;
   Weinstock, hilf, daß diese Rebe
   Stets im Glauben Dich umgebe!

---

1) Der nächste Vers, der in den meisten Gsgb. ausgelassen ist, lautet:
   Mache Licht aus Finsterniß
   Setz es aus dem Zorn zur Gnade,
   Heil den tiefen Schlangenbiß
   Durch die Kraft im Wunderbade,
   Laß hier einen Jordan rinnen,
   So vergeht der Aussatz drinnen.

6. Nun, wir legen an Dein Herz,
    Was von Herzen ist gegangen;
Führ' die Seufzer himmelwärts,
    Und erfülle das Verlangen!
Ja, den Namen, den wir geben,
Schreib in's Lebensbuch zum Leben!

Nr. 246. Mel.: Wachet auf! ruft uns die Stimme.

Friedr. Wilh. Krummacher, geb. 1796, gest. als Hofprediger zu Potsdam im Dec. 1868. Der genialste und phantasiereichste deutsche Kanzelredner, dessen „Elias", „Elisa" und „König David" auch in England und Amerika weit verbreitet sind. Zu rst vom N. Elberfelder Ref Gsgb (1853) aufgenommen. Die beiden ersten B. und vor, B. 3 nach der Taufe zu singen.

1. Der vom Kreuze [1]) Du regierest
    Und Davids Kron' und Scepter führest,
        Hort Abrahams und Jakobs Fels!
Laß die Wolken Gnade regnen,
    Streck aus die Priesterhand zum Segnen
        Und thue wohl, Fürst Israels!
Sieh an dieß arme Kind,
    In Sünden todt und blind! Jesu, Jesu!
Nimm's gnädig ein Zum Busen Dein,
Und hauch ihm Geist und Odem ein!

2. Tauf es selbst auf Deinen Namen,
    Gebär' es neu zu Deinem Samen,
        O komm mit Wasser, Geist und Blut!
Zähl es unter Deine Erben,
    Schenk ihm die Frucht von Deinem Sterben,
        Versenk's in Deine Gnadenfluth!

---

1) Urspr „vom Holze".

Als Lohn für Deinen Schmerz,
Nimm's hin, Du Mutterherz! Jesu, Jesu!
Sprich: du bist Mein! Und bind es ein
In's Bündlein der Lebend'gen Dein.

3. Herr, Dir ist's nun übergeben,
Nun grün' es auf mit Deinen Reben
   Und werde stark in Deinem Licht!
Halt's in Deines Bundes Schranken,
Und möcht es weichen, Herr, und wanken,
   Ach, Deine Gnade wanke nicht!
Holdsel'ger Bräutigam,
Barmherzig Gotteslamm, Halt ihm Treue!
Wie's immer geh, Dein Bund besteh,
Dein Lieben heißt ja „je und je!"

Nr. 247. Mel.: Wie schön leuchtet der Morgenstern.

Albert Knapp, gest. 1864 Geb. 1838. Ein anderes schönes Tauflied v. Knapp: „O Vaterherz, das Erd' und Himmel schuf," ist auch in's Engl. übersetzt: "O Father-heart, who hast created all."

1. Herr, dessen Thron die Himmel sind,
Schau gnädig auf dieß zarte Kind,
   Dieß arm' Gebild von Erde!
Nimm, guter Hirte, freundlich ein,
Was Du erkauft mit Todespein
   Nimm's auf zu Deiner Heerde!
Sende, Spende, O Du Treuer,
Geist und Feuer In der Taufe;
Weih es früh zum Siegeslaufe!

2. Gieb Gnad' und Wahrheit in sein Herz,
Damit es frühe himmelwärts
   Mit Kindesaugen blicke,

Und freudig sich zum guten Streit
Für Dich und Deine Herrlichkeit
  Aus allen Kräften schicke.
Rühre, Führe, Schirme, leite,
Vollbereite Du dieß Kleine,
  Daß Dein Bild an ihm erscheine!

3. Es athme Dir, es blühe Dir!
Es müss' in steter Kraft und Zier
  An Dir, o Weinstock, bleiben!
Es müss' in Sturm und Sonnenschein
Dein Pilgrim und Dein Bürger sein,
  Und Himmelsfrüchte treiben.
Vater! Mittler! Geist der Wahrheit,
  Komm in Klarheit, Sprich Dein Amen!
  Dein ist es in Deinem Namen!

---

b) Nach der Taufe.

Nr. 248. Mel.: Mein Jesus lebt, was soll ich sterben.

Joh. Jak. Rambach. Zuerst 1723. Eines der verbreitetsten Taußlieder. Es hat auch eine eigene Melodie von Stoll. In einigen Gsgb. steht es unter den Confirmationsliedern und kann auch als solches gebraucht werden. Engl. Uebers. in Lyra Germ. II. 129: "I am baptized into Thy name."

1. Ich bin getauft auf Deinen Namen,
  Gott Vater, Sohn und heil'ger Geist!
Ich bin gezählt zu Deinem Samen,
  Zum Volk, das Dir geheiligt heißt.
Ich bin in Christum eingesenkt;
Ich bin mit Seinem Geist beschenkt.

2 Du hast zu Deinem Kind' und Erben,
　　Mein lieber Vater! mich erklärt.
　Du hast die Frucht von Deinem Sterben,
　　Mein treuer Heiland! mir gewährt.
　Du willst in aller Noth und Pein,
　O guter Geist! mein Tröster sein.

3 Doch hab' ich Dir auch Furcht und Liebe,
　　Gehorsam zugesagt und Treu';
　Ich habe Dir aus reinem Triebe
　　Gelobt, daß ich Dein eigen sei;
　Hingegen sagt ich bis in's Grab
　Des Satans schnöden Werken ab.

4. Mein treuer Gott! auf Deiner Seite
　　Bleibt dieser Bund wohl feste stehn;
　Wenn aber ich ihn überschreite,
　　So laß mich nicht verloren gehn:
　Nimm mich, Dein Kind, zu Gnaden an,
　Wenn ich hab' einen Fall gethan.

5. Ich gebe Dir, mein Gott! auf's Neue
　　Leib, Seel' und Herz zum Opfer hin.
　Erwecke mich zu neuer Treue
　　Und nimm Besitz von meinem Sinn.
　Es sei in mir kein Tropfen Blut,
　Der nicht, Herr, Deinen Willen thut.

6. Weich, weich du Fürst der Finsternisse¹)!
　　Ich bleibe mit dir unvermengt.

---

1) Urspr.: „Finsternissen", wegen des Reims mit Gewissen, aber ein Verstoß gegen die Grammatik, der in einem Gsgb.
keinen Raum finden darf. Doch ist deßhalb kaum eine Veränderung
nöthig, wie die von Knapp und dem Würt. Gsgb. in der dritten
Zeile: „Ich bin ein Sündenkind, doch wisse". Viele Gsgb. lassen diesen
V. ganz aus.

Hier ist zwar ein befleckt Gewissen,
　　Jedoch mit Jesu Blut besprengt.
Weich, eitle Welt, du Sünde, weich!
Gott hört es: ich entsage euch.

7. Laß diesen Vorsatz nimmer wanken,
　　Gott Vater, Sohn und heil'ger Geist!
Halt mich in Deines Bundes Schranken,
　　Bis mich Dein Wille sterben heißt.
So leb' ich Dir, so sterb' ich Dir,
So lob' ich Dich dort für und für.

─────────

Nr. 249. Mel: Wie schön leuchtet der Morgenstern.

Christian Gottlob Kern, geb. 1792, gest. 1835. Geb. 1821.

1. Preis Dir, o Vater und o Sohn!
Preis Dir, o Geist, von Gottes Thron,
　　Reichlich zu uns gekommen!
O Du, Der ewig ist und war,
Haft dieses Kind zur selgen Schaar
　　In Dir jetzt aufgenommen.
Segnend Halt es Ungeschieden
Von dem Frieden, Von der Gnade,
Auf des Lebens ernstem Pfade!

2. O Jesu, präg ihm Selbst Dein Bild,
So göttlich rein, so himmlisch mild,
　　Tief in die zarte Seele!
Zu Deinem Reich hast Du's erkauft,
Auf Deinen Bund ist's nun getauft,
　　Daß es nur Dich erwähle.

Frühe Ziehe, All sein Streben
In Dein Leben, In Dein Sterben;
Laß es Deinen Sieg ererben!

3. Wohl ihm! der reichsten Lieb' und Macht
Ist es nun dankend dargebracht;
Es ruht in treuen Händen.
O Retter der verlornen Welt,
Was Dir der Vater zugestellt,
Wie schön mußt Du's vollenden!
Laß der Liebe Stilles Sehnen
Und die Thränen Zu Dir dringen,
Bis wir's in die Heimath bringen!

Nr. 250. Mel.: Aus Gnaden soll ich selig werden.
Aus dem neuen Basler Gesangbuch von 1854, ohne Angabe des Verf.

1. Barmherziger, laß Deiner Gnade
Jetzt dieses Kind empfohlen sein,
Das wir im heil'gen Wasserbade
Nach Deines Sohns Befehl Dir weihn;
Erfülle, was Dein Wort verheißt,
An ihm, Gott Vater, Sohn und Geist!

2. Regiere nun das ganze Leben
Auch dieses Kindes, treuer Gott!
Dir sei und bleib es stets ergeben;
Sei Du mit ihm in Glück und Noth
Ach führ' es selbst auf rechter Bahn,
Nimm es zuletzt mit Ehren an!

3. Laß uns die Wohlthat recht ermessen,
Die uns die Taufe zugewandt,

Und nie, o Herr, den Bund vergessen,
　　Der uns so fest mit Dir verband;
Uns alle stärk zu neuer Treu,
Daß über uns Dein Friede sei!

————

5. Erneuerung des Taufbundes. Confirmationslieder.

(Bei der Confirmation können auch die Jesuslieder, sowie die Buß= und Heiligungslieder gebraucht werden.)

Nr. 251.   Eigene Melodie.

Nach Johann Caspar Schade. Geb. 1692 über Sprüchw. 23, 26. Urspr 24 V. mit vielen Wiederholungen, aber in allen Gsgb. stark abgekürzt. Von den Confirmanden zu singen.

1. Mein Gott, das Herz ich bringe Dir
　　Zur Gab' und zum Geschenk.
Du forderst solches Selbst von mir,
Deß bin ich eingedenk.

2. „Gieb Mir, Mein Kind, dein Herz!"
　　　　　　　sprichst Du,
„Das ist Mir lieb und werth.
Du findest doch nicht anders Ruh'
Im Himmel und auf Erd'!"

3. Nun, o mein Vater, nimm es an,
　　Mein Herz, veracht es nicht!
Ich geb's so gut ich's geben kann;
Kehr zu mir Dein Gesicht!

4. Schenk, Jesu, mir nach Deiner Huld
　　Gerechtigkeit und Heil!

Du trugst ja meine Sündenschuld
Und meiner Strafe Theil.

5. O heil'ger Geist, nimm Du auch mich
In die Gemeinschaft ein;
Ergieß um Jesu willen Dich
Tief in mein Herz hinein!

6. Dreiein'ger Gott, Dir geb ich's hin!
Brauch's, wie es Dir gefällt!
Ich weiß, daß ich Dein eigen bin,
Ja Dein, und nicht der Welt.

7. So nimm es denn zum Tempel ein,
Dieß Herz, hier in der Zeit,
Und laß es Deine Wohnung sein
In alle Ewigkeit!

Nr. 252. Mel.: Alles ist an Gottes Segen.
Gerhard Tersteegen. 1731. Engl. Uebers. in Lyra
G. II. 220.

1. Nun so will ich denn mein Leben
Völlig meinem Gott ergeben;
Nun wohlan, es ist geschehn!
Sünd', ich will von dir nichts hören,
Welt, ich will mich von dir kehren,
Ohne je zurück zu sehn.

2. Hab' ich sonst mein Herz getheilet,
Hab' ich hie und da verweilet,
Endlich sei der Schluß gemacht,
Meinen Willen ganz zu geben,
Meinem Gott allein zu leben,
Ihm zu dienen Tag und Nacht.

3. Herr, ich opfre Dir zur Gabe
All mein Liebstes, das ich habe.
Schau, ich halte nichts zurück;
Schau und prüfe meine Nieren;
Solltest Du was Falsches spüren,
Nimm es diesen Augenblick.

4. Ich scheu' keine Müh' und Schmerzen;
Gründlich und von ganzem Herzen
Will ich folgen Deinem Zug:
Kann ich stetig und in Allem
Deinen Augen wohlgefallen,
Ach, so hab' ich ewig g'nug.

5. Dich allein will ich erwählen;
Alle Kräfte meiner Seelen
Nimm nur ganz in Deine Macht.
Ja, ich will mich Dir verschreiben;
Laß es ewig feste bleiben,
Was ich Dir heut zugesagt!

Nr. 253. Eigene Melodie.

Balth. Münter, geb. in Lübeck 1735, deutscher Prediger in Kopenhagen, gest. 1793. Geb. 1773. Urspr. ein Gebetlied des Chores oder der Gemeinde für die Confirmanden, beginnend: „Stärke Mittler, stärke sie," und in dieser Form mit mehrfachen Veränderungen im Berl. Gsgb. von 1829 Nr. 348 („Stärke, Jesu, stärke sie"); aber im N. Würt. und and. Gsgb. in ein Gebetlied der Confirmanden umgewandelt, ähnlich wie hier. Der Schluß erinnert an das bek. Sterbelied Luthers von gleicher Mel. Es giebt dazu aber auch eine besondere herzliche und rührende Melodie von Knecht, von 1793, welche in Würt. allgemein gebräuchlich und sehr beliebt ist.

1. Stärk uns, Mittler! Dein sind wir!
Sieh, wir Alle flehen:

Laß, laß, o Barmherziger,
　　Uns Dein Antlitz sehen!
Wach über unsre Seelen!
　　Hier stehn und sprechen Alle wir:
　　Herr, Dein Eigenthum sind wir!
Heiliger Schöpfer, Gott!
Heiliger Mittler, Gott!
Heiliger Gott, Lehrer und Tröster!
Dreieiniger Gott!
Laß uns nie vergessen
Unsern theuern, heil'gen Bund!
Erbarm' Dich unser!

2. Ach, wie Viele schwuren hie,
　　Fest an Dir zu halten!
Aber treulos ließen sie
　　Ihre Lieb' erkalten!
Verderben ward ihr Ende.
　　Herr, schütze uns vor Sicherheit!
　　Dir nur sei das Herz geweiht!
Heiliger Schöpfer, Gott!
Heiliger Mittler, Gott!
Heiliger Gott, Lehrer und Tröster!
Dreieiniger Gott!
Leit uns, Deine Kinder,
Daß wir nicht verloren gehn!
Erbarm' Dich unser!

3. Lockt uns die verderbte Welt
　　Zu der Jugend Lüsten,
Dann, Herr, wollst Du uns mit Kraft
　　Aus der Höhe rüsten.

Sei mächtig in uns Schwachen!
  Zum Kampf mit Satan, Fleisch und
                          Blut
  Gieb uns Geisteskraft und Muth.
Heiliger Schöpfer, Gott!
Heiliger Mittler, Gott!
Heiliger Gott, Lehrer und Tröster!
Dreieiniger Gott!
Hilf uns siegreich streiten
Wider aller Feinde List!
Erbarm' Dich unser!

4. Laß auch in der letzten Noth
    Uns Dein Antlitz schauen,
  Und auf Deinen bittern Tod
    Unsre Hoffnung bauen.
  Laß uns im Frieden fahren;
    Geschwister, Eltern allzugleich
    Nimm auf in Dein Freudenreich!
Heiliger Schöpfer, Gott!
Heiliger Mittler, Gott!
Heiliger Gott, Lehrer und Tröster!
Dreieiniger Gott!
Sieh in Gnaden nieder!
Erhöre Deiner Kinder Flehn!
Erbarm' Dich unser!

Nr. 254. Mel.: Herr Jesu Christ, Dich zu uns wend'.

Heinrich von Bruiningk (nicht Gr. Zinzendorf). Mitherausgeber des Herrnhuter Gesangbuchs von 1778. Von der Gemeinde zu singen

1. Im Namen des Herrn Jesu Christ,
Der Seiner Kirche König ist,
Nimmt Seines Brudervolks Verein
Euch jetzt in seine Mitte ein:

2. Mit uns in Einem Bund zu stehn,
Ihm treu und standhaft nachzugehn,
Zu nehmen Theil an Seinem Leib,
Und Seiner ew'gen Herrlichkeit.

3. Er geb euch Seinen Friedenskuß
Zu Seines ganzen Heils Genuß,
Der euch ein Siegel Seiner Treu
Und unserer Gemeinschaft sei.

4. Wir reichen euch dazu die Hand:
Der Herr, Dem euer Herz bekannt,
Laß euern Gang in der Gemein'
Euch Seligkeit, Ihm Freude sein.

5. Der Gott des Friedens heil'ge euch,
Seid Sein, dient Ihm in Seinem Reich:
Sorgt, daß Ihm Geist und Seel' und Leib
Auf Seinen Tag unsträflich bleib'.

Nr. 255. Mel.: O Du Liebe meiner Liebe.

C. Joh. Phil. Spitta, gest. 1859. Ged. 1827, gebr. 1853 Von den Confirmanden allein oder mit der Gemeinde zu singen. Der fromme Verfasser schrieb u. 1826: „Dem Herrn weihe ich mein Leben und meine Liebe, so auch meinen Gesang. Seine Liebe ist das Eine große Thema aller meiner Lieder, sie würdig zu preisen und zu erheben, ist die Sehnsucht des christlichen Sängers. Er gab mir Lieder und Gesang, ich gebe sie Ihm wieder" Engl. Uebers. von Rich. Massie, in Lyra Domestica I., Lond. 1860, p 59: "In thy service will I ever, Jesus, my Redeemer, stay."

1. Bei Dir, Jesu, will ich bleiben,
    Stets in Deinem Dienste stehn,
   Nichts soll mich von Dir vertreiben,
    Will auf Deinen Wegen gehn.
   Du bist meines Lebens Leben,
    Meiner Seele Trieb und Kraft,
   Wie der Weinstock seinen Reben
    Zuströmt Kraft und Lebenssaft.

2. Könnt ich's irgend besser haben,
    Als bei Dir, Der allezeit
   So viel tausend Gnadengaben
    Für mich Armen hat bereit?
   Könnt ich je getroster werden,
    Als bei Dir, Herr Jesu Christ,
   Dem im Himmel und auf Erden
    Alle Macht gegeben ist?

3. Wo ist solch ein Herr zu finden,
    Der, was Jesus that, mir thut,
   Mich erkauft von Tod und Sünden
    Mit dem eignen theuren Blut?

Sollt ich Dem nicht angehören.
Der Sein Leben für mich gab,
Sollt ich Ihm nicht Treue schwören,
Treue bis in Tod und Grab?

4. Ja, Herr Jesu, bei Dir bleib ich,
So in Freude, wie in Leid,
Bei Dir bleib ich, Dir verschreib ich
Mich für Zeit und Ewigkeit.
Deines Winks bin ich gewärtig,
Auch des Rufs aus dieser Welt;
Denn der ist zum Sterben fertig,
Der sich lebend zu Dir hält.

5. Bleib mir nah auf dieser Erden,
Bleib auch, wann mein Tag sich neigt,
Wann es nun will Abend werden
Und die Nacht hernieder steigt.
Lege segnend dann die Hände
Mir auf's müde, schwache Haupt,
Sprechend: „Kind, hier geht's zu Ende,
Aber dort lebt, wer hier glaubt."

___

Nr. 256. Mel.: Mein Glaub' ist meines Lebens
Ruh'.

Albert Knapp. Geb. 1839 und ins N. Würt. Gsgb.
übergegangen. Es ist eines der volksthümlichsten geistl.
Lieder Knapp's, dessen Aufnahme in neuere Gsgb. selbst
die sonst so strengkirchl. Ev. Kztg. von Hengstenberg (1843
Nr. 76) entschieden fordert. Es kann auch nach der Mel.:
„O Ewigkeit, du Donnerwort" gesungen werden.

1. Ich bin in Dir, und Du in mir!
Nichts soll mich, ew'ge Liebe, Dir
In dieser Welt entreißen!

Auf Erden, wo nur Sünder sind,
Nennst Du mich freundlich schon Dein Kind,
 O laß mich's ewig heißen,
Und treu mit Wandel, Herz und Mund
Bewahren Deinen Friedensbund!

2. Ich bin in Dir, und Du in mir;
 Dreiein'ger Gott, Du hast zu Dir
  Mich frühe schon berufen,
 Was mir, dem Kindlein, war bereit,
 Ergreif ich heut voll Innigkeit.
  An des Altares Stufen
 Und sag': o Liebe, Du bist mein,
 Ich will Dein Kind auf ewig sein!

3. Ich bin in Dir, und Du in mir;
 Noch wohn' ich völlig nicht bei Dir,
  Weil ich auf Erden walle;
 Drum führ' mich Jesu, treuer Hirt,
 Daß mich, was locket, schreckt und irrt,
  Nicht bringe je zu Falle!
 O daß, was ich Dir heut versprach,
 Mir gehe tief und ewig nach!

4. Ich bin in Dir, und Du in mir;
 Komm, Herr, mir Deine Tugendzier
  Frühzeitig anzulegen,
 Daß mir des Lebens Glück und Noth,
 Ja, selbst der letzte Feind, der Tod,
  Nur kommen mög' im Segen!
 Mit Dir will ich durch's Leben gehn,
 Dir leiden, sterben, auferstehn!

6. Das heilige Abendmahl.

(Bei der Abendmahlsfeier können auch Nr. 107 oder andere Passionslieder und zum Schlusse ein Jesuslied, oder eine der Toxologien am Ende des Gesangbuches gesungen werden.)

a) Vorbereitungslieder.

Nr. 257. Eigene Melodie.

Verf. unbekannt. C. v. Raumer und Stip schreiben es dem Barthol. Ringwaldt (1530 bis 1598), dem Verf. des mit denselben Worten beginnenden Bußliedes zu. Die Sprache aber spricht für eine spätere Zeit. Schamelius giebt dem Lied 1725 die Ueberschrift: „Der würdige Communicant". Das Eisen. Gsgb. hat es, jedoch kaum mit hinlänglichem Grund, unter die 150 Kernlieder aufgenommen, dagegen das bekanntere Ringwaldt'sche Bußlied ausgeschlossen. Wackernagel hat beide unter seinen 224 Kernliedern.

1. Herr Jesu Christ, Du höchstes Gut,
    Du Brunnquell aller Gnaden!
Wir kommen, Deinen Leib und Blut,
    Wie Du uns hast geladen,
Zu Deiner Liebe Herrlichkeit
Und unsrer Seelen Seligkeit
    Zu essen und zu trinken.

2. O Jesu, mach uns selbst bereit
    Zu diesem hohen Werke!
Schenk uns Dein schönes Ehrenkleid
    Durch Deines Geistes Stärke.
Hilf, daß wir würd'ge Gäste sei'n
Und werden Dir gepflanzet ein
    Zum ew'gen Himmelswesen.

3. Bleib Du in uns, daß wir in Dir
   Auch bis an's Ende bleiben;
   Laß Sünd' und Noth uns für und für
   Von Dir nicht wieder treiben,
   Bis wir durch Deines Nachtmahls Kraft
   In Deines Himmels Bürgerschaft [1]
   Dort ewig selig werden.

Nr. 258. Mel.: Mein Jesus lebt, was soll ich sterben.

Nach **Erdmann Neumeister.** 1705. 1 Cor. 11, 28.
Dieses sehr brauchbare, obwohl nicht sehr poetische Vorbereitungslied findet sich in allen amerik. Gsgb., jedoch in
einigen bloß mit 5 statt der ursprünglichen 10 Verse.

1. Laß irdische Geschäfte stehen,
   Auf, Seele, mache dich bereit!
   Du willst zu Gottes Tische gehen;
   Doch prüfe deine Würdigkeit,
   Ob du dich als ein rechter Gast
   Zum Abendmahl geschicket hast?

2. Es will mir fast der Muth verschwinden,
   Ob ich dabei erscheinen kann;
   Ich finde viele tausend Sünden,
   Ach, die ich wider Gott gethan!
   Ich darf zu dieser Tafel nicht,
   Nicht unrein vor Sein Angesicht. [2]

3. O heil'ger Gott [3]! was soll ich sagen?
   Ich Sünder muß verloren sein!

---

1) So das Eisen. Gsgb. statt des urspr.: „Zu Auserwählten
geschafft." Wackernagel: „Zu den Erwählten fortgeschafft."
Hauptanstoß liegt aber in dem „fortgeschafft".
2) So neuere Gsgb. statt des geschmackwidrigen Orig.: „A
Sünder darf zur Tafel nicht, Er stinkt vor Deinem Angesicht".
3) Statt. „Daß Gott erbarm."

Doch nein, ich darf noch nicht verzagen,
  Gott setzt den Tisch deßwegen ein,
Daß er den Sündern Trost und Kraft
Für ihre armen Seelen schafft.

4. Wie wohl ist mir in Gott zu Muthe
    Er tilget meine Missethat;
  Ich wasche mich in Jesu Blute,
    Der meine Sünd' gebüßet hat;
  Mein Glaub' erlangt von Ihm das Kleid
  Des Heils und der Gerechtigkeit.

5. In diesem Schmucke will ich gehen
    Als Gottes auserwähltes Kind,
  Und selig an dem Orte stehen,
    Wo andre Himmelsgäste sind;
  Weil ich mit Jesu angethan,
  Sieht Gott in Ihm mich gnädig an.

6. Ach, wie erquicket mich die Speise,
    Die meine Seele hier genießt,
  Da Jesus wunderbarer Weise
    Die theure Speise Selber ist!
  Ach, siehe, wie dich Jesus liebt,
  Der dir Sich Selbst zu eigen giebt!

7. Mein Jesus ist für mich gestorben,
    Mein Jesus lebet auch für mich;
  Mein Jesus hat mir Heil erworben,
    Darauf besteh ich festiglich,
  Und halte mich an Ihn allein:
  Mein Freund ist mein, und ich bin Sein!

Nr. 259. Mel.: Wachet auf! ruft uns die S

Nach **Friedr. Gottl. Klopstock**, dem ber
Dichter des „Messias" und vieler Oden, gest
Geb. 1758. Urspr. als Wechselgesang zwischen Ch
Gemeinde gedichtet, aber in dieser Form populär ger
Kann auch ebenso gut während der h. Communion
gen werden.

1. Herr, Du wollst uns vorbereiten
   Zu Deines Mahles Seligkeiten;
       Sei mitten unter uns, o Gott!
   Laß uns, Leben zu empfahen,
   Mit glaubensvollem Herzen nahen,
       Und sprich uns frei von Sünd' unt
   Wir sind, o Jesu Dein;
   Dein laß uns ewig sein!   Amen! ?
   Anbetung Dir! Gieb uns, wie hier,
   Einst dort Dein Abendmahl bei Di

2. Nehmt und eßt zum ew'gen Leben
   Das Brod, das euch der Herr will geb
       Die Gnade Jesu sei mit euch!
   Nehmt und trinkt zum ew'gen Leben
   Den Kelch des Heils, auch euch gegeb
       Erringt, ererbt des Mittlers Reic
   Wacht! eure Seele sei
   Bis in den Tod getreu! Amen! Ame
   Der Weg ist schmal, Klein ist die Za
   Die dort eingeht zum Abendmahl!

Nr. 260. Mel.: Herzlich thut mich verlangen.

Dr. August Tholuck, Prof. der Theol. in Halle, geb. 1799. Aus dessen „Stunden der Andacht", 1839. Daniel (Gesangbuch 1842) und nach ihm Knapp und Thiele nehmen V. 1 u. 2 von Tholuck und fügen dazu 8 V. von Tietz, wodurch aber der Charakter und die Einheit des Liedes verwischt wird.

1. Wen hast Du Dir geladen,
   Mein Heiland mild und gut,
   Zu Deinem Tisch der Gnaden?
   Nicht, die voll Kraft und Muth,
   Die Reichen nicht und Satten
   Sind Dir willkommen dran;
   Die Kranken und die Matten
   Rufst Du voll Huld heran.

2. Da darf auch ich es wagen,
   Und treten mit heran;
   Ich müßte wohl verzagen,
   Ging's nur die Starken an.
   Bei Dir, dem guten Hirten,
   Stell ich voll Muth mich ein:
   Du willst ja den Verirrten
   Von Herzen gnädig sein.

3. Wohlan, im Bußgewande
   Wag' ich's und komme auch;
   Bei Dir geht's nicht nach Stande
   Und nicht nach Menschenbrauch.
   Wen Andrer Thür abweiset,
   Läß'st Du zu Deiner ein,
   Und wer der Letzte heißet,
   Der soll der Erste sein!

b) Vor oder während der heil. Commu[n]

Nr. 261. Mel: Alles ist an Gottes Se[g]

Eine freie evang. Bearbeitung des berühmten
nus von Thomas v. Aquino, des größten The[o]
des Mittelalters. gest. 12.4: "Lauda, Sion, Salvat[or]
Das latein. Orig. vollständig bei Königsfeld, S.
und bei Bäßler, S. 223 (12 Str.). Eine evang.
beitung des and. eucharistischen Hymnus von J[.]
Aquino ("Pange, lingua, gloriosi Corporis myste[rium]
müssen wir der Rücksicht auf Raumersparniß opfern
engl. Uebers. davon in Schaff's Christ in Song, p.

1. Zion, laß Dein Loblied schallen
   Und das Herz in Freuden wallen;
     Denn die Mahlzeit ist bereit.
   Christus hat zum Tisch der Gnaden
   Seine Jünger eingeladen;
     Nahet Ihm im Hochzeitkleid!

2. Er will heute uns, die Seinen,
   Liebevoll mit Sich vereinen.
     Allen bietet Er Sich an;
   Doch nur der kann Ihn empfangen,
   Der mit gläubigem Verlangen
     Zum Altare tritt heran.

3. Gute kommen, Böse kommen,
   Doch es kann nicht beiden frommen
     Zwiefach wirkt der Kelch, das Bro[d]
   Zorn und Fluch den Selbstgerechten,
   Segen allen Gottesknechten,
     Diesen Leben, jenen Tod.

4. Kommet als zerknirschte Sünder,
   Eßt das Brod der Gotteskinder,
     Trinket den Genesungstrank.

Was die Zwölfe einst beglücket,
Tausend Hungernde erquicket,
   Nehmet hin mit heißem Dank.

5. Christus ist die wahre Speise,
Labsal auf der Pilgerreise,
   Unterpfand der Seligkeit.
Nähr' uns, Herr, im Thränenthale,
Lab' uns einst zum Hochzeitmahle
   In dem Reich der Herrlichkeit!

Nr. 262.   Eigene Melodie.

Johann Frank. Geb. um 1650, gestr. 1671. „Das salbungsvollste aller Abendmahlslieder." Urspr. 9 B., wovon aber die meisten Gsgb. (selbst der Eisen. Entwurf) bloß 6 und mit mannigfachen, zum Theil nöthigen Ver- änderungen mittheilen. Wir haben bloß B. 3 ausge- lassen („Zwar in Kaufung theurer Waaren, Pflegt man sonst kein Geld zu sparen"). Engl Uebers im Morav. H. B. No. 777 (5 B.); und eine treuere und bessere in Lyra Germ. II. 133: "Deck thyself, my soul, with gladness" (6 B) Das Lied „Schicke dich, erlöste Seele", das sich in mehreren amerik Gsgb. (z. B. dem Gemein- schaftlichen, Nr. 151) findet, ist eine armselige Ver- wässerung dieses herrlichen Originals.

1. Schmücke dich, o liebe Seele,
Laß die dunkle Sündenhöhle,
Komm an's helle Licht gegangen,
Fange herrlich an zu prangen.
Denn der Herr voll Heil und Gnaden
Will dich jetzt zu Tische laden,
Der den Himmel kann verwalten,
Will jetzt Herberg in mir halten.

2. Eile, wie Verlobte pflegen,
Deinem Bräutigam entgegen,
Der mit süßen Gnadenworten
Klopft an deines Herzens Pforten;
Eile, sie Ihm aufzuschließen,
Wirf dich hin zu Seinen Füßen, [1]
Sprich: „O Herr, laß Dich umfassen,
Von Dir will ich nimmer lassen!"

3. Ach, wie hungert mein Gemüthe,
Menschenfreund, nach Deiner Güte!
Ach, wie pfleg ich oft mit Thränen
Mich nach dieser Kost zu sehnen!
Ach, wie pfleget mich zu dürsten
Nach dem Trank des Lebensfürsten!
Wünsche stets, daß mein Gebeine
Sich durch Gott mit Gott vereine.

4. Herr! ich freue mich mit Beben,
Daß Du mir Dich Selbst willst geben, [2]
Mir Dein Leben zu gewähren
Und mich mit Dir Selbst zu nähren.
Unerforschlich heil'ge Weise!
Wunderbare Seelenspeise!
O wer darf sich unterwinden,
Dieß Geheimniß zu ergründen?

---

1) Urspr. „Der mit Seinem Gnadenhammer klopft an
Herzenskammer. Oeffn' Ihm bald die Geistespforten, Red' J
mit schönen Worten"
2) Urspr.. „Beides, Lachen und auch Zittern Lasset sich
jetzt wittern" (d. h. spüren). Wackernagel (Nr. 67) verändert
„Heil'ge Lust und tiefes Bangen Nimmt mein Herze jetzt gefa
Auch die übrigen Zeilen in diesem Verse sind verändert. Das K.
das Eisen. und and. Gsgb. lassen V. 4 und 5 aus.

5. Nein, Vernunft, hier mußt du weichen,
Kannst das Wunder nicht erreichen:
Daß dieß Brod nie wird verzehret,
Ob es gleich viel Tausend nähret;
Und daß mit dem Saft der Reben
Uns wird Christi Blut gegeben
O der großen Heimlichkeiten,
Die nur Gottes Geist kann deuten!

6. Jesu, meine Lebenssonne,
Jesu, meine Freud' und Wonne,
Jesu, Du mein ganz Beginnen,
Lebensquell und Licht der Sinnen!
Hier fall' ich zu Deinen Füßen,
Laß mich würdiglich genießen
Diese Deine Himmelsspeise,
Mir zum Heil und Dir zum Preise!¹)

7. Herr, es hat Dein treues Lieben
Dich vom Himmel hergetrieben, ²)
Daß Du willig hast Dein Leben
In den Tod für uns gegeben,
Und dazu ganz unverdrossen,
Herr, Dein Blut für uns vergossen,
Das uns jetzt kann kräftig tränken,
Deiner Liebe zu gedenken.

8. Jesu, wahres Brod des Lebens,
Hilf, daß ich doch nicht vergebens,

---

1) Die beiden letzten Zeilen dieser Strophe sind in Würtemberg mit leichter Veränderung ein Tischgebet geworden: „Jesu, segne diese Speise, Uns zur Kraft und Dir zum Preise." Aehnlich bilden die beiden letzten Zeilen von B. 8 etwas verändert den Schluß eines aus dem Würt. Tischgebetes: „Jesu, wir gehn zu dem Essen", u. s. w.
2) Statt „abgetrieben".

Oder mir vielleicht zum Schaden
Sei zu Deinem Tisch geladen.
Laß mich durch dieß Seelen-Essen[1])
Deine Liebe recht ermessen,
Daß ich einst, wie jetzt auf Erden,
Mög' Dein Gast im Himmel werden!

Nr. 263. Mel.: Mein's Herzens Jesu, meine Lust.

Nach Justus Sieber, gest. 1695. Fehlt in vielen
der besten europ. deutschen Sammlungen und Gsgb.,
steht aber in allen amerik. deutschen (außer dem altluth.
von St. Louis 1851) und ist in den luth. und reform.
Gemeinden von Pennsylvanien das beliebteste und ge-
bräuchlichste Abendmahlslied, weßhalb wir es auch dem
Lampe'schen: „O Fels des Heils", dem Wolterstorf'schen:
„Komm, mein Herz, in Jesu Leiden", und ähnlichen Liedern vorgezogen haben.

1. Ich komm jetzt als ein armer Gast,
　　O Herr, zu Deinem Tische,
　Den Du für mich bereitet hast,
　　Daß er mein Herz erfrische.
　Du bist's, der meinen Hunger stillt
　Und mich mit Kraft und Trost erfüllt
　An Deinem Gnadentische[2]).

2. Du Selber sprichst in Deinem Wort:
　　„Ich bin das Brod zum Leben!
　Dieß Brod treibt auch den Hunger fort,
　　Den sonst nichts mochte heben.

---

1) Nicht „Lebens essen", wie das Eisen. Gsgb. liest. Das
N. Wurt. Gsgb verandert. „Trank und Essen."
2) Urspr.: „Wenn mich der Seelenhunger nagt, Wenn mich
der Durst des Geistes plagt, Bis ich den Schweiß abwische." Das
Berl. Gsgb. von 1829 und darnach Knapp's Liederschatz verandern:
„Und wenn mein Sehnen ist gestillt, Daß auch der Dank, der mich
erfüllt, In Aller Dank sich mische." Noch anders das Naraner Gsgb.,
das aber bloß 4 V. giebt.

Ich bin der Trank; wer glaubt an Mich,
Dem will Ich jetzt und ewiglich
Der Labung Fülle geben." —

3. Ach, führe mich, Du treuer Hirt,
   Auf Deine Himmelsauen!
Ich gehe trostlos und verirrt,
   Wenn ich Dich nicht kann schauen.
Laß strömen Deine Gütigkeit,
Die Du für Alle hast bereit,
So Deiner Huld vertrauen.

4. Ich armes Schäflein suche Dich
   Auf Deiner grünen Weide;
Dein Lebensmanna speise mich
   Zum Trost in allem Leide.
Es tränke mich Dein theures Blut,
Daß mich kein eitles Erdengut
Von Deiner Liebe scheide.

5. Wie sich des Hirsches mattes Herz
   Am frischen Quell erfreuet,
So werd' ich von der Seele Schmerz
   In Deinem Mahl befreiet.
Du linderst meiner Sünden Pein,
Du flößest Deinen Trost mir ein;
So werd' ich ganz erneuet.

6. Vor Allem aber wirk' in mir
   Den Ernst wahrhafter Reue,
Auf daß mein Herz sich für und für
   Vor aller Sünde scheue.
Fach in mir, Herr, den Glauben an,
Der Dein Verdienst ergreifen kann,
Damit mein Geist sich freue.

7. Entzünd' in Andacht mein Gemüth,
　　Daß von der Welt ich lasse,
Und Deine Treue, Lieb' und Güt'
　　In dieser Speise fasse:
Daß durch Dein Lieben Lieb' in mir
Zu meinem Nächsten wachs' herfür,
Ich auch den Feind nicht hasse.

8. So komm nun, treuer Seelenfreund,
　　Laß in mein Herz Dich schließen!
Mit Dir bin ich nun ganz vereint;
　　Ich will von keinem wissen,
Als nur von Dir, o Gotteslamm,
Der Du auch mich vom Kreuzesstamm
Aus Noth und Tod gerissen!

9. O liebster Heiland, habe Dank
　　Für Deine Gnadengaben,
Für Deine Speise, Deinen Trank,
　　Die mich erquicket haben!
Mit Himmelsgütern wirst Du mich,
O Lebensfürst, einst ewiglich
In Deinem Reiche laben.

Nr. 264. Mel.: Erquicke mich, Du Heil der Sünder.
Joh. Jak. Rambach. 1718. (Nach einem älteren
Liede). Ein Lehrlied, welches das heil. Abendmahl,
B. 2 als Gedächtnißmahl, B. 3 als Versöhnungsmahl,
B. 4 als Vereinigungsmahl, B. 5 als Heiligungsmahl,
B 6 als Gemeinschafts= oder Liebesmahl, B. 7 als
Auferstehungsmahl darstellt. Kann auch im Vorberei-
tungsgottesdienst gesungen werden.

1. Mein Jesu, Der Du vor dem Scheiden,
　　In Deiner letzten Trauernacht,

Uns hast die Früchte Deiner Leiden
In einem Testament vermacht,
Es preisen gläubige Gemüther
Dich, Stifter dieser hohen Güter.

2. So oft wir dieses Mahl genießen,
Wird Dein Gedächtniß in uns neu.
Man kann aus neuen Proben schließen,
Wie innig Deine Liebe sei.
Dein Blut, Dein Tod und Deine Schmerzen
Erneuern sich in unsern Herzen.

3. Es wird dem zitternden Gewissen
Ein neues Siegel aufgedrückt,
Daß unser Schuldbrief sei zerrissen,
Und unsre Handschrift sei zerstückt,
Daß wir Vergebung unsrer Sünden
In Deinen blut'gen Wunden finden.

4. Und fester, als es je gewesen,
Wird nun das Band, das uns vereint.
Durch Dich vom Seelenschmerz genesen.
Schau'n wir in Dir den höchsten Freund.
Das Herz fühlt sich in solchen Stunden
Mit Dir zu Einem Geist verbunden.

5. Dieß Brod kann wahre Nahrung geben,
Dein Blut erquicket unsern Geist;
Es mehrt sich unser innres Leben,
Wenn Du dem Glauben Kraft verleihst.
Wir fühlen neue Kraft und Stärke
In unsrem Kampf und Glaubenswerke

6. Wir treten nun in engre Bande
Mit Deines Leibes Gliedern ein,

Wir wollen All' in solchem Staube
Ein Herz und Eine Seele sein.
Die Liebe muß uns fester schließen,
Da wir von Einem Brod genießen.

7. Dein Fleisch muß uns zum Pfande dienen,
　Daß unser Fleisch, der Schwachheit voll,
Einst herrlich aus dem Staube grünen
Und unverweslich werden soll,
Ja, daß Du uns ein ewig Leben
Nach dieser Wallfahrt werdest geben.

8. O theures Lamm, solch edle Gaben
　Hast Du in dieses Mahl gelegt.
Da wir Dich Selbst zur Speise haben,
　Wie wohl ist unser Geist gepflegt!
Dieß Mahl ist unter allen Leiden
Ein wahrer Vorschmack jener Freuden.

9. Drum sei Dir Lob und Dank gesungen,
　Und Deinem Namen Ruhm gebracht,
Und mit uns preisen Engelzungen,
　Herr, Deine große Liebesmacht.
Wird unser Geist zu Dir erhoben,
So wird er Dich vollkommen loben.

Nr. 265. Mel.: Herr Gott, Dich leben Alle wir.
Pf. 134.

Joh. Adolph Schlegel, geb. 1721, gest 1793.
Theilweise auf Grundlage des Heermann'schen Abend-
mahlsliedes von 1640: „O Jesu, Du mein Bräutigam, Der Du aus Lieb' am Kreuzesstamm."

1. Herr, der Du als ein stilles Lamm
Am martervollen Kreuzesstamm

Zur Tilgung meiner Sündenlast
Dich auch für mich geopfert hast!

2. Hier fei'r ich Deinen Mittlertod,
Hier nährst Du mich mit Himmelsbrod,
Hier ist das unschätzbare Gut,
Das Du mir giebst: Dein Leib und Blut.

3. O Heiland, hilf mir, daß ich ja
Mit tiefer Ehrfurcht Dir mich nah!
O Herr, mein Mund empfahe nicht
Des Lebens Speise zum Gericht!

4. Mein Herr und Gott, ich glaub' an Dich,
Und weiß gewiß, Du segnest mich.
Wenn wir im Glauben Dir uns nahn,
Willst Du uns gnädig nehmen an.

5. Ich Erd' und Asche bin's nicht werth,
Daß so viel Heil mir widerfährt;
Du willst, Erhabner, nicht verschmähn,
Zu meinem Herzen einzugehn.

6. Mein Herz steht offen: richte Du
Dir's Selbst zu Deiner Wohnung zu;
Wirf alle Laster ganz hinaus,
Schmück es mit jeder Tugend aus.

7. Du kommst, gesegnet seist Du mir!
Du bleibst in mir, ich bleib' in Dir;
Ich end' in Dir einst meinen Lauf;
Du weckst mich von den Todten auf.

8. Und wenn Du mich, o Lebensfürst,
Zur Seligkeit vollenden wirst,
Erquickt mit Freuden ohne Zahl
Mich dort Dein ew'ges Abendmahl.

c) Nach der Communion.

Nr. 266. Mel: O Gott, Du frommer Gott.
Nach **Emilie Juliane Gräfin von Schwarzburg-Rudolstadt.** 1685.

1. Mein Jesus lebt in mir!
  Nichts ist, das uns kann scheiden;
Es ist im Abendmahl
  Eins worden aus uns beiden.
Ich hab' Ihn, Er hat mich;
  Was Sein ist, das ist mein;
Sein Herz, mein Herz Ein Herz;
  Was mein ist, das ist Sein.

2. An Jesu hange ich;
  Er lebt und ich soll leben!
Er hat mir deß zum Pfand
  Sein Fleisch und Blut gegeben.
Ich hab' die rechte Speis',
  Ich hab' den rechten Trank,
Dadurch ich ewig leb',
  Herr, Dir zu Lob und Dank.

3. Zum Leben hast Du mich
  Gespeiset und getränket;
Der Vater hat mit Dir
  Auch Alles mir geschenket.
Auf diesen Trost leb' ich,
  Und fahr' auch darauf hin,
Weil Du mein Leben bist,
  Und Sterben mein Gewinn.

4 Sterb' ich dem Leibe nach,
   So muß mir's doch gelingen:
Ich werde durch den Tod
   Zu Dir in's Leben dringen.
Sag', Jesu, Amen drauf!
   Ich sage dazu Ja.
Es bleibt dabei, ich leb'.
Amen! Hallelujah!

Nr. 267. Mel.: Wer nur den lieben Gott läßt walten.

Georg J. Zollikofer. Geb. für das Leipz. Ref.
Gsgb. 1766. Dieses sehr brauchbare Lied ist in mehreren Gsgb., z. B. auch dem N. Württ. und N. Pennf.
Luth. Gsgb. (wo es beginnt: „Nimm hin den Dank für
Deine Liebe") mit einigen Versen aus einem ähnlichen
Communionliede von Lavater („Anbetung Dir und Freudenthränen Für Deine Liebe, Jesu Christ") vermischt
und dem letzteren zugeschrieben. Wir ziehen aber die
urspr. Form vor, zu welcher auch Knapp in s. Ev. Gsgb.
von 1855 (Nr. 355) zurückgekehrt ist.

1. Dank, ewig Dank sei Deiner Liebe,
      Erhöhter Mittler, Jesu Christ!
   Gieb, daß ich Deinen Willen übe,
      Der Du für mich gestorben bist,
   Und laß die Größe Deiner Pein
   Mir immer in Gedanken sein!

2. Wie kann ich Dich genug erheben,
      Ich, der ich Zorn und Tod verdient?
   Ich soll nicht sterben, sondern leben,
      Weil Du mich Selbst mit Gott versühnt.
   Du, der Gerechte, starbst für mich;
   Wie preis' ich, Herr, wie preis' ich Dich.

3. Heil mir! mir ward das Brod gebrochen;
   Ich trank, Herr, Deines Bundes Wein;
   Voll Freude hab' ich Dir versprochen,
   Dir, treuster Jesu, treu zu sein.
   Ich schwör' es nun noch einmal Dir!
   Schenk Du nur Deine Gnade mir!

4. Laß, Herr, mich dankbar stets ermessen
   Die mir zu gut getragne Last,
   Und Deiner Liebe nie vergessen,
   Die Du an mir bewiesen hast;
   Laß meinen Glauben thätig sein
   Und mir zur Heil'gung Kraft verleihn.

5. Hilf mir das Böse überwinden,
   Und stärke mich zu jeder Pflicht;
   Bewahre mich vor neuen Sünden,
   Verlaß mich in Versuchung nicht;
   Und Dein für mich vergoss'nes Blut
   Schenk mir im Todeskampfe Muth.

6. So soll denn weder Spott noch Leiden,
   Noch Ehre, Gut und Lust der Welt
   Mich, Herr, von Deiner Liebe scheiden,
   Die selbst im Tode mich erhält.
   Du bist und bleibest ewig mein,
   Und ewig, ewig bin ich Dein!

Nr. 268. Mel.: Schmücke dich, o liebe Seele.

Nach J. Caspar Lavater. 1771. Nach den ab-
gekürzten Recension des Berl., Würt., Basler, Aarauer
und and. Gsgb. Das Orig. beginnt: „Lob und Dank
sei Dir, mein Retter,“ und hat 24 vierzeilige Strophen.
Lavater's schönes Vorbereitungslied: „Mit dem Haufen
Deiner Frommen“ (urspr.: „Jesus, mit der Schaar der
Frommen,“ 29 B.) ist in den obigen Gsgb. noch stärker
abgekürzt.

1. Jesu, Freund der Menschenkinder,
   Heiland der verlornen Sünder,
   Der zur Sühnung unsrer Schulden
   Kreuzesschmach hat wollen dulden!
   Wer kann fassen das Erbarmen,
   Das Du trägest mit uns Armen?
   In der Schaar erlöster Brüder
   Fall ich dankend vor Dir nieder.

2. Ja, auch mir strömt Heil und Segen,
   Herr, aus Deiner Füll' entgegen;
   In dem Elend meiner Sünden
   Soll bei Dir ich Hülfe finden.
   So gewiß ich Wein genossen,
   Ist Dein Blut für mich geflossen;
   So gewiß ich Brod empfangen,
   Soll ich Heil in Dir erlangen!

3. Ja, Du kommst, Dich mit den Deinen
   In dem Nachtmahl zu vereinen;
   Du, der Weinstock, giebst den Reben
   Muth und Kraft zum neuen Leben;
   Durch Dich muß es mir gelingen,
   Reiche, gute Frucht zu bringen,
   Und durch Frömmigkeit zu zeigen,
   Daß ich gänzlich sei Dein eigen.

4. Nun, so sei der Bund erneuet,
Und mein Herz Dir ganz geweihet!
Auf Dein Vorbild will ich sehen,
Und Dir nach, mein Heiland, gehen;
Was Du hassest, will ich hassen,
Stets von Dir mich leiten lassen;
Was Du liebest, will ich lieben,
Nie durch Untreu' Dich betrüben.

5. Gieb, daß ich und alle Christen
Uns auf Deine Zukunft rüsten;
Daß, wenn heut der Tag schon käme,
Keinen, Herr, Dein Blick beschäme.
Schaff ein neues Herz den Sündern,
Mache sie zu Gottes Kindern,
Die Dir leben, leiden, sterben,
Deine Herrlichkeit zu erben.

6. Großes Abendmahl der Frommen,
Tag des Heils, wann wirst Du kommen,
Daß wir mit den Engel-Chören,
Herr, Dich schau'n und ewig ehren?
Hallelujah! welche Freuden
Sind die Früchte Deiner Leiden!
Danket, danket, fromme Herzen,
Ewig Ihm für Seine Schmerzen!

VIII. Das christliche Leben.

1. Gebetlieder.

(Die gottesdienstlichen Bittgebete, sowie die Lob- und Dankgebete finden sich im ersten Abschnitt Nr. 1—30.)

Nr. 269. Mel: Zeuch mich, zeuch mich mit den Armen.

Das Gebet des Herrn. Nach Benj. Schmolk, gest. 1737. Das christl. Leben beginnt mit dem Gebet, und das Geb.t des Herrn ist und bleibt das Grund- und Mustergebet. Es ist vielfach poetisch bearbeitet worden, von Luther: „Vater unser (ob. wie schon das Straßb. Gsgb. v. 1560 in Uebereinstimmung mit der luth. Uebers. von Matth. 6, 9 liest: „Unser Vater, im Himmelreich"; von Mathesius: „Herr Gott, der Du mein Vater bist"; von Angelus Silesius: „Gott Vater, der Du allen Dingen"; von Zinzendorf: „Der Du in dem Himmel bist"; von Klopstock: „Du, deß sich alle Himmel freu'n'; ferner von Lehmus, Spreng, Wedel, Denis, Puchta u. Anb. Wir haben der Schmolk- schen Bearbeitung wegen ihrer Einfachheit und wegen der leichten Singbarkeit den Vorzug gegeben, obwohl auch diese nur ein sehr unvollkommener Commentar zum Ge- bet aller Gebete ist und an poet. Werth mehreren ande- ren Bearbeitungen nachsteht.

1. Abba, lieber Vater, höre,
    Wenn Dein Kind zum Himmel schreit,
  Rette Deines Namens Ehre,
    Denn Du bist voll Gütigkeit.
  Hör' uns, die wir vor Dir stehn
  Und in Jesu Namen flehn.

2. Herr, wer kann Dich g'nug erheben?
    Wie Dein Name, so Dein Ruhm.
Ach, erhalt in Lehr' und Leben
    Deines Namens Heiligthum!
Diesen Namen laß allein
Unsers Herzens Freude sein.

3. Komm zu uns mit Deinem Reiche,
    König, Dem kein König gleich!
Daß das Reich der Sünde weiche,
    Bau in uns Dein Gnadenreich.
Führ uns auch nach dieser Zeit
In das Reich der Herrlichkeit.

4. Lasse Deinen guten Willen,
    Lieber Gott, bei uns geschehn,
Daß wir ihn mit Lust erfüllen
    Und auf Dein Gebot nur sehn.
Laß uns Deines Willens sein:
So stimmt Erd' und Himmel ein.

5. Geber aller guten Gaben,
    Gieb uns das bescheidne Theil!
Du weißt, was wir nöthig haben,
    Und bei Dir steht unser Heil.
Hat man Gott und täglich Brod,
O so hat man keine Noth.

6. Großer Herr von großen Gnaden,
    Ach, vergieb die Sündenschuld,
Die wir täglich auf uns laden
    Habe nur mit uns Geduld,
Wie wir Andern auch verzeihn,
Wollest Du uns gnädig sein.

7. Sucht der Satan uns zu sichten,
   Und versucht uns Fleisch und Welt,
   Hilf, daß wir den Kampf verrichten,
   Bis der Geist den Sieg behält.
   Laß uns fest im Glauben stehn
   Und in keiner Angst vergehn.

8. Alle Noth und Trübsal wende,
   Daß sie uns nicht schädlich sei
   Und mach uns an unserm Ende
   Ganz von allem Uebel frei,
   Dein ist Reich und Kraft und Ehr',
   Amen, großer Gott, erhör'!

Nr. 270. Eigene Melodie.

Johann Heermann. Vor 1630. Ein täglich Morgen=
gebet aus dessen Devoti Musica Cordis. Allgemein ver=
breitet, so weit die evang. Kirche deutscher Zunge reicht,
und vom Eisen. Entwurf mit Recht unter die 150 Kern=
lieder aufgenommen. An dieses Lied knüpft sich manche
denkwürdige Geschichte. Es wurde z. B. von den 30,000
preußischen Soldaten am Morgen des 5. Dec. 1757 vor
dem glänzenden Siege über 90,000 Oesterreicher bei Leu=
then in Schlesien gesungen und war damals „zehn Helden=
gedichte und auch ebenso viele Bataillons werth". Selbst
Friedrich der Große soll bei dieser Gelegenheit gesagt ha=
ben: „Mein Gott! welche Kraft hat die Religion!"
Das Lied ist auch in's Lat. übers. und mit einem Com=
mentar begleitet von Fr. Hilscher (Hymnus Heerman-
nianus, 1710). Eine engl. Uebers. von Cath. Winkworth:
"O God, Thou faithful God" (Lyra G. II. 186). Eine
andere von Mills in Hor. Germ., p. 96.

1. O Gott, Du frommer Gott!
   Du Brunnquell aller Gaben,
   Ohn' Den nichts ist, was ist,
   Von Dem wir Alles haben:

Gesunden Leib gieb mir,
   Und daß in solchem Leib'
Ein' unverletzte Seel'
   Und rein Gewissen bleib.

2 Gieb, daß ich thu' mit Fleiß,
   Was mir zu thun gebühret,
Wozu mich Dein Befehl
   In meinem Stande führet.
Gieb, daß ich's thue bald,
   Zu der Zeit, da ich soll,
Und wenn ich's thu', so gieb,
   Daß es gerathe wohl.

3. Hilf, daß ich rede stets,
   Womit ich kann bestehen;
Laß kein unnützes Wort
   Aus meinem Munde gehen;
Und wann in meinem Amt
   Ich reden soll und muß,
So gieb den Worten Kraft
   Und Nachdruck, ohn' Verdruß.

4. Find't sich Gefährlichkeit,
   So laß mich nicht verzagen;
Gieb einen Heldenmuth;
   Das Kreuz hilf Selber tragen.
Gieb, daß ich meinen Feind
   Mit Sanftmuth überwind',
Und wann ich Rath bedarf,
   Daß guten Rath ich find'. [1])

---

[1]) So ältere und neuere Gsgb. statt· „Auch guten Rath erfind".

5. Laß mich mit Jedermann
   In Fried' und Freundschaft leben,
So weit es christlich ist.
   Willst Du mir etwas geben
An Reichthum, Gut und Geld,
   So gieb auch dieß dabei,
Daß von unrechtem Gut
   Nichts untermenget sei.

6. Soll ich auf dieser Welt
   Mein Leben höher bringen,
Durch manchen sauren Tritt
   Hindurch in's Alter bringen:
So gieb Geduld; vor Sünd'
   Und Schande mich bewahr',
Auf daß ich tragen mag
   Mit Ehren graues Haar. [1]

7. Laß mich an meinem End'
   Auf Christi Tod abscheiden;
Die Seele nimm zu Dir
   Hinauf zu Deinen Freuden;
Dem Leib ein Räumlein gönn'
   Bei frommer Christen Grab, [2]
Auf daß er seine Ruh'
   An ihrer Seite hab'.

8. Wann Du die Todten wirst
   An jenem Tag erwecken,
So thu' auch Deine Hand
   Zu meinem Grab ausstrecken.

---

[1] Andere: „Daß ich mit Ehren trag' all' meine grauen Haar'". Die obige Lesart findet sich aber schon 1636, vgl. Mützell I. S. 72.
[2] Mützell liest: „Bei seiner Eltern Grab" So auch Wackernagel. Das Eisen. Gsgb.: „Bei seiner Freunde Grab." Andere wieder anders.

Laß hören Deine Stimm',
Ruf meinen Leib hervor,
Und führ' ihn schön verklärt
Zum auserwählten Chor.[1]

Nr. 271.

Mel.: Herr, wie Du willt, so schick's mit mir.

Chr. F. Gellert. Das erste aus seinen „Geistl. Oben und Liedern". 1757. Es trägt dort die Ueberschrift „Bitten". Auf Grundlage des Gebets Salomo's, 1 Kön. 3 6—14. Gellert handelte nach B 2 und w. es als Professor zu Leipzig das Anerbieten einer Erhöhung seines geringen Gehaltes mit der Erklärung ab: „Ich habe genug und auch noch für Aermere, als ich bin, übrig." Gellert hat noch zwei andere schöne, aber weniger verbreitete Gebetlieder gedichtet, nämlich: „Ich komme vor Dein Angesicht, Verwirf, o Gott, mein Flehen nicht' (unter dem Titel: „Allgemeines Gebet"), und „Dein Heil, o Christ, nicht zu verscherzen, Sei wach und nüchtern zum Gebet" (unter der Ueberschrift: „Das Gebet"). Das letztere ist eine versifizirte Ermahnung zum Gebet und besteht urspr. aus 14 achtzeiligen Strophen, findet sich aber in Gsgb. meist in abgekürzter und verstümmelter Gestalt.

1. Gott! Deine Güte reicht so weit,
    So weit die Wolken gehen;
Du krönst uns mit Barmherzigkeit
    Und eilst, uns beizustehen.
Herr, meine Burg, mein Fels, mein Hort,
Vernimm mein Flehn, merk auf mein Wort,
    Denn ich will vor Dir beten.

2. Ich bitte nicht um Ueberfluß
    Und Schätze dieser Erden;

---

[1] Urf. r.: „Und meinen Leib weck auf . . . Zum auserwählten Hauf", was in späteren Gsgb. seit 1644 auf verschiedene Weise geändert ist. Manche geben noch einen V. B., der aber nicht von Heermann herrührt.

Laß mir, so viel ich haben muß,
Nach Deiner Gnade werden;
Gieb mir nur Weisheit und Verstand,
Dich, Gott, und Den, den Du gesandt,
Und mich selbst zu erkennen.

3. Ich bitte nicht um Ehr' und Ruhm,
So sehr sie Menschen rühren;
Des guten Namens Eigenthum
Laß mich nur nie verlieren.
Mein wahrer Ruhm, sei meine Pflicht,
Der Ruhm vor Deinem Angesicht,
Und frommer Freunde Liebe.

4. So bitt' ich Dich, Herr Zebaoth,
Auch nicht um langes Leben;
Im Glücke Demuth, Muth in Noth,
Das wollest Du mir geben.
In Deiner Hand steht meine Zeit;
Laß Du mich nur Barmherzigkeit
Vor Dir im Tode finden.

———

Nr. 272. Mel.: Jesu, meine Freude.

Ehrenfried Liebich, gest. 1780 als Pfarrer in Schlesien. 1768.

1. Kommt und laßt uns beten!
Oft vor Gott zu treten,
Ist der Christen Pflicht.
Ruft! der Gott der Ehren
Wird als Vater hören:
Ruft mit Zuversicht!

32

Naht zum Herrn; Er sieht es gern,
Wenn die Kinder vor Ihn treten;
Kommt, und laßt uns beten!

2. Betet, daß die Heerde
Nicht zerstreuet werde,
   Die an Jesu hält.
Betet für die Freunde,
Betet für die Feinde,
   Für die ganze Welt.
Trotzt das Heer   Der Hölle sehr:
Laßt uns kühn entgegentreten,
Glauben, hoffen, beten!

3. Geh in deine Kammer,
Klag' Ihm deinen Jammer,
   Der dich zaghaft macht;
Gott hat auf die Seinen
Allzeit, wenn sie weinen,
   Als ihr Hüter, Acht.
Gottes Herz   Fühlt unsern Schmerz;
Er kann's nicht zu lang ertragen,
Wenn wir jammernd klagen.

4. Wenn zum Herrn du fliehest,
Wenn du vor Ihm knieest,
   Naht Er Sich zu dir.
Wenn du kommst mit Sehnen
Und mit stillen Thränen,
   Spricht Er: „Ich bin hier!
Was dir fehlt,   Und was dich quält,
Deine Leiden, deine Sorgen
Sind Mir nicht verborgen."

5. Jesu, heil'ger Beter,
   Der für Missethäter
     Noch am Kreuze bat;
   Bitt' auch auf dem Throne,
   Daß Gott meiner schone,
     Der gesündigt hat!
   Du allein   Kannst Mittler sein;
   Du, der Du für mich gelitten,
   Kannst mir Gnad' erbitten.

Nr. 273. Mel: Straf' mich nicht in Deinem Zorn.
Nach Christ. C. Ludw. von Pfeil, gest. 1784.

1. Bet-Gemeine, heil'ge dich
     Mit dem heil'gen Oele!
   Jesu Geist ergieße sich
     Dir in Herz und Seele!
   Laß den Mund   Alle Stund'
   Von Gebet und Flehen
   Heilig übergehen.

2. Das Gebet der frommen Schaar,
     Was sie fleht und bittet,
   Das wird auf dem Rauchaltar
     Vor Gott ausgeschüttet:
   Und da ist   Jesus Christ
   Priester und Versühner
   Aller Seiner Diener.

3. Kann ein einziges Gebet
     Einer gläub'gen Seelen,
   Wenn's zum Herzen Gottes geht,
     Seines Zwecks nicht fehlen:

Was wird's thun, Wenn sie nun
Alle vor Ihn treten
Und vereinigt beten?

4. Wenn die Heil'gen dort und hier,
Große mit den Kleinen,
Engel, Menschen mit Begier
Alle sich vereinen,
Und es geht Ein Gebet
Aus von ihnen Allen:
Wie muß das erschallen!

5. O so betet Alle drauf!
Betet immer wieder!
Heil'ge Hände hebet auf,
Heiligt eure Glieder!
Bleibet stät Im Gebet,
Das zu Gott sich schwinget,
Durch die Wolken dringet.

6. Betet, daß die letzte Zeit
Wohl vorübergehe,
Daß man Christi Herrlichkeit
Offenbaret sehe.
Stimmet ein, Insgemein,
Mit den Engelchören:
Komm, Du Herr der Ehren!

Nr. 274. Mel.: Sollt' es gleich bisweilen scheinen.

Nach **Chr. F. D. Schubart.** Geb nach seiner Be=
lehrung während seiner Gefangenschaft auf Hohenasperg
(vgl. B. 9) zwischen 1780 und 1784, zuerst gebr. 1785
und dann mit einigen Veränderungen in die Wirt. Gsgb.
von 1791 und von 1842 aufgenommen Das Lied hat
auch eine eigene, in Württemberg wohlbekannte Mel.
von Silcher.

1. Urquell aller Seligkeiten,
   Die in Strömen sich verbreiten
   Durch der Schöpfung weit Gebiet;
   Vater, hör' mein flehend Lied!

2. Nicht um Güter dieser Erde,
   Des erhabnen Geist's Beschwerde,
   Um die Weltlust komm ich nicht,
   Vater, vor Dein Angesicht.

3. Schätze, die mich nicht verlassen,
   Wann ich sterbend werd' erblassen,
   Tugenden, des Christen werth,
   Sind es, die mein Herz begehrt.

4. Geber aller guten Gaben!
   Festen Glauben möcht ich haben,
   Wie ein Meerfels unbewegt,
   Wenn an ihn die Woge schlägt;

5. Lieb' aus Deinem Herzen stammend,
   Immer rein und immer flammend,
   Liebe, die dem Feind verzeiht,
   Und dem Freund das Leben weiht;

6. Hoffnung, die mit hohem Haupte,
   Ob die Welt ihr alles raubte,

Hinblickt, wo sie wonnevoll
Alles wieder finden soll;

7. Starken Muth im Kampf des Christen
Mit der Welt und ihren Lüsten;
Sieg dem Geist, und wenn er siegt,
Demuth, die im Staub sich schmiegt;

8. Seelenruhe, Muth im Sterben,
Wenn die Lippen sich entfärben,
Und der letzte Seufzer spricht:
O mein Jesu, laß mich nicht!

9. Willst Du, Herr von meinem Leben,
Diese Seligkeit mir geben,
So wird auch die Kerkernacht
Mir zum Paradies gemacht.

10. Immer will ich beten, ringen,
Stille harren, Dank Dir bringen,
Nie vergessen Dein Gebot:
Sei getreu bis in den Tod!

Nr. 275.

Mel.: O daß doch bald ein Feuer
brennte. Pf. 140.

Aus dem Engl. von James Montgomery, gest.
1854: "Prayer is the soul's sincere desire", frei übers.
für dieses Gsgb. von Ph. Schaff, 1858. Das Orig.
steht fast in allen engl. Gsgb.

1. Gebet ist unser tiefstes Sehnen,
Ob lautlos, oder ausgedrückt
In Worten, Seufzern, Blicken, Thränen;
Ein heilig Feu'r, das uns durchzückt.

2. Gebet ist Klageton im Wehe,
   Ein Hülferuf aus tiefer Noth;
   Ein Sehnsuchtsblick zur Himmelshöhe,
   Wenn Niemand sieht und hört, als Gott.

3. Gebet ist aller Sprachen nächste,
   Die selbst auf Kindeslippen bebt;
   Gebet der Melodicen höchste,
   Die uns zu Gottes Thron erhebt.

4. Gebet ist ängstlich Händeringen
   Des Sünders, der im Bußkampf liegt;
   Doch Engel schau'n auf ihn und singen:
   Sieh, wie er betet, wie er siegt!

5. Gebet ist Lebensluft dem Herzen,
   Sein Labetrunk und Freudenmahl;
   Sein letzter Trost in Todesschmerzen,
   Sein Lobgesang im Himmelssaal.

---

2. Bußlieder.
(Vgl. Nr. 61–67.)
Berufung, Bekehrung und Wiedergeburt.

Nr. 276. Eigene Melodie.

Psalm 130: De profundis clamavi ad te, Domine.
Bearbeitet von Martin Luther, 1524. Engl. Uebers.
in Horae Germ p. 24: "From deep distress to Thee
I pray"; eine and. in Lyra Germ. I. 65: 'Out of the
deepths I cry to Thee"; eine dritte im engl. Gsgb. der
Brüdergemeinde, Nr. 240: "Out of the deep I cry to
Thee".

1. Aus tiefer Noth schrei ich zu Dir;
   Herr Gott, erhör' mein Rufen!

Dein gnädig Ohr neig' her zu mir,
Und meiner Bitt' es öffne!
Denn so Du willt das sehen an,
Was Sünd' und Unrecht ist gethan,
Wer kann, Herr, vor Dir bleiben?

2. Bei Dir gilt nichts, denn Gnad' und Gunst,
Die Sünde zu vergeben;
Es ist doch unser Thun umsonst
Auch in dem besten Leben.
Vor Dir niemand sich rühmen kann;
Deß muß Dich fürchten Jedermann,
Und Deiner Gnade leben.

3. Darum auf Gott will hoffen ich,
Auf mein Verdienst nicht bauen;
Auf Ihn will ich verlassen mich
Und Seiner Güte trauen,
Die mir zusagt Sein werthes Wort,
Das ist mein Trost und treuer Hort,
Deß will ich allzeit harren.

4. Und ob es währt bis in die Nacht,
Und wieder an den Morgen,
Doch soll mein Herz an Gottes Macht
Verzweifeln nicht, noch sorgen.
So thu' Israel rechter Art,
Der aus dem Geist erzeuget ward
Und Seines Gott's erharre.

5. Ob bei uns ist der Sünden viel,
Bei Gott ist viel mehr Gnade.
Sein' Hand zu helfen hat kein Ziel,
Wie groß auch sei der Schade,

Er ist allein der gute Hirt,
Der Israel erlösen wird,
Aus seinen Sünden allen.

Nr. 277. Eigene Melodie.

Johann Schneesing (Chiomusus), Pfarrer bei Gotha,
gest. 1567. Geb. 1522, zuerst gedr. 1530 (in einem
Nürnberger Druck von Georg Wachter, den Wackernagel
benützt hat). Ein tiefgefühltes Bußgebetlied voll zuver=
sichtlichen Glaubens. Der sterbende Spener ließ sich
dasselbe zur Erquickung vorlesen. Es ist in vielen Gsgb.
zu stark überarbeitet. Engl Uebers. in Lyra Germ. II.
175: "Lord Jesus Christ, in Thee alone My hope on
earth I place."

1. Allein zu Dir, Herr Jesu Christ,
   Mein' Hoffnung steht auf Erden
   Ich weiß, daß Du mein Tröster bist,
   Kein Trost mag mir sonst werden.
   Von Anbeginn ist nichts erkor'n,
   Auf Erden war kein Mensch gebor'n[1]),
   Der mir aus Nöthen helfen kann:
   Dich ruf ich an,
   Der helfen will und helfen kann[2]).

2. Mein' Sünd' sind schwer und übergroß
   Und reuen mich von Herzen;
   Derselben mach mich frei und los
   Durch Deinen Tod und Schmerzen;

---

1) Die Aenderung von Knapp: „Kein Engel ist im Himmelszelt,
Kein Mensch ist in der weiten Welt", sowie die ähnliche des Würt.
Gsgb.: „Kein Menschenkind in weiter Welt, Kein Engel in dem
Himmelszelt", klingt zwar schön, aber etwas zu modern für dieses
alterthümliche Lied. Das Hamb., Bresl , Basler und andere Gsgb. lesen
statt dessen. „Es ist kein Retter außer Dir, Kein Mensch, kein Engel,
welcher mir." Wir sind hier mit dem Eisen., Elberf. und andern
neuen Gsgb. zur urspr. Form zurückgekehrt
2) Urspr.: „Zu Dem ich mein Vertrauen han". Andere anders.

Und zeig' mich Deinem Vater an,
Daß Du hast g'nug für mich gethan,
So werd' ich los der Sünden Last;
Mein Glaube faßt,
Was Du mir, Herr, versprochen hast [1]).

3. Gieb mir durch Dein' Barmherzigkeit
    Den wahren Christenglauben,
Auf daß ich Deine Süßigkeit
    Mög' inniglich anschauen,
Vor allen Dingen lieben Dich,
Und meinen Nächsten gleich als mich.
Am letzten End' Dein' Hülf' mir send',
Damit behend
Des Teufels List [2]) sich von mir wend'.

4. Ehr' sei Gott in dem höchsten Thron.
    Dem Vater aller Güte,
Und Jesu Christo, Seinem Sohn,
    Der uns allzeit behüte,
Und auch dem werthen heil'gen Geist,
Der allezeit uns Hülfe leist't,
Daß wir zum Lob Ihm sei'n bereit [3])
Hier in der Zeit
Und dorten in der Ewigkeit.

---

1) Statt: „Erhalt mich fast In dem, was Du mir versprochen hast“.
2) So das Original statt der modernen Abschwächung: „Des Todes Grau'n.“
3) Heißt: „Damit wir Ihm gefällig (d. h. wohlgefällig) sein“, was aber auf das folgende „Zeit“ nicht reimt.

Nr. 278. Eigene Melodie.

Nach **Barthol. Ringwaldt** (Pfarrer in der Mark
Brandenburg, gest. 1598, Verf. mehrerer beliebter Lieder).
1588. Eines der volksthümlichsten und darum auch verbreitetsten Bußlieder. Dr. J. Chr. Adami schrieb darüber
u. 1700 ein ganzes Buch von 38 Buß= und Trostandachten.

1. Herr, Jesu Christ, Du höchstes Gut,
   Du Quelle aller Gnaden[1])!
   Sieh doch, wie ich in meinem Muth
   Mit Schmerzen bin beladen,
   Und in mir hab' der Pfeile viel,
   Die im Gewissen ohne Ziel
   Mich armen Sünder quälen.

2. Erbarm' Dich mein bei solcher Last,
   Nimm sie von meinem Herzen,
   Dieweil Du sie gebüßet hast
   Am Kreuz[2]) mit Todesschmerzen:
   Auf daß ich nicht vor großem Weh
   In meinen Sünden untergeh,
   Noch ewiglich verzage.

3. Fürwahr, wenn Alles mir kommt ein,
   Was ich mein' Tag' begangen,
   So fällt mir auf das Herz ein Stein,
   Und hält mich Furcht umfangen;
   Ja, ich weiß weder aus noch ein,
   Und müßte gar verloren sein,
   Wenn ich Dein Wort nicht hätte.

---

1) Urspr.: „Du Quell aller Gnaden", nofür die meisten Ggb
lesen: „Du Brunnquell aller Gnaden", wie in dem Abendmahls=
lied Nr. 257.
2) Sonst: „Am Holz" (s. Mützell, II. 707).

4. Doch durch Dein heilsam Wort erwacht
　　Mein Herz zu neuem Leben:
　Erquickung hat es mir gebracht,
　　Ich darf nicht trostlos beben,
　Dieweil es Gnade dem verheißt,
　Der sich mit tief zerknirschtem Geist,
　Zu Dir, o Jesu, wendet [1]).

5. So komm ich jetzt zu Dir allhie
　　In meiner Noth geschritten [2]),
　Und will Dich mit gebeugtem Knie
　　Von ganzem Herzen bitten:
　Vergieb es mir doch gnädiglich,
　Was ich mein Lebtag' wider Dich
　Auf Erden hab' gesündigt!

6. Vergieb mir's doch, o Herr, mein Gott,
　　Um Deines Namens willen!
　Du woll'st in mir die große Noth
　　Der Uebertretung stillen,
　Daß sich mein Herz zufrieden geb',
　Und Dir hinfort zu Ehren leb'
　In kindlichem Gehorsam.

7. Stärk mich mit Deinem Freudengeist;
　　Heil mich mit Deinen Wunden;
　Wasch mich mit Deinem Todesschweiß
　　In meinen letzten Stunden,
　Und nimm mich einst, wann's Dir gefällt,
　Im rechten Glauben aus der Welt
　Zu Deinen Auserwählten.

---

1) Die urspr. Form s. bei Mützell II. 707.
2) So das Wurt. und and. Gsgb. statt des urspr.: „Mit dem
Manaß geschritten", vgl. 2 Chron 33, 13. Die Ausgabe, die Mützell
zu Grunde legt, erwähnt „David und Manasses" am Schlusse von V. 5.
Ebenso Wackernagel, Nr. 71.

Nr. 279. Eigene Melodie.

Martin Rutilius. Geb 29. Mai 1604, gebr. 1616.
Engl. Ueberf. in Lyra Germ. II. 177.

1. Ach Gott und Herr, Wie groß und schwer
   Sind meine vielen Sünden!
   Da ist kein Mann[1]), Der helfen kann,
   In dieser Welt zu finden.

2. Lief ich gleich weit In dieser Zeit,
   Bis an des Weltalls Enden,
   Und wollt los sein Des Elends mein,
   Würd' ich es doch nicht wenden.

3. Zu Dir flieh ich: Verstoß mich nicht,
   Wie ich's wohl hab' verdienet.
   Ach Gott, zürn' nicht, Geh nicht in's G'richt,
   Dein Sohn hat mich versühnet.

4. Soll's ja so sein, Daß Straf' und Pein
   Auf Sünde folgen müssen:
   So fahr' hier fort Und schone dort,
   Und laß mich hier wohl büßen.

5. Gieb, Herr, Geduld, Vergieb die Schuld,
   Verleih ein folgsam Herze,
   Daß ich mein Heil, Mein bestes Theil,
   Durch Murren nicht verscherze[2]).

6. Verfahr' mit mir, Wie's dünket Dir;
   Durch Dein' Gnad' will ich's leiden.

---

1) Urspr.: „Niemand", was aber auf das folgende „kann" nicht reimt.
2) Statt: „Laß mich nur nicht, Wie's wohl geschieht, Mein Heil murrend verscherzen". (Herz.)

Doch laſſe mich Nichts ewiglich
Von Deiner Liebe ſcheiden [1]).

Nr. 280. Mel.: Aus tiefer Noth ſchrei ich zu Dir.

Luiſe Henriette, Kurfürſtin von Brandenburg.
Um 1650. Obwohl untadelich in ihrem äußeren Wandel,
hatte dieſe edle Gemahlin des großen Kurfürſten doch das
tiefſte Sündenbewußtſein, daß in dieſem Liede ſich ſo kräftig ausſpricht. Urſpr. 16 V., aber faſt in allen Gſgb. abgekürzt und theilweiſe verändert, ſchon im Freylinghauſ.
Gſgb. (Von den amerik. giebt es das alt=luth. Gſgb.
von Miſſouri zwar vollſtändig, ſchreibt es aber ohne allen
Grund dem Joh. Angelus zu, wie es denn überhaupt aus
confeſſionellem Vorurtheil bei den wenigen and. reform.
Liedern, die es aufnimmt, ſelbſt bei dem unzweifelhaft
Neander'ſchen: „Lobe den Herren, den mächtigen König
der Ehren" neben dem eigentlichen reform. einen fingirten
luth. Verf. angiebt.)

1. Ich will von meiner Miſſethat
    Mich zu dem Herrn bekehren;
 Du wolleſt Selbſt mir Hülf' und Rath
    Hiezu, o Gott, beſcheren,
 Und Deines guten Geiſtes Kraft,
 Der neue Herzen in uns ſchafft,
 Aus Gnaden mir gewähren.

2. Der Menſch kann von Natur doch nicht
    Sein Elend ſelbſt empfinden,
 Iſt ohne Deines Geiſtes Licht
    Blind, taub und todt in Sünden;

---

1) Statt: „Laß mich nur nicht Dort ewiglich Von Dir ſein
abgeſcheiden". Wackernagel hat alle dieſe Unebenheiten, die ſich doch
unbeſchadet des Sinnes leicht ausgleichen laſſen, beibehalten (Nr. 68),
und doch ſtellt er in einer Anmerkung am Schluſſe (S. 219) den rich-
tigen Grundſatz auf: „Grammatiſche Fehler ſind ſehr bedenklich in einem
Geſangbuche, weil ſie zu immer größerer Abſtumpfung des Sprachgefühls
im Volke mitwirken".

Verkehrt ist Will', Verstand und Thun;
Des großer Jammers wollst Du nun,
O Vater, mich entbinden!

3. Herr, klopf in Gnaden bei mir an,
   Und führ' mir wohl zu Sinnen,
Was Böses ich vor Dir gethan!
   Du kannst mein Herz gewinnen,
Daß ich aus Kummer und Beschwer
Laß über meine Wangen her
Viel heiße Thränen rinnen.

4. Wie hast Du doch an mich gewandt
   Den Reichthum Deiner Gnaden!
Mein Leben dank ich Deiner Hand;
   Du hast mich überladen
Mit Ruh', Gesundheit, Ehr' und Brod;
Du machtest, daß mir keine Noth
Bisher hat können schaden.

5. Du hast in Christo mich erwählt
   Tief aus der Hölle Fluthen;
Es hat mir sonst auch nicht gefehlt
   An irgend einem Guten;
Und daß ich ja Dein eigen sei,
Hast Du mich auch aus Lieb' und Treu'
Gestäupt mit Vaterruthen.

6. Hab ich mich denn bis jetzt vor Dir
   Der Dankbarkeit beflissen?
Ach nein! ein Andres saget mir
   Mein Herz und mein Gewissen;
Darin ist leider nichts gesund,
An allen Orten ist es wund,
Von Sünd' und Reu' zerrissen.

7. Ach, meine Gräuel allzumal
   Schäm ich mich zu bekennen;
   Denn ihrer ist nicht Maß noch Zahl
   Ich weiß sie nicht zu nennen;
   Und ihrer keiner ist so klein,
   Um welches willen nicht allein
   Ich ewig müßte brennen.

8. Dieß alles jetzt zugleich erwacht,
   Mein Herz will mir zerspringen.
   Ich sehe Deines Donners Macht,
   Dein Feuer auf mich dringen;
   Es regt sich wider mich zugleich
   Des Todes und der Hölle Reich,
   Die wollen mich verschlingen.

9. Herr Jesu, nimm mich zu Dir ein!
   Ich flieh in Deine Wunden;
   Laß mich in Dir verborgen sein
   Und bleiben alle Stunden.
   Du hast getilgt, o Gotteslamm,
   Auch meine Schuld am Kreuzesstam
   Und ew'ges Heil erfunden.

10. Ich will mich nun mein Lebenlang
    Vor jeder Sünde scheuen,
    Durch Deines guten Geistes Zwang,
    Den Du mir wollst verleihen,
    Daß Er von aller Sündenlist
    Und dem, was Dir zuwider ist,
    Mich ewig mög' befreien!

Nr. 281. Mel.: Aus tiefer Noth schrei ich zu Dir.
Joachim Neander. 1679. Ueber Röm. 7, 10—25.
Engl. Uberf. in Horae Germ. p. 103: "For help, O
whither shall I flee?" Daffelbe in Sacred Lyrics from
the German, p. 59.

1. Wo soll ich hin, wer hilfet mir?
   Wer führet mich zum Leben?
   Zu Niemand, Herr, als nur zu Dir,
   Will ich mich frei begeben.
   Du bist's, der das Verlorne sucht,
   Du segnest, was sonst war verflucht:
   Hilf, Jesu, dem Elenden!

2. Herr, meine Sünden ängsten mich,
   Der Todesleib mich plaget;
   O Lebensgott, erbarme Dich,
   Vergieb mir, was mich naget.
   Du weißt es wohl, was mir gebricht;
   Ich fühl's, doch sagen kann ich's nicht:
   Hilf, Jesu, dem Betrübten.

3. Du sprichst, ich soll mich fürchten nicht:
   Du rufst: Ich bin das Leben!
   Drum ist mein Trost auf Dich gericht't,
   Du kannst mir Alles geben.
   Im Tode kannst Du bei mir stehn,
   In Noth als Herzog vor mir gehn:
   Hilf, Jesu, dem Zerknirschten!

4. Du bist der Arzt, der Kranke trägt,
   Auf Dich will ich mich legen.
   Du bist der Hirt, der Schwache pflegt,
   Erquicke mich mit Segen.

Ich bin gefährlich krank und schwach,
Heil' und verbind', hör' an die Klag'
Hilf, Jesu, dem Zerschlagnen!

5. Ich thue nicht, Herr, was ich soll,
    Wie kann ich doch bestehen?
    Es drücket mich, das weißt Du woh
    Wie wird es endlich gehen?
    Elender ich, wer wird mich doch
    Erlösen von des Todes Joch?
    Ich danke Gott durch Christum!

Nr. 282.   Mel.: Erhalt' uns, Herr, bei De
               Wort.

Heinrich Georg Neuß. 1687. Aus dem Eif
Entwurf.

1. Ein reines Herz, Herr, schaff in mir,
    Schleuß zu der Sünden Thor und T
    Vertreibe sie und laß nicht zu,
    Daß sie in meinem Herzen ruh' [1]).

2. Dir öffn' ich, Jesu, meine Thür,
    Ach komm und wohne Du bei mir,
    Treib' all' Unreinigkeit hinaus
    Aus Deinem Tempel und Wohnhau

3. Laß Deines guten Geistes Licht
    Und Dein hellglänzend Angesicht
    Erleuchten mein Herz und Gemüth,
    O Brunnen unerschöpfter Güt'!

4. Und mache denn mein Herz zugleich
    An Himmelsgut und Segen reich;

---

1) Wackernagel (Kl. Gsgb. Nr. 120) liest: „Vertreib sie, s
schaffe Du, Daß sie vor meiner Thür nicht ruh'."

Gieb Weisheit, Stärke, Rath, Verstand
Aus Deiner milden Gnadenhand.

5. So will ich Deines Namens Ruhm
Ausbreiten als Dein Eigenthum,
Und dieses achten für Gewinn,
Wenn ich nur Dir ergeben bin.

Nr. 283. Mel.: Jesus, meine Zuversicht.

Erdmann Neumeister (gest. 1756 als Pastor in Hamburg, Verf. von ungef. 700 Liedern). Geb. 1718 als Schlußlied zu einer Predigt über das Gleichniß vom verlornen Schafe, Luk. 15, 1—7, und gebr. 1719. So berichtet Koch, Bd. IV. S. 345. Wackernagel dagegen giebt dem Liede die Jahreszahl 1705, jedoch mit einem Fragezeichen. Ein sehr trostreiches und beliebtes geistliches Volkslied, das schon manchen Sünder zu Christo geführt hat. Das N. Würt. und and. Gsgb. lassen V. 7 aus und verändern V. 6 und zum Theil auch V. 1 und 2 ohne Noth. — Engl. Ueberf. von Mills. Horae Germ. p. 52: "This man (besser Jesus) sinners doeth receive."

1. Jesus nimmt die Sünder an!
   Saget doch dies Trostwort allen,
Welche von der rechten Bahn
   Auf verkehrten Weg verfallen.
Hier ist, was sie retten kann:
Jesus nimmt die Sünder an.

2. Keiner Gnade sind wir werth,
   Doch hat Er in Seinem Worte
Eidlich¹) Sich dazu erklärt;
   Sehet nur, die Gnadenpforte

---

1) Wackernagel (Kl. Gsgb. Nr. 76) liest „Endlich", was wohl ein Druckfehler ist.

Ist hier völlig aufgethan:
Jesus nimmt die Sünder an.

3. Wenn ein Schaf verloren ist,
    Suchet es der treue Hirte;
Jesus, der uns nie vergißt,
    Suchet treulich das Verirrte,
Daß es nicht verderben kann:
Jesus nimmt die Sünder an.

4. Kommet alle, kommet her,
    Kommet, ihr betrübten Sünder!
Jesus rufet euch, und Er
    Macht aus Sündern Gottes Kinder.
Glaubt es doch und denkt daran:
Jesus nimmt die Sünder an.

5. Ich Betrübter komme hier
    Und bekenne meine Sünden;
Laß, mein Heiland, mich bei Dir
    Gnade und Vergebung finden,
Daß dieß Wort mich trösten kann:
Jesus nimmt die Sünder an.

6. Ich bin ganz getrosten Muths;
    Ob die Sünden blutroth wären,
Müssen sie, kraft Deines Bluts,
    Sich dennoch in Schneeweiß kehren,
Da ich gläubig sprechen kann:
Jesus nimmt die Sünder an.

7. Mein Gewissen heißt mich nicht,
    Moses darf mich nicht verklagen;
Der mich frei und ledig spricht,
    Hat die Sünden abgetragen,

Daß mich nichts verdammen kann:
Jesus nimmt die Sünder an.

8. Jesus nimmt die Sünder an!
    Er hat auch mich angenommen
Und den Himmel aufgethan,
    Daß ich selig zu Ihm kommen
Und auf den Trost sterben kann:
Jesus nimmt die Sünder an.

Nr. 284.   Eigene Melodie.

Leopold Franz Friedr. Lehr. Zuerst gedr. 1733 unter den sog. „Cöthnischen Liedern" aus der pietistischen Schule (in spr. 11 V), dann bald allgemein verbreitet, auch weit über Deutschland hinaus und selbst in's Tamulische übersetzt. Ebenfalls über Luk. 15, 2, wie das vorige Lied. Es wurde ehemals häufig den Verbrechern vor der Hinrichtung vorgesungen, nicht selten mit bester Wirkung. Es giebt dazu fünf Mel., die bekannteste ist die von Knecht, componirt 1795.

1. Mein Heiland nimmt die Sünder an,
    Die unter ihrer Last der Sünden
Kein Mensch, kein Engel trösten kann,
    Die nirgends Ruh' und Rettung finden!
Die, denen selbst die Welt zu klein
Für ihre Angst und Seelenpein,
Weil das Gesetz den Stab gebrochen,
Und sie der Hölle zugesprochen,
Die sehn die Freistadt aufgethan:
Mein Heiland nimmt die Sünder an!

2. Sein mehr als mütterliches Herz
    Trieb Ihn von Seinem Thron auf Erden;

Ihn drang der Sünder Noth u Schmerz,
    An ihrer Statt ein Fluch zu werden;
Er senkte Sich in ihre Noth
Und litt für sie den bittern Tod.
Nun, da Er denn Sein eigen Leben
Für sie als Lösegeld gegeben
Und Seinem Vater g'nug gethan;
So heißt's: Er nimmt die Sünder an!

3. O solltest du Sein Herze sehn,
    Wie sich's nach armen Sündern sehnet,
Sowohl, wenn sie noch irre gehn,
    Als wenn ihr Auge vor Ihm thräuet!
Wie streckt Er Sich nach Zöllnern aus,
Wie eilt Er in Zachäi Haus!
Wie sanft stillt Er der Magdalenen
Den milden Fluß der Reuethränen,
Und denkt nicht, was sie sonst gethan:
Mein Heiland nimmt die Sünder an!

4. Wie freundlich blickt Er Petrum an,
    Ob er gleich noch so tief gefallen!
Und dieß hat Er nicht nur gethan,
    Da Er auf Erden mußte wallen;
Nein, Er ist immerdar Sich gleich,
Gerecht und treu und gnadenreich.
Und wie Er unter Schmach und Leiden,
So ist Er auf dem Thron der Freuden
Den Sündern liebreich zugethan:
Mein Heiland nimmt die Sünder an!

5. So komme denn, wer Sünder heißt,
    Und wen sein Sündengräu'l betrübet,

Zu Dem, der keinen von sich weist,
  Der sich gebeugt zu Ihm begiebet!
Wie, willst du dir im Lichte stehn
Und ohne Noth verloren gehn?
Willst du der Sünde länger dienen,
Da dein Erlöser nun erschienen?
O nein, verlaß die Sündenbahn!
Mein Heiland nimmt die Sünder an!

6 Komm nur mühselig und gebückt;
  Komm nur, so gut du weißt zu kommen!
Wenn gleich die Last dich niederdrückt,
  Du wirst auch kriechend angenommen.
Sieh, wie Sein Herz dir offen steht,
Und wie Er dir entgegen geht,
Wie lang hat Er mit vielem Flehen
Sich brünstig nach dir umgesehen.
So komm denn, armer Wurm, heran:
Mein Heiland nimmt die Sünder an!

7. Ach, zeuch Du selbst uns recht zu Dir,
  Holdselig süßer Freund der Sünder;
Erfüll mit sehnender Begier
  Auch uns und alle Adamskinder;
Zeig' uns bei unserm Seelenschmerz
Dein nur von Liebe wallend Herz!
Und wenn wir unser Elend sehen,
So laß uns ja nicht stille stehen,
Bis daß ein Jeder sagen kann:
Gottlob, auch mich nimmt Jesus an!

Nr. 285. Mel.: Von Herzen lieb' ich Dich, Herr, meine Stärke. Pf. 18.

Gerhard Tersteegen, gest. 1769. Engl. Ueberf. von Miß Jane Borthwick in Hymns from the Land of Luther, p. 100: "God calling yet! — and shall I never hearken".

1. Gott rufet noch; sollt ich nicht endlich hören?
   Wie laß ich mich bezaubern und bethören?
   Die kurze Freud', die kurze Zeit vergeht,
   Und meine Seel' noch so gefährlich steht.

2. Gott rufet noch; sollt ich nicht endlich kommen
   Ich hab' so lang die treue Stimm' vernommen;
   Ich wußt es wohl, ich war nicht, wie ich sollt';
   Er winkte mir, ich habe nicht gewollt.

3. Gott rufet noch; wie, daß ich mich nicht gebe!
   Ich fürcht Sein Joch und doch in Banden lebe;
   Ich halte Gott und meine Seele auf.
   Er ziehet mich; mein armes Herze, lauf!

4. Gott rufet noch; ob ich mein Ohr verstopfet:
   Er stehet noch an meiner Thür und klopfet;
   Er ist bereit, daß Er mich noch empfang;
   Er wartet noch auf mich; wer weiß, wie lang?

5. Gieb dich, mein Herz, gieb dich einst ganz gefangen!
   Wo willst du Trost, wo willst du Ruh erlangen?
   Laß los, laß los, brich alle Band' entzwei!
   Dein Geist wird sonst in Ewigkeit nicht frei.

6. Gott locket mich; nun länger nicht verweilet!
Gott will mich ganz; nun länger nicht getheilet!
Fleisch, Welt, Vernunft sag' immer, was du
willt,
Mein's Gottes Stimm' mir mehr als deine
gilt.

7. Ich folge Gott; ich will Ihn ganz vergnügen,
Die Gnade soll im Herzen endlich siegen.
Ich gebe mich; Gott soll hinfort allein
Und unbedingt mein Herr und Meister sein!

8. Ach, nimm mich hin, Du Langmuth ohne
Maße,
Ergreif mich wohl, daß ich Dich nie verlasse!
Herr, rede nur; ich geb' begierig Acht;
Führ', wie Du willst; ich bin in Deiner
Macht.

Nr. 286. Mel: Die Tugend wird durch's Kreuz
geübet.

Fragment aus einem längeren Liede von A. Knapp,
geb. 1822, betitelt „Das Heil Christi" und beginnend:
„Gekreuzigt haben sie den Besten". Es steht in der ersten Sammlung seiner Gedichte, Basel 1829, Bd. 1. S. 73.
Die hier ausgewählten Verse sind B. 7. 9, 10, 11.

1. Herr, wenn ich mich im Elend krümme,
Gedrückt von meiner Sünden Last,
So mahnt mich Deines Geistes Stimme,
Daß Du für mich gebüßet hast.
Ich fliehe hin zu Deinen Wunden,
Die Dir für mich geschlagen sind;
Da kann ich athmen und gesunden,
Da werd' ich wieder Gottes Kind.

2. Kommt her, ihr Armen und ihr Müden!
   Kommt alle zu des Meisters Haus!
Er giebt euch Speise, giebt euch Frieden,
   Er heilet eure Wunden aus;
Die Augen öffnet Er den Blinden,
   Die Lahmen heißt Er wieder gehn,
Und aus der Sünde tiefsten Gründen
   Macht Er die Todten auferstehn.

3. Noch keine Seele sank vergebens
   Mit ihrer Schuld vor Seinen Fuß;
Es tröstet sie der Fürst des Lebens,
   Und giebt ihr Seinen Friedenskuß!
Ja, selbst den allerärmsten Pilger,
   Den irren Sohn ruft Er herein,
Will ihm ein treuer Sündentilger
   Und ewig ein Erbarmer sein.

4. O selig, wen die Mutterliebe
   Dieß Evangelium gelehrt!
O selig, wer vom Weltgetriebe
   Zurück zu diesem Freunde kehrt!
Ja, selig, wer noch an dem Grabe
   Zu diesem Glauben sich erhebt:
Daß er den Sünderheiland habe,
   Der für ihn starb und ewig lebt! 1)

---

1) Urspr: „Ja, selig, wer noch an dem Grabe
          Hindurch zu diesem Glauben drang:
       Daß er den Eingebornen habe,
          Deß Tod für ihn den Tod bezwang."

3. Glaubenslieder und Heilslieder.

Sündenvergebung, Rechtfertigung, Kindschaft Gottes.

Nr. 287. Mel.: Von Herzen lieb' ich Dich, Herr, meine Stärke. Ps. 18.

Psalm 32. Nach M. Jorissen („Heil, Heil ihm, dem die Sünden" u. s. w.), verglichen mit dem Schaffh. und Elberf. Gsgb.

1. O wohl dem Menschen, dem die Schuld ver-
geben,
Der nicht vor seinem Richter muß erbeben,
Und dessen Sünd', die Seel' und Leib befleckt,
Ihn nicht mehr drückt, weil Gnade sie bedeckt!

2. Wohl dem, den Gott von dem, was er ver-
brochen,
Von Schuld und Straf' in Gnaden los-
gesprochen
Und dessen Geist aufrichtig ist, und frei
Von Selbstbetrug und aller Heuchelei.

3. So lang ich schwieg und deckte meine Sünden,
Konnt ich nie Trost, mein Herz nie Ruhe
finden;
Ich suchte sie umsonst: vor meinem Schrei'n
Verschmachtete mir täglich mein Gebein.

4. Doch, da ich meine Missethat bekannte,
Und meine Sünden alle vor Dir nannte,
Und nichts verschwieg, vergabst Du, Gott, voll
Gnad'
Mir alle Sündenschuld und Missethat.

5. Der Sünder häuft sich selber Schmerz auf
Schmerzen,
Wer aber Gott gehorcht von ganzem Herzen,
Wer auf Ihn hofft, Sein harret mit Geduld,
O, den umfängt und krönet Seine Huld.
6. Der Herr ist nahe allen Seinen Knechten;
Drum freuet euch des Herren, ihr Gerechten,
Die ihr Ihm dient und grades Herzens seid,
Lobsinget Ihm, Sein Dienst ist Seligkeit!

Nr. 288. Eigene Melodie.

Paul Speratus, aus dem schwäbischen Geschlechte
der von Spretten (a Rutilis), Reformator in Preußen,
gest. 1554. Geb. 1523 und schon in's erste protest. Gsgb.
von 1524 (Luther's „Enchiridion", aus 8 Liedern bestehend)
aufgenommen. Ein evangel. Bekenntnißlied vom ver-
dammenden Gesetz und rechtfertigenden Glauben, über
Röm. 3, 28 und 7, 8, das viel zur Einführung der Reformation in deutschen Landen beitrug. Das 7zeilige Versmaaß wurde tonangebend für die meisten Kirchenlieder.
Wir geben es wegen seiner historischen Bedeutung vollständig und in seiner alterthümlichen Form nach Wackernagel und dem Eisen. Gsgb. (das aber, wie auch
Wackernagel im Kl Gsgb., V. 13 und 14, ein versifi-
cirtes Unser Vater, wegläßt), bloß mit solchen leisen
sprachlichen Nach. esserungen, welche die Rücksicht auf Deut-
lichkeit zu erfordern scheint. Engl. Uebers. von H. Mills:
"To us salvation now is come, God's wondrous grace
revealing; Works never can avert our doom, They have
no power of healing," &c. (alle 14 V.)

1. Es ist das Heil uns kommen her
Von Gnad' und lauter Güte;[1]

---

[1] Das N. Würt. Gsgb. (und darnach das N. Pennf. Luth.)
substituirt hierfür wegen des Reims mit „Güte" (urspr. nach Wackernagel „Güter") „Zum Frieden dem Gemüthe."
Knapp dagegen in [...] neuesten gelungenen Recens. verändert nach
dem Vorgang älterer G[...]gb.: „Von Gut' und lauter Gnaden...
Zu beiden Adern Schaden." Andere verändern wieder anders. Dißhalb sind wir trotz der Reinharte mit den neuesten Auto-
ritäten lieber auf das Original zurückgegangen.

Die Werke helfen nimmermehr,
Sie mögen nicht behüten.
Der Glaub' sieht Jesum Christum an,
Der hat g'nug für uns All' gethan,
Er ist der Mittler worden.

2. Was Gott in dem Gesetz gebot,
Das konnte niemand halten;
Darum erhob sich Zorn und Noth
Vor Gott so mannigfalten.
Vom Fleisch wollt nicht heraus der Geist,
Vom G'setz erfordert allermeist;
Es war mit uns verloren.

3. Es war ein falscher Wahn dabei,
Gott hätt' Sein G'setz drum geben,
Als ob wir könnten selber frei
Nach Seinem Willen leben.
So ist es nur ein Spiegel zart,
Der uns zeigt an die sünd'ge Art,
In unserm Fleisch verborgen.

4. Nicht möglich war's, dieselbe Art
Aus eignen Kräften lassen;
Wiewohl es oft versuchet ward,
Doch mehrt sich Sünd' ohn' Maßen;
Denn Gleißners Werk Gott hoch ver=
dammt,
Und jedem Fleisch der Sünde Schand'
Allzeit war angeboren.

5. Doch mußt das G'setz erfüllet sein,
Sonst wär'n wir All' verdorben;
Drum schickt Gott Seinen Sohn herein,

Der selber Mensch ist worden;
Das ganze G'setz hat Er erfüllt,
Damit Sein's Vaters Zorn gestillt,
Der über uns ging Alle.

6. Und weil es nun erfüllet ist
    Durch Den, der es konnt' halten;
So lerne jetzt ein frommer Christ
    Des Glaubens rechte G'stalte. ¹)
Der spricht: „Du lieber Herre mein,
Dein Tod wird mir das Leben sein,
Du hast für mich bezahlet!

7. „Daran ich keinen Zweifel trag,
    Dein Wort kann nicht betrügen.
Nun sagst Du, daß kein Mensch verzag',
    Das wirst Du nimmer lügen:
Wer glaubt an Mich und wird getauft,
Dem ist der Himmel schon erkauft,
Daß er nicht werd' verloren."

8. Gerecht vor Gott sind die allein,
    Die dieses Glaubens leben;
Doch wird des Glaubens heller Schein
    Durch Werke kund sich geben.
Der Glaub' ist wohl mit Gott daran,
Du mußt auch lieben Jedermann ²),
Bist du aus Gott geboren.

9. Die Sünd' wird durch's Gesetz erkannt,
    Schlägt das Gewissen nieder;

___

1) D. h. Wesen, (welches einige Glgb. substituiren und dann Z. 2
so verändern: „Durch den, den Gott erkoren")
2) Statt: „Dem Nächsten wird die Lieb' Gut's thun."

Das Evangel'um kommt zur Hand
Und stärkt den Sünder wieder.
Es spricht: „Eil' nur zum Kreuz herzu,
Im G'setz ist weder Rast noch Ruh
Mit allen seinen Werken."

10. Die Werke kommen g'wißlich her
Aus einem rechten Glauben;
Denn das nicht rechter Glaube wär',
Dem man die Werk' wollt' rauben.
Doch macht allein der Glaub' gerecht;
Die Werke sind des Nächsten Knecht,
D'ran wir den Glauben merken.

11. Die Hoffnung wart't der rechten Zeit,
Was Gottes Wort zusage;
Wann das geschehn soll zur Freud',
Setzt Gott kein Ziel, noch Tage.
Er weiß wohl, wann's am besten ist
Und braucht an uns kein' arge List;
Das soll'n wir Ihm vertrauen.

12. Ob sich's anließ, als wollt' Er nicht,
Laß dich es nicht erschrecken;
Denn wo Er ist am besten mit,
Da will Er's nicht entdecken.
Sein Wort laß dir gewisser sein,
Und ob dein Fleisch spräch lauter Nein,
So laß doch dir nicht grauen!

13. Sei Lob und Ehr' mit hohem Preis
Um dieser Guthat willen
Gott Vater, Sohn und heil'gem Geist,
Der woll' mit Gnad' erfüllen,

Was Er in uns begonnen hat,
Zu Ehren Seiner Majestät;
Geheiligt sei Sein Name!

14 Sein Reich zukomm, Sein Will' auf Erd'
Steh' wie im Himmelsthrone!
Das täglich Brod noch heut' uns werd'!
Wohl unsrer Schuld verschone,
Als wir auch unsern Schuldnern thun!
Laß uns nicht in Versuchung nun, ¹)
Lös uns vom Uebel, Amen!

Nr. 289. Mel.: Mein's Herzens Jesu, meine Lust
Verf. unbekannt. Zuerst 1714 in Freylingh. Gsgb.
Th. II. Ein anderes Lehrlied vom Glauben nach Hebr.
11, 1. Jak. 2, 18 ff. Gal. 2, 20.

1. Der Glaub' ist eine Zuversicht
Zu Gottes Gnad' und Güte;
Der bloße Beifall thut es nicht,
Es muß Herz und Gemüthe
Durchaus zu Gott gerichtet sein,
Und gründen sich auf ihn allein
Ohn' Wanken und ohn' Zweifel.

2. Wer sein Herz also stärkt und steift
Im völligen Vertrauen,
Und Jesum Christum recht ergreift,
Auf sein Verdienst kann bauen,
Der hat des Glaubens rechte Art,
Und kann zur seligen Hinfahrt
Sich schicken ohne Grauen.

---

¹) Urspr.: „kan" (führu)

3. Das aber ist kein Menschenwerk,
    Gott muß es uns gewähren;
Drum bitt', daß er den Glauben stärk'
    Und in dir woll' vermehren.
Laß aber auch des Glaubens Schein
In guten Werken an dir sein,
Sonst ist dein Glaube eitel.

4. Es ist ein schändlich böser Wahn,
    Des Glaubens sich nur rühmen,
Und gehen auf der Sünder Bahn,
    Das Christen nicht kann ziemen.
Wer das thut, der soll wissen frei,
Daß sein Glaub' nur sei Heuchelei,
Und werd' zur Höll' ihn bringen.

5. Drum lasse sich ein frommer Christ
    Mit Ernst sein angelegen,
Daß er aufrichtig jeder Frist
    Sich halt in Gottes Wegen,
Daß sein Glaub' ohne Heuchelei,
Vor Gott dem Herrn rechtschaffen sei
Und vor dem Nächsten leuchte.

Nr. 290. Mel.: Mein Jesus lebt, was soll ich sterben.

Joh. Andr. Rothe. Geb. 1728 auf den Geburts=
tag des Gr. Zinzendorf. Zuerst getr. 1731. Mehrere
engl. Ueberf., eine von J. Wesley: "Now I have found
the ground wherein" (im Methodist H. B. N. 462, aber
bloß 5 V.) im Morav. H. B. N. 266, 7 V., und eine von
Mills: "I now have found, for hope of heaven," in
Sacred Lyrics from the German, p. 97 (vollständig).

1. Ich habe nun den Grund gefunden,
    Der meinen Anker ewig hält:

34

Wo anders als in Jesu Wunden?
  Da lag er vor der Zeit der Welt;
Der Grund, der unbeweglich steht,
Wenn Erd' und Himmel untergeht.

2. Es ist das ewige Erbarmen,
  Das alles Denken übersteigt;
Deß, der mit offnen Liebesarmen [1]
  Sich nieder zu den Sündern neigt,
Dem allemal das Herze bricht,
Wir kommen oder kommen nicht.

3. Wir sollen nicht verloren werden;
  Gott will, uns soll geholfen sein:
Deßwegen kam der Sohn auf Erden
  Und nahm hernach den Himmel ein;
Deßwegen klopft Er für und für
So stark an unsers Herzens Thür.

4. O Abgrund, welcher alle Sünden
  Durch Christi Tod verschlungen hat!
Das heißt, die Wunde recht verbinden;
  Da findet kein Verdammen statt,
Weil Christi Blut beständig schreit:
Barmherzigkeit, Barmherzigkeit!

5. Darein will ich mich gläubig senken,
  Dem will ich mich getrost vertraun
Und, wenn mich meine Sünden kränken,
  Nur bald nach Gottes Herze schaun:
Da findet sich zu aller Zeit
Unendliche Barmherzigkeit.

---

1) So mehrere neuere Gsgb. statt des urspr.: „Es sind die offnen
Liebesarmen Deß, Der sich" ꝛc. Offenbare grammatische Verstöße dürfen in Gsgb. nicht geduldet werden.

6. Wird alles Andre weggerissen,
   Was Leib und Seel' erquicken kann;
Darf ich von keinem Troste wissen
Und scheine völlig ausgethan;
Ist die Errettung noch so weit:
Mir bleibet doch Barmherzigkeit.

7. Beginnt das Irdische zu drücken,
   Und häuft sich Kummer und Verdruß,
Daß ich mich noch in vielen Stücken
   Mit eitlen Dingen mühen muß;
Werd' ich dadurch oft sehr zerstreut:
So hoff ich doch Barmherzigkeit.

8. Muß ich an meinen besten Werken,
   Darinnen ich gewandelt bin,
Viel Unvollkommenheit bemerken;
   So fällt wohl alles Rühmen hin.
Doch ist auch dieser Trost bereit:
Ich hoffe auf Barmherzigkeit.

9. Es gehe mir nach Dessen Willen,
   Bei Dem so viel Erbarmen ist;
Er wolle Selbst mein Herze stillen,
   Damit es dieß nur nicht vergißt!
So stehet es in Lieb' und Leid
In, durch und auf Barmherzigkeit.

10. Bei diesem Grunde will ich bleiben,
    So lange mich die Erde trägt!
Das will ich denken, thun und treiben,
    So lange sich ein Glied bewegt!
So sing ich einst auch nach der Zeit:
O Abgrund der Barmherzigkeit!

Nr. 291. Mel.: Herr Jesu Christ, mein's Lebens Licht.

Nik. Ludw. Graf von Zinzendorf. Geb. 1739. Urspr. 30 Str. Vollständig in Knapp's Sammlung der Geistl. Gedichte Zinzendorf's, Stuttgart 1845, S. 135. (Das N. Pennsylv. Luth. Gsgb. giebt bloß 4.) B 1 ist besonders beliebt, aber nicht original, sondern wörtlich aus einem Sterbelied von P. Eber, gest. 1569, entlehnt: „In Christi Wunden schlaf ich ein" (vgl. Wackernagel's Kirchenlied S. 384 und Mützell II. S. 491), und findet sich in verschiedener Form auch in and. Liedern, z. B. Nr. 123 B. 2. Engl. Uebers. im Morav. H. B N. 277: "The Saviour's blood and righteousness,' und eine bessere von dem berühmten Gründer der Methodistenkirche, John Wesley (1740): "Jesus, Thy blood and righteousness" (in Schaff's Christ in Song. p. 191).

1. Christi Blut und Gerechtigkeit:
    Das ist mein Schmuck und Ehrenkleid;
    Damit will ich vor Gott bestehn,
    Wann ich zum Himmel werd' eingehn.

2. Ich glaub an Jesum, welcher spricht:
    „Wer glaubt, der kommt nicht in's Gericht."
    Gott Lob, ich bin schon absolvirt,
    Und meine Schuld ist abgeführt.

3. Das heilige, unschuld'ge Lamm,
    Das an dem rauhen Kreuzesstamm
    Für meine Sünd' gestorben ist,
    Erkenn' ich für den Herrn und Christ.

4. Ich glaube, daß Sein theures Blut
    Genug für alle Sünden thut,
    Und daß es Gottes Schätze füllt
    Und ewig in dem Himmel gilt.

5. Drum soll auch dieses Blut allein
    Mein Trost und meine Hoffnung sein;

Ich bau im Leben und im Tod
Allein auf Jesu Wunden roth.

6. So lang ich noch hienieden bin,
So ist und bleibet das mein Sinn:
Ich will die Gnad' in Jesu Blut
Bezeugen mit getrostem Muth.

7. Gelobet seist Du Jesu Christ,
Daß Du ein Mensch geboren bist,
Und hast für mich und alle Welt
Bezahlt ein ew'ges Lösegeld!

Nr. 292. Mel.: Nun bitten wir den heiligen Geist.
Nik. Ludw. Graf von Zinzendorf, gest. 1760.

1. Was uns mit Frieden und Trost erfüllt,
Was unsre Seelen alleine stillt,
· Was wir immer müssen im Herzen finden:
Ist die Versöhnung für unsre Sünden
Durch Jesu Blut.

2. Wer auf das Opfer des Lamm's vertraut,
Der hat gewiß nicht auf Sand gebaut;
Sondern auf den Felsen, der ewig stehet.
Denn, wenn die Welt auch zu Grunde gehet,
So bleibet Er.

3. Wer aber auf eigne Werke sieht
Und sich auf die Art um Gnade müht.
Die doch Gott umsonst giebt, der wird zu
Schanden
Und bleibt gewißlich in seinen Banden,
Verfehlt sein Heil.

4. Gott will den Menschen nicht gnädig sein,
Als nur in Christo Jesu allein,
Der für unsre Sünden am Kreuz gehangen
Und für die Sünder hat Gnad' empfangen
Zur Seligkeit.

5. Verachtet man Gottes ein'gen Sohn,
So ist es ja der verdiente Lohn,
Daß man unterm Zorne muß liegen bleiben.
Denn denen nur, die an Jesum glauben,
Ist Heil bereit't.

6. Jesu, wir bitten von Herzensgrund,
Du bist der Stifter vom neuen Bund
Für die Gottesheerden: Ach, laß uns finden
Gnade, uns Alle auf Dich zu gründen
Als Einen Mann!

7. Was Du gefunden, das halte fest,
Und was sich noch nicht so ganz verläßt
Auf die freie Gnade, das bring' zu rechte!
O, daß kein Einziges bleiben möchte
Auf falschem Grund!

Nr. 293. Eigene Melodie.

Christian Ludw. Scheidt. Geb 1742. Ueber Eph.
2, 8. 9. Im N. Wirt. Gsgb. und bei Knapp ist B. 9
völlig verändert.

1. Aus Gnaden soll ich selig werden!
Herz, glaubst du's oder glaubst du's nicht?
Was willst du dich so bös geberden?
Ist's Wahrheit, was die Schrift verspricht,
So muß auch dieses Wahrheit sein:
Aus Gnaden ist der Himmel mein!

2. Aus Gnaden! Hier gilt kein Verdienen,
   Die eig'nen Werke fallen hin.
Der Mittler, der im Fleisch erschienen,
   Hat diese Ehre zum Gewinn,
Daß uns Sein Tod das Heil gebracht
Und uns aus Gnaden selig macht.

3. Aus Gnaden! Merk dieß Wort: Aus
                              Gnaden!
   So hart dich deine Sünde plagt,
So schwer du immer bist beladen,
   So schwer dein Herz dich auch verklagt:
Was die Vernunft nicht fassen kann,
Das beut dir Gott aus Gnaden an.

4. Aus Gnaden kam Sein Sohn auf Erden
   Und übernahm die Sündenlast.
Was nöthigt' Ihn, dein Freund zu werden?
   Sprich, weß du dich zu rühmen hast!
Gab Er Sich nicht zum Opfer dar
Und nahm dein Heil in Gnaden wahr?

5. Aus Gnaden! Dieser Grund wird bleiben,
   So lange Gott wahrhaftig heißt.
Was alle Knechte Jesu schreiben,
   Was Gott in Seinem Worte preist,
Worauf all' unser Glaube ruht,
Ist: Gnade durch des Lammes Blut.

6. Aus Gnaden! Doch du sich'rer Sünder,
   Denk nicht: Wohlan, ich greife zu!
Wahr ist's, Gott ruft verlorne Kinder
   Aus Gnaden zur verheißnen Ruh';
Doch nimmt Er nicht zu Gnaden an,
Wer noch auf Gnade sünd'gen kann.

7. Aus Gnaden! Wer dieß Wort gehöre
   Tret' ab von aller Heuchelei!
Nur wenn der Sünder sich bekehret,
   Dann lernt er erst, was Gnade sei
Beim Sündethun scheint sie gering,
   Dem Glauben ist's ein Wunderding!

8. Aus Gnaden bleibt dem blöden Herze
   Das Herz des Vaters aufgethan,
Wenn's unter Angst und heißen Schmer
   Nichts sieht und nichts mehr hoffen kan
Wo nähm ich oftmals Stärkung her,
   Wenn Gnade nicht mein Anker wär'

9. Aus Gnaden! Dieß hör' Sünd' und T
   Ich schwinge meine Glaubensfahn'
Und geh' getrost trotz allem Zweifel
   Durch's rothe Meer nach Kanaan.
Ich glaub', was Jesu Wort versprich
Ich fühl es, oder fühl es nicht.

Nr. 294.

Mel: Auf, auf, mein He z, und bi
ganzer Sinn.

Christoph Carl Ludw. von Pfeil, gest. 17

1. Der Glaube hilft, wenn nichts mehr
   kann;
Der Glaube bringt zu Christo frei h
Der Glaube sieht durch alle Finstern
Der Glaube bricht durch alle Hinder

2. Der bloße Glaub' ergreifet Christi K
Der schwache Glaub' lehnt sich an Christi
Der kleinste Glaub' thut eitel Wunders
Wer Glauben hat, kann Alles möglich m

Nr. 295. Mel.: Valet will ich dir geben.

Ernst Moritz Arndt, geb. 1769, gest. 1860, Prof. der Geschichte in Bonn, ein deutscher Patriot und reut= scher Christ, auch um die Wiederbelebung des Kirchenliedes verdient, einst vielfach verkannt, jetzt aber allgemein ge= achtet und auch in Gsgbüchern fortlebend. Ged und gebr. a. 1819, dann aufgenommen in das Riga'sche. Württemb. und andere neuere Gsgb. V. 2 und 3, welche das Würt= temb. Gsgb. ausläßt, sind nicht, wie Koch (IV. S. 359, 2. Aufl.) behauptet, ein Zusatz des Riga'schen Gsgb., sondern rühren von Arndt selbst her und stehen in s. Büchlein „von dem Wort und dem Kirchenlied", 1819. Knapp hat sie in s. Evang. Gsgb. wieder hergestellt. Engl. Uebers in Lyra Germ. II. 216: "I know in whom I put my trust" (4 V.).

1. Ich weiß, an wen ich glaube,
   Ich weiß, was fest besteht,
   Wenn Alles hier im Staube
   Wie Staub und Rauch verweht;
   Ich weiß, was ewig bleibet,
   Wo Alles wankt und fällt,
   Wo Wahn die Weisen treibet
   Und Trug die Klugen hält.

2. Ich weiß, was ewig dauert,
   Ich weiß, was nie verläßt.
   Auf ew'gen Grund gemauert
   Steht diese Schutzwehr fest.
   Es sind des Heilands Worte,
   Die Worte fest und klar;
   An diesem Felsenhorte
   Halt ich unwandelbar.

3. Auch kenn' ich wohl den Meister,
   Der mir die Feste baut;

Es ist der Herr der Geister,
  Auf den der Himmel schaut,
Vor Dem die Seraphinen
  Anbetend niederknie'n,
Um Den die Heil'gen dienen! —
  Ich weiß und kenne Ihn.

4. Das ist das Licht der Höhe,
  Das ist mein Jesus Christ,
Der Fels, auf dem ich stehe,
  Der diamanten ist,
Der nimmermehr kann wanken,
  Mein Heiland und mein Hort,
Die Leuchte der Gedanken,
  Die leuchtet hier und dort;

5. Er, den man blutbedecket
  Am Abend einst begrub;
Er, der von Gott erwecket,
  Sich aus dem Grab erhub;
Der meine Schuld versöhnet,
  Der Seinen Geist mir schenkt,
Der mich mit Gnade krönet,
  Und ewig mein gedenkt.

6. Drum weiß ich, was ich glaube,
  Ich weiß, was fest besteht,
Und in dem Erdenstaube
  Nicht mit zu Staub verweht.
Es bleibet mir im Grauen
  Des Todes ungeraubt;
Es schmückt auf Himmelsauen
  Mit Kronen einst mein Haupt.

Nr. 296. Mel.: Nun ruhen alle Wälder.

Nach **Meta Heußer-Schweizer** auf dem Hirzel im Kanton Zürich (geb. 1797). Aus einem längeren ächt lyrischen und tiefempfundenen Gedichte, vom J. 1823, betitelt: „Nach einem Gespräch unter dem Sternenhimmel," mit einem skeptischen jungen Theologen, der nachher entschieden gläubig wurde, und beginnend: „Dort zieht ihr golbnen Sterne." Zuerst gebr. in Knapp's „Christoterpe", und dann in der von Knapp besorgten Sammlung der „Lieder einer Verborgenen" 1858, S. 9.

1. Wie Trost aus Engelsmunde
Erschell mir früh die Kunde:
Daß, Der im Himmel thront,
Einst kam, uns zu erlösen,
Uns kund zu thun Sein Wesen
Und unter Menschen hier gewohnt.

2 Verkleidet in die Hülle
Der Armuth, klein und stille,
Erlitt Er Erdennoth;
War lauter Lieb' und Wahrheit,
Den Geist voll Himmelsklarheit,
Ein Menschensohn und doch ein Gott.

3 Er hat das reinste Leben
Zum Opfer hingegeben
Für der Gefallnen Schuld;
Sie mit dem Unsichtbaren,
Dem sie so ferne waren,
Versöhnt in ew'ger Lieb' und Huld.

4. Er giebt dem Herzen Frieden,
Weist mir den Pfad hienieden
In's ew'ge Vaterhaus, —
Begeistert mich, zu lieben,

Das Gute stets zu üben
Und söhnt mit dem Geschick mich aus.

5. Der Himmel steht mir offen
Und löst in süßes Hoffen
    Der Erde Räthsel auf;
Das Morgenroth der Gnade
Beleuchtet meine Pfade
    Und zieht den Blick zum Licht hinauf.

6. Den süßen Kinderglauben,
Sie wollen mir ihn rauben.
    Die Weisen meiner Zeit.
So raubet ohn' Erbarmen
Den Wanderstab dem Armen
    Die Hand, die keinen bessern beut.

7. Sollt' ich im Thal des Wähnens
Des ungestillten Sehnens,
    Wo jeder ahnt und träumt,
Und Alle irre gehen,
Den Rettungsstrahl verschmähen,
    In dessen Licht mein Hoffen keimt?

8. O nein! die große Seele,
Die rein von jedem Fehle,
    Verzeihend Mord und Spott,
Versöhnend Tod und Leben,
Sich liebend hingegeben:
    Die große Seele ist mein Gott!

Nr. 297. Mel.: Wie groß ist des Allmächt'gen Güte.

Friedrich Wilhelm Krummacher, geb. 1796, gest. 1868 als Hofprediger in Potsdam. Ein geist- und schwungvolles Triumphlied des ev. Glaubens, das zwar noch in keinem Gsgb., aber in der 2. Aufl. von Knapp's Liederschatz (Nr. 3014, oder Nr. 3074 der 3. Aufl.) steht und auch von Koch (Geschichte des Kirchenliedes, 2. Aufl, III. S. 416) hervorgehoben wird als eines der besten aus der Feder des berühmten Eliaspredigers.

1. Mein Siegeskranz ist längst geflochten,
     Ohn' mein Verdienst und eignes Thun[1]).
   Seitdem der Held für mich gefochten,
     Darf ich in Friedenszelten ruhn.
   Mich schreckt kein Zorn, kein Fluch der Sünden,
     Kein Tod mehr, keine finstre Macht;
   Er hat in Seinem Ueberwinden
     Durch Alles mich hinburchgebracht.

2. Ich kenne mich nicht mehr im Bilde
     Der alten seufzenden Natur;
   Ich jauchze unter Gottes Schilde,
     Ich kenne mich in Christo nur.
   In Christi Schmuck, Triumph und Schöne
     Heb' ich getrost mein Herz empor,
   Und mische meine Harfentöne
     Schon in den ew'gen Siegerchor.

3. Wo soll ich hin? Ein müder Wand'rer
     Lang ich an Deinem Kreuze an,
   Und weiß nun gründlich, daß kein Andrer
     Mich armen Sünder retten kann.

---

1) Ur.pr.: „Und nichts mehr für mich abzuthun", was aber mißverständlich ist.

Ich fragte nach dem Hort des Lebens.
Und bettelte um Trost und Licht
Vor tausend Schwellen, ach, vergebens;
An Deine Schwelle trat ich nicht.

4. Wo soll ich hin? Die trüben Bäche
   Der Erdenweisheit schöpft ich aus;
Wie viel verhieß die bunte Fläche!
   Die Tiefe barg des Zweifels Graus.
Nur dämmernder Vermuthungsschimmer,
   Mehr Nein, als Ja, ward mir zu Theil.
Verbürgtes sucht, doch fand ich nimmer;
   Ich sucht's ja nicht bei Dir, mein Heil.

5. Wo soll ich hin? Die Lustgebiete
   Der Welt sehn mich veröbet an,
Seit mir im innersten Gemüthe
   Die Ewigkeit sich aufgethan.
Ich bin der übertünchten Lüge
   Und ihrer schaalen Tücke satt;
Ich trage meine leeren Krüge
   Zu deinem Brunn, o Gottesstadt.

6. Wohin? Im Wahn erträumter Stärke
   Zu Sina's heiligem Gebot?
Ich erntete im Bund der Werke
   Von tausend Müh'n nur Fluch und Tod.
Wohin nun? — O mein Fragen ende,
   Seit ich beim Kreuz den Anker warf!
Ihr ausgespannten blut'gen Hände
   Gebt Alles, was mein Herz bedarf!

4. Friede und Freude im heil. Geiste.

Kindschaft, Gnadenstand, Glückseligkeit des Christen.

Nr. 298. Mel.: Werde munter, mein Gemüthe.

Psalm 1. Bearbeitet von **Paul Gerhardt**, gest. 1676. Der erste Ps. ist eine Seligpreisung des Frommen im Gegensatz zu dem Untergang des Gottlosen, und eine passende Einleitung zu der ganzen Psalmensammlung.

1. Wohl dem Menschen, der nicht wandelt
   In gottloser Leute Rath!
   Wohl dem, der nicht unrecht handelt
   Noch tritt auf der Sünder Pfad;
   Der der Spötter Freundschaft fleucht
   Und von ihren Sitzen weicht,
   Der hingegen liebt und ehret,
   Was uns Gott vom Himmel lehret.

2. Wohl dem, der mit Lust und Freuden
   Das Gesetz des Höchsten treibt
   Und hier, als auf grünen Weiden,
   Tag und Nacht verharrend bleibt!
   Dessen Segen wächst und blüht
   Wie ein Palmbaum, den man sieht
   Bei den Flüssen an den Seiten
   Seine frischen Zweig' ausbreiten.

3. Also wird gedeihn und grünen,
   Wer in Gottes Wort sich übt,
   Lust und Erbe wird ihm dienen,
   Bis er reife Früchte giebt,

Seine Blätter werden alt
Und doch niemals ungestalt't;
Gott giebt Glück zu seinen Thaten,
Was er macht, muß wohl gerathen.

4. Aber wen die Sünd' erfreuet,
    Dessen Glück kann nicht bestehn;
Wie die Spreu vom Wind zerstreuet,
    Wird er plötzlich untergehn.
Kommt der Herr und hält Gericht,
Dann besteht der Sünder nicht.
Summa: Gott liebt alle Frommen,
Doch der Böse muß umkommen.

Nr. 299. Mel.: Nun ruhen alle Wälder.

Nach Joachim Neander. Vor 1679. Der Verf.
starb am Pfingstfest 1680 während eines Gewitters,
wobei er ausrief: „Das ist mein Vater mit Seinem feu-
rigen Wagen und Rossen! Es gehet meiner Seele wohl.
Es sollen wohl Berge weichen und Hügel hinfallen, aber
Gottes Gnade wird nicht von mir weichen, und der Bund
Seines Friedens nicht hinfallen.“

1. Nun ist der Strick zerrissen,
    Das ängstliche Gewissen
        Ist alles Kummers frei!
    Die Wunden sind verbunden
    Durch Christi Blut und Wunden.
        Die Gnade schafft nun Alles neu.

2. Der falsche Wille wollte
    Gar lang' nicht, wie er sollte,
        Zerbrechen ganz und gar;
    Da war ein Widerstreben,

Er wollte sicher leben,
Und achtete nicht die Gefahr.

3. Wie mußt ich bitter kriegen!
Was Andern ein Vergnügen,
War meine größte Last.
Ich mußt auf beiden Seiten
Mit Lust und Aengsten streiten; —
Nun aber hab' ich Ruh' und Rast.

4. Ich spür' ein neues Leben,
Vom harten Widerstreben
Der bösen Lust befreit.
Ich stehe gottgelassen,
Mir nichts mehr anzumaßen,
Was Er nicht Selber mir gebeut.

5. Sein Wille ist mein Wille,
Ich sitz in süßer Stille
Der Sicherheit und Ruh'.
Was mich zuvor gequälet,
Das liegt nun wie entseelet;
Der Geist der Gnade weht mir zu.

6. Ich lebe nun im Frieden,
Ganz frei und abgeschieden,
In einer andern Welt,
Der Jammer ist vergessen,
Es wölbt sich unermessen
Ob mir ein sel'ges Himmelszelt.

7. Wie ist die Ruh' so süße,
Die ich nunmehr genieße,
Nach langem Kampf und Streit,

Da ich den Heiland habe,
Und mich ohn' Ende labe
An Seiner Lieb' und Freundlichkeit!

Nr. 300.   Eigene Melodie.

Joh. Casp. Schade. Geb. 1691. Ueber Matth.
11, 28—30. Urspr. 19 Str., aber mit schleppenden
Wiederholungen, daher im Berl., Würt., Aarauer und
and. Gsgb stark abgekürzt. Die Mel. von Stötzel
(b f g g f f es d) ist sehr schön, einfach und dem Cha=
rakter des Liedes ganz angemessen, weßhalb sie in Amerika
wieder eingeführt werden sollte. In Norddeutschland wird
das Lied gesungen zu der Melodie: „Seele, was ist Schön=
res wohl.“

1. Ruhe ist das beste Gut,
      Das man haben kann;
   Stille und ein guter Muth
      Steigen himmelan;
   Die suche du!
      Hier und dort ist keine Ruh',
      Als bei Gott; Ihm eile zu!
   Gott ist die Ruh'.

2. Ruhe suchet Jedermann,
      Allermeist ein Christ.
   Denk auch du, mein Herz, daran,
      Wo du immer bist;
   O suche Ruh'!
      In dir selber wohnt sie nicht;
      Such mit Fleiß, was dir gebricht;
   Gott ist die Ruh'!

3. Ruhe giebt dir nicht die Welt,
      Ihre Freud' und Pracht;

Nicht giebt Ruhe Gut und Geld,
   Lust, Ehr', Gunst und Macht.
Drum siehe zu!
   Wer da lebt in Jesu Christ,
   Suchet das, was droben ist;
Gott ist die Ruh'.

4. Ruhe geben kann allein
   Jesus, Gottes Sohn,
Der uns Alle ladet ein
   Zu des Himmels Thron,
Zur wahren Ruh'.
   Wer den Ruf vernommen hat,
   Dringe ein zur Gottesstadt!
Gott ist die Ruh'.

5. Ruhe beut Er williglich
   Den Mühsel'gen an,
Und erquicken wird Er dich,
   Wie es Niemand kann.
Drum komm herzu!
   Trägst du auch des Leidens viel:
   Jesus setzt der Noth ein Ziel;
Gott ist die Ruh'

6. Ruhe kommt aus Glauben her,
   Der nur Jesum hält;
Jesus machet leicht, was schwer,
   Richtet auf, was fällt;
Sein Geist bringt Ruh'.
   Gieb im Glauben Herz und Sinn
   Seinem Geist zu eigen hin!
Gott ist die Ruh'.

7. Ruhe hat, wer willig trägt
　　 Chriſti ſanftes Joch;
Alle Laſt, die Er auflegt,
　　 Iſt ja lieblich doch,
Und ſchaffet Ruh'.
　　 Folge deinem Heiland gern,
　　 Dann iſt nie dein Friede fern!
Gott iſt die Ruh'.

8. Ach Du Gott der wahren Ruh'
　　 Gieb auch Ruhe mir!
Was ich denke, red' und thu,
　　 Streb' nach Ruh' in Dir;
Gieb Ruh' dem Geiſt.
　　 Schließt ſich dann mein Auge zu,
　　 So führ' Leib und Seel' zur Ruh'
Dem Himmel zu!

Nr. 301.   Eigene Melodie.

Wolfg. Chriſtoph Deßler. 1692. Ueber Hohel.
8, 5. Die Welt wird hier als eine Wüſte dargeſtellt,
aus welcher ſich die gläubige Seele zu Chriſto und zur
Ruhe der Ewigkeit herausrettet. Der Eiſen. Entwurf hat
es nicht unter die Kernlieder aufgenommen, dagegen
Geffcken in ſeinem Gegenentwurf. Das Berl., N. Würt.,
Knapp'ſche und N. Pennſ. ruth. Gſgb. laſſen B. 6, die
and. amerik. Gſgb (außer dem alt=luth. von Miſſouri)
das ganze Lied aus. Engl. Ueberſetzung von Cath. Winkworth: "O Friend of souls, how well is me." (Lyra
Germ. I.). Eine ältere im Morav. H. B. N. 331: "How
bless'd am I, most gracious Saviour" (aber bloß 4 B.).
Vgl. Schaff's Christ in Song, p. 491: "O Friend of
souls, how blest the time".

1. Wie wohl iſt mir, o Freund der Seelen!
　　 Wenn ich in Deiner Liebe ruh'!

Ich steige aus den Schwermuthshöhlen,
Und eile Deinen Armen zu.
Da muß die Nacht des Trauerns scheiden,
Wenn mit der Fülle sel'ger Freuden
Die Liebe strahlt aus Deiner Brust.
Hier ist mein Himmel schon auf Erden,
Wer wollte nicht vergnüget werden,
Der in Dir suchet Ruh' und Lust?

2. Die Welt mag meine Feindin heißen:
Es sei also; ich trau' ihr nicht,
Wenn sie mir gleich will Lieb' erweisen,
Bei einem freundlichen Gesicht.
In Dir vergnügt sich meine Seele,
Du bist mein Freund, den ich erwähle,
Du bleibst mein Freund, wenn
Freundschaft weicht.
Der Welthaß kann mich doch nicht fällen,
Weil in den stärksten Unglückswellen
Mir Deine Treu' den Anker reicht.

3. Will mein Gewissen mich verdammen,
Blitzt auf mich des Gesetzes Weh,
Drohn mir des Zorns verdiente Flammen:
So schau ich gläubig in die Höh',
Und flieh in Deine heil'gen Wunden;
Da hab ich schon den Ort gefunden,
Wo mich kein Fluchstrahl treffen kann.
Tritt alles wider mich zusammen,
Du bist mein Heil, wer will verdammen?
Die Liebe nimmt sich meiner an.

4. Führst Du mich in die Kreuzeswüsten,
Ich folg' und lehne mich auf Dich;

Du nähreſt aus den Wolkenbrüſten,
Und labeſt aus dem Felſen mich,
Ich traue Deinen Wunderwegen,
Sie enden ſich in Lieb' und Segen;
 Genug, wenn ich Dich bei mir hab'.
Ich weiß, wen Du willſt herrlich zieren,
Und über Sonn' und Sterne führen
 Den führeſt Du zuvor hinab.

5. Der Tod mag andern düſter ſcheinen,
 Mir nicht, weil Seele, Herz und Muth
In Dir, der Du verläſſeſt Keinen,
 In Dir, mein Licht und Leben! ruht.
Wie ſollt ich vor dem Ziel erzittern,
Da ich aus Nacht und Ungewittern
 Eingehe in die Sicherheit?
Mein Licht, ſo will ich denn mit Freuden
Aus dieſer finſtern Wildniß ſcheiden,
 Zu Deiner Ruh' der Ewigkeit.

6. Wie iſt mir denn, o Freund der Seelen,
 So wohl, wenn ich mich lehn auf Dich.
Mich kann Welt, Noth und Tod nicht
      quälen,
 Weil Du, mein Gott, vergnügeſt mich.
Laß ſolche Ruh' in dem Gemüthe,
Nach Deiner unumſchränkten Güte,
 Des Himmels ſüßen Vorſchmack ſein.
Weg, Welt, mit allen Schmeicheleien!
Nichts kann, als Jeſus, mich erfreuen,
 O reicher Troſt: Mein Freund iſt mein!

Nr. 302. Eigene Melodie.

Bartholomäus Crasselius. Zuerst erschienen im
Darmstädter Gsgb. von 1698, dann in dem Freylingsh.
1704. Dieses kräftige und beliebte Lied wird in Deutschland häufig bei der Confirmation gesungen. Das Berl.
Gsgb. giebt bloß 7 V. und viel zu stark verändert. V. 7
aber ist allerdings in seiner urspr. Form („Küchlein, die
bleiben bei ihrer Gluckhenne. Sie schreien und laufen
den Raben nicht nach" u. s. w.) ungenießbar und störend
und wird daher gewöhnlich ganz ausgelassen, oder umgedichtet, wie hier.

1. Frieden, ach Frieden, den göttlichen Frieden,
  Vom Vater durch Christum im heiligen
         Geist!
 Ach, wie erlanget das Herz ihn hienieden,
  Daß es mit Freuden zur Ewigkeit reist?
 Den sollen die gläubigen Seelen erlangen,
 Die Alles verleugnen und Jesu anhangen.

2. Richte deßwegen, friedliebende Seele,
  Dein Herze im Glauben zu Jesu hinan;
 Was da ist droben bei Christo erwähle,
  Verleugne dich selbst und den irdischen
         Wahn.
 Nimm auf dich das sanfte Joch Christi hie-
         nieden,
 So findest du Ruhe und göttlichen Frieden.

3. Nahm doch der Mittler des Friedens viel
         Schmerzen,
  Die Sünder mit Gott zu versöhnen auf
         Sich!
 Nimm dieß, o Seele, doch dankbar zu Herzen,
 Und siehe, wie sorget dein Jesus für dich!

Er bringet mit Seinem Blut Frieden zuwege,
Und machet, daß Jammer und Unruh' ſich lege.

4. Nun dafür biſt du Ihm ewig verbunden,
　　Du ſollſt dafür gänzlich Sein Eigenthum
　　　　　　　　　ſein;
　　Er hat die ew'ge Erlöſung erfunden,
　　Und ſchließt in den Bund Seines Frie=
　　　　　　　　　dens dich ein.
　　Drum ſiehe, daß du dich Ihm gänzlich er=
　　　　　　　　　gebeſt,
　　Und Ihm in der Liebe von Herzensgrund lebeſt!

5. Wen Er berufet zum Friedensgenoſſen,
　　Von ſolchem begehret Er Liebe und Treu';
　　Darum ſollſt du von dir Alles verſtoßen,
　　Was Er dir zeiget, das wider Ihn ſei.
　　Welt, Teufel und Sünde, die mußt du be=
　　　　　　　　　ſtreiten;
　　Was Jeſu zuwider iſt, fliehen und meiden.

6. Weislich und fleißig mußt du dich entſchlagen
　　Der böſen Geſellſchaft voll Leichtſinn und
　　　　　　　　　Spott,
　　Welche den weltlichen Lüſten nachjagen,
　　Nicht fürchten noch lieben den heiligen Gott;
　　Denn die ſich zu ſolchen Gottloſen geſellen,
　　Die fahren mit ihnen hinunter zur Höllen.

7. Gleichwie die Henne die Küchlein beſchirmet,
　　Wenn oben der Habicht umſchwebet und
　　　　　　　　　droht,
　　So will dich Jeſus, wenn's locket und ſtürmet,
　　Beſchützen vor Sünde, vor Teufel und Tod;

Nur bleibe dem himmlischen Hirten zur Seite,
Denn wer ihn verläßt, wird den Feinden
zur Beute.

8. Liebe und übe, was Jesus dich lehret,
Und was Er dir saget, dasselbige thu';
Hasse und lasse, was Sein Wort verwehret,
So findest du Frieden und ewige Ruh';
Ja selig, die also sich Jesu ergeben,
Und gläubig und heilig nach Seinem Wort
leben!

9. Jesu, Du Herzog der Friedensheerschaaren,
Du König von Salem, ach zeuch uns nach
Dir,
Daß wir den Friedensbund treulich bewahren,
Im Wege des Friedens Dir folgen allhier!
Ach, laß uns doch Deinen Geist kräftig re=
gieren,
Uns Dir nach im Frieden zum Vater zu
führen.

Nr. 303. Eigene Melodie.

Christian Friedrich Richter, ein frommer Arzt am
Waisenhaus in Halle a S., gest. 1711. Aus der Blüthe=
zeit des Spener'schen Pietismus. Zuerst g. d. 1704.
Dieses goldene Lied vom verborgenen Leben der Gläubi=
gen in Christo (Kol 3, 3 4., einem Leben göttlicher
Herrlichkeit in irdischer Knechtsgestalt, war das Lieblings=
lied des genialen Theologen Schleiermacher und ist durch
ihn nach langer Verkennung wieder zu Ehren gebracht
und in's Berl. Gsgb. von 1829 (obwohl in zu starker
Umarbeitung bes. in V. 1 und 3 und mit Auslassung
von V. 2 und V. 7. aufgenommen worden. Der früh=
verstorbene gottselige Verf. betrachtete es, wie sein Bru=

6. Wann Christus, ihr Leben, wird offenbar
werden,
Wann Er Sich einst dar in der Herrlich-
keit stellt,
Dann werden sie mit Ihm, als Fürsten[1]) der
Erden,
Auch herrlich erscheinen zum Wunder der
Welt.
Sie werden regieren,
Mit Ihm triumphiren,
Den Himmel als prächtige Lichter auszieren;
Da wird man die Freude gar offenbar spüren.

7. Frohlocke, du Erde, und jauchzet, ihr Hügel,
Dieweil ihr solch göttlichen Samen ge-
neußt!
Denn das ist des Ewigen göttliches Siegel,
Zum Zeugniß, daß Er euch noch Segen
verheißt.
Ihr sollt noch mit ihnen
Auf's prächtigste grünen,
Wann einst ihr verborgenes Leben erscheinet,
Wonach sich eu'r Seufzen mit ihrem vereinet.

E. O Jesu, verborgenes Leben der Seelen
Du heimliche Zierde der innern Welt,
Laß Deinen verborgenen Weg uns erwählen,
Wenn gleich uns die Larve des Kreuzes
entstellt[2])!
Hier übel genennet
Und wenig erkennet;

---

1) Urspr.: „Götter".
2) Urspr. „verstellt".

Hier heimlich mit Christo im Vater gelebet:
Dort öffentlich mit Ihm im Himmel ge=
schwebet!

Nr. 304.   Eigene Melodie.

Chr. Fr. Richter. Geb. vor 1711, zuerst gedr.
1714. Ursr. 11 B. Dieses köstliche, vom süßen Frieden
Christi durchdrungene Lied fehlt wieder in allen amerik.
Gsgb. außer in dem älteren Luth., oder Mühlenbergischen
von 1786), ist aber mehrmals in's Engl. übers., im
Morav. H. B. N. 331: "Jesus, my King, Thy kind and
gracious sceptre" (bloß 6 B.) und besser und vollständiger,
aber nach einem unsingbaren Metrum von Dr. Bom=
berger in Schaff's Kirchenfr. s. 1849 S. 337: "Jesus,
my King! Thy mild and kind control."

1. Mein Friedefürst!¹) Dein freundliches Re=
                                    gieren
    Stillt alles Weh', das meinen Geist be=
                                    schwert.
    Wenn sich zu Dir mein blödes Herze kehrt,
    So läßt sich bald Dein Friedensgeist ver=
                                    spüren;
    Dein Gnadenblick zerschmelzet meinen Sinn,
    Und nimmt die Furcht und Unruh' von
                                    mir hin.

2. Gewiß, mein Freund giebt solche edle Gaben,
    Die alle Welt mir nicht verschaffen kann.
    Schau an die Welt, schau ihren Reich=
                                    thum an,
    Er kann ja nicht die müden Seelen laben,
    Mein Jesus kann's, Er thut's im Ueberfluß,
    Wenn alle Welt zurücke stehen muß.

---

¹) Urspr.: „Mein Salomo," u. s. w.

3. O süßer Freund, wie wohl ist dem Gemüthe,
   Das im Gesetz sich so ermüdet hat,
   Und nun zu Dir, dem Seelenleben, naht,
   Und schmeckt in Dir die süße Wundergüte,
   Die alle Angst, die alle Noth verschlingt,
   Und unsern Geist zu sanfter Ruhe bringt.

4. Je mehr das Herz sich zu dem Vater kehret,
   Je mehr es Kraft und Seligkeit genießt,
   Daß es dabei der Eitelkeit vergißt,
   Die sonst den Geist gedämpfet und beschweret;
   Je mehr das Herz des Vaters Liebe
                                   schmeckt,
   Je mehr wird es zur Heiligkeit erweckt.

5. Der Gnadenquell, der in die Seele fließet,
   Der wird in ihr ein Brunn des Lebens
                                   sein,
   Der in das Meer des Lebens fließt hinein,
   Und Lebensströme wieder von sich gießet.
   Behält in Dir dieß Wasser seinen Lauf,
   So geht in Dir die Frucht des Geistes
                                   auf.

6. Wenn so in mir sich Deine Klarheit spiegelt
   Und Deines Angesichtes milder Schein:
   Dann wird das neue Leben recht gedeihn;
   Der Weisheit Tiefen werden mir entsiegelt;
   Es wird mein Herz in Gottes Bild ver=
                                   klärt,
   Und alle Kraft der Sünde abgewehrt

7. Was dem Gesetz unmöglich war, zu geben,
   Das bringt nun Deine Gnade selbst herfür:

Sie wirket Lust zur Heiligkeit in mir,
Und ändert nach und nach mein ganzes Leben,
Indem sie mich aus Kraft in Kräfte führt,
Und mit Geduld und Langmuth mich regiert.

8. Es müsse doch mein Herz nur Christum
schauen!
Besuche mich, Du Aufgang aus der Höh',
Daß ich das Licht in Deinem Lichte seh,
Und könne ganz auf Deine Gnade bauen!
Kein Fehler sei so groß und schwer in mir,
Der mir die Thür verschlösse, Herr, zu Dir!

9. Wenn meine Schuld vor Dir mich nieder-
schläget,
Und Deinen Geist der Kindschaft in mir
dämpft;
Wenn das Gesetz mit meinem Glauben
kämpft,
Und lauter Angst und blöde Furcht erreget:
So laß mich doch Dein treues Herz noch
sehn,
Und neue Kraft und Zuversicht erflehn.

10. So ruh ich nun, mein Heil, in Deinen
Armen;
Du Selbst sollst mir mein ew'ger Friede
sein!
Ich hülle mich in Deine Gnade ein;
Mein Element ist einzig Dein Erbarmen;
Und weil Du Selbst mir Eins und
Alles bist,
So ist's genug, wenn Dich mein Herz
genießt.

Nr. 305.   Eigene Melodie.

Johann Jakob Rambach. Um 1730 Ueber Joh.
10, 26—29. Aus C. von Raumer's Sammlung. Engl.
Uebers. im Morav. H. B. N. 332: "How great the bliss
to be a sheep of Jesus, And to be guided by His shep-
herd-staff" (aber bloß 3 V.). Ein ähnliches Lied nach
dersl. Mel. haben wir von Bogatzky: „Wie herrlich ist's.
ein Kind des Höchsten werden Und eine Braut des holden
Lammes sein!" (in Stip's Sammlung, Nr. 485).

1. Wie herrlich ist's, ein Schäflein Christi werden,
    Und in der Huld des treusten Hirten stehn!
Kein höh'rer Stand ist auf der ganzen Erden,
    Als unverrückt dem Heiland nachzugehn.
Was alle Welt nicht geben kann,
Das trifft ein solches Schaf bei seinem Hir-
                                    ten an.

2 Hier findet es die angenehmsten Auen,
    Hier wird ihm stets ein frischer Quell ent-
                                    deckt;
Kein Auge kann die Gnade überschauen,
    Die es allhier in reicher Fülle schmeckt;
Hier wird ein Leben mitgetheilt,
Das unaufhörlich ist und nie vorübereilt.

3. Wie läßt sich's da so froh und ruhig sterben,
    Wenn hier das Schaf im Schooß des Hir-
                                    ten liegt!
Es darf sich nicht vor Höll' und Tod ent-
                                    färben
    Sein treuer Hirt hat Höll' und Tod besiegt.
Büßt gleich der Leib die Regung ein,
So wird die Seele doch kein Raub des Mo-
                                    ders sein.

4. Das Schäflein bleibt in seines Hirten Händ
  Wenn gleich vor Zorn der ganze Abgru
      schnaubt;
Es wird es ihm kein wilder Wolf entwende
  Weil Der allmächtig ist, an Den es glaub
Es kommt nicht um in Ewigkeit,
Und wird im Todesthal von Furcht und Fa
      befreit.

5. Wer leben will und gute Tage sehen,
  Der mache sich zu dieses Hirten Stab!
Hier wird sein Fuß auf süßer Weide gehe
  Da ihm die Welt vorhin nur Träber gal
Hier wird nichts Gutes je vermißt,
Dieweil der Hirt ein Herr der Schätze Go
      tes ist

6. Doch dieß ist nur der Vorschmack größ'rer
      Freuden,
  Es folget noch die lange Ewigkeit;
Da wird das Lamm die Seinen herrlich
      weiden,
  Wo der krystallne Strom das Wasser beu
Da siehet man erst klar und frei,
Wie schön und auserwählt ein Schäflein
      Jesu sei.

———————

Nr. 306. Mel.: Valet will ich dir geben.

Graf Zinzendorf, der Aeltere Geb. Sept. 17
Der Verf. sagt später: „Der Umgang mit dem Mann
der mich erschaffen und versöhnt hat, ist Alles, was
wünschen kann, bis Leib und Seele scheiden. Das
meine Religion schon seit 40 Jahren in Einem Stück.

1. Vor Jesu Augen schweben,
  Ist wahre Seligkeit

Ist ew'ges Licht und Leben
Schon in der Erdenzeit.
Nichts können und Nichts wissen,
Nichts wollen und Nichts thun,
Als Jesu folgen müssen,
Das heißt im Frieden ruhn.

2. Man steht von seinem Schlafe
In Christi Freundschaft auf;
Man fürchtet keine Strafe
Im ganzen Tageslauf;
Man ißt und trinkt in Liebe,
Und hungerte wohl auch,
Und hält im Gnadentriebe
Beständig Einen Brauch.

3. Wenn dann der Tag vollendet,
So legt man sich zur Ruh';
Von Christo unverwendet
Thut man die Augen zu,
Und wünschet auch den Träumen,
Wenn's ja geträumt soll sein,
Nichts Andres einzuräumen,
Als Christi Wiederschein.

4. Man geht in stiller Fassung
Dahin bei Tag und Nacht,
Und ist auf die Verlassung
Der ganzen Welt bedacht.
Man wirket, spricht und höret,
Und zielt auf Eins nur hin;
Und auch kein Schmerz verstöret
Den unverwandten Sinn.

5. Gewiß, wer erst die Sünde
   In Christi Blut ertränkt,
   Und dann gleich einem Kinde
   Am Sünderfreunde hängt,
   Der wird auch heilig handeln,
   Und kann dann anders nicht.
   Herr Jesu, lehr' uns wandeln
   In Deiner Augen Licht!

Nr. 307. Mel.: Wie wohl ist mir, o Freund der Seelen.

Gottfried Clemens, Pred. in Herrnhut, gest. 1776.

1. Umschließ mich ganz mit Deinem Frieden,
   Mein treu erkannter Seelenfreund!
   Halt mich von Allem abgeschieden,
   Was Du nicht bist, was Dich nicht meint.
   Ich wünsche mir kein andres Leben,
   Als das Dein Sterben mir gegeben
   Und Du am Kreuz erworben hast.
   Drum beug' all meinen Eigenwillen,
   Daß er sich göttlich möge stillen
   Bei Deines Kreuzes leichter Last!

2. Mein König! laß mich Nichts vertreiben
   Aus dieser Burg, die „Friede" heißt!
   O laß mir's ewig theuer bleiben,
   Daß Du stets bei den Deinen seist!
   Kein Heil ist hiermit zu vergleichen;
   Vernunft, die kann es nicht erreichen,
   Weil's über alles Denken ist.
   Nur durch des Geistes sanftes Wehen
   Kann ich etwas davon verstehen,
   Daß Du mein ew'ger Friede bist!

3. In dieser Fassung laß mich bleiben,
   So lang' mein Blut in Adern schlägt!
   Dieß laß mich denken, lieben, treiben,
   So lang' mich Deine Gnade trägt.
   Bewahre Du Selbst Herz und Sinnen,
   Laß all mein Denken und Beginnen
     Ein Zeugniß Deines Friedens sein;
   Komm, all Dein Wesen in mich lege,
   Komm, für die Ewigkeiten präge
     Mir Deines Lebens Bildniß ein!

4. Hallelujah! es sei gewaget,
   Durch Noth und Tod Dir nachzugehn!
   Ich folge, Herr, Dir unverzaget,
     Mit unablässig heißem Flehn;
   Ich nehme Deine Kreuzesbürde
   Und die damit verbundne Würde,
     Und lehne mich auf Dich, mein Freund!
   Ich weiß, Du trägst mich durch's Gedränge
   Mit aller meiner Lasten Menge,
     Bis mir Dein Antlitz ewig scheint!

Nr. 303. Eigene Melodie.

Christian Gregor (nicht Gräfin Zinzendorf, wie
C. v. Raumer angiebt) Gedichtet 1778. Ebenfalls aus
der Brüdergemeinde und charakteristisch für die Blüthe=
zeit ihres inneren Lebens. Dieses herrliche, tief innige
Lied von der seligen Nähe des Heilandes stammt aus dem
Allerheiligsten und ist schon vielen Seelen zum Trost
und Segen geworden. Eine neue Melodie dazu hat
G. F. Taubenberger für sein Choralbuch zu diesem Gsgb.,
Philad. 1861, Nr 99, componirt. Es fehlt in allen
amerik. Gsgb., ist aber mehrmals in's Engl. überf. wor=
den; von Miß Wintworth in Lyra Germ. II 224: "Ah,
dearest Lord! to feel that Thou art near Brings deep-

est peace, and hushes every fear; To see Thy smile,
to hear Thy gracious voice, Makes soul and b dy in-
wardly rejoice With praise and thanks" 8 B.). Eine
andere von H. Mills in Hor. Germ. p. 87: "Jesus, our
Lord. when Thou art near" (aber bloß 6 B.). Eine
dritte in Schaff's Christ in Song, p. 496.

1. Ach, mein Herr Jesu! Dein Nahesein
   Bringt großen Frieden in's Herz hinein,
   Und Dein Gnadenanblick macht uns so selig,
   Daß auch's Gebeine darüber fröhlich
   Und dankbar wird.

2. Wir seh.n Dein freundliches Angesicht,
   Voll Huld und Gnade, wohl leiblich nicht;
   Aber uns're Seele kann's schon gewahren;
   Du kannst Dich fühlbar g'nug offenbaren,
   Auch ungesehn.

3. O, wer nur immer bei Tag und Nacht
   Dein zu genießen recht wär' bedacht,
   Der hätt' ohne Ende von Glück zu sagen,
   Und Leib und Seele müßt immer fragen:
   Wer ist wie Du?

4. Barmherzig, gnädig, geduldig sein,
   Uns täglich reichlich die Schuld verzeihn,
   Heilen, stillen, trösten, erfreu'n und segnen,
   Und unsrer Seele als Freund begegnen,
   Ist Deine Lust

5. Ach, gieb an Deinem kostbaren Heil
   Uns alle Tage vollkommen Theil,
   Und laß unsre Seele sich immer schicken,
   Aus Noth und Liebe nach Dir zu blicken
   Ohn' Unterlaß.

6. Und wenn wir weinen, so tröst uns bald
   Mit Deiner blutigen Todsgestalt;

Ja, die laß uns immer vor Augen schweben,
Und Dein wahrhaftiges Innnsleben
    Zu sehen sein.

7. Ein herzlich Wesen und Kindlichkeit
Sei unsre Zierde zu aller Zeit,
Und die Blutbesprengung aus Deinen
                        Wunden
Erhalt uns diese zu allen Stunden,
    Bei Freud' und Leid.

8. So werden wir bis in Himm'l hinein
Mit Dir vergnügt wie die Kindlein sein.
· Muß man gleich die Wangen noch manchmal
                        netzen:
Wenn sich das Herz nur an Dir ergötzen
    Und stillen kann!

9. Du reichst uns Deine durchgrabne Hand,
Die so viel Treue an uns gewandt,
Daß wir bei'm Drandenken beschämt dastehen,
Und unser Auge muß übergehen
    Vor Lob und Dank.[1]

───────

Nr. 309. Mel.: Aus Gnaden soll ich selig werden.
C. J. Ph. Spitta. gest. 1859. Aus „Psalter und
Harfe." 1833. Eng. Uebers. von Rich. Massie (Lyra
Dom. I, p. 106): "Our lot is fall'n in pleasant places,
A goodly heritage is ours".

1. Ein lieblich Loos ist uns gefallen,
    Ein schönes Erbtheil uns bescheert;

───────

[1] Das Original hat noch einen echt herrnhutischen 10. V., der
aber gewöhnlich ausgelassen wird (außer von dem sonst streng luth.
G. Stip) „Der Kuß von Deinem erblaßten Mund Macht und erhalt
unser Herz, verwund't, Und die Ueberströmung mit Deinem Blute Macht
uns nach Seele, Leib, Sinn und Muthe Dir ähnlich sein."

Laßt Lob und Preis dem Herrn erſchallen,
　　Er iſt es werth, daß man Ihn ehrt!
Aus Gnaden hat Er uns erwählt,
Und uns zu Seinem Volk gezählt.

2. Er hat Sich unſer angenommen,
　　Ihn jammert unſer gar zu ſehr;
Weil wir zu Ihm nicht konnten kommen,
　　Kam Er zu uns von oben her;
Es war die wundervollſte Lieb',
Die Ihn zu uns in's Elend trieb.

3. Er ſah an uns nichts Ehrenwerthes,
　　Nicht Tugend und nicht Würdigkeit,
Nein, nur Entſtelltes und Verkehrtes,
　　Nur Sünde, Krankheit, Schmach und Leid,
Und Keinen, der in ſolcher Noth
Uns Hülfe und Erlöſung bot.

4. Da nahm der Leiden unſers Falles
　　Er Selbſt, der Herr, Sich hülfreich an,
Gab Selbſt Sich uns, und damit Alles,
　　Was unſer Herz nur wünſchen kann:
Die Kindſchaft und das Kindestheil,
Im ew'gen Leben ew'ges Heil.

5. O Herr, wir ſind viel zu geringe
　　Der Güte, die Du uns gethan!
Wir ſtehn und ſchauen ſolche Dinge
　　Beſchämt und mit Erſtaunen an.
Die Liebe, die mit Gnade krönt,
Hat ewig uns mit Gott verſöhnt.

6. Wir hoffen nichts, als lauter Gutes
　　Aus Deiner reichen Liebeshand,

Und gehen nun getrosten Muthes
Durch dieses trübe Nebelland,
Als Kinder hier, als Erben einst
Dort, wo Du uns mit Dir vereinst.

---

5. Lieder der Liebe.

a) Liebe zu Gott und zu Christo.

Vgl. die Jesuslieder, Nr. 160—171.

Nr. 310. Eigene Melodie.

Martin Schalling (ein Schüler Melanchthon's und Pfarrer in der Oberpfalz), nach Psalm 18 u. 73. Zuerst gedr. 1571 als „Gebet zu Chr.sto, des Herzens Trost im Leben und im Tod", und dann weit verbreitet (vgl. die Nachweisungen bei Mützell II. 617, der von Schalling bloß dieses eine Lied mittheilt. Ein ächtes Kern- und Kraftlied, das Lieblingslied vieler ausgezeichneten Männer, z. B. Spener's, der es bei seiner gewöhnlichen Sonntag-abend-Andacht als Schluß gebrauchte, und Gellert's, der von V. 2 (in der Vorrede zu seinen „Geistl. Oden und Liedern") sagt, er sei ihm werth „als ganze Bände neuerer Lieder die kein anderes Verdienst haben, als daß sie rein sind." Die Mel. gehört nach Winterfeld's Urtheil zu den besten Chorälen und drückt den Geist des Liedes, die Vereinigung von Feierlichkeit, Herzlichkeit und Freudig-keit trefflich aus. Eine treue und gelungene engl. Uebers. in Lyra Germ. II 218: "Lord, all my heart is fixed on Thee! I pray Thee, be not far from me With grace and love divine." Eine andere von Mills: "I love Thee, Lord, with love sincere, And pray Thee ever to be near Thy needed grace bestowing" (Hor. G. p. 80). Eine dritte in Schaff's Christ in Song, p. 609: "O Lord! I love Thee from my heart".

1. Herzlich lieb hab' ich Dich, o Herr,
   Ich bitte, sei von mir nicht fern

Mit Deiner Gnade Gaben[1])!
Die ganze Welt erfreut mich nicht,
Nach Erd' und Himmel frag' ich nicht,
Wenn ich nur Dich kann haben.
Und wenn mir gleich mein Herz zerbricht,
Bist Du doch meine Zuversicht,
Mein Trost und meines Herzens Theil,
Deß Blut erwerben mir das Heil[2]).
Herr Jesu Christ, mein Gott und Herr,
Mein Gott und Herr,
In Schanden laß mich nimmermehr!

2. Es ist ja Dein Geschenk und Gab':
Mein Leib und Seel', und was ich hab'
In diesem armen Leben:
Damit ich's brauch zum Lobe Dein,
Zum Nutz und Dienst des Nächsten mein,
Wollst Du mir Gnade geben
Behüt mich, Herr, vor falscher Lehr',
Des Satans Mord und Lügen wehr';
In allem Kreuz erhalte mich,
Auf daß ich's trag' gedulbiglich.
Herr Jesu Christ, mein Herr und Gott,
Mein Herr und Gott,
Tröst meine Seel' in Todesnoth[3],!

---

1) Urspr. „Mit Deiner Güt' (nach Anb. Hülf') und Gnaden",
was aber zu „haben" nicht reimt.

2) So die meisten neueren Recenf. statt „Mein Theil und meines
Herzens Trost, Der mich durch Dein Blut hast erlöst".

3) And Ausgaben lesen statt deffen, wie am Schluffe der erften
Strophe: „Mein Gott und Herr, In Schanden laß mich nimmermehr".

Du Davids Sohn aus Jakobs Stamm,
Mein König und mein Bräutigam,
    Du hast mein Herz umfangen!
Lieblich, Freundlich, Schön und mächtig,
Groß und prächtig, Reich von Gaben,
Hoch und wundervoll erhaben!

2 O meine Perl' und werthe Kron',
Du Gottes- und Marien-Sohn,
    Ein hochgeborner König!
Du bist des Herzens schönste Blum',[1]
Dein süßes Evangelium
    Ist lauter Milch und Honig.
Du mein, Ich Dein! Hosianna.
Himmlisch Manna, Das wir essen,
Deiner kann ich nicht vergessen!

3. Geuß tief mir in das Herz hinein,
O Du, mein Herr und Gott allein,
    Die Flamme Deiner Liebe;
Und stärk' mich, daß ich ewig bleib'
Ein treues Glied an Deinem Leib',
    Voll frischer Lebenstriebe![2]
Nach Dir Wallt mir, Himmelsblüthe,
Mein Gemüthe, Bis es findet
Dich, deß Liebe mich entzündet.[3]

4. Von Gott kommt mir ein Freudenschein,
Wenn mich die heil'gen Augen Dein
    Mit Freundlichkeit anblicken.

---

1) Statt: „Mein Herz heißt Dich ein Illium."
2) Urspr.: „An Deinem auserwählten Leib Ein lebendige Rippe".
3) Statt: „Nach Dir Ist mir, Gratiosa coeli rosa, Krank und glümmet Mein Herz, durch Liebe verwundet."

O Herr Jesu, mein trautes Gut,
Dein Wort, Dein Geist, Dein Leib und Blut
   Mich innerlich erquicken!
Nimm mich Freundlich In die Arme!
Ich erwarme Nur durch Gnaden;
Auf Dein Wort komm ich geladen.

5. Herr Gott Vater, mein starker Held,
Du hast mich ewig vor der Welt
   In Deinem Sohn geliebet;
Dein Sohn hat mich Ihm Selbst vertraut,
Er ist mein Freund, ich Seine Braut;
   Drum mich auch nichts betrübet.
Preis Dir! Heil mir! Himmlisch Leben
Wird Er geben Mir dort oben;
Ewig soll mein Herz Ihn loben.

6. Spielt unserm Gott mit Saitenklang
Und laßt den süßen Lobgesang[1]
   Ganz freudenreich erschallen!
Ich will mit meinem Jesus Christ,
Der mir mein Ein und Alles ist,[2]
   In steter Liebe wallen.
Singet, Springet, Jubiliret,
Triumphiret, Dankt dem Herren,
Ihm, dem Könige der Ehren!

7. Wie bin ich doch so herzlich froh,
Daß Du, mein Freund, bist A und O,
   Der Anfang und das Ende!
Du wirst mich einst zu Deinem Ruhm

---

[1] Urspr.: „Zwingt die Saiten in Cithara Und laßt die süße Musica".
[2] Statt: „Daß ich möge mit Jesulein, Dem wunderschönen Bräutigam mein."

Aufnehmen in Dein Heiligthum;
  Drauf faß ich Deine Hände.
Amen, Amen! Komm Du schöne
Freudenkrone, Bleib nicht lange,
Daß ich ewig Dich umfange![1]

Nr. 312.   Eigene Melodie.

Johann Scheffler (genannt Angelus Silesius).
Aus dem 3. Buche der „heil. Seelenlust". 1657. Dieses
innige und köstliche Lied ist in malabarischer Uebersetzung
durch Miff. Schulz seit 1722 auch unter den Christen in
Indien eingebürgert. Engl. Ueberf. in Lyra Germ. II.
135, und in Schaff's Christ in Song, p. 414

1. Liebe, die Du mich zum Bilde
     Deiner Gottheit hast gemacht;
  Liebe, die Du mich so milde
     Nach dem Fall hast wiederbracht:
  Liebe, Dir ergeb' ich mich,
  Dein zu bleiben ewiglich.

2. Liebe, die Du mich erkoren,
     Eh' ich noch geschaffen war;
  Liebe, die Du Mensch geboren,
     Und mir gleich wardst ganz und gar;
  Liebe, Dir ergeb' ich mich,
  Dein zu bleiben ewiglich.

3. Liebe, die für mich gelitten,
     Und gestorben in der Zeit;
  Liebe, die mir hat erstritten
     Ew'ge Lust und Seligkeit:

---

[1] Oder: „Deiner wart' ich mit Verlangen", was aber nicht gut
reimt.

Liebe, Dir ergeb' ich mich,
Dein zu bleiben ewiglich.

4. Liebe, die Du Kraft und Leben,
    Licht und Wahrheit, Geist und Wort;
Liebe, die Sich dargegeben
    Mir zum Trost und Seelenhort:
Liebe, Dir ergeb' ich mich,
Dein zu bleiben ewiglich.

5. Liebe, die mich hat gebunden
    An ihr Joch mit Leib und Sinn;
Liebe, die mich überwunden,
    Und mein Herz hat ganz dahin:
Liebe, Dir ergeb' ich mich,
Dein zu bleiben ewiglich.

6. Liebe, die mich ewig liebet,
    Die mich führet Schritt vor Schritt;
Liebe, die mir Frieden giebet,
    Und mich kräftiglich vertritt:
Liebe, Dir ergeb' ich mich,
Dein zu bleiben ewiglich.

7. Liebe, die mich wird erwecken
    Aus dem Grab der Sterblichkeit,
Liebe, die mich einst wird schmücken [1]
    Mit dem Laub der Herrlichkeit:
Liebe, Dir ergeb' ich mich,
Dein zu bleiben ewiglich!

---

1) So die meisten Gsgb. statt des urspr. „um stecken“, was freilich auf „erwecken“ besser reimt, aber auch bloß des Reimes wegen gewählt zu sein scheint. Das N. Würt. Gsgb. Knapp und Lange verändern auch die erste Zeile, nämlich „erwecken“ in „entrücken“, was gut auf „schmücken“ reimt, aber weniger verständlich ist.

Nr. 313. Eigene Melodie.[1]

Johann Scheffler. 1657. Engl. Ueberſ. im Morav.
H. B. N. 388: "Thee will I love, my strength and
tower" (aber bloß 4 V.), eine andere in H fr. the Land
of Luther: "I will love Thee, all my treasure" (7 V.).

1. Ich will Dich lieben, meine Stärke,
   Ich will Dich lieben, meine Zier;
   Ich will Dich lieben mit dem Werke
   Und immerwährender Begier;
   Ich will Dich lieben, ſchönſtes Licht,
   Bis mir das Herze [ſterbend] bricht.

2. Ich will Dich lieben, o mein Leben,
   Als meinen allerbeſten Freund;
   Ich will Dich lieben und erheben,
   So lange mich Dein Glanz beſcheint;
   Ich will Dich lieben, Gotteslamm,
   Das [für mich] litt am Kreuzesſtamm.

3. Ach, daß ich Dich ſo ſpät erkannte,
   Du hochgelebte Liebe Du!
   Daß ich nicht früher mein Dich nannte,
   Du höchſtes Gut und wahre Ruh!
   Es iſt mir leid, ich bin betrübt,
   Daß ich ſo ſpät [erſt Dich] geliebt!

4. Ich ging verirrt und war verblendet;
   Ich ſuchte Dich und fand Dich nicht;
   Ich hatte mich von Dir gewendet,
   Und liebte das geſchaffne Licht.
   Doch nun iſt es durch Dich geſchehn,
   Daß ich Dich [glaubend] hab' erſehn.

---

1) Die eingeſlammerten Worte in den Schlußzeilen müſſen aber
ausgelaſſen werden.

5. Ich danke Dir, Du wahre Sonne,
    Daß mir Dein Glanz hat Licht gebracht;
Ich danke Dir, Du Himmelswonne,
    Daß Du mich froh und frei gemacht;
Ich danke Dir, Du Gotteskraft,
Die neues Leben [in mir] schafft. [1]

6. Erhalte mich auf Deinen Stegen,
    Und laß mich nicht mehr irre gehn;
Laß meinen Fuß in Deinen Wegen
    Nicht straucheln oder stille stehn;
Erleuchte Leib und Seele ganz
Mit Deinem [reinen] Himmelsglanz.

7. Ich will Dich lieben, meine Krone,
    Dich lieben, meinen Herrn und Gott,
Dich lieben auch bei Schmach und Hohne [2]
    Und in der allergrößten Noth;
Ich will Dich lieben, schönstes Licht,
Bis mir das Herze [sterbend] bricht.

Nr. 314.   Eigene Melodie.

Johann Heinrich Schröder. Geb. 1697, über Luc. 10, 38—42 („Eins ist noth") u. 1 Kor. 1, 30 („Christus ist uns gemacht zur Weisheit, Gerechtigkeit, Heiligung und Erlösung"). Dieses köstliche Kleinod der Ev. K., wozu es vier Mel. giebt, wurde schon 1698 in das Darmst., dann 1704 in das Freylingh. und andere Gsgb. aufgenommen, u. a. 1723 selbst in das Malabarische übersetzt. Der Eisen. Entwurf hat es mit Recht unter die 150 Kernlieder aufgenommen. Engl. Uebers. von Miß C. Winkworth in Lyra G. I. 183 (dasselbe in Sacred Lyrics, p. 139,

---

1) Urspr.: „Ich danke Dir, Du güldner Mund, Daß Du mich macht gesund."
2) Statt: „Ich will Dich lieben ohne Lohne."

ohne Angabe der Ueberſetzerin). Eine andere von Miß
Frances Eliz. Cox in Schaff's Christ in Song, p. 416.

1. Eins iſt noth! ach Herr, dies Eine
     Lehre mich erkennen doch!
Alles Andre, wie's auch ſcheine,
     Iſt ja nur ein ſchweres Joch,
Darunter das Herze ſich naget und plaget,
Und dennoch kein wahres Vergnügen erjaget.
Erlang ich dies Eine, das alles erſetzt,
So werd' ich mit Einem in allem ergötzt.

2. Seele, willſt du dieſes finden,
     Such's bei keiner Creatur;
Laß, was irdiſch iſt, dahinten,
     Schwing dich über die Natur.
Wo Gott und die Menſchheit in Einem ver-
                      einet,
Wo alle vollkommene Fülle erſcheinet:
Da, da iſt das beſte, nothwendigſte Theil,
Mein Ein und mein Alles, mein ſeligſtes
                      Heil.

3 Wie Maria war befliſſen
     Auf des Einigen Genieß,
Da ſie ſich zu Jeſu Füßen
     Voller Andacht niederließ;
Ihr Herze entbrannte, dieß einzig zu hören,
Was Jeſus, ihr Heiland, ſie wollte belehren;
Ihr Alles war gänzlich in Jeſum verſenkt,
Es wurde ihr Alles in Einem geſchenkt:

4. Alſo ſteht auch mein Verlangen,
     Liebſter Jeſu, nur nach Dir;

Laß mich treulich an Dir hangen,
  Schenke Dich zu eigen mir!
Ob Viele auch fallen zum größesten Haufen,
So will ich Dir dennoch in Liebe nachlaufen;
Denn Dein Wort, o Jesu, ist Leben und Geist!
Was ist wohl, das man nicht in Jesu ge-
                neußt?

5. Aller Weisheit höchste Fülle
    In Dir ja verborgen liegt.
  Gieb nur, daß sich auch mein Wille
    Fein in solche Schranken fügt,
  Worinnen die Demuth und Einfalt regieret
  Und mich zu der Weisheit, die himmlisch
                ist, führet!
  Ach, wenn ich nur Jesum recht kenne und
                weiß,
  So hab' ich der Weisheit vollkommenen Preis!

6. Nichts kann ich vor Gott ja bringen,
    Als nur Dich, mein höchstes Gut!
  Jesu, es muß mir gelingen
    Durch Dein theures Opferblut! [1])
  Die höchste Gerechtigkeit ist mir erworben,
  Da Du bist am Stamme des Kreuzes ge-
                storben;
  Da hab' ich die Kleider des Heiles erlangt,
  Worinnen mein Glaube in Ewigkeit prangt.

7. Nun, so gieb, daß meine Seele
    Auch nach Deinem Bild erwacht!

---

1) Urspr. „rosinfarbnes (scharlachrothes) Blut" mit Rücksicht auf
Jes. 1, 18. Wackernagel liest: „rosenfarbes (!) Blut."

Du bist ja, den ich erwähle,
  Mir zur Heiligung gemacht.
Was dienet zum göttlichen Wandel und Leben,
Ist in Dir, mein Heiland, mir alles gegeben;
Entreiße mich aller vergänglichen Lust,
Dein Leben sei, Jesu, mir einzig bewußt!

8. Ja, was soll ich mehr verlangen?
    Mich beströmt die Gnadenfluth.
  Du bist einmal eingegangen
    In das Heil'ge durch Dein Blut.
  Da hast Du die ew'ge Erlösung erfunden,
  Daß ich nun der höllischen Herrschaft ent-
                              bunden;
  Dein Eingang die völlige Freiheit mir
                              bringt,
  Im kindlichen Geiste das Abba nun klingt.

9. Volles G'nüge, Fried' und Freude
    Jetzo meine Seel' ergötzt,
  Weil auf eine frische Weide
    Mein Hirt Jesus mich gesetzt.
  Nichts Süßers kann also mein Herze erlaben,
  Als wenn ich nur, Jesu, Dich immer soll
                              haben;
  Nichts, nichts ist, das also mich innig er-
                              quickt,
  Als wenn ich Dich, Jesu, im Glauben er-
                              blickt.

10. Drum auch, Jesu, Du alleine
    Sollst mein Ein und Alles sein!
  Prüf', erfahre, wie ich's meine,
    Tilge allen Heuchelschein!

Sieh, ob ich auf bösem, betrüglichem Stege,
Und leite mich, Höchster, auf ewigem Wege!
Gieb, daß ich hier alles nur achte für Koth
Und Jesum gewinne: dies Eine ist noth!

Nr. 315. Mel.: Jesu, meine Freude.

Gerhard Tersteegen. 1731 Urspr. 8 B. Knapp und das Würt. Gsgb. geben bloß 5 das Basler 6 B.

1. Allgenugsam Wesen,
   Das ich hab' erlesen
     Mir zum höchsten Gut!
   Du vergnügst alleine,
   Völlig, innig, reine,
     Seele, Geist und Muth.
   Wer Dich hat, Ist still und satt.
   Wer Dir kann im Geist anhangen,
   Darf nichts mehr verlangen.

2. Wem Du Dich gegeben,
   Kann im Frieden leben,
     Er hat, was er will.
   Wer im Herzensgrunde
   Mit Dir steht im Bunde,
     Liebet und ist still.
   Bist Du da Und innig nah,
   Muß das Schönste bald erbleichen,
   Und das Beste weichen.

3. Höchstes Gut der Güter,
   Ruhe der Gemüther,
     Trost in aller Pein!
   Was Geschöpfe haben,
   Kann den Geist nicht laben;

Du vergnügst allein
Was ich mehr Als Dich begehr',
Kann mein Seligsein nur hindern
Und den Frieden mindern.

4. Was genannt mag werden
Droben und auf Erden,
    Alles reicht nicht zu.
Einer nur kann geben
Freude, Trost und Leben;
    Eins ist noth, nur Du!
Hab' ich Dich Nur wesentlich,
So mag Leib und Seel' verschmachten,
Ich will's doch nicht achten.

5. Komm, Du sel'ges Wesen,
Das ich mir erlesen,
    Werd' mir offenbar!
Meinen Hunger stille,
Meinen Grund erfülle
    Mit Dir Selber gar.
Komm, nimm ein Mein Herz allein,
Daß ich Allem mich verschließe
Und nur Dich genieße.

6. Laß von Dir mich scheiden
Freuden nicht, noch Leiden,
    Keine Creatur.
Stets nach Dir verlangen,
Kindlich an Dir hangen
    Sei mein Himmel nur.
Bleib nur Du Mein Gut und Ruh',
Bis Du wirst in jenem Leben
Dich mir völlig geben.

Nr. 316. Mel.: Ringe recht, wenn Gottes Gnade.

Aug. Gottl. Spangenberg, geſt 1792. Sein beſtes und verbreiteiſtes Lied (fehlt jedoch im N. Würt. und allen ameriſ. Gſgb.). Eigentlich über die Tugend der chriſtl. Einfalt, die aber eben in dem feſten, unverrückten Blick der Liebe auf Jeſum beſteht, vgl. B. 4.

1. Heil'ge Einfalt, Gnadenwunder,
   Tiefſte Weisheit größte Kraft!
   Schönſte Zierde, Liebeszunder,
   Werk, das Gott alleine ſchafft!

2. Alle Freiheit geht in Banden,
   Aller Reichthum iſt nur Wind;
   Alle Schönheit wird zu Schanden,
   Wenn wir ohne Einfalt ſind.

3. Wenn wir in der Einfalt ſtehen,
   Iſt es in der Seele licht;
   Aber wenn wir doppelt ſehen,
   So vergeht uns das Geſicht.

4. Einfalt denkt nur auf das Eine,
   In dem alles Andre ſteht;
   Einfalt hängt ſich ganz alleine
   An den ewigen Magnet.

5. Einfalt quillt aus Jeſu Wunden,
   Mit dem theuren Gottesblut;
   Wer ſie da nicht hat gefunden,
   Der iſt fern von dieſem Gut.

6. Wem ſonſt nichts als Jeſus ſchmecket,
   Wer allein auf Jeſum blickt,
   Weſſen Ohr nur Jesus wecket,
   Wen nichts außer Ihm erquickt;

7. Wer nur hat, was Jesus giebet,
　　　Wer nur lebt aus Seiner Füll',
　　Wer nur will, was Ihm beliebet,
　　　Wer nur kann, was Jesus will;

8. Wer nur geht auf Seinem Pfade,
　　　Wer nur sieht bei Seinem Licht,
　　Wer nur stets verlangt nach Gnade
　　　Und mag alles Andre nicht;

9. Wer Ihn so mit Inbrunst liebet,
　　　Daß er seiner selbst vergißt;
　　Wer sich nur um Ihn betrübet,
　　　Und in Ihm nur fröhlich ist;

10. Wer allein auf Jesum trauet,
　　　Wer in Jesu Alles find't:
　　Der ist auf den Fels erbauet,
　　　Und ein sel'ges Gnadenkind.

11. Wohl dem, der den Herrn läßt machen!
　　　Wohl ihm! Jesus ist sein Hirt;
　　Jesus wartet seiner Sachen,
　　　Daß man sich verwundern wird.

Nr. 317. Mel.: O Du Liebe meiner Liebe.

C. J. P. Spitta, gest. 1859. Geb. 1827, gebr.
1833 Ist ebenfalls schon in mehrere, jedoch noch in kein
amerik. Gsgb übergegangen Bisweilen steht es unter
den Confirmationsliedern. Engl. Uebers. von Richard
Massie, 1860: "O abide, abide in Jesus, Who for
us bare griefs untold, And Himself, from pain to ease
us, Suffered pangs a thousandfold (Schaff's Christ
in Song, p. 6z3).

1. Bleibt bei Dem, Der euretwillen
　　Auf die Erde niederkam;

Der, um euren Schmerz zu stillen,
Tausend Schmerzen auf Sich nahm.
Bleibt bei Dem, Der einzig bleibet,
Wenn auch Alles untergeht;
Der, wenn Alles auch zerstäubet,
Siegend über'm Staube steht.

2. Alles schwindet: Herzen brechen,
Denen ihr euch hier ergabt,
Und der Mund hört auf zu sprechen,
Der euch oft mit Trost gelabt,
Und der Arm, der euch zum Stabe
Und zum Schilde ward, erstarrt,
Und das Auge schläft im Grabe,
Das euch sorgsam einst bewahrt.

3. Alles stirbt; das Ird'sche findet
In dem Irdischen sein Grab;
Alle Lust der Welt verschwindet
Und das Herz stirbt selbst ihr ab.
Ird'sches Wesen muß verwesen,
Ird'sche Flamme muß verglühn.
Ird'sche Fessel muß sich lösen,
Ird'sche Blüthe muß verblühn.

4. Doch der Herr steht über'm Staube
Alles Irdischen, und spricht:
„Stütze dich auf Mich und glaube,
Hoffe, lieb und fürchte nicht!"
Darum bleibt bei Dem, Der bleibet,
Und Der geben kann, was bleibt;
Der, wenn ihr euch Ihm verschreibet,
Euch in's Buch des Lebens schreibt!

Nr. 318. Mel.: Ach Gott und Herr, Wie groß und schwer.

Aus Diepenbrocks „Geistl. Blumenstrauß." 1829. Vielleicht von Louise Hensel, geb. 1796.

1. Zu Dir, zu Dir, Hinweg von mir,
    Will meine Seele fliehen.
   Nur Dein allein, Dein soll sie sein,
    Du mußt sie zu Dir ziehen.

2. Die Welt ist leer, Ich will nicht mehr
    Nach ihren Gütern fragen;
   Für Dich, für Dich Soll ewiglich
    Mein Herz allein noch schlagen.

3. Was Du nicht bist, Herr Jesu Christ,
    Danach laß mich nicht streben.
   Laß mich nicht mehr, O lieber Herr,
    Ohn' Dich auf Erden leben.

4. Nur Du, nur Du, Sonst keine Ruh',
    Kein Friede, keine Freude.
   Was ist die Welt, Wenn Er uns fehlt,
    Des Herzens grüne Weide!

5. Stirb hin, stirb hin, Mein Eigensinn
    Und alles ird'sche Streben!
   Nimm hin, nimm hin Den neuen Sinn,
    Herr, den Du Selbst gegeben!

b) Liebe zum Nächſten.

[Man vergleiche hier die L.eber Nr. 201 bis 206 über
die Gemeinſchaft der Heiligen und die brüder iche Liebe,
in welcher ſich die Nächſtenliebe vollendet. Viele Gſgb.
theilen hier eine Anzahl proſaiſcher, trocken moraliſirender
und mehr zum Leſen als zum Singen geeigneter Lieder unt.]

Nr. 319. Mel.: Sollt' ich meinem Gott nicht ſingen.

Ernſt Lange. 1711. Nach 1 Kor. 13. Freylingshauſen fügte 1714 noch einen 6. V. hinzu, der in manche
ſpätere Gſgb. übergegangen, aber ganz überflüſſig iſt.
Engl. Ueberſ. in Lyra G. I. 50: "Many a gift did Christ
impart, Noblest of them all is love". C F. Hartmann's Bearbeitung deſſelben unvergleichlichen Kap.
Pauli. geb. 1786 und vollſtändig mitgetheilt von ſeinem
in Chambersburg verſterbenen Sohne, Prof. G. F Hartmann, in Schaff's Kirchenfr. für 1850, . 37—41, iſt
ſchöner, tiefer und ideenreicher, als das Lange'ſche Lied,
aber für unſere Grenzen zu lang (22 V, Knapp giebt
bloß 18 mit Veränderungen) und nicht ohne Schaden abkürzbar. Als Probe ſtehe hier der erſte Vers: „Liebe,
du der Gottheit Spiegel, Liebe, der Erlöſung Siegel, Liebe,
feſtes Bruderband; Liebe, Königin der Gaben Welch ein
Reichthum, dich zu haben! Selig iſt, wer dich erkannt!"

1. Unter jenen großen Gütern,
   Die uns Chriſtus zugetheilt,
   Iſt die Lieb' in den Gemüthern
   Wie ein Balſam, der ſie heilt,
   Wie ein Stern, der herrlich blinket,
   Wie ein Kleinod, deſſen Preis
   Niemand zu benennen weiß,
   Wie die Schönheit, die uns winket,
   Und die Luſt, die Jedermann
   Zwingen und vergnügen kann.

2. Liebe kann uns Alles geben,
   Was auf ewig nützt und ziert,

Und zum höchsten Stand erheben,
   Der die Seelen aufwärts führt.
Menschen= oder Engelzungen,
   Wo sich keine Lieb' erweist,
   Wie beredt man sonst sie preist,
Wie beherzt sie angedrungen,
   Sind ein flüchtiger Gesang,
   Sind ein Erz= und Schellenklang.

3. Was ich von der Weisheit höre,
   Der Erkenntniß tiefer Blick,
Die geheimnißvolle Lehre,
   Und des Glaubens Meisterstück,
So der Berge Grund versetzet,
   Und was sonst den Menschen ehrt,
   Das verlieret seinen Werth;
Alles wird für Nichts geschätzet,
   Wenn sich nicht dabei der Geist,
   Der die Liebe wirkt, erweist.

4. Hätt' ich alle meine Habe
   Mild den Armen zugewandt,
Opfert' ich mich selbst dem Grabe,
   Scheut' ich nicht der Flammen Brand;
Gäb' ich meinen Leib auf Erden
   Ihnen zu verzehren hin,
   Und behielte meinen Sinn:
Würd' ich doch nicht besser werden,
   Bis mich wahre Lieb' erfüllt,
   Die aus Gottes Herzen quillt.

5. Glaubenssieg und Hoffnungsblüthe
   Führt uns tröstend durch die Welt,

Bis das irdiſche Gebiete
Und der Schöpfungsbau zerfällt;
Nur der Liebe weite Grenzen
Strecken ſich in Ewigkeit;
Alle, die ſich ihr geweiht,
Werden unaufhörlich glänzen.
Glaub' und Hoffnung bleiben hier;
Liebe währet für und für.

Nr. 320.

Mel: Lobſinge Gott, erheb' Ihn, meine
Seele.

Gottfried Hoffmann, geſt. 1712.

1. Hilf, Jeſu! daß ich meinen Nächſten liebe,
Durch Splitterrichten niemals ihn betrübe,
Ihn nicht verläumde, noch durch falſche Ränke
Muthwillig kränke.

2. Laß, wenn ich ſehe ſeine Schwäch' und Flecken,
Sie mich in Sanftmuth vor der Welt be-
decken,
Aus reinem Herzen ſeinen Fall beklagen,
Und ihn ertragen.

3. Hilf, daß ich liebend ihn zu beſſern trachte,
Und ſeine Seele hoch und theuer achte;
Du haſt für ſie ja bis zu Todesbanden
Viel ausgeſtanden.

4. Laß mich das Gute, das wir an ihm haben,
In Liebe loben; es ſind Deine Gaben!
Verleihe, daß ich eher Alles leide,
Als ihn beneide.

5. Gieb mir ein Herz, das wahre Demuth liebet,
    Und Jedem froh das Seine gönnt und giebet,
    Nichts Arges denket, still in Liebe brennet,
    Sich selbst erkennet.

6. Bei solchem Sinne bleib' ich stets in Gnaden,
    Feind, Welt und Teufel kann mir nimmer
                                        schaden;
    Du wirst mich schützen, und ich darf Dich
                                        loben
    Hier und dort oben.

―――――

Nr.321. Mel.: Nun sich der Tag geendet hat.

Graf Zinzendorf der Aeltere. Geb. 1725. Die
beiden ersten Verse sind urspr. V 9 und 10 aus einem
langen Liede über die Nachfolge Jesu („O Liebe, die in
fremde Noth" u. s. w., erschienen aber als besonderes Lied
schon im Gsgb. der Brüdergemeine von 1735, aus
welchem sie in das Würt., Basler, Aarauer und andere
Gsgb. übergegangen sind. V. 3 haben wir aus dem Orig.
hinzugefügt. Eine engl Uebers. von unbek. Hand findet
sich in der schönen Sammlung: Hymns of the Church
Militant (N. York 1858) p. 436: "Thou who in that
bitter night."

1. Der Du noch in der letzten Nacht,
    Eh Du für uns erblaßt,
    Den Deinen von der Liebe Macht
    So schön gepredigt hast:

2. Erinnre Deine kleine Schaar,
    Die sich sonst leicht entzweit,
    Daß Deine letzte Sorge war
    Der Glieder Einigkeit.

3. Bezwinge unsern stolzen Sinn,
   Der nichts von Demuth weiß,
   Und führ' ihn in die Liebe hin,
   Zu Deiner Liebe Preis.

---

6. Heiligungslieder. Der geistliche Kampf und Sieg.

Vgl. die Pfingstlieder Nr. 172—184.

[Dieser Abschnitt umfaßt mehr die thätigen, der folgende die leidenden Christentugenden.]

Nr. 322. Mel.: Freu' dich sehr, o meine Seele. Pf. 42.
Nach Benjamin Pistorius. 1659. Ueber Offenb. 2, 10: „Sei getreu bis in den Tod, so will Ich dir die Krone des Lebens geben." Das Orig. mitgetheilt von Koch, IV. S. 755 und im „Unverfälschten Liederfegen" Nr. 339) hat viele sprachliche Härten und störende Ausdrücke (wie „Jakobs Kuß", „Teufelsgruß", „Fechte frisch den letzten Ruck"), und wurde daher früh und mehrfach von Schade 1699, von Hedinger 1700, von Knapp und dem N. Württ. Gsgb. umgestaltet und theils abgekürzt, theils erweitert.

1. Sei getreu bis an das Ende,
   Daß nicht Marter, Angst und Noth
   Dich von deinem Jesu wende;
   Sei Ihm treu bis in den Tod!
   Ach, das Leiden dieser Zeit
   Ist nicht werth der Herrlichkeit,
   Die Dein Jesus dir will geben
   Dort in Seinem Freudenleben.

2. Sei getreu in deinem Glauben!
   Laß dir dessen festen Grund

Ja nicht aus dem Herzen rauben;
   Halte treulich deinen Bund,
Den dein Gott durch's Wasserbad
Fest mit dir geschlossen hat.
Ach, du gingest ja verloren,
Wenn du treulos Ihm geschworen!

3. Sei getreu in deiner Liebe
   Gegen Gott, Der dich geliebt;
Auch die Lieb' am Nächsten übe,
   Wenn er dich auch oft betrübt.
Denke, was dein Heiland that,
Als Er für die Feinde bat!
Du mußt, soll dir Gott vergeben,
Auch verzeihn und liebreich leben.

4. Hat dich Kreuz und Noth betroffen,
   Und Gott hilft nicht alsofort:
Bleibe treu in deinem Hoffen,
   Traue fest auf Gottes Wort.
Hoff auf Jesum festiglich!
Sein Herz bricht Ihm gegen dich,
Seine Hülf' ist schon vorhanden;
Hoffnung machet nie zu Schanden.

5. Sei getreu in deinem Leiden,
   Und laß dich kein Ungemach,
Keine Noth von Jesu scheiden;
   Murre nicht in Weh und Ach!
Denn du machest deine Schuld
Größer nur durch Ungeduld.
Selig ist, wer willig träget,
Was sein Gott ihm auferlegt!

6. Sei getreu in Todesstunden,
  Halt dich glaubensvoll an Gott
Flieh getrost zu Christi Wunden,
  Sei getreu bis in den Tod.
Wer mit Jesu betend ringt,
Und das Sündenfleisch bezwingt,
Dem will Er in jenem Leben
Seine Freudenkrone geben

Nr. 323. Mel.: Mach's mit mir, Gott, nach Deiner Güt'.

Johann Scheffler 'genannt Angelus Silesius).
1668. Ueber 2 Tim 2, 3 — 5, u Offenb. 3, 12 — 21.
Eines seiner kräftigsten Lieder (ein Seitenstück zu dem
noch bekannteren: „Mir nach! spricht Christus," Nr 105',
wo er seinen süßen, oft tändelnden Liebeston mit dem
christl. Waffenruf vertauscht; daher es in alten Gsgb.
die Aufschrift trägt: Ad arma fideles! Das N. Wurt.
Gsgb. giebt bloß 7 V.

1. Auf, Christenmensch, auf, auf zum Streit!
  Auf, auf zum Ueberwinden!
In dieser Welt, in dieser Zeit
  Ist keine Ruh' zu finden.
Wer nicht will streiten, trägt die Kron'
Des ew'gen Lebens nicht davon.

2. Der Teufel kommt mit seiner List,
  Die Welt mit Pracht und Prangen,
Das Fleisch mit Wollust, wo du bist,
  Zu fällen dich und fangen.
Streit'st du nicht wie ein tapfrer Held,
So bist du hin und schon gefällt.

3. Gedenke, daß du zu der Fahn'
  Dein's Feldherrn hast geschworen;

Gedenke, daß du als ein Mann
Zum Streit bist auserkoren;
Ja, denke, daß ohn' Streit und Sieg
Noch Keiner zum Triumph aufstieg.

4. Wie schmählich ist's, wenn ein Soldat
Dem Feind den Rücken kehret;
Wie schmählich, wenn er seine Statt
Verläßt, und sich nicht wehret;
Wie spöttisch, wenn er gar mit Fleiß
Aus Zagheit wird dem Feind zum Preis!

5. Bind an! der Teufel ist bald hin,
Die Welt wird leicht verjaget;
Das Fleisch muß endlich aus dem Sinn
Wie sehr dich's immer plaget.
O ew'ge Schande, wenn ein Held
Vor diesen drei Erzfeinden¹) fällt!

6. Wer überwindet und den Raum
Der Laufbahn wohl durchmessen,
Der wird im Paradies vom Baum
Des ew'gen Lebens essen.
Er wird hinfort von keinem Leid
Noch Tod berührt in Ewigkeit.

7. Wer überwind't und seinen Lauf
Mit Ehren kann vollenden,
Dem wird der Herr alsbald darauf
Verborgnes Manna senden,
Ihm geben einen weißen Stein
Und einen neuen Namen drein.

---

1) Urspr.: „Diesen dreien Buben."

8. Wer überwind't, bekommt Gewalt,
Wie Christus, zu regieren.
Mit Macht die Völker mannigfalt
Nach Gottes Rath[1]) zu führen.
Wer überwind't, bekommt vom Herrn
Zum Feldpanier den Morgenstern.

9. Wer überwind't, soll ewig nicht
Aus Gottes Tempel gehen,
Vielmehr drin, wie ein helles Licht
Und güldne Säule, stehen;
Der Name Gottes, unsers Herrn,
Soll leuchten von ihm weit und fern.

10. Wer überwind't, soll auf dem Thron
Mit Christo Jesu sitzen,
Soll glänzen wie ein Gottessohn,
Und wie die Sonne blitzen,
Ja ewig herrschen und regier'n,
Und immerdar den Himmel zier'n.

11. So streit denn wohl, streit keck und kühn,
Daß du mög'st überwinden!
Streng an die Kräfte, Muth und Sinn,
Daß du dieß Gut mög'st finden!
Wer nicht will streiten um die Kron',
Bleibt ewiglich in Spott und Hohn.

---

1) Urspr. "In einer Schnur".

Nr. 324. Eigene Melodie.

Johann Heinrich Schröder (geb. 1666, gest. 1699, ein Schüler A. H. Franke's, Pfarrer bei Magdeburg, Verf. von 5 Liedern, worunter dieses und „Eins ist noth, ach Herr," die bekanntesten und beliebtesten sind). Geb. nach dem frühen Tode seiner frommen Frau, welche ihm ein Jesuslied mit den Schlußworten: „Jesu, hilf siegen, ohn' Ende!" hinterließ; zuerst gedr. im Halleschen Gsgb. 1697; längere Zeit in der luth. Kirche durch die Wittenberger Facultät (seit 1716) als pietistisch und chiliastisch verdammt, bes. wegen der beiden letzten B. des Orig. (13 u. 14), wo um den Untergang Babels (der Landeskirche) gebetet wird, dann aber doch in die meisten Gsgb., obwohl gewöhnlich abgekürzt, übergegangen (das Berl. Gsgb. giebt bloß 7 B. mit ganz unnöthigen Beränderungen). Hofprediger Hedinger in Stuttgart ließ es sich in der Todesstunde vorlesen und rief dabei aus: „Victoria! Victoria! Der Sieg ist errungen!"

Dieses, sowie die folgenden 8 Lied r, stammen sämmtlich aus der Halleschen Schule des lebendigen pralt. Herzenschristenthums im Kampfe mit todter Verstandesorthodoxie. Sie sind der poetische Reflex und das poetische Ehrendenkmal des Spener-Frankeschen Pietismus, dieser subjectiven Nachreformation, welche die tirchl. Reformation des 16. Jahrh. ergänzte. Nach vielfacher Schmähung sind sie allmählich in die besten kirchl. Gsgb. auch die Sammlungen von Raumer und Stip) übergegangen und fehlen bloß in rationalist. und in exclusiv altluth. (z. B. in dem von St. Louis, Missouri, 1851). Größere Gsgb. theilen noch and. Lieder aus ders. Schule und Erweckungsperiode mit (z. B. „Wer sich dünken läßt zu stehen", von unbek. Verf. 1714; „Du sagst, ich bin ein Christ," von Haßlocher, 1698; „Das, was christlich ist, zu üben," von Hedinger 1700; „Du, Wort des Vaters, rede du," von Bengel nach dem Lat. des reform. Mystikers Poiret, 1731, und ähnl.), welche wir aus verschiedenen Rücksichten auslassen mußten.

1. Jesu, hilf siegen, Du Fürste des Lebens!
   Sieh, wie die Finsterniß dringet herein,
   Wie sie ihr höllisches Heer nicht vergebens

Mächtig aufführet, mir schädlich zu sein.
Satan, der sinnet auf allerlei Ränke
Wie er mich sichte, verstöre und kränke.

2. Jesu, hilf siegen! ach, wer muß nicht klagen:
　　Herr, mein Gebrechen ist immer vor mir!
Hilf, wenn die Sünden der Jugend mich
　　　　　　　　nagen,
　　Die mein Gewissen mir täglich hält für!
Ach, laß mich schmecken Dein kräftig Ver=
　　　　　　　　söhnen,
Und dieß zu meiner Demüthigung dienen!

3. Jesu, hilf siegen, und lege gefangen
　　In mir die Lüste des Fleisches, und gieb,
Daß in mir lebe des Geistes Verlangen,
　　Aufwärts sich schwingend mit heiligem
　　　　　　　　Trieb!
Laß mich eindringen in's himmlische Wesen,
So wird mein Geist, Leib und Seele genesen.

4. Jesu, hilf siegen, damit auch mein Wille
　　Dir, Herr, sei gänzlich zum Opfer geschenkt,
Und ich mich stets in Dein Wollen verhülle,
　　Wo sich die Seele zur Ruhe hinlenkt.
Laß mich mir sterben und alle dem Meinen,
Daß ich mich zählen darf unter die Deinen!

5. Jesu, hilf siegen! wer mag sonst bestehen
　　Wider den listigen, grimmigen Feind?
Wer mag dem Vater der Lügen entgehen,
　　Wenn Er als Engel des Lichtes erscheint?
Herr, wenn Du weichest, so muß ich verirren,
Dann wird die Schlange durch List mich ver=
　　　　　　　　wirren.

6. Jesu, hilf siegen im Wachen und Beten!
   Hüter, Du schläfst ja und schlummerst
                                 nicht ein;
   Laß Dein Gebet mich unendlich vertreten,
   Der Du verheißen Fürsprecher zu sein.
   Wenn mich die Nacht mit Ermüdung will
                                 decken,
   Woll'st Du mich, Jesu, ermuntern und wecken.

7. Jesu, hilf siegen, wenn Alles verschwindet,
   Und ich mein Nichts und Verderben nur
                                 seh;
   Wenn kein Vermögen zu beten sich findet,
   Und ich bin wie ein verschüchtertes Reh,
   Ach, Herr, so woll'st Du im Grunde der
                                 Seelen
   Dich mit dem innersten Seufzen vermählen!

8. Jesu, hilf siegen, und laß mir's gelingen,
   Daß ich die Krone des Sieges erlang;
   So will ich ewig Dir Lob und Dank singen,
   Jesu, mein Heiland, mit frohem Gesang!
   Wie wird Dein Name da werden gepriesen,
   Wo Du, o Held, Dich so mächtig erwiesen!

9. Jesu, hilf siegen, wann's nun kommt zum
                                 Sterben
   Mache mich willig und stetig bereit,
   Daß man mich nenne des Himmelreichs
                                 Erben,
   Dort in der Ewigkeit, hier in der Zeit.
   Jesu, Dir bleib ich auf ewig ergeben, —
   Hilf Du mir siegen, mein Heil, Trost und
                                 Leben!

Nr. 325. Mel.: O Du Liebe meiner Liebe.

Gottfried Arnold. 1697. Ein berühmtes und für den pietist. Kirchenhistoriker sehr charakteristisches Gebet= lied um den völligen Durchbruch und Sieg des neuen Menschen über den alten. Der urspr. 9. B. ist ausge= lassen. Engl. Ueberf. in Lyra Germ. II. 189: 'Thou who breakest every chain" (9 B.). Daff. in Sacres Lyrics from the Germ. p. 236.

1. O Durchbrecher aller Bande,
   Der Du immer bei uns bist,
   Bei Dem Schaden, Spott und Schande
   Lauter Lust und Himmel ist:
   Uebe ferner Dein Gerichte
   Wider unsern Adamssinn,
   Bis Dein treues Angesichte
   Uns zur Freiheit führet hin [1]).

2. Ist's doch Deines Vaters Wille,
   Daß Du endest dieses Werk!
   Hiezu wohnt in Dir die Fülle
   Aller Weisheit, Lieb' und Stärk',
   Daß Du nichts von dem verlierest,
   Was Er Dir geschenket hat,
   Und es aus dem Treiben führest
   Zu der süßen Ruhestatt.

3. Ach, so mußt Du uns vollenden,
   Willst und kannst ja anders nicht;
   Denn wir sind in Deinen Händen,
   Dein Herz ist auf uns gericht't;
   Ob wir wohl von allen Leuten
   Als gefangen sind geacht't,

---

[1]) Oder: „Bis uns Dein so treu Gesichte führet aus dem Kerker hin."

Weil des Kreuzes Niedrigkeiten
So verachtet uns gemacht.

4. Schau' doch aber unsre Ketten,
Da wir mit der Kreatur
Seufzen, ringen, schreien, beten
Um Erlösung der Natur
Von dem Joch der Eitelkeiten,
Das uns noch so hart bedrückt,
Wenn auch unser Geist in Zeiten
Sich auf etwas Beßres schickt.

5. Ach, erheb' die matten Kräfte,
Daß sie völlig sich befrei'n,
Und durch alle Weltgeschäfte
Durchgebrochen, Sieger sei'n [1]).
Weg mit Menschenfurcht und Zagen,
Weich', Vernunftbedenklichkeit;
Fort mit Scheu vor Schmach und Plagen,
Weg des Fleisches Zärtlichkeit!

6. Herr! zermalme und zerstöre
Alle Macht der Finsterniß;
Der preist nicht mehr Deine Ehre,
Den die Sünd' zum Tode riß [2])
Heb uns aus dem Staub der Sünden,
Wirf die Schlangenbrut hinaus;
Laß uns wahre Freiheit finden
In des Vaters sel'gem Haus.

7. Wir verlangen keine Ruhe
Für das Fleisch im Pilgerstreit,
Wie Du's nöthig find'st, so thue

---

1) Etwas verändert.
2) Urspr. „Herr! zermalme, brich und reiße Die verbeste Macht entzwei. Denke, daß an armer Waise, Die im Tod nichts nütze sei."

Noch vor unsrer Abschiedszeit;
Aber unser Geist, der bindet
Dich im Glauben, läßt Dich nicht,
Bis er die Erlösung findet,
Die Dein treuer Mund verspricht[1]).

8. Herrscher, herrsche! Sieger, siege!
König, brauch Dein Regiment!
Führe Deines Reiches Kriege,
Mach der Sklaverei ein End'!
Bring zur Freiheit unsre Seelen
Durch des neuen Bundes Blut;
Laß uns länger nicht so quälen,
Denn Du meinst es mit uns gut!

9 Ach, wie theu'r sind wir erworben,
Nicht der Menschen Knecht zu sein!
Drum, so wahr Du bist gestorben,
Mußt Du uns auch machen rein:
Rein und frei und ganz vollkommen,
Aehnlich Deinem heil'gen Bild[2]);
Der hat Gnad' um Gnad' genommen,
Wer aus Deiner Füll' sich füllt

10. Liebe, zeuch uns in Dein Sterben,
Laß mit Dir gekreuzigt sein,
Was Dein Reich nicht kann ererben,
Führ' in's Paradies uns ein!
Doch, wohlan! Du wirst nicht säumen,
Laß uns nur nicht lässig sein!
Werden wir doch als wie träumen,
Wann die Freiheit bricht herein!

---

1) Statt „Da ihm Zeit und Maß gebricht."
2) Statt: „Nach dem besten Bild gebild't."

Nr. 326. Mel.: Eins ist noth, ach Herr, dies Eine.
Gottfried Arnold, gest. 1714. Aus seinem „Geheimniß der göttlichen Sophia", 1700.

1. Herzog unsrer Seligkeiten,
　　Zeuch uns in Dein Heiligthum
Da Du uns die Statt bereiten
　　Und zu Deines Namens Ruhm [1])
Als Deine Erlösten siegprächtig willst führen!
Laß unsere Bitte Dein Herze jetzt rühren;
Wir wollen dem Vater zum Opfer dastehn,
Und mit Dir durch Leiden zur Herrlichkeit
　　　　　　　　　　gehn.

2. Er hat uns zu Dir gezogen,
　　Und Du wieder zu Ihm hin;
Liebe hat uns überwogen,
　　Daß an Dir hängt Herz und Sinn.
Nun wollen wir gerne mit Dir auch ab=
　　　　　　　　　　sterben
Dem ganzen natürlichen Sündenverderben;
Ach laß in Dein Sterben versetzet uns sein,
Sonst dringen wir nimmer in's Leben hinein!

3. Aber hier erdenkt die Schlange
　　So viel Ausflucht überall;
Bald macht sie dem Willen bange,
　　Bald bringt uns die Lust zu Fall.
Es bleibet das Leben am Kleinsten oft kleben,
Und will sich nicht gänzlich zum Sterben er=
　　　　　　　　　　geben;
Es schützet die löblichsten Meinungen vor,
Und bauet so Höhen und Festung empor.

1) Urspr.: „Und hier im Triumph herum".

4 Drum, o Schlangentreter, eile,
  Führ' das Todesurtheil aus;
Brich entzwei des Mörders Pfeile,
  Wirf den Drachen ganz hinaus!
Ach laß sich Dein neues, erstandenes Leben
In unsern erstorbenen Herzen erheben;
Erzeig' Dich verkläret und herrlich noch hier,
Und bringe ein neues Geschöpfe herfür!

5. Lebe denn, und lieb' und labe
   In der neuen Creatur,
Lebensfürst, durch Deine Gabe
   Die genesene Natur!
Erwecke Dein Paradies wieder im Grunde
Der Seelen und bringe noch näher die
                                    Stunde,
Da Du Dich in all Deinen Gliedern ver-
                                    klärst
Und ihnen das ewige Leben gewährst.

6. Gönne uns noch Frist auf Erden,
   Zeugen Deiner Kraft zu sein,
Deinem Bilde gleich zu werden,
   Und im Tod zu nehmen ein
Des Lebens vollkommene Freiheit und Rechte,
Als eines vollendeten Heilands Geschlechte!
Der Unglaub' mag denken, wir bitten zu viel:
Du hörst unsre Bitten, thust über ihr Ziel!

Nr. 327. Mel.: Freu' dich sehr, o meine Seele.
Pf. 42.
Ludwig Andreas Gotter (1661—1735). Zuerst
im Hall. Gsgb. 1697.

1. Schaffet, schaffet, Menschenkinder,
Schaffet eure Seligkeit;
Bauet nicht, wie freche Sünder,
Auf die ungewisse Zeit;
Sondern schauet über euch,
Ringet nach dem Himmelreich
Und bemüht euch hier auf Erden,
Wie ihr möget selig werden!

2. Selig, wer im Glauben kämpfet;
Selig, wer im Kampf besteht
Und die Sünden in sich dämpfet;
Selig, wer die Welt verschmäht!
Unter Christi Kreuzesschmach
Jaget man dem Frieden nach;
Wer den Himmel will erwerben,
Muß zuvor mit Christo sterben.

3. Werdet ihr nicht treulich ringen,
Wollt ihr träg' und lässig sein,
Eure Lüste zu bezwingen,
So bricht eure Hoffnung ein.
Ohne tapfern Streit und Krieg
Folget niemals rechter Sieg;
Nur dem Sieger ist die Krone
Beigelegt zum Gnadenlohne.

4. Schlagt an's Kreuz die Sündenglieder,
Wenn sich die Versuchung regt;
Kämpft die böse Lust darnieder,

Bis sich ihre Macht gelegt.
Was euch hindert, werfet ab;
Was euch ärgert, senkt in's Grab;
Denket stets an Christi Worte:
Dringet durch die enge Pforte!

5. Zittern will ich vor der Sünde,
    Will allein auf Jesum sehn,
Bis ich Seinen Beistand finde,
    In der Gnade zu bestehn.
Ach, mein Heiland, geh' doch nicht
Mit mir Armen in's Gericht;
Gieb mir Deines Geistes Waffen,
Meine Seligkeit zu schaffen!

7. Amen! es geschehe, Amen!
    Gott versiegle dieß in mir,
Daß ich so in Jesu Namen
    Meinen Glaubenskampf vollführ'.
Er, Er gebe Kraft und Stärk'
Und regiere selbst das Werk,
Daß ich wache, bete, ringe
Und also zum Himmel dringe!

Nr. 328. Eigene Melodie.

Christian Friedrich Richter, Arzt im Halleschen Waisenhause, gest. 1711. Zuerst im Hall. Gsgb. von 1697. Von der Schwierigkeit des wahren Christenthums im Hinblick auf seine hohen Forderungen und unsere eigene Schwachheit. Vgl. Matth. 7, 13; 16, 24. 25; 19, 24—26; Luk. 13, 24. 25. Es giebt dazu zwei Mel., eine Halle'sche von Freylinghausen (dem Vater der sogen. Halle'schen Mel.) von 1704, und eine von Kocher von 1828.

1. Es kostet viel, ein Christ zu sein
    Und nach dem Sinn des reinen Geistes leben;

Nr. 329. Mel.: Es kostet viel ein Christ zu sein.

Christian Friedrich Richter. Geb. vor 1711, gebr.
im 2. Th. von Freylinghausens Gsgb. 1714. Ein er-
gänzendes Gegenstück zum vorigen Liede. Ueber die
Leichtigkeit des Christenthums im Hinblick auf die
Verheißungen Gottes und die Kraft Seines Geistes, der
uns zu allem Guten tüchtig macht. Vgl. Matth. 11, 30:
„Mein Joch ist sanft, und Meine Last ist leicht."

1. Es ist nicht schwer, ein Christ zu sein
     Und nach dem Sinn des reinen Geistes leben;
   Zwar der Natur geht es gar sauer ein,
     Sich immerdar in Christi Tod zu geben;
   Doch führt die Gnade selbst zu aller Zeit
   Den schweren Streit.

2. Du darfst ja nur ein Kindlein sein,
     Du darfst ja nur die leichte Liebe üben.
   O blöder Geist, schau doch, wie gut Er's mein',
     Das kleinste Kind kann ja die Mutter
                              lieben!
   Drum fürchte dich nur ferner nicht so sehr:
   Es ist nicht schwer!

3. Dein Vater fordert nur das Herz,
     Daß Er es Selbst mit reiner Gnade fülle.
   Der fromme Gott macht dir gar keinen
                              Schmerz,
     Die Unlust schafft in dir dein eigner Wille;
   Drum übergieb ihn willig in den Tod,
   So hat's nicht noth!

4. Wirf nur getrost den Kummer hin,
     Der nur dein Herz vergeblich schwächt
                              und plaget;

Erwecke nur zum Glauben deinen Sinn,
Wenn Furcht und Weh dein schwaches
Herze naget:
Sprich: „Vater, schau mein Elend gnädig an!"
So ist's gethan!

5. Besitz dein Herze in Geduld,
Wenn du nicht gleich des Vaters Hülfe
merkest;
Versiehst du's oft und fehlst aus eigner
Schuld
So sieh, daß du dich durch die Gnade stärkest;
So ist dein Fehl und kindliches Versehn
Als nicht geschehn!

6. Laß nur dein Herz im Glauben ruhn,
Wenn dich will Nacht und Finsterniß be-
decken:
Dein Vater wird nichts Schlimmes mit dir
thun,
Vor keinem Wind und Sturm darfst du
erschrecken;
Ja, siehst du endlich ferner keine Spur,
So glaube nur!

7. So wird dein Licht auf's neu' entstehn,
Du wirst dein Heil mit großer Klarheit
schauen.
Was du geglaubt, wirst du dann vor dir sehn;
Drum darfst du nur dem frommen Va-
ter trauen.
O Seele, sieh doch, wie ein wahrer Christ
So selig ist!

8. Auf, auf, mein Geist! was säumest du,
    Dich deinem Gott ganz kindlich zu er=
                                    geben?
   Geh ein, mein Herz, genieß die süße Ruh,
    In Frieden sollst du vor dem Vater
                                    schweben!
   Die Sorg' und Last wirf nur getrost und
                                    kühn
Allein auf Ihn!

———

Nr. 330. Mel.: Straf' mich nicht in Deinem Zorn.

Joh. Burkhard Freystein, gest. 1726. In Frey=
lingh. Gsgb. 1704. Ein volksthümliches Mahnlied zur
geistlichen Wachsamkeit gegen Satan, Welt und Sünde,
über Matth. 26, 41. vom Eisenacher Entwurf unter die
150 Kernlieder aufgenommen, von Geffcken aber in
seinem Gegenentwurf ausgeschlossen.

1. Mache dich, mein Geist, bereit,
    Wache, fleh und bete,
   Daß dich nicht die böse Zeit
    Unverhofft betrete.
   Denn es ist Satans List
   Ueber viele Frommen
   Zur Versuchung kommen.

2. Aber wache erst recht auf
    Von dem Sündenschlafe!
   Denn es folget bald darauf
    Eine lange Strafe,
   Und die Noth Sammt dem Tod
   Möchte dich in Sünden
   Unvermuthet finden.

3. Wache, daß dich Satans List
　　Nicht im Schlaf erblicke,
　Weil er sonst behende ist,
　　Daß er dich umstricke; [1]
　Und Gott giebt, Die er liebt,
　Oft in seine Strafen,
　Wenn sie sicher schlafen.

4. Wache, daß dich nicht die Welt
　　Durch Gewalt bezwinge,
　Oder, wenn sie sich verstellt,
　　Wieder an sich bringe.
　Wach und sieh, Daß dich nie
　Falsche Brüder fällen,
　Die dir Netze stellen.

5. Wache dazu auch für dich,
　　Für dein Fleisch und Herze,
　Damit es nicht freventlich
　　Gottes Gnad' verscherze.
　Denn es ist Voller List
　Und weiß wohl zu heucheln
　Und sich selbst zu schmeicheln.

6. Bete aber auch dabei
　　Mitten in dem Wachen!
　Denn der Herr nur kann dich frei
　　Von dem allen machen,
　Was dich drückt Und bestrickt,
　Daß du schläfrig bleibest
　Und Sein Werk nicht treibest.

---

1) So mehrere Gsgb. statt „antreffe“ und „beaffe“.
Das Eyen. Gsgb. stärker abweichend. „Nicht im Schlaf mag finden,
Weil's ihm sonst ein Leichtes ist, Dich zu überwinden.“
Knapp: „Nicht im Schlaf betrüge, Denn sobald Du sorglos bist
Hilfst du ihm zum Siege“.

7. Ja, Er will gebeten sein,
    Wenn Er was soll geben;
Er verlanget unser Schrei'n,
    Wenn wir wollen leben
Und durch Ihn   Unsern Sinn,
Feind, Welt, Fleisch und Sünden
Kräftig überwinden.

8. Doch getrost! es muß uns schon
    Alles glücklich gehen,
Wenn wir Ihn durch Seinen Sohn
    Im Gebet anflehen;
Denn er will   Alle Füll'
Seiner Gunst ausschütten,
Wenn wir gläubig bitten.

9. Drum so laßt uns immerdar
    Wachen, flehen, beten,
Weil die Angst, Noth und Gefahr
    Immer näher treten;
Denn die Zeit   Ist nicht weit,
Da uns Gott wird richten
Und die Welt vernichten.

Nr. 331. Mel.: Wachet auf! ruft uns die Stimme.

Wilh. Erasmus Arends, gest. 1721. Zuerst in Freylingh. Gsgb. 2 Th. 1714. Dieses christl. Helden-lied ist vom N. Würt. Gsgb übersetzen, vom Eisen. Ent-wurf aber unter die 100 Kernlieder aufgenommen worden. Ebenso von Wackernagel.

1. Rüstet euch, ihr Christenleute!
    Die Feinde suchen euch zur Beute;
        Ja Satan selbst hat eu'r begehrt.

Wappnet euch mit Gottes Worte
Und kämpfet frisch an jedem Orte,
   Damit ihr bleibet unversehrt.
Ist euch der Feind zu schnell?
Hier ist Immanuel. Hosianna!
Der Starke fällt Durch diesen Held,
Und wir behalten mit das Feld.

2. Reinigt euch von euren Lüsten;
Besieget sie, die ihr seid Christen,
   Und stehet in des Herren Kraft.
Stärket euch in Jesu Namen,
Daß ihr nicht strauchelt wie die Lahmen.
   Wo ist des Glaubens Eigenschaft?
Wer hier ermüden will,
Der schaue auf das Ziel! Da ist Freude,
Wohlan, so seid Zum Kampf bereit:
So krönet euch die Ewigkeit.

3. Streitet recht die wen'gen Jahre,
Eh' ihr kommt auf die Todtenbahre;
   Kurz, kurz ist unser Lebenslauf.
Wenn Gott wird die Todten wecken,
Und Christus wird die Welt erschrecken,
   So stehen wir mit Freuden auf.
Gott Lob! wir sind versöhnt.
Daß uns die Welt verhöhnt, Währt nicht lange,
Und Gottes Sohn Hat längstens schon
Uns beigelegt die Ehrenkron'.

4. Jesu, stärke Deine Kinder,
   Und mach aus denen Ueberwinder,[1]

---

[1] Statt: „Und mache die zu Ueberwinder n", welchen Reimschle
Wackernagel beibehält, während er sich doch ganz unbeschadet des Sin
ns vermeiden läßt.

Die Du erkauft mit Deinem Blut.
Schaff in uns ein neues Leben,
Daß wir uns stets zu Dir erheben,
　Wenn uns entfallen will der Muth.
Geuß aus auf uns den Geist,
Dadurch die Liebe fleußt In die Herzen!
So halten wir　Getreu an Dir
Im Tod und Leben für und für.

Nr. 332.　　Eigene Melodie.

Johann Joseph Winckler. Zuerst Halle, 1714.
Ueber Luk. 3, 24; Phil. 2, 12; 1 Mos. 19, 15—22. Der
Verf. starb 1722 mit dem triumphirenden Ausrufe: „So
geht's zum neuen Zion hin. Hallelujah! Gottlob, daß
ich hinüber bin". Urspr. 23 Str., aber gewöhnlich um
die Hälfte abgekürzt (im N. Würt. und darnach im
N. Am. Luth. Gsgb. vielfach unnöthig verändert, von
Knapp aber seitdem wieder mehr restaurirt, vollständig
im „Unverf. Liedersegen" Nr. 336). Engl. Uebers. von
10 Str. in Lyra Germ. I. 46: "Strive when thou art
called of God".

1. Ringe recht, wenn Gottes Gnade
　　Dich nun ziehet und bekehrt,
　Daß dein Geist sich recht entlade
　　Von der Last, die ihn beschwert!

2. Ringe, denn die Pfort' ist enge
　　Und der Lebensweg ist schmal!
　Hier bleibt alles im Gedränge,
　　Was nicht zielt zum Himmelssaal.

3. Kämpfe bis auf's Blut und Leben,
　　Dring hinein in Gottes Reich
　Will der Satan widerstreben,
　　Werde weder matt, noch weich!

4. Ringe, daß dein Eifer glühe,
   Und die erste Liebe dich
   Von der ganzen Welt abziehe;
   Halbe Liebe hält nicht Stich.

5. Ringe mit Gebet und Schreien,
   Halte damit feurig an;
   Laß dich keine Zeit gereuen,
   Wär's auch Tag und Nacht gethan!

6. Hast du dann die Perl' errungen,
   Denke ja nicht, daß du nun
   Alles Böse hast bezwungen,
   Das uns Schaden pflegt zu thun.

7. Nimm mit Furcht ja deiner Seele,
   Deines Heils mit Zittern wahr!
   Hier in dieser Leibeshöhle
   Schwebst du täglich in Gefahr.

8. Halt ja deine Krone feste;
   Halte männlich, was du hast!
   Recht beharren ist das Beste,
   Rückfall ist ein böser Gast.

9. Laß dein Auge ja nicht gaffen
   Nach der schnöden Eitelkeit;
   Bleibe Tag und Nacht in Waffen,
   Fliehe Träg= und Sicherheit!

10. Laß dem Fleische nicht den Willen,
    Gieb der Lust den Zügel nicht!
    Willst du die Begierden stillen,
    So verlischt das Gnadenlicht.

11. Wahre Treu' führt mit der Sünde
  Bis in's Grab beständig Krieg,
Richtet sich nach keinem Winde,
  Sucht in jedem Kampf den Sieg.

12. Wahre Treu' liebt Christi Wege,
  Steht beherzt auf ihrer Hut,
Weiß von keiner Fleischespflege,
  Hält sich selber nichts zu gut.

13. Wahre Treu' kommt dem Getümmel
  Dieser Welt niemals zu nah;
Denn ihr Schatz ist in dem Himmel,
  Drum ist auch ihr Herz allda.

14. Dieß bedenket wohl, ihr Streiter!
  Streitet recht und fürchtet euch;
Geht doch alle Tage weiter,
  Bis ihr kommt in's Himmelreich!

15. Denkt bei jedem Augenblicke,
  Ob's vielleicht der letzte sei?
Bringt die Lampen in's Geschicke;
  Holt stets neues Oel herbei!

16. Eile, zähle Tag' und Stunden,
  Bis dein Bräut'gam kommt und winkt
Und, wenn du nun überwunden,
  Dich zum Schauen Gottes bringt.

Nr. 333. Mel.: Ach was soll ich Sünder machen.

Johann Caspar Lavater, Pfarrer an der Petri-
Kirche in Zürich, gest. 1801, ein genialer, begeisterter und
liebenswürdiger Mensch und Christ, dessen Persönlichkeit
eine unwiderstehliche Anziehungskraft hatte und in seinen Schriften nur unvollkommen sich abspiegelt. Zuerst
gebr. 1771 mit der Ueberschrift: „Stärkung in tiefer
Dunkelheit". Eben so gut als Kreuz- und Trostlied zu
gebrauchen. Wir ziehen es dem andern Heiligungsliede
Lavater's: „Vater, heilig möcht' ich leben" vor, zumal
da das letztere in neueren Gsgb. (auch im N. Würt. und
darnach im N. Amer. Luth.) nicht nur mehr als um die
Hälfte abgekürzt, sondern auch bis zur Unkenntlichkeit
umgearbeitet ist.

1. Fortgekämpft und fortgerungen,
   Bis zum Lichte durchgedrungen
     Muß es, bange Seele, sein!
   Durch die tiefsten Dunkelheiten
   Kann dich Jesus hinbegleiten;
     Muth spricht Er den Schwachen ein.

2. Bei der Hand will Er dich fassen,
   Scheinst du gleich von Ihm verlassen;
     Glaube nur und zweifle nicht!
   Bete, kämpfe ohne Wanken;
   Bald wirst du voll Freude danken!
     Bald umgiebt dich Kraft und Licht!

3. Bald wird dir Sein Antlitz funkeln;
   Hoffe, harre, glaub' im Dunkeln!
     Nie gereut Ihn Seine Wahl!
   Er will dich im Glauben üben;
   Gott, die Liebe, kann nur lieben:
     Wonne wird bald deine Qual.

4. Weg von aller Welt die Blicke!
Schau nicht seitwärts, nicht zurücke;
   Nur auf Gott und Ewigkeit!
Nur zu deinem Jesus wende
Aug' und Herz und Sinn und Hände,
   Bis Er himmlisch dich erfreut.

5. Aus des Jammers wilden Wogen
Hat dich oft herausgezogen
   Seiner Allmacht treue Hand.
Nie zu kurz ist Seine Rechte:
Wo ist Einer Seiner Knechte,
   Der bei Ihm nicht Rettung fand?

6. Schließ dich ein in deine Kammer;
Geh und schütte deinen Jammer
   Aus in Gottes Vaterherz:
Kannst du gleich Ihn nicht empfinden,
Worte nicht, nicht Thränen finden,
   Klag' Ihm schweigend deinen Schmerz!

7. Kräftig ist dein tiefes Schweigen;
Gott wird Sich als Vater zeigen;
   Glaube nur, daß Er dich hört!
Glaub', daß Jesus dich vertreten;
Glaube, daß, was Er gebeten [1]),
   Gott, Sein Vater, Ihm gewährt.

8. Drum, so will ich nicht verzagen,
Mich vor Gottes Antlitz wagen,
   Flehen, ringen fort und fort. [2])

---

[1]) Urspr.: „Glaub', daß Jesus dich vertrittet; Glaub', daß Alles, was er bittet."
[2]) Urspr.: „Komm ich um, so komm ich um".

Durch Ihn werd' ich überwinden
Allen Jammer, alle Sünden;
Er beschwört's in Seinem Wort. [1])

Nr. 334. Mel.: Die Tugend wird durch's Kreuz
geübet.

Friedrich Wilhelm Krummacher, der genialste deutsche Kanzelredner des 19. Jahrh., allgemein bekannt durch seine geist- und lebensvollen Predigten über Elias, Elisa, König David u. s. w., geb. zu Meurs am Rhein, 1797, Prediger in Frankfurt a. M., Ruhrort, Gemarke, Elberfeld, Berlin, zuletzt Hofprediger in Potsdam, wo er im Dec. 1868 im Frieden heimging.

1. Behalte mich in Deiner Pflege,
    Du, Der dem Tode mich entrückt;
  Daß nicht der Trug der eignen Wege
    Mich kaum Erlösten neu umstrickt.
  Du kennst mein Herz in seinem Trutze,
    Du kennst's in seiner Kreuzesflucht:
  Behalte mich in Deinem Schutze,
    Behalt mich, Herr, in Deiner Zucht!

2. Behalte mich in der Bereitung
    Des heil'gen Geistes für und für.
  Ich schaffe ohne Deine Leitung
    Ein Zerrgebilde nur aus mir,
  Die Keime selbst der Lieb' und Güte,
    Die Du mir neu in's Herz gelegt,
  Ach, sie verkümmern vor der Blüthe,
    Wo Deine Rechte sie nicht pflegt.

3. Du mußt, was Du begannst, vollenden;
    Aus mir grünt Heil'ges nicht hervor.

---

1) Statt: „Er bringt nur die Heuchler um", — ein anstößiger Mißton am Schluß.

Behalt in Deinen Bildnerhänden
    Mich weiches Wachs, mich schwankes Rohr.
Ob milde Lüfte wehn, ob Stürme:
    O laß mich nimmer, nimmer los;
Behalte mich in Deinem Schirme
    Und Deiner Liebe Mutterschooß!

7. Kreuz- und Trostlieder.
Geduld, Ergebung, Vertrauen auf Gott.
(Vgl. Nr. 47—58.)

[Diese Abtheilung ist sehr stark, aber nicht zu stark besetzt, wenn man bedenkt, daß sie eine reiche Schatzkammer des Trostes ist und mit am häufigsten gebraucht wird. Viele Gsgb. vertheilen die hierher gehörigen Lieder unter eine Anzahl besonderer Rubriken mit bes. Ueberschriften, wie Geduld, Gottvertrauen, Zufriedenheit, Gelassenheit, Gehorsam, Selbstverleugnung, Beständigkeit u. s. w. Allein diese Eigenschaften lassen sich im Leben und in den Liedern nicht so abstrakt von einander trennen und daher ist solche Zersplitterung auch immer mehr oder weniger willkürlich und in versch. Gsgb. verschieden und verwirrend.]

Nr. 335.   Eigene Melodie.

Psalm 31, 1—6. (In te, Domine, speravi) Nach **Adam Reißner.** 1533. Aus dem Eigen. Entw. mit einigen sprachlichen Nachbesserungen. Vgl. Wackernagel, Das D. Kirchenlied, S. 874, und Mützell, I. S. 76 f. Das N Würt. Gsgb., Knapp und And. verändern den Anfang in: „Auf Dich" 2c. Dieser Bet= und Trostpsalm wurde ehemals sehr viel gebraucht. Schamelius nennt ihn eine „geistliche Burg und Festung." Seiffert „ein herrlich und unvergleichlich trostreiches Lied, welches wohl die rechte Christenburg heißen möge".

1. In Dich hab' ich gehoffet, Herr!
    Hilf, daß ich nicht zu Schanden werd',
    Noch ewiglich zu Spotte.

Das bitt' ich Dich: Erhalte mich
Dir treu, Dir, meinem Gotte. [1)]

2. Dein gnädig Ohr neig' her zu mir,
Hör' mein Gebet und tritt herfür,
Eil', bald mich zu erretten;
In Angst und Weh Ich lieg' und steh,
Hilf mir aus meinen Nöthen.

3. Mein Gott und Schirmer, steh mir bei,
Sei meine Burg, darin ich frei,
Und ritterlich mög' streiten,
Ob mich bedräng' Der Feinde Meng'
Hier und auf allen Seiten. [2)].

4. Du bist mein Fels und starker Hort,
Mein Schild und Kraft — sagt mir
Dein Wort —
Mein' Hülf', mein Heil, mein Leben,
Mein starker Gott In aller Noth:
Wer mag mir widerstreben?

5. Mir hat die Welt oft zugericht't
Viel Lügen Trug und falsch Gedicht;
Sie spinnt viel Netz' und Stricke.
Nimm meiner wahr, Herr, in Gefahr;
Behüt' vor falscher Tücke.

6. Herr, meinen Geist befehl' ich Dir,
Mein Gott, mein Gott, weich nicht von mir,
Nimm mich in Deine Hände!
O wahrer Gott, Aus aller Noth
Hilf mir am letzten Ende!

---

1) Urspr.: „In Deiner Treu', Herr Gotte"
2) Statt: „Wider mein' Feind', Der gar viel seind An mich
(mir) auf beiden Seiten." Dieß hat Wackernagel im Kl. Gigb.
Nr. 129 wörtlich beibehalten. Und doch hat er B. 7 ganz ausgelassen.

7. Lob, Ehre, Macht und Herrlichkeit
   Sei Vater, Sohn und Geist bereit,
      Lobt Seinen heil'gen Namen! [1]
   Die göttlich Kraft Macht uns sieghaft
   Durch Jesum Christum. Amen.

Nr. 336. Eigene Melodie. Ps. 140.

Paul Eber (auf Grundlage von 3 lat. Distichen des Joach. Camerarius: „In tenebris nostrae et densa caligine mentis". etc.) nach dem Gebet Josaphats vor dem Siege über die Ammoniter und Moabiter, 2 Chron. 20. Ged. 1547 nach der Niederlage der Protestanten bei Mühlberg und beim Heranzug Carl's V. gegen Wittenberg, wo von allen Professoren bloß Eber sammt Bugenhagen und Creutziger im Vertrauen auf Gott in Wittenberg zurückblieb (Koch IV. 566). Mützell (II 489) jedoch setzt das Lied unbestimmt „vor 1567", Wackernagel in's Jahr 1567. In den ältesten Drucken von 1567—1584 ist Ebers Name nicht angegeben. Es ist jedenfalls eines der besten und verbreitetsten Lieder aus dem Reformationszeitalter. Schamelius giebt ihm die Ueberschrift: „Die Kreuzträger vor der Gnadenthür mit dem ganzen Chor." Winterfeld nennt es treffend „einen angstvollen Ruf aus der Tiefe und ein glaubensvolles Lied im höheren Chor." Es wurde besonders auch in öffentlichen Landesnöthen gebraucht (vgl. die historischen Erläuterungen bei Koch IV. 567). Die Mel. ist franz. calvinischen Urspr., vom J. 1555 zum 140. Ps.: 'O Dieu, donn-z moi délivrance'). Engl. Uebers in Lyra Germ. II. 240: 'When in the hour of utmost need We know not where to look for aid."

1. Wenn wir in höchsten Nöthen sein [2]

---

[1] Statt. „Sei Gott Vater und Sohn bereit, Dem heil'gen Geist mit Namen."

[2] Die grammat. Härte ließe sich leicht verbessern durch „schrei'n", oder „in höchster Noth und Pein", oder „in höchsten Nöthen stehn Und weder Aus- noch Eingang sehn"; sie ist hier aber (mit dem Eisen. Gsgb., Geffcken, Stip, Bunsen und Ard) beibehalten, weil diese Anfangszeile zugleich der Name einer Stamm-Melodie ist.

Und wissen nicht, wo aus noch ein,
Und finden weder Hülf' noch Rath,
Ob wir gleich sorgen früh und spat.

2. So ist dieß unser Trost allein,
Daß wir zusammen insgemein
Anrufen Dich, o treuer Gott,
Um Rettung aus der Angst und Noth.

3. Wir heben unser Aug' und Herz
Zu Dir in wahrer Reu' und Schmerz,
Und bitten um Begnadigung [1])
Und aller Strafen Linderung,

4. Die Du verheißest gnädiglich
All denen, die drum bitten Dich
Im Namen des Herrn Jesu Christ,
Der unser Heil und Fürsprech ist.

5. Drum kommen wir, o Herre Gott,
Und klagen Dir all unsre Noth,
Weil wir jetzt stehn verlassen gar
In großer Trübsal und Gefahr.

6. Sieh nicht an unsre Sünden groß,
Sprich uns davon aus Gnaden los;
Steh uns in unserm Elend bei,
Mach uns von allen Plagen [2]) frei;

7. Auf daß von Herzen können wir
Nachmals mit Freuden danken Dir,
Gehorsam sein nach Deinem Wort,
Dich allzeit preisen hier und dort.

---

1) Urpr.: „Und suchen der Sünden Vergebung" (eine Silbe zu viel).
2) So die meisten Quellen und die Tradition. Daneben findet sich aber auch die Lesart „Sünden", welche Mützell in seinem Texte bevorzugt hat.

Nr. 337.   Eigene Melodie.

Hans Sachs, der berühmte Nürnberger Schuster und Poet (?). Ged. entweder 1552 während der Hungersnoth, oder 1561 während der Belagerung von Nürnberg, aber erst später unter seinem Namen bekannt. Denn in den Schriften von Sachs findet sich das Lied nicht, und die älteren, auch die Nürnberger Gsgb. bis 1650 theilen es ohne Namen mit. Mützell giebt als Zeit der Abfassung 1560 mit einem Fragezeichen. Es ist ein kindlich frommes und vertrauensvolles Trostlied, das zwar sammt der Mel. in den deutschen Kirchen Amerikas völlig unbekannt zu sein scheint (denn ich finde es in keinem ihrer Gsgb.), aber eine reiche Segensgeschichte hat (vgl. noch, Bd. IV. S. 554 — 560) und vom Eisen. Entwurf und Geffckens Gegenentwurf einstimmig unter die 150 Kernlieder aufgenommen wurde. Die urspr. B. 5—9, welche das Würt. und and. Gsgb. wegen ihrer antiquirten und unbrauchbaren Form ganz auslassen, sind hier nach der Eisen. Rec. in zwei (B. 5 und 6) zusammengezogen und verbessert und andere Sprach= und Reimhärten des Originals nach dem Vorgange der besten Gsgr. ohne Veränderung des Sinnes geglättet. Das Original mit 14 B. siehe bei Mützell I. 262—265. Engl. Uebers. von H. Mills, Horae Germ. p. 68: „Why vex thyself with anxious fears." Eine andere von C. Winkworth in Lyra Germ. II. 248: "Why art thou thus cast down, my heart."

1. Warum betrübst du dich, mein Herz,
   Bekümmerst dich und trägest Schmerz,
      Nur um das zeitlich Gut?
   Vertrau du deinem Herrn und Gott,
   Der alle Ding' erschaffen hat.

2. Er kann und will dich lassen nicht,
   Er weiß auch wohl, was dir gebricht,
      Himmel und Erd' ist Sein:
   Mein Vater und mein Herre Gott,
   Der mir beisteht in aller Noth!

3. Weil Du mein Gott und Bater bist,
Wirst Du Dein Kind verlassen nicht,
Du väterliches Herz!
Ich bin ein armer Erdenkloß,
Auf Erden weiß ich keinen Trost.

4. Der Reich' verläßt sich auf sein Gut,
Ich aber trau' auf Gottes Hut.
Ob ich gleich werd' veracht't,
So glaub' ich doch mit Zuversicht:
Wer Dir vertraut, dem mangelt's nicht.

5. Du hast Dein' Kinder stets ernährt,
Und gnädig ihrem Leib gewehrt;
Elias ward gespeist
Von Raben in der Hungersnoth;
So bracht ihm auch Dein Engel Brod

6. Joseph's hast Du erbarmet Dich,
Und seiner Brüder gnädiglich
In schwerer, theurer Zeit;
Hast Daniel's, Deines Knechts, gedacht,
Ihn von den Löwen frei gemacht.

7. Ach Gott, Du bist so reich noch heut,
Als je Du warst von Ewigkeit!
Zu Dir steht mein Vertrau'n.
Sei Du nur meiner Seele Hort,
So hab' ich G'nüge hier und dort.

8. Der zeitlich Ehr' ich gern entbehr',
Das Ewige mir nur gewähr',
Das Du erworben hast
40

Durch Deinen herben, bittern Tod:
Das bitt' ich Dich, mein Herr und Gott!

9. Alles, was ist auf dieser Welt,
Es sei Silber, Gold oder Geld,
    Reichthum und zeitlich Gut,
Das währt nur eine kleine Zeit,
Und hilft doch nichts zur Seligkeit.

10. Ich danke Dir, Herr Jesu Christ,
Daß mir dieß kund geworden ist
    Durch Dein göttliches Wort.
Verleih mir auch Beständigkeit
Zu meiner Seelen Seligkeit.

11. Lob, Ehr' und Preis sei Dir gebracht
Für Alles, wie Du mich bedacht.
    In Demuth bitt ich Dich:
Laß mich von Deinem Angesicht
Verstoßen werden ewig nicht.

———

Nr. 338.   Eigene Melodie.

Markgraf **Albrecht von Brandenburg-Culmbach** (geb. 1522, vom Kaiser geächtet, gest. 1557), der das Lied während seiner Verbannung in Lothringen, von Noth und Krankheit niedergebeugt, zwischen 1554—1557 gedichtet haben soll. Zuerst gedr. zu Dresden a. 1556, bald sammt seiner altfranzös. Mel. allgemein verbreitet und häufig an Kranken- und Sterbebetten gebraucht. In den ältesten Drucken und vielen Ggb. erscheint das Lied anonym, und Mützell, welcher davon drei Formen mittheilt (I. S. 371 ff.), sagt, es lasse sich nicht entscheiden, ob der Fürst es selbst gedichtet habe, oder ob es für ihn gedichtet worden oder ob es bloß sein Lieblingslied gewesen s i. (Das N. Würt. Gsgb. hat es, wohl bloß aus Versehen, übergangen.)

1. Was mein Gott will, gescheh' all'zeit, [1]
　　Sein Will' der ist der beste;
　Zu helfen dem ist Er bereit,
　　Der an Ihn glaubet feste.
　Er hilft aus Noth, Der treue [2] Gott,
　　Und tröstet [3] uns mit Maßen.
　Wer Gott vertraut, Fest auf Ihn baut,
　　Den will Er nicht verlassen.

2. Gott ist mein Trost und Zuversicht,
　　Mein' Hoffnung und mein Leben; [4]
　Was mein Gott will, das mir geschicht,
　　Will ich nicht widerstreben.
　Sein Wort ist wahr, Denn all mein Haar
　　Er Selber hat gezählet:
　Er hüt't und wacht, Nimmt uns in Acht,
　　Auf daß uns gar nichts fehlet.

3. Muß ich gleich bald von dieser Welt
　　Hinfahr'n nach Gottes Willen
　Zu meinem Gott, wenn's Ihm gefällt:
　　Ich will Ihm halten stille.
　Mein' arme Seel' Ich Gott befehl
　　In meinen letzten Stunden;
　Du frommer Gott, Sünd', Höll und Tod
　　Hast Du mir überwunden.

---

1) Oder _das g'scheh allzeit".
2) So der älteste Druck bei Mützell. Der zweite und dritte ebend. das. lesen _der fromme Gott".
3) Nicht „züchtiget," wie Knapp liest. Mehrere Gsgb haben aber statt „mit Maßen", „ohn' Maßen".
4) So die meisten. Urspr.: „Mein Aufenthalt auf Erden."

4. Noch Eins, Herr, will ich bitten Dich,
   Du woll'st mir's nicht versagen:
Wenn mich der böse Geist anficht,
   Laß mich ja nicht verzagen.
Hilf Du und wehr', Ach Gott, mein Herr,
   Zu Ehren Deinem Namen!
Wer das begehrt, Dem wird's gewährt;
   Drauf sprech ich fröhlich: Amen!

Nr. 339. Eigene Melodie.

Ludwig Helmbold. Sein bestes Lied. Geb.
Erfurt 1563 oder 1564 während einer Pest, über Pf. 73 23,
zuerst gedr. 1564 und bald allgemein verbreitet. Schamelius, der bekannte Liedercommentator, nennt das Lied
„einen sichern Wanderstab für Fremdlinge und Reisende."
Die um ihres Glaubens willen vertriebenen Salzburger
Protestanten sangen es häufig auf ihrem Wanderzuge
durch Teutschland a. 1732. Noch hat manche erbauliche
Geschichten uber dieses Lied gesammelt (IV. S. 427 ff.).
Das Original hat, wie alle Lieder Helmbolds, mehrere
Sprach- und Reimhärten und rhythmische Unebenheiten,
welche hier nach den besten Gsgb. ausgeglichen sind, ohne
den Sinn zu verändern. Schon in den ältesten Gsgb.
finden sich verschiedene Lesarten (s. Mützell II. S.
551 ff.) Der urspr. 6. V., dessen Hauptgedanke im 7.
wiederholt wird, ist hier ausgelassen. Das neue Würt.
Gsgb, Knapp und Anb. geben bloß 7 Verse.

1. Von Gott will ich nicht lassen,
   Denn Er läßt nicht von mir,
Führt mich auf rechten Straßen,
   Sonst ging ich in der Irr'.
Er reicht mir Seine Hand,
   Den Abend wie den Morgen

Thut Er mich wohl versorgen,
Wo ich auch sei im Land.

2. Wenn sich der Menschen Treue
Und Wohlthat all verkehrt,
So wird mir bald auf's Neue
Die Huld des Herrn bewährt;
Er hilft aus aller Noth,
Befreit von Sünd' und Schanden,
Von Ketten und von Banden,
Und wenn's auch wär' der Tod.

3. Auf Ihn will ich vertrauen
In meiner schweren Zeit;
Es kann mir nimmer grauen;
Er wendet alles Leid.
Ihm sei es heimgestellt!
Mein Leib, mein' Seel', mein Leben
Sei Gott dem Herrn ergeben;
Er mach's, wie's Ihm gefällt.

4. Es kann Ihm nichts gefallen,
Denn was mir nützlich ist;
Er meint's gut mit uns allen
Und schenkt uns Jesum Christ;
Sein'n allerliebsten Sohn;
Durch Ihn Er uns bescheeret,
Was Leib und Seel' ernähret;
Lobt Ihn im Himmelsthron!

5. Lobt Ihn mit Herz und Munde,
Die Er uns beide schenkt!
Das ist ein' sel'ge Stunde,
Darin man Sein gedenkt.

Sonst ist all unsre Zeit
Verloren hier auf Erden;
Wir sollen selig werden
Und sein in Ewigkeit

6. Die Seel' bleibt unverloren,
Geführt in Abrams Schooß;
Der Leib wird neu geboren,
Von allen Sünden los,
Ganz heilig, rein und zart,
Ein Kind und Erb' des Herren;
Daran muß uns nicht irren
Des Teufels listig Art.

7. Darum, ob ich schon dulde
Hier Widerwärtigkeit,
Wie ich's auch wohl verschulde,
Kommt doch die Ewigkeit,
Die, aller Freuden voll
Und ohne Schrank' und Ende
Durch Christi treue Hände
Mein Erbtheil werden soll.

8. Das ist des Vaters Wille,
Der uns geschaffen hat;
Sein Sohn giebt uns die Fülle
Der Wahrheit und der Gnad';
Und Gott, der heil'ge Geist.
Im Glauben uns regieret.
Zum Reich der Himmel führet.
Ihm sei Lob, Ehr' und Preis!

———

Nr. 340. Eigene Melodie.

Sigismund Weingärtner (?) Zuerst anonym gebr. a. 1609 zu Jena, und erst seit 1648 dem Sigismund Weingärtner, einem südbeutschen Prediger, zugeschrieben. Das Lied ist weit verbreitet und vom Eisen. Gsgb. unter die Kernlieder aufgenommen worden. Dasselbe schiebt aber, wie auch Stip. vor den 5. B. noch einen anderen ein, der nicht zu dem urspr. Liede gehört (vgl. Mützell III. S. 974 f.).

1. Auf meinen lieben Gott
   Trau ich in Angst und Noth,
   Der kann mich allzeit retten
   Aus Trübsal, Angst und Nöthen;
   Mein Unglück kann Er wenden,
   Steht all's in Seinen Händen.

2. Ob mich die Sünd' anficht,
   Will ich verzagen nicht;
   Auf Christum will ich bauen,
   Und Ihm allein vertrauen;
   Ihm will ich mich ergeben
   Im Tod und auch im Leben.

3. Ob mich der Tod nimmt hin,
   Ist Sterben mein Gewinn,
   Und Christus ist mein Leben;
   Ihm will ich mich ergeben.
   Ich sterb' heut oder morgen:
   Mein Seel' wird Er versorgen.

4. O mein Herr Jesu Christ,
   Der Du geduldig bist
   Für mich am Kreuz gestorben,
   Du hast mir Heil erworben,

Und schenkst nach kurzen Leiden
Uns ew'ge Himmelsfreuden [1]).

5. Amen zu aller Stund'
Sprech ich aus Herzensgrund.
Du wollest Selbst uns leiten,
Herr Christ, zu allen Zeiten,
Auf daß wir Deinen Namen
Ewiglich preisen. Amen.

———

Nr. 341. Mel.: Herzliebster Jesu, was hast Du
verbrochen.

Johann Heermann. 1630. Aus seinen Devoti
Musica Cordis. Eines von 3 „Thränenlieder" des Verf.
aus den Drangsalen des 30jähr. Krieges. Vom Eisen.
(Ssgb. unter die 15.) Kernlieder aufgenommen.

1. Herr, unser Gott, laß nicht zu Schanden
        werden
Die, so in ihren Nöthen und Beschwerden
Bei Tag und Nacht auf Deine Güte hoffen,
Und zu Dir rufen!

2. Ach, mach zu Schanden Alle, die Dich hassen,
Die sich allein auf ihre Macht verlassen!
Ach, kehre Dich mit Gnaden zu uns Ar-
        men,
Laß Dich's erbarmen!

———

1) Urspr: „Auch uns allen zugleiche Das ewig Himmelreiche."
Wackernagel (Nr 171) hat dieß beibehalten.

3. Und schaff uns Beistand wider unsre Feinde!
Wenn Du ein Wort sprichst, werden sie bald
Freunde,
Sie müssen Wehr und Waffen niederlegen,
Kein Glied mehr regen.

4. Wir haben Niemand, dem wir uns ver-
trauen;
Vergebens ist's, auf Menschenhülfe bauen:
Mit Dir wir wollen Thaten thun und
kämpfen,
Die Feinde dämpfen.

5. Du bist der Held, der sie kann untertreten
Und das bedrängte kleine Häuflein retten.
Wir trau'n auf Dich, wir schrei'n in Jesu
Namen:
Hilf, Helfer! Amen.

Nr. 342. Eigene Melodie.

Paul Gerhardt. Zuerst bekannt 1653. Ein ächtes christliches Freudenlied, eine wahre Schatzkammer des Trostes und ein treffliches Gegengift gegen die Schwer-muth und Niedergeschlagenheit. (Seiffert nennt es daher „den besten Antimelancholicum.") V. 11 und 12 sind unvergleichlich schön und waren der letzte Sterbeseufzer des früh vollendeten, aber reich gesegneten würt. er-weckungspredigers Ludw. Hofacker. Ueberhaupt knüpft sich hier fast an jeden Ve.s eine erbauliche Geschichte. Es giebt dazu mehrere Mel., unter denen die Ebeling-sche von 1666 die schönste und verbreitetste ist und in ihrem freudigen Schwunge ganz zum Charakter des Lie-des paßt. Vollst. engl. Ue c f. in Lyra Germ. II 261: "Wherefore should I grieve and pine? Is not Christ the Lord still mine?"

1. Warum sollt' ich mich denn grämen?
    Hab' ich doch Christum noch,
Wer will mir Den nehmen?
Wer will mir den Himmel rauben,
    Den mir schon Gottes Sohn
Beigelegt im Glauben?

2. Nackend lag ich auf dem Boden,
    Da ich kam, Da ich nahm
Meinen ersten Odem;
Nackend werd' ich auch hinziehen,
    Wenn ich werd' Von der Erd'
Als ein Schatten fliehen.

3. Gut und Blut, Leib, Seel' und Leben
    Ist nicht mein; Gott allein
Ist es, Der's gegeben.
Will Er's wieder zu Sich kehren,
    Nehm Er's hin! Ich will Ihn
Dennoch fröhlich ehren.

4. Schickt Er mir ein Kreuz zu tragen,
    Dringt herein Angst und Pein:
Sollt' ich drum verzagen?
Der es schickt, Der wird es wenden;
    Er weiß wohl, Wie Er soll
All mein Unglück enden.

5. Gott hat mich in guten Tagen
    Oft ergötzt; Sollt' ich jetzt
Auch nicht etwas tragen?
Fromm ist Gott und schärft mit Maßen
    Sein Gericht, — Kann mich nicht
Ganz und gar verlassen.

6. Satan, Welt und ihre Rotten
    Können mir Nichts mehr hier
Thun, als meiner spotten.
Laß sie spotten, laß sie lachen;
    Gott, mein Heil, Wird in Eil'
Sie zu Schanden machen.

7. Unverzagt und ohne Grauen
    Soll ein Christ, Wo er ist,
Stets sich lassen schauen;
Wollt ihn auch der Tod aufreiben,
    Soll der Muth Dennoch gut
Und sein stille bleiben.

8. Kann uns doch kein Tod nicht tödten,
    Sondern reißt Unsern Geist
Aus viel tausend Nöthen;
Schleußt das Thor der bittern Leiden
    Und macht Bahn, Da man kann
Gehn zur Himmelsfreuden.

9. Da will ich mit süßen Schätzen
    Einst mein Herz Nach dem Schmerz
Ewiglich ergötzen.
Hier ist kein recht Gut zu finden;
    Was die Welt In sich hält,
Muß im Nu verschwinden.

10. Was sind dieses Lebens Güter?
    Eine Hand Voller Sand,
Kummer der Gemüther.
Dort, dort sind die edlen Gaben,
    Da mein Hirt Christus wird
Mich ohn' Ende laben.

11. Herr, mein Hirt, Brunn aller Freuden,
　　Du bist mein,　Ich bin Dein,
　Niemand kann uns scheiden.
　Ich bin Dein, weil Du Dein Leben
　　Und Dein Blut　Mir zu gut
　In den Tod gegeben.

12. Du bist mein, weil ich Dich fasse
　　Und Dich nicht,　O mein Licht,
　Aus dem Herzen lasse.
　Laß mich, laß mich hingelangen,
　　Da Du mich　Und ich Dich
　Ewig[1] werd' umfangen!

Nr. 343. Mel.: Valet will ich dir geben.

Paul Gerhardt. Zuerst 1656 (nicht 1661) Ueber
Röm. 8, 31 39. Nicht so vollendet, aber mehr heroisch,
als das vorige und daher bisweilen mit Luthers „Ein'
feste Burg" zusammengestellt. Bes. schön und beliebt
sind V. 3 und 12. (Urspr. 15 V., aber gewöhnlich abgekürzt, auch im Eisen. Gsgb.) Engl. Uebers.: "If God be
on my side", in Lyra Germ. I 130 und Sacred Lyrics
p. 62. Eine ältere, aber weniger treue im Morav H. B.
N. 519: "Is God my strong salvation" (bloß 6 V..

1. Ist Gott für mich, so trete
　　Gleich alles wider mich;
　So oft ich ruf und bete
　　Weicht, alles hinter sich,
　Hab' ich das Haupt zum Freunde
　Und bin beliebt bei Gott,

---

[1] Wackernagel liest: „leiblich".

Was kann mir thun der Feinde
Und Widersacher Rott?

2. Nun weiß und glaub' ich feste,
Ich rühm's auch ohne Scheu,
Daß Gott, der Höchst' und Beste,
Mein Freund und Vater sei;
Und daß in allen Fällen
Er mir zur Rechten steh,
Und dämpfe Sturm und Wellen
Und was mir bringet Weh.

3 Der Grund, drauf ich mich gründe,
Ist Christus und Sein Blut,
Das machet, daß ich finde
Das ew'ge wahre Gut.
An mir und meinem Leben
Ist nichts auf dieser Erd':
Was Christus mir gegeben,
Das ist der Liebe werth.

4. Mein Jesus ist mein' Ehre,
Mein Glanz und helles Licht,
Wenn Er nicht in mir wäre,
Könnt ich bestehen nicht.
In Ihm kann ich mich freuen,
Hab' einen Heldenmuth.
Darf kein Gerichte scheuen,
Wie sonst ein Sünder thut.

5. Nichts, nichts kann mich verdammen,
Nichts ängstiget mein Herz;
Die Höll' und ihre Flammen,
Die sind mir nur ein Scherz.

Kein Urtheil mich erschrecket,
  Kein Unheil mich betrübt,
Weil mich mit Flügeln decket
  Mein Heiland, der mich liebt.

6. Sein Geist wohnt mir im Herzen,
    Regieret meinen Sinn,
  Vertreibt mir Sorg und Schmerzen,
    Nimmt allen Kummer hin,
  Giebt Segen und Gedeihen
    Dem, was Er in mir schafft,
  Hilft mir das Abba schreien
    Aus aller meiner Kraft.

7. Und wenn an meinem Orte
    Sich Furcht und Schwachheit find't,
  So seufzt und spricht er Worte,
    Die unaussprechlich sind,
  Mir zwar und meinem Munde,
    Gott aber wohl bewußt,
  Der an des Herzens Grunde
    Ersiehet seine Lust.

8. Sein Geist spricht meinem Geiste
    Manch süßes Trostwort zu,
  Wie Gott dem Hülfe leiste,
    Der bei Ihm suchet Ruh,
  Und wie Er hab' erbauet
    Ein' edle neue Stadt,
  Da Aug' und Herze schauet,
    Was es geglaubet hat.

9. Da ist mein Theil, mein Erbe
    Mir prächtig zugericht't.

Wenn ich gleich fall' und sterbe,
Fällt doch mein Himmel nicht.
Muß ich auch gleich hier feuchten
Mit Thränen meine Zeit,
Mein Jesus und Sein Leuchten
Durchsüßet alles Leid.

10. Die Welt, die mag zerbrechen,
    Du stehst mir ewiglich;
    Kein Brennen, Hauen, Stechen
    Soll trennen mich und Dich;
    Kein Hungern und kein Dürsten,
    Kein' Armuth, keine Pein,
    Kein Zorn der großen Fürsten [1]
    Soll mir ein' Hindrung sein.

11. Kein Engel, keine Freuden,
    Kein Thron, noch Herrlichkeit,
    Kein Lieben und kein Leiden,
    Kein' Angst, kein Herzeleid:

---

[1] „Der gr. F.", nicht „des gr. F." So liest wenigstens Wackernagel in seiner Ausgabe von Gerh. und in seinem kl. Gsgb. Der Ausdruck ist aus Röm. 8, 38 „weder Engel, noch Fürsten- thum, noch Gewalt", zu erklären, da diese Stelle überhaupt die Basis des Liedes bildet. Vielleicht hatte er auch „die Fürsten und Gewalti- gen" Eph. 6, 12 im Auge. Irrig haben D. Schulz und Andere hier eine Anspielung auf Gerhardt's Amtsentsetzung durch den großen Chur- fürsten Friedrich Wilhelm gesehen. Allein diese erfolgte erst a. 1666, also 10 Jahre nach dem Erscheinen des Liedes, welches schon in der er- sten Ausgabe der Praxis Pietatis Melica von Crüger zu Frankfurt a. 1656 gedruckt wurde. Vgl. Wackernagels Vorrede zu seiner kleinen Ausgabe von Gerh. Geistl. Liedern S. XXIX und XXX. Darnach ist Koch zu berichtigen, welcher das Lied (IV. 457) in's Jahr 1664 ver- setzt, und darin zwar keine Anspielung auf die Absetzung, wohl aber auf den Revers vom Jahre 1663 in Betreff der Confessionsstreitigkeiten sieht. Der Eisen. Entw. liest „des gr. F.", das Würt. Gsgb. und Knapp „von gr. F."

Was man nur kann erdenken,
   Es sei klein oder groß,
Der keines soll mich lenken
   Aus Deinem Arm und Schooß!

12. Mein Herze geht in Sprüngen
   Und kann nicht traurig sein,
Ist voller Freud' und Singen,
   Sieht lauter Sonnenschein.
Die Sonne, die mir lachet,
   Ist mein Herr Jesus Christ;
Das, was mich singend machet,
   Ist was im Himmel ist.

Nr. 344.   Eigene Melodie.

Samuel Rodigast. Geb. zu Jena 1675 für einen
kranken Freund, welcher die schöne Mel. dazu componirte.
Wir haben von ihm (dem nachherigen Rector eines
Gymnasiums in Berlin, gest. 1708) bloß dieses Eine
Lied, das aber allbekannt ist und hundert andere auf=
wiegt. Engl. Ueberf. von Mills: "Whate'er God does
is filly done" (zu frei), und von C. Winkworth: "Whate'er my God ordains, is right" (in Lyra Germ. II. und
Sacred Lyrics p. 207).

1. Was Gott thut, das ist wohlgethan!
   Es bleibt gerecht Sein Wille,
Wie Er fängt meine Sachen an,
   Will ich Ihm halten stille.
Er ist mein Gott, Der in der Noth
Mich wohl weiß zu erhalten;
Drum laß ich Ihn nur walten.

2. Was Gott thut, das ist wohlgethan!
   Sein Wort kann nimmer trügen,
Er führet mich auf rechter Bahn,
   Drum laß ich mir genügen
An Seiner Huld,   Und hab' Geduld,
Er wird mein Unglück wenden:
Es steht in Seinen Händen.

3. Was Gott thut, das ist wohlgethan!
   Er wird mich wohl bedenken;
Mein Arzt, der heilen will und kann,
   Wird mir nicht Gift einschenken. [1]
Gott ist getreu,   Und steht mir bei;
Drum will ich auf Ihn bauen,
Und Seiner Güte trauen.

4. Was Gott thut, das ist wohlgethan!
   Er ist mein Licht und Leben,
Der mir nichts Böses gönnen kann,
   Ihm will ich mich ergeben
In Freud' und Leid;   Es kommt die Zeit,
Da öffentlich erscheinet,
Wie treulich Er es meinet.

5. Was Gott thut, das ist wohlgethan!
   Muß ich den Kelch gleich schmecken,
Der bitter ist nach meinem Wahn,
   Laß ich mich doch nicht schrecken;
Weil doch zuletzt   Ich werd' ergötzt
Mit süßem Trost im Herzen;
Da weichen alle Schmerzen.

---

1) Urspr.: „Er, als mein Arzt und Wundermann, Wird mir
nicht Gift einschenken Zur Arzenei." Dieß wird in verschiedenen Gsgb.
(auch dem Eisen.) verich. und zwar meist stärker verändert, als oben.

6. Was Gott thut, das ist wohlgethan!
　　Dabei will ich verbleiben.
　　Es mag mich auf die rauhe Bahn
　　　Noth, Tod und Elend treiben:
　　So wird Gott mich　Ganz väterlich
　　In Seinen Armen halten;
　　Drum laß ich Ihn nur walten.

────────

Nr. 345. Eigene Melodie.

Joh. Dan. Herrnschmidt. Zuerst 1704 in Freylingh. Gsgb. Th 1. Eine f.eie engl. Bearbeitung eines Theils dieses volksthümlichen, sententiösen Liedes (bloß 4 von den urspr. 17 V.) findet sich im **Morav H. B. N. 534:** "Storms of trouble may assail us."

1. Gott will's machen, daß die Sachen
　　Gehen, wie es heilsam ist.
　　Laß die Wellen höher schwellen,
　　Wenn du nur bei Jesu bist!

2. Wer sich kränket, weil er denket,
　　Jesus liege in dem Schlaf,
　　Wird mit Klagen nur sich plagen,
　　Drin der Unglaub' leidet Straf'.

3. Glaub nur feste, daß das Beste
　　Ueber dich beschlossen sei;
　　Wenn dein Wille nur ist stille,
　　Wirst du von dem Kummer frei.

4. Willst du wanken in Gedanken,
　　Senk' dich in Gelassenheit;
　　Laß Den sorgen, Der auch morgen
　　Herr ist über Leid und Freud'.

5. Gottes Hände sind ohn' Ende,
   Sein Vermögen hat kein Ziel.
   Ist's beschwerlich, scheint's gefährlich,
   Deinem Gott ist nichts zu viel.

6. Seine Wunder sind der Zunder,
   Da der Glaube Feuer fängt.
   Alle Thaten sind gerathen
   Jedes Mal, wie Er's verhängt.

7. Wann die Stunden sich gefunden,
   Bricht die Hülf' mit Macht herein;
   Und dein Grämen zu beschämen,
   Wird es unversehens sein.

8. Nun, so trage deine Plage
   Fein getrost und mit Geduld.
   Wer das Leiden will vermeiden,
   Häufet seine Sündenschuld.

9. Aber denen, die mit Thränen
   Küssen ihres Jesu Joch,
   Wird die Krone vor dem Throne
   Ihres Heilands werden noch.

10. Amen, Amen! In dem Namen
    Meines Jesu halt' ich still:
    Es geschehe und ergehe,
    Wie und wann und was Er will.

Nr. 346. Mel: Was Gott thut, das ist wohlgethan.

David Nerreter. Nürnberg 1701. (Nicht von
B. Schmolk, dem es Knapp, das N. Würt. und das
N. Penns. Luth Gsgb. zuschreiben.)

1. Ein Christ kann ohne Kreuz nicht sein:
    Drum laß dich's nicht betrüben,
Wenn Gott versucht mit Kreuz und Pein
    Die Kinder, die Ihn lieben.
Je lieber Kind, Je ernster sind
Des frommen Vaters Schläge;
Schau, das sind Gottes Wege!

2. Ein Christ kann ohne Kreuz nicht sein,
    Gott will's nicht anders haben;
Auch dieses Lebens Noth und Pein
    Sind deines Vaters Gaben.
Soll's denn so sein, So geh es ein!
Es kommt von Liebeshänden;
Gott wird nichts Böses senden.

3. Ein Christ kann ohne Kreuz nicht sein,
    Das Kreuz lehrt fleißig beten,
Zieht ab vom eitlen Trug und Schein
    Und lehrt zu Jesu treten.
Drum wirf's nicht hin Mit sprödem Sinn,
Wenn's nun zu dir gekommen;
Es soll der Seele frommen!

4. Ein Christ kann ohne Kreuz nicht sein:
    Das muß uns immer wecken,
Wir schliefen sonst in Sünden ein;
    Wie müßten wir erschrecken,

Wenn unbereit Die Ewigkeit
Und der Posaune Schallen
Uns würde überfallen!

5. Ein Christ kann ohne Kreuz nicht sein:
　Es lehrt die Sünde hassen
Und unsern lieben Gott allein
　Mit rechter Lieb' umfassen.
Die Welt vergeht, Und Gott besteht;
Bedenk's, und laß dich üben,
Das ew'ge Gut zu lieben!

6. Auch ich will ohne Kreuz nicht sein:
　Was Gott schickt, will ich tragen;
Schickt's doch der liebste Vater mein,
　Sind's doch nur kurze Plagen
Und wohlgemeint! Wer gläubig weint,
Lebt dort in steten Freuden;
Ich will mit Christo leiden!

Nr. 347. Mel.: Nun ruhen alle Wälder.

Joh. Anastasius Freylinghausen. Geb. 1719
unter heftigen Zahnschmerzen; gebr. 1714.

1. Mein Herz, gieb dich zufrieden,
Und bleibe ganz geschieden
　Von Sorge, Furcht und Gram:
Die Noth, die dich jetzt drücket,
Hat Gott dir zugeschicket,
　Sei still, und halt dich wie ein Lamm.

2. Mit Sorgen und mit Zagen
Und unmuthsvollen Klagen

Häufst du nur deine Pein:
Durch Stillesein und Hoffen
Wird, was dich jetzt betroffen,
Erträglich, sanft und lieblich sein.

3. Kann's doch nicht ewig währen,
Oft hat Gott unsre Zähren,
　　Eh' man's meint, abgewischt;
Wenn's bei uns heißt: „wie lange
Wird mir so angst und bange?"
　　So hat Er Leib und Seel' erfrischt.

4. Gott pflegt es so zu machen:
Nach Weinen schafft Er Lachen,
　　Nach Regen Sonnenschein;
Nach rauhen Wintertagen
Muß uns der Lenz behagen;
　　Er führt aus Höll' in Himmel ein.

5. Wenn ich es recht erwäge,
Sind es nur Liebesschläge,
　　Womit Er uns belegt;
Nicht Schwerter, sondern Ruthen
Sind's, damit Gott, zum Guten,
　　Als Vater Seine Kinder schlägt.

6. Er will uns dadurch ziehen
Zu Kindern, die da fliehen
　　Das, was Er untersagt;
Den alten Menschen schwächen,
Den Eigenwillen brechen,
　　Die Lust ertödten, die uns plagt.

7. Es kann uns doch nichts scheiden
Von Gott und seinen Freuden,

Dazu Er uns versehn.
Man lebe oder sterbe,
So bleibet uns das Erbe
Des Himmels ewiglich doch stehn.

8. Ist Christus unser Leben,
So muß uns, seinen Reben,
Der Tod sein ein Gewinn.
Er mag die Leibeshöhle
Zerbrechen, doch die Seele
Fliegt auf zum Bau des Himmels hin!

9. Drum gieb dich ganz zufrieden,
Mein Herz, und bleib' geschieden
Von Sorge, Furcht und Gram;
Vielleicht wird Gott bald senden,
Die dich auf ihren Händen
Hintragen zu dem Bräutigam.

Nr. 348. Mel.: Jesu, hilf siegen, Du Fürste des Lebens.

Christian Ludwig Edeling (Lehrer des Gr. Zinzendorf). 1714.

1. Christen erwarten in allerlei Fällen
Jesum mit Seiner allmächtigen Hand;
Mitten in Stürmen und tobenden Wellen
Sind sie gebauet auf felsiges Land:
Wenn sie die Nächte der Trübsal bedecken,
Kann doch ihr Grauen sie wenig erschrecken.

2. Jauchzen die Feinde zur Rechten und Linken,
Hauet und schneidet ihr blinkendes Schwert;

Lassen doch Christen die Häupter nicht sinken,
Denen sich Jesus im Herzen verklärt.
Wüthen die Feinde mit Schnauben und
                                        Toben,
Lernen sie Gottes Gerechtigkeit loben.

3. Geben die Felder den Samen nicht wieder,
Bringen die Gärten und Auen nichts ein;
Schlagen die Schlossen die Früchte darnieder,
Brennen die Berge vom hitzigen Schein:
Kann doch ihr Herze den Frieden erhalten,
Weil es den Schöpfer in Allem läßt walten.

4. Viele verzehren in ängstlichen Sorgen
Kräfte, Gesundheit und Kürze der Zeit;
Da doch im Rathe des Höchsten verborgen,
Wann und wo Jedem sein Ende bereit.
Sind es nicht alles unnöthige Schmerzen?
Die ihr euch machet, o thörichte Herzen!

5. Zweifel und Sorgen entstellen die Frommen;
Glauben und Hoffen bringt Ehre bei Gott:
Seele, verlangst du zur Ruhe zu kommen,
Hoffe, dem höllischen Feinde zu Spott.
Ob auch die göttliche Hülfe verborgen,
Traue dem Höchsten, und meide die Sorgen.

6. Gutes und alle erbetene Gaben
Folgen dir, bis man dich leget in's Grab.
Einst wirst du selbst auch den Himmel noch
                                        haben;
Ei! warum sagst du den Sorgen nicht ab?
Werde doch in dir recht ruhig und stille,
Das ist des Vaters, des Ewigen, Wille.

7. Freue dich, wenn du, statt freundlichen Blicken,
   Duldest viel Jammer, Anfechtung und
                                         Noth;
   Wisse, was Gott will auf ewig erquicken,
   Muß erst mit Jesu durch Trübsal und Tod.
   Willst du mitleben, so mußt du mitsterben;
   Anders kann Keiner den Himmel ererben.

8. Völlige Wonne, verklärete Freude,
   Himmlische Güter, undenkliches Heil
   Werden dir einstens auf ewiger Weide
   Unter den Engeln und Menschen zu Theil,
   Wann Christus prächtig am Ende wird
                                        kommen,
   Und zu sich sammeln die Heerde der Frommen.

————————

Nr. 349. Mel.: Wer nur den lieben Gott läßt
                                         walten.

Benjamin Schmolk. 17.5. Hier sind die Trö-
stungen aus den Naturbildern genommen. Das N. Würt.
und darnach das N. Penns. Luth. Gsgb. lassen die schönen V. 4 und 6 ganz aus. Engl. Uebers. (9 V.) von
J. J. Gurney in Sacred Lyrics from the Germ. p. 133:
"Greater the cross, the nearer heaven."

1. Je größer Kreuz, je näher Himmel!
   Wer ohne Kreuz, ist ohne Gott;
   Bei Sündenlust und Weltgetümmel
   Vergißt man Hölle, Fluch und Tod.
   O selig ist der Mensch geschätzt,
   Den Gott in Kreuz und Trübsal setzt!

2. Je größer Kreuz, je bess're Christen;
   Gott prüft uns mit dem Probestein.

Wie mancher Garten muß gleich Wüsten
   Ohn' einen Thränenregen sein!
Das Gold wird auf dem Feuerheerd,
Ein Christ in mancher Noth bewährt.

3. Je größer Kreuz, je stärkrer Glaube;
   Die Palme wächset bei der Last;
Die Süßigkeit fleußt aus der Traube,
   Wenn du sie wohl gekeltert hast;
Im Kreuze wächset uns der Muth,
Wie Perlen in gesalzner Fluth.

4 Je größer Kreuz, je größre Liebe;
   Der Wind bläst nur die Flammen auf;
Und scheinet gleich der Himmel trübe,
   So lachet doch die Sonne drauf.
Das Kreuz vermehrt der Liebe Gluth,
Gleichwie das Oel im Feuer thut.

5. Je größer Kreuz, je mehr Gebete;
   Geriebne Kräuter duften wohl;
Wenn um das Schiff kein Sturmwind wehte,
   So fragte man nicht nach dem Pol;
Wo kämen Davids Psalmen her,
Wenn er nicht auch versuchet wär'?

6. Je größer Kreuz, je mehr Verlangen;
   Im Thale steiget man bergan;
Wer durch die Wüsten oft gegangen,
   Der sehnet sich nach Kanaan;
Das Täublein findet hier nicht Ruh',
So fleucht es nach der Arche zu.

7. Je größer Kreuz, je lieber Sterben;
   Man freut sich dann auf seinen Tod,

Denn man entgehet dem Verderben,
Es stirbt auf einmal alle Noth.
Das Kreuze, das die Gräber ziert,
Bezeugt, man habe triumphirt.

8. Je größer Kreuz, je schönre Krone,
    Die Gottes Schatz uns beigelegt,
Und die einmal vor Seinem Throne
    Der Ueberwinder Scheitel trägt.
Ach, dieses theure Kleinod macht,
Daß man das größte Kreuz nicht acht't.

9. Gekreuzigter, laß mir Dein Kreuze
    Je länger und je lieber sein!
Daß mich die Ungeduld nicht reize,
    So pflanz ein solches Herz mir ein,
Das Glaube, Liebe, Hoffnung hegt,
Bis dort mein Kreuz die Krone trägt.

———

Nr. 350. Mel.: Was Gott thut, das ist wohlgethan.

Chr. Fürchtegott Gellert. 1757. Nach Pf. 73,
24: „Du leitest mich nach Deinem Rath und nimmst
mich endlich mit Ehren an."

1. Auf Gott und nicht auf meinen Rath
    Will ich mein Glücke bauen,
Und Dem, Der mich erschaffen hat,
    Mit ganzer Seele trauen.
Er, Der die Welt Allmächtig hält,
    Wird mich in meinen Tagen
Als Gott und Vater tragen.

2. Er sah von aller Ewigkeit,
    Wie viel mir nützen würde,
Bestimmte meine Lebenszeit,
    Mein Glück und meine Bürde.
Was zagt mein Herz? Ist auch ein Schmerz,
Der zu des Glaubens Ehre
Nicht zu besiegen wäre?

3. Gott kennet, was mein Herz begehrt,
    Und hätte, was ich bitte,
Mir gnädig, eh' ich's bat, gewährt,
    Wenn's Seine Weisheit litte.
Er sorgt für mich Stets väterlich;
Nicht, was ich mir ersehe,
Sein Wille, der geschehe!

4. Ist nicht ein ungestörtes Glück
    Weit schwerer oft zu tragen,
Als selbst das widrige Geschick,
    Bei dessen Last wir klagen?
Die größte Noth Hebt doch der Tod;
Und Ehre, Glück und Habe
Verläßt mich doch im Grabe.

5. An dem, was wahrhaft glücklich macht,
    Läßt Gott es keinem fehlen;
Gesundheit, Ehre, Glück und Pracht
    Sind nicht das Glück der Seelen.
Wer Gottes Rath Vor Augen hat,
Dem wird ein gut Gewissen
Die Trübsal auch versüßen.

6. Was ist des Lebens Herrlichkeit?
    Wie bald ist sie verschwunden!

Was ist das Leiden dieser Zeit?
Wie bald ist's überwunden!
Hofft auf den Herrn! Er hilft uns gern;
Seid fröhlich, ihr Gerechten!
Der Herr hilft Seinen Knechten.

Nr. 351. Mel.: Sieh, hier bin ich, Ehrenkönig.

Phil. Fr. Hiller. Aus seinem „Liederkästlein“,
Th. II. a. 1767 Ueber Eph. 2, 14: „Er ist unser Friede.“
Ein im Würt. sehr beliebtes Trostlied.

1. Die Beschwerden Dieser Erden
   Häufen sich noch immerzu,
Und im Streiten Dieser Zeiten
   Hat man nirgends wahre Ruh';
Wo ist Friede Für uns Müde?
   Du bist's, treuer Jesu, Du!

2. Sünden schmerzen Oft im Herzen,
   Und kein Fried' ist im Gebein;
Unverbunden Sind die Wunden;
   Jesu, Dein Blut heilt allein.
Dein Versöhnen Macht uns grünen,
   Du mußt unser Friede sein!

3. In der Eile Fahren Pfeile
   Von dem Satan auf uns dar;
Jesus schützet, Glaube nützet
   Als ein Schild uns in Gefahr;
So wird Frieden Uns beschieden,
   Weil der Heiland Sieger war.

4. Uns bekriegen Mord und Lügen
   Zwar von außen in der Welt;

Doch von innen   Kann's gewinnen,
  Wer Geduld und Glauben hält.
Nichts heißt Schade,   Wenn nur Gnade
  Unser Herz zufrieden stellt.

5. O Erlöser,   Noch viel größer
  Ist der Friede jener Stadt!
Da sind Psalmen,   Da sind Palmen,
  Die ein Ueberwinder hat.
Nimm mich Müden   Hin im Frieden;
  Dort wird Niemand lebenssatt.

Nr. 352. Mel.: Herr Jesu Christ, mein's Lebens Licht.

Joh. Caspar Lavater. Aus den „Fünfzig Christenliedern". Zürich 1771. Koch nennt dieß „ein vielbeliebtes, vielbewährtes Trostlied, das zum wirklichen Volkslied geworden ist."

1. Von Dir, o Vater, nimmt mein Herz
Glück, Unglück, Freuden oder Schmerz;
Von Dir, der nichts als lieben kann,
Vertrauensvoll und dankbar an.

2. Nur Du, der Du allweise bist,
Nur Du weißt, was mir heilsam ist;
Nur Du siehst, was mir jedes Leid
Für Heil bringt in der Ewigkeit.

3. Die kurze oder längre Pein
Kann nie umsonst erduldet sein;
Der bittern Wurzel Frucht ist süß,
Und einst quillt Licht aus Finsterniß.

4. Ist alles dunkel um mich her,
Die Seele müd' und freudenleer,
Bist Du doch meine Zuversicht,
Bist in der Nacht, o Gott, mein Licht.

5. Verzage, Herz, verzage nie!
Gott legt die Last auf, Gott kennt sie;
Er weiß den Kummer, der dich quält;
Und geben kann Er, was dir fehlt.

6. Wie oft, Herr, weint' ich, und wie oft
Half Deine Hand mir unverhofft!
Oft jammert' ich untröstlich heut,
Und morgen schon ward ich erfreut. [1]

7. Oft sah ich keinen Ausgang mehr;
Dann weint' ich laut und klagte sehr:
„Ach, schaust Du, Gott, mein Elend nicht?
Verbirgst Du mir Dein Angesicht?"

8. Dann hörtest Du, o Herr, mein Flehn,
Und eiltest, bald mir beizustehn;
Du öffnetest mein Auge mir:
Ich sah mein Glück und dankte Dir.

9. Die Stunde kommt früh oder spät,
Wo Dank und Freud' aus Leid entsteht;
Wo Pein, die Stunden nur gewährt,
In Freudentage sich verkehrt.

10. Du erntest deiner Leiden Lohn
Vielleicht in diesem Leben schon;

---

1) So das Original. Das Berl. Gsgb. (von 1829) verändert:
„Am Abend war ich schwer bedrückt, Am Morgen schon durch Dich
erquickt." Das N. Würt. Gsgb. (1842) und Knapp's Liederschatz
(1850): „Den Abend weint ich, und darauf Ging mir ein froher
Morgen auf."

Vielleicht, daß, eh' du ausgeweint,
Dir Gott mit Seiner Hülf' erscheint. [1])

11. Schau deinen Heiland gläubig an;
    Wenn Niemand dich erquicken kann,
    So schütt' dein Herz in Seinen Schooß,
    Denn Seine Lieb' und Huld ist groß.

12. Einst hat Er auch, der Menschenfreund,
    Im Thränenthale hier geweint.
    Auf deine Thränen giebt Er Acht,
    Und dir zu helfen hat Er Macht!

13. Und helfen will Er, zweifle nicht!
    Er hält getreu, was Er verspricht:
    „Nicht lassen will Ich, Seele, dich;
    Sei guten Muths und glaub an Mich!"

Nr. 353. Mel.: Ach was soll ich Sünder machen.
Nach Carl Friedr. Harttmann. Ged. 1782 auf
den Tod eines frommen Freundes, der nach vierjähriger
Krankheit verschied (daher urspr. mit manchen persönli-
chen Beziehungen) Ein erfahrungsreiches und gediegenes
Lied, von Dr. James W. Alexander vortrefflich in's
Engl. übers. für Schaff's Kirchenfr. 1850, S. 375: "Now
the crucible is breaking! Now my faith its seal is
taking; Molten gold, unhurt by fire."

1. Endlich bricht der heiße Tiegel,
    Und der Glaub' empfängt sein Siegel,
      Gleich dem Gold, im Feu'r bewährt;
    Zu des Himmels höchsten Freuden

---

[1] Diesen Vers hat das Würt. Gsgb. unnöthig mit dem vorigen
in einen zusammengezogen.

Werden nur durch tiefe Leiden
Gottes Lieblinge verklärt!

2 Unter Leiden prägt der Meister
In die Herzen, in die Geister
   Sein allgeltend Bildniß ein.
Wie Er dieses Leibes Töpfer,
Will Er auch des künft'gen Schöpfer
   Auf dem Weg der Leiden sein.

3. Leiden bringt empörte Glieder
Endlich zum Gehorsam wieder,
   Macht sie Christo unterthan,
Daß Er die gebrochnen Kräfte
Zu dem Heiligungsgeschäfte
   Sanft und still erneuern kann.

4. Leiden sammelt unsre Sinne,
Daß die Seele nicht zerrinne
   In den Bildern dieser Welt, —
Ist wie eine Engelwache,
Die im innersten Gemache
   Des Gemüthes Ordnung hält.

5. Leiden stimmt des Herzens Saiten
Für den Psalm der Ewigkeiten,
   Lehrt mit Sehnsucht dorthin sehn,
Wo die sel'gen Palmenträger
Mit dem Chor der Harfenschläger
   Preisend vor dem Throne stehn.

6. Leiden fördert unsre Schritte,
Leiden weiht die Leibeshütte
   Zu dem Schlaf in kühler Gruft;

Es gleicht einem frohen Boten
Jenes Frühlings, der die Todten
 Zum Empfang des Lebens ruft.

7. Endlich mit der Seufzer Fülle
Bricht der Geist durch jede Hülle,
 Und der Vorhang reißt entzwei.
Wer ermisset dann hienieden,
Welch ein Meer von Gottesfrieden
 Droben ihm bereitet sei!

8. Jesu! laß zu jenen Höhen
Heller stets hinauf uns sehen,
 Bis die letzte Stunde schlägt,
Da auch uns nach treuem Ringen
Heim zu Dir auf lichten Schwingen
 Eine Schaar der Engel trägt ¹)

Nr. 354. Mel.: Jesus, meine Zuversicht.

Johann Baptist von Albertini, geb. 1769 in Neuwied, aus einer adeligen Familie vom Kanton Graubündten, Studiengenosse und Freund des großen Theol. Schleiermacher, zuletzt Bischof der Brüdergemeinde, gest. 1831 in Bertheledorf bei Herrnhut.

1. Geh und säe Thränensaat,
 Streu ihn aus, den edlen Samen!
In das Buch der Mutterstadt
 Zeichnet Jesus deinen Namen

---

1) Dieser V. lautet urspr. ganz anders und beinahe schöner, obwohl nur ein Gsgb. weniger passend, namlich: „Wir in Kedar noch zurücke, Heften unsrer Sehnsucht Blicke Immer mehr auf jene Welt. Näher werden wir verbunden, Wenn im Glas der Wallfahrtstunden Einst das letzte Sandkorn fällt." Die obige, wie die übrigen Veränderungen rühren von A. Knapp 1837 her und sind vom K. Würt. Gsgb. angenommen worden. Das Orig. hat 18 V.

Mit den Thräneuperlen ein;
Treuer Dulder, geh und wein!

2. Jedes Zährlein, hier geweint,
    Wird zum Edelstein der Krone,
Die am Wonnetag Dein Freund
    Dir verleiht von Seinem Throne,
  Wenn du Priester einst und Fürst
Ueber Himmelsheere wirst.

3. Alle Seufzer, hier entflohn
    Deinem Busen, dem gepreßten,
Steigen auf, und Gottes Sohn
    Sammelt dort sie zu den Festen,
Wo sie einst als Luft der Lust
Wieder athmet deine Brust.

4. Sieh! die Saat der Trauer sprießt
    Fröhlich auf, und grünt und blühet:
Süßen Arbeitslohn genießt
    Hier schon, wer sich redlich mühet.
Sieh die Flur zur Ernte weiß!
Lohnt sie Mühe nicht und Schweiß?

5. Aber welche Seligkeit
    Harrt erst dein am Tag der Garben!
Aus ist dann des Kummers Zeit;
    In des Morgenrothes Farben,
Um die Stirn den Erntekranz,
Schwebst du auf zu ew'gem Glanz.

6. Deine Garben bringest du:
    Herr, sieh mich und meine Kinder!
„Komm!" ruft Er, „geh ein zur Ruh',

42*

Treuer Knecht! der Ueberwinder
Palm' und Krone seien dein!
Komm, bei Mir dich nun zu freu'n!"

———

Nr. 355.   Mel: Die Tugend wird durch's Kreuz geübet.

Nach **Christian Adam Dann**, gest. 1837. Geb. 1821 für Privatgebrauch, überarbeitet von A. Knapp, 1837, und dann so ins N. Würt. Gsgb. 1842 übergegangen Ein tiefempfundenes salbungsvolles und in Würt. sehr beliebtes Gebet- und Trostlied eines der treusten und gesegnetsten Seelsorger jenes Landes und wohl werth hiemit auch in Amerika eingebürgert zu werden.

1. Gekreuzigter! zu Deinen Füßen
    Hebt aus dem Staube sich empor
Mein Herz, wenn es von Gram zerrissen;
    Es sucht Dein Herz, Dein Aug' und Ohr:
Dein Herz, die Ruhestatt der Armen,
    Die Niemand sonst erquicken kann,
Dein Herz, das zärtlich voll Erbarmen
    Den Leidenden ist zugethan

2. Du, unser heil'ger Blutsverwandter,
    Der einst so heiß für uns geweint;
O Du, mit jeder Noth bekannter,
    Erfahrner Arzt und Seelenfreund:
Eröffne Du Dein Herz dem Matten
    Als eine stille Felsenkluft,
Wo Kühlungen ihn sanft umschatten,
    Wenn oft ein Schmerz den andern ruft!

3. Wie sich aus Deinen Todeswunden
    Dein Blut zu meinem Heil ergießt:

Das sei's in meinen bängsten Stunden,
· Was mir den Leidenskelch versüßt;
Das gieb als Balsam Deinem Kranken,
Den Frieden Gottes flöß ihm ein;
Und wenn des Glaubens Grund will wanken,
So müss' ihm das zur Stütze sein.

4. Dein Aug' mit jenem Blick voll Gnade,
Das Du dem Petrus zugewandt,
Daß er, verirrt auf dunklem Pfade,
Dich, guter Hirte, wiederfand, —
Dein Aug' begegne meinem Sehnen,
Das aufwärts seine Seufzer schickt!
Denn milder fließen meine Thränen,
Wenn Du mich, Jesu, angeblickt.

5. O Du, mein freundlichster Regierer,
Seitdem ich wall' im Pilgerland,
Sei ferner noch mein treuer Führer
Bis zu dem schönen Heimathland!
Halt mir Dein Ohr für Alles offen,
Was ich Dir klag' im Kämmerlein,
Und laß mich stets voll Demuth hoffen,
Daß es soll Ja und Amen sein.

6. Du sahest segnend auf die Deinen,
Herr, einst vom blut'gen Kreuz herab,
So sieh auch mich an und die Meinen
In jeder Stunde bis zum Grab!
Wie wird uns sein, befreit vom Staube,
Der oft den Geist mit Angst beschwert,
Wann endlich Hoffnung, Lieb' und Glaube
Die kühnsten Bitten sieht erhört!

Nr. 356.

Mel.: Wer weiß, wie nahe mir mein Ende.

Joh. Friedr. von Meyer (der verdienstvolle Verbesserer der luth. Bibelübersetzung), gest. 1849 zu Frankfurt a. M., wo er lebte und wirkte.

1. Ich senke mich in Deine Wunden,
    Ich senke mich in Deinen Tod,
   Wenn in der Buße Trauerstunden
    Die Sünde mir Verdammniß droht.
   Ich schaue Deine Schmerzen an
   Und weiß, Du hast genug gethan.

2. Mein Weh' will ich in Dich versenken,
    Will theilen Deine bittre Noth,
   Und hier an keine Rosen denken,
    Wo Dir der Acker Dornen bot.
   Ich sprech auf meiner Kreuzesbahn:
   Das hat man Gottes Sohn gethan!

3. Flößt gern verbot'ne Lust dem Herzen
    Ihr Gift mit süßen Reizen ein,
   So geh ich ein in Deine Schmerzen
    Und tödte sie durch Deine Pein.
   Seh ich Dein Dürsten, Deine Schmach,
   So scheu ich, was das Herz Dir brach.

4. Fühl ich mich arm an Gut und Kräften,
    Schmäht mich die Welt als Deinen Knecht,
   So seh ich nackt an's Kreuz Dich heften
    Und such in Deiner Schande Recht.
   In die Vernichtung geh ich ein,
   Und will mit Dir verachtet sein.

5. Will keine Sonne mehr mir scheinen,
    Und schweb' ich in Verlassenheit,
So denk ich, Herr, Dich von den Deinen,
    Von Gott verlassen selbst im Streit.
Auch Nacht mit Dir ist Morgenschein;
Bei Dir ist kein Verlassensein.

6. Will mich des Todes Pfeil erschrecken,
    Und macht mir bang des Grabes Nacht,
So hoff ich, ihn mit Dir zu schmecken,
    Der mir Unsterblichkeit gebracht.
Wer mit Dir stirbt, der lebt zugleich,—
Sein Sterben führt zum Himmelreich.

7. So will ich die Gemeinschaft üben,
    Aus deren Leib mir Freude grünt.
Kann auch die Marter mich betrüben,
    Für die Du Segen mir verdient?
Ich geh in Deine Leiden ein;
Mit Dir vereint, heißt selig sein.

Nr. 357. Mel.: Wenn wir in höchsten Nöthen sein.

Heinrich Möwes. Geb. Oct. 1831 nach der Niederlegung seines Predigtamtes und in tiefer Todesnoth; gebr. 1836. Es ist dieß das einzige für ein A. Gsgb. brauchbare Lied dieses edlen, tief frommen und durch schwere Leiden früh vollendeten Dichters.

Der Himmel hängt voll Wolken schwer,
Ich seh das blaue Zelt kaum mehr;
Doch über Wolken, — hell und klar,
Nehm ich ein freundlich Auge wahr

2. Es tobt der Sturm mit wilder Macht,
Sie wird so dunkel oft — die Nacht;
Doch wenn auch meine Seele bebt,
Sie weiß, daß dort ein Heiland lebt.

3. Sie zöge gar zu gern hinaus
In's große, schöne Vaterhaus;
Doch hält in Seiner Kraft sie still,
Bis Er, bis Er sie lösen will.

4. Ich ginge gern, so gern zu Dir!
Doch wenn Du mich noch länger hier
In Sturm und dunklen Nächten läss'st,
So halt Du meine Seele fest;

5. Daß sie in Sturm und Nächten treu
Zu Deiner Ehre wacker sei,
Bis Du mir rufst: „Nun ist Mir's recht,
Nun kannst du kommen, treuer Knecht!"

Nr. 358. Mel.: Zeuch mich, zeuch mich mit den Armen.

Carl Rudolph Hagenbach, geb. 1801, Prof. und
Dr. der Theologie in Basel, ein trefflicher Kirchenhistoriker und sinnreicher, feiner Dichter. Gedr. 1846.

1. Stille halten Deinem Walten,
Stille halten Deiner Zucht,
Deiner Liebe stille halten,
Die von je mein Heil gesucht, —
Ja, das will ich, wie's auch geh',
Wie's auch thu' dem Herzen weh.

2. Stille halten ohne Klage,
   Ohne Murren, ohne Trotz;
 Was dazu die Welt auch sage,
   Ich will spotten ihres Spotts.
 Weiß ich doch wie gut mir's war,
 Still zu halten immerdar.

3. Wo ich's selber wollte zwingen
   Und es wagen ohne Dich,
 Ach, da sanken mir die Schwingen
   Meines Muthes jämmerlich.
 Aber wo ich stille hielt,
 Hast Du stets mein Heil erzielt.

4. Ward es anders auch gewendet,
   Ging's durch banges Dunkel fort:
 Immer hat es gut geendet,
   Besser, als ich je gehofft;
 Besser als bei Tag und Nacht
 Ich's im Herzen ausgedacht.

5. Darum will ich stille halten
   Tag und Nacht, Jahr ein und aus,
 Bricht auch neues zu dem alten
   Kreuz und Leid herein in's Haus.
 Weiß ich nur, es kommt von Dir,
 Nun, es sei willkommen mir.

6. Du, o Herr, giebst Kraft den Deinen,
   Und den Schwachen allermeist.
 Darum gieb mir Deinen reinen,
   Deinen guten, stillen Geist,
 Daß es gelte wo und wann,
 Ich Dir stille halten kann.

Nr. 359.   Mel.: Die Tugend wird durch's Kreuz geübet.

Frau **Meta Heußer-Schweizer.** Geb. den 20. März 1859 für dieses Gsgb., über Hiob 19 25: „Ich weiß, daß mein Erlöser lebt und der Letzte über dem Staube stehen (oder sich erheben) wird" (nach berichtigter Uebers.) Die edle Verf. übersendet uns dieses Lied mit der bescheidenen Bemerkung: „Hier, theurer Fr, die verlangten Daten, denen ich noch mein allerjüngstes Lied beilege. Es ist zwar keineswegs der Kraftgesang eines siegenden Glaubens (kein Kirchenlied), wozu das Wort: Ich weiß, daß mein Erlöser lebt! wohl den Grundton geben könnte, — sondern nur der in Sehnsucht erfaßte Trost einer einzelnen angefochtenen Seele, der aus jenem Worte leuchtet und quillt." — Andere Trostlieder von ders. Verf.: „Getrost, mein Herz;" „Liegt einst es hinter mir, das Kampfgefilde;" „Nicht nach Kronen schaut mein mattes Auge;" „Schweige still;" „Ueber ein Kleines, so sprach Er in nächtlicher Stunde," u. s. w.

1 Ich weiß, daß mein Erlöser lebet
    Und daß Er ewig Treue hält.
Wenn Leben, Lieb' und Licht entschwebet,
    Was unser war, in Staub zerfällt;
Wenn keine Sterne mehr uns schimmern
    Und lauter Todeshauche weh'n:
Dann wird Er über allen Trümmern
    Der Letzte auf dem Staube stehn.

2 Was blieb uns treu im Erdenthale?
    Was hielt die Feuerprobe aus?
Ein Winterfeld voll Todtenmale
    Ist unser irdisch Mutterhaus.
Wir sehn — als bald verscholl'ne Sage —
    Hier Bild auf Bild vorübergehn;
Doch Einer wird am Schluß der Tage
    Der Letzte über Gräbern stehn.

3. Wir gehn dahin in harten Fesseln,
 Bei jedem Schritte rings beengt,
Umschlungen von der Sünde Nesseln,
 Die bis in's Heiligthum sich drängt.
Doch Er, der ringend mit dem Bösen
 Im heißen Kampfe einst gebebt,
Er hat die Macht, den Bann zu lösen, —
 Ich weiß, daß mein Erlöser lebt.

4. Und daß Er lebt und liebt und waltet,
 Das macht die dunkeln Nächte hell;
Und ob dieß Herz im Tod erkaltet,
 Sein Herz bleibt alles Lebens Quell!
Das bange Menschenräthsel: Sterben —
 Es wird verklärt von Seinem Licht,
Der Sünde Sold wird sel'ges Erben,
 Wenn Er der Letzte lebt und spricht.

5. So rinnt dahin, ihr kurzen Stunden,
 Jahrhunderte der Erdenzeit!
Ein Fels der Hoffnung ist gefunden,
 Ein Retter für die Ewigkeit.
Es ringt sich kühn empor der Glaube,
 Von ew'ger Lebensluft umweht:
Ich weiß, daß über allem Staube
 Der Letzte mein Erlöser steht!

IX. Lieder für besondere Zeiten und Stände.

1. Morgenlieder.

Nr. 360.

Mel.: Vom Himmel hoch, da komm' ich her.

Nach dem Lateinischen des **Ambrosius** (?); gest. 897: "Splendor paternae gloriae". V. 1—6 übers. von **Joh. Pet. Lange** 1843. Die alte Kirche ist ziemlich reich an Morgenliedern, die auch meist gut übers. sind, z. B.: "Lucis largitor splendide" (Du Lichtesspender, dessen Strahl) von **Hilarius**, gest. 368; "Aeterna coeli gloria" (Des Himmels ew'ge Zier und Kron') von **Ambrosius**; "Aeterne rerum conditor" (O ew'ger Schöpfer aller Welt), ebenfalls von **Ambrosius**. Ein Beispiel aus dieser Periode wird jedoch hinreichen.

1. Du Abglanz von des Vaters Ehr',
   Des Lichtes Sohn, des Lichtes Meer,
   Du jedes Lichtstroms heil'ger Quell,
   Du Tag der Tage, ewig hell!

2. Du wahre Sonne geh uns auf,
   Und strahl in ew'gem Glanz und Lauf;
   Gieß Du des heil'gen Geistes Schein
   In unsre Herzen tief hinein!

Dir, Vater ew'ger Herrlichkeit,
Sei unsre Bitte nun geweiht,
Du Vater in der Gnade Macht,
Dein Geist tilg unsrer Schulden Nacht!

4. Er lehr uns streiten durch Sein Licht,
Mach unsres Erbfeinds List zunicht,
Steh uns in jeder Drangsal bei,
Und mach uns durch die Liebe frei.

5. Er lenke unsern Geist fortan
In keuschem Leib auf rechter Bahn;
Der Glaube flamm in hellem Zug,
Getrübt durch keinen Herzenstrug!

6. Christus soll unsre Speise sein,
Der Glaube unser Lebenswein,
Und Seines heil'gen Geistes Gluth
Entflamme unser Herz und Muth.

7. Der Tag sei fröhlich, ohne Noth,
Das Auge keusch, wie Morgenroth,
Der Glaube, wie der Mittag rein,
Im Geist soll keine Dämm'rung sein.

8. Es kommt der Morgenröthe Glanz;
Zeig, Seelenmorgenroth, dich ganz,
Daß wir im Vater sehn den Sohn,
Im ew'gen Wort des Vaters Thron!

Nr. 361. Mel.: Nun laßt uns Gott, dem Herrn.

Paul Gerhardt. Gebr. 1649. Eines seiner drei ältesten Lieder. Ein rechtes geistliches Morgenopfer, einfach, kindlich, populär, wenn gleich weniger poetisch als sein and. Morgenlied, ebenfalls nach eig. Mel.: „Die gülbne Sonne Voll Freud' und Wonne," welches letztere auch in's Engl. überf. ist, aber nicht nach einem singbaren Metrum: "The golden sunbeams With their joyous gleams".

1. Wach auf, mein Herz, und singe
   Dem Schöpfer aller Dinge,
   Dem Geber aller Güter,
   Dem frommen Menschenhüter!

2. Als mich [1]) die dunklen Schatten
   Der Nacht umfangen hatten,
   Hat Satan mein begehret;
   Gott aber hat's verwehret.

3. Du sprachst: „mein Kind, nun schlafe,
   Ich hüte meine Schafe;
   Schlaf wohl, laß dir nicht grauen,
   Du sollst die Sonne schauen."

4. Dein Wort, das ist geschehen,
   Ich kann das Licht noch sehen;
   Von Noth bin ich befreiet,
   Dein Schutz hat mich erneuet.

5 Du willst ein Opfer haben,
   Hier bring ich meine Gaben:

---

1) Urspr.. „Heint als", d. h. heute Nacht.

In Demuth fall ich nieder
Und bring Gebet und Lieder. [1])

6. Die wirst Du nicht verschmähen:
Du kannst in's Herz mir sehen,
Und weißt wohl, daß zur Gabe
Ich ja nichts Bess'res habe.

7. So woll'st Du nun vollenden
Dein Werk an mir und senden,
Der mich an diesem Tage
Auf Seinen Händen trage.

8. Sprich Ja zu meinen Thaten,
Hilf Selbst das Beste rathen;
Den Anfang, Mitt' und Ende,
Ach Herr, zum Besten wende!

9. Mit Segen mich beschütte,
Mein Herz sei Deine Hütte,
Dein Wort sei meine Speise,
Bis ich gen Himmel reise.

Nr. 362. Eigene Melodie.

Heinrich Albert. 1644. Die Mel. ebenfalls von
ihm und mitgetheilt in s. „Musikalischen Kürbishütte"
164?. Anerkannt als eines der Kernlieder. Uebers. in's
Portugies, Dia abar. und Engl.: "God who madest earth
and heaven, Father, Son and Holy Ghost." (Lyra
Germ. I. 213)

1. Gott des Himmels und der Erden,
Vater, Sohn und heil'ger Geist,

---

1) So die meisten neueren Gsgb. statt „Mein Weihrauch, Farr und
Widder Sind mein Gebet und Luder."

Welcher Tag und Nacht läßt werden,
　　Sonn' und Mond uns scheinen heißt,
Und mit starker Hand die Welt
Und was drinnen ist, erhält:

2 Gott, ich danke Dir von Herzen,
　　Daß Du mich in dieser Nacht
Vor Gefahr, Angst, Noth und Schmerzen
　　Hast behütet und bewacht,
Daß des bösen Feindes List
Mein nicht mächtig worden ist.

3. Laß die Nacht auch meiner Sünden
　　Jetzt mit dieser Nacht vergehn;
O Herr Jesu, laß mich finden
　　Deine Wunden offen stehn,
Da alleine Hülf' und Rath
Ist für meine Missethat!

4. Hilf, daß ich mit diesem Morgen
　　Geistlich auferstehen mag,
Und für meine Seele sorgen,
　　Daß, wann einst Dein großer Tag
Uns erscheint und Dein Gericht,
Ich davor erschrecke nicht.

5. Führe mich, o Herr, und leite
　　Meinen Gang nach Deinem Wort;
Sei und bleibe Du auch heute
　　Mein Beschützer und mein Hort.
Nirgends, als in Dir allein,
Kann ich recht bewahret sein

6. Meinen Leib und meine Seele
　　Sammt den Sinnen und Verstand,

Großer Gott, ich Dir befehle
Unter Deine starke Hand;
Herr, mein Schild, mein Ehr' und Ruhm,
Nimm mich auf, Dein Eigenthum!

7. Deinen Engel zu mir sende,
Der des bösen Feindes Macht,
List und Anschlag von mir wende,
Und mich halt in guter Acht;
Der mich endlich auch zur Ruh'
Trage nach dem Himmel zu.

Nr. 363. Eigene Melodie.

Christian Knorr von Rosenroth, ein gelehrter und viel gereister Mann, Berf. von 75 geistl. Liedern, gest. 1689 als Geheimer Rath und Kanzleidirector zu Sulzlach in der Oberpfalz. Geb. 1681. Ein kostbares Morgenlied, urspr. 6 Strophen, gewöhnlich abgekürzt; vgl. Raumers Sammlung, Nr. 435. Nach dem Liebe von Opitz: „O Licht, geboren aus dem Lichte." Engl. Uebers.: "Dayspring of Eternity" in Lyr. G I. 219; eine andere in Hymns from the Land of Luther, p. 74: "Jesus, Sun of righteousness."

1. Morgenglanz der Ewigkeit,
Licht vom unerschaff'nen Lichte!
Schick uns diese Morgenzeit
Deine Strahlen in's Gesichte,
Und vertreib' durch Deine Macht
Unf're Nacht.

2. Deiner Gnade Morgenthau
Fall auf unser matt Gewissen;
Laß die dürre Lebensau'

Lauter süßen Trost genießen,
Und erquick' uns, Deine Schaar,
Immerdar.

3. Gieb, daß Deiner Liebe Gluth
    Unsre kalten Werke tödte,
Und erweck' uns Herz und Muth
    Bei erstand'ner Morgenröthe,
Daß wir, eh' wir gar vergehn,
Recht aufstehn.

4. Ach, Du Aufgang aus der Höh',
    Gieb, daß auch am jüngsten Tage
Unser Leichnam aufersteh,
    Und, befreit von aller Plage,
Einst in reiner Himmelszier
Steh' vor Dir.

5. Laß uns ja das Sündenkleid
    Durch des Bundes Blut vermeiden,
Daß uns die Gerechtigkeit
    Mög' als wie ein Rock bekleiden,
Und wir so vor aller Pein
Sicher sei'n.

6. Leucht' uns selbst in jene Welt,
    Du verklärte Gnadensonne!
Führ' uns durch das Thränenfeld
    In das Land der süßen Wonne,
Wo die Lust, die uns erhöht,
Nie vergeht.

Nr. 364.   Mel.: Herr, zur Zucht in Deinem Grimme. Pf. 38.

Christian Friedrich Richter. 1697. Ueber Jesaj. 21, 11. Fehlt im N. Würt. und allen Amerik. Luth., steht aber in den Amerik Ref. Gsgb. (obwohl am unrechten Ort) und ist auch in's Engl. überf.: "O watchman, will the night of sin" in Lyr. Germ I. 1, und dasselbe in Hymns of the Ages, p. 139, sowie in Sacred Lyrics, p. 32. Es ist eines der tiefsinnigsten und gehaltreichsten Morgenlieder.

1. Hüter! wird die Nacht der Sünden
   Nicht verschwinden?
       Hüter! ist die Nacht schier hin?
   Wird die Finsterniß der Sinnen
   Bald zerrinnen,
       Darin ich verwickelt bin?

2. Möcht' ich wie das Rund der Erben
   Lichte werden!
       Seelen=Sonne, gehe auf!
   Ich bin finster, kalt und trübe;
   Jesu Liebe,
       Komm, beschleunige den Lauf!

3. Wir sind ja im neuen Bunde,
   Da die Stunde
       Der Erscheinung kommen ist;
   Und ich muß mich stets im Schatten
   So ermatten,
       Weil Du mir so ferne bist.

4. Wir sind ja der Nacht entnommen,
   Da Du kommen,
       Aber ich bin lauter Nacht.
   Darum wollst Du mir, dem Deinen,

Auch erscheinen,
   Der nach Licht und Rechte tracht't.

Wie kann ich des Lichtes Werke
Ohne Stärke
   In der Finsterniß vollziehn?
Wie kann ich die Liebe üben,
Demuth lieben
   Und der Nacht Geschäfte fliehn?

6. Hilf, daß länger meine Seele
Sich nicht quäle,
   Zünd' Dein Feuer in mir an!
Laß mich finst'res Kind der Erden
Helle werden,
   Daß ich Gutes wirken kann.

7. Das Vernunftlicht kann das Leben
Mir nicht geben;
   Jesus und Sein heller Schein,
Jesus muß das Herz anblicken
Und erquicken,
   Jesus muß die Sonne sein.

8. Nur die Decke vor den Augen
Kann nicht taugen.
   Seine Klarheit kann nicht ein;
Wenn Sein helles Licht den Seinen
Soll erscheinen,
   Muß das Auge reine sein.

9. Jesu! gieb gesunde Augen,
Die was taugen,

Rühre meine Augen an!
Denn das ist die größte Plage,
Wenn am Tage
Man das Licht nicht sehen kann.

Nr. 365. Mel.: O Gott, Du frommer Gott.
Joachim Lange. Zuerst in Freylingh. Gsgb. 1704.

1. O Jesu, süßes Licht!
   Nun ist die Nacht vergangen;
Nun hat Dein Gnadenglanz
   Auf's Neue mich umfangen;
Nun ist, was in mir ist,
   Vom Schlafe aufgeweckt,
Und hat sich, Herr, nach Dir
   Verlangend ausgestreckt.

2. Was soll ich Dir denn nun,
   Mein Gott, zum Opfer schenken?
Ich will mich ganz und gar
   In Deine Gnade senken
Mit Leib und Seel' und Geist
   An diesem ganzen Tag:
Das soll mein Opfer sein,
   Weil ich sonst nichts vermag.

3. Drum siehe da, mein Gott,
   Da hast Du meine Seele:
Sie sei Dein Eigenthum,
   Daß sie nur Dich erwähle
In Deiner Liebe Kraft;
   Da hast du meinen Geist,

Darinnen wollst Du Dich
Verklären allermeist.

4. Da sei denn auch mein Leib
Zum Tempel Dir ergeben!
Wähl' ihn zur Wohnung Dir,
O allerliebstes Leben!
Ach wohn', ach leb' in mir,
Beweg' und rege mich,
Daß Leib und Seel' und Geist
Mit Dir vereinigt sich.

5. Dem Leibe hab' ich jetzt
Die Kleider angeleget;
Laß meiner Seele sein
Dein Bildniß eingepräget
Im güldnen Glaubensschmuck
In der Gerechtigkeit,
Die allen Seelen ist
Das rechte Ehrenkleid.

6. Mein Jesu, schmücke mich
Mit Weisheit und mit Liebe,
Mit Keuschheit, mit Geduld,
Durch Deines Geistes Triebe;
Kleid' mit der Demuth mich
Und mit der Sanftmuth an,
So bin ich wohl geschmückt
Und köstlich angethan.

7. Du sollst mir diesen Tag
Stets vor den Augen schweben,
Und Dein Allgegenwart
Mich wie die Luft umgeben;

Damit mein ganzes Thun
Durch Herz, durch Sinn und Mund
Dich lobe inniglich,
Mein Gott, zu aller Stund'.

8. Ach segne, was ich thu',
Ja, rede und gedenke!
Durch Deines Geistes Kraft
Es also führ' und lenke,
Daß alles nur gescheh'
Zu Deines Namens Ruhm,
Und daß ich unverrückt
Verbleib' Dein Eigenthum.

Nr. 366.

Mel.: Nun danket All' und bringet Ehr'.

Gerh. Terstegen. Geb. 1738.

1. Das äuß're Sonnenlicht ist da
Und scheint mir in's Gesicht;
Gott ist noch mehr dem Geiste nah
Mit Seinem Lebenslicht.

2. Ach wohn' in mir, Du Gottessonn',
Mein Geist Dein Himmel werd',
Daß ich, o reine Seelenwonn',
Ganz werd' in Dich verklärt!

3. Wenn sich die Sonne offenbart,
So weicht die Dunkelheit;
Vertreib' durch Deine Gegenwart
Die Sünd' und Eigenheit!

4. Du bist ein Licht und wohnst im Licht:
   Ach mach mich licht und rein,
   Zu schauen, Herr, Dein Angesicht,
   Und Dir vereint zu sein.

5. Wer Dich in Deinem Licht erblickt
   In seiner Seele Grund,
   Der steht, wie Cherubim, gebückt
   Vor Dir zu jeder Stund'.

6. So laß mich wandeln, wo ich bin,
   Vor Deinem Angesicht;
   Mein Thun und Lassen immerhin
   Sei lauter, rein und licht.

7. Dein Auge leite meinen Gang,
   Daß ich nicht irre geh,
   Und bleib mir nah mein Lebenlang,
   Bis ich Dich ewig seh!

Nr. 367.   Mel.: Ich dank' Dir schon durch Deinen Sohn.

C. F. Gellert. 1757. V. 10—12 beginnen urspr. alle mit „Daß ich", und bilden so bloß Einen Satz.

1. Mein erst Gefühl sei Preis und Dank,
   Erheb' ihn, meine Seele!
   Der Herr hört deinen Lobgesang:
   Lobsing' Ihm, meine Seele!

2. Mich selbst zu schützen, ohne Macht,
   Lag ich und schlief in Frieden,
   Wer schafft die Sicherheit der Nacht,
   Und Ruhe für die Müden?

3. Wer wacht, wenn ich von mir nichts weiß,
   Mein Leben zu bewahren?
   Wer stärkt mein Blut in seinem Kreis
   Und schützt mich vor Gefahren?

4. Wer lehrt das Auge seine Pflicht,
   Sich sicher zu bedecken?
   Wer ruft dem Tag und seinem Licht,
   Uns wieder aufzuwecken?

5. Du bist es, Herr und Gott der Welt,
   Und Dein ist unser Leben;
   Du bist es, der es uns erhält,
   Und mir's jetzt neu gegeben.

6. Gelobet seist Du, Gott der Macht,
   Gelobt sei Deine Treue,
   Daß ich nach einer sanften Nacht
   Mich dieses Tags erfreue!

7. Laß Deinen Segen auf mir ruhn,
   Mich Deine Wege wallen,
   Und lehre Du mich selber thun
   Nach Deinem Wohlgefallen.

8. Nimm meines Lebens gnädig wahr!
   Auf Dich hofft meine Seele.
   Sei mir ein Retter in Gefahr,
   Ein Vater, wenn ich fehle.

9. Gieb mir ein Herz voll Zuversicht,
   Erfüllt mit Lieb und Ruhe,
   Ein weises Herz, das seine Pflicht
   Erkenn' und willig thue.

10. Laß mich, als Dein getreuer Knecht,
　　Nach Deinem Reiche streben,
　　Gottselig, züchtig und gerecht
　　Durch Deine Gnade leben.

11. Laß mich, dem Nächsten beizustehn,
　　Nie Fleiß und Arbeit scheuen,
　　Mich gern an Andrer Wohlergehn
　　Und ihrer Tugend freuen.

12. Laß mich das Glück der Lebenszeit,
　　In Deiner Furcht genießen,
　　Und meinen Lauf mit Freudigkeit,
　　Wenn Du gebeutst, beschließen.

———

Nr. 368. Mel.: Du Gott, bist über Alles Herr.

Anna Schlatter, v. St Gallen, gest. 1826, eine geistig und geistlich reichbegabte und gesegnete Frau, deren Leben und Briefe vom Missions-Director Zahn aus Bremen, einem ihrer Enkel, herausgegeben wurde. Zuerst gedr. 1835.

1. In Deinem Namen, Jesus Christ,
　　Steh ich vom Lager auf;
　　Zu Dir, der allenthalben ist,
　　Richt' ich mein Herz hinauf.

2. Nun wartet wiederum auf mich
　　Viel Arbeit', Sorg' und Müh';
　　O lieber Herr, ich bitte Dich,
　　Lehr' mich vollenden sie.

3. O lehr' mich thun nach Deinem Sinn
　　Das kleinste, größte Werk;

Sei, wenn ich im Gedränge bin,
Nur Du mein Augenmerk.

4. Und drängt mich der Geschäfte Last,
Will ich entlaufen Dir:
Der Du den Sturm gestillet hast,
Still auch den Sturm in mir!

5. Lehr' mich in Allem Dich verstehn,
Nur sehn auf Deinen Wink;
Heiß'st Du mich auf den Wogen gehn,
So halt mich, wenn ich sink'!

6. Ach, laß im Sinken, Herr, mich nicht!
Du weiß'st, ich bin ja Dein;
Und wenn mir's heut an Muth gebricht,
So ruf' mir: Du bist Mein!

Nr. 369. Mel.: Wie schön leuchtet der Morgenstern.

Zweiter V. aus einem Morgenliede von A. Knapp
(„Wie süß in früher Morgenstund'") für die Kinder des
Oberjustizraths Klett in Ludwigsburg auf dessen Bitte
a. 1833 geb. (Privat-Mittheilung vom sel. Verf.)

Mit Dir, o Jesu, steh ich auf,
Mit Dir beginn ich meinen Lauf,
Dein will ich stets gedenken.
Mein Heiland laß mich nie allein;
Woll'st immer in und bei mir sein,
Mein Thun und Lassen lenken!
Ich Dein, Du mein, Meine Freude
Trost im Leide, Bis ich droben
Ewiglich Dich werde loben.

2. Abendlieder.

Nr. 370. Mel.: Gott sei Dank in aller Welt.

Abendlied der **griechischen** Kirche aus dem dritten Jahrh. (im Orig. beginnend: ὑμνῖς ἱλαρὸν ἁγίας δόξης in den sogenannten Apost. Constitutionen). Ueberf. von A. Knapp (Liedersch. Nr. 2428 der 3. Auflage).

1. Glanz der ew'gen Majestät,
   Der durch alle Himmel geht!
   Jesus Christus, Gottes Bild,
   Heilig, selig, hehr und mild!

2. Jetzo, da die Sonne sinkt,
   Da der Abendstern uns winkt,
   Sei gelobt und hoch gepreist
   Sammt dem Vater und dem Geist!

3. Dir gebührt, o Gottes Sohn,
   Stets ein Lied im höhern Ton,
   Denn das Leben gabst uns Du:
   Darum jauchzt Dein Volk Dir zu!

———

Nr. 371. Mel.: Herr Jesu Christ, mein's Lebens Licht.

Nach dem Lat. O lux beata Trinitas aus dem 4. oder 5. Jahrhund. — Andere schöne Abendlieder der alt-latein. Kirche, wie Deus Creator omnium (Gott, Herr und Schöpfer aller Welt); Christe qui lux es et dies (Christe, der Du bist Tag und Licht); Mediae noctis tempus est (Es ist die Zeit der Mitternacht), u. s. w., findet man in den hymnol. Sammlungen von Daniel, Königsfeld und Bäßler

1. O selges Licht, Dreifaltigkeit,
   Du hochgelobte Einigkeit:

Die Sonne weicht mit ihrem Schein,
Geuß Dein Licht in das Herz hinein!

2. Schon zieht die stille Nacht heran,
Sieh uns vom Himmel gnädig an;
Vergieb die Schuld, nimm ab die Last,
Und gieb den müden Seelen Rast!

3. Von allem Bösen mach uns frei,
Der Sünde Ketten brich entzwei;
So nimm Dein Volk, Herr, klein und groß,
Zur Ruh in Deinen sel'gen Schooß!

4. Des Morgens. Herr, Dich rühmen wir,
Des Abends beten wir zu Dir;
Und preisen Deine Herrlichkeit
Von nun an bis in Ewigkeit.

5. Gott Vater in dem höchsten Thron,
Und Jesus Christ, Sein ew'ger Sohn,
Mitsammt dem werthen heil'gen Geist,
Sei nun und immerdar gepreist!

Nr. 372. Eigene Melodie.

Johann Rist. 1642. V. 3—5 werden am meisten gebraucht.

1. Werde munter, mein Gemüthe,
Und ihr Sinnen geht herfür,
Daß ihr preiset Gottes Güte,
Die Er hat gethan an mir,
Da Er mich den ganzen Tag
Vor so mancher schweren Plag'

Durch Sein gnadenreiches Walten
Hat beschirmet und erhalten.

2. Lob und Dank sei Dir gesungen,
　　Vater der Barmherzigkeit,
Daß mir heut mein Werk gelungen,
　　Daß Du mich vor allem Leid
Und vor Sünden mancher Art
So getreulich hast bewahrt,
Auch die Feind' hinweggetrieben,
Daß ich unversehrt geblieben.

3. Herr, ich bin von Dir gewichen,
　　Doch ich stell' mich wieder ein;
Denn Dein Sohn hat ausgeglichen
　　Meine Schuld durch Seine Pein.
Ich verleugne nicht die Schuld:
Aber Deine Gnad' und Huld
Ist viel größer als die Sünde
Die ich immer in mir finde.

4. O Du Licht der frommen Seelen,
　　O Du Glanz der Herrlichkeit!
Dir will ich mich ganz befehlen
　　Diese Nacht und alle Zeit.
Bleibe doch, mein Gott, bei mir,
Weil es nunmehr dunkel hier,
Daß ich nimmer mich betrübe,
Tröste mich mit Deiner Liebe.

5. Laß mich diese Nacht empfinden
　　Eine sanfte, süße Ruh'!
Alles Uebel laß verschwinden,
　　Decke mich mit Segen zu!

Leib und Seele, Muth und Blut,
Weib und Kinder, [1] Hab' und Gut,
Freunde, Feind' und Hausgenossen
Sei'n in Deinen Schutz geschlossen!

6. Ach, bewahre mich vor Schrecken,
   Schütze mich vor Ueberfall;
Laß mich Krankheit nicht aufwecken,
   Treibe weg des Krieges Schall;
Wende Feu'r und Wassersnoth,
Pestilenz und schnellen Tod;
Laß mich nicht in Sünden sterben,
Noch an Leib und Seel' verderben!

7. O Du großer Gott, erhöre,
   Was Dein Kind gebetet hat;
Jesu, deß ich stets begehre,
   Bleibe Du mein Schutz und Rath;
Und mein Hort, Du werther Geist,
Der Du Freund und Tröster heiß'st,
Höre doch mein sehnlich Flehen!
Amen, ja, es soll geschehen!

Nr. 373. Eigene Melodie.

Paul Gerhardt. 1653. Dieses ächt volksthümliche, einfach=kindliche und doch sinnreiche Abendlied, das
sich anfangs sehr schnell verbreitete, wurde zwar besonders wegen der drei ersten Zeilen während der Zeit der
Aufklärung, in merkwürdig. Verkennung des poetischen
Sprachgebrauchs unter And. auch von Friedrich dem Gr.
verspottet, selbst noch von dem ächt deutschen und gut
luth. Claus Harms verkannt, ist aber seit 1829, wo es

---

1) Oder: All die Meinen.

das Berl. Gsgb. aufnahm (jedoch noch vielfach verändert, z. B. „Nun ru h et in den Wäldern, In Städten und auf Feldern Sanft schlummernd was da lebt", u. s. f.), wieder zu Ehren gebracht und so allmählig von zahllosen Verstümmelungen und Verschlimmbesserungen gereinigt worden. Mir sind davon 3 engl. Uebersetzungen bekannt, von Edw. D. Yeomans in Schaff's Kirchenfr. f. 1853, S. 135, eine andere in Lyra Germ. I. 226, und eine dritte in H. fr. the Land of Luther, p. 32.

1. Nun ruhen alle Wälder,
    Vieh, Menschen, Städt' und Felder,
      Es schläft die müde [1]) Welt;
    Ihr aber, meine Sinnen,
    Auf, auf! ihr sollt beginnen,
      Was eurem Schöpfer wohlgefällt.

2. Wo bist du, Sonne, blieben?
    Die Nacht hat dich vertrieben,
      Die Nacht, des Tages Feind.
    Fahr' hin! ein' andre Sonne,
    Mein Jesus, meine Wonne,
      Gar hell in meinem Herzen scheint.

3. Der Tag ist nun vergangen,
    Die güldnen Sterne prangen
      Am blauen Himmelssaal.
    Also werd' ich auch stehen,
    Wann mich wird heißen gehen
      Mein Gott aus diesem Jammerthal.

4. Der Leib eilt nun zur Ruhe,
    Legt Kleider ab und Schuhe,
      Das Bild der Sterblichkeit;

---

1) Urspr.. g a n z e.

Die zieh ich aus, dagegen
Wird Christus mir anlegen
   Das Kleid der Ehr' und Herrlichkeit.

5 Das Haupt, die Füß' und Hände
Sind froh, daß nun zum Ende
   Die Arbeit kommen sei.
Herz, freu' dich! du sollst werden
Vom Elend dieser Erden
   Und von der Sünden Arbeit frei.

6. Nun geht, ihr matten Glieder,
Geht hin und legt euch nieder,
   Des Bettleins ihr begehrt.
Es kommen Stund' und Zeiten,
Da man euch wird bereiten
   Zur Ruh' ein Bettlein in der Erd'.

7. Die Augen stehn verdrossen,
Im Nu sind sie geschlossen;
   Wo bleibt dann Leib und Seel'?
Nimm sie zu Deinen Gnaden,
Sei gut für allen Schaden,
   Du Aug' und Wächter Israel!

8. Breit' aus die Flügel beide,
O Jesu, meine Freude,
   Und nimm Dein Küchlein ein!
Will mich der Feind verschlingen,
So laß die Engel singen:
   „Dieß Kind soll unverletzet sein!"

9. Auch euch, ihr meine Lieben,
Soll heute nicht betrüben

Ein Unfall noch Gefahr:
Gott laß euch selig schlafen,
Stell' euch die güldnen Waffen
Um's Bett und Seiner Engel[1]) Schaar.

Nr. 374.   Eigene Melodie.

Nach Johann Friedrich Herzog. Geb. 1670, während der Universtätsstudien des Verf.

1. Nun sich der Tag geendet hat
   Und keine Sonn' mehr scheint,
   Schläft Alles, von der Arbeit matt,
   Und was zuvor geweint.

2. Nur Du, mein Gott, wachst für und für,
   Du schläfst noch schlummerst nicht;
   Die Finsterniß ist nicht bei Dir,
   Weil Du Selbst bist das Licht.

3. Gedenke, Herr, doch auch an mich
   In dieser dunkeln Nacht,
   Und schirme Du mich gnädiglich
   Mit Deiner Engel Wacht.

4. Zwar fühl' ich wohl der Sünden Schuld,
   Die mich bei Dir klagt an:
   Doch Deines lieben Sohnes Huld
   Hat g'nug für mich gethan.

5. Drauf thu' ich meine Augen zu
   Und schlafe fröhlich ein:

---

1) Urspr.: „Helden".

Mein Gott wacht über meine Ruh:
Wer wollte traurig sein?

6. Soll diese Nacht die letzte sein
In diesem Jammerthal,
So führ' mich in den Himmel ein
Zur auserwählten Zahl.

7. Und also leb' und sterb' ich Dir,
Du Herr Gott Zebaoth;
Im Tod' und Leben hilfst Du mir
Aus aller Angst und Noth.

Nr. 375. Mel.: Sollt' es gleich bisweilen scheinen.

Christoph Carl Ludwig von Pfeil, gest. 1784.

1. Nur in Jesu Blut und Wunden
Hab' ich wahre Ruh' gefunden:
Diese sollen auch allein
Heut mein Ruhebette sein.

2. Tag's umgiebt mich Sein Erbarmen;
Nachts ruh' ich in Seinen Armen.
Jesu! ja, in Deiner Hut
Schläft's sich sicher, wohl und gut.

Nr. 376. Mel.: Alle Menschen müssen sterben.

Joh. Caspar Lavater, geb. 1741, gest. 1801 in Zürich. Ein „Mitternachtslied", besonders für Kranke und Leidende. 1776. Eines seiner besten Lieder Urspr. 13 V., aber stark abgekürzt (5 V.) im Würt. Gsgb. von

1791 und in and. Gfgb. Knapp (im Lieberſch. Nr 2504)
giebt 6 B. Bollſtändig in den „Zweihundert Chriſtl
Liebern“ von Lavater, Zürich 1857.

1. Gott der Tage, Gott der Nächte!
    Meine Seele harret Dein,
Lehnet ſich an Deine Rechte,
    Nie kannſt Du mir ferne ſein.
Auch in ſtiller Nächte Stunden
Hat Dich manches Herz gefunden,
Und ſich aus dem Lärm der Welt
Einſam bei Dir eingeſtellt.[1]

2. Vater! viele Brüder weinen,
    Viele Kranke ſchmachten nun.
Aber Du verläſſeſt keinen,
    Heißeſt wachen, heißeſt ruhn,
Trockneſt viele tauſend Thränen
Und erfüllſt das heiße Sehnen
Unzählbarer Leidenden,
Die um Ruh' und Lind'rung flehn.

3. Vater! ſende Muth den Schwachen,
    Licht in jedes dunkle Herz.
Allen, die bekümmert wachen,

---

1) Dieſer B. iſt nach dem Vorgang anderer Gfgb. aus B. 1 u.
3 des ur.pr. Liedes zuſammengezogen Dann ſ lgt dieſer B., der für
Lavater's Frömmigkeit charakteriſtiſch iſt und wohl hatte beibehalten
werden können:

    Vater aller Menſchenkinder,
      Hüter Deiner ganzen Welt;
    Dulder auch der frechſten Sünder,
      Der die Schwachen führt und hält;
    Täglich Gutes zeigt und giebet,
    Immer ſegnet, alle liebet,
    Alle ſiehet, leitet, kennt,
    Allen alles Gute gönnt!

Lindre Du den heißen Schmerz!
Laß die Wittwen, laß die Waisen
Deine Lieb' und Treue preisen;
Gönne Kranken sanfte Ruh';
Sterbenden sprich Tröstung zu!

4. O Du treuer Menschenhüter!
	Nacht ist vor Dir wie der Tag;
Allgewaltiger Gebieter,
	Du verwandelst Schmerz und Plag'
Unversehns in Dank und Freuden:
Ach, laß Alle, die jetzt leiden,
Bald, erlöst aus ihrer Pein,
Deiner Vaterhuld sich freu'n!

5. Vater! Dieser Nam' erweitert
	Jede Brust voll Angst und Schmerz!
Wie der Mond die Nacht erheitert,
	Senkst Du Ruh' in jedes Herz,
Das nach Deiner Tröstung weinet,
Eh' die Sonne wieder scheinet.
O wie oft verwandelst Du
Heißen Schmerz in süße Ruh'!

6. Jesus Christus! manche Nächte
	Hast Du für uns durchgewacht,
Und dem menschlichen Geschlechte
	Durch Dein Wachen Ruh' gebracht!
Tröster, Du willst Deinen Kindern
Auch durch Schlaf den Kummer lindern:
Wachen oder schlummern sie,
Weichst Du doch von ihnen nie.

Nr. 377. Mel.: Nun ruhen alle Wälder.

Mattias Claudius (gest. 1815). Geb. 1778 und gebr. 1779; in's Engl. übersetzt in Lyra Germ. I. 229: "The moon hath risen on high". Dieses schöne Lied des „Wandsbecker Boten" eignet sich eigentlich mehr zum Privatgebrauche, als für die Kirche, ist aber wegen seines kindlichen und ächt volksthümlichen Tons nicht nur in das N. Würt., sondern sogar in Stip's alterthümelnde Sammlung aufgenommen worden.

1. Der Mond ist aufgegangen,
Die goldnen Sternlein prangen,
   Am Himmel hell und klar;
Der Wald steht schwarz und schweiget,
Und aus den Wiesen steiget
   Der weiße Nebel wunderbar.

2. Wie ist die Welt so stille
Und in der Dämm'rung Hülle
   So traulich und so hold,
Als eine stille Kammer,
Wo ihr des Tages Jammer
   Verschlafen und vergessen sollt.

3. Seht ihr den Mond dort stehen?
Er ist nur halb zu sehen,
   Und ist doch rund und schön!
So sind wohl manche Sachen,
Die wir getrost belachen,
   Weil unsre Augen sie nicht sehn.

4. Wir stolze Menschenkinder
Sind eitel arme Sünder
   Und wissen gar nicht viel;
Wir spinnen Luftgespinnste,

Und suchen viele Künste,
Und kommen weiter von dem Ziel.

5. Gott! laß Dein Heil uns schauen,
Auf nichts Vergänglichs trauen,
Nicht Eitelkeit uns freu'n.
Laß uns einfältig werden
Und vor Dir hier auf Erden,
Wie Kinder fromm und fröhlich sein.

6. Wollst' endlich sonder Grämen
Aus dieser Welt uns nehmen
Durch einen sanften Tod;
Und wenn Du uns genommen,
Laß uns in Himmel kommen,
Du, unser Herr und unser Gott!

7. So legt euch denn, ihr Brüder,
In Gottes Namen nieder,
Kalt weht der Abendhauch.
Verschon uns Gott, mit Strafen,
Und laß uns ruhig schlafen
Und unsre kranken Brüder [1]) auch!

Nr. 378. Mel: Herr Jesu Christ, Dich zu uns w nd'.

Frau **Meta Heußer-Schweizer.** Geb. 1825, gebr. 1858. Ein Abendgespräch mit dem Herrn.

1. Die liebe Sonne, treu und hold,
Verschwand im lichten Abendgold.

---

1) Urspr.: unsern ꝛc. N a ch b a r.

Der Lärm des Tages ist verhallt,
Es ruht die Flur, es schweigt der Wald.

2. Nun geh ich in mein Kämmerlein
Und denke, liebster Jesu, Dein,
Wie Du so manche liebe Nacht
Auf dieser Erd' einst zugebracht.

3. Du kamst vom lichten Sternenzelt
Herab in diese Sünderwelt;
Da littest Du so manchen Schmerz,
Bis für uns brach Dein reines Herz.

4. Nun bist Du dort im Vaterland,
Doch führt uns immer Deine Hand;
Du bist es, Der bei Tag und Nacht
Ein Hirte für die Schäflein wacht.

5. So wache denn auch jetzt bei mir,
Sei Licht und Stern mir für und für;
Und mach mich himmlisch gut gesinnt,
Wie Du einst warst ein frommes Kind.

6. Vergieb mir alle meine Schuld,
Bedecke mich mit Deiner Huld,
Und schenk mir Deinen guten Geist,
Der mir den Weg des Lebens weist.

7. Sei Du nur meines Herzens Lust,
Das höchste Gut, das mir bewußt!
Dann schlafe ich voll Friedens ein
Und denke freudig: Ich bin Dein!

8. Behüte meine Lieben all',
Die Nah' und Fernen allzumal,

Und alle Menschen groß und klein;
Ach, möchten alle Brüder sein!

9. Sei jedem freundlich, der noch weint,
Du bist ja der Betrübten Freund.
Schenk Allen eine gute Nacht,
Darauf ein schön'rer Morgen lacht.

10. Wann einst der letzte Abend sinkt,
Kein Erdenmorgen mehr uns winkt,
Dann nimm in Himmel mich zu Dir,
Wo keine Nacht mehr ist, wie hier.

Nr. 379. Mel.: Alle Menschen müssen sterben.

Albert Knapp, gest. 1864 in Stuttgart. Geb. den 19. Juni 828. Der Verfasser hat später dieses aus einer festlichen Stimmung hervorgegangene Lied erweitert und nach der Melodie „Freu' dich sehr, o meine Seele." umgedichtet. Wir ziehen die urspr. Form vor, haben aber aus der neuen Bearbeitung den schönen 8. Vers (V. 5) aufgenommen, mit einer durch die andere Melodie erforderlichen Veränderung der Schlußzeilen.

1. Abend ist es; Herr, die Stunde
Ist noch wie in Emmaus,
Daß aus Deiner Jünger Munde
Jene Bitte fließen muß:
Bleib, ach bleib in unsrer Mitte,
Gieb nach Deiner heil'gen Sitte
Uns im tiefen Erdenthal
Friedensgruß und Abendmahl!

2. Hingesunken ist die Sonne;
Deine Leuchte sinket nicht:
Herrlichkeit und ew'ge Wonne,

Sind vor Deinem Angesicht.
Weithin schimmern nun die Sterne
In der stillen Himmelsferne,
Aber Du, o Glanz des Herrn,
Bist der schönste Himmelsstern!

3. Selig, wem Du aufgegangen,
　　Wem Du in der armen Welt,
Wo viel eitle Lichter prangen,
　　Friedlich seinen Geist erhellt!
Wenn die Tage nun sich enden.
Darf er sich nach oben wenden,
Und auch auf der dunklen Bahn
Wird ihn Gottes Glanz umfahn.

4. Selig, wer am letzten Tage
　　Nimmer fürchten muß die Nacht,
Wenn kein Schrecken, keine Klage,
　　Kein Gewissensblitz erwacht;
Wenn der Morgenstern ihm winket,
Während er am Abend sinket,
Wenn der Geist dem Geiste zeugt,
Daß nun erst die Sonne steigt!

5. Droben wird man nimmer schlafen,
　　Aber von der Arbeit ruhn.
O wie wohl wird Deinen Schafen
　　Dort die süße Ruhe thun!
Laß mich, Herr, mit allen Frommen
Einst zu dieser Ruhe kommen!
Wachend, schlafend bin ich Dein;
Laß mich Dein auf ewig sein![1]

1) In der neuen Bearbeitung: „Wenn das Tagewerk gethan, Wenn
der Sabbath bricht heran, Der den Auserwählten allen Ruft zu Deine
Tempelhallen

3. Berufslieder.

Nr. 380. Mel.: Sollt' es gleich bisweilen scheinen.
Psalm 127. Bearbeitet von Joh. Ab. Lehmus.
1762.

1. Wo der Herr das Haus nicht bauet,
Wo man's Ihm nicht anvertrauet,
Wo man selbst sich helfen will,
Steht das Werk bei Zeiten still.

2. Wenn der Herr die Stadt nicht hütet,
Wo der Feind bald schleicht, bald wüthet,
Wird sie, trotz der Wächter Fleiß,
Flammen oder Mördern preis.

3. Alles Schaffen und Bestreben,
Alles Sorgen, Rennen, Beben
Thut es nicht, wenn's Gott nicht thut,
Gott, und Seine treue Hut.

4. Springet früh aus eurem Bette,
Ringt und wirket um die Wette,
Sitzt kalt, hungrig, ausgewacht
Bis zur späten Mitternacht:

5. Euer Rechnen, Sorgen, Ringen,
Wird euch doch kein Glück erzwingen;
Wer sich selber Hülfe schafft,
Der verschmähet Gottes Kraft.

6. Fleht den Herrn um Seine Gnade,
Suchet Licht auf Seinem Pfade,
Lebt und liebt in Ihn euch ein,
Dann wird euer Werk gedeihn.

7. Schlafend giebt Er's Seinen Freunden,
Giebt noch Größ'res, als sie meinten,
Daß sie staunen, wenn sie sehn
So viel Vorrath um sich stehn.

8. Sorgt nicht für den andern Morgen!
Lernt für eure Seele sorgen,
Trachtet nach der Ewigkeit!
Gott ist nahe jederzeit.

9. Scheint's, daß wenig Trost vorhanden?
Nein, ihr werdet nicht zu Schanden!
Nur der Sünder Haus zerfällt,
Fromme bleiben Herrn der Welt!

___

Nr. 381. Mel.: Du, deß sich alle Herzen freu'n.

Johann Betichius (sonst ganz unbekannt) Zuerst
im Zerbster Gsgb. 1721, seitdem ziemlich allgemein verbreitet, von Geffcken unter die 150 Kernlieder aufgenommen, aber in Amerika, wie es scheint, noch ganz unbekannt. Auch Wackernagel giebt es in seinen 2r4 Kernliedern als Morgenlied (Nr. 144). Wir würden Tersteegens:
„In Jesu Namen ganz alleine Fang ich nun mein Be-
rufswerk an," entschieden vorziehen, wenn die Mel. bekannt wäre.

1. Das walte Gott, der helfen kann!
Mit Gott fang' ich die Arbeit an,
Mit Gott nur geht sie glücklich fort;
Drum ist auch dieß mein erstes Wort:
    Das walte Gott!

2. All mein Beginnen, Thun und Werk
Erfordert Gottes Kraft und Stärk',
Mein Herz ist stets zu Gott gericht't;

Drum auch mein Mund mit Freuden spricht:
Das walte Gott!

3. Wenn Gott nicht hilft, so kann ich nichts,
Wo Gott nicht giebet, da gebricht's;
Gott giebt und thut mir alles Gut's,
Drum sprech ich nun auch gutes Muths:
Das walte Gott!

4. Will Gott mir etwas geben hier,
So will ich dankbar sein dafür;
Auf Sein Wort werf ich aus mein Netz
Und sage bei der Arbeit stets:
Das walte Gott!

5. Anfang und Mitte sammt dem End',
Stell' ich allein in Gottes Händ',
Er gebe, was mir nützlich ist;
Drum sprech ich auch zu jeder Frist:
Das walte Gott!

6. Legt Gott mir Seinen Segen bei
Nach Seiner großen Güt' und Treu',
So g'nüget mir zu jeder Stund';
Drum sprech ich auch von Herzensgrund:
Das walte Gott!

7. Trifft mich ein Unglück: — unverzagt!
Ist doch mein Werk mit Gott gewagt;
Er wird mir gnädig stehen bei;
Drum dieß auch meine Losung sei:
Das walte Gott!

8. Er kann mich segnen früh und spat,
   Bis all mein Thun ein Ende hat;
   Er giebt und nimmt, macht's wie Er will,
   Drum sprech ich auch fein in der Still:
       Das walte Gott!

9. Gott steht mir bei in aller Noth
   Und giebt mir auch mein täglich Brot;
   Nach seinem alten Vaterbrauch
   Thut Er mir Gut's; drum sprech ich auch,
       Das walte Gott!

10. Nichts glücket ohne Gottes Gunst,
    Nichts hilft Verstand, Witz oder Kunst;
    Mit Gott geht's fort, geräth auch wohl,
    Daß ich kann sagen glaubensvoll:
        Das walte Gott:

11. Theilt Gott was mit aus Gütigkeit,
    So acht' ich keiner Feinde Neid.
    Laß hassen, wer's nicht lassen kann,
    Ich stimme doch mit Freuden an:
        Das walte Gott!

12. Thu ich denn was mit Gottes Rath,
    Der mir beistehet früh und spat,
    Dann Alles mir gelingen muß;
    Drum sprech ich nochmals zum Beschluß:
        Das walte Gott!

4. Tiſchlieder.

a) Vor dem Eſſen.

Nr. 382. Mel.: Schmücke dich, o liebe Seele.

Johann Heermann, geſt. 1647. Die beiden letzten Zeilen ſind ſpäterer Zuſatz. Urſpr. begann der B.: „O Gott, ſpeis uns, Deine Kinder."

Vater, ſpeiſe Deine Kinder;
Tröſte die betrübten Sünder;
Sprich den Segen zu den Gaben,
Die wir jetzo vor uns haben,
Daß ſie uns zu dieſem Leben
Nahrung, Kraft und Stärke geben,
Bis wir endlich mit den Frommen
Zu der Himmelsmahlzeit kommen.

Nr. 383. Eigene Melodie.

Verf. unbekannt. Dieſes und das folg. Gebet ſind beſonders in Süddeutſchland, das vorige mehr in Norddeutſchland eingebürgert.

Jeſu, wir geh'n zu dem Eſſen;
Laß uns Deiner nicht vergeſſen,
Denn Du biſt das Himmelsbrod!
Speis zugleich auch unſ're Seelen,
Die wir Dir jetzt anbefehlen.
Steh' uns bei in aller Noth,
Und hilf, daß wir nach der Erden
Deine Gäſt' im Himmel werden!

Nr. 384. Eigene Melodie

Komm, Herr Jesu, sei unser Gast,
Und segne, was Du uns bescheeret hast! Amen.

---

b) Nach dem Essen.

Nr. 385. Mel.: Herr Gott, Dich loben Alle wir. Pf. 134.

Michael Praetorius. 1610.

1. Wir danken Gott für Seine Gab'n,
Die wir von Ihm empfangen hab'n,
Wir bitten unsern lieben Herrn,
Er woll' uns hinfort mehr bescher'n;

2. Und speisen uns mit Seinem Wort,
Daß wir satt werden hie und dort.
Ach lieber Gott, Du wollst uns geb'n
Nach dieser Zeit das ew'ge Leb'n.

Nr. 386. Mel.: Gott sei Dank in aller Welt.

Nach Joh. Casp. Lavater. 1780.

Guter Geber, Dank sei Dir;
Du belebst, drum leben wir,
Du giebst Speise uns und Trank,
Dir sei ewig Lob und Dank!

5. Jahreszeiten.

a) Frühlings= und Sommerlieder.

Nr. 387. Eigene Melodie.

Paul Gerhardt. Geb. 1651 (?), gebr. 1656. Die=
ses liebliche, kindlich heitere Naturlied ist nicht sowohl
innerhalb der Kirchenmauern, als in dem freien hehren
Gottestempel der Natur zu singen, wo es, besonders nach
der neueren schweizerischen Melodie zu Lavater's Him=
melfahrtslied: „Froloc mein Herz, weil Jesus Christ",
gar fröhlich von Kinderherzen klingt. Eine treffl. engl.
Uebers. von Dr. James W. Alexander in Schaff's Kir=
chenfr. 1849, S. 419: "Go forth, may heart, and seek
for praise On these delightsome summerdays", eine
and. von Miß C. Winkworth in Lyra G. I. 136: "Go
forth, my heart, and seek delight In all the gifts of
God's great might."

1 Geh aus, mein Herz, und suche Freud'
In dieser lieben Sommerzeit
    An deines Gottes Gaben!
Schau an der schönen Gärten Zier,
Und siehe, wie sie mir und dir
    Sich ausgeschmücket haben.

2. Die Bäume stehen voller Laub,
Das Erdreich decket seinen Staub
    Mit einem grünen Kleide;
Die Blümlein auf dem Wiesenplan,[1]
Die ziehen sich viel schöner an,
    Als Salomonis Seide.

3. Die Lerche schwingt sich in die Luft,
Das Täublein fleugt aus seiner Kluft

---

[1] Urspr.: „Narzissen und die Tulipan".

Und macht sich in die Wälder;
Die sangbegabte Nachtigall
Ergötzt und füllt mit ihrem Schall
Berg, Hügel, Thal und Felder.

4. Die Glucke führt ihr Völklein aus,
Der Storch baut und bewohnt sein Haus,
　　Das Schwälblein speist die Jungen;
Der schnelle Hirsch, das leichte Reh
Ist froh und kommt aus seiner Höh'
　　In's tiefe Gras gesprungen.

5. Die Bächlein rauschen in dem Sand'
Und malen sich und ihren Rand
　　Mit schattenreichen Myrthen;
Die Wiesen liegen hart dabei
Und klingen ganz vom Lustgeschrei
　　Der Schaf' und ihrer Hirten.

6. Die unverdroßne Bienenschaar
Zeucht hin und her, sucht hier und dar
　　Die edle Honigspeise;
Der süße Weinstock steht im Saft
Und wirket täglich neue Kraft
　　In seinem schwachen Reise.

7. Der Weizen wächset mit Gewalt;
Darüber jauchzet Jung und Alt
　　Und rühmt die große Güte
Deß, der so überfließend labt
Und mit so manchem Gut begabt
　　Das menschliche Gemüthe.

8. Ich selber kann und mag nicht ruhn,
Des großen Gottes großes Thun

Erweckt mir alle Sinnen;
Ich singe mit, wenn Alles singt,
Und lasse, was dem Höchsten klingt,
Aus meinem Herzen rinnen.

9. Ach, denk ich, bist Du hier so schön,
Und läßt Du's uns so lieblich gehn
Auf dieser armen Erden,
Was will doch wohl nach dieser Welt
Dort in dem reichen Himmelszelt
Und Paradiese werden!

10. Welch hohe Lust, welch heller Schein
Wird wohl in Christi Garten sein!
Wie muß es da wohl klingen,
Da so viel tausend Seraphim
Mit unverdroßner Wonnestimm'
Ihr Hallelujah singen!

11. O wär' ich da! o stünd' ich schon,
Du reicher Gott, vor Deinem Thron
Und trüge meine Palmen:
So wollt' ich nach der Engel Weis'
Erhöhen Deines Namens Preis
Mit tausend schönen Psalmen.

12. Doch will ich gleichwohl, weil ich noch
Hier trage dieses Leibes Joch,
Auch nicht gar stille schweigen;
Mein Herze soll sich fort und fort
An diesem und an allem Ort
Zu Deinem Lobe neigen!

13. Hilf mir und segne meinen Geist
Mit Segen, der vom Himmel fleußt,

Daß ich Dir stetig blühe!
Gieb, daß der Sommer Deiner Gnad'
In meiner Seele früh und spat
Viel Glaubensfrucht erziehe

14. Mach in mir Deinem Geiste Raum,
Daß ich. Dir werd' ein guter Baum,
Den Deine Kräfte treiben.
Verleihe, daß zu Deinem Ruhm
Ich Deines Gartens schöne Blum'
Und Pflanze möge bleiben.

15. Erwähle mich zum Paradies,
Und laß mich, Deines Heils gewiß, [1]
An Leib und Seele grünen;
So will ich Dir und Deiner Ehr'
Allein, und keinem Andern mehr,
Hier und dort ewig dienen!

Nr. 388. Mel.: Lobe den Herren, den mächtigen
König der Ehren.

Frau **Meta Heußer-Schweizer.** Geb. im Vorfrüh=
ling 1851 auf dem Hirzel im Anblick der Schweizer Al=
pen. Erster Theil zu dem besser bekannten Oster= und
Himmelfahrts=Liede Nr. 150 und wohl werth, in Gsgb.
überzugehen. Theilweise übers. von Jane Borthwick
aus Schottland: "Voices of spring, with what gladness
I hear you again."

1. Hör' ich euch wieder, ihr Töne des Früh=
lings, erklingen,
Jubelnde Stimmen des Preises sich himmel=
wärts schwingen?
Tief in der Brust

---

[1] Urspr. „Erwähle mich zum Paradeis Und laß mich bis zur
letzten Rey'.

Regt sich die sehnende Lust,
Mit euch ein Loblied zu singen.

2. Soll mich die Amsel und soll mich die
Lerche beschämen?
Sang ist ihr Leben und freudiges Lob ohne
Grämen.
Schweigest nur du,
Seele, berufen dazu,
Gnade um Gnade zu nehmen?

3. Ist nicht dein Frühling, der himmlische, dir
auch erschienen?
Sahst du die Auen der Hoffnung in Ihm
nicht ergrünen?
Der, bis in's Grab
Stieg aus dem Himmel herab,
All' deine Schuld zu versühnen?

4. König des Himmels und Freund einer sün=
digen Seele,
Jeder Gedanke und jede Empfindung erzähle,
Was Du mir bist,
Aus Dir ein Lebensstrom fließt,
Daß ich mich nimmermehr quäle.

5. Laß mich Dich leben! Ich weinte Dir lange
nur Klagen,
Wähnte Dich hart, wenn aus Liebe Du
Wunden geschlagen,
Habe die Hand
Ewiger Güte verkannt,
Irre von Sorgen und Zagen.

6. Doch wie der Winter von starrenden, schneei=
gen Höhen

710   Jahreszeiten.

Spurlos zerrinnt, wenn sie Lüfte des Früh-
            lings umwehen,
   Also entfliehn, —
   Giebst Du dem Herzen Dich hin —
All' seine starrenden Wehen.

7. Gieb mir die Harfe und laß mich der
            himmlischen Lieder
Fernher vernehmen! Sie hallen im Thrä-
            neuthal wieder.
   Engelgesang,
   Und der Erlöseten Dank
Schwebe hinauf und hernieder!

8. Schön ist die Schöpfung, die, ewiges Wort,
            Du gegründet;
Wundervoll hast Du die Berge und Thä-
            ler gerundet;
   Frühlinges Pracht
   Hat, wie der Tag und die Nacht,
Längst Deinen Namen verkündet.

9. Jauchze, Natur, in des Frühlings begin-
            nendem Wehen!
Singe, du Welt, die das Werk der Erlösung
            gesehen!
   Jauchze, du Heer
   Dort am krystallenen Meer:
„Ehre sei Gott in den Höhen!"

Nr. 389. Mel.: Ringe recht, wenn Gottes Gnade.

C. J. Ph. Spitta. Aus „Psalter und Harfe",
1833. Engl. Ueb·rf von R. Massie (Lyra Domestica):
Rejoice in the beautiful earth.

1. Freuet euch der schönen Erde,
   Denn sie ist wohl werth der Freud';
   O was hat für Herrlichkeiten
   Unser Gott da ausgestreut!

2. Und doch ist sie Seiner Füße
   Reich geschmückter Schemel nur,
   Ist nur eine schön begabte
   Wunderreiche Creatur.

3. Freuet euch an Mond und Sonne
   Und den Sternen allzumal,
   Wie sie wandeln, wie sie leuchten
   Ueber unserm Erdenthal.

4. Und doch sind sie nur Geschöpfe
   Von des höchsten Gottes Hand,
   Hingesä't auf Seines Thrones
   Weites, glänzendes Gewand.

5. Wenn am Schemel Seiner Füße
   Und am Thron schon solcher Schein,
   O! was muß an Seinem Herzen
   Erst für Glanz und Wonne sein!

b) Erntelieder.

Nr. 390. Mel: Mein Jesus lebt, was soll ich sterben.

Caspar Neumann, Pf. und Prof. der Theol. in Breslau, gest. 1715. Zuerst gedr. 1711, als Tischlied. Bei reichlicher Ernte.

1. O Gott! von dem wir alles haben,
    Die Welt ist ein sehr großes Haus,
Du aber theilest Deine Gaben
    Recht wie ein Vater drinnen aus;
Dein Segen macht uns alle reich:
Ach lieber Gott, wer ist Dir gleich?

2. Wer kann die Menschen alle zählen,
    Die heut bei Dir zu Tische gehn?
Doch darf die Nothdurst keinem fehlen,
    Denn Du weißt allen vorzustehn
Und schaffest, daß ein jedes Land
Sein Brod empfängt aus Deiner Hand.

3. Du machst, daß man auf Hoffnung säet,
    Und endlich auch die Frucht genießt.
Der Wind, der durch die Felder wehet,
    Die Wolke, so das Land begießt,
Des Himmels Thau, der Sonne Strahl,
Sind Deine Diener allzumal.

4. Und also wächst des Menschen Speise,
    Der Acker reichet ihm das Brod;
Es mehret sich vielfält'ger Weise
    Was Anfangs schien, als wär es todt,
Bis in der Ernte Jung und Alt
Erlanget seinen Unterhalt.

5. Nun, Herr, wer kann's genug bedenken?
   Der Wunder sind hier gar zu viel!
   So viel als Du kann Niemand schenken,
   Und Dein Erbarmen hat kein Ziel;
   Denn immer wird uns mehr beschert,
   Als wir zu ammen alle werth.

6. Wir wollen's auch keinmal vergessen,
   Was uns Dein Segen träget ein;
   Ein jeder Bissen, den wir essen,
   Soll Deines Namens Denkmal sein,
   Und Herz und Mund soll lebenslang
   Für unsre Nahrung sagen Dank.

Nr. 391.
Mel.: Was Gott thut, das ist wohlgethan.

Benjamin Schmolk. 1720. Bei spärlicher Ernte.
Wir geben das Original mit theilweisen Aenderungen
statt der völligen Ueberarbeitung des Berliner Gsgb. (1829),
welche vom N. Würt. Gsgb. (1842) adoptirt worden und
von diesem in's N. Am. Luth (1849) übergegangen ist.

1. Was Gott thut, das ist wohlgethan!
   So denken Gottes Kinder;
   Er siehet sie oft strafend[1] an
   Und liebt sie doch nicht minder.
   Er zieht ihr Herz Nur himmelwärts,
   Wenn Er sie läßt auf Erden
   Ein Ziel der Plagen werden.

2. Was Gott thut, das ist wohlgethan!
   Giebt Er, so kann man nehmen;

---

1) Urspr.: „lauer".

Nimmt Er, wir sind nicht übel dran,
Wenn wir uns nur bequemen.
Die Linke schmerzt, Die Rechte herzt,
Und beide Hände müssen
Wir doch in Demuth küssen.

3. Was Gott thut, das ist wohlgethan!
   Er zeigt uns oft den Segen,
Und nimmt, eh' man ihn ernten kann,
   Ihn fort in schweren Schlägen.
Weil Er allein Der Schatz will sein,
Nimmt Er uns Erdengüter
Zum Heile der Gemüther.

4. Was Gott thut, das ist wohlgethan!
   Es geh nach seinem Willen.
Läßt Er uns auch den Mangel nah'n
   Er wird ihn dennoch stillen,¹)
Obgleich das Feld Nicht Ernte hält:
Man kann auch beim Geringen
Vergnügt sein und lobsingen.

5. Was Gott thut, das ist wohlgethan!
   Das Feld mag traurig stehen,
Wir gehn getrost die Glaubensbahn
   Und wollen Gott erhöhen.
Sein Wort ist Brod: So hat's nicht Noth;
Die Welt muß eh' verderben,
Als wir vor Hunger sterben.

6. Was Gott thut, das ist wohlgethan!
   So wollen wir stets schließen.

---

1) Urspr.: „Hängt Er den Brodkorb höher an, Er wird ihn besser füllen."

Ist gleich bei uns kein Canaan,
Wo Milch und Honig fließen:
Der Herr beschert, Was uns ernährt,
Und ladet uns zum Mahle
In Seinem Himmelssaale. ')

Nr. 392. Mel.: O daß ich tausend Zungen hätte.

Nach Ehrenfried Liebich. 1758. Ohne besonderen Werth, aber recht brauchbar. Aus dem Berl. und N. Würt. Gsgb. Das Original hat 16 V., von denen aber die ersten 10 keine Beziehung auf die Ernte haben. Das Hamb Gsgb von 1842 giebt eine andere Bearbeitung, ähnlich wie das Original beginnend: „Dir, milder Geber aller Gaben".

1. Wir kommen, Deine Huld zu feiern,
   Vor Deinem Antlitz uns zu freu'n,
   Bei reichlich angefüllten Scheuern
   Dir, Herr der Ernte, Dank zu weihn,
   Der Du mit milder Vaterhand
   Auf's Neu' gesegnet unser Land.

2. Dein Lob, das wir gerührt verkünden,
   Nimm es, o Vater, gnädig an,
   Und tiefer stets laß uns empfinden,
   Wie viel Du Gutes uns gethan,
   Auf daß der Dank für Deine Treu'
   Ein Dir geweihtes Leben sei.

3. Und wie Du selber nur aus Liebe
   Uns schenkest unser täglich Brod,
   So weck in uns des Mitleids Triebe.

---

2) Urspr.: „Doch ist's genung Zur Samlung, Wenn Gott den Löffel segnet, Ob's gleich nicht Scheffel regnet." Der letzte V. ist vom Berl. Gsgb. ganz ausgelassen.

Laß fühlen uns der Brüder Noth;
Und weil Du Reich' und Arme liebst,
So dien' auch beiden, was Du giebst.

4. Durch Dich ist Alles wohl gerathen
Auf dem Gefild, das wir bestellt.
Doch reifen auch des Glaubens Saaten
Auf Deines Sohnes Erntefeld?
Sind wir auch, wenn Er auf uns sieht,
Ein Acker, der Ihm grünt und blüht?

5. Der List des Feindes wollst Du wehren,
Wenn er geschäftig Unkraut streut;
Die Frucht des Wortes laß sich mehren
Zu Deinem Ruhme weit und breit,
Damit am großen Erntetag
Ein Jeder Garben bringen mag.

Nr. 393. Mel.: Mach's mit mir, Gott, nach einer Güt'.

Carl Bernhard Garve, Pred. der Brüdergemeinde, gest. in Herrnhut 1841, Verfasser schöner Kirchenlieder, die zuerst 1825 erschienen.

1. Lobsingt am frohen Erntefest
Dem Herrn mit Freudenpsalmen,
Der Saat in Halmen sprießen läßt,
Mit Aehren krönt die Halmen,
Und giebt, daß sie voll Frucht gedeih'n,
Thau, Regenguß und Sonnenschein!

2. Im Wetterdunkel wandelt Er,
Sä't Heil aus milden Händen,
Und fährt auf Blitz und Sturm einher,

Um Segen auszuspenden.
Und wenn sie gleich mit Donnern spricht,
Spricht doch die Liebe: zittert nicht!

3. Lobsingt! uns füllte Gottes Hand
   Die leeren Scheuern wieder.
   O du vom Herrn begabtes Land,
   Bring Ihm des Dankes Lieder!
   Er dachte unsrer Schulden nicht,
   Voll Gnade schien Sein Angesicht.

4. Des Erdensegens reichen Theil,
   Wer kann ihn messen, wägen?
   Doch welch unendlich größres Heil
   Beut Gott in Christi Segen!
   Vergeßt, wenn euch das Feld begabt,
   Nicht Jesum, der die Herzen labt!

5. O laßt uns guten Samen streu'n
   In stillen Glaubensthaten!
   Der Herr giebt Thau und Sonnenschein
   Zum Wachsthum solcher Saaten.
   Dann ziehn wir einst im Jubelchor
   Zum Erntefest durch Salems Thor!

---

c) Herbst= und Winterlieder.

Nr. 394. Mel.: Kommt her zu Mir, spricht
Gottes Sohn.

Victor Friedrich von Strauß, geb. 18.9. Das
passendste Herbstlied, das wir finden konnten, obwohl noch
nicht in kirchlichen Gebrauch übergegangen.

1. Des Jahres schöner Schmuck entweicht,
   Die Flur wird kahl, der Wald erbleicht,

Der Vöglein Lieder schweigen.
Ihr Gotteskinder, schweiget nicht,
Und laßt hinauf zum ew'gen Licht
　　Des Herzens Opfer steigen!

2. Gott ließ der Erde Frucht gedeihn,
Wir greifen zu, wir holen ein,.
　　Wir sammeln seinen Segen. —
Herr Jesu, laß uns gleichen Fleiß
An Deiner Liebe Ruhm und Preis
　　Mit Herzensfreude legen!

3. Was Gottes Hand für uns gemacht,
Das ist nun Alles heimgebracht,
　　Hat Dach und Raum gefunden. —
So sammle dir zur Gnadenzeit,
O Seele, was dein Herr dir beut,
　　Für deine Kreuzesstunden!

4. Denn wie die Felder öde stehn,
Die Nebel kalt darüber wehn
　　Und Reif entfärbt die Matten:
So endet alle Lust der Welt,
Des Lebens Glanz und Kraft zerfällt;
　　Schnell wachsen seine Schatten.

5. Es braust der Sturm, der Wald erkracht,
Der Wandrer eilt, um noch vor Nacht
　　Zu flüchten aus den Wettern. —
O Jesu, sei uns Dach und Thurm,
Wenn oft des Lebens rauher Sturm
　　Uns will zu Boden schmettern!

6. Es fällt der höchsten Bäume Laub,
Und mischt sich wieder mit dem Staub,

Von dannen es gekommen. —
Ach Mensch, sei noch so hoch und werth:
Du mußt hinunter in die Erd',
Davon du bist genommen!

7. Doch wie der Landmann seine Saat
Ausstreuet, eh' der Winter naht,
Um künftig Frucht zu sehen:
So, treuer Vater, deckest Du
Auch unsern Leib mit Erde zu,
Daß er soll auferstehen.

8. Indeß, wie über Land und Meer
Der Störche Zug, der Schwalben Heer
Der Sonn' entgegenstreben:
So laß zu Dir die Seelen fliehn,
Zu Deinem Paradiese ziehn,
An Deiner Sonne leben!

Nr. 395. Mel.: Ohne Rast und unverweilt.
Joachim Neander. Aus seinen Bundesliedern, 1679.

1. In der stillen Einsamkeit
Findest Du Dein Lob bereit;
Großer Gott, erhöre mich;
Meine Seele suchet Dich!

2. Der Du alle Sterne führst
Und der Jahre Lauf regierst,
Unveränderlich bist Du,
Nimmer still, und doch in Ruh'.

3. Diese kalte Winterluft
Kräftig in die Herzen ruft:

„Seht, wo ist der Sommer hin?
Nur der Herr erwecket ihn!"

4. Gleich wie Wolle fällt der Schnee
Und bedecket Land und See;
Wehet aber Gottes Wind,
So zerfließet er geschwind.

5. Reif, wie Asche, nah und fern
Streuet aus die Hand des Herrn;
Wer kann bleiben vor dem Frost,
Wenn es weht von Nord und Ost?

6. O Beherrscher der Natur!
Allem zeigst Du Zeit und Spur;
Frühling, Sommer, Herbst und Eis
Nahn und fliehn auf Dein Geheiß.

7. Folgte Deines Worts Befehl
Auch so willig meine Seel'!
O daß, Jesu, Deine Lieb'
In mir lenkte jeden Trieb!

8. Friert da draußen Alles ein,
Soll mein Herz doch brennend sein;
Leuchte, o mein Heil, in mir,
O so glüht und lebt es Dir!

Nr. 396. Mel.: Gott sei Dank in aller Welt.
Johann Caspar Lavater. 1780.

1. Großer Schöpfer, Herr der Welt,
Dessen Hand die Himmel hält!
Zu der Sonn sprichst Du: Lauf,
Gehe unter, gehe auf!

2. Deine Macht und Herrlichkeit
Leuchtet auch zur Winterszeit
In der wolkenvollen Luft,
In den Flocken, in dem Duft.

3. Du streust auf die Tief' und Höh',
Hütten und Paläste Schnee.
Alles ruht; auf Dein Geheiß
Wird der Wasserstrom zu Eis.

4. Du bewahrst der Erde Kraft,
Sparst der Bäume Nahrungssaft,
Thust, wofür der Landmann bat,
Deckst und wärmest seine Saat.

5. Der des Sperlings nicht vergißt,
Sorgt noch mehr für dich, o Christ
Gott sei dir in Hitz und Frost
Freude, Zuversicht und Trost!

6. Bleibe Du, mein Herz, nur warm!
Ist ein Bruder nackt und arm,
Brich ihm liebevoll Dein Brod,
Lindre freundlich seine Noth.

7. Nach des Winters kalter Nacht
Lebet Alles, Alles lacht;
Bäume, Wiesen, Wälder blühn,
Und die dürre Welt wird grün.

8. Also blüht nach kurzer Zeit
Aus dem Staub Unsterblichkeit;
Neu und umgeschaffen einst
Sind wir, wenn Du, Herr, erscheinst.

46

9. Eile, Freudentag, heran,
   Dem kein Winter folgen kann!
   Sonne, die nie untergeht,
   Sei gelobet und erhöht!

---

6. Jahreswechsel.

a) Jahresschluß.

Nr. 397. Mel.: Freu' dich sehr, o meine Seele
Pf. 42.
Joachim Neander, gest. 1680.

1. Abermal ein Jahr verflossen,
   Näher zu der Ewigkeit!
   Wie ein Pfeil wird abgeschossen,
   So vergehet meine Zeit.
   O Jehovah Zebaoth,
   Unveränderlicher Gott!
   Ach, was soll, was soll ich bringen,
   Deiner Langmuth Dank zu singen?

2 Ich erschrecke, mächt'ges Wesen,
   Angst und Furcht bedecket mich;
   Denn ich bin noch nicht genesen,
   Noch nicht ganz gewandt auf Dich.
   Heil'ger, heil'ger, heiliger,
   Großer Seraphinen=Herr,
   Wehe mir, ich muß vergehen;
   Denn wer kann vor Dir bestehen!

3. Aber Du bist auch sanftmüthig,
   O getreues Vaterherz;

In dem Bürgen bist Du gütig,
  Der gefühlt des Todes Schmerz.
Steh ich nicht in Deiner Hand
Angezeichnet als ein Pfand,
So Du ewig willst bewahren
Vor des alten Drachen Schaaren?

4. Auf, mein Herz, gieb dich nun wieder
    Ganz dem Friedensfürsten dar;
  Opfre Dem des Dankes Lieder,
    Welcher krönet Tag und Jahr;
  Fang ein neues Leben an,
  Das dich endlich führen kann,
  Wo du durch ein selig Sterben
  Wirst die Lebenskron' ererben!

5. Soll ich denn in dieser Hütten
    Längerhin mich plagen noch,
  So wirst Du mich überschütten
    Mit Geduld, das weiß ich doch.
  Trag auf Deinem Herzen mich,
  Jesu Christe, Dir will ich
  Heut von Neuem mich verschreiben,
  Dir auf ewig treu zu bleiben.

6. An dem Abend und am Morgen,
    O mein Rath, besuche mich;
  Laß der Heiden Nahrungssorgen
    Nimmer scheiden mich und Dich;
  Prüf' auch jeden Augenblick,
  Gieb, daß ich mein Haus beschick',
  Daß ich wache, bet' und flehe,
  Ehe denn ich schnell vergehe!

Nr. 398. Mel.: Es ist gewißlich an der Zeit.

August Hermann Francke. Geb. 1691 nach seiner ungerechten Absetzung und Verbannung aus Erfurt, auf der Reise nach Gotha, „in Empfindung des überschwenglichen Trostes des heil. Geistes"; zuerst gedr. 1694. Es steht bisweilen auch unter den Abendliedern, wo dann in B. 8 statt Jahr „Tag" oder „Woch'" gelesen werden muß. Engl. Ueberf. in Lyra Germ. II. 28; eine ältere, aber zu sehr abkürzende im Morav. H. B. No. 936: "Thank God, towards eternity Another step is taken" (bloß 4 B.).

1. Gottlob! ein Schritt zur Ewigkeit
   Ist abermals vollendet!
Zu Dir im Fortgang dieser Zeit
   Mein Herz sich sehnlich wendet,
O Quell, daraus mein Leben fließt
Und alle Gnade sich ergießt
Zu meiner Seele Leben!

2. Ich zähle Stunden, Tag und Jahr,
   Und wird mir fast zu lange,
Bis es erscheine, daß ich gar,
   O Leben, Dich umfange,
Damit, was sterblich ist an mir,
Verschlungen werde ganz in Dir,
Und ich unsterblich werde.

3. Vom Feuer Deiner Liebe glüht
   Mein Herz, das Du entzündet;
Du bist's, mit Dem sich mein Gemüth
   Aus aller Kraft verbindet.
Ich leb' in Dir und Du in mir,
Doch möcht ich, o mein Heil, zu Dir
Noch immer näher dringen.

4. O daß Du Selber kämest bald!
   Ich zähl' die Augenblicke:
Ach komm, eh' mir das Herz erkalt'
Und sich zum Sterben schicke!
Komm doch in Deiner Herrlichkeit;
Schau her, die Lampe steht bereit,
Die Lenden sind umgürtet.

5. Komm! ist die Stimme Deiner Braut,
   Komm! rufet Deine fromme;
Sie ruft und schreiet überlaut:
   „Komm bald, ach Jesu, komme!"
So komme denn, mein Bräutigam!
Du kennest mich, o Gotteslamm,
Daß ich Dir bin vertrauet. [1]

6. Doch sei Dir ganz anheimgestellt
   Die rechte Zeit und Stunde,
Wiewohl ich weiß, daß Dir's gefällt,
   Wenn ich mit Herz und Munde
Dich kommen heiße und darauf
Von nun an richte meinen Lauf,
Daß ich Dir komm entgegen.

7. Ich bin vergnügt, daß mich nichts kann
   Von Deiner Liebe trennen,
Und daß ich frei vor Jedermann
   Dich meinen Freund darf nennen,
Und daß Du dort, o Lebensfürst,
Dich ganz mit mir vereinen wirst
Und mir Dein Erbe schenken.

---

[1] Dieser V. wird gewöhnlich weggelassen ist aber auf Offenb. 22, 17. 20 gegründet.

Ich darf vor Dir nicht Rechnun
Ich zittre: geh nicht in's G
.

5. Nein, Vater! sie sind nicht zu
   Die Gnaden dieses Jahres,
   Wie kann ich's Dir und mir ve
   Ich bin nicht werth, mehr hie
   Wo fang ich an? Gott, welche
   Vom ersten bis zum letzten
   Ich weiß, daß, wenn ich Jahr
   Ich Dir zu danken nicht ve

6. Ich flehe Dich, ach, üb' Erbar
   Gedenke meiner Sünden nic
   Und zeig dem Reuenden und
   Der Gnade sucht, Dein Aug
   Wie freudig will ich dann me
   Von nun an Deinem Dienst
   Wie eifrig will ich mich bestre
   Durch Deinen Geist ein Chris

7. Ich danke Dir für alle Gnade
   Die Du dieß Jahr der Wel
   Ach, eile Herr, die zu entladen
   Die noch das Elend niederb
   Ja, aller, aller Menschen Seel
   Will ich, mein Heiland, Jesu
   Auf's Neue Deiner Huld empf
   Weil Du doch aller Heiland

Nr. 400.
Mel.: **Chriſtus, Der iſt mein Leben.**
Chriſtian Aug. Bähr. 1846.

1. Das Jahr iſt nun zu Ende,
   Doch Deine Liebe nicht;
   Noch ſegnen Deine Hände,
   Noch ſcheint Dein Gnadenlicht.

2. Des Glückes Säulen wanken,
   Der Erde Gut zerſtäubt,
   Die alten Freunde wanken;
   Doch Deine Liebe bleibt.

3. Der Jugend Reiz vergehet,
   Des Mannes Kraft wird matt;
   Doch innerlich erſtehet,
   Wer Dich zum Freunde hat.

4. Mein Tag iſt hingeſchwunden,
   Mein Abend bricht herein;
   Doch weil ich Dich gefunden,
   So kann ich fröhlich ſein.

5. Das Dunkel iſt gelichtet,
   Das auf dem Grabe liegt;
   Das Kreuz ſteht aufgerichtet,
   An dem Du haſt geſiegt.

6. Erheben gleich die Sünden
   Des alten Jahres ſich;
   Du läſſeſt Heil verkünden
   Und wirfſt ſie hinter Dich.

7. Du heileſt allen Schaden,
   Hilfſt mir aus der Gefahr,
   Du ſiehſt mich an in Gnaden
   Auch in dem neuen Jahr.

b) Neujahrslieder.

Nr. 401. Mel.: Nun laßt uns Gott, dem Herren.

Paul Gerhardt. Geb. auf Neujahr 1649, nach dem Schluß des dreißigjährigen Krieges mit seinem unsäglichen Elende, oder noch vorher (vgl. B. 3, 8 u. 10).

1. Nun laßt uns gehn und treten
   Mit Singen und mit Beten
   Zum Herrn, der unserm Leben
   Bis hierher Kraft gegeben.

2. Wir gehn dahin und wandern
   Von einem Jahr zum andern;
   Wir leben und gedeihen
   Vom alten zu dem neuen;

3. Durch so viel Angst und Plagen,
   Durch Zittern und durch Zagen,
   Durch Krieg und große Schrecken,
   Die alle Welt bedecken.

4. Denn wie von treuen Müttern
   In schweren Ungewittern
   Die Kindlein hier auf Erden
   Mit Fleiß bewahret werden:

5. Also auch und nicht minder
   Läßt Gott Ihm seine Kinder,
   Wenn Noth und Trübsal blitzen,
   In Seinem Schooße sitzen.

6. Ach Hüter unsers Lebens!
   Fürwahr es ist vergebens
   Mit unserm Thun und Machen,
   Wo nicht Dein' Augen wachen.

7. Gelobt sei Deine Treue,
Die alle Morgen neue!
Lob sei den starken Händen,
Die alles Herzleid wenden!

8. Laß ferner Dich erbitten,
O Vater, und bleib' mitten
In unserm Kreuz und Leiden
Ein Brunnen unsrer Freuden.

9. Gieb uns und allen denen,
Die sich von Herzen sehnen
Nach Dir und Deinen Hulden,
Ein Herz, sich zu gedulden.

10. Schleuß zu die Jammerpforten
Und laß an allen Orten
Auf so viel Blutvergießen
Die Friedensströme fließen.

11. Sprich Deinen milden Segen
Zu allen unsern Wegen;
Laß Großen und auch Kleinen
Die Gnadensonne scheinen.

12. Sei der Verlaff'nen Vater,
Der Irrenden Berather,
Der Unversorgten Gabe,
Der Armen Gut und Habe.

13. Hilf gnädig allen Kranken;
Gieb fröhliche Gedanken
Den hochbetrübten Seelen,
Die sich mit Schwermuth quälen.

14. Und endlich, was das Meiste:
Füll uns mit Deinem Geiste,

Der uns hier herrlich ziere,
Und dort zum Himmel führe.

15. Das wollest Du uns Allen
Nach Deinem Wohlgefallen,
Du unsers Lebens Leben.
Zum neuen Jahre geben![1])

Nr. 402. Mel.: Jesus, meine Zuversicht.

Benjamin Schmolk. Geb. auf Neujahr 1725,
gebr. 1727. Ein and.res Neujahrslied von Schmolk:
„Gott mit uns, Immanuel", ist aus Knapp's Liederschatz
gut in's Engl. übersetzt von R. P. Dunn, in Sacr. Lyr.
p. 166: "God with us! Immanuel."

1. Jesus soll die Losung sein,
    Da ein neues Jahr erschienen;
Jesu Name soll allein,
    Denen zum Paniere dienen,
Die in Seinem Bunde stehn
Und auf Seinen Wegen gehn.

2. Jesu Name, Jesu Wort
    Soll bei uns in Zion schallen,
Und so oft wir an den Ort,
    Der nach Ihm benannt ist, wallen,
Mache Seines Namens Ruhm
Unser Herz zum Heiligthum.

3. Unsre Wege wollen wir
    Nur in Jesu Namen gehen:
Geht uns dieser Leitstern für,

---

1) Der letzte V. ist etwas verändert, um eine grammatische f
(der Christenschare statt -schar) zu vermeiden.

So wird Alles wohl bestehen
Und durch Seinen Gnadenschein
Alles voller Segen sein.

4. Alle Sorgen, alles Leid
    Soll Sein Name uns versüßen:
So wird alle Bitterkeit
    Uns zu Honig werden müssen;
Jesu Nam' ist Sonn' und Schild,
Welcher allen Kummer stillt.

5. Jesus aller Bürger Heil,
    Unserm Ort ein Gnadenzeichen,
Unsres Landes bestes Theil,
    Dem kein Kleinod zu vergleichen,
Jesus sei uns Schutz und Trost:
So ist uns gar wohl geloft.

Nr. 403.   Eigene Melodie.

Johann Samuel Patzke, Prediger in Magdeburg,
gest. 1787. Ged. auf Neujahr 1765. (Im N. Würt.
Gfgb. steht es unter den Allg. Gebetliedern, bei Knapp
und Lange unter den Dankliedern.)

1. Der Du das Loos von meinen Tagen,
Und meines Lebens Glück und Plagen
    Mit Güt' und Weisheit mir bestimmt:
Dir, Gott, dank ich mit frohem Herzen,
Das seine Freuden, seine Schmerzen
    Aus Deinen Segenshänden nimmt.

2. Du hast im Lauf von meinem Leben
Mehr Glück als Leiden mir gegeben,
    Mehr Gut's, als ich verdient, bescheert.

Muß ich den Abend lang auch weinen,
Läßt Du mir doch die Sonne scheinen,
   Wenn kaum der Morgen wiederkehrt.

3. Soll ich nach Deinem Wohlgefallen
Durch mancher Prüfung Enge wallen,
   Die Fleisch u. Blut mir schwerer macht:
So darf mein Herz doch nicht verzagen;
Ich weiß, Du bist bei meinen Plagen
   Stets auf mein wahres Wohl bedacht.

4. Selbst aus des Lebens Bitterkeiten
Weißt Du mein Glück mir zu bereiten,
   Und schaffst aus Finsternissen Licht;
Du bahnst vor mir die rauhen Stege,
Und leitest mich auf meinem Wege,
   Wenn Licht und Leitung mir gebricht.

5. Drum soll vor Dir mein Herz sich stillen;
Ich weiß, daß ohne Deinen Willen
   Kein Haar von meinem Haupte fällt.
Auf Dich allein kann ich vertrauen,
Und meiner Zukunft Hoffnung bauen
   In dieser unbeständ'gen Welt.

6. Ja, Herr, es sei mein ganzes Leben
Bloß Deiner Leitung übergeben,
   Bis dieser Leibesbau zerbricht.
Ob Berge fallen, Hügel weichen,
Und Welten sich zum Einsturz neigen,
   So weicht doch Deine Gnade nicht.

Nr. 404. Mel.: Die Tugend wird durch's Kreuz
geübet.

Christ. Gottlieb Göß, gest. 1803. Dieses Lied,
obwohl wenig bekannt, ist besser als das Gellert'sche:
„Gott ruft der Sonn' und schafft den Mond."

1. Kommt, laßt uns knien und niederfallen
   Vor Dem, der uns geschaffen hat!
   Ihm müsse Ruhm und Preis erschallen
   Für alle Seine Wunderthat!
   Er lässet Jahr' und Monden eilen;
   Sie fliehn, Er macht sie wieder neu,
   Und wenn sich ihre Stunden theilen,
   Bleibt Er doch ewig fromm und treu.

2. Herr, Deine Güte, Treu' und Gnade
   Ist ewig, wie Du selber bist;
   Du leitest uns auf rechtem Pfade
   Und zeigst uns, was uns heilsam ist.
   Du wachst für unser Wohl und Leben
   Von unsrer Mutter Leibe an;
   Du hast uns väterlich gegeben,
   Was Seel' und Leib beglücken kann.

3. Entzeuch mir doch, um Jesu willen,
   Dein Herz im neuen Jahre nicht;
   Laß diesen Trost mein Herze stillen,
   Daß mein Versöhner für mich spricht!
   Vergieb, o Herr, mir alle Sünde,
   Und stehe mir in Gnaden bei,
   Daß ich Dich treuer such und finde;
   Schaff mich im neuen Jahre neu!

4. Gieb mir des Lebens Glück und Freuden,
   Wenn es Dein Rath für nützlich hält;

Und schickest Du mir Kreuz und Leiden,
  So zeuch dadurch mich von der Welt.
Laß mich ja nicht nach Gütern schmachten,
  Die wie die Lust der Welt vergehn;
Laß mich nach jenen Schätzen trachten,
  Die ewig, wie mein Geist, bestehn!

5. Erhalt uns Dein Gebot und Rechte,
  Und segne Deine Christenheit.
Gieb Deiner Kirche treue Knechte,
  Den Ländern Fried' und Einigkeit.
Sei der Verlassenen Berather,
  Der Kranken Arzt, der Armen Theil,
Der Wittwen Trost, der Waisen Vater,
  Den Sterbenden ihr Licht und Heil!

6. Und soll ich meinen Lauf vollenden,
  So führe mich zum Himmel ein,
Und laß in Deinen treuen Händen
  Mein Kleinod beigelegt mir sein.
Erhöre mich um Jesu willen,
  Und eil, uns Allen beizustehn!
Ja, Amen, Herr, Du willst erfüllen,
  Was wir in Christi Namen flehn!

Nr. 405. Mel.: Allein Gott in der Höh' sei Ehr'.
  Samuel Preiswerk (Antistes in Basel, geb. 1799,
gest. 1871). Gedr 1844.

1. Wir treten in das neue Jahr
  In Jesu heil'gem Namen.
In Ihm ist, was verheißen war,
  Den Seinen Ja und Amen.

Die Welt, und was sie hat, zerstiebt,
Doch wer den Namen Jesu liebt,
Der hat das ew'ge Leben.

2. Wir ziehen mit dem Volk des Herrn
Und Seines Reichs Geweihten;
Wir folgen unserm Morgenstern
Im Dunkel dieser Zeiten.
Denn über allen Nächten klar
Strahlt uns Sein Name: Wunderbar,
Rath, Kraft und Ewig=Vater.

3. Wir legen auf den Hochaltar
Des Herrn, in Ihm verbunden,
Das angetret'ne neue Jahr
Und alle seine Stunden.
Die Thränen alle, die es bringt,
Die Lieder alle, die es singt, —
Dem Herrn sei Alles heilig.

Nr. 406. Mel. Wachet auf: ruft uns die Stimme.

1. Herr, Du gabst uns Jesu Namen
Als Licht und Trost, als Ja und Amen,
Als Schirm und Zuflucht immerdar.
Unter Seinem Schutz und Horte
Laß uns zur off'nen Gnadenpforte
Eintreten in das neue Jahr!
Herr Jesu, starker Held,
Behalte Du das Feld!
Bleibe bei uns!
Denn was wir sehn, das wird vergehn,
Dein Wort allein bleibt ewig stehn.

7. Das Kirchenjahr.

Nr. 407. Mel: Du, deß sich alle Himmel freu'n.
Johann Olearius. 1671. Aus dem Eisen. Gsgb.

1. Nun kommt das neue Kirchenjahr,
Deß freut sich alle Christenschaar;
Dein König kommt, drum freue dich,
Du werthes Zion ewiglich,
    Hallelujah!

2 Wir hören noch das Gnadenwort
Vom Anfang immer wieder fort,
Das uns den Weg zum Leben weist;
Gott sei für Seine Gnad' gepreist,
    Hallelujah!

3. Gott, was uns Deine Wahrheit lehrt,
Die unsern Glauben stets vermehrt,
Laß in uns bleiben, daß wir Dir
Lob und Preis sagen für und für,
    Hallelujah!

Nr. 408. Mel.: O sanctissima.
Johann Daniel Falk, Legationsrath in Weimar,
Freund Goethe's, Gründer einer Rettungsanstalt, in sei-
nem späteren Leben immer entschiedener christlich, gest. 1826.

1. O du fröhliche, O du selige,
    Gnadenbringende Weihnachtszeit!
Welt ging verloren, Christ ward geboren:
Freu' dich, freu' dich, o Christenheit!

2. O du fröhliche, O du selige.
Gnadenbringende Osterzeit!
Welt lag in Banden; Christ ist erstanden:
Freu' dich, freu' dich, o Christenheit!

3 O du fröhliche, O du selige,
Gnadenbringende Pfingstenzeit!
Christ, unser Meister, Heiligt die Geister:
Freu' dich, freu' dich, o Christenheit!

---

8. Das christliche Familienleben.

a) Trauungslieder.

Nr. 409. Mel.: Wie schön leuchtet der Morgenstern.

Georg Ernst Waldau (nicht Eschenburg, wie
Knapp, das N. Würt. und danach das N. Amerik. Luth.
Gsgb. angiebt). Zuerst gebr. 1781

1. Von Dir, Du Gott der Einigkeit,
Ward einst der Ehe Bund geweiht:
O weih' auch sie zum Segen,
Die hier vor Deinem Angesicht
Bereit stehn, Dir den Schwur der Pflicht
Und Eintracht abzulegen.
Laß sie, Vater, Dir ergeben,
Einig leben, Treu sich lieben,
Treu die Pflicht der Christen üben.

2. Gott! Der Du sie verbunden hast,
Mach ihnen leicht des Lebens Last,
Gieb, daß kein Gutes fehle.
Den Eh'bund laß sie nie entweihn,

Keusch laß sie, friedsam, zärtlich sein,
  Ein Herz und Eine Seele!
Immer Laß sie Dir ergeben,
Einig leben, Einig handeln,
Fromm und heilig vor Dir wandeln.

3. O segne sie, Der gern beglückt
Und Segen uns von oben schickt,
  Auf allen ihren Wegen!
Laß ihr Geschlecht sich Deiner freun;
Gieb Selbst zu ihrem Fleiß Gedeihn,
  Und ihr Beruf sei Segen!
Laß sie, Vater, Dir ergeben,
Glücklich leben, Freudig sterben:
So sind sie des Himmels Erben.

Nr. 410. Mel.: Herzlich thut mich verlangen.

Verf. unbekannt. Aus dem Schaffhauser Gsgb.
von 1841, und Basler Gsgb. von 1854.

1. O wesentliche Liebe,
    Du Quell der Heiligkeit!
  Du hast durch reine Triebe
    Den Eh'stand eingeweiht;
  Bei'm ersten Hochzeitsfeste
    Hast Du die Braut geführt,
  Und auf das Allerbeste
    Mit Deinem Bild geziert.

2. Du woll'st auch diesen Zweien,
    Die Deine Hand vereint,
  Den Eh'stand benedeien,
    Holdsel'ger Menschenfreund!

Herr, wohn' auch ihrem Feste
W'e dort in Cana bei,
Daß sie und ihre Gäste
Dein Segenswort erfreu'.

3. Ihr Herz woll'st Du erfüllen
Mit Deinem Gnadenschein,
Daß sie nach Deinem Willen
Fruchtbare Pflanzen sei'n.
Laß sie die Kinder ziehen
In Deiner Furcht und Lehr',
Damit sie ewig blühen
Zu Deines Namens Ehr'.

4. Auf allen ihren Wegen
Gieb ihnen, Herr, Gedeihn,
Und kehr mit Deinem Segen
In ihrem Hause ein
Die schönste Hochzeitsgabe
Sei Du, Dein Fried' und Wort,
Daß sie, Eins bis zum Grabe,
Sich freuen hier und dort.

Nr. 411. Mel.: Valet will ich dir geben.
Albert Knapp. 1850.

1. Herr, binde Du zusammen
Dieß neuverlobte Paar,
Und gieb ihm heil'ge Flammen
Vom himmlischen Altar,
Daß sie sich treu vereinen,
Wie dort beim Abendmahl

Dein treuer Mund die Deinen
   Dem Vater anbefahl!

2. Zween Bäume sei'ns, die streben
   Vereint zum Himmel hin;
Zwo trautverschlung'ne Reben
   Am Weinstock, ewig grün;
Zween der lebend'gen Steine,
   Draus Christus auferbaut
Die heilige Gemeine,
   Sei'n Bräutigam und Braut!

3. Vom Bund, den sie geschlossen,
   Komm, o Herr Jesu Christ,
Ein Leben hergeflossen,
   Das unverwelklich ist,
Das edle Frucht Dir trage
   Im Sturm und Sonnenschein,
Damit am jüngsten Tage
   Sie Dir zur Rechten sei'n!

---

b) Ehelieder.

Nr. 412.   Mel.: Christus, Der ist mein Leben.
Psalm 128. Bearbeitet von **Matthias Jorissen**, 1834.

1. Wohl dem, der Gott verehret,
   Oft betend vor Ihm steht,
Auf Seine Stimme höret,
   In Seinen Wegen geht!

2. Er nähret sich vom Segen,
   Der auf der Arbeit ruht;

Gott ist auf seinen Wegen.
Wohl dir, du hast es gut!

3. Die Gattin, deine Freude,
   Wird wie ein Weinstock sein,
   Mit Frucht und Zierrath beide,
   Dich und dein Haus erfreu'n.

4. Gleich jungen Oelbaums-Sprossen,
   Hast du auch jung und frisch
   Zu deinen Freudgenossen
   Die Kinder um den Tisch.

5. Seht, wie hier in der Stille
   Der Mann, der Gott verehrt,
   Genießt des Segens Fülle;
   Gott giebt, was er begehrt.

6. Aus Zion fließt ihm Leben,
   Aus Salem Friede zu,
   Und Erd' und Himmel geben
   Sein Lebenlang ihm Ruh'.

7. Wer ganz auf Gott vertrauet,
   Ihm bleibet treu gesinnt;
   Der sieht sein Haus gebauet
   Von Kind und Kindeskind.

8. Gott segnet ohn' Ermüden
   Den, der sich zu Ihm kehrt.
   Das Volk hab' ew'gen Frieden,
   Das unsern Gott verehrt!

Mel.: Wie schön leuchtet der Morgen-
stern.

Nr. 413.

Paul Gerhardt. 1666. Von dem and., aber fü
ein Gsgb. weniger geeigneten Ehelied Gerhardt's: „Voller
Wunder, voller Kunst" giebt es eine engl. Uebers. von
unbekannter Hand.

1. Wie schön ist's doch, Herr Jesu Christ,
Im Stande, da Dein Segen ist,
　　Im Stande heil'ger Ehe!
Wie steigt und neigt sich Deine Gab'
Und alles Gut so mild herab,
　　Aus Deiner heil'gen Höhe,
　　Wenn sich, An Dich Fleißig halten
　　Jung' und Alten, Die im Orden
　　Eines Lebens einig worden.

2. Wenn Mann und Weib sich wohl verstehn
Und unverrückt beisammen stehn
　　Im Bunde reiner Treue:
Da geht das Glück im vollen Lauf;
Da sieht man, wie der Engel Hauf
　　Im Himmel selbst sich freue.
　　Kein Sturm, Kein Wurm Kann zer-
　　　　　　　　　　　schlagen,
　　Kann zernagen, Was Gott giebet
　　Dein Paar, das in Ihm sich liebet.

3 Der Mann wird einem Baume gleich,
An Aesten schön, an Zweigen reich;
　　Das Weib gleich einem Reben,
Der seine Träublein trägt und nährt
Und sich je mehr und mehr vermehrt
　　Mit Früchten, die da leben.
　　Wohl dir, O Zier, Mannessonne,

Hauseswonne, Ehrenkrone!
Gott denkt dein auf Seinem Throne.

4. Den Kindersegen theilt Er aus
Und mehrt mit Freuden euer Haus,
　　Sein Reich daraus zu bauen.
Sein Wunderwerk geht immer fort,
Und Seines Mundes starkes Wort
　　Läßt eure Augen schauen
Freude, Weide, Wenn gleich Saaten
Sie gerathen Und auf Allen
Ruhet Gottes Wohlgefallen. [1])

5. Seid gutes Muths! Nicht Menschenhand
Hat aufgerichtet diesen Stand;
　　Es ist ein höh'rer Vater;
Der hat uns je und je geliebt
Und bleibt, wenn unsre Sorg' uns trübt,
　　Der beste Freund und Rather
Anfang, Ausgang Aller Sachen,
Die zu machen Wir gedenken,
Wird Er wohl und weislich lenken!

6 Zwar bleibt's nicht aus, es kommt ja wohl
Ein Stündlein, da man leidesvoll
　　Die Thränen lässet fließen;
Doch wer sich still und in Geduld
Ergiebt, deß Leid wird Gottes Huld,
　　In großen Freuden schließen:
Wage, Trage Nur ein wenig;

---

1) V. 4, den Knapp das N. Würt., das N. Am. Luth und andere Gsgb. ganz weglassen, ist hier umgedichtet, weil Ausdrücke wie:
„Schöne Söhne Und die Tocken (Töchter). Die den Stocken Fein
abspinnen Und mit Kunst die Zeit gewinnen," heut zu Tage unver-
ständlich und unpassend sind.

Unfer König   Wird behende
Machen, daß die Angst sich wende!

7. Wohl denn, mein König, nah herzu!
Gieb Rath im Kreuz, in Nöthen Ruh,
   In Aengsten Trost und Freude!
Deß sollst Du haben Ruhm und Preis;
Wir wollen singen bester Weis'
   Und danken alle beide,
Bis wir, Bei Dir, Deinen Willen
Zu erfüllen, Deinen Namen
Ewig loben werden. Amen!

Nr. 414. Mel.: Herr Jesu Christ, Dich zu uns
w nd'.
Cristoph C. Ludwig von Pfeil. 1747.

1. Wohl einem Haus, wo Jesus Christ
Allein das All in Allem ist!
Ja, wenn Er nicht darinnen wär',
Wie elend wär's, wie arm und leer!

2. Heil, wenn sich Mann und Weib und Kind
In Einem Glaubenssinn verbind't,
Zu dienen ihrem Herrn und Gott
Nach Seinem Willen und Gebot!

3. Heil, wenn ein solches Haus der Welt
Ein Vorbild vor die Augen stellt,
Daß ohne Gottesdienst im Geist
Das äuß're Werk nichts ist und heißt!

4. Heil, wenn das Räuchwerk und Gebet
Beständig in die Höhe geht,

Und man Nich's treibet fort und fort,
Als Gottes Werk und Gottes Wort!

5. Heil, wenn im äußerlichen Stand
Mit fleißiger, getreuer Hand
Ein Jegliches nach seiner Art
Im Glauben seinen Geist bewahrt!

6. Heil, wenn die Eltern gläubig sind,
Und wenn sie Kind und Kindeskind
Versäumen nicht am ew'gen Glück!
Dann bleibet ihrer keins zurück.

7. Wohl solchem Haus, denn es gedeiht!
Die Eltern werden hocherfreut,
Und ihren Kindern sieht man's an,
Wie Gott die Seinen segnen kann.

8. So mach ich denn zu dieser Stund'
Sammt meinem Hause diesen Bund:
Trät' alles Volk von Jesu fern,
Ich und mein Haus stehn bei dem Herrn!

Nr. 415.

Mel.: Wie schön leuchtet der Morgenstern.

C. J. Phil. Spitta. Zuerst 1833. Ueber Josua
24, 15: „Ich und mein Haus, wir wollen dem Herrn
dienen." Dieses schöne Lied, so wie das folgende, ist seit
1841 mit vollem Rechte bereits in mehrere Gsgb. übergegangen. Engl. Uebers. von Rich. Massie (Lyra Domestica, I p. 103): "I and my house are ready, Lord,
With hearts that beat in sweet accord, To serve Thee
and obey Thee".

1. Ich und mein Haus, wir sind bereit,
Dir, Herr, die ganze Lebenszeit

Mit Seel' und Leib zu dienen!
Du sollst der Herr im Hause sein;
Gieb Deinen Segen nur darein,
   Daß wir Dir willig dienen!
Eine Kleine, Fromme, reine
Hausgemeine Mach aus Allen!
Dir nur soll sie wohlgefallen.

2. Es wirke durch Dein kräftig Wort
Dein guter Geist stets fort und fort
   An unser Aller Seelen!
Es leucht uns wie das Sonnenlicht,
Damit's am rechten Lichte nicht
   Im Hause möge fehlen.
Reiche Gleiche Seelenspeise
Auch zur Reise durch dieß Leben
Uns, die wir uns Dir ergeben!

3. Gieß Deinen Frieden auf das Haus,
Und Alle, die drin wohnen, aus,
   Im Glauben uns verbinde;
Laß uns in Liebe allezeit
Zum Dulden, Tragen sein bereit,
   Voll Demuth, sanft und linde.
Liebe Uebe Jede Seele;
Keinem fehle, Dran man kennet
Den, der sich den Deinen nennet.

4. Laß unser Haus gegründet sein
Auf Deine Gnade ganz allein
   Und Deine große Güte.
Auch laß uns in der Nächte Grau'n
Auf Deine treue Hülfe schau'n
   Mit kindlichem Gemüthe;

Selig, Fröhlich, Selbst mit Schmerzen
In dem Herzen Dir uns lassen,
Und dann in Geduld uns fassen.

5. Giebst Du uns irb'sches Glück in's Haus,
So schließ den Stolz, die Weltlust aus,
    Des Reichthums böse Gäste;
Denn wenn das Herz an Demuth leer,
Und voll von eitler Weltlust wär',
    So fehlte uns das Beste:
Jene Schöne, Tiefe, stille
Gnadenfülle, Die mit Schätzen
Einer Welt nicht zu ersetzen.

6. Und endlich flehn wir allermeist,
Daß in dem Haus kein andrer Geist,
    Als nur Dein Geist regiere.
Der ist's, der Alles wohl bestellt,
Der gute Zucht und Ordnung hält,
    Der Alles lieblich ziere.
Sende, Spende Ihn uns Allen,
Bis wir wallen Heim, und droben
Dich in Deinem Hause loben!

Nr. 416. Eigene Melodie.

C. J. Phil. Spitta, gest. 1859. Aus „Psalter u.
Harfe", 1833 (S. 100), mit der Ueberschrift: „Diesem
Hause ist Heil widerfahren." Engl. Uebers. von Rich.
Massie (Lyra Dom I. p. 81): "O happy house, O
home supremely blest"; eine andere von Jane Borth=
wick: "O happy house, where Thou are loved the best"
(in Hymns from the Land of Luther p. 121, und in
Schaff's Christ in Song, p 568).

1. O selig Haus, wo man Dich aufgenommen,
    Du wahrer Seelenfreund, Herr Jesu Christ,

Wo unter allen Gästen, die da kommen,
Du der Gefeiertste und Liebste bist;
Wo Aller Herzen Dir entgegenschlagen,
Und Aller Augen freudig auf Dich sehn;
Wo Aller Lippen Dein Gebot erfragen,
Und Alle Deines Winks gewärtig stehn!

2. O selig Haus, wo Mann und Weib in Einer,
    In Deiner Liebe Eines Geistes sind,
Als beide Eines Heils gewürdigt, keiner
    Im Glaubensgrunde anders ist gesinnt,
Wo beide unzertrennbar an Dir hangen
    In Lieb' und Leid, Gemach und Ungemach,
Und nur bei Dir zu bleiben stets verlangen
    An jedem guten, wie am bösen Tag!

3. O selig Haus, wo man die lieben Kleinen
    Mit Händen des Gebets an's Herz Dir
legt,
Du Freund der Kinder, Der sie als die
Seinen
Mit mehr als Mutterliebe hegt und pflegt;
Wo sie zu Deinen Füßen gern sich sammeln
Und horchen Deiner süßen Rede zu,
Und lernen früh Dein Lob mit Freuden
stammeln,
Sich Deiner freu'n, Du, lieber Hei-
land, Du!

4. O selig Haus, wo Knecht und Magd Dich
kennen,
Und wissend, wessen Augen auf sie sehn,
Bei allem Werk in Einem Eifer brennen,

Daß es nach Deinem Willen mag ge-
 schehn;
Als Deine Diener, Deine Hausgenossen,
 In Demuth willig und in Liebe frei,
Das Ihre schaffen, froh und unverdrossen,
 In kleinen Dingen zeigen große Treu'!

5. O selig Haus, wo Du die Freude theilest,
 Wo man bei keiner Freude Dein vergißt!
O selig Haus, wo Du die Wunden heilest,
 Und Aller Arzt und Aller Tröster bist;
Bis Jeder einst sein Tagewerk vollendet,
 Und bis sie endlich Alle ziehen aus
Dahin, woher der Vater Dich gesendet,
 In's große, freie, schöne Vaterhaus!

———

c) Elternlieder und Lehrerlieder.

Nr. 417. Mel.: Werde munter, mein Gemüthe.

Nach Ludwig Heinrich Schlosser. gest. 1723. Zuerst gedr 1724. Aus dem Berl. und Würt. Gsgb., wo
das Orig. stark abgekürzt und umgearbeitet ist.

1. Sorge, Herr, für unsre Kinder,
 Sorge für ihr wahres Heil!
Sind sie gleich geborne Sünder,
 Haben sie an Dir doch Theil.
Sie sind in der Taufe schon
Dir geweiht und Deinem Sohn;
Darum leite Deine Gnade
Sie auf ihrem Lebenspfade.

2. Der Du sie bisher erhalten
   Bei so manchem Unglücksfall,
Wollest über sie nun walten
   Immerdar und überall.
Bricht Gefahr für sie herein,
Woll'st Du ihr Beschützer sein;
Wenn in Noth sie zu Dir flehen,
Laß sie Deine Hülfe sehen.

3. Dringt auf sie von allen Seiten
   Der Verführer Schaar heran:
Laß doch ihren Fuß nicht gleiten,
   Halte sie auf rechter Bahn.
Regt in ihrer eignen Brust
Sich mit Macht die böse Lust:
Gieb dann, daß sie muthig kämpfen,
Und den Reiz der Sünde dämpfen.

4. Herr, erhalte Deinem Reiche
   Unsre Kinder stets getreu!
O daß keines von Dir weiche
   Und dereinst verloren sei!
Immer geh ihr frommer Sinn
Und ihr Streben darauf hin,
Christo ganz sich zu ergeben,
Und zur Ehre Dir zu leben.

5. Gönne mir die Himmelsfreude,
   Daß ich einst am jüngsten Tag
Nach so manchem Kampf und Leide
   Mit Frohlocken sprechen mag:
Liebster Vater, siehe hier

Meine Kinder all mit mir!
Ihrer keines ist verloren,
Alle für Dein Reich erkoren!

———

Nr. 418.   Mel.: Herr Gott, Dich loben Alle wir.
Nach einem unbek. Verf. Zuerst 1733 in dem Hessen-Darmst. Gsgb., dann von neuern Gsgb. überarbeitet und erweitert.

1. Hilf, Gott, daß unsre Kinderzucht
Geschehe stets mit Nutz und Frucht,
Und aus dem Mund der Kinder
Dir Ein Lob ertöne für und für!

2. Laß Christenkinder insgemein
Den Eltern stets gehorsam sein,
Und meiden allen Lügenhang,
Den Eigensinn und Müßiggang.

3. Laß unsern Kindern mangeln nicht
Heilsame Lehr' und Unterricht,
Damit durch's Wort aus Deinem Mund
Ihr Glaub' erhalte festen Grund.

4. Behüte sie vor Aergerniß,
Mach sie des rechten Wegs gewiß,
Wo ihnen ein Verführer naht
Mit gift'gem Reiz zur Missethat

5. Nimm ihre Seelen, Herr, in Acht;
Beschirme sie mit Deiner Macht,
Damit sie Dich verlassen nie;
Dein Engel lag're sich um sie!

48

6. O Geist der Gnad' und des Gebets,
   Gieß dich in ihre Herzen stets;
   Furcht Gottes gieb in ihren Sinn,
   Die aller Weisheit Anbeginn.

7. Erleuchte sie mit Deinem Schein;
   Laß sie zum Lernen willig sein,
   An Gnad' und Weisheit immerdar
   Zunehmen lieblich, Jahr für Jahr.

8. Regiere sie ohn' Unterlaß,
   Damit sie zum vollkommnen Maaß
   Des Lebens Christi wachsen fort,
   Und Früchte bringen durch Sein Wort.

9. Vollende sie in dieser Zeit
   Zum Erbtheil in der Ewigkeit,
   Damit sammt ihnen wir zugleich
   Dich preisen dort in Deinem Reich.

10. Gott, Vater, Sohn und heil'ger Geist,
    Von Dem ein Meer der Gnade fleußt:
    Du, Gott der Kinder, nimm uns ein,
    Dein selig Kindervolk zu sein!

Nr. 419. Eigene Melodie

Frau **Meta Heußer-Schweizer.** Geb. 1827, zuerst anonym gedr. 1836. Fragment aus einem Gebetlied einer Mutter zwischen den Bettchen ihrer schlafenden Kinder in der Nacht, beginnend: „Dunkel ist's, des Lebens laute Töne sind verstummt in tiefer Mitternacht; Sterne wandeln dort in lichter Schöne, Alles schlummert, nur die Liebe wacht: — Mutterliebe hier in dunkler Tiefe, Mutterliebe dort im Himmelslicht! Ruhe, Herz! Wenn deine Lieb' entschliefe: Jene Liebe schläft noch schlummert

nicht." Eine treffliche engl. Uebers. von Frl. Jane Borthwick aus Edinburgh die mehrere Lieder der Meta Heußer
überf. hat, in Hymns from the Land of Luther, Edinb.
1853, und in Sacred Lyrics, Philadelph. 1859, p. 172:
"Darkness reigns — the hum of life's commotion."
Wir haben uns erlaubt, diese köstlichen Mutterworte
durch einige Abkürzung und Aenderung zu einem allgem.
Elterngebet für die Jugend zu erweitern, um sie so aus
dem einsamen nächtlichen Schlafstübchen in die Wohnstube,
die Sonntagsschule und Kirche, wofür sie urspr. nicht
bestimmt waren, einzuführen. Es giebt dazu zwei Melodien, eine schweizerische und eine zur ersten Aufl. dieses
Gsgb. besonders componirte von G. F. Landenberger
im Gesang- und Choralbuch.

1. Herr, Du hast die Kinder uns gegeben,
   Und wir legen sie an Deine Brust;
   Da versiegle sie zum ew'gen Leben,
   Mache Deiner Liebe sie bewußt!

2. Hätten wir nicht Dich, Du Trost der Sünder,
   Schauten wir des Lebens Klippen an:
   Weinen müßten wir für unsre Kinder;
   Doch Du lebst, und nimmst Dich unser an.

3. Birg sie, Herr, in Deinen treuen Armen,
   Heile Du der Sünde frühen Schmerz!
   Leite ihren Gang durch Dein Erbarmen;
   Weißt ja um das arme Menschenherz!

4. War der Eltern Irrsal und Verderben
   Mit dem ersten Herzensschlag ihr Theil,
   O, so laß von Dir sie Andres erben:
   Deiner Unschuld bluterrung'nes Heil!

5. Schreib in's Buch des Lebens ihre Namen,
   Jene neuen, die die Welt nicht kennt;
   Halt im heil'gen Bunde sie zusammen,
   Binde Du, wenn je die Welt sie trennt!

6. Soll es auch für sie durch Nächt[
   Rührt ihr Klagen schmerzlich einf
   O so führe aus den bittern Weh[
   Schöner Deines Lebens Sieg h

7. Weide Deine Lämmer! laß uns fd
   Daß sie nie auf fremder Weide
   Und in Deines Paradieses Auen
   Freudig einst um ihren Hirten

---

d) **Kinderlieder und Schullied**

Nr. 420. Eigene Melodie.
Verfasser unbekannt.

Herr Jesu, Dir leb' ich;
Herr Jesu, Dir sterb' ich.
Herr Jesu, Dein bin ich
Todt und lebendig.
Mach mich, o Jesu,
Ewig selig! Amen.

Nr. 421. Mel: Wie selig bin ich, u Geist.
Nach L. Graf von Zinzendorf. Juni
ächt kindliches Kinderlied (Engl Ueberf. in
B. N 833: "I am a little child, you see."

1. Ich bin ein Kindlein, arm und k
   Und meine Kraft ist schwach;
   Ich möchte gerne selig sein,
   Und weiß nicht, wie ich's mach

2. Mein Heiland! Du warst mir zu gut
   Ein armes, kleines Kind,
   Und hast mich durch Dein theures Blut
   Erlöst von Tod und Sünd'.

3. Mein liebster Heiland, rath mir nun,
   Was ich zur Dankbarkeit
   Dir soll für Deine Liebe thun,
   Und was Dein Herz erfreut!

4. Ach nimm mein ganzes Herz Dir hin,
   Nimm's, liebster Jesus, an!
   Ich weiß ja, daß ich Deine bin,
   Du guter, lieber Mann!

5. Du hast mich in der Taufe ja
   Zum Gotteskind geweiht,
   Und eh' ich etwas wußt und sah,
   Mich wunderbar erneut.

6. Ich will, wie man versprochen hat,
   Mein Heiland, Deine sein;
   Von Eigensinn und böser That
   Will ich mich halten rein.

7. Ich armes Kindlein aber kann
   Nichts von mir selber thun:
   Drum hilf mir, o Du starker Mann,
   Herr Jesu, hilf mir nun!

8. Bewahre mir mein Herzelein
   Vor Allem, was befleckt;
   Du hast's gewaschen, halt es rein,
   Verhüllt und zugedeckt!

9. Soll ich noch länger unten sein,
    Nehm ich an Jahren zu,
  So zeuch mich in Dein Herz hinein,
    Daß ich viel Gutes thu'!

10. Und schließ ich endlich meinen Lauf
    Im Glauben seliglich,
  So hebe mich zu Dir hinauf,
    Und nimm und küsse mich!

———

Nr. 422. Mel: Lobe den Herren, den mächtigen König der Ehren.

Nach **Ernst Gottlieb Woltersdorf**, Pred. in Bunzlau, Gründer eines Waisenhauses, Verf. von 212 Liedern voll Geist und Feuer, gest. 1761.

1. Blühende Jugend, du Hoffnung der künfti-
                      gen Zeiten,
  Höre doch einmal, und laß dich in Liebe
    Fliehe den Tand,   [bedeuten!
    Folge der winkenden Hand,
  Die dich zu Jesu will leiten!

2. Opfre die frische, die schöne, lebendige Blüthe,
  Opfre die Kräfte der Jugend mit frohem
                      Gemüthe
    Jesu, dem Freund,
    Der es am redlichsten meint,
  Ihm, deinem König voll Güte!

3. Liebevoll suchet der Hirte sich Lämmer auf
                      Erden;
  Jugend, du sollst Ihm zur Lust und zum
                      Ehrenschmuck werden!

Komm doch heran,
Segen von Ihm zu empfah'n;
Werde die Zier Seiner Heerden.

4. Jesum genießen, nur das ist für Freude zu
achten;
Kindlich und selig die ewige Liebe betrachten,
Das ist genug;
Aber der Lüste Betrug
Lässet die Seele verschmachten.

5. Bäume der Jugend, erfüllet von heiligen
Trieben,
Blühen so herrlich im Glauben, im Hoffen,
im Lieben,
Stehn einst voll Frucht,
Wann sie der Gärtner besucht,
Grünen auch ewiglich drüben.

6. Gott und dem Heiland als Werkzeug zur
Ehre gereichen,
Das ist mit irdischer Herrlichkeit nicht zu
vergleichen.
Jugend, ach, du
Bist Ihm die nächste dazu!
Laß deine Zeit nicht verstreichen.

7. Liebst du Ihn herzlich, so müssen dich En-
gel bedienen;
Friedevoll wandelst du hin in Gemeinschaft
mit ihnen,
Und mit der Schaar,
Die schon am ew'gen Altar
Preiset des Mittlers Versühnen.

8. Blühende Jugend, o denk an die bitteren
Leiden
Deines Erbarmers, die Sünd' und die
Weltlust zu meiden!
Dann geht dein Lauf
Freudig zum Himmel hinauf
Zu den unsterblichen Freuden!

Nr. 423. Mel.: Herr Jesu Christ, Dich zu uns
wend'.

Ernst Gottl. Woltersdorf. gest 1761.

1. Sei hochgelobt, Herr Jesu Christ,
Daß Du der Kinder Heiland bist,
Und daß die kleine Lämmerschaar
Dir, König, nicht verächtlich war.

2. Gelobet sei des Vaters Rath
Für Seiner Liebe Wunderthat!
Sein ew'ger Sohn wird arm und klein,
Daß Kinder können selig sein.

3. Gelobet sei der heil'ge Geist,
Der jedes Lamm zum Hirten weist,
Der Kindern zu erkennen giebt,
Wie brünstig sie der Heiland liebt.

4. Er macht durch Seinen Gnadenzug
Ein kleines Kind zum Glauben klug;
Dann lernt's mit Freuden das verstehn,
Was weise Männer oft nicht sehn.

5. „Laßt doch die Kindlein her zu Mir!"
So rieffst Du, Herr, „drum bin Ich hier;

Für sie gehört Mein ganzes Reich:
Drum ward Ich selbst den Kindern gleich!"

6. Ach lehre unsre Kinderschaar,
Daß sie zusammen immerdar
Mit Herz und Lippen Dich erhöhn;
So wird des Satans Reich vergehn.

7. Sei hochgelobt, Herr Jesu Christ,
Daß Du der Kinder Heiland bist,
Und daß Du, hocherhab'ner Fürst,
Der Kinder Heiland bleiben wirst!

Nr. 424. Eigene Melodie.

Luise Henriette von Hayn (eine große Kinder-
freundin). Herrnh. Gsgb. 1778. „Ein Muster eines Kin-
derliedes im ächten Kinderton und darum allen Kindern
ungemein lieb und werth." Koch.

1. Weil ich Jesu Schäflein bin,
Freu ich mich nur immerhin
Ueber meinen guten Hirten,
Der mich wohl weiß zu bewirthen,
Der mich liebet, der mich kennt
Und bei meinem Namen nennt.

2. Unter Seinem sanften Stab
Geh ich aus und ein, und hab'
Unaussprechlich süße Weide,
Daß ich keinen Mangel leide;
Und so oft ich durstig bin,
Führt Er mich zum Brunnquell hin.

3. Sollt ich denn nicht fröhlich sein,
Ich beglücktes Schäselein?

Denn nach diesen schönen Tagen
Werd' ich endlich heimgetragen
  In des Hirten Arm und Schooß;
Amen, ja, mein Glück ist groß!

Nr. 425. Mel.: Jesu, meine Freude.
Albert Knapp (1798—1864). Geb. 1826.

1. Schöpfer meines Lebens!
  Laß mich nicht vergebens
    Auf der Erde sein!
  Gieße Deine Liebe,
  Deines Geistes Triebe
    In mein Herz hinein,
  Daß Dein Bild, So rein und mild,
  Schöner stets bei Deiner Pflege
  An mir leuchten möge!

2. Einmal nur erblühet,
  Ach, und bald entfliehet
    Meine Frühlingszeit.
  Sorglos sie verträumen
  Und Dein Heil versäumen,
    Bringt viel bittres Leid.
  Wirst Du nicht Mein Lebenslicht,
  Werd ich Dir nicht neu geboren,
  Ist sie mir verloren.

3. Dir allein zu leben,
  Und mit Ernst zu streben
    Nach der Heiligung, —
  Thorheit zu verlassen,
  Sündenlust zu hassen,

Bin ich nie zu jung,
Mache dieß Mir recht gewiß,
Eh ich um verlorne Tage
Einst vergeblich klage!

4. Dort in Deinen Höhen
Werden viele stehen,
   Schön wie Himmelsglanz,
Die hier Kinder waren
Und in frühen Jahren
   Dir sich weihten ganz;
Drum sind sie Nun auch so früh
Zu der Schaar der sel'gen Frommen
Und zu Dir gekommen.

5. Jesu, Freund der Sünder,
Der auch für die Kinder
   Einst auf Erden kam,
O wie sanft und stille
War Dein Herz und Wille,
   Allem Bösen gram!
Herr, auch wir, Wir sollen Dir
Nach Gedanken und Geberden
Gleichgestaltet werden.

6. Selig, wer Dich liebet!
Selig, wer sich übet,
   Gottes Kind zu sein!
Diese heil'gen Triebe
Gieß durch Deine Liebe
   Unsern Herzen ein,
Daß Dein Bild, So rein mild,
Dort im schönen Himmelssaale
Ewig an uns strahle!

Nr. 426. Mel.: Vom Himmel hoch, da komm' ich her.

Albert Knapp (gest. 1864). Geb. 1839, aufgenommen in's N. Würt. Gsgb. von 1841, und seitdem in mehrere Gsgb. übergegangen. (Der Irrthum in der zweiten Aufl. von Knapp's Liederschatz, Nr. 2529, wo das Lied in's Jahr 1848 versetzt wird, ist in der 3ten Aufl. Nr. 2581 berichtigt.)

1. Ihr Kinder, lernt von Anfang gern
Der Weisheit Grund, die Furcht des Herrn!
Was ihr beizeiten lernt und thut,
Kommt jetzt und ewig euch zu gut.

2. Hört die Verheißung, welche Gott
Als Vater legt auf Sein Gebot,
Wenn Er den Himmelsweg euch weist,
Und euch gehorsam werden heißt:

3. „Ehr' Deine Eltern spät und früh;
Dank ihnen ihre Lieb' und Müh',
Dann wird's dir wohl auf Erden gehn,
Dann wirst du Gottes Himmel sehn."

4. So war auf Seiner Erdenbahn
Den Eltern Jesus unterthan;
Er, Dessen Stuhl die Himmel sind,
War einst gehorsam als ein Kind.

5. Des Vaters Segen baut ein Haus,
Wo Kinder froh gehn ein und aus,
Der Fluch der Mutter reißt es ein,
Denn Gott will selbst der Rächer sein.

6. Ein Kind, das seinen Vater schmäht
Und trotzig von der Mutter geht,

Wird gleich dem Baume früh entlaubt
Und ruft sich Noth und Tod auf's Haupt.

7. Doch o wie süß, wenn Vatermund
Und Mutterfreude geben kund:
„Die liebste Blume, die ich find',
Ist unser treues, frommes Kind!"

8. Den Vater lieb von Herzensgrund
Und ehre ihn mit That und Mund;
Vergiß nicht, wie du lange Frist
Der Mutter sauer worden bist!

9. Gott, sende Deinen Segensstrahl
Eltern und Kindern allzumal;
Halt sie verbunden in der Zeit,
Verbunden in der Ewigkeit!

Nr. 427. Mel.: Herr Gott, Dich loben Alle wir.

Christian Gottlob Barth, der verdienstvolle Missions= und Kinderfreund. geb. 1799, gest. 1862 zu Calw in Württemberg. Geb. 1846.

1. Was ist des Kindes größtes Glück?
Der treuen Mutter Liebesblick.
Was ist des Kindes größte Freud'?
Des Mutterherzens Heiterkeit.

2. Wo ist ein Herz, das treuer liebt,
Ein Herz, das süß're Blicke giebt,
Als jenes Herz auf Golgatha,
Das einst Johannes brechen sah?

3. Das für uns starb, das für uns lebt,
   Und hoch zum Himmel uns erhebt,
   Das uns versüßet jeden Schmerz, —
   Das ist das rechte Mutterherz!

———

d) Wittwen= und Waisenlieder.

Nr. 428. Mel.: Nun ruhen alle Wälder.

Johann Caspar Lavater. 1771. Ein vielver=
breitetes Wittwenlied.

1. Auf Gott nur will ich sehen,
   Er hört der Wittwen Flehen,
     Sieht ihre Thränen an;
   In jedem Schmerz und Leide
   Ist Gott mir Trost und Freude,
     Mein Fels, Den ich umfassen kann.

2. Wie viel', die in der Kammer
   Dir klagten ihren Jammer,
     O Gott, erhörtest Du!
   Dein väterlicher Segen
   Hielt sie: auf ihren Wegen
     War Friede, Sicherheit und Ruh.

3. Wo seit viel tausend Jahren
   Betrübte Wittwen waren,
     Die hast Du treu gepflegt,
   Wenn sie Dich nicht verließen
   Und gläubig Dir zu Füßen
     Des Kummers schwere Last gelegt.

4. In Dir will ich mich stärken:
Dein Aug' wird auf mich merken
Und auf mein Fleh'n Dein Ohr.
Bei Tag und Nacht mit Flehen
Will, Herr, vor Dir ich stehen
Und seufzen still zu Dir empor.

5. Ich will mein Joch nun tragen;
Dir, Vater, darf ich sagen,
Was je mein Herz bedrückt;
Bist Du nicht in der Nähe,
Du, Den ich zwar nicht sehe,
Und Den mein Glaube doch erblickt?

6. Ja bis zum letzten Schritte,
Ja wenn ich mehr noch bitte,
Seh ich mit Lust auf Dich.
Dir, Heiland, zu gefallen,
Unsträflich hier zu wallen,
Sei mein Bestreben; stärke mich!

7. Mit Ernst und frohen Muthes
Will ich nach Kräften Gutes
Vor Deinen Augen thun;
Will mich der Welt entziehen,
Lärm, Tand und Thorheit fliehen
Und nur in Deinem Schooße ruhn.

8. Dann eilen meine Tage
Mit jeder Noth und Plage
Leicht wie ein Traum dahin;
Dann leg ich froh die Glieder
Auf's Sterbebette nieder,
Wenn ich zum Himmel reifer bin.

9. Dann find' ich, Den ich liebte,
    Deß Tod mich einst betrübte,
        In meines Schöpfers Hand!
    Wo Freudenquellen fließen,
    Werd' ich Ihn dann umschließen
        Im thränenfreien Vaterland.

.10. Fort auf dem heißen Pfade!
    Mich kühlt des Vaters Gnade;
        Er träget meine Noth.
    Nicht ewig werd' ich weinen;
    Ich komme zu den Meinen,
        Bald seh ich sie bei meinem Gott.

Nr. 429. Mel.: Schwing dich auf zu deinem Gott.

Aus dem Pennsylvan. Lutherischen Gesangbuch von
1786 (Nr. 385).

1. Arme Wittwe! weine nicht,
        Jesus will dich trösten;
    Der dir Hülf' und Trost verspricht,
        Wenn die Noth am größten.
    Er sieht auch dein Elend an,
        Deine Thränenfluthen;
    O wie weh wird Ihm gethan,
        Wenn die Herzen bluten!

2. Arme Wittwe, weine nicht.
        Laß die Sorgen fahren,
    Ob dir öfters Brod gebricht
        In betrübten Jahren.

Jesus giebt dir Mehl in's Cad, [1)]
Und dein Oelkrug quillet
Und durch Gottes weisen Rath
Wird die Noth gestillet.

3. Arme Wittwe, weine nicht,
    Wenn du bist verlassen!
Der Sein Aug' auf dich gericht't,
    Kann dich ja nicht hassen.
Der Sich deinen Vater nennt,
    Weiß wohl, was dir fehlet,
Und Der deine Thränen kennt,
    Hat sie auch gezählet.

4. Arme Wittwe, weine nicht,
    Wenn die Sorgen toben,
Und der Satan dich anficht,
    Schützt dich Gott von oben.
Jesus ist dein Schirm und Schild,
    Der dich treu wird decken.
Sei das Wetter noch so wild,
    Laß dich's nicht erschrecken!

5. Arme Wittwe, weine nicht,
    Wenn in stiller Kammer
Du vor Gottes Angesicht
    Klagest deinen Jammer.
Wittwenthränen steigen hoch,
    Bis zu Gottes Herzen;
Hilft Er nicht gleich, hilft Er doch,
    O Er kennt die Schmerzen.

---

1) Eimer, Topf. 1 Kön. 17, 14.

6. Arme Wittwe, weine nicht!
 Jesus hört dein Schreien;
Er, Der Armen Heil verspricht,
 Wird dich bald erfreuen.
Senk den Anker mit Gebuld
 Nur in Seine Wunden,
Da wird lauter Fried' und Huld,
 Lauter Trost gefunden.

7. Arme Wittwe, weine nicht!
 Was willst du dich kränken?
Denk an deine Christenpflicht,
 Gott wird an dich denken!
Jesus schließt den Himmel auf,
 Reichet dir die Krone!
Auf und förbre deinen Lauf
 Zu des Heilands Throne!

Nr. 430. Mel.: O Gott, Du frommer Gott.

Waisenlied. Aus dem Berliner Liederschatz von
1840 (Nr. 1401), und älteren Sammlungen.

1. Ihr Waisen! weinet nicht;
 Wie, könnt ihr euch nicht fassen?
Verlasset euch auf Gott,
 Der wird euch nicht verlassen;
Sind gleich die Eltern todt,
 So lebet dennoch Gott.
Weil aber Gott noch lebt,
 So habt ihr keine Noth.

2. Gott ist und bleibet stets
 Ein Vater aller Waisen,

Der will sie insgesammt
  Ernähren, kleiden, speisen;
Demselben trauet nur,
  Der nimmt Sich eurer an,
Seht, Er ist euer Schutz
  Und euer Helfersmann.

3. Gott ist ein reicher Gott,
   Er wird euch wohl versorgen,
Er weiß ja eure Noth,
   Sie ist Ihm nicht verborgen;
Ob ihr schon wenig habt,
   Ist auch der Vorrath klein,
So will für's Künftige
   Gott der Versorger sein.

4. Habt einen guten Muth,
   Gott hat es ja verheißen,
Er woll' Verlassene
   Aus ihrer Trübsal reißen;
Das Wort geht euch auch an,
   Ihr werdet es schon sehn,
Wie auch an euch es wird
   In die Erfüllung gehn.

5. Ja, glaubet, bleibet fromm
   Und geht auf Gottes Wegen,
Erwartet mit Geduld
   Den euch verheiß'nen Segen
Und weichet nicht von Gott,
   Vertraut Ihm allezeit,
So werd't ihr glücklich sein
   In Zeit und Ewigkeit.

9. Vaterlandslieder.

Nr. 431. Mel: Vom Himmel hoch, da komm'
ich her.

Emilie Juliane, Gräfin von Schwarzburg-Rudolstadt, gest. 1706.

1. Erhalt uns, Herr der Herrlichkeit,
   Erhalt uns unsre Obrigkeit,
   Die Deine treue Vaterhand
   Gesetzet hat in diesen Stand.

2. Dein guter Geist sie leit' und führ'
   Und segn' ihr Walten für und für,
   Daß sie voll Weisheit und Verstand
   Regiere christlich Leut' und Land.

3. Damit wir führen unter ihr
   Ein still, geruhig Leben hier
   Und einst mit ihr, Du höchster Hort,
   Bestehen wohl im Himmel dort.

Nr. 432. Mel.. Vom Himmel hoch, da komm'
ich her.

Aus dem N. Pennf. Luth. Gsgb von 1849 (vielleicht von Dr. N. Demme). Zur Feier des 4. Juli. Den urspr. 3 B. („Es l. be fort der Väter Geist, Des theuren Mannes allermeist, Den Dank und Freude obenan In Krieg und Frieden stellen kann") haben wir wegen der Beziehung auf Washington und die Revolutionsväter, als für ein Kirchengsgb. nicht passend, weggelassen.

1. Beschirm uns, Herr! bleib' unser Hort,
   Erhalte Wohlfahrt fort und fort
   Und sichre Freiheit, Fried' und Recht
   Uns und dem spätesten Geschlecht!

2. Der Staaten großer Bruderbund
Steh unverrückt auf seinem Grund:
Auf Deiner Gnad' und Gütigkeit,
Auf Wahrheit und Gerechtigkeit.

3. Die uns regieren, leite, Herr,
Daß sie es thun zu Deiner Ehr',
Dem Vaterland ein Segen sei'n
Und Deines Segens sich erfreu'n.

4. Der Bürger Treue mehre sich;
Durch Sinn und Thaten preise Dich
Das Volk, das Deine Rechte kennt
Und Dich nur seinen König nennt.

5. Die Meinung trenne Herzen nicht;
Ein Jeder thue seine Pflicht
Und denke, daß vereint wir stehn,
Getrennet aber untergehn.

6. O unser Gott, was Du uns giebst,
Das gieb auch Andern, weil Du liebst;
Mach alle hart Gebund'nen frei,
Daß jedem Volk geholfen sei.

7. Herr, sende Freiheit, Fried' und Recht
Dem ganzen menschlichen Geschlecht.
Dir schall der Völker Lobgesang
Vom Aufgang bis zum Niedergang!

—————

Nr. 433. Mel.: Nun ruhen alle Wälder.

Für öffentliche Dank- und Bettage und andere Nationalfeste. Bearbeitet 1859 für die erste Ausgabe dieses Gsgb. Die vier ersten V. sind eine freie Umdichtung

eines Liebes von **Fröhlich** aus **Aarau** in 4 neunzeiligen
Strophen nach ganz unbekannter Melodie (Nr. 292 im
Aarauer Gsgb. von 1814). Die drei letzten V. sind neu
hinzugefügt. Das so umgearbeitete und erweiterte Lied
ist seitdem in den Entwurf des Allg. Schweizerischen
Militairgsgb. von 1861 (vgl. das Protokoll der evang.
Kirchen-Conferenz der Schweiz, Basel 1861, S. 18 in
das neue Gsgb. der Kantone Glarus, Thurgau u. Graubündten (1865?) u. in einige amerik. Gsgb übergegangen.

1. Wir schwören heut' auf's Neue
   Dir, unserm König, Treue;
      Dir naht das ganze Land.
   Du Schöpfer und Behüter,
   Du Geber aller Güter,
      Wir stehn in Deiner treuen Hand.

2. Du lässest uns hier wohnen,
   Wo ringsum herrlich thronen
      Die Wunder Deiner Macht;
   Du lässest helle glänzen
   Dein Wort in unsern Grenzen;
      Das hat uns frei und stark gemacht.

3. Du hast uns treu regieret
   Und wunderbar geführet
      Mit Deiner Vaterhuld;
   Du hast uns hoch erhoben
   Durch tausend Liebesproben,
      Trotz unsrer schweren Sünd' und Schuld.

4. Du hast auf allen Seiten
   Uns von der Väter Zeiten
      Mit Deinem Arm bewacht;
   Auch wo wir Dein vergaßen,
   Hast Du uns nicht verlassen,
      Und uns mit Licht und Heil bedacht.

5. Drum laßt uns fröhlich singen
Und Dankeslieder bringen
Dem Herren aller Herr'n,
Dem Gotte unsrer Väter,
Dem Heiland und Erretter;
Frohlockt und danket nah und fern!

6. Erhalt' in unsern Hütten
Den Segen frommer Sitten,
Dein Evangelium;
Laß Recht und Friede schalten,
Gesetz und Freiheit walten
Zu Deines Namens Preis und Ruhm!

7. Hilf, daß wir treu Dir bleiben,
Dir heut uns neu verschreiben
Zum Volk des Eigenthums;
Laß, Hirte Deiner Heerden,
Auch unsre Enkel werden
Getreue Zeugen Deines Ruhms!

10. Krieg und Friede.

Nr. 434. Mel.: Herr Jesu Christ, Du höchstes Gut.

„Der 85ste Psalm Davids in Kriegszeiten." Bearbeitet von **Paul Gerhardt** gegen Ende des 30jähr. Krieges, zu rst gedr. in Berlin 1653. (V. 2 und 3 sind ausgelassen, wie in Knapp's Liederschatz, Nr 2763, in N Württ und andern Gsgb.)

1. Herr, der Du vormals hast Dein Land
Mit Gnaden angeblicket,
Und wenn Du Strafen ihm gesandt,

Es wiederum erquicket;
Der Du die Sünd' und Missethat,
Die alles Volk begangen hat,
Uns väterlich verziehen.

2. Willst Du, o Vater, uns denn nicht
   Nun einmal wieder laben?
Und sollen wir an Deinem Licht
   Nicht wieder Freude haben?
Ach genß von Deines Himmels Haus,
Herr, Deine Güt' und Segen aus
Auf uns und unsre Häuser!

3. Ach, daß ich hören sollt' das Wort
   Erschallen bald auf Erden;
Daß Friede sollt' an jedem Ort,
   Wo Christen wohnen, werden!
Ach daß uns doch Gott sagte zu
Des Krieges Schluß, der Waffen Ruh'
Und alles Unglücks Ende!

4. Ach kehrte doch die böse Zeit
   Sich um zu guten Tagen,
Damit wir in dem großen Leid
   Nicht möchten ganz verzagen!
Doch ist ja Gottes Hülfe nah,
Und Seine Gnade stehet da
All' denen, die Ihn fürchten.

5. Wenn wir nur fromm sind, wird sich Gott
   Schon wieder zu uns wenden,
Den Krieg und alle andre Noth
   Nach Wunsch und also enden,
Daß Seine Ehr' in unserm Land

Und allenthalben werd' erkannt,
Ja, stetig bei uns wohne.

6. Die Güt' und Treue werden schön
Einander grüßen müssen;
Das Recht wird durch die Lande gehn
Und wird den Frieden küssen;
Die Treue wird mit Lust und Freud'
Auf Erden blühn, Gerechtigkeit
Wird von dem Himmel schauen.

7. Der Herr wird uns viel Gutes thun:
Das Land wird Früchte geben,
Und die in Seinem Schooße ruh'n,
Die werden davon leben;
Gerechtigkeit wird wohl bestehn
Und stets in vollem Schwange gehn
Zur Ehre Seines Namens!

Nr. 435. Mel.: Nun danket Alle Gott.

Nach Johann Frank. Geb. 1618. nach dem West-
phälischen Friedensschluß, als „Danksagung für den lieben Frieden;" zuerst gedr. 1674.

1. Herr Gott! Dich loben wir
Für Deine großen Gnaden,
Daß Du das Vaterland
Von Kriegeslast entladen,
Daß Du uns blicken läßt
Des goldnen Friedens Zier;
Drum jauchzet alles Volk:
Herr Gott, Dich loben wir!

2. Herr Gott! Dich loben wir,
Die wir in bangen Tagen

Der Waffen schweres Joch
    Und frechen Grimm getragen;
Jetzt rühmet unser Mund
    Mit herzlicher Begier:
Gott Lob, wir sind in Ruh'!
    Herr Gott, wir danken Dir!

3. Herr Gott! Dich loben wir,
    Daß Du uns zwar gestrafet,
Jedoch in Deinem Zorn
    Nicht gar hast weggeraffet.
Es hat die Vaterhand
    Uns Deine Gnadenthür
Jetzt wieder aufgethan;
    Herr Gott, wir danken Dir!

4. Herr Gott! wir danken Dir,
    Daß Du Kirch', Land und Leute,
Und unsre Obrigkeit[1]
    Dem Feind nicht gabst zur Beute,
Daß Dein Arm mit ihr war;
    Gieb ferner Gnad' allhier,
Daß auch die Nachwelt sing':
    Herr Gott, wir danken Dir!

5. Herr Gott! wir danken Dir,
    Und bitten, Du woll'st geben,
Daß wir auch künftig stets
    In guter Ruhe leben.
Krön' uns mit Deinem Gut,
    Erfülle für und für,
O Vater, unsern Wunsch.
    Herr Gott, wir danken Dir!

---

1) Urspr. Den frommen Fürstenstamm Und dessen grüne Reiser.'

X. Die letzten Dinge und die Vollendung des Heils.

---

1. Pilgerlieder.

Eitelkeit alles Irdischen. Himmlischer Sinn. Vorbereitung zum Tode.

Nr. 436. Mel.: Ich dank' Dir schon durch Deinen Sohn.

Psalm 126. Bearbeitet 1838 von **Eduard Eath**, geb. 1809 in Heilbronn, Ephorus in Blaubeuren.

1. Wir ziehn den Lebensweg hinaus
In manchem Leid und Bangen;
Wir wohnen in des Fluches Haus,
Gebunden und gefangen.

2. Doch führt uns Gott aus Banden einst
Nach Zions heil'gem Raume;
Dann ist dir, Seele, die du weinst,
Als lebtest du im Traume!

3. Dann füllt mit Freude sich der Mund
Und preiset Gottes Walten:
„Wie hat der Herr den heil'gen Bund
So treu und festgehalten!"

4. Ja, Großes hat der Herr gethan;
Drum jubeln wir und loben.
Herr, führ' uns nur die heil'ge Bahn,
Bis wir des Kampfs enthoben!

5. Die wir mit Thränen im Gesicht
   Die Samenkörner streuen,
   Wenn einst herein die Ernte bricht,
   Wie werden wir uns freuen!

6. Jetzt gehn wir in das Feld hinaus
   Mit Weinen und mit Klagen;
   Dann werden wir in's Vaterhaus
   Mit Lust die Garben tragen.

Nr. 437. Mel.: Herzlich thut mich verlangen.

Paul Gerhardt. 1667. Nach Ps. 119, 19, und Hebr. 11, 13 Urspr. 14 Str. Das Eisen. Gsgb. giebt 12, andere bloß 8 oder 6 Str. Engl. Uebers. in Lyra Germ. II 230: "A pilgrim here I wander, On earth have no abode; My fatherland is yonder, My home is with my God "

1. Ich bin ein Gast auf Erden
   Und hab' hier keinen Stand;
   Der Himmel soll mir werden,
   Da ist mein Vaterland.
   Hier muß ich Arbeit haben, [1])
   Hier reis' ich ab und zu;
   Dort wird mein Gott mich laben
   In Seiner ew'gen Ruh',

2. Was ist mein ganzes Wesen
   Von meiner Jugend an,
   Als Müh' und Noth gewesen?
   So lang ich denken kann,
   Hab' ich so manchen Morgen,
   So manche liebe Nacht

---

1) Etan.: "Hier reis' ich aus und ab" u. s. w.

Mit Kummer und mit Sorgen
Des Herzens zugebracht.

3. So ging's den lieben Alten,
    An deren Fuß und Pfad
Wir uns noch täglich halten,
    Wenn's fehlt an gutem Rath.
Sie zogen hin und wieder,
    Ihr Kreuz war immer groß,
Bis daß der Tod sie nieder
    Legt' in des Grabes Schooß.

4. Ich habe mich ergeben
    In gleiches Glück und Leid,
Was will ich besser leben
    In dieser Sterblichkeit? [1]
Es muß ja durchgedrungen,
    Es muß gelitten sein;
Wer nicht hat wohl gerungen,
    Geht nicht zur Freude ein.

5. Mein' Heimath ist dort droben,
    Da aller Engel Schaar
Den großen Herrscher loben,
    Der alles ganz und gar
In Seinen Händen träget,
    Und für und für erhält,
Auch Alles hebt und leget,
    Nach dem's Ihm wohlgefällt.

6. Zu Ihm steht mein Verlangen,
    Da wollt' ich gerne hin!

----

1) Urfp.: „Denn solche große Leut'."

Pilgerlieder.

Die Welt bin ich durchgangen,
Daß ich's fast müde bin.
Je länger ich hier walle,
Je wen'ger find ich Freud',
Die meinem Geist gefalle;
Das Meist' ist Herzeleid.

7. Die Herberg' ist zu böse,
Der Trübsal ist zu viel;
Ach komm, mein Gott, und löse
Mein Herz, wann Dein Herz will!
Komm, mach ein selig Ende
An meiner Wanderschaft,
Und was mich kränkt, das wende
Durch Deines Armes Kraft!

8. Wo ich bisher gesessen,
Ist nicht mein rechtes Haus,
Wenn mein Ziel ausgemessen,
So tret' ich dann hinaus;
Und was ich hie gebrauchet,
Das leg ich alles ab,
Und wenn ich ausgehauchet,
So scharrt man mich in's Grab.

9. Du aber, meine Freude,
Du meines Lebens Licht,
Du zeuchst mich, wenn ich scheide,
Hin vor Dein Angesicht,
In's Haus der ew'gen Wonne,
Da ich stets freudenvoll,
Gleich als die helle Sonne,
Mit Andern leuchten soll.

10. Da will ich immer wohnen,
   Und nicht nur als ein Gast,
   Bei denen, die mit Kronen
   Du ausgeschmücket hast;
   Da will ich herrlich singen
   Von Deinem großen Thun,
   Und frei von eitlen Dingen
   In meinem Erbtheil ruhn.

Nr. 438. Mel: O Gott, der Du ein Heerfürst bist.

Dr. **Friedrich Adolph Lampe** ein berühmter reform. Theologe, geb. in Detmold 1683, Prof in Utrecht, dann Pastor in Bremen, gest. 1729, Verf von 30 geistl. Liedern. 1726. Engl. Uebers von H. Mills, in Horae Germ. p. 106: "My life is but a pilg·im-state." Mit einigen Veränderungen, die sich in den meisten Gsgb. eingebürgert haben. Statt **Pilger** hat das Orig. immer **Pilgrim**.

1. Mein Leben ist ein Pilgerstand:
   Ich reise nach dem Vaterland,
      Nach dem Jerusalem dort oben,
   Wo eine ew'ge Ruhestadt
   Gott selber mir gegründet hat;
      Da werd' ich Ihn ohn' Ende [1]) loben.
   Mein Leben ist ein Pilgerstand:
   Ich reise nach dem Vaterland.

2. Wie Schatten vor der Sonne fliehn,
   So flieht mein Leben schnell dahin, [2])
      Und was vorbei ist, kommt nicht wieder,
   Ich eile zu der Ewigkeit:

---

1) Urspr.: „Jakobs Hirten."
2) „So schnell ich Land und Sand verlaß, So schnell läuft meines Lebens Glas."

Herr Jesu, mach mich nur bereit,
　　Eröffne meine Augenlieder,
Daß ich, was zeitlich ist, veracht'
Und nur nach dem, was ewig, tracht.

3. Kein Reisen ist ohn' Ungemach,
　Der Lebensweg hat auch sein Ach,
　　Man wandelt nicht auf weichen Rosen;
　Der Steg ist eng, der Feinde viel,
　Die mich abwenden von dem Ziel;
　　Ich muß mich oft in Dornen stoßen,
　Ich muß durch dürre Wüsten gehn
　Und kann oft keinen Ausgang sehn.

4. Auf meiner Pilgerbahn gebricht
　Mir oft der Sonne Gnadenlicht, [1]
　　Das unverfälschten Herzen strahlet;
　Wind, Regen stürmen auf mich zu,
　Mein matter Geist hat nirgends Ruh';
　　Doch alle Müh' ist schon bezahlet,
　Wenn ich das goldne Himmelsthor
　Mir stell in Glaub' und Hoffnung vor.

5 Israels Hüter, Jesu Christ,
　Der Du ein Pilgrim worden bist,
　　Da Du mein Fleisch hast angenommen:
　Dein Wort bewahre meinen Tritt!
　Laß mich bei einem jeden Schritt
　　Zu Deinem Heil stets näher kommen!
　Mein Leben eilt: ach eile Du
　Mit Deines Lebens Kraft herzu! [2]

---

1) „Der Sonnen Glanz mir oft entbricht, Der Sonnen, die mit
Gnadenlicht."
2) Urspr.: „Und fleuch gleich wie ein Hirsch herzu" — ein von der
schmachtenden Seele (Ps. 42, 2), aber nie von Christo gebrauchtes Bild

6. Dein heil'ger Geist sei mein Geleit;
Gieb in Geduld Beständigkeit,
Vor Straucheln meinen Fuß beschütze!
Ich falle stündlich: hilf mir auf
Und richte Dir nach meinem Lauf!
Sei mir ein Schirm in Trübsalshitze!
Laß Deinen süßen Gnadenschein
In Finsterniß nie ferne sein!

7. Wenn mir mein Herz, o Gnadenfüll',
Vor Durst nach Dir verschmachten will,
So laß mich Dich zum Labsal finden;
Und schließ ich meine Augen zu,
So bring mich zu der Siegesruh',
Wo Streit und alle Müh' verschwinden,
Und wo ich kann, von Sünden rein,
Dein Freund und Hausgenosse sein!

8. Bin ich in diesem fremden Land [1]
Der stolzen Welt gleich unbekannt:
Dort sind die Freunde, die mich kennen;
Dort werd ich mit der Himmelschaar
Dir jauchzend dienen immerdar
Und in der reinsten Liebe brennen.
Mein Heiland, komm, o bleib nicht lang!
Hier in der Wüste [2] wird mir bang.

[1] Urspr.: „Mesechsland," Ps. 120, 5.
[2] „In Kedars Hütten," Ps. 120, 5.

Nr. 439. Mel.: Jesus, meine Zuverst

Benjamin Schmolk. 1731. Engl. v[?]
Fräulein C. Winkworth in Lyra G[?]rm. I. 108:
ward doth our journey tend. We are stran[?]
on earth." Schaff's "Christ in Song" p. 3[?]

1. Himmelan geht unsre Bahn:
　　Wir sind Gäste nur auf Erden,
Bis wir dort nach Kanaan
　　Durch die Wüste kommen werde[?]
Hier ist unser Pilgrimsstand,
Droben unser Vaterland.

2. Himmelan schwing dich, mein Geis[?]
　　Denn du bist ein himmlisch We[?]
Und kannst das, was irdisch heißt,
　　Nicht zu deinem Ziel erlesen.
Ein von Gott erleucht'ter Sinn
Kehrt zu seinem Ursprung hin.

3. Himmelan! ruft Er mir zu,
　　Wenn ich Ihn im Worte höre:
Das weist mir den Ort der Ruh'
　　Wo ich einmal hingehöre.
Hab' ich dieß Sein Wort bewahrt,
Halt ich eine Himmelfahrt.

4. Himmelan! denk ich allzeit,
　　Wenn Er Seinen Tisch mir be[?]
Und mein Geist hier allbereit
　　Eine Kraft des Himmels schme[?]
Hier mein Brod im Thränenthal,
Dort des Lammes Hochzeitmahl!

5. Himmelan! mein Glaube zeigt
    Mir das schöne Loos von ferne,
Daß mein Herz schon aufwärts steigt
    Ueber Sonne, Mond und Sterne;
Denn ihr Licht ist viel zu klein
Gegen jenen Glanz und Schein.

6. Himmelan wird mich der Tod
    In die rechte Heimath führen,
Da ich über alle Noth
    Ewig werde triumphiren;
Jesus geht mir selbst voran,
Daß ich freudig folgen kann.

7. Himmelan, ja, himmelan!
    Das soll meine Loosung bleiben.
Ich will allen eitlen Wahn
    Durch die Himmelsluft vertreiben.
Himmelan steh nur mein Sinn,
Bis ich in den Himmel bin!

———

Nr. 440. Mel.: Aus meines Herzens Grunde.

Gerhard Tersteegen, der gottselige Mystiker. Verf.
von 111 geistlichen Liedern voll Tiefe und Innigkeit, gest.
1769 zu Mühlheim a. d Ruhr 1738. Mit der Ueber=
schrift: „Ermunterungslied für Pilger.“ Koch nennt es
„ein herrliches Wanderlied für christliche Pilgrime und
Fremdlinge, über 1. Petr. 2, 11 12“ Fast jeder Vers
darin ist eine Perle. Das N. Würt. Gsgb. und nach ihm
das N. Pennsylv. Luth. geben es zu sehr abgekürzt, ver=
ändert und unter der Rubrik von der Gemeinschaft der
Heiligen, mit dem Anfang: „Kommt Brüder, laßt uns
gehen.“ Engl. Uebers. in Lyra Germ. I. 161 : ‛Come,

50*

brethren, let us go" (12 B.). Eine andere in Hym s
from the L. of Luthor, p. 43 (daſſelbe in Sacred Lyrics
p. 120, aber bloß 7 B.).

1. Kommt, Kinder, laßt uns gehen,
    Der Abend kommt herbei!
  Es iſt gefährlich ſtehen,
    In dieſer Wüſtenei.
  Kommt, ſtärket euren Muth,
    Zur Ewigkeit zu wandern
    Von einer Kraft zur andern;
  Es iſt das Ende gut!

2. Es ſoll uns nicht gereuen
    Der ſchmale Pilgerpfad,
  Wir kennen ja den Treuen,
    Der uns gerufen hat;
  Kommt, folgt und trauet Dem!
    Mit ganzer Wendung richte
    Ein Jeder ſein Geſichte
  Stets nach Jeruſalem!

3. Der Ausgang, der geſchehen,
    Iſt uns fürwahr nicht leid;
  Es ſoll noch beſſer gehen
    Zur ſtillen Ewigkeit.
  Ihr Kinder, ſeid nicht bang,
    Verachtet tauſend Welten,
    Ihr Locken und ihr Schelten
  Und geht nur euren Gang!

4. Geht's der Natur entgegen,
    So geht's g'rad und geſchwind,
  Die Fleiſch und Sinne pflegen,
    Noch ſchlechte Pilger ſind.

Verlaßt die Creatur
Und was euch sonst will binden,
Laßt gar euch selbst dahinten;
Es geht durch's Sterben nur.

5. Schmückt euer Herz auf's Beste,
Sonst weder Leib noch Haus!
Wir sind hier fremde Gäste
Und ziehen bald hinaus.
Gemach bringt Ungemach;
Ein Pilger muß sich schicken,
Sich dulden und sich bücken
Den kurzen Pilgertag.

6. Ist gleich der Weg was enge,
So einsam, krumm und schlecht,
Der Dornen in der Menge?
Und manches Kreuzchen trägt;
Es ist doch nur Ein Weg.
Laßt's sein! Wir gehen weiter.
Wir folgen unserm Leiter
Und brechen durch's Geheg.

7. Wir wandeln eingekehret,
Veracht't und unbekannt;
Man siehet, kennt und höret
Uns kaum im fremden Land;
Und höret man. uns ja,
So höret man uns singen
Von unsern großen Dingen,
Die auf uns warten da.

8. Kommt, Kinder, laßt uns gehen!
Der Vater gehet mit,

Er Selbst will bei uns stehen
In jedem sauren Tritt;
Er will uns machen Muth,
Mit süßen Sonnenblicken
Uns locken und erquicken!
Ach ja, wir haben's gut!

9. Ein Jeder munter eile!
Wir sind vom Ziel noch fern;
Schaut auf die Feuersäule,
Die Gegenwart des Herrn!
Das Aug' nur eingekehrt,
Da uns die Liebe winket
Und dem, der folgt und sinket
Den wahren Ausgang lehrt.

10. Kommt, Kinder, laßt uns wandern!
Wir gehen Hand in Hand;
Eins freuet sich am Andern
In diesem fremden Land!
Kommt, laßt uns kindlich sein,
Uns auf dem Weg nicht streiten!
Die Engel selbst begleiten
Als Brüder unsre Reihn.

11. Kommt, laßt uns munter wandern!
Der Weg nimmt immer ab:
Es folgt ein Tag dem andern;
Bald fällt der Leib in's Grab.
Nur noch ein wenig Muth!
Nur noch ein wenig treuer,
Von allen Dingen freier,
Gewandt zum ew'gen Gut!

12. Es wird nicht lang' mehr währen, —
     Harrt noch ein wenig aus!
   Es wird nicht lang mehr währen,
     So kommen wir nach Haus.
   Da wird man ewig ruhn,
     Wenn wir mit allen Frommen
     Heim zu dem Vater kommen; —
   Wie wohl, wie wohl wird's thun!

13. So wollen wir's denn wagen, —
     Es ist wohl wagenswerth, —
   Und gründlich dem absagen,
     Was aufhält und beschwert.
   Welt, du bist uns zu klein!
     Wir gehn durch Jesu Leiten
     Hin in die Ewigkeiten; —
   Es soll nur Jesus sein!

Nr. 441. Mel: Christus, Der ist mein Leben.

Philipp Friedrich Hiller, Pf. bei Heidenheim, einer der fruchtbarsten u. populärsten Liederdichter in Würtemberg, gest. 1769. Dieses Lied wurde geb. 1766, drei Jahre vor seinem Tode, und war das Sterbelied des sel. Prof. Dr. Chr. Fr. Schmid v. Tübingen, gest. 1852, Verf. der Bibl. Theol. des N. Ts. und der Christ. Sittenlehre.

1. Herr, meine Leibeshütte
     Sinkt nach und nach zu Grab;
   Gewähre mir die Bitte,
     Und brich sie stille ab.

2. Gieb mir ein ruhig Ende;
     Der Augen matten Schein
   Und die gefalt'nen Hände
     Laß sanft entseelet sein.

3. Laß meine letzten Züge
   Nicht zu gewaltsam gehn,
   Und gieb, daß ich so liege,
   Wie die Entschlafenen.

4. Doch es gescheh' Dein Wille;
   Ich scheide gleich dahin,
   In Kämpfen oder stille:
   Wenn ich nur selig bin.

5. Bleibst Du mir in dem Herzen,
   Dein Name mir im Mund,
   So sind mir auch die Schmerzen
   Im Sterben noch gesund.

6. Dein Blut hat mich gereinigt;
   Trennt Leib und Seele sich,
   So werden sie vereinigt
   Zum Seligsein durch Dich.

7. Ich werde auferstehen,
   Da geht's zum Himmel ein;
   Ich werde Jesum sehen,
   Und Er mir gnädig sein.

Nr. 442. Mel.: Jesus, meine Zuversicht.

Christian Fürchtegott Gellert. Aus s. „Geistl.
Oden u. Liedern," 1757, mit der Ueberschrift „Vom Tode."
Er machte häufig einsame Spaziergänge auf die Kirchhofe,
um sich besser auf den Tod vorzubereiten. Beethoven hat
zu diesem Liede eine schöne Arie componirt.

1. Meine Lebenszeit verstreicht,
   Stündlich eil' ich zu dem Grabe,
   Und wie wenig ist's vielleicht,

Daß ich noch zu leben habe!
Denk', o Mensch, an deinen Tod,
Säume nicht, denn Eins ist Noth!

2. Lebe, wie du, wann du stirbst,
　　Wünschen wirst, gelebt zu haben!
Güter, die du hier erwirbst,
　　Würden, die dir Menschen gaben,
Nichts wird dich im Tod erfreu'n:
Diese Güter sind nicht dein.

3. Nur ein Herz, das Jesum liebt,
　　Nur ein ruhiges Gewissen,
Das vor Gott dir Zeugniß giebt,
　　Wird dir deinen Tod versüßen;
Dieses Herz, von Gott erneut,
Giebt im Tode Freudigkeit.

4. Wenn in deiner letzten Noth
　　Freunde hülflos um dich beben,
Dann wird über Welt und Tod
　　Dich dieß reine Herz erheben;
Dann erschreckt dich kein Gericht, —
Gott ist deine Zuversicht.

5. Daß du dieses Herz erwirbst,
　　Fürchte Gott, und bet' und wache.
Sorge nicht, wie früh du stirbst;
　　Deine Zeit ist Gottes Sache.
Lerne nur den Tod nicht scheu'n,
Lerne Seiner dich erfreu'n.

6. Ueberwind' ihn durch Vertrau'n;
　　Sprich: ich weiß, an wen ich glaube,

Und ich weiß, ich werd' Ihn schau'n,
  Denn Er weckt mich aus dem Staube,
Er, der rief: es ist vollbracht!
Nahm dem Tode seine Macht.

7. Tritt im Geist zum Grab oft hin,
  Siehe dein Gebein versenken;
Sprich: Herr, daß ich Erbe bin,
  Lehre Du Selbst mich bedenken;
Lehre Du mich's jeden Tag,
Daß ich weiser werden mag!

Nr. 443. Mel.: Ruhe ist das beste Gut.

Joh. Gottfried Schöner, Pf. in Nürnberg, gest. 1818. Zuerst gedruckt 1806. Ueber Phil. 3, 20. „Ein köstliches Himmelslied das schon Tausenden zum Lieblingslied geworden ist." Engl. Ueberf. von H. Mills: "Heavenward, still heavenward."

1. Himmelan, nur himmelan
  Soll der Wandel gehn!
Was die Frommen wünschen, kann
Dort erst ganz geschehn;
  Auf Erden nicht;
  Freude wechselt hier mit Leid.
Richt' hinauf zur Herrlichkeit
  Dein Angesicht!

2. Himmelan schwing deinen Geist
Jeden Morgen auf;
Kurz, ach kurz ist, wie du weißt,
Unser Pilgerlauf!
  Fleh' täglich neu:
  Gott, der mich zum Himmel schuf,

Präg' in's Herz mir den Beruf;
Mach mich getreu!

3. Himmelan hat Er dein Ziel
Selbst hinaufgestellt.
Sorg' nicht muthlos, nicht zu viel
Um den Tand der Welt!
Flieh diesen Sinn!
Nur was du dem Himmel lebst,
Dir von Schätzen dort erstrebst,
Das ist Gewinn.

4. Himmelan erheb' dich gleich,
Wenn dich Kummer drückt,
Weil dein Vater, treu und reich,
Stündlich auf dich blickt.
Was quält dich so?
Droben in dem Land des Lichts
Weiß man von den Sorgen nichts;
Sei himmlisch froh!

5. Himmelan wallt neben dir
Alles Volk des Herrn,
Trägt im Himmelsvorschmack hier
Seine Lasten gern.
O schließ dich an!
Kämpfe frisch, wie sich's gebührt!
Denke: auch durch Leiden führt
Die Himmelsbahn!

6. Himmelan ging Jesus Christ
Mitten durch die Schmach.
Folg', weil du Sein Jünger bist,
Seinem Vorbild nach!

Er litt und schwieg;
Halt dich fest an Gott, wi
Statt zu klagen, bete meh
Erkämpf den Sieg!

7. Himmelan führt Seine H
   Durch die Wüste dich;
   Ziehet dich im Prüfungsst
   Näher hin zu Sich
   Im Himmelssinn;
   Von der Weltlust freier st
   Und mit ihm vertrauter g
   Zum Himmel hin!

8. Himmelan führt dich zule
   Selbst die Todesnacht;
   Sei's, daß sie dir sterbend
   Kurze Schrecken macht:
   Harr' aus, harr' aus!
   Auf die Nacht wird's ewi
   Nach dem Tod erblickst du
   Des Vaters Haus!

9. Hallelujah! himmelan
   Steig' dein Dank schon h
   Einst wirst du mit Schaa
   Und Gott nah't zu dir
   In Ewigkeit.
   Aller Jammer ist vorbei,
   Alles jauchzt verklärt und
   In Ewigkeit!

10. „Hallelujah" singst auch d
    Wenn du Jesum siehst,

Unter Jubel einst zur Ruh'
In den Himmel ziehst.
    Gelobt sei Er!
Der vom Kreuz zum Throne stieg,
Hilft dir auch zu diesem Sieg!
    Gelobt sei Er!

Nr. 444. Mel.: Ach was soll ich Sünder machen.
Meta Heußer=Schweizer. Ges. 1835, unter dem
Titel: „Pilgergesang."

1. Noch ein wenig Schweiß und Thränen,
   Noch ein wenig Leid und Sehnen,
       Hier auf Hoffnung ausgesät!
   Wird's im Steigen schwül und bange,
   Trockne sanft des Pilgers Wange,
       Liebe, die zur Seite geht!

2. Höher doch, als menschlich Trösten,
   Tönt aus Hütten der Erlösten
       Der Verheißung Wort herab:
   „Dort, wo Lebensbäume sprossen,
   Trocknet Thränen, Ihm geflossen,
       Gottes Lamm auf ewig ab."

3. Nah' ist ja des Abends Kühle,
   Bald ist's Herbst nach Sommerschwüle,
       Kurz der Wallfahrt trübes Loos.
   Hört ihr Stund' um Stunde schlagen?
   Bald wird uns die letzte tragen
       Heim in unsers Vaters Schooß.

4. Jener Pilger, der erduldet,
   Was wir allzumal verschuldet,

Ließ zurück den gold'nen Strahl;
Seiner Tritte Spur geleitet
Uns zur Stadt, von Gott bereitet,
Zu des Königs Abendmahl.

5. Vor uns schwebt die lichte Wolke
Vom geliebten Zeugenvolke
Auf des Meisters ernstem Pfad.
Rafft euch auf, ihr müden Kniee!
Noch ein wenig Kampf und Mühe:
Sieg und Ruh' und Heimath naht!

---

2. Sterbelieder.

Nr. 445. Mel.: Wachet auf! ruft uns die Stimme.

Psalm 90. Bearbeitet von **Heinrich Puchta**, geb. 1808, Prediger in Augsburg, gest. 1858.

1. Eh' die Berge sind gegründet,
Eh' sich der Sonnen Glanz entzündet,
Bist Du, o Gott, von Ewigkeit!
Wir sind die Spreu auf Deiner Wage,
Jahrtausende sind Dir wie Tage,
Das Leben eine Spanne breit.
Wer ist Dir, Höchster, gleich?
Dein unsichtbares Reich
Währet ewig.
Herr Zebaoth! Auf Dein Gebot
Geht unser Weg durch Freud' und Noth.

2. Kurz und flüchtig ist das Leben,
Mit Sorgen wird es uns gegeben,
Und sollt' es noch so köstlich sein;

Kommt es auch zu langen Jahren
Und ist es hoch einhergefahren,
　So war es Arbeit, Müh' und Pein.
Du führst uns hin wie Rauch,
Und sprichst mit einem Hauch!
　Kommet wieder!
Wir sind nur Staub, Ein fallend Laub,
Der Würmer und Verwesung Raub.

3. Das sind Deine Strafgerichte!
Davon wird alles Fleisch zunichte,
　Das ist die Frucht der Missethat.
Daß wir sterben und vergehen,
Darin ist unsre Schuld zu sehen,
　Und aller Thorheit bitt're Saat.
Du stellest sie an's Licht
Vor Deinem Angesicht,
　Unsre Sünde.
Wir wandeln nur Auf finst'rer Spur,
Und mit uns seufzt die Creatur.

4. Wer vernimmt Dein ernstes Dräuen?
Wer ist so weise, Dich zu scheuen?
　Wie bald verrinnt die Gnadenzeit!
Lehr' uns doch das Ziel bedenken,
Daß wir nicht unser Herz versenken
　In dieser Zeiten Eitelkeit! —
Wer will auf Menschen bau'n?
Du bist es, Dem wir trau'n!
　Sei uns gnädig!
Dein Wort ist wahr, Dein Licht ist klar,
Und Deine Treu' unwandelbar.

5. Was Du sprichst, das wird geschehen,
Der Himmel und die Welt vergehen;
 Du bleibst alleine, der Du bist.
Wie ein Kleid wird es veralten,
Wie ein Gewand sich umgestalten,
 Was Deiner Hände Schöpfung ist.
Doch ewig dauert fort
Dein Licht und Lebenswort,
 Jesus Christus!
Des Höchsten Sohn Im Himmelsthron
Ist unser Schild und großer Lohn.

Nr. 446. Eigene Melodie.

Nach dem Lat. des Benedictinermönchs **Rotker Bal-**
bulus von **St.** Gallen um 900 ("Media vita in morte
sumus, Quem quaerimus adjutorem, nisi Te, Domine"
etc.). Er soll diese berühmte Antiphonie während des
lebensgefährlichen Baues einer Brücke über einen tiefen
Abgrund im Martinstobel in der Schweiz gedichtet haben.
Die beiden letzten Zeilen (Sancte Deus, sancte fortis etc.)
finden sich schon früher in den ältesten Litaneien (vergl.
Jesaj. 6, 3; Pf. 42, 3). Verdeutscht und vermehrt von
Martin Luther, 1524 auf Grundlage älter.r Uebers.
(z. B. einer im Baseler Evangelienbuch von 1514: „In
Mittel unsers Lebens Zeit Im Tod seind wir umbfan=
gen"). Vom Eisen Entw. mit Recht unter die 150 Kern=
lieder aufgenommen worden. B. 1 ist aus dem Lat. auch
in die Begräbnißliturgie der bischöfl. Kirche übergegangen
u. wird als Gebet bei der Einsenkung der Leiche gebraucht:
"In the midst of life we are in death: of whom may
we seek for succor, but of Thee O Lord," etc. Eine
metrische Uebers. der luth. Verdeutschung und Erweiterung
j in Lyra Germ. I. 235: "In the midst of life, behold
Death has girt us round."

1. Mitten wir im Leben sind
 Mit dem Tod umfangen;

Wen such'n wir, der Hülfe thu',
 Daß wir Gnad' erlangen?
Das bist Du, Herr, alleine!
Uns reuet unsre Missethat,
Die Dich, Herr, erzürnet hat.
 Heiliger Herre Gott!
 Heiliger, starker Gott!
Heiliger, barmherziger Heiland!
 Du ewiger Gott!
Laß uns nicht versinken
In des bittern Todes Noth!
 Erbarm' Dich unser! [1])

2. Mitten in dem Tod anficht
 Uns der Hölle Rachen;
Wer will uns aus solcher Noth
 Frei und ledig machen?
Das thust Du, Herr, alleine!
Es jammert Dein' Barmherzigkeit
Unf're Sünd' und großes Leid.
 Heiliger Herre Gott!
 Heiliger, starker Gott!
Heiliger, barmherziger Heiland!
 Du ewiger Gott!
Laß uns nicht verzagen
Vor der tiefen Hölle Gluth!
 Erbarm' Dich unser!

3. Mitten in der Höllen Angst
 Unf're Sünd' uns treiben;

---

1) So die meisten neueren Gsgb. statt der urf. r. griechische
orm: „Kyrie eleison!“ oder „Kyrieleison'“ (Mützell. Wackernage
ad das letzten. Gsgb.)

Wo soll'n wir denn fliehen hin,
Da wir mögen bleiben?
Zu Dir, Herr Christ, alleine!
Vergossen ist Dein theures Blut,
Das g'nug für die Sünde thut.
Heiliger Herre Gott!
Heiliger, starker Gott!
Heiliger, barmherziger Heiland!
Du ewiger Gott!
Laß uns nicht entfallen
Von des rechten Glaubens Trost!
Erbarm' Dich unser!

Nr. 447. Mel.: Vater im Himmelreich.

Paul Eber. Geb. 1557 oder 1560, gedr. 1565, als "Betlied zu Christo um einen seligen Abschied", und bald sehr weit verbreitet. (Vgl. Wackernagel, das D. Kirchenlied S. 380 und J. Mützell, Geistl. Lieder ꝛc. II. S. 484 ff.) Das Sterbelied mehrerer frommer deutscher Fürsten u. auch des berühmten holländ. Gelehrten Grotius. Es kam sogar in das kathol. Gsgb. von Bamberg 1606 "als ein gar uraltes katholisches Gebet um ein christl. Ende." Die Umsetzung der 8 sechszeiligen in 12 vierzeilige Strophen nach der Mel.: "Nun lasset uns den Leib begraben", ist zwar alt, aber nicht dem Original gemäß und jetzt wieder von Wackernagel, Mützell, dem Eisen. Entwurf, Knapp und Anderen aufgegeben. Engl. Uebers. im Morav. H. B. N. 947: "Lord Jesus, fountain of my life"; eine neuere und genauere in Lyra German I. 239: "Lord Jesus Christ, true Man and God."

1. Herr Jesu Christ, wahr'r Mensch und Gott, [1]
   Der Du litt'st Marter, Angst und Spott,

---

1) Knapp (im Ev. Gsgb., aber nicht im Liederschatz) und das N. Basler Gsgb. vermeiden die Härte durch die Auslassung von Christ.

Für mich am Kreuz auch endlich starbst
Und mir Dein's Vaters Huld erwarbst:
Ich bitt' durch's bitt're Leiden Dein,
Du wollst mir Sünder gnädig sein!

2. Wann ich nun komm' in Sterbensnoth
Und ringen werde mit dem Tod;
Wann mir vergehet mein Gesicht,
Und meine Ohren hören nicht;
Wann meine Zunge nicht mehr spricht,
Und mir vor Angst mein Herz zerbricht;

3. Wann mein Verstand sich nichts besinnt,[1]
Und mir all' menschlich Hülf' zerrinnt:
So komm', Herr Christe, mir behend
Zu Hülf' an meinem letzten End'
Und führ' mich aus dem Jammerthal,
Verkürz' mir auch des Todes Qual!

4. Die bösen Geister von mir treib',
Mit Deinem Geist stets bei mir bleib';
Wann sich die Seel' vom Leibe trennt,
So nimm sie, Herr, in Deine Händ'!
Der Leib' hab' in der Erde Ruh',
Bis naht der jüngste Tag herzu.

5. Ein fröhlich Aufsteh'n[2] mir verleih',
Am jüngsten G'richt mein Fürsprech sei

„Herr Jesu, wahrer Mensch und Gott.“ So auch schon das A. Ref. Gsgb. von Summytaun, das einzige amerik. Gsgb., welches außer dem altruth. von St. Louis dieses Lied giebt, aber, wie das letztere, mit d.r oben berührten Umsetzung in eine andere Tonart.

1) Urspr.: „sich nicht versinnt.“ Aber schon a. 1569 findet sich „nichts.“

2) Urspr.: „Urstand.“

Und meiner Sünd' nicht mehr gedenk',
Aus Gnaden mir das Leben schenk'.
Wie Du hast zugesaget mir
In Deinem Wort, das trau' ich Dir:

6. „Fürwahr, fürwahr, euch sage Ich,
Wer Mein Wort hält und glaubt an Mich,
Der wird nicht kommen in's Gericht
Und den Tod ewig schmecken nicht;
Und ob er gleich hie zeitlich stirbt,
Mit nichten er drum gar verdirbt;

7. „Sondern Ich will mit starker Hand
Ihn reißen aus des Todes Band
Und zu Mir nehmen in Mein Reich,
Da soll er dann mit Mir zugleich
In Freuden leben ewiglich." —
Dazu hilf uns ja gnädiglich!

8. Ach Herr, vergieb all' uns're Schuld;
Hilf, daß wir warten mit Geduld,
Bis unser Stündlein kommt herbei.
Auch unser Glaub' stets wacker sei,
Auf Dich zu trauen festiglich,
Bis wir entschlafen seliglich.

Nr. 448. Eigene Melodie.

Nikolaus Hermann. Vor 1560. Nach dem Spruche
St. Augustin's: Turbabor, sed non perturbabor, quia
vulnerum Christi recordabor. Das Lied fand bald allgemeinen Eingang und ist auch vom Eisen. Entwurf unter
die 150 Kernlieder aufgenommen worden. Mützell Theil
II. S. 437 einen Druck v. J. 1562 mit, den ältesten, den
er finden konnte (die Vorrede ist aber von 1560), begin=

nend: „Wenn mein Stünblein fürhanden ist Und soll
hinfahrn mein Straße." Mehrere spätere Gsgb. fügen
noch einen 5ten Vers bei, der aber nicht von Hermann
herrührt. Engl. Ueberf von H. Mills: "When now the
solemn hour is nigh."

1. Wenn mein Stünblein vorhanden ist,
    Zu fahren meine Straße,
So leit' Du mich, Herr Jesu Christ,
    Mit Hülf' mich nicht verlasse!
Mein' Seel' an meinem letzten End'
Befehl' ich Dir in Deine Händ',
    Du woll'st sie mir bewahren!

2. Die Sünde wird mich kränken sehr
    Und das Gewissen nagen;
Der Schuld ist viel, wie Sand am Meer;
    Doch will ich nicht verzagen:
Gedenken will ich an Dein'n Tod,
Herr Jesu, Deine Wunden roth,
    Die werden mich er halten.

3. Ich bin ein Glied an Deinem Leib,
    Deß tröst' ich mich von Herzen;
Von Dir ich ungeschieden bleib'
    In Todesnoth und Schmerzen.
Wenn ich gleich sterb', so sterb' ich Dir:
Ein ewig Leben hast Du mir
    Durch Deinen Tod erworben.

4. Weil Du vom Tod erstanden bist,
    Werd' ich im Grab' nicht bleiben;
Mein höchster Trost Dein' Auffahrt ist,
    Kann Todesfurcht vertreiben;

Denn wo Du bist, da komm' ich hin,
Daß ich stets bei Dir leb' und bin;
Drum fahr' ich hin mit Freuden.

Nr. 449. Eigene Melodie.

Caspar Bienemann (Melissander). Geb. 1574,
das bekannteste und beliebteste der 7 Lieder Melissanders
und das Lieblingslied der Herzogin Maria von Sachsen,
deren Losungswort: „Herr, wie Du willt", das Thema
dazu hergab. Das N. Würt. Gsgb., der Eisen. Entwurf
und Wackernagel versetzen es, weniger passend, unter die
Gebetlieder.

1. Herr, wie Du willst,[1]) so schick's mit mir,
   Im Leben und im Sterben!
Allein zu Dir steht mein Begier,
   Ach laß mich nicht verderben!
Erhalt' mich nur in Deiner Huld,
Sonst, wie Du willst; nur gieb Geduld,
   Dein Will', der ist der beste.

2. Zucht, Ehr' und Treu' verleih' mir, Herr,
   Und Lieb' zu Deinen Worten;[2])
Behüte mich vor falscher Lehr',
   Und gieb mir hier und dorten,
Was dient zu meiner Seligkeit;
Wend' ab all' Ungerechtigkeit
   In meinem ganzen Leben!

3 Wann ich einmal nach Deinem Rath
   Von dieser Welt soll scheiden,

---

1) Unspr: „willt". Doch liest selbst Wackernagel „w illst."
2) Eigentlich: Deinem Worte, und Zeile 4: dorte.

O so verleih' mir Deine Gnad',
    Daß es gescheh' mit Freuden.
Herr, Seel' und Leib befehl' ich Dir,
Ach, gieb ein sel'ges Ende mir
    Durch Jesum Christum! Amen.

Nr. 450. Eigene Melodie.

M. **Christoph Knoll (Cnollius)**, gest. 1621. Geb 1599 zur Pestzeit. Dr. H. Müller v Rostock (der Verf. der „Geistl. Erquickstunden" und anere Erbauungsschriften) urtheilte davon: „Dieß einige Lied mag mir alle Todesfurcht benehmen." Ist vom Würt Gsgb., wie Nr. 417 und 454, 2c. mit Unrecht ausgelassen, aber vom Eisen. Entwurf unter die 150 Kernlieder aufgenommen. Knapp verändert V. 2 und 5, um die Reime zu verbessern, und läßt V. 7 u. 8 ganz weg. Das Lied wurde schon frühzeitig vielfach verändert und abgekürzt. S. die Varianten bei Mützell III. 780, der einen Druck v. 1611 mit 11 Strophen mittheilt. V. 8 ist zum Theil Wiederholung von V. 7.

1. Herzlich thut mich verlangen
    Nach einem sel'gen End',
Weil ich hie bin umfangen
    Mit Trübsal und Elend.
Ich hab' Lust, abzuscheiden
    Von dieser argen Welt,
Seh'n mich nach ew'gen Freuden
    Herr Jesu, komm' nur bald!

2. Du hast mich ja erlöset
    Von Sünde, Tod und Höll';
Es hat Dein Blut gekostet,
    Drauf ich mein' Hoffnung stell'.
Warum sollt' mir denn grauen

Vor Hölle, Tod und Sünd'? [1])
Weil ich auf Dich thu' bauen,
Bin ich ein sel'ges Kind

3. Wenn gleich süß ist das Leben,
Der Tod sehr bitter mir;
Will ich mich doch ergeben,
Zu sterben willig Dir.
Ich weiß ein besser Leben,
Da meine Seel' fährt hin;
Das wird mir Jesus geben; [2])
Sterben ist mein Gewinn

4. Der Leib, zwar in der Erden
Von Würmern wird verzehrt,
Doch auferwecket werden
Durch Christum, schön verklärt,
Wird leuchten, als die Sonne,
Und leben ohne Noth
In Himmelsfreud' und Wonne;
Was schadet mir der Tod?

5. Ob mich die Welt auch reizet,
Zu bleiben länger hier,
Und mir auch immer zeiget
Ehr', Geld und alle Zier;
Doch ich das gar nicht achte,
Es währt nur kurze Zeit;
Das Himmlisch' ich betrachte,
Das bleibt in Ewigkeit.

---

1) So das Eisen. Gsgb. und andere statt: „Fürm Tod und helli-
schen Gsünd" (so die Ausgabe von 1611). Wackernagel zieht aber wieder vor: „Vorm Tod und höllischen Gsünd."
2) Eigentlich. „Des freu ich mich gar eben", wie auch das Eisen.
Gsgb. und Wackernagel beibehalten haben.

6. Wenn ich auch gleich nun scheide
Von meinen Freunden gut,
Das mir und ihn'n bringt Leide:
Doch tröst't mir meinen Muth,
Daß wir in sel'gem Frieden
Zusammen kommen schon,
Und bleiben ungeschieden
Dort vor des Vaters Thron.

7. Ob ich auch hinterlasse
Betrübte Waiselein,
Der'n Noth mir üb'r die Maße
Jammert im Herzen mein:
Will ich doch gerne sterben
Und trauen meinem Gott;
Er wird sie wohl versorgen,
Retten aus aller Noth.

8. Gott geb' euch Seinen Segen, ¹)
Ihr Vielgeliebten mein!
Ihr sollet meinetwegen
Nicht allzutraurig sein!
Beständig bleibt im Glauben!
Wir werd'n in kurzer Zeit
Einander wieder schauen
Dort in der Ewigkeit.

9. Nun ich mich völlig wende
Zu Dir, Herr Christ, allein,
Gieb mir ein sel'ges Ende,
Send' mir die Engel Dein:

____

1) Statt: „Gesegn' euch Gott der Herre... Trauert nicht allzu sehre.” Andere alte Gsgb.: „Nun woll euch Gottgesegnen.”

Führ' mich in's ew'ge Leben,
　　Das Du erworben hast,
Als Du Dich hingegeben
　　Für meine Sündenlast. [1]

10. Hilf, daß ich ja nicht weiche
　　Von Dir, Herr Jesu Christ!
Dem Glauben Stärke reiche
　　In mir zu aller Frist!
Hilf ritterlich mir ringen,
　　Halt' mich durch Deine Macht,
Daß ich mög' fröhlich singen:
　　Gottlob, es ist vollbracht! [2]

Nr. 451.　　Eigene Melodie.

Anna Gräfin von Stolberg (?) Um 1609. Ueber Phil. 1, 21. Gewöhnlich wird **Simon Graf** für den Verfasser gehalten, weil es in seinem Gebetbuch „Geistl. edel Herzpulver" v. J. 1632 steht. Allein er wurde erst a 1603 geboren, während das Lied schon 1609 vorkommt. In einer Leichenpredigt von 1620 wird es der Gräfin A. v. St. zugeschrieben. Doch ist dieß nicht entscheidend. Mützell theilt III 1059 ff. in Ermangelung des ältesten Druckes zwei Bearbeitungen, eine vom Jahre 1613 und eine vom Jahre 1609 mit, welche mehrfach von einander abweichen. Beide bedürfen der Feile, um das Ebenmaß der Silben herzustellen.

1. Christus, Der ist mein Leben,
　　Und Sterben mein Gewinn;
Ihm will ich mich ergeben,
　　Mit Frieden fahr' ich hin.

---

1) Statt: „Durch Dein Leiden und Sterben Und blutiges Verdienst." 1825: „ . Ausgetilgt der Sünden Last."
2) Urspr: „Dein Hand mich halte fest, Daß ich mag fröhlich singen Das Consummatum est." Wackernagel hat diese lat. Phrase in seinem Kl. Gsgb. Nr. 204, das doch für kirchl. Gebrauch bestimmt ist, mit Unrecht beibehalten.

2. Mit Freud' fahr' ich von hinnen
   Zu Christ', dem Bruder mein,
   Daß ich mög' Ihn gewinnen
   Und ewig bei Ihm sein. [1]

3. Nun hab' ich überwunden
   Kreuz, Leiden, Angst und Noth;
   Durch Seine heil'gen Wunden
   Bin ich versöhnt mit Gott.

4. Wenn meine Kräfte brechen,
   Mein Athem gehet aus,
   Und kann kein Wort mehr sprechen,
   Herr, nimm mein Seufzen auf!

5. Wenn mein Herz und Gedanken
   Zergeh'n als wie ein Licht,
   Das hin und her thut wanken,
   Wenn ihm die Flamm' gebricht:

6. Alsdann fein sanft und stille
   Laß mich, Herr, schlafen ein,
   Wie es Dein Rath und Wille
   Und Dir befohlen fein!

7. Ach laß mich, gleich den Reben,
   Anhangen Dir allzeit, [2]
   Und ewig bei Dir leben
   In Deiner Himmelsfreud'!

---

1) Statt: „Auf daß ich zu Ihm komme Und ewig bei Ihm fei", was sich zu „hinnen" und „mein" nicht reimt.
2) So das Eisen. und and. Gsgb. statt: „Und laß mich an Dir lieben, Wie ein Klett' am Kleid."

Nr. 452. Eigene Melodie.

Martin Behm (Behemb). 1608 ober 1611. „Gebet um eine selige Heimreise." Wützell theilt in seinem Werke „Geistl. Lieder der evangelisch'n Kirche aus dem 17. Jahrhundert" Bd. I. S. 153, ein Lied von Joh. Heermann aus dessen Poetischen Erquickstunden 1656 mit, welches beginnt: „O Jesu, meine Freud' und mein'r Lebens Licht, Mein Trost, mein Schild, mein Heil und meine Zuversicht", und überhaupt dem unsrigen so sehr ähnlich ist. daß das eine vom anderen, oder beide von einer gemeinsamen Quelle abhängig sein müssen. (Behemb starb 1622, Heermann 1647.) Behemb's Lied ist aber viel leßer. Dieser Todestrost aus dem Tode Christi ist besonders an Sterbebetten brauchbar und beliebt. Engl. Ueberf. in Lyra Germ. II 276: "Lord Jesus Christ, my Life, my Light, My strength by day, my trust by night, On earth I'm but a passing guest, And sorely with my sins oppress d." Urspr. 14 Strophen, a. er gewöhnlich zu 10 Strophen abgekürzt, wie im Königsberger Gsgb. von 1650, und in dem von Gesenius und Denicke 1659; im N. Würt. Gsgb. bloß 9, mit dem veränderten Anfang: „Herr Jesu Christ, mein Lebenslicht." Wir haben einige leichte Veränderung. u. adopt. in V 2, 4, 7, 10·

1. O [1]) Jesu Christ, mein's Lebens Licht,
Mein Hort, mein Trost, mein' Zuversicht!
Auf Erden bin ich nur ein Gast,
Mich drücket sehr der Sünden Last.

2. Ein' schwere Reis' hab' ich vor mir
In's himmlisch' Paradies zu Dir;
Da ist mein rechtes Vaterland,
Daran Du hast Dein Blut gewandt.

3. Zur Reis' ist mir mein Herz sehr matt,
Der Leib gar wenig Kräfte hat

---

[1] Manche spätere Gsgb. von 1650 an lesen statt dessen „Herr."

Doch meine Seele schreit in mir:
Herr, hol' mich heim, nimm mich zu Dir!

4. Drum stärk' mich durch das Leiden Dein
In meiner letzten Todespein;
Dein Dornenkranz, Dein Spott und Hohn
Sei meine Ehr' und Freudenkron'!

5. Dein Durst und Gallentrank mich lab',
Wenn ich sonst keine Stärkung hab';
Dein Angstgeschrei komm mir zu gut
Und schütz' mich vor der Hölle Gluth!

6 Wenn mein Mund nicht kann reden frei,
Dein Geist in meinem Herzen schrei:
Hilf, daß mein' Seel' den Himmel find',
Wann meine Augen werden blind!

7. Dein letztes Wort laß sein mein Licht,
Wenn mir das Herz im Tode bricht;
Dein Kreuz, das sei mein Wanderstab,
Mein' Ruh' und Rast Dein heilig Grab!

8. Laß mich in Deiner Nägel Mal'
Erblicken meine Gnadenwahl;
Durch Deine aufgespalt'ne Seit'
Mein' arme Seele heimgeleit'!

9. Auf Deinen Abschied, Herr, ich trau',
Darauf ich meine Heimfahrt bau'.
Thu' mir die Thür des Himmels auf,
Wann ich beschließe meinen Lauf.

10. Am jüngsten Tag erweck' den Leib;
Hilf, daß ich Dir zur Rechten bleib',
Daß mich nicht treffe Dein Gericht,
Das aller Welt ihr Urtheil spricht.

11. Dann meinen Leib erneu're ganz,
    Daß er leucht', wie der Sonne Glanz,
    Und ähnlich Deinem klaren Leib,
    Auch gleich den lieben Engeln bleib'.

12. Wie werd' ich dann so fröhlich sein,
    Werd' singen mit den Engeln Dein,
    Und mit der Auserwählten Schaar
    Dein Antlitz schauen ewig klar!

Nr. 453. Eigene Melodie.

Valerius Herberger. Geb. 1613 im Herbst, während einer verheerenden Pest zuerst einzeln gedruckt, und seit 1627 in die Gsgb. übergegangen. Es ist eines der verbreitetsten Lieder der evangel. Kirche. Manche Gsgb. geben noch einen 6. Vers, der aber nicht vom Verfasser herrührt. Ebenso wird das Anfangswort „Balet" häufig in das entsprechende deutsche „Abschied" verwandelt. Die urspr. Form ist aber vorzuziehen, theils weil sie zugleich den Namen der Mel. hergiebt, theils weil die Anfangsworte der Verse ein Akrostich auf den Taufnamen des Verf. bilden, wozu V 1 Vale, V 2 A, V. 3 L, V. 4 (der häufig ausgelassen wird) V (V) und V. 5 S beitragen. Der erste Druck hat die lat. Ueberschrift: "Te Jesu sitio Terram detestor iniquam. O coelum salve. Munde maligne vale, d. h. Nach Dir, Jesus, dürstet mich, die gottlose Erde verabscheue ich; o Himmel, sei willkommen; arge Welt, lebe wohl." (Engl Uebers. im Morav. H. B. No. 933: "Farewell henceforth for ever."

1. Valet will ich dir geben,
       Du arge falsche Welt!
   Dein sündlich böses Leben
       Durchaus mir nicht gefällt.
   Im Himmel ist gut wohnen,
       Hinauf steht mein Begier;

Da wird Gott ewig lohnen
Dem, der Ihm dient allhier.

2. Rath' mir nach Deinem Herzen,
   O Jesu, Gottes Sohn!
   Soll ich hier dulden Schmerzen,
   Hilf mir, Herr Christ, davon;
   Verkürz' mir alles Leiden,
   Stärk' meinen blöden Muth;
   Laß selig mich abscheiden,
   Setz' mich in Dein Erbgut.

3. In meines Herzens Grunde
   Dein Nam' und Kreuz allein
   Funkelt all' Zeit und Stunde,
   Drauf kann ich fröhlich sein.
   Erschein' mir in dem Bilde
   Zum Trost in meiner Noth,
   Wie Du Dich, Herr, so milde
   Geblutet hast zu Tod'.

4. Verbirg mein' Seel' aus Gnaden
   In Deiner off'nen Seit',
   Nimm sie aus allem Schaden
   Zu Deiner Herrlichkeit!
   Der ist wohl hier gewesen,
   Wer kommt in's Himmels Schloß;
   Der ist ewig genesen,
   Wer bleibt in Deinem Schooß.

5. Schreib' meinen Nam'n auf's beste
   In's Buch des Lebens ein,
   Und bind' mein' Seel' gar feste
   In's Lebensbündelein

Der'r, die im Himmel grünen
    Und vor Dir leben frei;
So will ich ewig rühmen,
    Wie treu Dein Herze sei! ¹)

Nr. 454. Eigene Melodie.

Um 16'8. Von **Caspar v. Warnberg**; nach Anderen von **Simon Graf**, gest. 1659. Die bekannte und beliebte Melodie zu diesem Liede ist franz. Ursprungs, erscheint zuerst als Melodie zu Pf. 42 ('Ainsi qu'on eyt le cerf bruire, im calvin. Psalter vom J. 1555, wurde dann von Claude Goudimei 1565 vierstimmig und motettenartig bearbeitet) Comme un cerf etc.) und in der deutsch-reform. Kirche nach der Lobwasser'schen Uebers. des 42. Pf. gewöhnlich genannt: „Wie nach einer Wasserquelle."

1. Freu' dich sehr, o meine Seele,
        Und vergiß all' Noth und Qual,
    Weil dich Christus nun, dein Herre,
        Ruft aus diesem Jammerthal!
    Aus Trübsal und großem Leid
    Sollst du fahren in die Freud',
    Die kein Ohr je hat gehöret,
    Die in Ewigkeit auch währet.

2. Tag und Nacht hab' ich gerufen
        Zu dem Herren, meinem Gott,
    Weil mich stets viel Kreuz betroffen
        Daß Er mir hülf' aus der Noth.
    Wie sich sehnt ein Wandersmann
    Nach dem Ende seiner Bahn, ²)

---

1) Urspr.: „Daß Dein Herz treue sei." Andere „süße."
2) Sigu: „Daß sein Weg ein End mög han."

So ist dieß mein täglich Bitten,
Daß ich gern hätt' ausgestritten. ¹)

3. Denn gleich wie die Rosen stehen
   Unter einer Dornenschaar, ²)
   Also auch die Christen gehen
   Durch viel Angst, Noth und Gefahr.
   Wie die Meereswellen sind
   Und der ungestüme Wind:
   Also ist allhier auf Erden
   Uns're Wallfahrt voll Beschwerden.

4. Welt und Teufel, Sünd' und Hölle,
   Unser eigen Fleisch und Blut
   Plagen stets hier uns're Seele,
   Lassen uns bei keinem Muth;
   Wir sind voller Angst und Plag',
   Reich an Kreuz sind uns're Tag';
   Gleich, wann wir geboren werden,
   Find't sich Jammer g'nug auf Erden.

5. Wann die Morgenröth' aufgehet
   Und der Schlaf sich von uns wend't,
   Sorg' und Kummer uns umfähet, ³)
   Müh' sich find't an allem End'.
   Thränen sind hier unser Brot
   Um das Früh= und Abendbrot; ⁴)
   Wann die Sonn' aufhört zu scheinen,
   Hört nicht auf das bitt're Weinen.

<hr>

1) Andere: „So hab' ich gewünschet eben, Daß ich enden mög' mein Leben."
2) Urspr.: „Unter Dornen spitzig gar."
3) Nach Knapp statt. „Wann die Morgenröth herleuchtet... Sorg' und Kummer daher streichet."
4) „So wir essen früh und spat."

6. Drum, Herr Christ, Du Morgensterne,
   Der Du ewiglich aufgehst,
Sei Du jetzt von mir nicht ferne,
   Weil Dein Blut mich hat erlöst!
Hilf, daß ich mit Fried' und Freud'
Mög' von hinnen fahren heut';
Ach, sei Du mein Licht und Straße,
Mich mit Beistand nicht verlasse!

7. In Dein' Seite will ich fliehen
   Auf dem bittern Todesgang;
Durch Dein' Wunden will ich ziehen
   In mein himmlisch Vaterland.
In das schöne Paradies,
Das Dein Mund dem Schächer wies,[1]
Wirst Du mich, Herr Christ, einführen,
Und mit ew'ger Klarheit zieren.

8. Ob mir schon die Augen brechen,
   Ob mir das Gehör verschwind't,
Meine Zung' nichts mehr kann sprechen,
   Mein Verstand sich nicht besinnt:[2]
Bist Du doch mein Licht, mein Hort,
Leben, Weg und Himmelspfort';
Du wirst selig mich regieren
Und die Bahn zum Himmel führen!

9. Laß Dein' Engel mit mir fahren
   Auf Elias Wagen roth,

---

1) So Knapp, Lange und das Eisen. Gsgb. statt: „In das schöne Paradeis, Drein der Schächer that sein Reis'."

2) So die meisten neuern, auch das Eisen. Gsgb. statt: „nicht versinnt", was Wackernagel (Nr. 200) sammt allen andern Varten des Originals beibehalten hat.

Und mein' Seele wohl bewahren,
Lazaro gleich, nach dem Tod.
Laß sie ruh'n in Deinem Schooß,
Fülle sie mit Freud' und Trost,
Bis der Leib kommt aus der Erden
Und sie beid' vereinigt werden. [1]

10. Freu' dich sehr, o meine Seele
Und vergiß all' Noth und Qual,
Weil dich nun Christus, dein Herre,
Ruft aus diesem Jammerthal!
Seine Freud' und Herrlichkeit
Sollst du seh'n in Ewigkeit,
Mit den Engeln jubiliren
Und mit Christo triumphiren.

Nr. 455. Eigene Melodie.

Johann Georg Albinus, geb. 1624, Rector der
Domschule und Pfarrer zu Naumburg, gest. 1679. Geb.
1. Juni 1652 auf die Begräbnißfeier eines Freundes,
Paul v. Henßberg, in Leipzig, wo es zum ersten Mal, auf
einem besondern Blatte gedruckt, gesungen wurde. Dieses
herrliche und reichgesegnete Lied ist in manchen Gsgb. (z. B.
in dem Berliner Nr. 756) fast unkenntlich gemacht, in den
besten neueren Gsgb aber wiederhergestellt Engl Uebers.
von H. Mills in Sacred Lyrics, p. 199.

1. Alle Menschen müssen sterben,
Alles Fleisch vergeht wie Heu;

---

1) Dieser V. wird gewöhnlich, auch in Knapp's Liederschatz ausgelassen, während der Eigen Entwurf, Stip, Raumer und Wackernagel
ihn geben. Professor Lange (Kirchenliederbuch S. 633) hat ihn umgearbeitet, aber etwas zu stark, namlich: "Laß nun mit Elias Wagen Deine
Engel bei mir sein, Sie, wie Lazarum, mich tragen In den schonen
Himmel ein, Wo die Seel' in Deinem Schooß Ruht, erquickt und lei-
denslos Bis der Leib kommt aus der Erde, Daß er auch restaurirt werde."

Was da lebet, muß verderben,
Soll es anders werden neu.
Dieser Leib, der muß verwesen,
Wenn er anders soll genesen
Zu der großen Herrlichkeit,
Die den Frommen ist bereit.

2. Drum so will ich dieses Leben,
    Wann es meinem Gott beliebt,
Auch ganz willig von mir geben,
    Bin darüber nicht betrübt;
Denn in meines Jesu Wunden
Hab' ich schon Erlösung funden,
Und mein Trost in Todesnoth
Ist des Herren Jesu Tod.

3. Jesus ist für mich gestorben,
    Und Sein Tod ist mein Gewinn;
Er hat mir das Heil erworben,
    Drum fahr' ich mit Freuden hin:
Hin aus diesem Weltgetümmel
In den schönen Gotteshimmel,
Wo ich werde allezeit
Schauen die Dreifaltigkeit.

4. Da wird sein das Freudenleben,
    Wo viel tausend Seelen schon
Sind mit Himmelsglanz umgeben,
    Dienen Gott vor Seinem Thron;
Wo die Seraphinen prangen
Und das hohe Lied anfangen:
„Heilig, heilig, heilig heißt
Gott der Vater, Sohn und Geist!"

5. Wo die Patriarchen wohnen,
   Die Propheten allzumal,
   Wo auf ihren Ehrenthronen
   Sitzet der zwölf Boten Zahl, [1]
   Wo in so viel tausend Jahren
   Alle Frommen hingefahren,
   Wo dem Herrn, der uns versöhnt,
   Ewig Hallelujah tönt.

6. O Jerusalem, du schöne,
   Ach, wie helle glänzest du!
   Ach, wie lieblich Lobgetöne
   Hört man da in sanfter Ruh'!
   O der großen Freud' und Wonne
   Jetzo gehet auf die Sonne,
   Jetzo gehet an der Tag,
   Der kein Ende nehmen mag.

7. Ach ich habe schon erblicket
   Alle diese Herrlichkeit;
   Jetzo werd' ich schön geschmücket
   Mit dem weißen Himmelskleid
   Und der güld'nen Ehrenkrone;
   Stehe da vor Gottes Throne,
   Schaue solche Freude an,
   Die kein Ende nehmen kann.

---

[1] Urspr.: „die gezwölfte Zahl" (was Wackernagel in seinem Kl. Gsgb. beibehält). Matth. 19, 18 Andere substituiren: „der Apostel Zahl."

Nr. 456. Eigene Melodie.

Michael Frank, Lehrer an der Stadtschule in Coburg, gest. 1667. Aus seinem „Geistlichen Harfenspiel" 1657, mit der Ueberschr.: „Alles ist eitel", Pred. 1, 2, aber schon früher gedichtet (etwa um 1650). Etwas spielend, aber sinnreich, durchaus schrift- und erfahrungsmäßig und aus dem Leben des Verfassers herausgedichtet, der als armer Waise ein Handwerk lernen mußte und dann wiederholt während der Kriegswirren aller Habe beraubt, zuletzt aber Professor und mit der Dichterkrone geschmückt wurde. Das N Würt. und N. Pennsylv. luth. Gsgb. macht den Anfang, der im Original mit jedem Vers abwechselt, durchweg gleichförmig: „Ach wie nichtig, ach wie flüchtig" Das Lied hat vier Melodien, wovon eine von Frank selbst herrührt.

1. Ach wie flüchtig, ach wie nichtig
  Ist der Menschen Leben!
 Wie ein Nebel bald entstehet
 Und auch wieder bald vergehet,
 So ist unser Leben: sehet!

2. Ach wie nichtig, ach wie flüchtig
  Sind der Menschen Tage!
 Wie ein Strom beginnt zu rinnen
 Und im Laufe nicht hält innen,
 So fährt uns're Zeit von hinnen.

3. Ach wie flüchtig, ach wie nichtig
  Ist der Menschen Freude!
 Wie sich wechseln Stund' und Zeiten,
 Licht und Dunkel, Fried' und Streiten,
 So sind uns're Fröhlichkeiten.

4. Ach wie nichtig, ach wie flüchtig
  Ist der Menschen Schöne!
 Wie ein Blümlein bald vergehet,

Wenn ein rauhes Lüftlein wehet,
So ist uns're Schöne; sehet!

5. Ach wie flüchtig, ach wie nichtig
   Ist der Menschen Stärke!
   Der als Löwe sich erwiesen,
   Gestern noch gekämpft mit Riesen,
   Den muß heut' ein Grab umschließen! [1])

6. Ach wie nichtig, ach wie flüchtig
   Ist's mit unserm Glücke!
   Wie sich eine Kugel drehet,
   Die bald da, bald dorten stehet,
   So ist's mit dem Glücke: sehet!

7. Ach wie flüchtig, ach wie nichtig
   Ist der Menschen Ehre!
   Ueber den, dem man hat müssen
   Heut' die Hände höflich küssen,
   Geht man morgen gar mit Füßen.

8. Ach wie nichtig, ach wie flüchtig
   Ist der Menschen Wissen!
   Solcher Witz, der allerorten
   Sich gebläht mit präch't'gen Worten,
   Ist gar bald zu Schanden worden. [2])

9. Ach wie flüchtig, ach wie nichtig
   Ist der Menschen Dichten!
   Der die Künste lieb gewonnen
   Und manch schönes Werk ersonnen,
   Ist er je dem Tod entronnen?

---

1) Urspr. „Den wirft eine kleine Träne" (b. b. Blätter).
2) Urspr. „Der das Wort kann prächtig führen, Und vernünftig discuriren Muß bald allen Witz verlieren." Anders hat Knapp verändert.

10. Ach wie nichtig, ach wie flüchtig
    Sind der Menschen Schätze!
Es kann Gluth und Fluth entstehen,
Dadurch, eh' wir's uns versehen,
Alles muß zu Trümmern gehen.

11 Ach wie flüchtig, ach wie nichtig
    Ist der Menschen Herrschen!
Der durch Macht sehr hoch gestiegen,
Muß sich vor dem Tode schmiegen
Und im Grab erniedrigt liegen.

12. Ach wie nichtig, ach wie flüchtig
    Ist der Menschen Prangen!
Der in Purpur, hoch vermessen,
Ist gleich wie ein Gott gesessen,
Dessen wird im Tod vergessen.

13. Ach wie flüchtig, ach wie nichtig
    Sind der Menschen Sachen!
Alles, alles was wir sehen,
Das muß fallen und vergehen; —
Wer Gott hat, bleibt ewig stehen!

———

Nr. 457.   Mel.: Ich hab' mein' Sach' Gott heimgestellt.

Joachim Neander. 1680. Auf Grundlage von Psalm 90. Vom Eisen. Entwurf und Gefscken's Gegenentwurf unter die 150 Kernlieder aufgenommen. Dr Hengstenberg (Commentar zu Pf. 90, 4) nennt dieses Lied „die schönste christliche Nachbildung" von Pf. 90.

1. Wie fleucht dahin der Menschen Zeit!
    Wie eilet man zur Ewigkeit!

Wie Wen'ge denken an die Stund'
Von Herzensgrund!
Wie schweigt davon der träge Mund!

2. Das Leben ist gleich wie ein Traum,
Ein nicht'ger leerer Wasserschaum;
Im Augenblick es bald vergeht
Und nicht besteht,
Sobald der Wind darüber weht.

3. Nur Du, Jehovah, bleibest mir
Das, was Du bist; ich traue Dir.
Laß Berg' und Hügel fallen hin:
Mir ist's Gewinn,
Wenn ich allein bei Jesu bin.

4. So lang' ich in der Hütte wohn',
So lehre mich, o Gottes Sohn!
Gieb, daß ich zähle meine Tag',
Stets munter wach',
Und, eh' ich sterbe, sterben mag.

5. Was hilft die Welt in letzter Noth?
Lust, Ehr' und Reichthum in dem Tod?
O Mensch, du läufst dem Schatten zu!
Das merke du;
Du kommst sonst nicht zu wahrer Ruh'.

6. Weg, Eitelkeit, der Thoren Lust!
Mir ist das höchste Gut bewußt:
Das such' ich nur, das bleibet mir,
So dort wie hier;
Herr Jesu, zeuch mein Herz nach Dir

7. Wie wird mir sein, wenn ich Dich seh'
Und bald vor Deinem Throne steh'!

Du unterdessen lehre mich,
  Daß stetig ich
Mit klugem Herzen suche Dich.

Nr. 458. Eigene Melodie.

Zuerst gedruckt im Rudolstädter Gsgb 1688 (geb. 1686 entweder von **Aemilie Juliane, Gräfin von Schwarzburg-Rudolstadt** (Verf. von 355 geistl. Liedern, gest. 706); oder vom Superintendenten **Mich. Pfefferkorn** (Verf. des Li des: „Was frag' ich nach der Welt und allen ihren Schätzen", gest. 1732, im 86sten Jahre). Beide schrieben sich feierlich die Autorschaft zu, weßhalb sich die Streitfrage, über welche ganze Bücher verfaßt wurden, vielleicht nie lösen läßt. Doch spricht mehr für die Gräfin, in deren Handschrift eine Copie des Liedes auf der Bibliothek zu Gera mit d. Angabe der Abfassungszeit, 17. Sept. 1686, noch vorhanden ist. Eines der besten Vorbereitungslieder auf einen seligen Tod, das so weit reicht, als die protestantische Kirche deutscher Zunge. Es giebt davon sechs latein. und mehrere engl. Ueber., z. B. von Mills: "Who knows how near my life '- expended" (10 B.) und von Catharine Winkworth: "Who knows how near my end may be." (12 B.)

1. Wer weiß, wie nahe mir mein Ende!
     Hin geht die Zeit, her kommt der Tod:
   Ach wie geschwinde und behende
     Kann kommen meine Todesnoth!
   Mein Gott, ich bitt' durch Christi Blut:
   Mach's nur mit meinem Ende gut!

2. Es kann vor Abend anders werden,
     Als es am frühen Morgen war;
   Denn weil ich leb' auf dieser Erden,
     Leb' ich in steter Tod'sgefahr.
   Mein Gott, ich bitt' durch Christi Blut:
   Mach's nur mit meinem Ende gut!

3. Herr, lehr' mich stets mein End' bedenken
   Und, wenn ich einstens sterben muß,
Die Seel' in Jesu Wunden senken
   Und ja nicht sparen meine Buß'.
Mein Gott, ich bitt' durch Christi Blut:
Mach's nur mit meinem Ende gut!

4. Laß mich bei Zeit mein Haus bestellen,
   Daß ich bereit sei für und für
Und sage frisch in allen Fällen:
   Herr, wie Du willst, so schick's mit mir!
Mein Gott, ich bitt' durch Christi Blut:
Mach's nur mit meinem Ende gut.

5. Mach' immer süßer mir den Himmel,
   Und immer bitt'rer diese Welt.
Gieb, daß mir in dem Weltgetümmel,
   Die Ewigkeit sei vorgestellt.
Mein Gott, ich bitt' durch Christi Blut:
Mach's nur mit meinem Ende gut!

6. Ach Vater, deck' all' meine Sünde
   Mit dem Verdienste Jesu zu,
Darein ich mich festgläubig winde,
   Das giebt mir die erwünschte Ruh'.
Mein Gott, ich bitt' durch Christi Blut:
Mach's nur mit meinem Ende gut!

7. Ich weiß, in Jesu Blut und Wunden
   Hab' ich mir recht und wohl gebett't:
Da find' ich Trost in Todesstunden
   Und Alles, was ich gerne hätt'.
Mein Gott, ich bitt' durch Christi Blut
Mach's nur mit meinem Ende gut!

Sterbelieder.

8. Nichts ist, das mich von Jesu scheide:
   Nichts, es sei Leben oder Tod:
   Ich leg' die Hand in Seine Seite
   Und sage. mein Herr und mein Gott!
   Mein Gott, ich bitt' durch Christi Blut!
   Mach's nur mit meinem Ende gut!

9. Ich habe Jesum angezogen
   Schon längst in meiner heil'gen Tauf';
   Du bist mir auch daher gewogen,
   Hast mich zum Kind genommen auf.
   Mein Gott, ich bitt' durch Christi Blut:
   Mach's nur mit meinem Ende gut!

10. Ich habe Jesu Fleisch gegessen,
    Ich hab' Sein Blut getrunken hier;
    Nun kannst Du meiner nicht vergessen!
    Ich bleib' in Ihm, und Er in mir.
    Mein Gott, ich bitt' durch Christi Blut:
    Mach's nur mit meinem Ende gut.

11. So komm' mein End' heut oder morgen:
    Ich weiß, daß mir's mit Jesu glückt;
    Ich bin und bleib' in Deinen Sorgen,
    Mit Jesu Blut schön ausgeschmückt.
    Mein Gott, ich bitt' durch Christi Blut:
    Mach's nur mit meinem Ende gut!

12. Ich leb' indeß mit Dir vergnüget
    Und sterb' ohn' alle Kümmerniß;
    Mir g'nüget, wie mein Gott es füget.
    Ich glaub' und bin es ganz gewiß:
    Durch Deine Gnad' und Christi Blut
    Machst Du's mit meinem Ende gut.

Nr. 459. M el.: Wie schön leuchtet der Morgenstern.

Nach Johann Caspar Schade. 1698.

1. Ich freue mich von Herzensgrund
Auf jene heilig ernste Stund',
Da ich soll schlafen gehen.
O wie wird es so lieblich thun,
Wenn dieser Leib darf endlich ruhn
Im Grab ohn' alle Wehen!
Erden Werden Ist kein Schade;
Jesu Gnade Wird erwecken,
Was sich hier in's Grab muß strecken.

2. Bedenk', mein Herz, wie wird dir sein,
Wenn du dein Pilgerkleid voll Pein
Hast endlich ausgezogen,
Das Sündenkleid der Sterblichkeit,
Und nun der Geist aus dieser Zeit
Zur Ewigkeit geflogen!
Fröhlich, Selig Wirst du preisen
Gott den Weisen, Mit den Frommen,
Die zu ihrem Heiland kommen.

2. Bei Gott zu sein, verlangt mich sehr;
Die Sehnsucht steiget mehr und mehr,
Dich, Jesum, zu umfassen.
Soll's nicht bald sein, o Friedefürst,
Daß ich, den innig nach Dir dürst't,
Werd' endlich frei gelassen?
Aus, aus! Führ' aus, Mich, den Milden!
Bring' zum Frieden Den, der thränet
Und sich nur nach Jesu sehnet!

Nr. 460. Mel: Christus, Der ist mein Leben.

Philipp Friedrich Hiller. 1767. Ueber Simeon's Schwanengesang, Luc. 2, 29. Vgl. Nr. 95.

1. Wie Simeon verschieden,
   Das liegt mir oft im Sinn;
   Ich führe gern im Frieden
   Aus diesem Leben hin.

2. Ach, laß mir meine Bitte,
   Mein treuer Gott, geschehn:
   Laß mich aus dieser Hütte
   In Deine Wohnung gehn.

3. Dein Wort ist uns geschehen,
   An diesem nehm' ich Theil:
   Wer Jesum werde sehen,
   Der sehe Gottes Heil.

4. Ich seh' Ihn nicht mit Augen,
   Doch an der Augen Statt
   Kann nun mein Glaube taugen,
   Der Ihn zum Heiland hat.

5 Ich hab' Ihn nicht in Armen,
   Wie jener Fromme da;
   Doch Er ist voll Erbarmen
   Auch meiner Seele nah.

6. Mein Herz hat Ihn gefunden,
   Es rühmt: Mein Freund ist mein!
   Auch in den letzten Stunden
   Ist meine Seele Sein.

7. Ich kenn' Ihn als mein Leben;
   Er wird mir nach dem Tod

Bei Sich ein Leben geben,
    Dem nie der Tod mehr droht.

8. Mein Glaube darf Ihn fassen,
    Sein Geist giebt Kraft dazu;
    Er wird auch mich nicht lassen,
    Er führt mich ein zur Ruh'.

9. Wann Aug' und Arm erkalten,
    Hängt sich mein Herz an Ihn.
    Wer Jesum nur kann halten,
    Der fährt im Frieden hin.

Nr. 461. Mel.: Wie schön leuchtet der Morgenstern.

Aus dem Gesangb. der **Brüdergemeinde**, Anhang Nr. 269. (Wahrscheinlich von Bischof **Baumeister**, welcher mehrere Lieder zu diesem Anhang geliefert hat.)

1. Hier schlaf ich ein in Jesu Schooß,
    Dort wach' ich auf zum schönen Loos,
        Das mir bei Ihm beschieden.
    Der Geist ruht sanft in Gottes Hand,
    Das Sterb'gebein mit Ihm verwandt,
        Schläft hoffnungsvoll im Frieden.
    So wie Er hie In der Erde
    Lag, so werde Ich auch liegen
    Und mit Ihm den Tod besiegen.

2. Mit Dir, Herr Jesu, schlaf ich ein,
    Mit Dir will ich begraben sein,
        Und mit Dir auferstehen;
    Mit Dir will ich, in Aehnlichkeit
    Des Leibes, den Dir Gott bereit't,

In's Vaterhaus eingehen;
Mit Dir Wird mir Fried' und Freude
Frei vom Leibe Dort gegeben;
Mit Dir werd' ich ewig leben.

Nr. 462. Mel: Herr Gott, Dich loben Alle wir.

Nach dem Engl. von J. Newton (Cowper's Freund und Mitverfasser der berühmten Olney Hymns), gest. 1807: "In vain my fancy strives to paint." Uebers. von A. Knapp.

1. Wer malt den sel'gen Augenblick,
Wer nennt das herrliche Geschick,
Wenn nun zu Gottes Majestät
Ein sterbender Gerechter geht?

2. Ein Seufzer — und die Kette bricht!
Kaum sagt man: todt! — schon ist es Licht!
Und der entbund'ne Geist ist schon
Erhoben vor dem ew'gen Thron.

3. Der Glaube möchte fliegen nach,
Doch seine Flügel sind zu schwach.
In jenes unerschaff'ne Licht
Dringt ein verweslich Auge nicht.

4. Wir wissen's, — und das ist genug,
Nach oben geht der Sel'gen Flug;
Dort sind sie frei von Sorg' und Leid,
Und ruh'n in Jesu nach dem Streit.

5. Mit gold'ner Harfen Harmonie
Lobsingen ihrem Heiland sie;
Sie schau'n Sein Antlitz. Seelen, auf,
Und folget ihrem Siegeslauf!

6. Ihr Glauben, Dulden, Lieben, Thun
Bleib' uns auf ewig theuer nun.
O Jesu, lasse Du geschehn,
Was unf're Lieben droben flehn!

7. Herr, wie Elisa dort gefleht,
Als sein Elia ward erhöht,
So flehn wir: gieb an Deinem Heil
Uns Lebenden nun zwiefach Theil!

Nr. 463. Mel.: O Du Liebe meiner Liebe.

Albert Knapp. Geb. October 1828 mit der Ueberschrift: „Der selige Tod." Die Btte ist dem Verfasse
gewäh.t worden, der nach kur en, aber schweren Leider
u. 1864 als Stadtpfarrer von Stuttgart im Glauben und
Frieden zu seinen Vätern ging.

1. Wann ich einst entschlafen werde
Und zu meinen Vätern gehn,
Will ich von der armen Erde
Friedlich auf zum Himmel sehn.
Zu des Vaterhauses Thoren
Schwingt der Pilgrim sich empor;
Nichts ist in der Welt verloren,
Wenn ich nicht mein Herz verlor.

2. Wer versöhnt zur Himmelshöhe
Seinen Blick erheben kann,
Ohne Zittern, ohne Wehe,
O der ist ein sel'ger Mann!
Wem der Geist das Zeugniß giebet:
Unter Freuden, unter Schmerz
Hast du Gottes Sohn geliebet,
O, das ist ein sel'ges Herz!

3. Also möcht' ich einst erblassen,
    Und im letzten Kampfe nun
    Als des Vaters Kind gelassen
    Auf dem Todtenbette ruhn;
    Ausgetilget meine Fehle,
       Neugeboren durch den Herrn,
    Jesum Christum in der Seele,
    Ueber mir den Morgenstern!

4. In der angenehmen Stunde
    Will ich, Herr, Dich suchen gehn;
    Laß in Deinem Friedensbunde
    Du mich unverrücklich stehn!
    Heute sei mir ein Versühner,
       Heute Leben mir und Ruh',
    Täglich theurer, täglich schöner; —
    Für das And're sorgest Du!

Nr. 464.   Eigene Melodie.

Cäsar Malan von Genf, geb. 1785, gest. 1864.
Das französische Original beginnt: „Non ce n'est pas
mourir que d'aller vers son Dieu", und findet sich in
Malan's: „Chants de Sion ou recueil de Cantiques."
Paris 1841. Cant. 233. Aus dem Französisch. übers von
A. Knapp, geb. 1798, gest. 1864 Liedersch. Nr. 2895).
Engl. Uebers. (aus dem Deutschen) von R. P Dunn in
Sacred Lyrics, p. 153: "No, no, it is not dying." (Eine
freiere von Dr. G. W. Bethune: "It is not death to die"
Beide in Schaff's "Christ in Song", p. 661—663. Es
giebt zwei eigene Melodien dazu, eine von E. Kocher,
1838 (in dessen Choralbuch Nr. 683) und eine von G. F.
Landenberger, 1860 (in dessen Choralbuch, Philadel=
phia 1860, Nr. 42). Die letztere wurde zu diesem Gsgb.
componirt.

1. Nein, nein, das ist kein Sterben,
    Zu seinem Gott zu gehn,

Der dunkeln Erd' entfliehen,
Und zu der Heimath ziehen
In reine Sternenhöh'n!

2. Nein, nein, das ist kein Sterben,
Ein Himmelsbürger sein,
Beim Glanz der ew'gen Kronen
In süßer Ruhe wohnen,
Erlöst von Kampf und Pein.

3. Nein, nein, das ist kein Sterben,
Der Gnadenstimme Ton
Voll Majestät zu hören:
„Komm, Kind, und schau' mit Ehren
Mein Antlitz auf dem Thron!"

4. Nein, nein, das ist kein Sterben,
Dem Hirten nachzugehn!
Er führt Sein Schaf zu Freuden,
Er wird dich ewig weiden,
Wo Lebensbäume stehn.

5. Nein, nein, das ist kein Sterben,
Mit Herrlichkeit gekrönt,
Zu Gottes Volk sich schwingen
Und Jesu Sieg besingen,
Der uns mit Gott versöhnt.

6. O nein, das ist kein Sterben,
Du Heil der Creatur!
Dort strömt in ew'gen Wonnen
Der Liebe voller Bronnen;
Hier sind es Tropfen nur.

Nr. 465. Mel: Valet will ich dir geben.

Carl Johann Philipp Spitta, gest 1859. Aus „Psalter und Harfe", 1833. Engl. Ueberf. von Rich. Massie (Lyra Domestica I., p 134): "I sing of death and dying, A solemn farewell lay."

1. Stimm' an das Lied vom Sterben,
　　Den ernsten Abschiedssang!
　Vielleicht läuft heut zu Ende
　　Dein irb'scher Lebensgang;
　Und eh' die Sonne sinket,
　　Beschließest du den Lauf,
　Und wenn die Sonne steiget,
　　Stehst du nicht mit ihr auf.

2. Es giebt nichts Ungewissers
　　Als Leben, Freud' und Noth,
　Allein auch nichts Gewissers
　　Als Scheiden, Sterben, Tod.
　Wir scheiden von dem Leben
　　Bei jedem Lebensschritt,
　Uns stirbt die Freud' im Herzen
　　Und unser Herz stirbt mit.

3. An unserm Pilgerstabe
　　Ziehn wir dahin zum Grab,
　Und selbst des Königs Scepter
　　Ist nur ein Pilgerstab.
　Ein Pilgerkleid hat allen
　　Die Erde hier bescheert,
　Wir tragen's auf der Erde
　　Und lassen's auch der Erd'

4. So sing' das Lied vom Sterben,
　　Das alte Pilgerlied,

Weil deine Straße täglich
    Dem Grabe näher zieht.
Laß dich es mild und freundlich
    Wie Glockenton umwehn,
Es läute dir zum Sterben,
    Doch auch zum Auferstehn.

Nr. 466. Mel.: Es ist gewißlich an der Zeit.

C. J. Ph. Spitta, gest. 1859. Zuerst 1833. Steht bereits in mehreren neueren Gsgb. Engl. Uebers. von Rich. Massie (Lyra Domest. I., p. 136): "When comes the hour which seals my doom, My heart has ceased from beating."

1 Wenn meine letzte Stunde schlägt,
    Mein Herz hört auf zu schlagen;
Wenn man in's stille Grab mich legt
    Nach all' den lauen Tagen:
Was wär' ich dann, was hätt' ich dann,
Wär' mir die Thür nicht aufgethan
    Zum sel'gen Himmelreiche?

2 Wie flieht der eitlen Freuden Schwarm,
    Wenn sich der Tod läßt schauen!
Sie überlassen, schwach und arm,
    Den Menschen seinem Grauen.
Das Blendwerk irb'scher Eitelkeit
Verschwindet vor der Wirklichkeit
    Im Angesicht des Todes.

3. In unverhüllter Schreckgestalt
    Tritt vor uns uns're Sünde
Und von den Augen fällt alsbald
    Der Selbstverblendung Binde:

Wir sind dann ganz auf uns beschränkt,
Und Alles in und an uns lenkt
Den Blick auf unser Elend.

4. Wenn Du dann nicht mein eigen bist
In meiner letzten Stunde,
Wenn Du dann nicht, Herr Jesu Christ,
Mich labst mit froher Kunde,
Daß Du für den, der an Dich glaubt,
Dem Tode seine Macht geraubt,
So muß ich ja verzagen.

5. Nun aber, weil Du mein, ich Dein,
Kann ich getrost entschlafen;
Dein heiliges Verdienst ist mein,
Schützt mich vor allen Strafen;
Du hast ja meinen Tod gebüßt,
Und dadurch meinen Tod versüßt
Zu einem sel'gen Heimgang.

6. Drum bei dem letzten Glockenklang
Sei Du mir, Herr, zur Seite,
Und gieb mir bei dem Todesgang
Dein freundliches Geleite.
Damit die letzte Erdennoth
Nicht eine Krankheit sei zum Tod,
Vielmehr zum ew'gen Leben!

–––––

Nr. 467. Mel: O Du Liebe meiner Liebe.
Meta Heußer-Schweizer, geb. in Hirzel, Kanton
Zürich, 1797. Geb. 1849 Neu. Urspr. ein Gelegen-
heitsgedicht auf den Tod einer theuren Freundin.

1 „Theuer ist der Tod der Deinen,
Herr, vor Deinem Angesicht!"

Nur wir Erdenpilger weinen,
   Wenn ein Herz im Sterben bricht,
Das mit Dir in Gott verborgen
   Und geheiligt durch Dein Blut,   .
Nach der Wallfahrt Müh' und Sorgen
   Ewig Dir im Schooße ruht.

2. Unsre matten Blicke schauen,
   Ach, vom Erdenstaube blind,
Grabesnacht und Todesgrauen,
   Wo der Strom des Lebens rinnt.
Unsre Sterne sind verglommen,
   Unsre Melodie'n verhallt,
Wenn ein seliges Willkommen
   Durch den lichten Himmel schallt.

3. Dort ist Wonne der Erlösten,
   Heimathluft und Heimathklang:
Unsrer Hoffnung leises Trösten
   Wird zum ew'gen Lobgesang
Dir, Du Todesüberwinder,
   Der aus so viel Nacht heraus
Uns, als Deines Vaters Kinder,
   Trägt in's ew'ge Vaterhaus!

4. „Theuer ist der Tod der Deinen,
   Herr, vor Deinem Angesicht!"
In die Thränen, die wir weinen,
   Leuchtet hell Dein Osterlicht, —
Daß ein ew'ger Friedensbogen
   Unsre Trauer mild umschließt,
Bis auch uns Du hingezogen,
   Wo die Thräne nimmer fließt.

3. Begräbnißlieder.

Nr. 468 Mel.: Ach wann werd' ich dahin kommen.

Nach dem Lat. des Prudentius aus Spanien, gest. 405: "Jam moesta quiesce querela." Es war das gewöhnliche Begräbnißlied der alten Kirche, und in der Uebers.: „Hört auf mit Trauern und klagen" früher auch in der protest. K. gebräuchlich. Es erinnert noch an die alten Einöden- und Katakomben-Gottesdienste. Herder sagt von ihm, Niemand könne es lesen, ohne von rührenden Tönen sein Herz ergriffen zu fühlen. Uebers. für dieses Gsgb. von P. S., 1858. (Andere neuere Uebers. von Knapp, Puchta, Königsfeld und Bäßler. Eine vortreffliche engl. Uebers. von E. Caswall: "Cease, ye tearful mourners, Thus your hearts to rend." Eine andere engl. Bearbeitung auf Grund einer älteren deutschen, in Lyra G. I. 249: "Oh weep not, mourn not o'er this bier." Vgl. Schaff's "Christ in Song", p. 635 ff.

1. Schweige, bange Trauerklage,
   Mütter, hemmt der Thränen Lauf!
   Seid getrost, am Todestage
   Geht ein neues Leben auf.

2. Ueber diesen Felsenklüften
   Schwebt des Kreuzes Siegspanier.
   Diese Leiber in den Grüften
   Sind nicht todt, sie schlafen hier.

3. Diese Hülle, die wir sehen
   In dem Schlafgemach entseelt,
   Wird bald wieder auferstehen,
   Mit dem Geiste neu vermählt.

4. Diesen Leichnam, kalt und träge,
   Sinkend in die Modergruft,
   Werden sel'ge Flügelschläge
   Aufwärts tragen in die Luft.

5. Also ringt aus dunkler Erde
   Sich das Weizenkorn empor;
   Daß es einst zur Aehre werde,
   Muß es untergehn zuvor.

6. Nimm denn, Erde, diese Leiche
   Sanft in deinen Mutterschooß:
   Als ein Glied in Christi Reiche
   Schläft sie hier zu schönerm Loos.

7. Einst war diese theure Hülle
   Von des Schöpfers Hauch beseelt,
   Und von Christi Gnadenfülle
   Als ein Tempel auserwählt.

8. Laßt uns nun den Leib versenken
   In die kühle Ruhestatt;
   Gott wird dessen wohl gedenken,
   Der Sein Bild getragen hat.

9 Bald wird kommen jene Stunde,
   Die schon jetzt der Hoffnung winkt,
   Wo der Ruf aus Gottes Munde
   Leben, Heil und Wonne bringt.

Nr. 469. Eigene Melodie.

Michael Weiße, Prediger der Böhmischen Brüder-
gemeinte. Ged. 1530 (auf Grundlage des Lat.) und von
den Böhmischen Brüdern in d. luth. K. übergegangen, auch
früher mit Unrecht Luthern zugeschrieben, der bloß einige
Worte verändert und den 8 V. hinzu gedichtet hat Vgl.
Wackernagel, Luther's Lieder S 101, und Mützell, I.
S. 70 u. S 164. Wir haben hier mit C. v. Raumer,
Stir, dem Eisen. Entwurf u And. die alterthümliche,
etwas irreguläre Form der Klopstock'schen Knapp'schen

und andern neueren Umarbeitungen vorgezogen. **Engl.
Uebers.** in Lyra G. II. 161: "Now lay we calmly in
the grave."

1. Nun laßt uns den Leib begraben,
 Und daran kein'n Zweifel haben,
 Er werd' am jüngsten Tag aufstehn
 Und unverweslich hervorgehn.

2. Erd' ist er und von der Erden,
 Wird auch zu Erd' wieder werden,
 Und von der Erd' wieder aufstehn,
 Wenn Gottes Posaun' wird angehn.

3. Seine Seel' lebt ewig in Gott,
 Der sie allhier aus Seiner Gnad'
 Von aller Sünd' und Missethat
 Durch Seinen Sohn erlöset hat. ¹)

4 Sein Jammer, Trübsal und Elend
 Ist kommen zu ein'm sel'gen End';
 Er hat getragen Christi Joch,
 Ist gestorben und lebet noch.

5. Die Seele lebt ohn' alle Klag',
 Der Leib schläft bis zum jüngsten Tag,
 An welchem Gott ihn verklären
 Und ew'ger Freud' wird gewähren.

6. Hier ist er in Angst gewesen,
 Dort aber wird er genesen,
 In ewiger Freud' und Wonne
 Leuchten wie die helle Sonne.

---

1) So Luther statt der Form im Böhmischen Brüdergsgb. v. **1531**
„Durch Seinen Bund geseget hat."

7. Nun lassen wir ihn hier schlafen
Und gehn all' heim unf're Straßen,
Schicken uns auch mit allem Fleiß;
Denn der Tod kommt uns gleicher Weis'.

8. Das helf' uns Christus, unser Trost,
Der uns durch Sein Blut hat erlöst
Von's Teufels G'walt und ew'ger Pein;
Ihm sei Lob, Preis und Ehr' allein!

Nr. 470. Eigene Melodie.
Friedrich Conrad Hiller (der ältere). 1711.

1. Ruhet wohl, ihr Todtenbeine,
In der stillen Einsamkeit:
Ruhet, bis das End' erscheine,
Da der Herr euch zu der Freud'
Rufen wird aus euren Grüften
Zu den freien Himmelslüften.

2. Nur getrost, ihr werdet leben,
Weil das Leben euer Hort,
Die Verheißung hat gegeben
Durch Sein theuer werthes Wort:
Die in Seinem Namen sterben,
Sollen nicht im Tod verderben.

3. Und wie sollt' im Grabe bleiben,
Der ein Tempel Gottes war?
Den der Herr ließ einverleiben
Seiner auserwählten Schaar,
Die er selbst durch Blut und Sterben
Hat gemacht zu Himmelserben?

1. Nein, die kann der Tod nicht halten,
Die des Herren Glieder sind!
Muß der Leib im Grab erkalten,
Da man Nichts als Asche find't:
Wann des Herren Hauch drein bläset,
Grünet neu, was hier verweset.

5. Jesus wird, wie Er erstanden,
Auch die Seinen einst mit Macht
Führen aus des Todes Banden,
Führen aus des Grabes Nacht
Zu dem ew'gen Himmelsfrieden,
Den Er Seinem Volk beschieden.

6. Ruht ihr Todten, sanft im Kühlen,
Ruht noch eine kurze Zeit!
Es läßt sich schon nahe fühlen
Die so frohe Ewigkeit.
Da sollt ihr mit neuem Leben
Euch vor Jesu Thron erheben.

———

Mel.: Der lieben Sonne Licht und Pracht.

Nr. 471.

Nik. Ludwig Graf von Zinzendorf. Ged. den 5. März 1726 auf den Tod seiner frommen Großmutter, der Freifrau v. Gersdorf, gebr. 1735 in der ersten Ausgabe des Herrnhuter Gsgb. Dieses köstliche Lied ist in Verl. Gsgb. unnöthig überarbeitet. Es stand vor 185 noch in keinem amerik. Gsgb.

1. Die Christen gehn von Ort zu Ort
Durch mannigfalt'gen Jammer,
Und kommen in den Friedensport
Und ruhn in ihrer Kammer.

Gott nimmt sie nach dem Lauf
Mit Seinen Armen auf;
Das Waizenkorn wird in sein Beet
Auf Hoffnung schöner Frucht gesä't.

2. Wie seid ihr doch so wohl gereist!
    Gelobt sei'n eure Schritte.
Du friedevoll befreiter Geist,
    Du jetzt verlaff'ne Hütte!
Du, Seele, bist beim Herrn,
Dir glänzt der Morgenstern;
Euch Glieder deckt mit sanfter Ruh'
Der Liebe stiller Schatten zu.

3. Wir freu'n uns in Gelassenheit
    Der großen Offenbarung;
Indessen bleibt das Pilgerkleid
    In heiliger Verwahrung.
Wie ist das Glück so groß:
In Jesu Arm und Schooß!
Die Liebe führt uns gleiche Bahn:
So tief hinab, so hoch hinan.

Nr. 472. Eigene Melodie

Nach Nik. Ludwig Graf von Zinzendorf. Geb. 1746, zuerst gedr. 1749. Das gewöhnliche Begräbniß= lied der Brüdergemeinde. Es giebt dazu auch eine eigene sehr sanfte und liebliche Melodie von Con. Recher (1838) Engl. Uebers. in Lyra G. II. 165: "Christ will gather in His own To the place where He is gone."

1. Aller Gläub'gen Sammelplatz
    Ist da, wo ihr Herz und Schatz.
    Wo ihr Heiland Jesus Christ,
    Und ihr Leben hier schon ist.

2. Eins geht da, das And're dort
In die ew'ge Heimath fort, —
Ungefragt, ob Die und Der
Uns nicht hier noch nützlich wär'.

3. Hätt' Er uns darob gefragt:
Ach, was hätten wir gesagt?
Heiß mit Thränen bäten wir:
„Laß die theure Seele hier!"

4. Doch der Herr kann nichts versehn;
Und wenn es nun doch geschehn,
Haben wir sonst nichts zu thun,
Als zu schweigen und zu ruhn.

5. Manches Herz, das nicht mehr da,
Geht uns freilich innig nah;
Doch, o Liebe, wir sind Dein,
Und Du willst uns Alles sein!

Nr. 473. Mel.: Nun sich der Tag geendet hat.

Aus dem Engl. von Isaak Watts, gest. 1748: "Hear what the voice from heaven proclaims." Uebers. von Rud. Dünger für b. Ref. Gsgb. v. Chambersburg 1841.

1. Hört, was des Vaters Stimme spricht
Vom Himmelsthron herab:
Die Kinder Gottes sterben nicht,
Sie schlafen nur im Grab.

2. Im Jubel schwingt sich ihre Seel',
Frei von des Körpers Band,
Auf von des Grabes düst'rer Höhl'
Hinauf in's bess're Land.

3. Und dort nach aller Lebensmüh'
   Empfangen sie zum Lohn
   Für ihre Treu', geübt allhie,
   Die ew'ge Siegeskron'.

Nr. 474. Mel. Nun laßt uns den Leib begraben.

Ehrenfried Liebich. 1768. Auf Grundlage des Weiße schen Liedes Nr. 469.

1. Nun bringen wir den Leib zur Ruh',
   Und decken ihn mit Erde zu,
   Den Leib, der nach des Schöpfers Schluß,
   Zu Staub und Erde werden muß.

2. Er bleibt nicht immer Asch' und Staub,
   Nicht immer der Verwesung Raub:
   Er wird, wann Christus einst erscheint,
   Mit seiner Seele neu vereint.

3. Hier, Mensch, hier lerne, was du bist,
   Lern' hier, was unser Leben ist.
   Nach Sorge, Furcht und mancher Noth
   Kömmt endlich noch zuletzt der Tod.

4. Schnell schwindet uns're Lebenszeit,
   Auf's Sterben folgt die Ewigkeit:
   Wie wir die Zeit hier angewandt,
   So folgt der Lohn aus Gottes Hand.

5. Hier, wo wir bei den Gräbern stehn,
   Soll Jeder zu dem Vater flehn:
   Ich bitt', o Gott, durch Christi Blut:
   Mach's einst mit meinem Ende gut!

6. Wann unser Lauf vollendet ist,
So sei uns nah, Herr Jesu Christ!
Mach' uns das Sterben zum Gewinn;
Zeuch uns're Seelen zu Dir hin!

7. Und wann Du einst, o Lebensfürst,
Die Gräber mächtig öffnen wirst,
Dann laß uns fröhlich auferstehn,
Und ewiglich Dein Antlitz sehn!

Nr. 475. Mel.: Wachet auf! ruft uns die Stimme.
Fr. Gottlieb Klopstock. 1769. Erhaben und begei=
stert, obwohl etwas pathetisch und declamatorisch, wie
fast alle religiösen Lieder dieses großen Dichters (des
deutschen Milton).

1 Hallelujah! Amen! Amen!
Entschlaf' in jenem großen Namen,
Vor dem sich Erd' und Himmel beugt!
Sieh, an deiner Laufbahn Ende
Bist du; Er nimmt in Seine Hände
Die Seel' auf, die der Erd' entfleugt.
Hör', o erlöster Geist,
Der bald am Thron Ihn preist:
Jesus Christus
Hat Dich versöhnt; Von Ihm gekrönt,
Empfängst du nun der Erben Lohn

2. Welcher Glanz wird dich umfangen,
Ist dir der Tag nun aufgegangen
Des Lebens nach des Todes Nacht!
Sei gesegnet, Amen, Amen!
Entschlaf' in Jesu Christi Namen!
Denn auch für dich hat Er's vollbracht.

Nicht du, der Herr allein
Macht dich von Sünden rein,
Und du sündigst
Nun nimmer mehr. Der Brüder Heer,
Der himmlischen, nimmt nun dich auf.

3. Dich wird nicht der Tod verzehren,
Verwesung nicht dein Bild verheeren,
Dich birgt dein Gott, sie hält dich nicht.
Zwar wir wandeln hin und säen
Dich irdisch aus; doch auferstehen
Sollst du mit jenes Tages Licht!
Geh' ein zu deiner Ruh'!
Der Herr schleußt nach dir zu.
Hallelujah!
Nach kurzer Ruh' Wirst einst auch du
Zum ew'gen Leben auferstehn.

Nr. 476. Mel.: Jesus, meine Zuversicht.

N. Gottlob Neiber. 17*3. Knapp, das N. Würt.
und nach ihm das N. Pennsylv. Luth. Gsgb. 1849 schreiben es irrig Lavatern zu.

1. Von dem Grab stund Jesus auf;
Friede ruht auf meinem Grabe!
Auch mein Morgen eilt herauf.
Wann ich ausgeschlummert habe.
Mich erschreckt der Tod nicht mehr:
Heil mir, Jesu Grab ist leer!

2. Froh besieg' ich nun das Grau'n,
Das die Todtenhügel decket;
Meinen Heiland werd' ich schau'n,

Den der Vater auferwecket,
Der durch Seines Grabes Nacht
Mir mein Grab hat hell gemacht.

3. Keine Zukunft macht mir bang':
   Ewig, ewig werd' ich leben,
Will dereinst mit Lobgesang
   Meinen Leib der Erde geben,
Weil den gottverbund'nen Geist
Nichts aus Seinen Händen reißt.

4. Preis Ihm! Jesus hat die Macht
   Euch, o Tod und Grab, genommen,
Hat das Leben neu gebracht,
   Und bei Seinem Wiederkommen
Werden uns're Gräber leer: —
Mich erschreckt der Tod nicht mehr!

5 Wohlthat wird das Sterben mir:
   Gottes Liebe denkt der Seinen;
Ewig sollen wir nicht hier
   Kämpfen, dulden, klagen, weinen;
Unser Abend eilt herzu
Und bringt frommen Streitern Ruh.

6. Schwinge dich, mein Geist, empor;
   Rein und heilig sei dein Streben!
Jesus ging den Weg mir vor,
   Jesus lebt, und ich soll leben!
Heiland, bist Du nur mit mir,
O so leb' und sterb' ich Dir!

Nr. 477. Eigene Melodie.

Friedrich Adolph Krummacher. 1805. Paßt nicht wohl in die Kirche, aber als Chorgesang auf den Kirchhof und wurde am Grabe des Dichters 1845, sowie auch des großen Kirchenhistorikers Neander 1850 gesungen. Engl. Uebers. in Lyra Germ. II. 166: "Though love may weep whith breaking heart."

1. Mag auch die Liebe weinen,
   Es kommt ein Tag des Herrn;
   Es muß ein Morgenstern
   Nach dunkler Nacht erscheinen.

2. Mag auch der Glaube zagen,
   Ein Tag des Lichtes naht;
   Zur Heimath führt der Pfad,
   Aus Dämm'rung muß es tagen.

3. Mag Hoffnung auch erschrecken,
   Mag jauchzen Grab und Tod;
   Ein sel'ges Morgenroth
   Die Schlummernden wird wecken.

Nr. 478. Mel.: Herzlich thut mich verlangen.

C. J. Ph. Spitta. 1833. Engl. Uebers. in H. from the Land of Luther p 69: "What mean ye by this wailing." (Eine neuere von Rich. Massie (Lyra Domestica, I. p. 130): "How mean ye thus by weeping To break my very heart! they both are in Christ's keeping And therefore cannot part."

1. Was macht ihr, daß ihr weinet
   Und brechet mir das Herz?
   Im Herrn sind wir vereinet
   Und bleiben's allerwärts,

Das Band, das Christen bindet,
　Löst weder Zeit noch Ort;
Was in dem Herrn sich findet,
　Das währt im Herrn auch fort.

2. Man reicht sich wohl die Hände,
　　Als sollt's geschieden sein,
　Und bleibt doch ohne Ende
　　Im innigsten Verein.
　Man sieht sich an, als sähe
　　Man sich zum letzten Mal,
　Und bleibt in gleicher Nähe
　　Dem Herrn doch überall

3. Man spricht: ich hier, du dorten;
　　Du gehest, und ich bleib'!
　Und ist doch aller Orten
　　Ein Glied an Einem Leib.
　Man spricht vom Scheidewege
　　Und grüßt sich einmal noch,
　Und geht auf Einem Wege
　　Zu Einem Ziele doch.

4. Was sollen wir nun weinen
　　Und so gar traurig sehn?
　Wir kennen ja den Einen,
　　Mit Dem wir Alle gehn.
　In Einer Hut und Pflege,
　　Geführt von Einer Hand,
　Auf Einem sichern Wege
　　In's Eine Vaterland.

5. So sei denn diese Stunde
　　Nicht schwerem Trennungsleid,

Nein, einem neuen Bunde
Mit unserm Herrn geweiht!
Wenn wir uns Ihn erkoren
Zu unserm höchsten Gut,
Sind wir uns nicht verloren,
Wie weh auch Scheiden thut.

Nr. 479. Mel.: Christus, Der ist mein Leben.

Frau Dr. **Meta Heußer-Schweizer**, geb. 1797
Geb. 1837, zuerst anonym gedr. 1858. Engl. Uebers. von
Fräulein Jane Borthwick von Edinburg, 1863: "Long
hast thou wept and sorrowed."

1 Herz, du hast viel geweinet,
So weine nun nicht mehr!
Bei Tod und Grab erscheinet
Dir Einer, — Er, nur Er!

2. All' And'res muß vergehen;
Was irdisch ist, vergeht.
Die Hülsen laß verwehen,
Den Samen laß gesät.

3. Nicht schenkt der Herr uns Gaben,
Und läßt es sich gereu'n;
Nein, was von Ihm wir haben,
Soll ewig uns erfreu'n.

4. Doch daß es Früchte gebe,
Erstirbt das Korn der Flur.
Die Liebe, daß sie lebe,
Geht auch durch's Sterben nur.

5. Wem viel hier ward entrissen
Von Gottes treuster Hand,

Darf reich daheim sich wissen
An manchem Hoffnungspfand.

6. „Laß dir an Meiner Gnade
    Genügen!" spricht dein Gott.
    Das nimm auf deinem Pfade
    Mit dir in Angst und Noth.

7. Es wird ein Tag erscheinen
    Der Ernte und der Ruh';
    Da führt der Herr die Deinen
    Dir alle wieder zu.

8. Und mehr als dieß Entzücken
    Hält Er für dich bereit:
    Ihn selbst sollst du erblicken
    In Seiner Herrlichkeit!

9. Drum trock'ne deine Thränen
    Und bete für und für:
    „Nimm, Herr, für Dich mein Sehnen,
    Und still' es ganz in Dir!"

Bei Kinderleichen.

Nr. 480. Mel.: Es ist genug.

Gottfried Hoffmann. Geb. 1698. Engl. Uebers.
in Hymns from the Land of Luther, p 23: "Depart,
my child! the Lord thy spirit calls."

1. Zeuch hin, mein Kind! Gott selber fordert dich
    Aus dieser argen Welt
    Ich weine zwar, dein Tod betrübet mich;
    Doch weil es Gott gefällt,

So unterlaß ich alles Klagen,
Und will mit stillem Geiste sagen:
Zeuch hin, mein Kind!

2. Zeuch hin, mein Kind! Der Schöpfer hat
dich mir
Nur in der Welt gelieh'n.
Die Zeit ist aus; darum befiehlt Er dir,
Nun wieder heimzuziehn.
Zeuch hin; Gott hat es so versehen;
Was Gott beschließt, das muß geschehen.
Zeuch hin, mein Kind!

3. Zeuch hin, mein Kind! Im Himmel findest du,
Was dir die Welt versagt;
Denn nur bei Gott ist wahre Freud' und Ruh,
Kein Schmerz, der Seelen plagt.
Hier müssen wir in Aengsten schweben,
Dort kannst du ewig fröhlich leben.
Zeuch hin, mein Kind!

4. Zeuch hin, mein Kind! Wir folgen Alle nach,
So bald es Gott gefällt.
Du eiltest fort, eh' dir das Ungemach
Verbittert diese Welt.
Wer lange lebt, steht lang' im Leibe;
Wer frühe stirbt, kommt bald zur Freude.
Zeuch hin, mein Kind!

5. Zeuch hin, mein Kind! Die Engel warten
schon
Auf deinen zarten Geist.
Nun siehest du, wie Gottes lieber Sohn
Dir schon die Krone weist.

Nun wohl, dein Seelchen ist entbunden,
Du hast durch Jesum überwunden.
Zeuch hin, mein Kind!

Nr. 481. Mel.: Nun ruhen alle Wälder.

Joh. Andr. Rothe. 1735. En·l. Ueberf. im Morav. H. B N. 956: "When children, blessed by Jesus."
(Bloß 2 B.)

1. Wenn kleine Himmelserben
   In ihrer Unschuld sterben,
     So büßt man sie nicht ein;
   Sie werden nur dort oben
   Vom Vater aufgehoben,
     Damit sie unverloren sei'n.

2. Sie sind ja in der Taufe
   Zu ihrem Christenlaufe
     Für Jesum eingeweiht,
   Und noch bei Gott in Gnaden,
   Was sollt' es ihnen schaden,
     Wenn Er nun über sie gebeut?

3 Der Unschuld Glück verscherzen,
   Stets kämpfen mit den Schmerzen,
     Mit so viel Seelennoth,
   Im Angstgefühl der Sünden
   Das Sterben schwer empfinden:
     Davor bewahrt ein früher Tod.

4. Ist Einer alt an Jahren,
   So hat er viel erfahren,
     Das ihn noch heute kränkt,
   Und unter so viel Stunden

Oft wenige gefunden,
Daran er mit Vergnügen denkt.

5. Wie leicht geht auch bei Kindern
Von uns erwachf'nen Sündern
Das fremde Feuer an!
Sind sie der Erd' entrissen
· Dann können wir erst wissen,
Daß sie die Welt nicht fällen kann.

6. O wohl auch diesem Kinde!
Es starb nicht zu geschwinde.
Zeuch hin, du liebes Kind!
Du gehest ja nur schlafen
Und bleibest bei den Schafen,
Die ewig unsers Jesu sind.

———

Nr. 482. Mel.: Christus, Der ist mein Leben.
Philipp Friedrich Hiller. 1762.

1. Die Liebe darf wohl weinen,
Wenn sie ihr Fleisch begräbt;
Kein Christ muß fühllos scheinen,
So lang' er hie noch lebt.

2. Doch lässet gleich der Glaube
Sein Aug' gen Himmel gehn:
Was uns der Tod hier raube,
Soll herrlich auferstehn.

3. So ist's uns um die Herzen,
Die Gnade macht uns so;
Uns ist noch wohl in Schmerzen,
Im Trauern sind wir froh.

4. Was tröstet uns? das Hoffen;
   Wie gut ist's, Christi sein!
   Man sieht den Himmel offen,
   Und nicht das Grab allein.

5. Herr Jesu, unser Leben!
   In Thränen dankt man Dir,
   Daß Du uns Trost gegeben;
   Denn davon leben wir.

6. Was wir in Schwachheit säen,
   Das wird in Herrlichkeit
   Auf Dein Wort auferstehen;
   Das ist's, was uns erfreut.

7. Herr, bild' aus uns'rem Staube
   Den neuen Leib, der dort,
   Nicht mehr dem Tod zum Raube,
   Dich schauet immerfort!

Nr. 483. Mel.: Ohne Rast und unverweilt.

1. Auch die Kinder sammelst Du,
   Treuer Hirt, zur ew'gen Ruh,
   Von dem Jammer dieser Welt,
   Der sie schon so früh befällt.

2. Sie entgehen allem Leid
   Dieser jetzt betrübten Zeit;
   Sie sind von Verführung frei,
   Sie bewahret Deine Treu'.

3. Dieß Kind eilt der Heimath zu,
   In die ew'ge Himmelsruh,

Wo sein Heiland Jesus Christ
Ewig nun sein Alles ist.

4. Gläubig blicken wir dir nach
In dein stilles Schlafgemach,
Bitten um dein Auferstehn,
Freuen uns auf's Wiedersehn.

4. Auferstehung und Weltgericht.

(Vgl. Nr. 157—160.)

Nr. 484.   Eigene Melodie.

Das Dies irae, dies illa des Franziskanermönchs
Thomas von Celano um 1250, das erhabenste und
vollendetste Product der latein. Kirchenpoesie. Neu verdeutscht von P. S., 1858. Dieser wunderbare „Giganten-
hymus", so einfach und doch so erhaben, steht allein in
seiner Glorie. Er ertönt wie eine Posaune des jüngsten
Gerichtes und macht auf jedes fühlende Herz einen tief
erschütternden Eindruck. Jeder Vers, ja jede Zeile ist wie
ein Hammerschlag. Die ergreifende Mucht des majestäti-
schen Versmaßes, des dreifachen Doppelreimes und der
Vocalassonanzen des Originals (z. B des doppelten u in
V. 2 u. 7, des o und u in V. 3, des a und i in V. 9)
läßt sich in keiner Uebers. wiedergeben. Es giebt davon
nahe an hundert deutsche u. englische Bearbeitungen, die
zum Theil vortrefflich und doch, verglichen mit dem Lateinischen, unbefriedigend sind. Dr Lisco in einer bes.
Schrift über das Dies Irae, Berlin 1840, theilt 70 Uebers.
mit, wozu er später noch 17 meist deutsche, ganz oder
theilweise hinzufügte. Vgl. auch 2 von mir im „Deutschen Kinderfreund", Philadelphia 1858, S. 388 f. Ueber
die engl. Uebers. siehe meine Artikel in den "Hours at
Home", N.-York, für Mai u. Juli 1868 u. mein "Christ
in Song", p. 372 ff. Ein Amerikaner, Dr. Coles von Ne-
wark, hat es allein 13 Mal bearbeitet. Die gelungensten deutschen Uebers. sind die von A. W. v. Schlegel
(„Jenen Tag, den Tag des Zoren", von Bunsen („Tag

des Zorns, o Tag voll Grauen"), von Knapp (zwei Bearbeitungen), von Daniel ("Tag des Zorns, du Tag der Fülle" und "David und Sibylla spricht"), von Königsfeld ("An dem Zorntag, jenem hehren"), von J. P. Lange ("Jener Tag des Zorns, der Tage"), von Toeßtrup ("Zorntag, schrecklichster der Tage") ferner von Herder, Fr. v. Meyer. A. L. Follen, Wessenberg, Stier, Harms und Dorina. Das Original hat auch zu den herrlichsten musikalischen Compositionen eines Palestrina, Pergolese, Haydn, Cherubini, Weber u. Mozart (in seinem herrlichen Requiem, an dem er starb) Veranlassung gegeben und den Grundton zu mehreren der besten deutschen und englischen Lieder über das Weltgericht geliefert. Außer größeren Sammlungen, wie Knapp's Liedersch., dem Berliner Liedersch. und Lange's Kirchenliederbuch, hat auch das N. Würt. Gsgb. eine (urspr. meist von Knapp herrührende) treue Ueberf des Dies irae ("Jenen Tag, den Tag der Wehen") aufgenommen, ebenso Stier, in seinem Gsgb. Nr 752 ("Ernst am Tag des Zorns, der Wehen"), das Aarauer Gsgb von 1844 ("Tag des Zorns" mit einem besonders dazu compon. Choral von Mendelssohn Bartholdi, Knapp in s Ev. Gsgb. von 1855 ("An dem Zorntag, an dem hohen"), und Stip im "Unverf. Liedersegen" S. 567 (die Würt. Ueberf. mit unwesentlichen Veränderungen) Mit diesen Vorgängen wird man die Einführung dieses Liedes auf deutsch-amerik. Boden entschuldigen, auch wenn es wegen der Unbekanntschaft mit der Melodie bloß zur Privaterbauung dienen sollte.

1. An dem Tag der Zornesflammen
   Stürzt die Welt in Staub zusammen,
   Nach dem Wort, das Ja und Amen. [1])

---

1) Eine wörtliche Ueberf. wäre: "An dem Tag der Zornesfülle Sinkt die Welt in Aschenhülle: So zeugt David und Sibylle" Aber die Sibylle, die Repräsentantin der unbewußten Weissagungen des Heidenthums, welche bei den Apologeten der ersten Jahrhunderte und bei den Dichtern und Malern des Mittelalters eine große Rolle spielt und von ihnen den Propheten Israels beistimmend zur Seite gestellt wird, paßt wegen ihres sagenhaften Charakters natürlich nicht in ein evangelisches Gesangbuch.

2. Welch ein Grauen bei der Kunde,
Daß der Richter naht zur Stunde
Mit dem Flammenschwert im Munde!

3. Die Posaun' im Wundertone
Dröhnt durch Gräber jeder Zone,
Nöthigt Alle zu dem Throne.

4. Erb' und Hölle werden zittern
In des Weltgerichts Gewittern,
Die das Todtenreich erschüttern.

5. Und ein Buch wird aufgeschlagen,
Drinnen alles eingetragen,
Deß die Sünder anzuklagen.

6. Also wird der Richter sitzen,
Das Verborgenste durchblitzen,
Nichts vor Seiner Rache schützen.

7. Was soll dann ich Armer sagen,
Wen um Schutz und Hülfe fragen,
Wo Gerechte fast verzagen?

8. König, furchtbar hoch erhaben,
Brunnquell' aller Gnadengaben,
Laß mich Dein Erbarmen laben!

9. Milder Jesu! wollst bedenken,
Daß Du kamst, den Zorn zu lenken,
Ew'ges Heil auch mir zu schenken.

10. Du hast ja für mich gerungen,
Sünd' und Tod am Kreuz bezwungen:
Solch ein Sieg ist Dir gelungen.

11. Richter der gerechten Rache,
Aller Schuld mich ledig mache
Eh' zum Zorntag ich erwache.

12. Sieh, ich seufze schuldbeladen,
Schaamroth über schwerem Schaden;
Hör' mein Flehn, o Gott, in Gnaden!

13. Der Du lossprachst einst Marien
Und dem Schächer selbst verziehen,
Hast auch Hoffnung mir verliehen.

14. Zwar unwürdig ist mein Flehen,
Doch laß Gnad' für Recht ergehen,
Mich die ew'ge Gluth nicht sehen.

15. Woll'st mich von den Böcken trennen,
Deinen Schafen zuerkennen,
Platz zu Deiner Rechten gönnen.

16. Wenn die Bösen in's Verderben
Stürzen zu dem ew'gen Sterben,
Ruf' mich mit den Himmelserben!

17. Tief im Staub ring' ich die Hände
Und den Seufzer zu Dir sende:
Gieb mir, Herr, ein selig Ende!

Jesu, Allerbarmer Du,
Schenke uns die ew'ge Ruh'! Amen.

Nr. 485. Eigene Melodie.

Bartholomäus Ringwaldt(?). 1582, oder schon früher. Eine freie deutsche Bearbeitung des Dies iræ (vgl. die vorige Nr.) von B. Ringwaldt, wie Olearius

meint, bloß verbeff t auf Grundlage einer viel älteren
Uebersetzung von 1560 oder noch früher. Es steht dem
lat. Original weit nach, hat aber große Verbreitung ge=
funden und darf schon wegen seiner classischen, auch in
Amerika allgemein bekannten Melodie nicht fehlen. Es
giebt davon mehrere zum Theil ziemlich abweichende Re=
censionen aus dem Ende des 16ten u. Anfang des 17ten
Jahrhunderts. Stip im „Unverfälschten Liederfegen"
S. 565 ff. giebt zwei Bearbeitungen, ebenso Mützell,
„Geistl. Lieder" :c Bd II. S. 680 u. III. S. 1023, eine
vom Jahre 1586 und eine andere vom Jahre 1592 mit
allerlei Sprach= und Reimhärten. Wir haben die beiden
Hauptrecensionen mit wenigen leichten sprachlichen Veränderungen combinirt. Der Eisenach r Entwurf zählt
das Lied unter die Kernlieder, giebt aber bloß 6 Verse u.
weicht mehr vom urspr. Text ab, als wir. Geffcken, das
N Wirt, das N. Basel. das N. Elberf. und andere gute
Gsgb. dagegen lassen es aus. — Die bek. Mel. ist älter
als das Lied, vielleicht schon vor Luther, nach Anderen
eine jüngere jonische Weise zu Luther'o: „Nun freut euch,
liebe Christg'mein", welche zuerst a. 1535 vorkommt, und
welche Luther von einem Reisenden gehört haben soll.
Engl. Uebers. im Morav. II. B. N. 959: "'Tis sure that
awful time will come."

1. Es ist gewißlich an der Zeit,
   Daß Gottes Sohn wird kommen
  Als Richter hoch in Herrlichkeit
   Den Bösen und den Frommen.[1]
  Wer wird alsdann vor Ihm bestehn,
  Wann alles wird im Feu'r vergehn,
  Wie uns Sein Wort bezeuget.[2]

---

1) So Knapp u. Andere, um die grammatische Härte des Orig.:
„In seiner großen Herrlichkeit Zu richten Bös' und Frommen",
zu vermeiden. Wir würden vorziehen: „Zu richten doch in H. Die
Bösen und die Frommen", wollen aber die Lesarten nicht vermehren.
2) Nach dem Eisen. Gsgb (das ebenfalls beide Recensionen combi=
nirt), statt des ur pr. (selbst von Knapp beibehaltenen, aber offenbar
geschmacklosen) „Dann wird das Lachen werden theu'r, Wann Alles
wird vergehn un Feu'r, Wie Petrus davon schreiber (od r zeuget)."
Diese Erwähnung des Petrus (wegen 2 Petr. 3, 10) rührt ohne Zwei=

2. Posaunen wird man hören gehn
   An aller Welten[1]) Ende;
   Dann werden alsbald auferstehn
   Die Todten gar behende.
   Da wird der Tod erschrecken sehr,
   Wann er wird hören neue Mähr',
   Daß alles Fleisch soll leben![2])

3. Ein Buch wird dann gelesen bald,
   Darinnen steht geschrieben,
   Was alle Menschen, jung und alt,
   Auf Erden je getrieben.
   Da wird empfahen jedermann
   Den Lohn für das, was er gethan
   In seinem ganzen Leben.

4. O weh demselben, welcher hat
   Des Herren Wort verachtet,
   Und nur auf Erden früh und spat
   Nach großem Gut getrachtet!
   Der wird fürwahr gar schlimm bestehn,
   Und mit dem Satan müssen gehn
   Von Christo in die Hölle.

5. O Jesu, hilf zur selben Zeit
   Durch Deine heil'gen Wunden,

---

fel von der falschen Lesart im lat. "Teste *Petro* cum Sibylla" statt "Teste *David* c S." her, und kann daher um 10 eher aufgegeben werden. And. Gsgb. substituiren Paulus für Petrus, vielleicht im antirömischen Interesse!

1) Mützell liest in beiden Recensionen: „An aller Werl et Ende", Wackernagel und And. „an aller Welt ihr Ende."

2) So die Recens. von 1592 (Mützell, S. 1023), während die andere lautet: „Die aber noch des Lebens han, Die wird der Herr von Stunden an Verwandeln und verneuern." Die obige Form ist poetischer und entspricht dem latein. Original: **Mors stupebit et natura, Quum resurget creatura, Judicanti responsura.**

Daß ich im Buch der Seligkeit
  Werd' eingezeichnet funden!
Daran ich denn auch zweifle nicht;
Denn Du hast ja den Feind gericht't
Und meine Schuld bezahlet.

6. Derhalben mein Fürsprecher sei,
  Wenn Du nun wirst erscheinen,
Und lies mich aus dem Buche frei,
  Darinnen stehn die Deinen;
Auf daß ich sammt den Brüdern mein
Mit Dir geh in den Himmel ein,
  Den Du uns hast erworben.

7. O Jesu Christ, Du machst es lang
  Mit Deinem jüngsten Tage!
Den Menschen wird auf Erden bang
  Von vieler Noth und Plage: [1]
Komm doch, komm doch, Du Richter groß,
Und mache uns in Gnaden los
  Von allem Uebel! Amen.

Nr. 486. Eigene Melodie

Nach **Johann Rist.** 1642. Die Schrecken der Ewigkeit. Ein Lied, das seine erschütternde Kraft selbst bei den verstocktesten Missethätern auf ihrem Todesgange bewährt hat. Es ist vom N. Würt. und N. Amerikan. Luth. Gsgb. mit Unrecht übergangen, aber vom Eisen. Entwurf unter die 150 Kernlieder aufgenommen. Urspr. 16 Str., mit vielen Wiederholungen daher gewöhnlich

----

[1] Andere: „Von wegen vieler Plage." Wackernagel dagegen liest: „Laß sie doch nicht verzagen", und hat auch einen ganz andern Schluß, nämlich: „Schick ihn'n den Tröster, den heil'gen Geist, Der sie geleit in's Himmelreich Durch Jesum Christum. Amen."

auf 6 oder 7 reducirt und oft zu stark verändert, obwohl
allerdings einige Nachbesserungen nöthig sind.   Auch
Wackernagel giebt bloß 6 Strophen.

1. O Ewigkeit, du Donnerwort,
   O Schwert, das durch die Seele bohrt,
      O Anfang sonder Ende!
   O Ewigkeit, Zeit ohne Zeit,
   Ich weiß vor großer Traurigkeit
      Nicht, wo ich mich hinwende.
   Mein ganz erschrocknes Herz erbebt,
   Wenn mir dies Wort im Sinne schwebt. [1]

2. Kein Elend ist in aller Welt,
   Das endlich mit der Zeit nicht fällt
      Und gänzlich muß vergehen.
   Die Ewigkeit nur hat kein Ziel,
   Sie treibet fort und fort ihr Spiel,
      Bleibt unverändert stehen;
   Ja, wie mein Heiland Selber spricht:
   Ihr Wurm und Feuer stirbet nicht. [2]

3. So lange Gott im Himmel lebt
   Und über alle Wolken schwebt,
      Wird solche Marter währen:
   Wie frißt der grimmen Flamme Strahl:
   So plaget sie die ew'ge Qual
      Und kann sie nicht verzehren.
   Nichts ist zu finden weit und breit
   So schrecklich als die Ewigkeit!

4. Ach Gott, wie bist Du so gerecht,
   Wie strafest Du den bösen Knecht

---

1) Andere: „Daß mir die Zung' am Gaumen klebt." Duplex l
2) Statt „Aus ihr ist kein Erlösung nicht."
tio affirmat.

So hart im Pfuhl der Schmerzen!
Auf kurze Lüste dieser Welt
Hast Du so lange Pein gestellt.
O Mensch, nimm dieß zu Herzen!
Bekehr' dich in der Gnadenzeit
Eh' dich der schnelle Tod erreicht.

5. Ach fliehe doch des Teufels Strick!
Die Wollust kann ein'n Augenblick,
Und länger nicht, ergötzen;
Dafür willst du dein' arme Seel'
Hernachmals in des Teufels Höhl',
O Mensch, zum Pfande setzen!
Ach tausche nicht für kurze Freud'
Die lange Pein der Ewigkeit!

6. Wach auf, o Mensch, vom Sündenschlaf!
Ermuntre dich, verlornes Schaf,
Und beff're bald dein Leben!
Wach auf! es ist sehr hohe Zeit,
Es kommt heran die Ewigkeit,
Dir deinen Lohn zu geben.
Vielleicht ist heut der letzte Tag;
Wer weiß doch, wie er sterben mag?

7. O Ewigkeit, du Donnerwort,
O Schwert, das durch die Seele bohrt,
O Anfang sonder Ende!
O Ewigkeit, Zeit ohne Zeit!
Vielleicht schon morgen oder heut
Fall' ich in deine Hände.
Herr Jesu! wann es Dir gefällt,
Nimm mich zu Dir in's Himmelszelt!

Nr. 487. Mel: Mein Glaub' ist meines Lebens Ruh'.

Caspar Heunisch (sonst ganz unbekannt). Die Freuden der Ewigkeit. Das ergänzende Gegenstück zu dem vorigen Liede, aber bei weitem nicht so verbreitet.

1. O Ewigkeit, du Freudenwort,
   Das mich erquicket fort und fort!
       O Anfang sonder Ende!
   O Ewigkeit, Freud' ohne Leid!
   Ich weiß vor Herzensfröhlichkeit
       Nichts von dem Weltelende,
   Weil mir versüßt die Ewigkeit,
   Was uns betrübet in der Zeit.

2. Kein Glanz ist in der armen Welt,
   Der endlich mit der Zeit nicht fällt,
       Und gänzlich muß vergehen;
   Die Ewigkeit nur hat kein Ziel,
   Ihr Licht, ihr sel'ges Freudenspiel
       Bleibt unverändert stehen;
   Ja, Gott in Seinem Worte spricht:
   Sie kennet die Verwesung nicht.

3. Was ist doch aller Christen Qual,
   Die Pein der Märt'rer allzumal,
       So vieles Kreuz und Leiden?
   Wenn man es gleich zusammenträgt
   Und Alles auf die Wage legt,
       So wird sich's schnell entscheiden:
   Des ew'gen Lebens Herrlichkeit,
   Die überwiegt dieß Alles weit.

4. Im Himmel lebt der Sel'gen Schaar
   Bei ihrem Gott unwandelbar

Mit stetem Freudenliebe;
Sie wandeln in dem ew'gen Licht,
Sie schauen Gottes Angesicht,
    Ihr Erb' ist goldner Friede,
Weil Jesus sie, wie Er verheißt,
Mit Lebensbrod und Manna speist.

5. Ach, wie verlanget doch in mir
Mein mattes, armes Herz nach Dir,
    Du unaussprechlich Leben!
Wann werd' ich doch einmal dahin
Gelangen, wo mein schwacher Sinn
    Sich übet hinzustreben?
Ich will der Welt vergessen ganz,
Mich strecken nach des Himmels Glanz!

6. Fahr hin, du schnöde Sucht und Pracht,
Du Putz und eitle Kleiderpracht,
    Fahr hin, du sündlich's Wesen,
Fahr hin, du falsche Liebesbrunst,
Du armer Stolz und Goldesbunst,
    Und was die Welt erlesen!
Fahr hin, du machst mir schlechten Muth!
Die Ewigkeit, die ist mein Gut!

7. O Ewigkeit, du Freudenwort,
Das mich erquicket fort und fort!
    O Anfang sonder Ende!
O Ewigkeit, Freud' ohne Leid!
Ich weiß von keiner Traurigkeit,
    Wenn ich zu Dir mich wende.
Erhalt' mir, Jesu, diesen Sinn,
Bis ich bei Dir im Himmel bin.

Nr. 488. Eigene Melodie.

Luiſe Henriette von Brandenburg. Nach Hiob 19, 25—27 und 1. Kor. 15. (Geb. 1649 nach dem Tode ihres noch in Holland gebornen erſten Sohnes (mit welchem zugleich die Hoffnung auf einen Thronerben aus dem Hohenzollern'ſchen Hauſe auf mehrere Jahre verloren ging), zuerſt geb. im Berliner Gſgb. von 1653. Das Meiſterſtück dieſer wahrhaft frommen und edlen Churfürſtin und ein Kleinod in der evangel. Liederkrone. Wird auch häufig als Oſterlied und bei Leichenbegängniſſen, beſonders in Preußen gebraucht (z. B. am Grabe des weltberühmten Alexander von Humboldt, Mai 1859). Schubert ſagt davon: „Dieſes Lied iſt das Begräbnißlied meines Vaters, meiner Mutter, meiner ſel. Frau geweſen und mir darum beſonders lieb, und ich habe es oft mit Thränen der Liebe und Sehnſucht geſungen." Es ſteht, wie in jedem guten europ. deutſchen, ſo auch in jedem amerit. Gſgb. (freilich in mehreren, z. B. dem Gettysb. und Chambersb., in verſtümmelter Form mit b ſtatt 6 B., und im altluth. Gſgb. von Miſſouri aus Vorurtheil gegen die reformirte Kirche mit unrichtiger Angabe des Verf.). Engl. Uebe ſ. im Morav. H. B. N. 945: "Chriſt, my rock, my ſure defence": eine neuere in Lyra Germ I. 93: "Jeſus my Redeemer lives": eine dritte in Sacred Lyrics from the Germ (1859) p. 212: "Jeſus, my eternal truſt."

1. Jeſus, meine Zuverſicht
   Und mein Heiland iſt im Leben!
Dieſes weiß ich, ſollt ich nicht
   Darum mich zufrieden geben?
Was die lange Todesnacht
Mir auch für Gedanken macht.

2. Jeſus, Er, mein Heiland, lebt;
   Ich werd' auch das Leben ſchauen,
Sein, wo mein Erlöſer ſchwebt;
   Warum ſollte mir denn grauen?
Läſſet auch ein Haupt ſein Glied,
Welches es nicht nach ſich zieht?

3. Ich bin durch der Hoffnung Band
    Zu genau mit Ihm verbunden;
Meine starke Glaubenshand
    Wird in Ihn gelegt befunden,
Daß mich auch kein Todesbann
Ewig von Ihm trennen kann.

4. Ich bin Fleisch und muß daher
    Auch einmal zu Asche werden;
Dieses weiß ich; doch wird Er
    Mich erwecken aus der Erden,
Daß ich in der Herrlichkeit
Um Ihn sein mög' allezeit.

5. Dann wird diese meine Haut
    Mich umgeben, wie ich glaube,
Gott wird von mir angeschaut,
    Wann ich aufersteh' vom Staube,[1]
Und in diesem Fleisch' werd' ich
Jesum sehen ewiglich.

6. Dieser meiner Augen Licht
    Wird Ihn, meinen Heiland, kennen;
Ich, ich selbst, ein Fremder nicht,
    Werd' in Seiner Liebe brennen;
Nur die Schwachheit um und an
Wird von mir sein abgethan.

7. Was hier kränkelt, seufzt und fleht,
    Wird dort frisch und herrlich gehen;
Irdisch werd' ich ausgesät,
    Himmlisch werd' ich auferstehen.

---

1) Urspr.: „Dann von mir in diesem Leibe," und oben „glaube"
statt „glaube."

Hier sink ich natürlich ein,
Dorten werd' ich geistlich sein.

8. Seid getrost und hocherfreut,
    Jesus trägt euch, meine Glieder!
Gebt nicht Raum der Traurigkeit!
    Sterbt ihr: Christus ruft euch wieder,
Wann einst die Posaune klingt,
Die durch alle Gräber dringt.

9. Lacht der finstern Erdenkluft,
    Lacht des Todes und der Höllen!
Denn ihr sollt euch aus der Gruft [1])
    Eurem Heiland zugesellen;
Dann wird Schwachheit und Verdruß
Liegen unter eurem Fuß.

10. Nur daß ihr den Geist erhebt
    Von den Lüsten dieser Erden,
Und euch Dem schon jetzt ergebt,
    Dem ihr zugesellt wollt werden.
Schickt· das Herze da hinein,
Wo ihr ewig wünscht zu sein!

Nr. 489.   Eigene Melodie.

Phil. Friedr. Hiller. Ueber 2. Kor. 5, 10 und
nach dem Muster des Dies irae.

1. Die Welt kommt einst zusammen
    Im Glanz der ew'gen Flammen
    Vor Christi Richterthron;

---

1) So die meisten Gsgb., auch das Euen. Urspr. heißt es aber
„durch die Luft", wahrscheinlich mit Rücksicht auf die Stelle 1. Thess. 4, 17.

Dann muß sich offenbaren,
Wer Die und Jene waren;
　Sie kennt und prüft des Menschen Sohn.

2. Der Gräu'l in Finsternissen,
Das Brandmal im Gewissen,
　Die Hand, die blutvoll war,
Das Aug' voll Ehebrüche,
Das frevle Maul voll Flüche,
　Das Herz des Schalks wird offenbar.

3. Das Fleh'n der armen Sünder,
Das Thun der Gotteskinder,
　Die Hand, die milde war,
Das Aug' voll edler Zähren,
Der Mund voll Lob und Lehren,
　Des Christen Herz wird offenbar.

4. Wo wird man sich verstecken?
Was will die Blöße decken?
　Wer schminkt sich da geschwind?
Wen kann die Lüge schützen?
Was wird ein Weltruhm nützen? - -
　Da sind wir Alle, wie wir sind!

5. Herr, diese Offenbarung
Drück' Du mir zur Bewahrung
　Beständig in den Sinn,
Daß ich auf das nur sehe,
Ich gehe oder stehe,
　Wie ich vor Deinen Augen bin!

Nr. 490. Eigene Melodie.

F. G. Klopstock. Geb. 1758 nach dem Tode seiner Gattin Meta und gesungen an seinem Grabe, den 16 März 1803. Es sind mehrere Melob. dazu componirt werden. Engl. Ueberf. von A. Baskerville (The Poetry of Germany, 1854. p. 47): "Arise, yes, yes, arise, O thou my dust From short repose thou must": eine neuere in dem anonymen Büchlein: Hymns from the Land of Luther. p 110: "Thou shalt rise, my dust, thou shalt arise." Siehe Schaff's "Christ in Song", p. 632.

1. Auferstehn, ja auferstehn wirst du,
Mein Staub, nach kurzer Ruh'!
Unsterblich's Leben
Wird, Der dich schuf, dir geben!
Hallelujah! Hallelujah!

2. Wieder aufzublühn werd' ich gesät!
Der Herr der Ernte geht
Und sammelt Garben,
Uns ein, die in Ihm starben!
Hallelujah!

3. Tag des Danks! der Freudenthränen Tag!
Du meines Gottes Tag!
Wann ich im Grabe
Genug geschlummert habe,
Erweckst Du mich!

4. Wie den Träumenden wird's dann uns sein!
Mit Jesu gehn wir ein
Zu Seinen Freuden.
Der müden Pilger Leiden
Sind dann nicht mehr.

5. Ach, in's Allerheiligste führt mich
Mein Mittler; dann leb' ich
Im Heiligthume
Zu Seines Namens Ruhme!
Hallelujah!

---

5. Die ewige Seligkeit.

Nr. 491. Eigene Melodie.

Johann Matthäus Meyfart. (Geb. um 1630 in schwerer Zeit, welche in dem vielgeprüften Be f. (einem evang. Mystiker, Strafprediger und Vorläufer Spener's) das in diesem Liede so schön ausgesprochene Heimweh nach der himmlischen Gottesstadt stark vermehrt. Es lautet in manchen Gsgb., auch im N Basel. (das aber 2 Str. ausläßt) und im Eisen. Entwurf den Schluß 'Das N. Würt. hat es mit Un echt übergangen.) Es bedarf allerdings einiger sprachl. Nachbesserung, ist aber oft zu stark verändert worden, besond. in V. 2 u. 3. Treffliche engl. Uebers. von C. Winkworth, be innend. "Jerusalem, thou city fair and high, Would God I were in thee! My longing heart fain, fain to thee would fly, It will not stay with me: Far over vale and mountain. Far over field and plain, It hastes to seek it Fountain And quit this world of pain." Eine andere, ebenfalls gelungene Uebers. von Bischof Whittingham der protest. bisch. Diöcese von Marryland, findet sich in dem Entwu.f eines neuen Gsgb. für die protest. bisch Kirche der Verein. Staaten von 1853, Nr. 427: 'Jerusalem, high tow'r thy glorious walls! Would God I were in thee!" etc. Die Mel. zu diesem Liede gilt für einen der schönsten deutschen Chorale, ist aber, wie es scheint, in Amer. wenig bekannt, weßhalb es in den meisten amer. Gsgb. fehlt.

1. Jerusalem, du hochgebaute Stadt,
    Wollt' Gott, ich wär' in dir!
Mein sehnlich Herz so groß Verlangen hat

Und ist nicht mehr bei mir.
Weit über Thal und Hügel,
     Weit über Flur und Feld
Schwingt es die Glaubensflügel [1])
     Und eilt aus dieser Welt.

2. O schöner Tag, und noch viel schön're Stund',
     Wann bist du endlich hier, [2])
Da ich mit Lust und loberfülltem Mund'
     Die Seele geb' von mir
In Gottes treue Hände,
     Zum auserwählten Pfand,
Daß sie mit Heil anlände
     In jenem Vaterland?

3. Im Augenblick wird sie erheben sich
     Hoch über's Firmament,
Wenn sie verläßt so sanft, so wunderlich
     Die Stätt' der Element',
Fährt auf Eliä Wagen,
     Mit heil'ger Engelschaar, [3])
Die sie auf Händen tragen,
     Umgeben ganz und gar.

4. O Ehrenburg, sei nun gegrüßet mir,
     Thu' auf der Gnaden Pfort'!
Wie lange schon hat mich verlangt nach dir,
     Eh' ich bin kommen fort
Aus jenem bösen Leben,
     Aus jener Nichtigkeit,

---

1) Urspr. „Weit über Berg und Thale, Weit über blachem
Feld Schwingt es sich über alle", u. s. w.
2) Statt. „Wann wirst Du kommen schier."
3) „Mit engelischer Schaar"

Und mir Gott hat gegeben
Das Erb' der Ewigkeit!

5. Was für ein Volk, was für ein' eble Schaar
　Kommt dort gezogen schon?
Was in der Welt von Auserwählten war,
　Trägt nun die Ehrenkron',
Die Jesus mir voll Gnade
　Von ferne zugesandt,
Auf meinem letzten Pfade
　In meinem Thränenland. [1])

6. Propheten groß und Patriarchen hoch,
　Auch Christen insgemein,
Die weiland trugen dort des Kreuzes Joch
　Und der Tyrannen Pein,
Schau ich in Ehren schweben,
　In Freiheit überall,
Mit Klarheit hell umgeben,
　Mit sonnenlichtem Strahl.

7. Wenn dann zuletzt ich angelanget bin
　Im schönen Paradies,
So wird von höchster Freud' erfüllt der Sinn,
　Der Mund voll Lob und Preis;
Das Hallelujah schallet
　In reiner Heiligkeit,
Das Hosianna wallet
　Ohn' End' in Ewigkeit.

8. Der Jubel klingt von Gottes hohem Thron [2])
　In Chören ohne Zahl,

---

1) „Die Jesus mir, der Herre, Entgegen hat gesandt, Da ich
noch war so ferne," u. s. w.
2) „Mit Jubelklang, mit Instrumenten schön ... Ton."

Daß von dem Schall und von dem süßen Ton
　Sich regt der Freudensaal
Mit hunderttausend Zungen,
　Mit Stimmen noch viel mehr,
． Wie von Anfang gesungen
　Des Himmels heilig Heer! [1])

Nr. 492. Eigene Melodie.

Simon Dach. Geb. 1635 auf den Tod eines from=
men Bürgermeisters von Königsberg. In mehreren Gsgb.
seit 1714, auch im „Unverfälschten Liedersegen" steht die=
ses schöne Lied in einer durch Jak. Baumgarten erweiter=
ten Gestalt als ein Wechselgesang zwischen der irdischen
Gemeinde und dem himmlischen Chor der triumphirenden
Kirche, welcher antwortet. „Ja, höchst selig sind wir,
liebe Brüder." ꝛc. In dieser Gestalt ist es übersetzt in
den Hymns from the Land of Luther, p. 28 unter dem
Titel: The Communion of Saints (ebenso in Sacred
Lyrics, p. 228). Die kürzere und urspr. Form, die wir
mit dem N. Würt., Eisen. und andern Gsgb. vorgezogen
haben, ist übers. in Lyra Germ. I 252: 'O how blessed, faithful souls, are ye" (ebenfalls abgedr. in Sacred
Lyrics, p. 203, ohne Angabe der Quelle).

1. O wie selig seid ihr doch, ihr Frommen,
　Die ihr durch den Tod zu Gott gekommen!
　Ihr seid entgangen
　Aller Noth, die uns noch hält gefangen.

2. Muß man hier doch wie im Kerker leben,
　Da nur Angst und Sorgen uns umschweben;
　Was wir hier kennen,
　Ist nur Müh' und Herzeleid zu nennen.

---

1) „Das himmlische Heer."

3. Ihr hingegen ruht in eurer Kammer,
   Sicher und befreit von allem Jammer;
   Kein Kreuz und Leiden
   Störet eure Ruh' und eure Freuden.

4. Christus wischet ab euch alle Thränen;
   Ihr habt schon, wornach wir uns noch sehnen;
   Euch' wird gesungen,
   Was durch Keines Ohr allhier gedrungen.

5. Ach, wer wollte dann nicht gerne sterben,
   Und den Himmel für die Welt ererben?
   Wer hier noch weilen
   Und nicht freudig in die Heimath eilen?

6. Komm, o Christe, komm, uns zu erlösen
   Von der Erde Last und allem Bösen! [1]
   Bei Dir, o Sonne,
   Ist der frommen Seelen Freud' und Wonne!

Nr. 493. Eigene Melodie.

Friedrich Conrad Hiller (der ältere). 1711. Ein
Seitenstück zu Nr. 491

1. O Jerusalem, du schöne,
      Da man Gott beständig ehrt,
   Und das himmlische Getöne
      „Heilig, heilig, heilig!" hört;
   Ach, wann komm ich doch einmal
   Hin zu Deiner Bürger Zahl?

---

1) Urspr. . . . „uns auszuspannen, Lös uns auf und führ uns
bald von dannen."

2. Muß ich nicht in Pilgerhütten
    Unter strengem Kampf und Streit,[1]
Da so mancher Christ gelitten,
    Führen meine Lebenszeit,
Da oft wird die beste Kraft
Durch die Thränen weggerafft?

3. Ach, wie wünsch' ich Dich zu schauen,
    Jesu, liebster Seelenfreund,
Dort auf Deinen Salemsauen,
    Wo man nicht mehr klagt und weint,
Sondern in dem höchsten Licht
Schauet Gottes Angesicht!

4. Komm doch, führe mich mit Freuden
    Aus der Fremde hartem Stand;[2]
Hol' mich heim nach vielem Leiden
    In das rechte Vaterland,
Wo Dein Lebenswasser quillt,
Das den Durst auf ewig stillt!

5. O der auserwählten Stätte,
    Voller Wonne, voller Zier![3]
Ach, daß ich doch Flügel hätte,
    Mich zu schwingen bald von hier
Nach der neuerbauten Stadt,
Welche Gott zur Sonne hat!

6. Soll ich aber länger bleiben
    Auf dem ungestümen Meer,

---

1) So Knapp und das N Würt. Gsgb. statt: „Muß ich nicht in
Mesechs Hütten Unter Kedars Strengigkeit“
2) Statt: „Aus Aegyptens Uebelstand,“ ꝛc.
3) So die neueren Gsgb. statt: „O der Seligen Revier.“

Wo mich Sturm und Wellen treiben
    Durch so mancherlei Beschwer!
Ach, so laß in Kreuz und Pein
    Hoffnung meinen Anker sein!

7. Laß mir nur Dein Antlitz winken,
    Dann ist Wind und Meer gestillt!
Christi Schifflein kann nicht sinken,
    Wär' das Meer auch noch so wild;
Ob auch Mast und Segel bricht,
Läßt doch Gott die Seinen nicht.

Nr. 494.

Mel: Wie wohl ist mir, o Freund
der Seelen.

Nach Johann Ludwig Conrad Allendorf. 1725.
Umdichtung und Erweiterung eines anonymen älteren Lie=
des von 1694: „Ich ruhe nun in Jesu Armen" (mit
5 B., bei Koch IV. S. 761). Engl. Uebers. in Lyra Germ.
I. 250: "Now rests the soul in Jesus' arms." (Das=
selbe in Hymns of the Ages, Boston 1859, p. 176.)

1. Die Seele ruht in Jesu Armen,
    Der Leib schläft sanft im Erdenschooß!
Am Herzen darf das Herz erwarmen,
    Die Ruh' ist unaussprechlich groß,
Die sie nach wenig Kampfesstunden
Bei ihrem holden Freund gefunden;
    Sie schwimmt im stillen Friedensmeer.
Gott hat die Thränen abgewischet
Ihr Geist wird durch und durch erfrischet,
Und Licht ist Alles um sie her.

2. Sie ist nun aller Noth entnommen,
    Ihr Schmerz und Seufzen ist dahin;

Sie ist zur Freudenkrone kommen,
Sie steht als Braut und Königin
Im Golde ew'ger Herrlichkeiten
Dem großen Könige zur Seiten,
Und sieht sein klares Angesicht.
Sein freudevoll und lieblich Wesen
Macht sie im tiefsten Grund genesen;
Sie ist ein Licht im großen Licht.

3. Sie jauchzt den Sterblichen entgegen:
  Ja, ja, nun ist mir ewig wohl!
Ich bin durch meines Mittlers Segen
  Des Lebens, Lichts und Freuden voll!
Mein schönes Erbtheil ist mir worden;
Viel Tausend aus der Sel'gen Orden
  Bewundern jauchzend meine Pracht.
Man kann in allen Himmelschören
Gleichwie mit Donnerstimmen hören:
  Der Herr hat Alles wohl gemacht!

4. Ja, wohl gemacht durch's ganze Leben,
  Und wohl durch jene Todespein!
Sein mütterliches Tragen, Heben
  Half mir heraus, hindurch, hinein.
Heraus aus dieser Erde Lüsten,
Hindurch, durch die Versuchungswüsten,
  Hinein, in's schöne Kanaan,
Wo ich auf ewig grünen Auen
Darf meinen treuen Führer schauen,
  Der große Ding' an mir gethan.

5. Der matte Leib ruht in der Erden,
  Er schläft, bis Jesus ihn erweckt;

Zur Sonne wird der Staub dann werden,
 Den jetzt die finst're Gruft bedeckt.
Dann werden wir mit allen Frommen
Beim großen Mahl zusammen kommen,
 Und bei dem Herrn sein allezeit.
Da werden wir ihn ewig sehen;
Wie wohl, wie wohl wird uns geschehen! —
Herr Jesu, komm, mach uns bereit!

Nr. 495. Mel.: O Jerusalem, du schöne.

Heinrich Theobald Schenk, gest. 1727. Ueber Offenb. 7, 9. Dieses Lied „voll himmlischen Glanz e" bildet im N. Würt. u. in Knapp's Ev Gsgb. (bloß 12 B) den Schluß, ebenso in Stip's „Unverfälscht. Liederregen" (14 B.) — Es existirt in mehreren zum Theil stark abweichenden Recensionen; wir folgen der im Eisen. Gsgb, welches es unter die 150 Kernlieder als zweitletztes aufgenommen hat. Wackernagel (Nr. 222) hat es ebenfalls, läßt aber B. 8 aus. Engl. Uebers. in Lyra Germ. I. 207: "Who are those before God's throne." Dasselbe in Sacred Lyrics, herausgegeb. von der Amer. Presbyt. Public. Behörde p. 209.

1. Wer sind die vor Gottes Throne,
  Was ist das für eine Schaar?
 Jeder träget eine Krone,
  Glänzen gleich den Sternen klar!
 Hallelujah singen All',
 Loben Gott mit hohem Schall.

2. Wer sind die, die Palmen tragen,
  Wie ein Sieger in der Hand,
 Welcher seinen Feind geschlagen
  Und gestreckt hat in den Sand?
 Welcher Streit, und welcher Krieg
 Hat gezeuget diesen Sieg.

3. Wer sind die in reiner Seide,
　　Welche ist Gerechtigkeit,
　Angethan mit weißem Kleide,
　　Das zerreibet keine Zeit
　Und veraltet nimmermehr?
　Wo sind diese kommen her?

4. Es sind die, die wohl gekämpfet
　　Für des großen Gottes Ehr',
　Haben Fleisch und Blut gedämpfet,
　　Nicht gefolgt des Satans Heer;
　Die erlanget auf den Krieg
　Durch des Lammes Blut den Sieg.

5. Es sind die, die viel erlitten:
　　Trübsal, Schmerzen, Angst und Noth;
　Im Gebet auch oft gestritten
　　Mit dem hochgelobten Gott;
　Nun hat dieser Kampf ein End',
　Gott hat all ihr Leid gewend't.

6. Es sind Zweige eines Stammes, [1]
　　Der uns Huld und Heil gebracht;
　Haben in dem Blut des Lammes
　　Ihre Kleider hell gemacht;
　Sind geschmückt mit Heiligkeit,
　Prangen nun im Ehrenkleid.

7. Es sind die, so stets erschienen
　　Hier als Priester vor dem Herrn,
　Tag und Nacht bereit zu dienen,
　　Leib und Seel' geopfert gern;

---

1) And. „Es sind Zeugen eines Namens", was deutlicher
ist, aber auf „Lammes" nicht reimt.

Nun stehn alle sie herum
Vor dem Stuhl im Heiligthum.

8. Wie ein Hirsch am Mittag lechzet
   Nach dem Strom, der frisch und hell:
So hat ihre Seel' geächzet
   Nach dem rechten Lebensquell;
Nun ihr Durst gestillet ist,
Da sie sind bei Jesu Christ.

9. Auf dem Zionsberg sie weidet
   Gottes Lamm, die Lebenssonn',
Mitten in dem Stuhl sie leitet
   Zu dem rechten Lebensbronn;
Hirt und Lamm, das ewig Gut,
Lieblich sie erquicken thut.

10. Ach, Herr Jesu! meine Hände
    Ich zu Dir nun strecke aus;
Mein Gebet zu Dir ich wende,
    Der ich noch in Deinem Haus
Hier auf Erden steh' im Streit:
Treibe, Herr, die Feinde weit!

11. Hilf mir Fleisch und Blut besiegen,
    Teufel, Sünde, Höll' und Welt;
Laß mich nicht darnieder liegen,
    Wenn ein Sturm mich überfällt.
Führe mich aus aller Noth,
Herr, mein Fels, mein treuer Gott.

12. Gieb, daß ich sei neu geboren,
    An Dir als ein grünes Reis
Wachse und sei auserkoren,
    Durch Dein Blut gewaschen weiß,

Meine Kleider halte rein,
Meide allen falschen Schein.

13. Daß mein Theil sei bei den Frommen,
    Welche, Herr, Dir ähnlich sind
Und aus großer Trübsal kommen.
    Hilf, daß ich auch überwind'
Alle Trübsal, Noth und Tod,
Bis ich komm' zu meinem Gott.

14. O wie groß wird sein die Wonne,
    Wenn wir werden allermeist
Schauen auf dem hohen Throne
    Vater, Sohn und heil'gen Geist!
Amen, Lob sei Dir bereit,
Dank und Preis in Ewigkeit!

Nr. 496. Mel.: Womit soll ich Dich wohl loben.

Benjamin Schmolk. 1727. Mehrere neuere Gsb.
(selbst Knapp's Liedersch., das N. Würt, das N. Pennf.
luth. und Niederl. Ref. Gsgb.) geben hier die Dieterich'sche Umarbeitung von 1780, welche beginnt: „O wie
unaussprechlich selig", B 2, 4, 6 u. 7 ganz ausläßt, den
Rest willkürlich ändert und fast unkenntlich macht. Das
Original, das wir hier geben, halten wir mit Dr. Koch
(Geschichte d. Kirchenlieds IV. 720) für „ungleich schöner."

1. O wie fröhlich, o wie selig
    Werden wir im Himmel sein!
Droben ernten wir unzählig
    Unsre Freudengarben ein.
Gehen wir hier hin und weinen,
Dorten wird die Sonne scheinen,
Dort ist Tag und keine Nacht,
Wo man nach den Thränen lacht.

2. Es ist doch um dieses Leben
　　Nur ein jämmerliches Thun,
　Und die Noth, die uns umgeben,
　Lässet uns gar selten ruhn.
　Von dem Abend bis zum Morgen
　Kampfen wir mit lauter Sorgen,
　Und die überhäufte Noth
　Heißet unser täglich Brod.

3. Ach, wer sollte sich nicht sehnen,
　　Bald auf Zions Höh'n zu stehn,
　Und aus diesem Thal der Thränen
　　In den Freudenort zu gehn,
　Wo sich unser Kreuz in Palmen,
　Unser Klagelied in Psalmen,
　Unsre Last in Lust verkehrt,
　Und das Jauchzen ewig währt.

4. Da wird unser Aug' erblicken,
　　Was ganz unvergleichlich ist;
　Da wird unsern Mund erquicken,
　　Was aus Gottes Herzen fließt.
　Da wird unser Ohr nur hören,
　Was die Freude kann vermehren,
　Da empfindet unser Herz
　Lauter Wonne ohne Schmerz.

5. O wie werden wir so schöne
　　Bei der Klarheit Gottes sein!
　Wie wird da das Lobgetöne
　　Seiner Engel uns erfreun!
　Wie wird unsre Krone glänzen
　Bei so vielen Siegeskränzen!

Wie wird unser Kleid so rein,
Heller als die Sonne sein!

6. Manna wird uns dorten thauen,
 Wo Gott Selbst den Tisch gedeckt
Auf den immergrünen Auen,
 Die kein Mehlthau mehr befleckt.
Wonne wird in Strömen fließen,
Und wir werden mit den Füßen
Nur auf lauter Rosen gehn,
Die in Edens Garten stehn.

7. Ach! wann werd' ich dahin kommen,
 Daß ich Gottes Antlitz schau?
Werd' ich nicht bald aufgenommen
 In den schönen Himmelsbau?
Dessen Grund den Perlen gleichet,
Dessen Glanz die Sonne weichet,
Dessen wundervolle Pracht
Alles Gold beschämet macht.

8. Nun, ich sterbe voll Verlangen,
 O Du großer Lebensfürst,
Laß mich bald dahin gelangen,
 Wo Du mich recht trösten wirst!
Unterdessen laß auf Erden
Schon mein Herz recht himmlisch werden,
Bis mein Loos in jener Welt
Auf das allerschönste fällt.

Nr. 497.

Mel.: Wie wohl ist mir, o Freund der Seelen

Johann Sigismund Kunth. Geb. 1731 während eines gezwungenen Aufenthalts auf einer Reise in Folge eines Unglücks, g br. 1733. Ueber die ewige Ruhe des Volkes Gottes, Hebr. 4, 9. Das letzte Trost= u. Sterbelied des edlen Dichters Möwes, Verf. von Nr. 357. Engl. Uebers. in Lyra Germ I. 195 und in Sacred Lyrics, p. 191: "Yes there remaineth vet a rest" (Das N. Würt. u. darnach das N Amerik. Luth. Gsgb. lassen den schönen 6 V. aus)

1. Es ist noch eine Ruh' vorhanden;
   Auf, müdes Herz, und werde licht!
   Du seufzest hier in deinen Banden,
   Und deine Sonne scheinet nicht
   Sieh auf das Lamm, daß dich mit Freuden
   Dort wird vor Seinem Stuhle weiden,
   Wirf hin die Last und eil' herzu!
   Bald ist der schwere Kampf vollendet,
   Bald, bald der saure Lauf geendet,
   Dann gehst du ein zu deiner Ruh'.

2. Die Ruhe hat Gott auserkoren,
   Die Ruhe, die kein Ende nimmt;
   Es hat, da noch kein Mensch geboren,
   Die Liebe sie uns schon bestimmt;
   Das Gotteslamm,[1] es wollte sterben,
   Uns diese Ruhe zu erwerben,
   Es ruft, es locket weit und breit:
   „Ihr müden Seelen und ihr Frommen,
   Versäumet nicht, heut' einzukommen
   Zu Meiner Ruhe Lieblichkeit!"

---

[1] Urspr.: „Das Lämmlein." Ebenso V. 3, 5 und 7. wo dafür „Heiland" substituirt ist

3. So kommet denn, ihr matten Seelen,
	Die manche Last und Bürde drückt!
Eilt, eilt aus euren Kummerhöhlen,
	Geht nicht mehr seufzend und gebückt!
Ihr habt des Tages Last getragen,
Dafür läßt euch der Heiland sagen:
	Ich Selbst will eure Ruhstatt sein;
Ihr seid Mein Volk, gezeugt von oben.
Ob Sünde, Welt und Teufel toben,
	Seid nur getrost und gehet ein.

4. Was mag wohl einen Kranken laben
	Und einen müden Wandersmann?
Wo Jener nur ein Bettlein haben
	Und sanfte darauf ruhen kann;
Wenn Dieser sich darf niedersetzen,
An einem frischen Trunk ergötzen!
	Wie sind sie beide so vergnügt!
Doch dieß sind kurze Ruhestunden;
Es ist noch eine Ruh' erfunden,
	Da man auf ewig stille liegt.

5. Da wird man Freudengarben bringen,
	Denn unsre Thränensaat ist aus;
O, welch' ein Jubel wird erklingen
	Und süßer Ton im Vaterhaus!
Schmerz, Seufzen, Leid muß von uns
			weichen,
Es kann kein Tod uns mehr erreichen;
	Wir werden unsern Heiland sehn;
Er wird beim Brunnquell uns erfrischen,
Die Thränen von den Augen wischen.
	Wer weiß, was sonst noch wird geschehn.

6. Kein Durst, noch Hunger wird uns schwächen,
    Denn die Erquickungszeit ist da;
Die Sonne wird uns nicht mehr stechen,
    Der Herr ist Seinem Volke nah.
Er will Selbst über ihnen wohnen
Und ihre Treue wohl belohnen
    Mit Licht und Trost, mit Ehr' und Preis.
Es werden die Gebeine grünen;
    Der große Sabbath ist erschienen,
    Da man von keiner Arbeit weiß.

7. Da ruhen wir und sind im Frieden
    Und leben ewig sorgenlos.
Ach, fasset dieses Wort, ihr Milden,
    Legt euch dem Heiland in den Schooß!
Ach, Flügel her, wir müssen eilen
Und uns nicht länger hier verweilen;
    Dort wartet schon die frohe Schaar!
Fort, fort, mein Geist, zum Jubiliren,
Begürte dich zum Triumphiren.
    Auf, auf, es kommt das Ruhejahr!

Nr. 498. Mel.: Wachet auf! ruft uns die Stimme.

Fr. Gottl. Klopstock. Zuerst gedr. 1758. Das
Begräbnißlied Lavater's (4. Jan. 1801), und auch sonst
viel gebraucht.

1. Selig sind des Himmels Erben,
    Die Todten, die im Herren sterben,
    Zur Auferstehung eingeweiht!
Nach den letzten Augenblicken
Des Todesschlummers folgt Entzücken,
    Folgt Wonne der Unsterblichkeit!

Im Frieden ruhen sie,
Los von der Erde Müh'.
      Hosianna!
Vor Gottes Thron,   Zu Seinem Sohn
Begleiten ihre Werke sie.

2. Dank, Anbetung, Preis und Ehre,
   Sei Dir durch alle Himmelsheere,
      O Weltversöhner, Jesu Christ!
   Ihr, der Ueberwinder Chöre,
   Bringt Dank, Anbetung, Preis und Ehre
      Dem Lamme, das geopfert ist!
   Er sank, wie wir, in's Grab.
   Wischt unsre Thränen ab,
      Alle Thränen.
   Er hat's vollbracht;   Nicht Tag, nicht Nacht
   Wird an des Lammes Throne sein.

3. Nicht der Mond, nicht mehr die Sonne
   Scheint uns alsdann; Er ist uns Sonne,
      Der Sohn, die Herrlichkeit des Herrn.
   Heil, nach dem wir weinend rangen.
   Nun bist Du, Heil, uns aufgegangen,
      Nicht mehr im Dunkeln, nicht von fern.
   Nun weinen wir nicht mehr;
   Das Alte ist nicht mehr.
      Hallelujah!
   Er sank hinab,   Wie wir, in's Grab.
   Er ging zu Gott: wir folgen Ihm!

Nr. 499. Mel.: Wie schön leuchtet der Morgen=
stern.

Gottfried Menken (ein geistvoller Schriftausleger
u. reform. Pastor in Bremen, gest. 1831). Geb. 1818.

1. Die ihr den Heiland kennt und liebt,
Ihn, der uns Seligkeiten giebt,
   Die noch kein Ohr vernommen,
Die noch in jenen ew'gen Höh'n
Kein sterblich Auge je gesehn,
   Die in kein Herz gekommen:
Freut euch! Sein Reich
Bleibt euch Allen;
Bald wirds schallen:
Kommt zum Lohne!
Nehmt des Kampfes Siegeskrone!

2. Was klagt ihr denn? was zagt das Herz?
Kurz ist und leicht der Erde Schmerz,
   Und wirket ew'ge Freude.
Ach, groß und herrlich ist das Ziel,
Der Wonne dort unendlich viel,
   Getrübt von keinem Leide.
Traurig, Schaurig
Ist's hienieden;
Aber Frieden
Wohnt dort oben,
Wo die Ueberwinder loben.

3. Ein Blick auf jene Herrlichkeit
Füllt unser Herz mit Trost und Freud'
   Und tausendfachem Segen,
Erquickt uns, wie der Morgenthau
Die dürre, fast versengte Au',

Wie milder Frühlingsregen.
Thränen, Sehnen,
Aug' und Herzen
Voller Schmerzen!
Glänzt doch immer
Uns der ew'ge Hoffnungsschimmer!

4. Drum sind wir froh; wir gehn im Licht!
Und heiter ist das Angesicht
   Bei aller Noth hienieden.
Im Heiligthum des Himmels liebt
Uns Jesus Christus, und Er giebt
   Der Seele heil'gen Frieden.
Wer kennt, Wer nennt,
Was wir erben
Nach dem Sterben?
Was uns giebet
Er, der uns zuerst geliebet?

5. Was klagst du denn, der du Ihn kennst?
Der du dich Christi Jünger nennst?
   Was ist's, das dich betrübet?
Froh kannst und sollst du immer sein,
Und dich des ew'gen Lebens freun,
   Dich freun, daß Er dich liebet!
O sei Nur treu!
O sei fröhlich,
Hoffend, selig
Schon im Staube;
Gotteskraft sei dir dein Glaube!

Nr. 500. Mel.: Jesus, meine Zuversicht.

Meta Heußer-Schweizer von Hirzel bei Zürich, geb. 1797. Geb. 1823, zuerst anonym in Knapp's Christotarpe gedr. unter dem Titel: „Ermunterung." (14 V.) Mit diesem schönen Liede der edelsten und begabtesten evangelischen Sängerin deutscher Zunge schließen wir diese letzte Abtheilung. Das spätere köstliche Lied ders. Verf: „Wir werden bei dem Herrn sein allezeit! Du heimathlaut in fremden Pilgerthalen" (geb. 1845), welches Knapp in die 2te und 3te Aufl seines Liederschatzes aufgenommen hat, würde einen noch passenderen Schluß bilden, wenn es dazu eine eig. Mel. gäbe.

1. Endlich, endlich wirst auch du
   Zu dem Jubeljahr der Frommen,
Zu der stillen Sabbathsruh'
   Aller Kinder Gottes kommen.
Heb' empor das müde Haupt!
Hast du je umsonst geglaubt?

2. Glaube, glaube, wo das Licht
   Deinen Blicken nicht mehr schimmert,
Wenn die letzte Stütze bricht,
   Und des Herzens Wunsch zertrümmert.
Glaube, — und der Dornenkranz
Strahlt von Morgenrötheglanz.

3. Siehe, groß ist deine Schuld,
   Die in's Elend dich versenkte; —
Größer doch des Vaters Huld,
   Die den theuren Sohn dir schenkte.
Der dein blut'ges Trauerkleid
Hell macht in Gerechtigkeit.

4. Weine nicht! Sieh auf die Schaar
   Der vollendeten Getreuen,

Die, wie du, einst sündig war,
Und durch diese Wüsteneien
Doch den schmalen Fußsteig fand
In der Liebe Vaterland.

5. Liebe heißt die starke Macht,
Die sie dieser Welt entnommen,
Die sie aus der Sünde Nacht
Hieß zum Erbe Gottes kommen,
Und des Geistes theures Pfand
In die sünd'ge Brust gesandt.

6. Ist dein Glaube auch erschreckt:
Liebe ist es, die dich rettet,
Und, wenn Mitternacht dich deckt,
Dich im Schooß des Friedens bettet.
Bist du um und um betrübt!
Denke, daß dich Jesus liebt!

7. Liebe, Liebe, Gotteskraft!
Wort des Vaters, ew'ges Leben!
Du, die Gottes Werke schafft,
Rings von Sünd' und Tod umgeben:
Mache meine Seele frei
Von der Zweifel Sklaverei.

8. Ach, an Deine Brust entrückt,
Schüttl' ich siegend von den Flügeln
Erdenstaub, und hoch entzückt
Schweb' ich auf nach Zions Hügeln,
Schaue da mein Vaterland,
Schmecke meiner Kindschaft Pfand.

9. Nicht verloren sollt' ich sein;
Darum schriebst Du meinen Namen

In die theuren Reihen ein,
　Die aus großer Trübsal kamen,
Und mit ihnen wirst Du mich,
　Hirte, weiden ewiglich!

10. Euch werd' ich, die ich geliebt,
　　Wieder herzen, wieder lieben!
Was hier unsern Frieden trübt,
　Wird ihn dort nicht wieder trüben,
Wenn, von der Befleckung rein,
Alle sich der Wahrheit freun.

11. Ist der letzte Wermuthstrank
　　Bis zur Hefe ausgetrunken,
Ist die kühle Rasenbank
　Auf die Hütte hingesunken,
Dann ist mein in Ewigkeit,
Deß sich jetzt die Hoffnung freut.

12. Daß ich Dein bin, ist mein Psalm,
　　Retter, Heiland meiner Seele!
Dein ist jeder Graseshalm,
　Dein die losgekaufte Seele, —
Dein der Weg durch's Todesthal
Hin zum großen Abendmahl.

Anhang.

XI. Lieder vermischten Inhalts.

Nr. 501. Mel.: Gott sei Dank in aller Welt.

Karl Gerok, Prälat u. Hofprediger in Stuttgart, ein lieblicher und fruchtbarer Dichter. Ein schönes Sonntagslied, geb. 1858. Schlußverse eines größeren Gedichtes in seinen „Palmenblättern" (13te Aufl. 1868, S. 172—174), beginnend: „Herz, mein Herz, welch' sanfte Lust," auf Grundlage von Ps 84, 2. 3. Die anderen Verse sind weniger für kirchlichen Gebrauch geeignet. Ich habe dieses so abgekürzte Lied zuerst in mein Gsgb. für Sonntagsschulen aufgenommen (1864).

1. Sei willkommen, Tag des Herrn,
   Friedensengel, Morgenstern,
   Labequell im Wüstensand,
   Glockenlaut vom Heimathland.

2. Nachgeschmack vom Paradies,
   D'raus die Sünde mich verstieß,
   Vorgefühl der Himmelsrast
   Nach der Erde Müh' und Last!

3. Tröst' auch heute, die betrübt,
   Sammle, was im Herrn sich liebt,
   Löse, die gebunden sind,
   Locke das verlorne Kind.

4. Bringe der verstörten Welt
   Einen Gruß vom Himmelszelt;
   Ruf auch mir vom Vater zu:
   Heil dir, Gottes Kind bist du!

Nr. 502. Mel.: Wachet auf! ruft uns die Stimme.

Psalm 147. Bearbeitet von M. Jorissen. Ein
Dankpsalm für Gottes Fürsorge u. Wohlthaten.

1. Preist den Herrn! Ihm Lob zu singen,
   Anbetung unserm Gott zu bringen,
     Ist unf're Pflicht und Seligkeit.
   Wenn Ihm tönen unf're Lieder,
   So blickt Er huldreich auf uns nieder
     Und segnet uns mit Freundlichkeit.
   Seht ihr nicht Seine Kraft,
   Die Gnadenwunder schafft?
     Schaut, da stehet
   Jerusalem,   Gebaut von Dem,
   Der Sich durch Lieb' und Macht verklärt!

2. Unf're einst verjagten Brüder
   Bringt Er zu ihrem Volke wieder,
     Und Furcht und Kummer müssen fliehn.
   Er verbindet ihre Schmerzen,
   Gießt Balsam in zerschlag'ne Herzen
     Und läßt aus Leiden Freuden blühn.
   Den Sternen rufet Er,
   Sie eilen vor Ihm her!
     Ihre Namen
   Nennt Er und führt, Mit Glanz geziert,
   Sie still in ihrer hohen Bahn.

3. Unser Herr ist groß und prächtig,
Er schuf und Er gebeut allmächtig;
    Wer fasset Seine Wunderkraft?
Er nur kennet Seine Stärke;
Sie hebt und träget alle Werke,
    Die Seine Hand hervorgebracht.
Wer je gebeuget kam,
Dem half Er und entnahm
    Ihm die Bürde.
Doch Fluch und Hohn Wird dem zum Lohn,
Der frech sich wider Ihn erhebt.

4. Singt dem Herrn, ihr Wechselchöre!
Tönt, Harfen, unserm Gott zur Ehre,
    Der uns aus Seiner Fülle tränkt!
Wenn Er Sich in Wolken hüllet,
So wird der Erde Durst gestillet
    Und neue Kraft ihr eingesenkt.
Nun stehen Feld und Wald
Im grünen Schmucke bald
    Und sind Zeugen,
Daß Gottes Treu' Ist täglich neu,
Der väterlich für Alles sorgt.

5. Ihm, der, was Er schuf, auch liebet,
Und jedem Thier sein Futter giebet,
    Ihm jauchze, was nur jauchzen kann.
Nicht blos, wenn wir Mangel haben,
Nein, auch das Rufen junger Raben
    Hört Er und nimmt Sich ihrer an.
Selbst ein unendlich Meer
Von Seligkeit, braucht Er
    Nichts Geschaff'nes;

Die Creatur Lebt davon nur,
Was Er aus Seiner Fülle schenkt.

6. Trauet nicht auf Rosses Stärke,
Und stützt euch nicht auf Menschenwerke,
Die Creatur ist Eitelkeit!
Das nur kann dem Herrn gefallen,
Wenn wir in Seinen Wegen wallen
Und harren Seiner Gütigkeit.
Es ist so recht und gut,
So weise, was Er thut.
Heil dem Volke,
Das Ihn verehrt Und stets erfährt,
Daß Er's in Seiner Liebe trägt!

7. Zion, auf, den Herrn zu preisen!
Jerusalem, du mußt erweisen,
Daß dein Volk Gottes Freunde sind!
Er, der dich vom Feind erlöste,
Macht deiner Thore Riegel feste
Und segnet dich zu Kindeskind.
Er schafft den Grenzen Ruh',
Fügt Ueberfluß hinzu;
Seine Freude
Ist, Segen hier Und Leben dir
Zu schenken milde für und für.

8. Fährt Sein Wort herab auf Erden,
Wie schnell muß es vollzogen werden!
Nichts hemmet es in seinem Lauf.
Seht den Winter, seht ihn eilen,
Uns Gottes Gaben mitzutheilen;
Er häuft den Schnee wie Wolle auf.
Die Erde wird bedeckt,

Die Nahrungskraft geweckt.
　O, der Güte!
Und welche Pracht,　Wenn in der Nacht
Der Herr den Reif wie Asche streut!

9. Wirft Er Eis herab in Stücken,
　So muß sich Alles vor Ihm bücken;
　　Wer kann vor Seinem Frost bestehn!
　Doch Er will nicht, daß wir sterben,
　Nur segnen will Er, nicht verderben,
　　Drum muß die Kälte bald vergehn.
　Sein milder Odem weht;
　Nun thaut es auf und steht
　　Neu belebet.
　Das Wasser fleußt,　Wohin Er's weist,
　Das sonst wie Eisen feste stand.

10 Sein Wort giebt Er, Seine Rechte
　Nur, Israel, dir, Seinem Knechte,
　　Wie kannst du da die Liebe sehn!
　Zu so hohen Gottesfreuden
　Erhob Er sonst kein Volk der Heiden;
　　Er ließ sie alle irre gehn.
　Du, Jakob, sollst allein
　Des Segens Erbe sein!
　　Hallelujah!
　Sing' deinem Herrn　Und dien' Ihm
　　　　　　　　　　　　　gern!
　Sein Dienst ist deine Seligkeit.

Nr. 503.   Eigene Melodie.

Matthäus Apelles von Löwenstern. Ein Loblied. Aus der „Kirchen= und Hausmusik", Breslau 1644. Nr. XII. der Apelles=Lieder. Sehr weit verbreitet seit 1679. und auch vom Eisen. Entwurf (1853) unter die Kernlieder aufgenommen. Die Melodie, die sich durch nachdrückliche Wortbetonung und belebten Rhythmus aus= zeichnet, ist ebenfalls von Löwenstern und findet sich schon in dem genannten Breslauer Gsgb. von 1644, außerdem auch in Sebast. Bachs „Choralgesängen."

1. Nun preiset Alle
    Gottes Barmherzigkeit;
   Lobt Ihn mit Schalle,
    · Wertheste Christenheit!
   Er läßt dich freundlich zu Sich laden,
   Freue dich, Israel, Seiner Gnaden!

2. Der Herr regieret
    Ueber die ganze Welt;
   Was sich nur rühret,
    Alles [1]) zu Fuß Ihm fällt.
   Viel tausend Engel um Ihn schweben,
   Psalter und Harfen Ihm Ehre geben.

3. Wohlauf, ihr Heiden,
    Lasset das Trauren sein,
   Zur grünen Weiden
    Stellet euch willig ein.
   Da läßt Er uns Sein Wort verkünden,
   Machet uns ledig von allen Sünden.

---

1) So das Eisenacher Gsgb. anstatt des urspr.: „Ihme zu Fuße fällt." Selbst Knapp im Liederschatz hat hier, trotz seiner sonstigen Abneigung gegen grammatische Harten, das Ihme beibehalten.

4. Er giebet Speise,
    Reichlich und überall,
Nach Vaters Weise
    Sättigt Er allzumal.
Er schaffet Früh= und späten Regen,
Füllet uns Alle mit Seinem Segen.

5. Drum preis' und ehre
    Seine Barmherzigkeit,
Sein Lob vermehre,
    Wertheste Christenheit!
Uns soll hinfort kein Unfall schaden;
Freue dich, Israel, Seiner Gnaden!

Nr. 504. Eigene Melodie.

Bartholomäus Crasselius (gest. 1724 zu Düssel=
dorf, wo er luther. Psa..er war). Zuerst gedr. 1697 in
Halle, dann im Darmst. Gsgb. 1698.

1. Dir, Dir Jehovah will ich singen!
    Denn wo ist doch ein solcher Gott wie Du?
Dir will ich meine Lieder bringen,
    Ach gieb mir Deines Geistes Kraft dazu,
Daß ich es thu' im Namen Jesu Christ,
So wie es Dir durch Ihn gefällig ist.

2. Zeuch mich, o Vater, zu dem Sohne,
    Damit Dein Sohn mich wieder zieh zu Dir;
Dein Geist in meinem Herzen wohne,
    Und meine Sinnen und Verstand regier,
Daß ich den Frieden Gottes schmeck' und
                                    fühl',
Und Dir darob im Herzen sing' und spiel'.

3. Verleih mir, Höchster, solche Güte,
   So wird gewiß mein Singen recht gethan;
So klingt es schön in meinem Liede,
   Und ich bet' Dich im Geist und Wahr-
                              heit an;
So hebt Dein Geist mein Herz zu Dir empor,
Daß ich Dir Psalmen sing' im höhern Chor.

4. Denn der kann mich bei Dir vertreten
   Mit Seufzern, die ganz unaussprechlich
                              sind;
Der lehret mich recht gläubig beten,
   Giebt Zeugniß meinem Geist, daß ich
                              Dein Kind
Und ein Miterbe Jesu Christi sei,
Daher ich „Abba, lieber Vater!" schrei.

5. Wenn dieß aus meinem Herzen schallet
   Durch Deines heil'gen Geistes Kraft und
                              Trieb,
So bricht Dein Vaterherz und wallet
   Ganz brünstig gegen mich vor heißer Lieb'.
Daß mir's die Bitte nicht versagen kann,
Die ich nach Deinem Willen hab' gethan.

6. Was mich Dein Geist selbst bitten lehret,
   Das ist nach Deinem Willen eingericht,
Und wird gewiß von Dir erhöret,
   Weil es im Namen Deines Sohn's ge-
                              schicht,
Durch welchen ich Dein Kind und Erbe bin,
Und nehme von Dir Gnad' um Gnade hin.

7. Wohl mir, daß ich dieß Zeugniß habe;
   Drum bin ich voller Trost und Freudigkeit,
Und weiß, daß alle gute Gabe,
   Die ich von Dir verlange jederzeit,
Die giebst Du und thust überschwänglich
                              mehr,
Als ich verstehe, bitte und beg'hr'.

8. Wohl mir, ich bitt' in Jesu Namen,
   Der mich zu Deiner Rechten selbst ver-
                              tritt.
In Ihm ist alles Ja und Amen,
   Was ich von Dir im Geist und Glau-
                              ben bitt'.
Wohl mir, Lob Dir jetzt und in Ewigkeit,
   Daß Du mir schenkest solche Seligkeit!

Nr. 505. Mel.: Jesus, meine Zuversicht.

Benjamin Schmolke. 1715. Auch von Wackernagel in seinem kleinen Gsgb. von 1860 aufgenommen
(Nr. 45), aber mit unnöthiger Auslassung von V. 2 und
V. 5. Engl. Uebers. von Miß C. Winkworth: "Light of
light enlighten me." (6 V.)

1. Licht vom Licht, erleuchte mich
     Bei dem neuen Tageslichte;
   Gnadensonne, stelle Dich
     Vor mein muntres Angesichte;
   Wohne mir mit Glanze bei,
   Daß mein Sabbath fröhlich sei.

2 Brunnquell aller Süßigkeit,
     Laß mir Deine Ströme fließen;
   Mache Mund und Herz bereit,

Dein in Andacht zu genießen;
Streu' das Wort mit Segen ein,
Laß es hundertfrüchtig sein.

3. Zünde selbst das Opfer an,
  Das auf meinen Lippen lieget;
Sei mir Weisheit, Licht und Bahn.
  Daß kein Irrthum mich betrüget
Und kein fremdes Feuer brennt,
Welches Dein Altar nicht kennt.

4. Laß mich heut' und allezeit:
  „Heilig, Heilig, Heilig!" singen,
Und mich in die Ewigkeit
  Mit des Geistes Flügeln schwingen;
Gieb mir einen Vorschmack ein,
Wie es wird im Himmel sein.

5. Ruh' in mir und ich in Dir,
  Bau ein Paradies im Herzen.
Offenbare Dich doch mir,
  Sende meiner Andacht Kerzen
Immer neues Feuer zu,
O Du Liebesflamme Du!

6. Dieser Tag sei Dir geweiht:
  Weg mit allen Eitelkeiten!
Ich will Deiner Herrlichkeit
  Einen Tempel zubereiten,
Nichts sonst wollen, nichts sonst thun,
Als in Deiner Liebe ruhn.

7. Du bist mehr als Salomon:
  Laß mich Deine Weisheit hören.

Ich will Deinen Gnadenthron
Mit gebeugten Knieen ehren,
Bis mir Deine Sonne lacht
Und den schönsten Sonntag macht.

Nr. 506. Mel.: Wer nur den lieben Gott läßt
walten.

Benjamin Schmolke. Aus seiner ersten Sammlung.
17 5. Fehlt in vielen der besten europ., steht aber in den
meisten amerik. deutschen Gsgb., gewöhnlich bloß mit 6 V.

1. Mein Gott! ich klopf an Deine Pforte
Mit Seufzen, Fleh'n und Bitten an;
Ich halte mich an Deine Worte:
„Klopft an, so wird euch aufgethan!"
Ach öffne mir die Gnadenthür!
In Jesu Namen steh ich hier.

2. Wer kann was von sich selber haben,
Das nicht von Dir den Ursprung hat?
Du bist der Geber aller Gaben,
Bei Dir ist immer Rath und That;
Du bist der Brunn, der immer quillt,
Du bist das Gut, das immer gilt.

3. Drum komm ich auch mit meinem Beten,
Das herzlich und voll Glauben ist;
Der mich heißt freudig vor Dich treten,
Ist mein Erlöser Jesus Christ;
Und der in mir das Abba schreit,
Ist, Herr! Dein Geist der Freudigkeit.

4. Gieb, Vater! gieb nach Deinem Willen,
Was Deinem Kinde nöthig ist;

Nur Du kannst mein Verlangen stillen,
Weil Du die Segensquelle bist.
Doch gieb, o Geber! allermeist,
Was mich dem Sündendienst entreißt.

5. Verleih Beständigkeit im Glauben,
Laß meine Liebe innig sein,
Will Satan mir das Kleinod rauben,
So halt mit der Versuchung ein,
Damit mein schwaches Fleisch und Blut
Dem Feinde nicht den Willen thut.

6. Erweck in mir ein gut Gewissen,
Das weder Welt noch Teufel scheut,
Wenn Züchtigungen folgen müssen,
So schick sie in der Gnadenzeit;
Durchstreich die Schuld mit Jesu Blut
Und mach das Böse wieder gut.

7. Vom Kreuze darf ich wohl nicht bitten,
Daß es mich ganz verschonen soll;
Mein Heiland hat ja selbst gelitten;
Sein Kreuz trag ich auch freudenvoll;
Doch wird Geduld mir nöthig sein,
Die wollest Du mir, Herr! verleihn.

8. Das Andre wird sich alles fügen,
Ich mag nun arm sein oder reich;
An Deiner Huld laß ich mir g'nügen,
Die macht mir Glück und Unglück gleich;
Trifft auch das Glück nicht häufig ein,
So laß mich doch zufrieden sein.

9. Ich bitte nicht um langes Leben,
Nur, daß ich christlich leben mag!

Laß mir den Tod vor Augen schweben
Und des Gerichtes großen Tag,
Damit mein Ausgang aus der Welt
Den Seligen mich zugesellt.

10. O Gott! was soll ich mehr begehren?
Du weißt schon, was ich haben muß;
Du wirst mir, was mir nützt, gewähren;
Denn Jesus macht den frohen Schluß:
Ich soll in Seinem Namen flehn,
So werde, was mir nützt, geschehn.

————

Nr. 507. Mel.: Herr Christ, der einig Gott's Sohn.
Ludwig Andreas Gotter, gest. zu Gotha 1735.

1. Herr Jesu, Gnadensonne,
Wahrhaftes Lebenslicht,
Laß Leben, Licht und Wonne,
Mein blödes Angesicht
Nach Deiner Gnad' erfreuen
Und meinen Geist erneuen;
Mein Gott, versag mir's nicht!

2. Vergieb mir meine Sünden
Und wirf sie hinter Dich,
Laß allen Zorn verschwinden
Und hilf mir gnädiglich.
Laß Deine Friedensgaben
Mein armes Herze laben,
Ach Herr, erhöre mich!

3. Vertreib aus meiner Seelen
Des alten Adams Sinn,

Und laß mich Dich erwählen,
Auf daß ich mich forthin
Zu Deinem Dienst ergebe
Und Dir zu Ehren lebe,
Weil ich erlöset bin.

4. Beförd're Dein Erkenntniß
In mir, mein Seelenhort,
Und öffne mein Verständniß
Durch Dein lebendig Wort,
Damit ich an Dich glaube
Und in der Wahrheit bleibe
Zu Trutz der Höllenpfort'.

5. Komm, mich mit Kraft zu rüsten,
Und kreuz'ge mein Begier
Sammt allen bösen Lüsten,
Auf daß ich für und für
Der Sündenwelt absterbe
Und nach dem Fleisch verderbe,
Hingegen leb' in Dir.

6. Ach, zünde Deine Liebe
In meiner Seelen an,
Daß ich aus innerm Triebe
Dich ewig lieben kann,
Und Dir zum Wohlgefallen
Beständig möge wallen
Auf rechter Lebensbahn.

7. Nun, Herr, verleih mir Stärke,
Verleih mir Kraft und Muth,
Denn das sind Gnadenwerke,
Die Dein Geist schafft und thut;

Hingegen meine Sinnen,
Mein Lassen und Beginnen
Ist böse und nicht gut.

8. Darum, Du Gott der Gnaden,
Du Vater aller Treu',
Wend' allen Seelenschaden
Und mach' mich täglich neu;
Gieb, daß ich Deinen Willen
Getreulich mög' erfüllen,
Und steh mir kräftig bei.

Nr. 508. Mel: Mein Jesus lebt, was soll ich
sterben.

Joh. Ludw. Konrad Allendorf, gest. zu Halle 1773,
Verf. von 132 „Liebesliedern auf Christum, das Lamm
Gottes und den Bräutigam der gläubigen Seelen", welche
er seit 1733 als Hofprediger zu Cöthen in Verbindung
mit Lahr in den sogen. Cöthnischen Liedern he aus=
gab. Sie erschienen vollständig zu Halle a 1768. Knapp
nennt ihn einen gottseligen Mann, dessen Lieder, ohne
besondere poetische Talente, oft durch innige Frömmigkeit
einen eigenen Schwung erhalten. — Wir entnehmen dieses
schöne Lied der Sammlung von Prof. Dr. Lange, S. 719.

1. Wo ist ein solcher Gott wie Du?
Du schaffst den Müden süße Ruh',
Ruh', die nicht zu ergründen.
Ein Abgrund der Barmherzigkeit
Verschlingt ein Meer voll Herzeleid,
Du, Herr, vergiebst die Sünden.
Jesu, O Du Läßst Dich würgen
Als den Bürgen, Um von Sünden
Mich auf ewig zu entbinden.

2. Herr, unsere Gerechtigkeit,
   Wie hoch wird dessen Geist erfreut,
      Der Dich im Glauben kennet!
   Du bist sein Schmuck, bist seine Pracht,
   Die ihn vollkommen schöne macht,
      Für die sein Herz entbrennet.
   Laß mich Ewig, Himmelssonne,
   Seelenwonne, Dich genießen,
   Und in Deinem Leb zerfließen.

3. Holdselig großer Friedefürst,
   Wie hat Dich nach dem Heil gebürst't
      Der abgewichnen Kinder!
   Du stellest Dich als Mittler dar,
   Verbindest, was getrennet war,
      Gott und verlorne Sünder.
   Freude! Beide Werden Eines,
   Ungemeines Werk der Güte!
   Jesu, Du bist unser Friede.

4. O Gottes Lamm, Dein treuer Sinn
   Nimmt Schuld und Strafe von mir hin,
      Sie liegt auf Deinem Rücken.
   Du blutest an des Kreuzes Pfahl,
   Da muß Dich unerhörte Qual
      An Leib und Seele drücken.
   Diese Süße Fluth der Gnaden
   Heilt den Schaden, Durch die Wunden
   Hab ich Fried' und Heil gefunden.

5. Mitleidender Immanuel,
   Es ist mein Leben, Leib und Seel'
      Voll Mängel und Gebrechen.
   Doch ist Dein Herz auch voller Gnad',

Und Du willst nicht die Missethat
Am armen Staube rächen.
Deine Reine, Treue Liebe
Steht im Triebe, Hier im Leben,
Täglich reichlich zu vergeben.

6. Die Gnade führt das Regiment,
Sie macht der Sklaverei ein End',
Besiegt Gesetz und Sünden.
Drum, willst du frei und fröhlich sein,
Laß Jesum durch die Gnade ein,
So kannst du überwinden.
Seelen=Quälen, Sündenwerke,
Fleischesstärke, All dergleichen
Muß der starken Gnade weichen.

7. Gieb, Jesu, durch Dein theures Blut
Mir hier der Seele höchstes Gut,
Vertilg die Sündentriebe.
Du hast mich Dir, Immanuel,
Gar theu'r erkauft mit Leib und Seel',
Zum Preise Deiner Liebe.
Kleiner, Reiner Muß ich werden
Noch auf Erden, Bis ich droben
Dich kann ohne Sünde loben.

———

Nr. 509.

Mel.: Was mein Gott will, gescheh' all'zeit.

Verfasser unbekannt (weder Joachim Magdeburg, noch Joh. Mühlmann). Nach Psalm 73, 25—28. Zuerst erschienen 1571, nach der Angabe von Wackernagel (Kl. Gsgb. Nr. 186); oder 1592 nach Mützell (III. S. 1040), welcher vermuthet, daß V. 2 und 3 später hinzugedichtet wurden. Der Text nach Calvisius cant eccles.

Lips 1597, bei Mützell S. 1041, mit drei unbedeuten=
ten sprachlichen Verbesserungen. Eine and. Fassung eben=
daselbst S. 1042, aus Buchwälder's Gsgb. 1611. Das
Eisen. Gsgb. hat das Lied unter die 150 Kernlieder auf=
genommen, es fehlt aber in vielen der b.sten Gsgb., wie
dem N. Württemb. Die ersten beiden Zeilen find in
sprüchwörtlichen Gebrauch übergegangen.

1. Wer Gott vertraut,   Hat wohl gebaut
     Im Himmel und auf Erden.
   Wer sich verläßt   Auf Jesum Christ,
     Dem muß der Himmel werden.
   Darum auf Dich   All' Hoffnung ich
     Ganz fest und steif thu setzen.
   Herr Jesu Christ,   Mein Trost Du bist
     In Todesnoth und Schmerzen.

2. Und wenn's gleich wär   Dem Teufel sehr
     Und aller Welt zuwider,
   Dennoch so bist   Du, Jesu Christ,
     Der sie all' schlägt darnieder.
   Und wenn ich Dich   Nur hab' um mich
     Mit Deinem Geist und Gnaden,
   So kann fürwahr   Mir ganz und gar
     Nicht Tod noch Teufel schaden.

3. Dein tröst ich mich   Ganz sicherlich,
     Du kannst mir alles geben,
   Was mir ist noth,   Du treuer Gott;
     Hier und in jenem Leben
   Gieb wahre Reu',   Mein Herz erneu',
     Errette Leib und Seele.
   Ach höre, Herr,   Dieß mein Begehr,
     Daß meine Bitt' nicht fehle.

Nr. 510. Eigene Melodie.

Aus dem Engl. der Frau **Sarah Flower Adams**
(gest. 1849 bei Harlow in England): "Nearer my God
to Thee", mit Bezug auf Jakob's Traum und Himmelsleiter. Eines der beliebtesten Kirchenlieder in England
und Amerika. Uebersetzt 1871

1. Näher, mein Gott, zu Dir,
   Näher zu Dir!
   Und wär auch ein Kreuz
   Die Leiter mir,
   Doch säng' ich für und für:
   Näher, mein Gott, zu Dir,
   Näher zu Dir!

2. Bett' ich in dunkler Nacht,
   Müd' und allein,
   Still mein Haupt, Jakob gleich,
   Auf kaltem Stein:
   Werde sein Traum auch mir:
   Näher, mein Gott, zu Dir,
   Näher zu Dir!

3. Dort wird als Himmelspfad
   Dein Weg mir klar,
   Leiden, die Du gesandt
   Als Engelschaar,
   Winkend empor von hier,
   Näher, mein Gott, zu Dir,
   Näher zu Dir!

4. Wacht dann die Seele auf
   Munter und klar,
   Werden die Steine zu

Bethels Altar,
Seufzer zu Stufen mir
Näher, mein Gott, zu Dir,
Näher zu Dir!

5. Ja, wenn des Himmels Höh'n
Mein Flug erreicht,
Sonnen= und Sternenglanz
Unter mir bleicht:
Ewig erklingt's in mir!
Näher, mein Gott, zu Dir,
Näher zu Dir!

Nr. 511. Eigene Melodie.

Paul Gerhardt. 1656. Ein Weihnachtslied voll
kindlicher Fröhlichkeit. 15 Strophen, wovon das Neue
Würt. Gsgb. 4, andere Gsgb. noch mehr Str. auslassen.
Knapp (im Evangel. Gsgb.) giebt 14 Strophen, jedoch
mit mehreren Veränderungen. Wackernagel ebenfalls 14
und genau nach dem Original. Der urspr. 5. V., der
von beiden ausgelassen wird, heißt: „Hätte vor dem Men=
schenorten Unser Heil Einen Gräul, Wär' Er nicht
Mensch geworden."

1. Fröhlich soll mein Herze springen
   Dieser Zeit, Da vor Freud'
Alle Engel singen.
   Hört, hört, wie mit vollen Chören
   Alle Luft Jauchzend ruft:[1]
Christus ist geboren!

---

[1] So das Original, außer daß wir Chören für Choren und
jauchzend für laute gesetzt haben. Das N. Würt. Gsgb. verän=
dert: „Erd' und Himmel nehmt's zu Ohren! Jauchzend ruft Alle
Luft." Knapp (im Evang. Gsgb. Nr. 107) etwas enger an's Original
sich anschließend: „Hört, wie aus des Himmels Thoren Alle Luft
Jauchzend ruft."

2. Heute geht aus seiner Kammer
   Gottes Held,   Der die Welt
Reißt aus allem Jammer.
Gott wird Mensch, dir, Mensch, zu Gute;
   Gottes Kind,   Das verbind't
Sich mit unserm Blute.

3. Sollt' uns Gott nun können haffen,
   Der uns giebt,   Was Er liebt
Ueber alle Maßen?
Gott giebt, unserm Leid zu wehren,
   Seinen Sohn   Von dem Thron
Seiner Macht und Ehren.

4. Sollte von uns sein gekehret,
   Der Sein Reich   Und zugleich
Sich uns selbst verehret?
Sollt' uns Gottes Sohn nicht lieben,
   Der jetzt kömmt,   Von uns nimmt,
Was uns will betrüben?

5. Er nimmt auf Sich, was auf Erden
   Wir gethan;   Giebt Sich an,
Unser Lamm zu werden;
Unser Lamm, das für uns stirbet,
   Und bei Gott   Für den Tod
Leben uns erwirbet.

6. Nun, Er liegt in Seiner Krippen,
   Ruft zu Sich   Mich und dich,
Spricht mit süßen Lippen:
Lasset fahren, liebe Brüder,
   Was euch quält,   Was euch fehlt:
Ich bring' Alles wieder.

7. Ei, so kommt und laßt uns laufen!
    Stellt euch ein, Groß und Klein,
  Kommt mit großen Haufen! [1]
  Liebt Ihn, der vor Liebe brennet;
    Schaut den Stern, Der euch gern
  Licht und Labsal gönnet.

8. Die ihr schwebt in großen Leiden,
    Sehet, hier Ist die Thür
  Zu den wahren Freuden.
  Faßt Ihn wohl, Er wird euch führen
    An den Ort, Da hinfort
  Euch kein Kreuz wird rühren.

9. Wer sich fühlt [2] beschwert im Herzen,
    Wer empfind't Seine Sünd'
  Und Gewissensschmerzen,
  Sei getrost: hier wird gefunden,
    Der in Eil' Machet heil
  Auch die tiefsten Wunden. [3]

10. Die ihr arm seid und elende,
    Kommt herbei, Füllet frei
  Eures Glaubens Hände!
  Hier sind alle guten Gaben
    Und das Gold, Dran ihr sollt
  Eure Herzen laben.

---

1) Das Wurt. Gsgb. und Knapp verandern hier ohne Noth „Ei
so kommt mit offnen Handen.... Kommt von allen Enden"

2) Urspr.: „find't", was wegen des folgend. „empfind't" besser mit
dem gleichbedeutenden „fühlt" vertauscht wird.

3) Statt· „Die vergiften (vergifteten) Wunden."

11. Süßes Heil! laß Dich umfangen,
    Laß mich Dir,   Meine Zier,
Unverrückt anhangen!
    Du bist meines Lebens Leben;
    Nun kann ich   Mich durch Dich
Wohl zufrieden geben.

12. Meine Schuld kann mich nicht drücken,
    Denn Du hast   Meine Last
All' auf Deinem Rücken.
    Kein Fleck ist an mir zu finden,
    Ich bin gar   Rein und klar
Aller meiner Sünden.

13. Ich bin rein um Deinetwillen;
    Du giebst g'nug   Ehr' und Schmuck,
Mich d'rin einzuhüllen.
    Ich will Dich in's Herze schließen;
    O mein Ruhm,   Edle Blum',
Laß Dich recht genießen!

14. Ich will Dich mit Fleiß bewahren;
    Ich will Dir   Leben hier,
Und mit Dir heimfahren. [1]
    Mit Dir will ich endlich schweben
    Voller Freud',   Ohne Zeit,
Dort im andern Leben!

---

1) So Wurt. Gsgb. und Knapp stat: „Dir will ich abfahren."

Nr. 512.

Mel.: O, daß ich tausend Zungen hätte

Caspar Friedrich Nachtenhöfer (Prediger in Coburg, gest. 1685). Ein Weihnachtslied, zuerst erschienen im Coburger Gsgb. von 1684 unter seinem Namen. Er verfaßte eine Passionsgeschichte in Versen und vier geistliche Lieder, von welchen aber bloß dieses in allgemeineren Kirchengebrauch übergegangen ist.

1. Dieß ist die Nacht, da mir erschienen,
    Des großen Gottes Freundlichkeit!
Das Kind, dem alle Engel dienen,
    Bringt Licht in meine Dunkelheit,
Und dieses Welt= und Himmelslicht
Weicht hunderttausend Sonnen nicht.

2. Laß dich erleuchten, meine Seele,
    Versäume nicht den Gnadenschein!
Aus Bethlehems geringer Höhle
    Strömt Licht in alle Welt hinein;[1]
Es treibet weg der Hölle Macht,
Der Sünden und des Todes Nacht.

3. In diesem Lichte kannst du sehen
    Das Licht der klaren Seligkeit;
Wann Sonne, Mond und Stern' vergehen,
    Vielleicht schon in gar kurzer Zeit,
Wird dieses Licht mit seinem Schein
Dein Himmel und dein Alles sein.

4. Laß nur indessen helle scheinen
    Dein Glaubens= und dein Liebeslicht!

---

[1] Urspr.: „Der Glanz in dieser kleinen Höhle Streckt sich in alle Welt hinein." Einige Gsgb. haben unnöthiger Weise den ganzen Vers verändert.

Mit Gott mußt du es treulich meinen,
Sonst hilft dir diese Sonne nicht.
Willst du genießen diesen Schein,
So darfst du nicht mehr dunkel sein.

5. Drum, Jesu, schöne Weihnachtssonne,
Bestrahle mich mit Deiner Gunst!
Dein Licht sei meine Weihnachtswonne
Und lehre mich die Weihnachtskunst:
Wie ich, des Weihnachtsglanzes voll,
In Deinem Lichte wandeln soll.

Nr. 513.   Eigene Melodie.

Michael Weiße. Osterlied aus dem ersten Gsgb.
der Böhmischen Brüder 1531. Nach Mützell I 85 f.,
und dem Eisen. Entwurf Nr. 41. Engl. Ueberf. in Lyra
Germ. II. 62: "Christ the Lord is risen again! Christ
hath broken every chain! Hark, the angels shout for
joy, Singing evermore on high, H."

1. Christus ist erstanden
Von des Todes Banden!
Deß freuet sich der Engel Schaar,
Singend im Himmel immerdar:
Hallelujah!

2. Der für uns Sein Leben
In den Tod gegeben,
Der ist nun unser Osterlamm,
Deß wir uns freuen allesammt.
Hallelujah!

3. Der am Kreuz gehangen,
Kein'n Trost konnt' erlangen,

Der lebet nun in Herrlichkeit,
Uns zu vertreten stets bereit.
Hallelujah!

4. Der so ganz verschwiegen
Zur Hölle gestiegen,
Den wohlgerüst'ten Starken band,
Der wird nun in der Höh' erkannt.
Hallelujah!

5. Der da lag begraben,
Der ist nun erhaben,
Und Sein Thun wird kräftig erweist
Und in der Christenheit gepreist.
Hallelujah!

6. Er läßt nun verkünden
Vergebung der Sünden,
Und wie man die durch rechte Buß'
Nach Seiner Ordnung suchen muß.
Hallelujah!

7. O Christe, Osterlamm,
Speis' uns heut' allesammt;
Nimm weg all' unsre Missethat,
Daß wir Dir singen früh und spat:
Hallelujah!

———

Nr. 514. Mel.: Heut triumphiret Gottes Sohn. (Oder: Wir singen Dir, Immanuel, wo aber die drei eingeklammerten „Hallelu= jah" ausgelassen werden müssen.)
Johann Heermann. 1630. Aus dessen Devoti Mu= sica Cordis, oder „Haus- und Herzensmusik", mit der Ueberschrift: „Wie Christus auferstanden, und was wir dannenhero für Lehr und Trost haben." Sehr weit ver=

breitet, urſpr. 19 Str., wovon einige unbedeutend ſind
und daher meiſt ausgelaſſen werden. Wackernagel (in ſ.
„Klein. Gſgb." Nr. 33) giebt 17, der Eiſen. Entwurf 11,
das N. Württ. Gſgb. 8, das Berlin. bloß 7 Str. Es iſt
urſpr. mit einem doppelten „Hallelujah" in der Mitte u.
am Schluſſe jedes Verſes nach der Mel.: „Heut trium=
phiret Gottes Sohn" (einem Oſte liebe von Baſil. Förtſch,
1609) gedichtet, wird aber jetzt häufiger nach der Mel.:
„Wir ſingen Dir, Immanuel", oder: „Erſchienen iſt der
herrlich' Tag" geſungen, wobei bloß das letzte Hallelujah
beibehalten wird. Knapp läßt in ſ. Ev. Gſgb. Nr. 182
(anders im Lieberſchatz Nr. 582) alle vier „Hallelujah"
aus und giebt ihm die Mel.: „Vom Himmel hoch, da
komm ich her." Engl. Ueberſ. in Lyra Germ II. 64:
Ere yet the dawn hath filled the skies (mit einem „Hal=
lelujah", aber bloß 6 Str.). Schaff's "Christ in song"
p. 263

1. Frühmorgens, da die Sonn' aufgeht,
   Mein Heiland Chriſtus auferſteht.
   [Hallelujah! Hallelujah!]
   Vertrieben iſt der Sünden Nacht,
   Licht, Heil und Leben wiederbracht.
   [Hallelujah!] Hallelujah!

2. Wenn ich oft lieg' in Nacht und Noth,
   Verſchloſſen, gleich als wär' ich todt,
   [Hallelujah! Hallelujah!]
   Läßt Du mir früh die Gnadenſonn'
   Aufgehn, nach Trauern, Freud' und Wonn'.
   [Hallelujah!] Hallelujah! ¹)

3. Nicht mehr als nur drei Tage lang
   Mein Heiland bleibt im Todeszwang:
   [Hallelujah! Hallelujah!]

---

1) Das N. Württ. und das Eiſen. Gſgb. haben den 2 Vers, der
die unmittelbare Anwendung von V. 1 enthält, mit Unrecht ausgelaſſen.

Den dritten Tag durch's Grab Er bringt
Und hoch die Siegesfahne schwingt. [1]
[Hallelujah!] Hallelujah!

4. Jetzt ist der Tag, da mich die Welt
Mit Schmach am Kreuz gefangen hält.
[Hallelujah! Hallelujah!]
Drauf folgt der Sabbath in dem Grab,
Darin ich Ruh und Frieden hab'.
[Hallelujah!] Hallelujah!

5. In Kurzem wach' ich fröhlich auf,
Mein Ostertag ist schon im Lauf;
[Hallelujah! Hallelujah!]
Ich wach' auf durch des Herren Stimm',
Veracht' den Tod mit seinem Grimm.
[Hallelujah!] Hallelujah!

6. Der Lebensfürst den Tod besiegt,
Da Er selbst todt im Grabe liegt;
[Hallelujah! Hallelujah!]
Geht aus dem Grab in eigner Kraft,
Tod, Teufel, Höll' nichts an Ihm schafft.
[Hallelujah!] Hallelujah!

7. O Wunder groß! o starker Held!
Wo ist ein Feind, den Er nicht fällt?
[Hallelujah! Hallelujah!]
Kein Angststein liegt so schwer auf mir,
Er wälzt ihn von des Herzens Thür.
[Hallelujah!] Hallelujah!

---

1) So das Würt. Gsgb., Knapp und andere, statt. „Mit Ehren
Sein Siegesfähnlein schwingt."

8. Lebt Christus, was bin ich betrübt?
Ich weiß, daß Er mich herzlich liebt;
[Hallelujah! Hallelujah!]
Wenn mir gleich alle Welt stürb' ab:
G'nug, daß ich Christum bei mir hab'.
[Hallelujah!] Hallelujah!

9. Er nährt, Er schützt, er tröstet mich,
Sterb' ich, so nimmt Er mich zu Sich;
[Hallelujah! Hallelujah!]
Wo Er jetzt lebt, da muß ich hin,
Weil Seines Leibes Glied ich bin.
[Hallelujah!] Hallelujah!

10. Durch Seiner Auferstehung Kraft
Komm ich zur Engel Brüderschaft;
[Hallelujah! Hallelujah!]
Durch Ihn bin ich mit Gott versöhnt
Und mit Gerechtigkeit gekrönt.
[Hallelujah!] Hallelujah!

11. Mein Herz darf nicht entsetzen sich:
Gott und die Engel lieben mich;
[Hallelujah! Hallelujah!]
Die Freude, die mir ist bereit,
Vertreibet Furcht und Traurigkeit.
[Hallelujah!] Hallelujah!

12. Für diesen Trost, o großer Held,
Herr Jesu, dankt Dir alle Welt;
[Hallelujah! Hallelujah!]
Dort wollen wir mit größ'rem Fleiß
Erheben Deinen Ruhm und Preis.
[Hallelujah!] Hallelujah!

Nr. 515. Mel: Jesu, meine Freude.

Nach **Philipp Jakob Spener**. Vor 1705. Ueber
Kol. 2, 12—15. Nach der Recension des N. Würt. Gsgb.,
das die sprachlichen Härten verbessert hat. Das Original hat 10 V. und beginnt: „Nun ist auferstanden Aus
des Todes Banden Gott= und Menschensohn."

1. Aus des Todes Banden
   Ist der Herr erstanden,
      Mensch und Gottes Sohn!
   Jesus hat gesieget,
   Daß nun Alles lieget
      Unter Seinem Thron.
   Unser Freund
   Hat alle Feind'
   Siegreich auf das Haupt geschlagen
   Und sie Schau getragen.

2. Daß Er wollte sterben,
   War, uns zu erwerben
      Heil und Seligkeit.
   Solches ist geschehen,
   Und wir dürfen sehen,
      Daß auf kurze Zeit
   Jesus Sich
   Wahrhaftiglich
   In den Tod um unser Leben
   Hat dahingegeben.

3. Freiheit von den Sünden
   Sollen wir nun finden
      Und recht werden frei,
   Weil Der wiederkommen,
   Der die Schuld genommen

Auf Sein Haupt so treu.
Er kann nun
G'nug für uns thun;
Wenn wir nur in Ihm erfunden,
Bleibt uns Gott verbunden.

4. Was will uns nun schaden,
Wenn uns Gott zu Gnaden
Bei Sich selbst gebracht.
Mag die Hölle bräuen,
Dürfen wir nicht scheuen
Ihre kurze Macht.
Hier ist Er,
Vor dem das Heer
Aller Feinde muß erbeben
Und hinweg sich heben.

5. Laßt mit allen Schrecken
Nun die Hand ausstrecken
Wider uns den Tod:
Seine Pfeil' und Bogen
Finden sich betrogen,
Es hat keine Noth!
Ob er trifft,
Ist's drum kein Gift;
Nein, er muß mit seinen Pfeilen
Uns vielmehr nur heilen.

6. Darum mir nicht grauet,
Wenn mein Geist anschauet,
Daß ich in das Grab
Meine müden Glieder
Werde legen nieder,
Weil ich dieses hab':

Daß mein Hort
Mir diesen Ort
Selbst mit Seinem Leibe weihe,
Daß ich ihn nicht scheue.

7. Lasset uns als Christen
   Sterben allen Lüsten
   Und der Eitelkeit!
   Denn so wir uns haben
   Lassen mit begraben
   Hier in dieser Zeit,
   So wird Er,
   Der große Herr,
   Uns hervor auch mit Sich führen
   Und mit Kronen zieren.

8. O der großen Freude!
   Hängst Du noch am Kleide
   Dieser Sterblichkeit?
   Sollst du nicht hingegen
   Es getrost ablegen,
   Weil nach kurzer Zeit
   Jesus Christ
   Voll Willens ist,
   Uns zu kleiden mit der Sonne
   In des Himmels Wonne!

Nr. 516. Mel.: Wenn ich nur meinen Jesum hab'.

Ein Osterlied von **Novalis** (Friedrich von Hardenberg). gest. 1801. Gute engl. Uebers. von Catb. Wink-
wortb: "I say to all men far and near that He is
risen again." Schaff's Christ in Song, p. 277.

1. Ich sag' es jedem, daß Er lebt
   Und auferstanden ist,

Daß Er in unf'rer Mitte schwebt
Und ewig bei uns ist.

2. Ich sag' es jedem, jeder sagt
   Es seinen Freunden gleich,
   Daß bald an allen Orten tagt
   Das neue Himmelreich.

3. Jetzt scheint die Welt dem neuen Sinn
   Erst wie ein Vaterland;
   Ein neues Leben nimmt man hin
   Entzückt aus Seiner Hand.

4. Hinunter in das tiefe Meer
   Versank des Todes Grau'n,
   Und jeder kann nun leicht und hehr
   In seine Zukunft schau'n

5. Der dunkle Weg, den Er betrat,
   Geht in dem Himmel aus,
   Und wer nur hört auf Seinen Rath,
   Kommt auch in Vater's Haus.

6. Nun weint auch keiner mehr allhie,
   Wenn Eins die Augen schließt;
   Vom Wiedersehn, spät oder früh,
   Wird dieser Schmerz versüßt.

7. Es kann zu jeder guten That
   Ein jeder frischer glühn,
   Denn herrlich wird ihm diese Saat
   In schönern Fluren blühn.

8. Er lebt, und wird nun bei uns sein,
   Wenn alles uns verläßt!
   Und so soll dieser Tag uns sein
   Ein Weltvergnügungs-Fest.

Nr. 517. Mel.: Herr Christ, der einig Gott's Sohn.

Dr. Joh. Peter Lange, geb. bei Elberfeld 1802, Parrer in Langenberg, dann Prof. der Theol. in Zürich, später (seit 1854) in Bonn. Geb. um 1830, gebr. in der ersten Sammlung seiner „Biblischen Dichtungen", 1832, S. 155 (17 V.) und in stark abgekürzter Form (6 V.) in der vom Verf. besorgten Auswahl seiner geistlichen Lieder: „Vom Oelberg." 1852, S. 28. Wir haben die letzte Fassung gewählt. Ebenso Knapp in seinem „Liederschatz", wo aber die Ordnung der Verse unnöthig verändert ist. Engl Ueberf. von Dr. Harbaugh in Schaff's "Christ in Song"

1. Der Herr ist auferstanden!
   Singt, Osterboten, singt,
   Daß laut von Land zu Landen
   Der Jubelruf erklingt,
   Daß alle Gräber beben,
   Die Todten sich beleben;
   Singt, Boten! Jesus lebt!

2. Nicht schläft Er mehr als Leiche,
   Der König lebt im Licht!
   Der ewig Siegesreiche
   Sah die Verwesung nicht.
   Er ist vom Tod erstanden:
   In den zerriss'nen Banden
   Gefesselt liegt der Feind!

3. Uns tönt aus Deinen Grüßen:
   Die Sühnung ist vollbracht!
   Wir knien zu Deinen Füßen,
   Du Licht in uns'rer Nacht!
   Du Heil der armen Sünder,
   Du Haupt der Gotteskinder,
   Nimm uns in Deinen Bund!

4. Dann ziehn wir zu den Grüften,
   Und stehn im Morgenroth,
   Hoch tönt's in allen Lüften:
   „Wo ist dein Stachel, Tod?
   Wo ist dein Sieg, o Hölle?"
   Daß fern die Meereswelle
   Vom Hallelujah hallt!

5. O tragt den Gruß, ihr Boten
   Des Friedens, durch die Welt!
   Nicht laßt sie ruhn, die Todten,
   Denn rettend lebt der Held.
   Sie sollen, Ihm ergeben,
   Trotz Tod und Hölle leben,
   Und ew'g leben Ihm.

6. Kommt her zur Osterfeier,
   Ihr Brüder, kommt herbei!
   Herbei zu dem Befreier [1])
   Aus Satans Tyrannei!
   Die Bande sind zerrissen;
   Eilt aus den Finsternissen
   Zu Jesu Lebensreich!

[1]) Statt zum Siegesfeuer.

Nr. 518. Eigene Melodie.

Ein Himmelfahrtslied von Johannes Zwick, der Herausgeber des ersten Deutsch Reform. Gsgb., unter dem Titel: „Nüw Gsangbüchle von vil schönen Psalmen und geistl. Liedern. Zürich bei Froschauer, 1540"). Ged. um 1530 oder 1536, zuerst gedr 1540 Das beste und verbreitetste Lied dieses Dichters, vom Eisen. Entw. unter die 150 Kernlieder gezählt (obwohl dieser Entwurf im Ganzen bloß 4 Lieder von Reform. Verf. aufgenommen hat). Die urspr. Form siehe bei Wackernagel S. 459, und Mützell I. S. 251, hier mit einigen nöthigen sprachl. Nachbesserungen und rhythmischen Ausgleichungen. B. 6 ist Zusatz späterer Gsgb. Die Melodie findet sich schon 1537. Engl. Uebers. in Lyra Germ. II. 73: "To day our Lord went up on high."

1. Auf diesen Tag bedenken wir [1]),
    Daß Christ gen Himmel g'fahren,
Und flehn mit herzlicher Begier,
    Gott woll' uns All' bewahren,
Die wir auf dieser armen Erd',
Ohn' Ihn, von Noth und Tod beschwert,
    Nicht Trost noch Hoffnung haben.
        Hallelujah, Hallelujah!

2. Gott Lob! nun ist der Weg gemacht,
    Uns steht der Himmel offen
Christus schleußt auf mit großer Pracht;
    Vorhin war All's verschlossen.
Wer's glaubt, deß Herz wird freudenvoll,
Dabei er sich auch rüsten soll,

---

1) So hat das Straßburger Gsgb. von 1560 (nach Mützell). erste Druck von Froschauer, 1540 (den Wackernagel mittheilt) lie „Auf diesen Tag so benten wir", oder genauer. „Uff dien Tag bedenkend wir Das Christus zhimmel gfaren." Im Al. Gsgb. Nr. hat Wackernagel auch die Lesart: bedenken vorgezogen.

Dem Herren nachzufolgen.
Hallelujah, Hallelujah!

3. Wer nicht folgt, noch Sein'n Willen thut,
    Dem ist's nicht ernst zum Herren;
Denn Er wird auch vor Fleisch und Blut
    Sein Himmelreich versperren.
Am Glauben liegt's! so der ist ächt,
So wird gewiß das Leben recht
Zum Himmel sein gerichtet.
    Hallelujah, Hallelujah!

4. Solch' Himmelfahrt fangt in uns an,
    Wenn wir den Vater finden,
Und fliehen stets der Sünder Bahn,
    Thun uns zu Gottes Kindern:
Die sehn hinauf, der Vater herab,
An Lieb' und Treu' geht ihm'n nichts ab,
Bis sie zusammen kommen.
    Hallelujah, Hallelujah!

5. Dann wird der Tag erst freudenreich,
    Wann Gott uns zu Sich nehmen
Und Seinem Sohn wird machen gleich,
    Als wir denn jetzt bekennen.
Da wird sich finden Freud' und Muth
Zu ew'ger Zeit beim höchsten Gut. —
Gott woll', daß wir's erleben!
    Hallelujah, Hallelujah!

6. Preis sei dem Herren Jesu Christ,
    Der für uns ist gestorben,
Der für uns auferstanden ist,
    Und hat das Heil erworben,

Daß wir nun nicht in Adams Fall
Umkommen und verderben All',
Sondern das Leben erben!
Hallelujah, Hallelujah!

Nr. 519. Mel.: Ach Gott und Herr, Wie groß
und schwer.

Ein Himmelfahrtslied von Leonhard Meister, Pfarrer im Canton Graubündten in der Schweiz, gest. 1872. Aus dessen zweiter Gedichtsammlung: „Neue Harfenklänge", Bern 1863.

1. Nur himmelan!
   Die Pilgerbahn
   Darf nun dort oben enden.
   Vom Erdenthal
   Zum Sternensaal
   Sich uns're Blick wenden.

2. Dort gingst Du ein
   Nach Schmach und Pein,
   Die Krone zu empfangen.
   Deß sind wir heut
   So hoch erfreut,
   Und nimmer soll uns bangen.

3. Nur kurze Zeit,
   Und alles Leid
   Liegt tief zu unsern Füßen.
   Wir dürfen dort
   Dich, unsern Hort,
   Im Vaterhause grüßen.

4. Der Glaube schaut
   Schon auferbaut
   Die wundervolle Brücke,
   Die uns von hier
   Hinführt zu Dir
   Und unserm ew'gen Glücke.

5. Nun ist's so schön,
   Von Thal und Höh'n
   Zur Heimath hin zu schauen;
   Denn dort hinauf
   Geht unser Lauf
   Nach seinen goldnen Auen.

Nr. 520. Mel.: Ringe recht, wenn Gottes Gnade.

Luise Hensel, die Tochter eines luther. Predigers in der Mark Brandenburg, Schwester des Historienmalers Wilhelm Hensel, geb. 1798, Erzieherin der Kinder des Grafen Friedrich Leopold zu Stolberg, Verfasserin mehrerer einfältiger, herzinniger Lieder, welche das Mittel zur Bekehrung des Clemens Brentano wurden. Er schrieb darüber a. 1817, diese Lieder haben zuerst die Runde über seinem Herzen gebrochen und seien ihm in ihrer Wahrheit und Einfalt das Heiligste geworden, was ihm in diesem Leben aus menschlichen Quellen zugeströmt. Sie lebt seit mehreren Jahren zurückgezogen in christlichen Liebeswerken, allgemein geachtet und geliebt. Ihre Schwester Wilhelmine, ebenfalls Dichterin, leitet ein Waisenhaus in Pankow bei Berlin.

1. Immer muß ich wieder lesen
   In dem alten heil'gen Buch,
   Wie der Herr so sanft gewesen,
   Ohne Arg und ohne Trug.

2. Wie Er hieß die Kindlein kommen,
   Wie Er hold auf sie geblickt,
   Und sie in den Arm genommen,
   Und an Seine Brust gedrückt!

3. Wie Er Hülfe und Erbarmen
   Allen Kranken gern bewies,
   Und die Blöden, und die Armen
   Seine lieben Brüder hieß.

4. Wie Er keinen Sünder wehrte,
   Der mit Reue zu Ihm kam,
   Wie Er freundlich ihn belehrte,
   Ihm den Tod vom Herzen nahm.

5. Immer muß ich wieder lesen,
   Les und weine mich nicht satt,
   Wie der Herr so treu gewesen,
   Wie Er uns geliebet hat.

6. Hat die Heerde mild geleitet,
   Die Sein Vater Ihm verliehn,
   Hat die Arme ausgebreitet,
   Alle an Sein Herz zu ziehn.

7. Laß mich knien zu Deinen Füßen,
   Herr, die Liebe bricht mein Herz.
   Laß in Thränen mich zerfließen,
   Untergehn in Wonn' und Schmerz.

Nr. 521. Eigene Melodie.

Verfasser unbekannt, um 1530, vielleicht Jörg Berkenmeyer (bisweilen mit Unrecht dem Dr. Luther, oder Bartholomäus Ringwaldt um 1588, oder Hans Witzstadt

on Wertheim zugeschrieben). Das Lied ist ein Ruf
ur Buße, gegründet auf die Einladung Jesu Matth.
11, 28—30. Mützell (I. 78 ff.) giebt davon zwei Drucke.
einen vom Jahre 1530 und einen vom Jahre 1545 mit
15 B. Einige sprachliche Verbesserungen (in denen wir
meist dem N. Würt. Gsgb. folgen, jedoch mit Versetzung
von B. 6 u. 7 an ihre urspr. Stelle und mit Wiederher-
stellung von B. 13) sind unvermeidlich

1. „Kommt her zu Mir", spricht Gottes Sohn,
    „Ihr, denen mit der Sünde Lohn
        „Das Herz ist schwer beladen!
    Ihr Jungen, Alten, Frau und Mann,
    Ich will euch geben, was ich kann,
        „Will heilen euren Schaden!"

2. „Mein Joch ist sanft, leicht Meine Last,
    „Und jeder, der sie willig faßt,
        „Der wird der Höll' entrinnen.
    Ich helf' ihm tragen, was zu schwer;
    Mit Meiner Hülf' und Kraft wird er
        „Das Himmelreich gewinnen."

3. „Was Ich gelitten und gethan
    „In Meinem Leben, schauet an,
        „Das sollt' ihr auch erfüllen.
    Was ihr gedenket, sprecht und thut,
    Das geht nur selig, recht und gut,
        „Wenn's geht nach Gottes Willen." —

4. Gern wollt' die Welt auch selig sein,
    Wenn nur nicht wär' die Schmach und Pein,
        Die alle Christen leiden.
    Doch mag es ja nicht anders sein:
    Darum ergebe sich darein,
        Wer ew'ge Pein will meiden.

5. Heut ist der Mensch jung, schön und stark,
Ist morgen krank und liegt im Sarg,
  Wenn Gott ihn heißet sterben;
Gleichwie die Blumen auf dem Feld,
Wird auch die Herrlichkeit der Welt
  In einem Nu verderben.

6. Dem Reichen hilft nicht großes Gut,
Dem Jungen nicht sein stolzer Muth,
  Er muß aus diesem Maien.
Wenn Einer gäb' die ganze Welt,
Silber und Gold und alles Geld:
  Doch muß. er an den Reihen.

7. Gelehrten hilft nicht Witz noch Kunst;
Die weltlich' Pracht ist gar umsonst,
  Wir müssen alle sterben.
Wer nicht in seiner Gnadenzeit
In Jesu Christ sich macht bereit,
  Ewig muß der verderben.

8. Die Welt erzittert vor dem Tod;
Wenn Einer liegt in letzter Noth,
  Dann will er erst fromm werden.
Er schaffte dieß, er schaffte das, —
Doch seiner Seel' er stets vergaß,
  Dieweil er lebt auf Erden;

9. Und wenn er nimmer leben kann,
So hebt er große Klagen an,
  Will schnell sich Gott ergeben.
Ich fürcht' fürwahr: daß Gottes Gnad',
Die er allzeit verspottet hat,
  Wird schwerlich ob ihn schweben.

10. Drum merket, die da wohlgesinnt
Als gottergeb'ne Kinder sind:
    Laßt euch die Müh' nicht reuen!
Bleibt stets am heil'gen Gotteswort,
Das ist der Seelen höchster Hort;
    Gott wird euch schon erfreuen.

11. Schaut, daß ihr Gut's um Uebles gebt;
Schaut, daß ihr hier unschuldig lebt,
    Laßt euch die Welt nur schelten;
Laßt Gott die Rach' und alle Ehr',
Den schmalen Weg geht immer her;
    Der Welt wird Gott vergelten.

12. Wenn es euch ging' nach Fleisches Muth,
In Gunst, Gesundheit, großem Gut,
    Ihr würdet bald erkalten.
Drum schickt Gott Trübsal her und Schmerz,
Und will durch Züchtigung das Herz
    Zur ew'gen Freud' erhalten.

13 Ihr sollt' nach dieser kurzen Zeit
Mit Christo haben ew'ge Freud',
    Dahin sollt ihr gedenken.
Kein Mensch ist, der aussprechen kann,
Was dort der Fromme wird empfah'n,
    Den Lohn, den Gott wird schenken.

14. Und was der ewig treue Hort
Versprochen hat in Seinem Wort,
    Bezeugt bei Seinem Namen,
Das hält und giebt Er auch fürwahr,
Der helf' uns zu der Engel Schaar,
    Durch Jesum Christum. Amen.

Nr. 522. Eigene Melodie.

Gerhard Tersteegen, geb 1697, gest. 1769 zu Mühl=
heim an der Ruhr. Dieses köstliche Lied von der Liebe
Jesu hat urspr. 8 Strophen und beginnt: „Für Dich sei
ganz mein Herz und Leben." Goßner (in seinem „Schatz=
kästlein") hat die Ordnung der Verse verändert und den
vierten V. zum ersten gemacht, der allerdings einen sehr
schönen Anfang giebt. Aehnlich knapp im Liederschatz.
Die rührende Mel. ist von Bortnianßky, einem Freunde
Goßner's, in Petersburg, auf Grund einer russischen
Volksmelodie bearbeitet. Das Lied geht auch nach der
Melodie: „Erquicke mich, Du Heil der Sünder."

1. Ich bete an die Macht der Liebe,
    Die sich in Jesu offenbart;
Ich geb mich hin dem freien Triebe,
    Mit dem ich Wurm geliebet ward;
Ich will, anstatt an mich zu denken,
Ins Meer der Liebe mich versenken.

2. Für Dich sei ganz mein Herz und Leben,
    Mein süßer Gott, und all' mein Gut,
Für Dich hast Du mir's nur gegeben,
    In Dir es nur und selig ruht.
Hersteller meines schweren Falles,
Für Dich sei ewig Herz und Alles.

3. Ich liebt und lebte recht im Zwange,
    Wie ich mir lebte ohne Dich;
Ich wollte Dich nicht, ach so lange!
    Doch liebtest Du und suchtest mich,
Mich böses Kind aus bösem Samen,
Im hohen, holden Jesus=Namen.

4. Dein's Vaterherzens Eingeweide
    In diesem Namen öffnet sich.

Ein Brunn der Liebe; Fried' und Freude
    Quillt nun so nah, so mildiglich:
Mein Gott, wenn's doch der Sünder wüßte,
Sein Herz alsbald Dich lieben müßte.

5 Wie bist Du mir so zart gewogen,
    Und wie verlangt Dein Herz nach mir!
Durch Liebe sanft und tief gezogen,
    Neigt sich mein Alles auch zu Dir.
Du traute Liebe, gutes Wesen,
Du hast mich und ich Dich erlesen.

6. Ich fühl's, Du bist's, Dich muß ich haben,
    Ich fühl's, ich muß für Dich nur sein,
Nicht im Geschöpf, nicht in den Gaben,
    Mein Leben ist in Dir allein:
Hier ist die Ruh, hier ist Vergnügen,
Drum folg' ich Deinen sel'gen Zügen.

7. Ehr' sei dem hohen Jesus=Namen,
    In dem der Liebe Quell entspringt,
Von dem hier alle Bächlein kamen,
    Aus dem der Sel'gen Schaar dort trinkt!
Wie beugen sie sich ohne Ende!
Wie falten sie die frohen Hände! ¹)

8. O Jesu, daß Dein Name bliebe
    Im Grunde tief gedrücket ein!
Möcht Deine süße Jesus=Liebe
    In Herz und Sinn gepräget sein!
Im Wort, im Werk und allem Wesen
Sei Jesus und sonst nichts zu lesen!

---

1) Eine andere Lesart von Tersteegen selbst
   „Wir beugen uns mit ohne Ende,
    Wir falten mit die frohen Hände."

Nr. 523. Eigene (engl.) Melodie. Rock of ages.

Aus dem Englischen von Aug. M. Toplady, gest.
1778 in Breadbembury, Eng and. 1. Cor. 10, 4; 2 Mof.
17, 6. Zuerst 1776. Ueberf. von unbek. Hand in Amerika,
etwas verändert für dief. Gfgb. Eine andere Uebersetzung
von Albert Knapp, kurz vor dessen Tode auf meine
Bitte verfaßt, s. in dessen Liederschatz, 3. Aufl., Nr. 2856:
„Fels der Geister, schenke mir Zuflucht in der Kluft bei
Dir." Das Original: "Rock of ages, cleft for me", ist
eines der schönsten und beliebtesten englischen Lieder (das
Sterbelied des Prinzen Albert von England). Siehe
Schaff's "Christ in Song", p 461 ff., wo auch die latei-
nische Uebersetzung des englischen Staatskanzlers W. E.
Gladstone mitgetheilt ist. Das Lied ist auch in's
Französische (Divin Rocher, brisé pour moi), in's Ita-
lienische (Roccia de' secoli-schiura per me), Spanische
(Oh Roca de los siglos por mi abierta) und in's Ara-
bische übersetzt.

1. Fels der Felsen, ewiglich
   Birg in Deiner Spalte mich!
   Deiner Seite heil'ge Fluth,
   Jenes Wasser und das Blut,
   Hat mich doppelt freigemacht,
   Von der Sünde Schuld und Macht.

2. Eignes Wirken hilft mir nicht,
   Herr, vor Deinem heil'gen Licht;
   Laß den Eifer brennend sein,
   Laß die Thränen fließen drein, —
   Alles das tilgt nicht die Schuld,
   Herr! es hilft nur Deine Huld. [1]

---

[1] Bei Knapp: Nichts kann mich von Schuld befrein,
Du mußt helfen Du allein.
All for sin could not atone,
Thou must save, and Thou alone.

3. Nichts, mein Heiland bring' ich hie,
   Nur zu Deinem Kreuz ich flieh',
   Nackt und bloß, — o kleide mich!
   Hülflos, — ach erbarme Dich!
   Unrein, Herr, komm' ich vor Dich,
   Wasch' mich rein, sonst sterbe ich!

4. Jetzt, da noch mein Odem geht,
   Einstens, wenn er stille steht,
   Wenn zur obern Welt ich zieh',
   Vor dem Richterthrone knie, —
   Fels der ·Felsen, ewiglich
   Birg in Deiner Spalte mich!

———————

Nr. 524. Mel.: Mein erst Gefühl sei Preis und Dank. Oder: Ich dank' Dir schon durch Deinen Sohn.

Johann Caspar Lavater. Geb. am Neujahrstage 1780. Nach dem Spruche Johannes des Täufers: „Christus muß wachsen: ich aber muß abnehmen." Eines der schönsten, wo nicht das schönste seiner Lieder. Es ist das einzige von ihm, das G. Schwab in seine Mustersammlung (3. Aufl., Leipzig 1848, S. 123) aufgenommen hat. Auch Wilh. Wackernagel giebt es in s. Deutschen Lesebuch (Th. II, Basel 1847, S. 846). Dagegen finde ich es in keiner hymnologischen Sammlung, außer in Knapp's Liederschatz, Nr 1514, unter den Heiligungsliedern. Eine gute engl. Uebers. von Frau Professor H. B. Smith in Neu-York, "O Jesus Christ, grow Thou in me", gedr. in der Londoner (nicht in der N. Yorker) Ausgabe von Schaff's "Christ in song."

1. O Jesus Christus, wachs' in mir,
   Und alles andre schwinde!
   Mein Herz sei täglich näher Dir,
   Und ferner von der Sünde!

2. Laß täglich Deine Huld und Macht
   Um meine Schwachheit schweben!
   Dein Licht verschlinge meine Nacht,
   Und meinen Tod Dein Leben.

3 Beim Sonnenstrahle Deines Lichts
   Laß jeden Wahn verschwinden;
   Dein Alles, Christus, und mein Nichts,
   Laß täglich mich empfinden.

4. Sei nahe mir, werf' ich mich hin,
   Wein' ich vor Dir im Stillen;
   Dein reiner, gottgelaßner Sinn
   Beherrsche meinen Willen.

5. Blick immer herrlicher aus mir
   Voll Weisheit, Huld und Freude!
   Ich sei ein lebend Bild von Dir
   Im Glück, und wenn ich leide.

6. Mach Alles in mir froh und gut,
   Daß stets ich minder fehle;
   Herr, Deiner Menschenliebe Gluth
   Durchglühe meine Seele.

7. Es werde Stolz, und Trägheit weich,
   Und jeder Leichtsinn fliehe;
   Wenn, Herr, nach Dir und Deinem Reich
   Ich redlich mich bemühe.

8. Mein eignes, eitles, leeres Ich
   Sei jeden Tag geringer;
   O würd' ich jeden Tag durch Dich
   Dein würdigerer Jünger;

9. Von Dir erfüllter jeden Tag,
   Und jeden von mir leerer!

O Du, der über Flehn vermag,
    Sei meines Flehns Erhörer!

10. Der Glaub' an Dich und Deine Kraft
    Sei Trieb von jedem Triebe:
Sei Du nur meine Leidenschaft,
    Du meine Freud' und Liebe!

Nr. 525. Mel.: Es ist ein' Ros' entsprungen.

Frau **Meta Heußer-Schweizer**, geb. 1797 in Hirzel, Canton Zürich. Geb. den 29. Juli 1844 für das neue
Züricher Gsgb. auf Verlangen der Bearbeiter. Ein herrliches Jesuslied, das in der Schweiz sehr populär geworden ist und in frommen Kreisen viel gesungen wird. Es
steht nicht in den beiden Sammlungen ihrer Gedichte, die
in Leipzig a. 1858 und a. 1870 erschienen sind.

1. O Jesus Christ, mein Leben,
    Mein Trost in aller Noth,
Dir hab' ich mich ergeben
    Im Leben und im Tod!
Ich will Dein eigen sein,
    Erlöser meiner Seele,
Und ewig bist Du mein!

2. Du gingst, uns zu erlösen,
    In stiller Liebesmacht,
Umringt vom Heer des Bösen,
    In Kampf und Todesnacht.
Du, im Erliegen Held,
    Durchbrachst des Todes Bande,
Und rettetest die Welt.

3. Nun singt von Deinen Schmerzen
    Und Deiner Herrlichkeit

Die Schaar versöhnter Herzen,
   Von Schuld und Tod befreit.
Auch meine Seele sei,
   Du Retter der Verlornen,
Ein Loblied Deiner Treu!

4. Verläßt im bittern Leide
      Mich auch die ganze Welt,
   So wird doch Eine Freude
      Mir nimmermehr vergällt:
   Der Herr ist mein Gewinn!
      Mein Jesus lebt! So fahre,
   Was irdisch ist, dahin!

5. Du bist mein ew'ges Leben,
      Mein Licht in dunkler Nacht;
   Drum will ich Dich erheben
      Aus aller Herzensmacht
   Schon hier im Erdenstreit
      Und bald in Friedenshütten
   Der stillen Ewigkeit.

6. Triumph! bald werd' ich kommen
      In's Reich der süßen Ruh!
   Dann jauchz' ich mit den Frommen
      Dir, o mein Heiland, zu.
   Zieh kräftig mich hinauf!
      Ich will mit Freuden eilen,
   Zu Dir geht ja mein Lauf!

—————

Nr. 526. Mel.: Alle Menschen müssen sterben.

C. Joh. Phil. Spitta, geb. 1801 in Hannover, gest. 1859. „Nachgelassene geistliche Lieder". herausgegeben von Ab. Peters. Leipzig 1861.

1. Laßt mich bei dem Kreuze stehen,
   Wie Maria schmerzenreich,
Auf zu dem Geliebten sehen,
   Der da droben hängt so bleich,
Der Sein heilig theures Leben
Auch für mich dahin gegeben.
Der zu mir vom Kreuze spricht:
Sieh, ich trage Dein Gericht!

2. Laßt mich bei dem Kreuze stehen,
   Mein Versöhner hängt daran,
Der, was sollte mir geschehen,
   Selbst gelitten, abgethan.
Meine Sünde und Sein Lieben
Hat in solchen Tod getrieben
Den, der Gnade mir erwirbt,
In dem meine Sünde stirbt.

3. Laßt mich bei dem Kreuze stehen,
   Das ist meines Königs Thron;
O wie milde anzusehen,
   Ist Er mit der Dornenkron'!
Alles deutet mir auf Seine
Schmerzenreiche, tiefe, reine,
Demuthsvolle Liebe hin,
Die mein Heil und mein Gewinn.

4. Laßt mich bei dem Kreuze stehen,
   D'ran mein Hoherpriester litt,

Der mit Bitten und mit Flehen
  Bei dem Vater mich vertritt.
Der kein frembes Opfer brachte,
Nein, Sich selbst zum Lamme machte,
Das sein heil'ges Opferblut
Hat vergossen mir zu gut.

5. Laßt mich bei dem Kreuze stehen!
  O es ist kein Wahn, kein Traum,
Dort zu finden und zu sehen
  Den verlornen Lebensbaum.
Seit im Glauben ich genossen
Seine Lebensfrucht, da flossen
In die leere, todte Brust
Ströme neuer Lebenslust.

6. Und so will ich stehen bleiben
  Bei dem Kreuz auf Golgatha,
Da soll mich kein Spott vertreiben,
  Wo mir solch ein Heil geschah
Froh und laut will ich's verkünden:
Die Vergebung meiner Sünden,
Trost in aller Seelenpein
Find' ich bei dem Kreuz allein.

Nr. 527. Eigene Melodie.

Dr C. Joh. Phil. Spitta, geb. 1801, gest. 1859.
Aus seinem Nachlaß geistlicher Lieder, herausgegeben
von Ar. Peters, 1861

1. Wir haben immer Friede
  In allem Kampf und Streit,
Wir werden niemals müde

Bei aller Thätigkeit:
Denn Fried' und Kraft giebt Jesus Christ
Dem Herzen, das sein eigen ist.

2. Wir sind doch stets voll Wonne,
So sehr die Sünd' uns kränkt,
Wir geh'n im Licht der Sonne,
Selbst wenn uns Nacht umfängt:
Denn Wonn' und Licht giebt Jesus Christ
Dem Herzen, das sein eigen ist.

3. Wir sind so arm geachtet,
Und sind so überreich,
Sind von der Welt verachtet
Und doch so ehrenreich:
Denn Reichthum, Würd' und Ehre ist
Dem gläub'gen Herzen Jesus Christ.

4. Wir sind auch stets voll Hoffen,
Wenn sich die Zukunft trübt,
Wir sehn den Himmel offen,
Wenn uns die Höll' umgiebt;
Denn Alles giebt ja Jesus Christ
Dem Herzen, das sein eigen ist.

Nr. 528. Mel.: Wie schön leuchtet der Morgenstern.
Karl Gerok, Prälat und Hofprediger in Stuttgart. Aus seinen „Pfingstrosen", Stuttgart 1864. Ueber Apostelgesch. 4, 12: „Es ist in keinem Andern Heil" 2c.

1. Es ist in keinem Andern Heil,
Kein Name ward uns sonst zu Theil,
Darin wir selig werden;
Der Stein, den alle Welt veracht't,

Zum Eckstein hat ihn Gott gemacht
    Im Himmel und auf Erden;
Droben Loben Sel'ge Geister
Ihn als Meister, Und im Staube
Preist in Thränen Ihn der Glaube.

2. Viel Namen glänzten in der Welt,
Sie funkelten am Himmelszelt,
    Und mußten doch zerstieben;
Erst prangten sie im Heldenbuch,
Dann sanken sie in's Leichentuch,
    Und keiner ist geblieben; —
Keiner? Einer! Einer funkelt
Unverdunkelt Durch die Zeiten,
Ja durch tiefe Ewigkeiten.

3. Wo sind die blut'gen Helden all',
Die hoch zu Roß den Erdenball
    Durchstürmten nach einander?
Wo ist dein Heer, o Pharao,
Wo ist dein Schwert, o Scipio?
    Dein Reich, o Alexander?
Träume! Schäume! Schall in Lüften,
Staub in Grüften, Spiel für Kinder
Seid ihr Weltenüberwinder!

4. Was ist der Weisen Wissenschaft?
Was haben sie zu Tag geschafft,
    Ein hungrig Herz zu nähren?
Egyptens Weisheit mumienalt,
Hellenenkunst so marmorkalt,
    Sammt Buddha's düstern Lehren.
Künste, Dünste! - Trost für Schmerzen,

Heil für Herzen, Mark des Lebens
Sucht bei euch die Welt vergebens.

5. Was ist der Erdenminne Lust?
Was frommt der armen Menschenbrust
Ein heißgeliebter Name?
Bald jauchzt die Seele himmelwärts,
Bald weint im Staub das wunde Herz,
Verzehrt von süßem Grame;
Freudvoll, Leidvoll, Ewig Sehnen,
Eitle Thränen, Kurze Freuden
Und am Sarg ein bitt'res Scheiden!

6. Es ist in keinem Andern Heil,
Kein Name ward uns sonst zu Theil
Im Himmel und auf Erden;
Du süßer Name Jesu Christ,
Der Du der Psalm der Engel bist,
Sollst auch mein Loblied werden!
Seele, Wähle: Hier die Bronnen
Irb'scher Wonnen, Dort die Weide
Wahren Lebens, ew'ger Freude.

Nr. 529. Mel.: Jesus, meine Zuversicht.

Aus dem Englischen von Miß **Charlotte Elliott.**
"Just as I am, —twithout one plea." 1836. Knapp'
Lieberschatz, 3te Aufl. Nr. 1318.

1. Wie ich bin, komm ich zu Dir,
Nichts hat mir die Thür erschlossen,
Als Dein Ruf: Kommt her zu mir!
Und Dein Blut, für mich geflossen;
Dies allein ermuthigt mich,
Gotteslamm, hier komme ich!

2. Wie ich bin, komm ich zu Dir!
  Auch nicht einen meiner Fehle
Auszutilgen steht bei mir;
  Meine schuldbefleckte Seele
Wird gereinigt nur durch Dich,
Gotteslamm, hier komme ich!

3. Wie ich bin, komm ich zu Dir!
  Ob auch Zweifel mich umfangen;
Umgetrieben bin ich hier
  Von so manchem Kampf und Bangen,
Trübsal inn= und äußerlich, —
Gotteslamm, hier komme ich!

4. Wie ich bin, tret' ich herzu —
  Elend, arm, am Geist erblindet;
Meinen Mangel stillest Du,
  Heilung, Reichthum, der nicht schwindet,
Alles finde ich durch Dich —
Gotteslamm, hier komme ich!

5. Wie ich bin, komm ich zu Dir,
  Deine Liebe sonder Gleichen
Ist zu stark geworden mir,
  Alle Schranken müssen weichen;
Dir, nur Dir verschreib' ich mich, —
Gotteslamm, hier komme ich!

6. Wie ich bin, komm ich zu Dir;
  Dieser Liebe Längen, Breiten,
Höh'n und Tiefen laß mich hier,
  Droben dann durch Ewigkeiten
Schau'n und preisen seliglich,
Gotteslamm, hier komme ich! —

Nr. 530. Mel.: Herr Jesu Christ, Dich zu uns
wend'.

Johann Heermann. 1630. Ein Abendmahlslied
(vgl. 261). Steht nach Mützell (Geistl. Lieder aus dem
17ten Jahrhund. I. 46) in fast allen älteren Gsgb., fehlt
aber in vielen neueren, z. B. auch dem Würt., dem Eisen.,
dem von Knapp, Wackernagel rc., kann also kaum zu den
Kernliedern im engeren Sinne gezählt werden. Lange
hat es nicht in seine Sammlung aufgen., in Knapp's
Liederschatz (3. Aufl.) steht es unter Nr. 940 mit dem veränderten Anfang: „O Jesu Christe, Gotteslamm", und
anderen zum Theil unnöthigen Neuerungen Urspr. 12 B.
In einigen Gsgb. beginnt es: „O Jesu, Du mein Bräutigam."

1. O Jesu, Seelen=Bräutigam,
   Der Du aus Lieb' am Kreuzesstamm
   Für mich den Tod gelitten hast,
   Und ausgetilgt der Sünden Last:

2. Ich komm zu Deinem Abendmahl,
   Verderbt durch manchen Sündenfall.
   Ich bin krank, unrein, blind und bloß:
   Mach' mich von allem Elend los.

3. Du bist der Arzt, Du bist das Licht,
   Du bist der Herr, dem nichts gebricht;
   Du bist der Brunn der Heiligkeit,
   Du bist das rechte Hochzeitskleid.

4. Darum, Herr Jesu! bitt' ich Dich:
   In meiner Schwachheit heile mich;
   Was unrein ist, das mache rein
   Durch Deinen hellen Gnadenschein.

5. Erleuchte mein verfinstert Herz
   Und richt' es zu Dir himmelwärts;

Speis mich mit Dir, dem Lebensbrot,
O Jesu, wahrer Mensch und Gott. [1]

Lösch alle Laster aus in mir,
Mein Herz mit Lieb und Glauben zier,
Und was sonst ist von Tugend mehr,
Das pflanz in mir zu Deiner Ehr'.

7. Gieb, was mir nützt an Seel' und Leib;
Was schädlich ist, fern von mir treib';
Komm in mein Herz, laß mich mit Dir
Vereinigt bleiben für und für.

8. Hilf, daß durch dieser Mahlzeit Kraft,
Das Bös' in mir werd' abgeschafft;
Erlaß mir alle Sündenschuld,
Schenk mir des Vaters Lieb' und Huld.

9. Mein Leben, Sitten, Sinn und Pflicht
Nach Deinem heil'gen Willen richt':
Ach, laß mich meine Tag' in Ruh'
Und Friede christlich bringen zu,

10. Bis Du mich, o Du Lebensfürst,
Zu Dir in Himmel nehmen wirst,
Daß ich bei Dir dort ewiglich
An Deiner Tafel freue mich.

---

1) Zusammenziehung von B. 5 und 6. B. 6 heißt urspr.: „Auf
daß ich Dich, Du wahres Brot Der Engel, wahrer Mensch und Gott,
Mit solcher Ehrerbietung nehm', Wie Dir das rühmlich, mir bequem"
nützlich).

Nr. 531. Eigene Melodie.

Johann Matthesius (?) Ein beliebtes Morgenlied das der Freund und Biograph Luthers während einer schweren Zeit geistlicher Anfechtung (vgl. V 5) a 1564 verfaßt haben soll. Es ist von seinen Liedern das beste und verbreitetste. Es steht aber in den ältesten Drucken anonym und fehlt auch in den ältesten Sammlungen der Lieder des Matthesius von 1580 u. 1585. Mützell sagt (II. 464): „Ueberdieß habe ich das Lied in den mir zugänglichen Originaldrucken der Werke von J M. nicht vorgefunden." Mützell theilt 9 Abdrücke aus dem letzten Jahrzehnt des 16ten Jahrh. (den ersten von 1592) mit, die zum Theil ziemlich stark von einander abweichen, so daß es fast unmöglich ist, den urspr. Text vollkommen herzustellen Der zweite V. ist gewöhnlich mit dem ersten durch „Und das" verbunden, was aber den Satz zu sehr verlängert und schleppend macht.

1. Aus meines Herzens Grunde
    Sag' ich Dir Lob und Dank
   In dieser Morgenstunde
      Und all mein Lebenlang,
   O Gott in Deinem Thron,
   Dir zu Lob, Preis und Ehren,
   Durch Christum, unsern Herren,
   Dein'n eingebornen Sohn.

2. Du hast aus lauter Gnaden
      In der vergang'nen Nacht
   Mich vor Gefahr und Schaden
      Behütet und bewacht.
   Ich bitt' demüthiglich,
   Wollst mir mein' Sünd' vergeben,
   Womit in diesem Leben
   Ich hab' erzürnet Dich.

Du wollst mich auch behüten
An diesem ganzen Tag
Vor Satans List und Wüthen,
Vor Sünden und vor Schmach;
Vor Feu'r und Wassersnoth,
Vor Armuth und vor Schanden,
Vor Ketten und vor Banden,
Vor bösem, schnellem Tod.

4. Mein Leib und meine Seele,
Mein Weib [Mann], Gut, Ehr' und Kind
Ich Deinem Schutz befehle,
Dazu mein Hausgesind',
Als Dein Geschenk und Gab',
Mein' Eltern und Verwandten,
Geschwister und Bekannten,
Und Alles, was ich hab'.

5. Laß Deinen Engel bleiben,
Und weichen nicht von mir,
Den Satan zu vertreiben,
Auf daß der Böse hier
In diesem Jammerthal
Nicht seine Tücke übe,
Noch Leib und Seel' betrübe
Und bringe mich zu Fall.

6. Gott will ich lassen rathen,
Der alle Dinge lenkt;
Er segne meine Thaten,
Und was mein Herz gedenkt,
Dir sei es heimgestellt;
Leib, Seele, Geist und Leben

Sei Gott, dem Herrn, ergeben:
Er mach's, wie's Ihm gefällt.

7. Darauf, so sprech' ich Amen!
   Und zweifle nicht daran!
Gott nimmt in Jesu Namen
   Mein Flehen gnädig an ¹)
D'rauf streck ich aus die Hand,
Greif an das Werk mit Freuden,
Das Gott mir wollt' bescheiden
In meinem Amt und Stand.

Nr. 532. Mel.: Herr Gott, Dich loben Alle wir.

Abendlied von **Nikolaus Hermann.** 1560. Bei
Mützell II. 433. Eisenacher Gsgb. Nr. 75. Wackernagel,
Kl. Gsgb. Nr. 161.

1. Hinunter ist der Sonne Schein,
   Die finst're Nacht bricht stark herein:
   Leucht uns, Herr Christ, Du wahres Licht,
   Laß uns im Finstern tappen nicht!

2. Dir sei Dank, daß Du uns den Tag
   Vor Schaden und vor mancher Plag'
   Durch Deine Engel hast behüt't
   Aus Gnad' und väterlicher Güt'.

3. Womit wir heut erzürnet Dich,
   Dasselb' verzeih uns gnädiglich,
   Und rechn' es unsrer Seel' nicht zu.
   Laß uns schlafen in Fried' und Ruh.

---

1) Urspr.: „Gott wird es alls zusammen Ihm wohlgefallen lan (lassen)“, oder ähnlich. S. die Abweichungen bei Mützell.

. Die Engel Dein zur Wach' bestell',
Daß uns der böse Feind nicht fäll';
Vor Schrecken, Angst [1]) und Feuersnoth
Behüt uns heint [2]), o lieber Gott!

Nr. 533. Eigene Melodie.

Abendlied von Joachim Neander, Verf. der herrlichen Bundeslieder, geb. 1650 in Bremen, gest. als Prediger daselbst am Pfingstfest 1680, mit den Worten: „Es
gehet meiner Seele wohl. Es werden wohl Berge weichen und Hügel hinfallen, aber Gottes Gnade wird nicht
von mir weichen, und der Bund Seines Friedens wird
nicht hinfallen."

1. Der Tag ist hin, mein Jesu bei mir bleibe!
O Seelenlicht, der Sünden Nacht vertreibe;
Geh auf in mir, Glanz der Gerechtigkeit,
Erleuchte mich, o Herr! denn es ist Zeit!

2. Lob, Preis und Dank sei Dir, mein Gott,
                                    gesungen,
Dir sei die Ehr', wenn Alles wohl gelungen
Nach Deinem Rath, ob ich's gleich nicht
                                    versteh;
Du bist gerecht, es gehe wie es geh.

3. Nur Eines ist, das mich empfindlich quälet:
Beständigkeit im Guten mir noch fehlet;
Das weißt Du wohl, o Herzenskündiger,
Ich strauchle noch wie ein Unmündiger.

---

1) So das Eisen. Gsgb. und auch Wackernagel (Kleines Gsgb.
Nr. 161) statt „G'spenst."
2) D. i. „heute Nacht."

4. Vergieb es, Herr, was mir sagt mein Ge-
                                       wissen:
   Welt, Teufel, Sünd' hat mich von Dir ge-
                                       rissen.
   Es ist mir leid, ich stell' mich wieder ein;
   Da ist die Hand: Du mein und ich bin Dein.

5. Israels Schutz, mein Hüter und mein Hirte,
   Zu meinem Trost Dein sieghaft Schwert
                                    umgürte!
   Bewahre mich durch Deine große Macht,
   Wenn Belial nach meiner Seele tracht't.

6. Du schlummerst nicht, wenn matte Glieder
                                     schlafen;
   Ach laß die Seel' im Schlaf auch Gutes
                                     schaffen!
   O Lebenssonn', erquicke meinen Sinn;
   Dich laß ich nicht, mein Fels! — Der Tag
                                      ist hin.

Nr. 534. Mel.: Gott sei Dank in aller Welt.
Luise Hensel, geb. 1798. Ein kindliches Nachtgebet

1. Müde bin ich, geh zur Ruh,
   Schließe beide Aeuglein zu:
   Vater, laß die Augen Dein
   Ueber meinem Bette sein!

2. Hab' ich Unrecht heut gethan,
   Sieh es, lieber Gott, nicht an!
   Deine Gnad' und Jesu Blut
   Macht ja allen Schaden gut.

3. Alle, die mir sind verwandt,
   Gott, laß ruhn in Deiner Hand:
   Alle Menschen, groß und klein,
   Sollen Dir befohlen sein.

4. Kranken Herzen sende Ruh,
   Nasse Augen schließe zu;
   Laß den Mond am Himmel stehn
   Und die stille Welt besehn! [1]

Nr. 535. Mel.: Befiehl du deine Wege.

Salomo Liscov (Liscovius), gest. als Diakonus in Wurzen 1689. Aus Knapp's Liederschatz Nr. 2803. Das Lied findet sich nach der Behauptung von Koch (IV. 275, 2. Aufl.) nicht in Liscov's Schriften, wohl aber in dem Braunschweiger Gsgb. von 1686 ("Frommer Christen goldener Herzensschlag"). Es fehlt in vielen der besten neuern Gsgb. Deutschlands, aber fast in keinem amerik. Die Anrede an den Menschen widerstreitet eigentlich der Idee eines Kirchenliedes, das, als ein poetisches Gebet, eine Anrede an Gott sein soll. Doch ist der Inhalt entschieden erbaulich.

1. Bedenke, Mensch, das Ende,
   Bedenke deinen Tod!
   Wie kommt so oft behende
   Die bitt're Sterbensnoth.
   Schon morgen, und geschwinder
   Kannst du gestorben sein;
   Drum bilde dir, o Sünder,
   Ein täglich Sterben ein!

---

[1] Knapp (Liederschatz Nr. 2526) verändert die beiden letzten Zeilen:
Laß, die noch im Finstern gehn,
Bald den Stern der Weisen sehn.

52

2. Bedenke, Mensch, das Ende,
    Bedenke das Gericht!
  Es müssen alle Stände
    Vor Jesu Angesicht.
  Kein Mensch ist ausgenommen;
    Dort muß ein Jeder nahn,
  Und wird den Lohn bekommen,
    Nachdem er hier gethan.

3. Bedenke, Mensch, das Ende,
    Der Hölle Angst und Leid,
  Daß dich nicht Satan blende
    Mit seiner Eitelkeit!
  Hier ist ein kurzes Freuen,
    Dort aber ewiglich
  Ein kläglich, schmerzlich Schreien;
    Ach, Sünder, hüte dich!

4. Bedenke, Mensch, das Ende;
    Bedenke doch die Zeit,
  Damit kein Tand dich wende
    Von jener Herrlichkeit!
  Dort wird vor Gottes Throne
    Der Glaube nur bestehn;
  Dort wird die Lebenskrone
    Nur der Gerechte sehn.

5. Herr, lehre mich bedenken
    Des Lebens letzte Zeit,
  Daß sich nach Dir zu lenken
    Mein Herze sei bereit.
  Laß mich den Tod betrachten
    Und Deinen Richterstuhl;

Laß mich auch nicht verachten
Der Hölle Feuerpfuhl!

6. Hilf, Gott, daß ich in Zeiten
Auf meinen letzten Tag
Durch Buße mich bereiten,
Und täglich sterben mag.
Im Tod und vor Gerichte
Steh mir, o Jesu, bei,
Daß ich im Himmelslichte
Zu wohnen würdig sei.

Nr. 536. Mel.: Herr Jesu Christ, Dich zu uns wend'.

Paul Eber (?) gest. 1669. Das Lied wird ihm gewöhnlich zugeschrieben. Mütz II (II. S. 491) konnte es
nicht vor 1648 finden, obwohl er nicht zweifelt, daß es
schon in früheren Gsgb stand. Wackernagel (S. 384)
theilt einen späteren Druck aus Schamelii Evang. Lieder-
Commentarius (2te Aufl., 1737) mit, der von dem älteren Texte Mützell's etwas abweicht und aus zwei sechszeiligen, statt aus drei vierzeiligen Strophen besteht. Die
letzte Hälfte der ersten und die erste Hälfte der zweiten
Strophe finden sich auch mit geringen Abweichungen in
anderen Liedern und bilden den Anfang eines der schönsten Lieder Zinzendorf's. Vgl. Nr. 291.

1. In Christi Wunden schlaf ich ein,
Die machen mich von Sünden rein;
Ja, Christi Blut und Herrlichkeit
Ist meine Zier und Ehrenkleid. [1]

---

[1] Oder: „mein Ornat" ꝛc. Wir folgen hier Mützell. Olearius
liest: „Sein Blut, Verdienst, Gerechtigkeit Bleibt mein
Schmuck" u. s. w.; Schamelius und Wackernagel: „Ja, Christi Blut
und Gerechtigkeit, Das ist mein Schmuck und Ehrenkleid."
In letzterer Form hat Zinzendorf den Vers adoptirt.

2. Damit will ich vor Gott bestehn,
   Wann ich zum Himmel werd' eingehn.
   Mit Fried' und Freud' ich fahr' dahin,
   Ein Gotteskind ich allzeit bin.

3. Dank dir, mein Tod! Du förderst mich,[1]
   In's ew'ge Leben wandre ich,
   Mit Christi Blut gereinigt sein.
   Herr Jesu, stärk den Glauben mein!

———

Nr. 537. Mel: Jesus, meine Zuversicht.

Ernst Moritz Arndt gest. in Bonn als 91jähriger Greis am 25. Jan. 1860. Ged. um 1840 und gesungen an seinem Grabe. Ein Zeugniß davon, daß der irdische Patriotismus sich wohl vereinigen läßt mit Liebe zum himmlischen Vaterlande. Das Lied ist bereits in mehrere Gsgb., selbst in die von Phil. Wackernagel und Bilmar überg gangen, die sich sonst fast ausschließlich an das Alterthümliche halten. „Derselbe E. M. Arndt, der über den Rhein, daß er Deutschlands Strom und nicht Deutschlands Grenze sei, geschrieben, der von Schill u. B.üchet und Scharnhorst und allen deutschen Ehren gesungen, der hat auch Lieder zu Ehr n Gottes gemacht, der deutsche Mann war ein frommer Mann. Die Liebe zu Gott und die Arbeit für sein Reich zu vereinigen mit der Liebe zum Vaterlande und der Arbeit für dessen Heil und Ehre, das ist die große Lebensaufgabe für das deutsche Gemüth, an deren Härten schon manchei Schiffbruch gelitten und entweder Gott oder sein Vaterland verläugnet hat." (Wackernagel.) Doch steht Arndt keineswegs allein in dieser Vereinigung des Patriotismus und christlichen Glaubens; man denke an Luther, Zwingli, Carl v. Stein, Schleiermacher, Friedrich Perthes, Max v. Schenkendorf

1. Geht nun hin und grabt mein Grab,
   Denn ich bin des Wanderns müde;

———

[1] So Mützell. Andere lesen „führest mich."

Von der Erde scheid' ich ab,
   Denn mir ruft des Himmels Friede,
Denn mir ruft die süße Ruh'
   Von den Engeln droben zu.

2. Geht nun hin und grabt mein Grab,
   Meinen Lauf hab' ich vollendet,
Lege nun den Wanderstab
   Hin, wo alles Jrd'sche endet;
Lege selbst mich nun hinein
Ju das Bette sonder Pein.

3. Was soll ich hienieden noch
   Ju dem dunklen Thale machen?
Denn wie mächtig, stolz und hoch
   Wir auch stellen unsre Sachen,
Muß es doch wie Sand zergehn,
Wann die Winde drüber wehn.

4. Darum, Erde, fahre wohl!
   Laß mich nun in Frieden scheiden;
Deine Hoffnung, ach! ist hohl,
   Deine Freuden werden Leiden,
Deine Schönheit Unbestand,
Alles Wahn und Trug und Tand.

5. Darum letzte gute Nacht,
   Sonn' und Mond und liebe Sterne!
Fahret wohl mit eurer Pracht!
   Denn ich reis' in weite Ferne,
Reise hin zu jenem Glanz,
Worin ihr erbleichet ganz.

6. Die ihr nun in Trauern geht,
   Fahret wohl, ihr lieben Freunde!
Was von oben niederweht,
   Tröstet froh des Herrn Gemeinde.
Weint nicht ob dem eitlen Schein:
Droben nur kann's ewig sein.

7. Weinet nicht, daß ich nun will
   Von der Welt den Abschied nehmen;
Daß ich aus dem Irrland will,
   Aus den Schatten, aus den Schemen,[1]
Aus dem Eitlen, aus dem Nichts
Hin in's Land des ew'gen Lichts.

8. Weinet nicht! mein süßes Heil,
   Meinen Heiland hab' ich funden,
Und ich habe auch mein Theil
   In den warmen Herzenswunden,
Woraus einst Sein heil'ges Blut
Floß der ganzen Welt zu gut.

9. Weint nicht! mein Erlöser lebt!
   Hoch vom finstern Erdenstaube
Hell empor die Hoffnung schwebt,
   Und der Himmelsheld, der Glaube,
Und die ew'ge Liebe spricht:
„Kind des Vaters, zitt're nicht!"

---

1) T b. wesenlose Bilder, Vi 39, 7 Für Irrland in der vorigen Zeile substituiren das Würt Gsgb. und Knapp Irrthum; was aber den Sinn etwas abschwächt, da mit jenem Ausdrucke die ganze Erde als ein Land des Irrthums gemeint ist.

Nr. 538. Mel.: Vater unser im Himmelreich.

Unbekannt. 1625. Häufig dem Nürnberger Prediger Dan el Wülffer, gest. 1685, zugeschrieben, aber ohne guten Grund. Raumer giebt 11 B; Knapp im Lieberschatz 8, aber stark verändert: Wackernagel 9. Wir folgen der Recension des letzteren, der sein Kl. Gsgb. damit beschließt. Das Eisen. Gsgb. läßt es aus, und man kann es allerdings nicht zu den Kernliedern zählen, obwohl es sehr ernst und erbaulich ist. Eine engl. Ueberj. von Cath. Winkworth in Lyra Germ. 1 24: "Eternity! Eternity! How long art thou eternity!"

1. O Ewigkeit, o Ewigkeit,
   Wie lang bist du o Ewigkeit!
   Doch eilt zu dir schnell uns're Zeit,
   Gleichwie das Schlachtroß zu dem Streit,
   Das Boot nach Haus, das Schiff zum Port,
   Der schnelle Pfeil vom Bogen fort.

2. O Ewigkeit, o Ewigkeit,
   Wie lang bist du, o Ewigkeit!
   Gleichwie an einer Kugel rund
   Kein Anfang und kein End' ist kund,
   Also, o Ewigkeit, an dir,
   Nicht Ein= noch Ausgang finden wir.

3. O Ewigkeit, o Ewigkeit,
   Wie lang bist du, o Ewigkeit!
   Du bist ein Ring, unendlich weit,
   Dein Mittelpunkt heißt Allezeit,
   Niemal der weite Umkreis dein,
   Weil deiner nie kein End' wird sein.

4. O Ewigkeit, o Ewigkeit,
   Wie lang bist du, o Ewigkeit!
   Wegnehmen könnt' ein Vöglein klein

All ganzer Welt Sand, Berg und Stein:
Wenn's auch nur käm all tausend Jahr,
Von dir wär noch nichts weg fürwahr.

5. O Ewigkeit, o Ewigkeit,
    Wie lang bist du, o Ewigkeit!
    In dir, wenn nur all tausend Jahr
    Ein Aug' vergöß' ein' kleine Zähr',
    Würd' wachsen Wasser solche Meng',
    Daß Erd' und Himmel wär zu eng.

6. O Ewigkeit, o Ewigkeit,
    Wie lang bist du, o Ewigkeit!
    Hör', Mensch! so lange Gott wird sein,
    So lang wird sein der Höllen Pein,
    So lang wird sein des Himmels Freud':
    O lange Freud', o langes Leid!

7. O Ewigkeit, o Ewigkeit,
    Wie lang bist du, o Ewigkeit!
    Verständig ist, der dich betracht,
    Des Fleisches Lust er leicht veracht,
    Bei ihm die Welt nicht Platz mehr find't,
    Die Lieb' zum Eitlen bald verschwind't.

8. O Ewigkeit, o Ewigkeit,
    Wie lang bist du, o Ewigkeit!
    Wer dich besinnt, zu Gott so spricht:
    „Hie brenn, hie schneid, hie straf und richt,
    Hie handle nach Gerechtigkeit,
    Verschon nur nach der Gnadenzeit!"

9. O Ewigkeit, o Ewigkeit,
    Wie lang bist du, o Ewigkeit!
    O Mensch, oft deine Sinnen stell',

Zu denken an die Qual der Höll'
Und an der Frommen Herrlichkeit!
Es wäret beides ohne Zeit!
Betracht, o Mensch, die Ewigkeit.

Nr. 539. Eigene Melodie.

Gustav Knak, geb. 1806 in Berlin, Prediger in Wusterwitz in Pommern, seit 1849 Goßner's Nachfolger an der Bethlehemsgemeinde in Berlin, Verfasser einer Liedersammlung, betitelt: „Zionsharfe", 8. Aufl., Berlin 1843, mit einem Nachtrag: „Liebe um Liebe", 1850. Das nachfolgende liebliche Lied des Heimwehs nach dem Heilande mit der Melodie von Voigtländer, einem Blinden, hat schnell eine große Popularität in Deutschland gefunden.

1. Laßt mich gehn, laßt mich gehn,
   Daß ich Jesum möge sehn!
       Meine Seel' ist voll Verlangen,
       Ihn auf ewig zu umfangen
   Und vor Seinem Thron zu stehn.

2. Süßes Licht, süßes Licht,
   Sonne, die durch Wolken bricht!
       O wann werd' ich dahin kommen,
       Daß ich dort mit allen Frommen
   Schau Dein holdes Angesicht!

3. Ach, wie schön; ach, wie schön
   Ist der Engel Lobgetön!
       Hätt' ich Flügel, hätt' ich Flügel,
       Flög' ich über Thal und Hügel
   Heute noch nach Zions Höhn.

4. Wie wird's sein, wie wird's sein,
   Wenn ich zieh in Salem ein,
     In die Stadt der goldnen Gassen,
     Herr, mein Gott, ich kann's nicht fassen,
   Was das wird für Wonne sein.

5. Paradies, Paradies,
   Wie ist deine Frucht so süß!
     Unter deinen Lebensbäumen
     Wird uns sein, als ob wir träumen:
   Bring' uns, Herr, in's Paradies!

———

Nr. 540. Mel.: Jesus, meine Zuversicht.

Joh. Peter Lange, Dr. und Prof. der Theol. in
Bonn, geb. 1802. Dieses tiefsinnige Lied erschien unter
dem Titel „Die gute Aussicht", über den paulinischen
Spruch: „Was kein Auge gesehen" u. s. w. (1. Cor. 2, 9),
zuerst in den „Biblischen Dichtungen", 2 Bändch 1834,
S. 92—95, und dann vom Verfasser selbst abgekürzt und
verändert in der Sammlung: „Vom Oelberg", 1852.
Hier sind beide Formen benutzt, aber mit Auslassung
mehrerer Verse, die sich nicht für ein Kirchenlied eignen.

1. Was kein Auge hat gesehn,
     Was noch nie ein Ohr vernommen,
   Was im Traume nie so schön
     In ein Menschenherz gekommen:
   Das hält Gott für die bereit,
   Die sich liebend Ihm geweiht.

2. Einmal kommt auch mir der Tod,
     Dann verbrennt der dunkle Schleier,

Meiner Sünden trübe Noth
In dem letzten Läuterfeuer.
In des Todes Mitternacht
Bin ich dann zum Schaun erwacht.

3. Morgenland im ew'gen Licht,
  Palmen dort im Morgenlande,
Au'n vor Gottes Angesicht,
  Brüder in dem Siegsgewande,
Was kein Auge je gesehn,
Seh ich dann in Gottes Höhn!

4. Süßes Flöten hört' ich schon,
  Nachtigallenschlag im Haine,
Glockenklang und Orgelton,
  Und das Loblied der Gemeine:
Aber das vernahm kein Ohr,
Was ich hör' im ew'gen Chor!

5. Tief im Herzen wunderbar
  Fühlt ich oft des Friedens Wehen,
Und Gestalten nahm ich wahr,
  Ahnend wie aus Gottes Höhen;
Doch was nie mein Sehnen sah,
Steht einst sichtbar vor mir da.

6. Welch ein Danken, wo den Herrn
  Die Erlösten jauchzend finden!
Wo sie mit dem Morgenstern,
  Mit dem Seraph sich verbinden,
Ihn zu loben, Heil mir dann,
Daß ich dort Ihn preisen kann!

7. In dem ew'gen Königssaal
   Wird mir Christus ganz erscheinen;
Dort halt' ich mit Ihm das Mahl,
   Mit den Seinen, mit den Meinen,
Rein in Gottes Glanz gehüllt,
Ganz Sein Erbe, ganz Sein Bild. [1])

---

1) In der ersten Bearbeitung lautet statt dessen der letzte Vers als

   Wallen seh' ich wie ein Meer
   Nahe, tiefe Seligkeiten,
   Wandern hör' ich Gottes Heer
   Lobend durch die Ewigkeiten;
   Er, des Himmels Tagesschein,
   Kehrt in meinem Herzen ein.

Lob= und Segenssprüche.

Nr. 1. Mel. Herr Gott, Dich loben Alle wir.

Lob, Preis und Dank sei Gott gebracht,
Der Alles, Alles wohl gemacht!
Ihn preise, was durch Jesum Christ
Im Himmel und auf Erden ist.

Nr. 2. Mel.: Herr Gott, Dich loben Alle wir.

Ehr' sei dem Vater, und dem Sohn,
Dem heil'gen Geist auf Einem Thron:
Der heiligen Dreieinigkeit
Sei Lob und Preis in Ewigkeit!

Nr. 3. Mel.: Lobe den Herren, den mächtigen König der Ehren.

Lobe den Herren, was in mir ist, lobe den Namen;
Alles, was Odem hat, lobe mit Abrahams Samen!
  Er ist dein Licht;
  Seele vergiß es ja nicht!
Lob Ihn in Ewigkeit! Amen.

Nr. 4. Mel.: Nun danket Alle Gott.

Lob, Ehr' und Preis ſei Gott
Dem Vater und dem Sohne,
Und Dem, Der beiden gleich
Im höchſten Himmelsthrone:
Ihm, Dem dreieingen Gott,
Wie es im Anfang war,
Und iſt und bleiben wird
Jetzund und immerdar.

Nr. 5. Mel.: Wachet auf! ruft uns die Stimme.

Amen, Amen! Preis und Ehre
Sei Dir von aller Himmel Heere,
    Dir, Der uns ſchuf zur Seligkeit,
Der aus Sünd' und Todesarmen
Uns riß mit göttlichem Erbarmen
    Und uns erlöſt in Ewigkeit!
Zu Dir, zu Dir hinauf
Geht nun der Streiterlauf.
Hallelujah! Singt unſerm Herrn
    Und dient Ihm gern!
    Sein Dienſt iſt unſ're Seligkeit.

Nr. 6. Mel.: Wie ſchön leuchtet der Morgenſtern

Steig auf, mein Pſalm, mein Lobgeſang,
Anbetung Gott und Ruhm und Dank
　Vor Seinen Thron zu bringen.
Er hört auf Menſchenlieder gern,
Wenn gleich die Engel ihrem Herrn
　Viel ſchön're Pſalmen ſingen.
Rühm' Ihn. Seele,　Und es ſchalle
Von dem Halle　Deiner Lieder
Gottes Erd' und Himmel wieder.

Nr. 7. Mel.: Wunderbarer König.

Hallelujah ſinge,
Wer den Herrn erkennet,
Und in Chriſto Vater nennet!
Hallelujah ſinge,
Welcher Chriſtum liebet,
Ihm von Herzen ſich ergiebet!
Welch ein Heil
Iſt dein Theil!
Einſt wirſt du dort oben
Ohne Sünd' Ihn loben.

Nr. 8. Mel.: Die Tugend wird durch's Kreuz geübet

Dankt, dankt dem Herrn, jauchzt volle Chöre,
  Denn Er ist freundlich allezeit.
Singt laut, daß Seine Güte währe
  Von Ewigkeit zu Ewigkeit.
Jauchz', Israel, und bring Ihm Ehre,
  Er zeigte dir es jederzeit.
Frohlockt, daß Seine Gnade währe
  Von Ewigkeit zu Ewigkeit!

Nr. 9. Mel.: Liebster Jesu, wir sind hier.

Unsern Ausgang segne Gott,
  Unsern Eingang gleichermaßen:
Segne unser täglich Brod,
  Segne unser Thun und Lassen;
Segne uns mit sel'gem Sterben
Und mach uns zu Himmelserben.

Nr. 10. Eigene Melodie.

Die Gnade unsers Herrn Jesu Christi,
Die Liebe Gottes, des Vaters,
Und die Gemeinschaft des heiligen Geistes
Sei mit uns Allen, in uns Allen,
Durch uns Alle! Amen.

Alphabetisches Lieder-Verzeichniß.

A.

Ende.

CPSIA information can be obtained
at www.ICGtesting.com
Printed in the USA
LVHW082112241118
597992LV00031B/240/P

9 780365 605973